国际商务经典译丛

国际商务

【美】查尔斯·希尔（Charles W. L. Hill） 著

杜 颖 译

INTERNATIONAL BUSINESS: COMPETING IN THE GLOBAL MARKETPLACE

第 13 版

THIRTEENTH EDITION

中国人民大学出版社

·北京·

出版说明

随着经济全球化的深入发展，国际贸易、投资和商务活动日益频繁，企业不可避免地要应对来自全球范围的更加激烈的竞争。与许多跨国公司相比，我国企业在国际化环境下成功运作的经验不足，国际化经营水平还比较低。更重要的是，我国国际商务专门人才相对短缺。

适应经济发展的要求，加速国际商务专门人才的培养和培训已成为我国高等学校面临的紧迫任务。2010 年，经国务院学位委员会批准，部分高校设立国际商务硕士专业学位；2012 年，教育部颁布《普通高等学校本科专业目录(2012 年)》，将国际商务专业从目录外专业调整为基本专业。

顺应这一教育发展趋势，中国人民大学出版社在成功出版“工商管理经典译丛”的基础上，精心策划并适时推出了“国际商务经典译丛”（翻译版）和“国际商务经典丛书”（英文版）。丛书所选书目，都是国际知名教授的经典著作，经过长期教学实践检验，多次再版且畅销不衰，在许多国家采用，包括查尔斯·希尔的《国际商务》、托马斯·普格尔的《国际贸易》和《国际金融》、沃伦·基根的《全球营销》等。在引进和出版这两套丛书的过程中，我们力求基于目前国际商务专业的核心课程，既帮助高校建立自己的课程体系，又兼顾企业国际化经营的实际需要。同时，我们在编辑出版的过程中，对引进版图书的内容严格把关，取其精华，对不严谨或不当之处进行删改，确保图书质量。

我们希望，这两套丛书的出版能对我国国际商务专门人才的培养及我国企业国际竞争力的提升有所帮助。真诚期待广大读者提出宝贵的意见和建议。

中国人民大学出版社

序 言

相关性、实践性和综合性

《国际商务》自第 1 版至今已逾 1/4 个世纪。从第 3 版开始，本书就成了全球使用最广泛的国际商务教学用书。从那以后，其市场份额只增不减。本书的成功可归功于其多个独有的特点。具体而言，本书第 13 版具有以下特点：

- 全面、先进、及时。
- 涵盖了可靠理论与相关实践。
- 注重国际商务概念的运用。
- 各章节主题紧密结合。
- 与结果导向型技术充分结合。

查尔斯·希尔撰写的《国际商务》内容全面且以案例为导向，适用于那些以国际商务为核心且希望更深入聚焦国际货币体系、国际商务架构、国际会计和国际金融等领域的课程。第 13 版提供了更多的综合性案例，对全球资本市场、国际企业的组织形式、国际会计和国际金融作了更深入的讨论。这些主题在其另一本著作《当代全球商务》(*Global Business Today*)(第 11 版）有关国际商务的简要讨论中并未涉及，但在《国际商务》(第 13 版）中分属于不同章节。

与《当代全球商务》(第 11 版）(2019 年）一样，《国际商务》(第 13 版）侧重于现实性、相关性、应用的丰富性、易理解性以及读者导向性。本书的目标始终是以一种紧密相关、切实可行、易于掌握且以读者为本的方法同时涵盖宏观和微观问题。我们认为，如果缺乏这种广度和深度，将是一种严重缺陷。在本书的使用者中，可能会有人就职于国际企业，希望了解全球市场背景下国际商务对其组织战略、结构和功能的影响。能够向这些未来领导者提供国际商务的学习帮助，我们感到很自豪，也很高兴。

在本书的全部 13 个版本中，查尔斯·希尔博士多年来初心未改。自《国际商务》（第 11 版）（2017 年）开始，他不仅以自己的学识、教学和研究为指导，还采纳了来自世界各地的教授、学生、审稿人以及出版商编辑的宝贵反馈意见。他对以上所有人表示感谢。

内容全面，与时俱进

为确保相关性和全面性，国际商务必须包含以下内容：

- 对世界上的文化、国家及地区差异作出解释。
- 涵盖国际贸易及投资的经济和政治内容。
- 阐释全球货币体系的功能和形式。
- 考察国际企业的战略和架构。
- 对国际企业各种职能的特殊作用进行评价。

相关性和全面性还要求包含一些重要理论。本书一直致力于融入新的学术研究观点，为此采纳以下研究的观点作为本书理论脉络的一部分：

- 新贸易理论与战略性贸易政策。
- 诺贝尔经济学奖得主阿马蒂亚·森（Amartya Sen）在经济发展方面的研究。
- 塞缪尔·亨廷顿（Samuel Huntington）关于“文明冲突”的重要论文。
- 保罗·罗默（Paul Romer）和吉恩·格罗斯曼（Gene Grossman）倡导的经济发展增长理论。
- 杰弗里·萨克斯（Jeffrey Sachs）等人关于国际贸易与经济增长关系的实证研究。
- 迈克尔·波特（Michael Porter）的国家比较优势理论。
- 罗伯特·赖克（Robert Reich）关于国家比较优势的研究。
- 诺贝尔经济学奖得主道格拉斯·诺斯（Douglass North）等人关于国家制度结构和产权保护的研究。
- 对外直接投资的市场缺陷分析，基于罗纳德·科斯（Ronald Coase）和奥利弗·威廉森（Oliver Williamson）的交易成本经济学。
- 巴特利特（Bartlett）和戈沙尔（Ghoshal）对跨国企业的研究。
- 普拉哈拉德（C. K. Prahalad）和加里·哈默尔（Gary Hamel）关于核心竞争力、全球竞争和全球战略联盟的著作。
- 由企业的资源基础论和互补性理论衍生出的国际商务战略。
- 保罗·萨缪尔森（Paul Samuelson）对自由贸易理论的批判。
- 有关全球供应链管理的概念和实证研究，包括物流、采购（外包）、运营和营销渠道。

由于国际商务环境瞬息万变，除这些前沿理论之外，我们也力求本书与时俱进。在本书的修订过程中，全球发展日新月异。截至 2019 年，每天的跨境流动金额近 4 万亿美元。这种规模的流动引发了人们对于全球资本市场短期投机可能扰乱世界经济的担忧。

全球化仍然是世界的趋势。正如本书第 1 章“全球化”中所讲，跨国贸易在过去几年几乎呈指数级增长。亚洲几个经济体，尤其是中国和印度，仍保持较高的经济增长率。除原有的工业强国外，发展中国家也不断涌现新的跨国企业。

从超大型企业到小微企业，所有规模的企业都受到了世界经济全球化与日俱增的影响。本书囊括了中小型企业及大型跨国企业的国际商务，涉猎的企业来自世界各地。各章的开篇案例、章末案例和“管理聚焦”专栏中介绍了数十家中小型企业和跨国企业。

全球恐怖主义及随之而来的地缘政治风险仍在世界各地不断显现，许多风险在十年前是闻所未闻且无法想象的。这将对全球经济一体化和全球经济活动构成威胁。此外，英国脱欧的影响将在 2019 年后延续、美国总统选举以及世界各地的其他多个选举，都将在许多方面让世界把更多的关注点聚焦在民族主义问题而不是贸易问题。本书整合了这些主题以及其他更多内容，以使读者的学习机会最大化。

第 13 版的新增内容

《国际商务》前 12 版的成功可部分归功于吸纳前沿研究成果、使用最新示例和统计数据来说明全球趋势和企业战略，以及在适当的理论背景下讨论时事。基于这些优势，第 13 版的目标集中于以下几个方面：

- 吸收学术研究的新观点。
- 确保本书内容涵盖所有重要问题。
- 确保本书与时事、统计数据及示例保持同步。
- 在多数章节中增加新的有启发性的开篇案例和章末案例。
- 每个章节都与管理上的启示紧密相连。

本书的每一章节都有改动，所有统计数据都已更新至现有最新数据。

超越不加评判的介绍和浅显的解释

在国际商务中，许多问题都很复杂，有必要考虑正反两面。为了向读者展示这一点，本书采取了一种批判性的方法，针对经济理论、政府政策、商业策略、组织结构等方面同时列出了支持和反对的观点。

与此相关，本书也尽量对国际商务特有的许多理论和现象的复杂性作出解释，以便读者充分理解理论表述的含义或现象背后的原因。我们相信，本书对这些理论和现象的解释远比其他同类书籍更为深入。如果仅进行浅显的解释，还不如不做解释。在国际商务中，一知半解是一件很危险的事。

实用且丰富的应用

我们一直认为，向读者展示本书内容与国际商务实践的相关性是十分重要的。这在本书侧重于国际商务实践的后半部分章节中更为明确，但在考虑宏观主题的前半部分章节中并不总是显而易见。因此，在侧重于国际商务环境（而不是特定企业）的第Ⅱ、Ⅲ、Ⅳ篇的几乎每章末尾都设有一节“聚焦管理影响”。该节将对该章所讨论的材料中蕴含的管理启示作出明确的解释。此外，很多章都有“管理聚焦”专栏，以展示章节内容与国际企业实践的相关性。

此外，大多数章有一个开篇案例奠定基调，“章末案例”则阐明该章内容与国际企业实践的相关性。

各主题的整体连贯性

许多教学用书都有一个弱点，那就是它们缺乏从一章到另一章的紧密、完整的主题推进。本书第 1 章即向读者解释了本书的主题是如何相互关联的，并通过材料的组织方式来实现其整体性，这样在逻辑上，每一章都建立在前几章的材料之上。

第Ⅰ篇

第 1 章概述了本书要解决的关键问题及本书的安排。市场全球化和生产全球化是核心关注点。

第Ⅱ篇

第 2 章和第 3 章侧重于政治经济和文化方面的国家差异，第 4 章则侧重于国际商务中的伦理、企业社会责任和可持续发展问题。多数国际商务教学用书将这些内容放在较靠后的部分，但我们认为首先对国家差异进行讨论至关重要。因为国际贸易和投资、国际货币体系、国际企业的战略与组织以及国际企业的职能中的许多核心问题都源于各国在政治经济和文化方面的差异。

第Ⅲ篇

第 5～8 章考察了全球贸易和投资中的政治经济问题。该部分的目的是对国际商务的贸易和投资环境进行介绍并作出解释。

第Ⅳ篇

第 9～11 章介绍并解释了全球货币制度，详细展示了开展国际贸易的货币框架。

第Ⅴ篇

在第 12～14 章中，我们的关注点从环境转移到了企业。换言之，在本书的这个阶段，我们将关注点从宏观方面转向了微观方面。我们研究了企业为了在国际商务环境中有效竞争而采取的策略。

第Ⅵ篇

从第 15 章到第 19 章，关注点进一步缩小至对企业职能和相关运营的考察。这些章节解释了企业如何履行其关键职能——出口、进口和对等贸易；全球生产与供应链管理；全球营销与商业分析；全球人力资源管理；国际企业的会计和财务——从而在国际商务环境中展开竞争并取得成功。

本书自始至终通过新材料与前几章主题的联系，帮助读者强化理解，以便将这些材料融会贯通。我们特意在宏观章节（第 1～11 章）中加入“聚焦管理影响”一节，并将宏观主题融入微观章节（第 12～19 章）。

易于理解且富于趣味

国际商务领域总是令人着迷和振奋，我们试图将我们对它的热情传递给读者。采用寓教于乐且易于理解的方式对相关主题进行交流，将使学习过程更加轻松有益。为实现这一目标，我们采用的方式之一就是在本书的叙述中穿插一些有趣的例子，即用故事阐明理论。

许多章还设有“国家聚焦”专栏，提供相关国家在解决国际商务问题时的政治、经济、社会或文化方面的背景信息。

目录
CONTENTS

第Ⅰ篇 引言和概述

第Ⅱ篇 国家差异

第Ⅲ篇　全球贸易和投资环境

CONTENTS

第Ⅴ篇 国际企业的战略与组织

CONTENTS

第Ⅵ篇 国际企业的职能

CONTENTS

第 I 篇

引言和概述

第1章

全球化

学习目标

阅读本章后，你将能够：

- 理解全球化的含义。
- 识别全球化的主要驱动力。
- 描述全球经济变化的本质。
- 阐述关于全球化影响的主要争议观点。
- 理解全球化进程如何为管理实践创造机遇和挑战。

开篇案例 iPhone 是如何制造的：苹果的全球生产体系

早期的苹果（Apple）通常不会在其后院之外的任何地方制造设备。苹果于 1983 年开始制造其麦金塔（Macintosh）计算机，在此之后数年，史蒂夫·乔布斯（Steve Jobs）总是吹嘘它是“一台美国制造的机器”。直到 21 世纪初，苹果的多数计算机仍是在其位于加利福尼亚州埃尔克格罗夫的 iMac 工厂制造的。乔布斯经常说，他为苹果的制造工厂感到骄傲，就像他为这些设备本身感到骄傲一样。

然而，到 2004 年，苹果已经在很大程度上转向了外国制造。2007 年，苹果推出了其标志性的 iPhone，同时其向离岸生产和组装的转变达到高潮。iPhone 包含数百个零部件，其中约 90%是在国外制造的。先进的半导体来自德国和中国台湾，内存来自韩国和日本，显示面板和电路装置来自韩国和中国台湾，稀有金属来自非洲和亚洲，用于跟踪 iPhone 方位的陀螺仪来自瑞士。苹果的主要分包商是富士康（Foxconn），它是一家跨国企业。如今，全球销售的所有 iPhone 中，有一半都是由富士康在中国的一家大型工厂组装的。同时，富士康还在巴西和印度等多个地点设有专门从事iPhone组装的工厂。另一家企业和硕（Pegatron）也在其中国工厂为苹果组装iPhone。

苹果在美国仍雇用了约80 000名员工，并将重要活动留在美国国内，包括产品设计、软件工程和营销等。此外，苹果声称其业务为美国供应商提供了450 000个工作岗位。例如，iPhone的玻璃是在康宁（Corning）位于肯塔基州的美国工厂生产的，支持iPhone触摸屏的芯片是位于马萨诸塞州的亚德诺半导体（Analog Devices）生产的，而用于iPhone的电子元件则是由得州仪器（Texas Instruments）位于缅因州的一家工厂生产的。但是，在美国境外，仍有超过150万人参与了苹果产品的制造和总装，其中许多人就是在富士康这样的分包商处工作。

当苹果决定在中国进行iPhone的组装时，它列举了一系列原因。虽然中国的劳动力成本确实较低，但苹果高管指出，劳动力成本仅占其产品总价值的一小部分，而且并非其作出区位选择的主要驱动因素。更为重要的是，中国分包商能够迅速响应苹果扩大或缩小生产规模的要求。例如，早在2007年，史蒂夫·乔布斯要求在iPhone原型机上用玻璃屏幕代替塑料屏幕。乔布斯不喜欢当时行业内通用的塑料屏幕的外观和质感，而且塑料屏幕易被刮花。在最后一刻对iPhone设计作出改变，将使苹果如期上市面临很大挑战。苹果选择了康宁来生产其大型强化玻璃面板，但要找到一家能够将这些面板切割成数百万个iPhone屏幕的制造商并非易事。之后，苹果收到了一家中国工厂的投标。当苹果团队参观该工厂时，他们发现该工厂已经搭建好用于切割玻璃的厂房并开始安装设备。工厂经理说："这是以防万一你把合同给我们了。"该工厂还有一个装满了为苹果准备的玻璃样品的仓库和一个随时可与苹果合作的工程师团队。该工厂内还建造了宿舍，以满足苹果严苛的生产计划。最终，这家中国企业中标。

对苹果而言，中国的另一个关键优势是，在当地招聘工程师容易得多。苹果通过计算得出，大约需要8 700名工业工程师来监督和指导参与第一代iPhone制造的200 000名装配线工人。公司曾估计，在美国需要9个月的时间找到这么多工程师。但在中国，只用了15天。

同样重要的是中国工厂的集群效应。许多为iPhone提供零部件的工厂都位于富士康的组装厂附近。正如一位高管指出的那样，"整个供应链都在中国。你需要1 000个橡胶垫？工厂在隔壁。你需要100万颗螺丝钉？工厂在街对面。你需要有点差异的螺丝钉？那需要3个小时。"*

但外包也有弊端。苹果的外包决定受到了来自时任美国总统特朗普的批评，他认为苹果将美国的工作岗位转移到海外是错误的。尽管苹果不同意这一观点，但它还是以增加美国厂区投资的方式作出了回应。例如，2018年，苹果宣布将在5年内投资300亿美元，在美国创造20 000个新的工作岗位。预计其中大多数都是软件开发和数据中心运营岗位，而不是制造和组装岗位。

* C. Duhigg and K. Bradsher, "How U. S. Lost Out on iPhone Work." *The New York Times*, January 22, 2012.

资料来源：Sam Costello, "Where Is the iPhone Made?" *Lifewire*, July 14, 2018; Chuck Jones, "Apple's $350 Billion US Contribution Was Already on the Cards," *Forbes*, January 19, 2018.

1.1 引言

在过去的50多年中，世界经济发生了翻天覆地的变化。各国经济不再是相对独立的，不再因为跨境贸易和投资的壁垒、距离、时区和语言以及政府管制、文化和商业体系方面的国家差异而相互孤立。世界已有所不同：跨境贸易和投资的壁垒减少；由于交通和电信技术的进步，距离感越来越小；世界各地的物质文化都变得相似；各国经济逐渐融合成了一个相互依存的一体化全球经济体系。这种变化的过程通常被称为全球化(globalization)。

与此同时，政治事件也引发了一些在全球化进程中不可回避的问题。英国退出欧盟（英国脱欧）、美国重启北美自由贸易协定（North American Free Trade Agreement，NAFTA）谈判以及美国与许多贸易伙伴之间的贸易争端，都给全球化的未来增加了不确定性。虽然全球化不太可能出现大幅倒退，但毫无疑问，与过去半个世纪相比，如今全球化的好处面临更大的争议。虽然这一新现实可能是暂时的，但国际商务领域也需要相应作出调整。

本章开篇案例说明了苹果如何利用全球化。苹果创建了一个全球供应链，能够高效生产其标志性产品 iPhone。虽然产品设计和软件开发在美国加利福尼亚州进行，但零部件来自世界各地的制造商，而最终产品组装则由位于中国、巴西、印度和其他地方的工厂来完成。通过这种方式配置 iPhone 生产体系，苹果正在尝试与世界各地最高效的分包商合作。如果不是因为过去半个世纪以来跨境贸易和投资的壁垒减少，苹果不可能以这种方式配置其生产体系。

但同时，特朗普也批评苹果将过多的生产活动放在了美国以外的地区。不仅如此，美国与某些国家之间的贸易争端也使得这些国家可能并不是组装 iPhone 的最佳地点。苹果已经开始调整战略以应对其中的潜在风险，另择他处开展组装业务。苹果增加其在美国本土的投资（2018年，苹果宣布将在5年内向美国厂区投资300亿美元，并在此过程中创造20 000个新工作岗位），并与美国供应商合作，帮助他们成为高效的合作伙伴（苹果设立了50亿美元的基金用于帮助供应商提高产能）。因此，苹果在利用全球化的同时，也为全球化水平回落的可能做好了准备。目前全球化仍维持着较高水平。

支持发展全球贸易的人认为，跨文化交流和跨境贸易是未来，而回归民族主义已成为过去。民族主义者的观点是，国家应独立自主，尽可能自给自足，并且将本国的经济和环境基本上掌握在自己手上。

如今，我们所做的几乎所有事情都会受到全球化的影响。例如，一位美国医生劳丽(Laurie）可能会驾驶一辆运动型多功能车（SUV）去儿科诊所上班，这辆 SUV 是由保时捷（Porsche）生产的，在德国斯图加特设计、在德国莱比锡和斯洛伐克布拉迪斯拉发组装，其零部件来自世界各地的供应商，而这些零部件又是由韩国的钢材和马来西亚的橡胶制成的。劳丽可能会在一家英国-荷兰跨国企业壳牌（Shell）下属的加油站给她的车加满汽油。这些汽油可能来自由一家法国石油公司从非洲海岸附近的一口油井中抽出的石油，然后通过一家希腊航运企业的船运往美国。在开车上班途中，劳丽可能会在苹果 iPhone 上（使用免提的车载扬声器）与她的股票经纪人交谈，而这部 iPhone 是在加利福尼亚州设计、在中国组装的，使用日本和欧洲生产的芯片组、康宁在肯塔基州制造的玻璃以及来自韩国的内存芯片。也许在路上，劳丽会让她的股票经纪人购买联想（Lenovo）的股票，联想是一家中国的跨国电脑制造商，其运营总部位于北卡罗来纳州，在纽约证券交易所上市。

这就是我们生活的世界。在多数情况下，我们根本不知道，甚至可能不关心产品的设计和制造地点。就在几十年前，"美国制造"或"德国制造"意义重大。前者通常代表质量好，而后者通常代表精密工程。而现在，某个产品的原产国属性已经让位于"宝马制造"之类的新概念，企业而非国家成了质量保证的平台。在许多情况下，这甚至超出了企业范畴，还涉及客户与企业代表建立的个人关系，因此我们开始将焦点转向客户关系管理（customer relationship management，CRM）。

无论质量是与产品原产国相关，还是由特定企业提供保证（不管产品在何处生产），我们都生活在一个跨国商品、服务和投资急速增长的世界，在过去半个多世纪，其增幅超过了世界产出的增长。世界贸易组织等国际机构和来自世界上最强大经济体的领导人都仍在为进一步降低跨境贸易和投资的壁垒而努力。物质文化和流行文化的标志越来越全球化，从可口可乐（Coca-Cola）到星巴克（Starbucks），再到索尼（Sony）的 Play Station、脸书（Facebook）、网飞（Netflix）视频流媒体服务、宜家（IKEA）商店以及苹果 iPad 和 iPhone 等。有些激进的团体发声抗议，它们将一系列弊病归咎于全球化，从发达国家的失业到环境恶化，以及当地文化的西方化或美国化。这些抗议者过去来自环保团体，但最近也来自关注国家主权的民族主义团体。

对企业而言，全球化进程带来了许多机遇。企业可以通过在世界各地销售产品来增加收入，在劳动力等关键要素投入较便宜的国家进行生产以降低成本。总体上有利的政治和经济趋势促进了企业的全球扩张，这使得来自发达国家和发展中国家的各种规模的企业均得到了国际扩张的机会。随着全球化的深入，各行各业都在转变，那些认为自己的工作不受外国竞争影响的人开始焦虑。技术进步、运输成本降低以及发展中国家技术工人的增加，意味着许多业务不再需要在交付地点进行。正如畅销书作者托马斯·弗里德曼（Thomas Friedman）所说，世界正在变"平"。[1]生活在发达国家的人们不再拥有对他们有利的竞争环境。而在印度或巴西，越来越多的进取者与生活在西欧、美国或加拿大的人们一样有机会提升自己。

在本书中，我们将对包括这些问题在内的许多主题进行细致的考察。我们将探讨国际贸易和投资的监管法规变化及其伴随的政治制度和技术的变化，如何极大地改变了许多企业面临的竞争环境。我们将讨论由此产生的机遇和威胁，并审视管理者可以采取何种策略以利用机会并应对威胁。我们将考虑全球化对国家经济是有益的还是有害的。我们将研究经济理论如何看待制造业和服务业岗位外包，并研究外包的好处和成本，这不仅针对商务企业及其员工，也针对整个经济体。不过，我们首先需要更好地了解全球化的本质和进程，这就是第 1 章的作用。

1.2 什么是全球化

在本书中，**全球化**（globalization）指的是向更加一体化和相互依存的世界经济转变的过程。全球化有多个方面，包括市场全球化和生产全球化。

1.2.1 市场全球化

市场全球化（globalization of markets）指的是将过去截然不同的各国市场合并成一个巨大的全球市场。跨境贸易和投资的壁垒的消除使得国际销售变得更加容易。一段时间以来，人们一致认为不同国家消费者的品位和偏好开始向某种全球标准趋同，因此这有助于打造一个全球市场。[2]花旗银行（Citigroup）信用卡、可口可乐软饮料、索尼电子游戏、麦当劳汉堡包、星巴克咖啡、宜家家具和苹果 iPhone 等消费品尤其体现了这一趋势。生产这些产品的企业不仅仅是这一趋势的受益者，也是这一趋势的推动者。通过在全球范围内提供相同的基础产品，它们帮助创建了一个全球市场。

一家企业不必达到这些跨国巨头的规模，也能够推进市场全球化，并从中受益。例如，根据国际贸易管理局（International Trade Administration，ITA）的数据，在美国，300 000 多家员工人数不足 500 人的中小型企业占到了出口企业的 98%。大体上，中小型企业的出口占到了美国制成品出口总额的 33%。[3]纽约企业 B&S Aircraft Alloys 是其中的典型，其出口占到了全部 800 万美元年收入的 40%。[4]其他国家也存在类似情况。在德国，高达 98%的中小型企业都通过出口或国际生产进入国际市场。从 2009 年起，中国一直是世界上最大的出口国，它向世界其他地区出口了价值超过 2 万亿美元的产品和服务。

尽管花旗银行信用卡、麦当劳汉堡包、星巴克咖啡和宜家家具等已经风靡全球，我们也要意识到，各国市场都未完全让位于全球市场。正如后面章节将讲到的，各国市场在许多方面仍存在着显著差异，包括消费者的品位和偏好、分销渠道、文化价值体系、商业体系和法律法规等方面。例如，快速发展的打车服务提供商——优步（Uber）就发现，在许多外国城市，它需要改进其进入策略，以便将监管制度的差异考虑在内。这类差异通常要求企业为满足特定国家的条件而对营销策略、产品功能和经营方式作出调整。

全球化程度最高的市场通常不是消费品市场，因为消费品市场在品味和偏好上存在国家差异，可能会阻碍全球化。全球化程度最高的市场是工业产品和材料市场，这些市场中的产品是世界各国的普遍需求，如铝、石油和小麦等商品；微处理器、动态随机存取存储器（DRAM，计算机存储芯片）和商用喷气式飞机等工业产品；美国短期国债、欧洲债券以及日经指数期货或欧元期货等金融资产。也有越来越多的证据表明，包括苹果 iPhone 在内的许多新型高科技消费品正在以同样的方式畅销世界各地。

在许多全球市场中，同一家企业通常会在不同的国家遭遇相同的竞争对手。可口可乐与百事的竞争就是全球性的，与此类似的还有福特（Ford）与丰田（Toyota），波音

(Boeing) 与空中客车 (Airbus)，土方设备领域的卡特彼勒 (Caterpillar) 与小松 (Komatsu)，航空发动机领域的通用电气 (General Electric) 和罗尔斯-罗伊斯 (Rolls-Royce)，电子游戏机领域的索尼、任天堂 (Nintendo) 和微软 (Microsoft)，以及智能手机领域的三星 (Samsung) 和苹果。如果一家企业进入了一个尚无竞争对手提供服务的国家，则它的竞争对手们肯定会效仿，以防止对方取得竞争优势。[5]当企业在全球各地相互追逐时，它们也带来了许多在其他国家市场取得良好效用的资产——它们的产品、运营策略、营销策略和品牌名称，从而在各个市场中创造了一种同质性。因此，较大的统一性取代了多样性。在越来越多的行业中，谈论“德国市场”、“美国市场”、“巴西市场”或“日本市场”不再具有意义，对于许多企业而言，只有全球市场。

1.2.2 生产全球化

生产全球化 (globalization of production) 指的是从全球各地采购商品和服务，以利用**生产要素** (factors of production) (如劳动力、能源、土地和资本) 在成本和质量上的国家差异。通过生产全球化，企业有望降低整体成本或提高产品质量或功能，从而能够展开更有效的竞争。例如，波音广泛使用外包方式从外国供应商处采购零部件。1995年首次推出波音777时，有八家日本供应商为机身、舱门和机翼制造零部件，一家新加坡供应商生产了前起落架舱门，三家意大利供应商制造了襟翼等。[6]总体而言，按价值计算，波音777飞机中有约30%来自外国企业。而最新的喷气式客机波音787进一步延续了这一趋势，外包给外国企业的部分占到了飞机总价值的约65%，其中约35%外包给了日本的三大企业。

波音将如此多的生产外包给外国供应商，部分原因是：这些供应商在特定领域是世界顶尖的。供应商的全球网络能够带来更好的最终产品，能在波音与空中客车就飞机订单开展的全球竞争中，帮助波音增加其取得更大市场份额的机会。波音将部分生产外包给外国，还期望增加波音赢得该国航空企业大量订单的机会。更多关于波音生产全球化的详细信息，请参阅“管理聚焦”。

管理聚焦　波音的全球生产体系

美国最大的出口商——波音的高管表示，打造一架像787梦想客机这样的大型商用喷气式飞机需要将超过100万个零部件组装起来。半个世纪前，当过时的波音737和747喷气式飞机早期型号从公司位于西雅图的生产线下线时，外国供应商提供的零部件平均仅占5%。波音通过垂直整合的方式，制造了飞机的主要部件。由外部供应商生产的最大零部件是喷气式发动机，其三个供应商中有两家美国企业，唯一的外国发动机制造商是英国企业罗尔斯-罗伊斯。

快进到现代，情况发生了很大转变。以波音超高效的787梦想客机为例，50家分布在世界各地的供应商提供的价值占到了飞机价值的65%。意大利企业阿莱尼亚航空 (Alenia Aeronautica) 制造了中机身和水平稳定器；日本的川崎 (Kawasaki) 制造了部分的前机身和机翼固定后缘；法国企业梅西埃航空（Messier-Dowty）制造了飞机的起落架；德国企业代傲航空电子（Diehl Luftahrt Elektronik）提供了主舱照明；瑞典的萨博（Saab Aerostructures）制造了检修门；日本企业 Jamco 为卫生间、驾驶舱内饰和机上厨房制造了零部件；日本的三菱重工（Mitsubishi Heavy Industries）制造了机翼；韩国的 KAA 制造了翼尖；等等。

为什么要作出这些改变？第一个原因是波音 80%的客户是外国航空企业，向这些国家提供业务通常有助于将产品销往这些国家。这一趋势始于 1974 年，当时日本三菱获得了为波音 747 生产内侧襟翼的订单。作为回报，日本开始大量订购波音飞机。第二个原因是可以将零部件的生产分散给那些特定领域中最好的供应商。例如，多年来，三菱在机翼制造的专业性上积累颇丰，因此波音将 787 梦想客机的机翼制造交给三菱是合乎逻辑的。同样，因为 787 梦想客机是第一款几乎全部由碳纤维制成的商用喷气式飞机，所以波音选择了日本东丽（Toray Industries）为其机身提供材料，因为在坚固且轻质的碳纤维材料领域，东丽是世界级专家。波音 787 大规模外包的第三个原因是，波音希望减轻其在开发波音 787 过程中与生产设施相关的一些风险和成本。通过外包，它将一些风险和成本转嫁给了供应商，而供应商为了波音 787 的生产，必须在产能上作出重大投入。

那么，波音为自己保留了什么？工程设计、营销和销售以及最后的组装，都在其位于西雅图北部的埃弗里特工厂完成，波音所保留的都是其最擅长的活动。在主要零部件中，波音只制造尾翼和翼身整流罩（用于将机翼连接到机身），其他都外包出去。

随着波音 787 的深入开发，可以明显看出，波音过度使用了外包模式。对如此广泛分布于全球的生产体系进行协调，成了波音的一大挑战。零部件交付延期、一些零部件并未按设想"拼合"在一起、多家供应商遭遇工程问题，这些情况都减缓了整个生产过程。结果，第一架飞机的交付日期推迟了四年多，而波音不得不为延迟交付而承担数百万美元的违约金。其中一家供应商——位于北卡罗来纳州的沃特飞机公司（Vought Aircraft）遇到了非常严重的问题，波音不得不同意收购该公司并将其转为内部生产。沃特主要生产机身零部件，意大利的阿莱尼亚航空是其共同所有者。

如今，有迹象表明，波音正在重新考虑一些全球外包政策。对于广受欢迎的波音 777 宽体飞机和波音 777X（使用了与波音 787 相同的碳纤维技术）的新版本，波音将回归内部生产机翼的模式。日本的三菱和川崎为波音 787 和 777 的原始版本生产了大部分机翼结构。但是最近，日本的航空企业大量订购空中客车飞机，打破了其忠于波音的传统。这似乎为波音将机翼转为内部生产提供了机会。波音高管还指出，在过去 20 多年里，由于外包，波音在很大程度上失去了机翼生产方面的专业性，而将新的碳纤维机翼生产带回内部，可能有助于波音重获其重要的核心技能，并强化企业的竞争地位。

资料来源：M. Ehrenfreund, "The Economic Reality Behind the Boeing Plane Trump Showed Off," *The Washington Post*, February 17, 2017; K. Epstein and J. Crown, "Globalization Bites Boeing," *Bloomberg Businessweek*, March 12, 2008; H. Mallick, "Out of Control Outsourcing Ruined Boeing's Beautiful Dreamliner," *The Star*, February 25, 2013; P. Kavilanz, "Dreamliner: Where in the World Its Parts Come From," *CNN Money*, January 18, 2013; S. Dubois, "Boeing's Dreamliner Mess: Simply Inevitable?" *CNN Money*, January 22, 2013; and A. Scott and T. Kelly, "Boeing's Loss of a $9.5 Billion Deal Could Bring Jobs Back to the U. S.," *Business Insider*, October 14, 2013.

企业早期外包主要局限于制造活动，波音和苹果就是如此。但是，越来越多的企业利用现代通信技术，特别是互联网，将服务活动外包给其他国家低成本的生产商。互联网可以让医院将一些放射科的工作外包给印度。当美国医生晚上睡觉时，印度医生正在读取核磁共振成像（MRI）扫描图像，美国医生起床时便可获得结果。包括微软在内的许多软件企业如今都雇用印度工程师测试其在美国设计的软件。时差使得印度工程师能够在美国工程师睡觉时，对其在美国编写的软件进行调试，再通过安全的互联网连接将更正后的代码传回美国，不耽误美国工程师第二天的工作。以这种方式将价值创造活动分散开来，可以压缩时间并降低开发新软件程序所需的成本。从计算机制造商到银行，其他企业也在将客户服务（例如客户呼叫中心）外包给劳动力成本更低的发展中国家。医疗保健领域也有类似的例子，菲律宾的工作人员对美国的医疗文件进行转录（例如，医生在手术前取得保险公司同意的音频文件）。据估计，将医疗保健领域的许多行政手续外包出去（例如客户服务和索赔处理等），可以使美国的医疗保健成本降低 1 000 亿美元以上。

经济学家罗伯特·赖克（Robert Reich）认为，以波音、苹果和微软为代表的这种外包趋势使得我们在多数情况下谈论美国产品、日本产品、德国产品或韩国产品毫无意义。根据赖克的说法，将生产活动外包给不同的供应商，创造出了越来越多具有全球性的产品，即“全球产品”。[7]但随着市场全球化，企业必须注意不要过度采用生产全球化方式。正如我们将在后面章节中讲到的，企业想要以最佳方式将其生产活动分散至世界各地，仍然面临着巨大的障碍。这些障碍包括国家之间正式和非正式的贸易壁垒、对外直接投资壁垒、运输成本、经济和政治风险的相关问题，以及纯粹为协调分散于全球各地的供应链而面临的管理挑战（如“管理聚焦”中有关波音 787 梦想客机的讨论）。例如，政府法规可能最终限制医院将核磁共振成像读片流程外包给放射科医生人力成本较低的发展中国家。

尽管如此，市场全球化和生产全球化的趋势仍很可能继续下去。现代企业是这一趋势的重要参与者，它们的行为促进了全球化的发展。不过，这些企业只是在通过一种有效的方式来应对不断变化的经营环境。

1.3 全球机构的出现

随着市场全球化和越来越多的商业活动跨越国界，企业需要各类机构来帮助它们管理、规范和监管全球市场，并促进多国条约的订立，以便治理全球商业体系。在过去 70 多年里，为实现这些职能创立了许多重要的全球机构，其中包括**关税与贸易总协定**（General Agreement on Tariffs and Trade，GATT）及世界贸易组织、国际货币基金组织及其姊妹机构世界银行，以及联合国。所有这些机构都是由各个国家通过自愿订立协议的方式创建的，其职能被载入国际条约。

世界贸易组织（World Trade Organization，WTO）（与其前身 GATT 类似）主要负责监管世界贸易体系，并确保各成员均能够遵守贸易条约中所制定的规则。截至

2019 年，WTO 共有 164 个成员，它们开展的贸易活动占世界贸易的 98%。因此，该组织的范围极广、影响力极大。WTO 还负责促进其成员之间订立新的多边协议。在其整个历史及前身 GATT 的历史中，WTO 一直在降低跨国贸易和投资的壁垒方面起着推动作用。这使得 WTO 成为其成员寻求建立更开放的全球商业体系、打破国家间贸易和投资壁垒的工具。如果没有 WTO 这样的机构，市场全球化和生产全球化不可能取得如此进展。但是，正如我们将在第 6 章中进一步研究 WTO 时所看到的，批评者指责 WTO 影响了各国主权。

国际货币基金组织（International Monetary Fund，IMF）和**世界银行**（World Bank）均是 1944 年由 44 个成员在新罕布什尔州布雷顿森林会议上创建的。成立 IMF 是为了维护国际货币体系的秩序；成立世界银行是为了促进经济发展。自成立以来，这两个机构都成了全球经济的重要参与者。在这两个姊妹机构中，世界银行受到的争议较小。它的主要职能是向资金短缺但希望加大基础设施投资（如修建水坝或道路）的贫困国家和地区提供低息贷款。

而 IMF 通常被看作是那些经济动荡且货币贬值的国家和地区获得贷款的最后希望。例如，在过去 20 多年里，IMF 先后向阿根廷、印度尼西亚、墨西哥、俄罗斯、韩国、泰国和土耳其等陷入困境的国家政府提供了贷款。IMF 在帮助各国应对 2008—2009 年全球金融危机所带来的影响方面发挥了积极作用。但是，IMF 贷款是附带条件的。作为提供贷款的回报，IMF 要求各国采取特定的经济政策，使陷入困境的经济恢复稳定和增长。这些要求引发了争议。一些批评者指责 IMF 的政策建议往往是不恰当的；而另一些人认为，与 WTO 一样，IMF 要求各国政府必须采取某种经济政策，使其失去了独立自主的权利。我们将在第 10 章中讨论相关争议。

联合国（United Nations，UN）于 1945 年 10 月 24 日由致力于在国际合作和集体安全基础上维护和平的国家共同创立。如今，联合国几乎包括了世界上所有国家，共有 193 个会员国。如果要成为联合国会员国，则需同意接受《联合国宪章》。《联合国宪章》是一个国际条约，它确立了国际关系的基本原则。根据宪章的规定，联合国有四个宗旨：维护国际和平及安全、发展国家间的友好关系、合作解决国际问题和促进尊重人权，以及成为协调各国行动的中心。尽管联合国最为人熟知的可能是其维和作用，但该组织的核心任务之一是促进更高的生活水平、充分就业以及经济和社会的进步与发展——所有这些问题对于建立充满活力的全球经济而言都至关重要。联合国系统中多达 70%的工作都是为了完成这一任务而设置。为此，联合国与世界银行等其他国际机构密切合作。其指导工作的信念是：消除贫困和增进世界各地人民的福祉，是创造持久的世界和平的必经之路。[8]

另一个知名机构是**二十国集团**（Group of Twenty，G20）。G20 成立于 1999 年，包含全球最大的 19 个经济体的财政部长和央行行长以及欧盟和欧洲央行的代表。总的来说，G20 代表了全球 90%的 GDP 和 80%的国际贸易。它最初成立的目的是为发展中国家制定协同政策以应对金融危机。2008—2009 年，始于美国并迅速蔓延至全球的金融危机造成了自 1981 年以来第一次严重的全球经济衰退，主要国家试图通过协同政策作出应对，并形成了论坛。

1.4 全球化的驱动力

两个宏观因素为全球化趋势的发展奠定了基础。[9]第一个因素是近几十年来，商品、服务和资本自由流动的壁垒减少。第二个因素是技术变革，尤其是通信、信息处理和运输技术的巨大发展。

1.4.1 贸易和投资壁垒减少

在 20 世纪 20 年代和 30 年代，世界上许多国家都给国际贸易和对外直接投资设置了难以逾越的壁垒。当一家企业向另一个国家出口商品或服务时，就发生了**国际贸易**（international trade）。当一家企业在其本国以外的地方以资源投资的形式开展商业活动时，就发生了**对外直接投资**（foreign direct investment，FDI）。国际贸易的许多壁垒都表现为对进口制成品征收高关税。这类关税的主要目的是保护国内产业免受外国竞争的影响。但其中一个后果就是“以邻为壑”的报复性贸易政策，各国之间逐步相互提高贸易壁垒。最终，世界需求疲软，并导致了 20 世纪 30 年代的大萧条。

西方先进的工业国从这次经历中吸取了教训，在第二次世界大战后一直致力于逐步减少各国间商品、服务和资本自由流动的壁垒。[10]这一目标被载入了 GATT。在 GATT 的保护下，各成员为减少商品和服务自由流动的壁垒进行了八轮谈判。第一轮谈判于 1948 年取得成效。而最近的谈判于 1993 年 12 月完成，称为乌拉圭回合。乌拉圭回合进一步减少了贸易壁垒，扩大了 GATT 所涵盖的服务及制成品范围，加强了对专利、商标和版权的保护，并成立了 WTO 以监管国际贸易体系。[11]表 1－1 概括了 GATT 对几个发达国家之间制成品平均关税税率的影响。可以看出，自 1950 年以来，各国的平均关税税率大幅下降，目前为 2.0%～3.0%。与此相对照，2017 年中国和印度之间的关税税率约为 8%，这与 2000 年中国的 16.2%和印度的 33.6%相比，降幅颇大。还需要注意的是，除了 GATT 和 WTO 在全球范围内发挥作用外，两国或多国之间的双边和区域协定也是贸易壁垒减少的原因之一。例如，欧盟降低了其成员国之间的贸易壁垒，《北美自由贸易协定》降低了美国、墨西哥和加拿大之间的贸易壁垒，《美韩自由贸易协定》降低了两国之间的贸易壁垒。在 20 世纪 90 年代初期，全球只有不到 50 个这样的协定，而如今已有约 300 个。

表 1－1 制成品的平均关税税率（占价值的百分比）

	1913 年	1950 年	1990 年	2018 年
法国	21%	18%	5.9%	1.9%
德国	20%	26%	5.9%	1.9%
意大利	18%	25%	5.9%	1.9%
日本	30%	—	3.3%	2.1%

续表

	1913 年	1950 年	1990 年	2018 年
荷兰	5%	11%	5.9%	1.9%
瑞典	20%	9%	5.9%	1.9%
英国	—	23%	5.9%	1.9%
美国	44%	14%	5.7%	3.0%

资料来源：The 1913－1990 data are from "Who Wants to Be a Giant?" *The Economist*：*A Survey of the Multinationals*，June 24，1995，pp. 3－4. The 2018 data are from the *World Development Indicators*，World Bank.

图 1－1 展示了 1960—2018 年商品贸易和世界生产总值的增长情况。该数据已进行调整以消除通货膨胀的影响，并将 1960 年的数据设为 100 作为基准值，以便进行对比。从图中可以看出，1960—2018 年期间，世界生产总值增长了 9.4 倍，而世界商品贸易增长了 22.4 倍。这实际上低估了贸易增长，因为近几十年来，服务贸易也呈现快速增长的态势。至 2018 年，世界商品贸易额为 19.5 万亿美元，服务贸易额为 5.8 万亿美元。

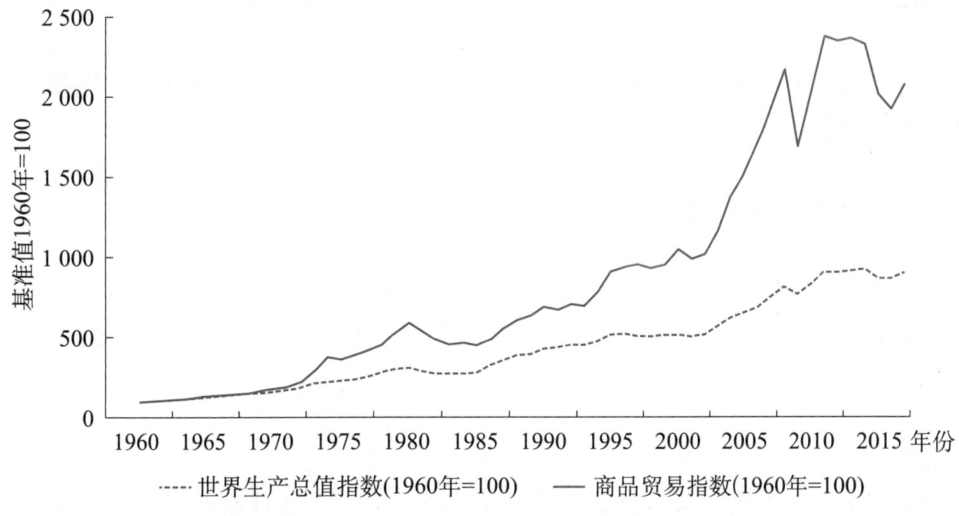

图 1－1　1960—2018 年世界商品贸易和世界生产总值

资料来源：World Bank，2019；World Trade Organization，2019；United Nations，2019.

在过去数十年里，不仅商品和服务贸易的增长速度超过了世界产出，FDI 也是如此，其中部分原因是限制国家之间进行 FDI 的壁垒减少了。根据联合国的数据，自 2000 年以来，各国对有关 FDI 的法规进行了 1 500 多项修改，其中约 80%的改动为 FDI 创造了更有利的环境。部分受益于这种自由化的发展，FDI 总额在过去 30 年里出现了显著增长。1990 年，企业对外投资额约为 2 440 亿美元。到 2018 年，这一数字已增至 1.3 万亿美元。由于持续的对外投资，2018 年，跨国企业的海外关联企业销售额达到了 27 万亿美元，比 2018 年国际贸易额多出了近 8 万亿美元，并且这些关联企业共有约 7 600 万名员工。[12]

世界贸易量增速超过世界 GDP 增速的事实表明了几点。首先，如同波音公司对 717 机型和 787 机型的生产操作，越来越多的企业正在将部分生产流程分散至全球各地，以降低生产成本并提高产品质量。其次，世界各国经济越来越紧密地连接在一起。随着贸易扩张，各国在重要商品和服务方面都越来越依赖于其他国家。最后，在过去 20 多年里，世界经济出现了大幅增长。这意味着不断增长的贸易已经成为推动全球经济发展的引擎。

市场全球化和生产全球化，以及世界贸易、FDI 和进口带来的增长，都意味着企业的本土市场正在遭受外国竞争对手的冲击。在中国市场，苹果、通用汽车（General Motors）和星巴克等美国企业正在扩张业务。在美国市场，过去 30 多年里，日本车企已经从通用汽车和福特手中抢走了大量市场份额。在欧洲市场亦然，曾经占据主导地位的荷兰企业飞利浦（Philips）眼睁睁看着其在消费电子行业的市场份额被日本的松下（Panasonic）和索尼以及韩国的三星和 LG 夺走。世界经济越来越向着单一且巨大的市场整合，使得制造业和服务业领域的竞争强度不断增加。

然而，跨境贸易和投资壁垒的减少并非理所当然。正如我们将在后续章节中讲到的，世界各国仍经常呼吁保护本国企业免受外国竞争对手的冲击。虽然不太可能恢复 20 世纪二三十年代的限制性贸易政策，但目前尚不清楚是否会进一步减少贸易壁垒。2008—2009 年的全球金融危机以及随之而来的全球产出下降，确实导致许多人呼吁设置贸易壁垒以保护国内就业。如果不再降低贸易壁垒，就可能减缓市场全球化和生产全球化的发展速度。

1.4.2 技术变革的作用

降低贸易壁垒使得市场全球化和生产全球化在理论上具有可能性，而技术变革使其成为现实。每年，通信、信息处理和运输技术等领域都会出现独特且频繁的重大进步，其中包括横空出世的物联网。

通信

自第二次世界大战以来，最重要的一项创新可能是微处理器的开发，它使得大功率、低成本的计算呈现爆炸式增长，极大增加了个人和企业能够处理的信息量。微处理器同时也为近代电信技术的进步奠定了基础。在过去 30 多年里，卫星、光纤、无线技术，还有互联网的发展，彻底改变了全球通信。这些技术依靠微处理器对电子公路中流动的大量信息进行编码、传输和解码。微处理器的成本持续下降，而其性能却不断攀升（这一现象被称为摩尔定律（Moore's law），它预测，每 18 个月微处理器的性能将翻一倍，而其生产成本同时下降一半）。[13]

互联网

自 20 世纪 90 年代推出第一款网页浏览器以来，互联网的爆炸式增长彻底改变了通信和商业领域。1990 年，只有不到 100 万用户接入互联网。而到 1995 年，这一数字已经升至 5 000 万。截至 2018 年，互联网用户为 40 亿，占全球人口的 52%。[14]毫无疑问，互联网已经发展成为全球经济的信息支柱。

仅在北美，2018 年电子商务零售额为 5 170 亿美元（1998 年几乎为零），而全球电子商务销售额达到了 2.5 万亿美元。[15]站在全球的角度看，互联网已成为一种均衡器。它使地域、规模、时区的一些限制不复存在。[16]互联网使买家和卖家更容易找到对方，无论他们身在何处，无论其规模大小。它使得任何规模的企业都能用比过去更低的成本向全球扩张。同样重要的是，它使企业能够以 20 多年前不可能实现的方式协调和控制其分散于全球的生产体系。

运输技术

除通信技术的发展外，自 20 世纪 50 年代以来，运输技术方面也出现了多项重大创新。在经济方面，最重要的可能是商用喷气式飞机和超级货轮的发展，以及集装箱化的引入，后者简化了从一种运输方式到另一种运输方式的转运。乘坐商用喷气式飞机出行可以减少从一个地点到另一个地点所需的时间，有效缩短了全球距离。按出行时间来算，现在纽约到东京的距离比以前纽约到费城的距离"更近"。

集装箱化彻底改变了运输业务，显著降低了长距离运输货物的成本。由于国际航运业承载了 90%左右的世界商品贸易量，这一发展极其重要。[17]在集装箱化出现之前，将货物从一种运输方式转移至另一种运输方式非常耗费人力、时间和金钱。卸船并将货物重新装载到卡车或火车上可能需要几天时间和数百名码头工人。随着 20 世纪 70 年代和 80 年代集装箱化的普及，如今，几个码头工人在几天内就可以完成整个过程。集装箱化提升了效率，大幅降低了运输成本，使在全球范围内运输商品变得更加经济，从而推动了市场全球化和生产全球化。1920—1990 年间，美国进出口货物的平均海运费和港口费从 95 美元/吨降到了 29 美元/吨（以 1990 年的美元价格计算）。[18]今天，将一个 20 英尺、装载 20 吨以上货物的集装箱从亚洲运往欧洲，其费用基本上相当于同行程单人飞机经济舱的票价。

对生产全球化的影响

随着与生产全球化相关的运输成本下降，将生产分散至不同地点变得更加经济实惠。作为技术创新的成果，信息处理和通信的实际成本在过去 20 多年里急剧下降。这些发展使得企业有可能创建并继而管理一个分散于全球的生产体系，进一步促进生产全球化的实现。全球通信网络对许多国际企业而言已必不可少。例如，戴尔（Dell）使用互联网来协调和控制其分散于全球各地的生产体系，以至于它在组装地点仅保持三天的库存。当客户通过企业网站提交计算机设备的订单时，戴尔的互联网系统就将其记录下来，然后立刻生成部件订单传送给其在世界各地的供应商，这些供应商能够实时查看戴尔的订单变化并相应地调整它们的生产计划。鉴于航空运输成本较低，戴尔可以使用航空运输的方式加快重要部件的交付，以便满足预期外的需求变化，而不会延误向客户运送最终产品的时间。戴尔还利用现代通信技术将其客户服务业务外包给印度企业。当美国客户致电戴尔进行业务咨询时，他们会被转接至印度班加罗尔，由那里的英语客服接听电话。

对市场全球化的影响

除生产全球化外，技术创新也促进了市场全球化的发展。低成本的全球通信网络，包括那些建立在互联网基础上的网络，正在帮助我们创建电子化的全球市场。如前所述，低成本运输使得我们在世界范围内运送产品更加经济实惠，从而有助于创建全球市场。此外，低成本的飞机出行促进了国家之间大规模的人员流动。这缩短了国家之间的文化距离，并使消费者的品位和偏好日益趋同。与此同时，全球通信网络和全球媒体正在创造一种全球文化。许多国家都可以接收到美国有线电视新闻网（CNN）和 HBO 等美国电视网络，好莱坞电影在世界各地放映，BBC 和半岛电视台（Al Jazeera）等非美国新闻网络的足迹也已遍布全世界。在任何社会中，媒体都是文化的主要传播者，随着全球媒体的发展，全球文化演变也成了一种必然趋势。这种演变产生的一个合理结果，就是全球消费品市场的出现。这一迹象十分明显。如今，在东京找到一家麦当劳餐厅和在纽约一样容易，在里约热内卢买一台 iPad 和在柏林一样容易，在巴黎买一条盖璞（Gap）牛仔裤也和在旧金山一样容易。

尽管存在这些趋势，我们仍必须注意不要过分强调全球化的重要性。虽然现代通信和运输技术使得“地球村”成为可能，但在文化、消费偏好和商业实践方面仍存在显著的国家差异。对于企业而言，忽视国家间的差异是一件很危险的事。我们将在本书中反复强调这一点，并在后面的章节中详细说明。

1.5 不断变动的全球经济统计数据

在过去几十年里，与全球化趋势相伴的是全球经济统计数据的剧烈变化。半个世纪前，四个事实描述了全球经济统计数据。一是美国在世界经济和世界贸易格局中的主导地位。二是美国在对外直接投资中的主导地位。三是美国的大型跨国企业在国际商务中的主导地位。四是全球约有一半的地方较少允许西方国际企业进入。所有这四个事实都发生了迅速改变。

1.5.1 世界产出和世界贸易格局不断变化

从 20 世纪 60 年代初至今，美国是世界上占主导地位的工业强国。1960 年，按 GDP 计算，美国产出占世界产出的 38.3%。到 2018 年，美国产出占世界产出的 24%，而中国产出占 15.2%，处于全球领先地位（见表 1-2）。美国并不是唯一一个占比相对下滑的发达国家，德国、法国、意大利、英国和加拿大也是如此，这里列举的只是其中一小部分。这些发达国家都是率先在全球实现工业化的国家。

表 1-2 不断变动的世界产出和世界出口的统计数据

国家	1960 年占世界产出份额（%）	2018 年占世界产出份额（%）	2018 年占世界出口份额（%）
美国	38.3	24.0	8.2
德国	8.7	4.6	7.1

续表

国家	1960 年占世界产出份额（%）	2018 年占世界产出份额（%）	2018 年占世界出口份额（%）
法国	4.6	3.2	2.8
意大利	3.0	2.4	2.4
英国	5.3	3.3	2.3
加拿大	3.0	2.0	2.2
日本	3.3	6.0	3.6
中国	—	15.2	11.1

资料来源：Output data from World Bank database，2019. Trade data from WTO Statistical Database，2019.

当然，美国地位的变化并非绝对下降，因为在 1960—2018 年间，美国经济出现了大幅增长（在此期间，德国、法国、意大利、英国和加拿大的经济也出现了增长）。但是，这种相对下降的趋势反映了其他多个经济体，特别是亚洲几个国家经济增速更快的事实。例如，从表 1-2 可看出，从 1960 年至今，中国产出占世界产出的份额增加到 15.2%。就此而言，中国已然成为世界第二大经济体（总体上，美国仍然是最大的经济体）。包括日本、泰国、马来西亚、巴西和韩国在内的其他国家/地区在世界产出中的份额也出现了显著增长。

到 20 世纪 80 年代末，美国作为世界头号贸易国的地位受到了挑战。在过去 30 多年里，随着日本、德国以及一些新兴工业化国家如韩国和中国等在世界出口中所占份额的增加，美国在出口市场的主导地位已被削弱。20 世纪 60 年代，美国出口占世界制成品出口的 20%左右。但如表 1-2 所示，2018 年美国在世界出口中的份额已下滑至 8.2%，落后于中国。

随着巴西、俄罗斯、印度和中国等新兴经济体的持续发展，美国和其他老牌发达国家在世界产出和世界出口中的份额很可能进一步下滑。这并不一定是一件坏事。美国经济相对下降反映了世界经济的持续发展和工业化程度加深，而不是美国经济出现了绝对衰退。

如今，大多数预测认为，中国、印度、俄罗斯、印度尼西亚、泰国、韩国、墨西哥和巴西等发展中国家在世界产出中所占份额将继续上升，而英国、德国、日本和美国等较发达的工业化国家所占的份额将相应下降。如果延续目前的趋势，中国经济可能在十年内超过美国，而印度可能在 2030 年成为世界第三大经济体。[19]

世界银行估计，总体而言，到 2030 年，如今的发展中国家可能在世界经济活动中所占比例达 60%以上，而如今的较发达国家在世界经济活动中所占的比例可能从目前的 55%以上降至 38%左右。预测并不一定正确，但表明了世界经济地理正在转变，尽管这种转变的程度尚不完全明确。对于国际企业而言，不断变动的经济地理带来的影响是显而易见的：未来许多经济机遇可能出现在发展中国家，并且未来许多最有力的竞争对手也可能出现在这些地区。一个典型的例子就是印度软件业的急剧扩张。我们将在“国家聚焦”中对此进行介绍。

国家聚焦 印度软件业

大约30年前，印度班加罗尔设立了一些小型软件企业。这些企业中的典型代表是印孚瑟斯（Infosys Technologies），它由7名印度企业家出资大约1 000美元创办。如今，印孚瑟斯的年营业额为102亿美元，拥有约20万名员工，但它只是聚集在班加罗尔周围的100多家软件企业之一。班加罗尔已成为印度快速发展的信息技术行业中心。自20世纪80年代中期起步，该行业目前的出口额已超1 000亿美元。

印度软件业的增长基于四个因素。第一，该国工程人才供给充足。每年，从印度各大学毕业的工程师约有40万人。第二，印度软件业的劳动力成本一直较低。2008年，聘用一名印度高校毕业生的成本约是聘用美国高校毕业生的12%（但是这一差距正在迅速缩小，如今该行业的薪酬仅比美国低30%～40%）。第三，许多印度人都会说流利的英语，这使得西方企业与印度企业之间的协作更加容易。第四，由于时差，印度人可以在美国人睡觉的时候工作，创造了独特的时间效率和全天候的工作环境。

最初，印度软件企业把重点放在低端软件行业，向西方企业提供基本的软件开发和测试服务。但随着行业规模扩大、日益成熟，印度企业开始向更高端的市场进军。如今，领先的印度企业已经直接在大型软件开发项目、业务流程外包合约和信息技术咨询服务等方面与IBM和电子数据系统（Electronic Data Systems，EDS）等企业展开竞争。在过去十几年里，这些市场蓬勃发展，而印度企业在其中占据了很大份额。针对这一新兴的竞争威胁，西方企业的应对措施之一是在印度投资，以获得与印度企业相同的经济优势。例如，IBM在其印度业务上投资了20亿美元，如今在印度拥有15万名员工，比在其他任何国家都多。微软也在印度进行了大量投资，包括在海得拉巴的研发中心。该中心拥有4 000名员工，专门挖掘那些不想去美国的印度工程师人才。

资料来源："Ameerpet, India's Unofficial IT Training Hub," *The Economist*, March 30, 2017; "America's Pain, India's Gain: Outsourcing," *The Economist*, January 11, 2003, p. 59; "The World Is Our Oyster," *The Economist*, October 7, 2006, pp. 9 - 10; "IBM and Globalization: Hungry Tiger, Dancing Elephant," *The Economist*, April 7, 2007, pp. 67 - 69; P. Mishra, "New Billing Model May Hit India's Software Exports," *Live Mint*, February 14, 2013; and "India's Outsourcing Business: On the Turn," *The Economist*, January 19, 2013.

1.5.2 对外直接投资格局不断变化

20世纪60年代，在全球对外直接投资流量中，美国企业占到了66.3%，反映了美国在全球经济中的主导地位。英国企业位居第二，占10.5%，而日本企业位居第八，差距较大，仅占2%。美国企业的领先优势明显，以至于当时很多书中都提到了美国企业的经济威胁。[20]欧洲几个国家提出要限制美国企业的外来投资。

然而，随着商品、服务和资本自由流动的壁垒减少，以及其他国家在世界产出中的占比增加，非美国企业越来越多地开始进行跨国投资。非美国企业进行对外直接投资的很大一部分动机是希望将生产活动分散到最佳地点，并在主要的外国市场建立直接影响力。因此，自 20 世纪 70 年代起，欧洲和日本企业开始将劳动密集型制造业务从本国市场转移到劳动力成本较低的发展中国家。此外，许多日本企业开始在北美和欧洲投资——通常是为了规避不利的汇率风险和可能施加的贸易壁垒。例如，丰田在 20 世纪 80 年代末和 90 年代迅速加大了其对美国和欧洲生产设施的投资。丰田高管认为，日元持续走强将拉高日本汽车出口国外市场的价格，因此，与其从日本出口，还不如在最重要的外国市场直接生产。丰田的这些投资也是为了应对美国和欧洲为限制日本汽车出口而不断加大的政治压力。

图 1－2 说明了这些发展带来的后果之一，展示了一部分国家及整个世界的对外直接投资存量占 GDP 的百分比变化。（**对外直接投资存量**（outward stock of foreign direct investment）指的是一国企业在境外所进行的对外投资的累计价值。）图 1－2 说明随着时间推移，对外直接投资存量显著增加。例如，1995 年，美国企业对外直接投资存量相当于美国 GDP 的 13％；到 2018 年，这一数字为 35％。就整个世界而言，同期对外直接投资存量也从 12％增长至 35％。这明显说明，各国企业越来越依赖于其在其他国家的投资和生产活动带来的收入和利润。我们生活在一个日益密切相连的世界。

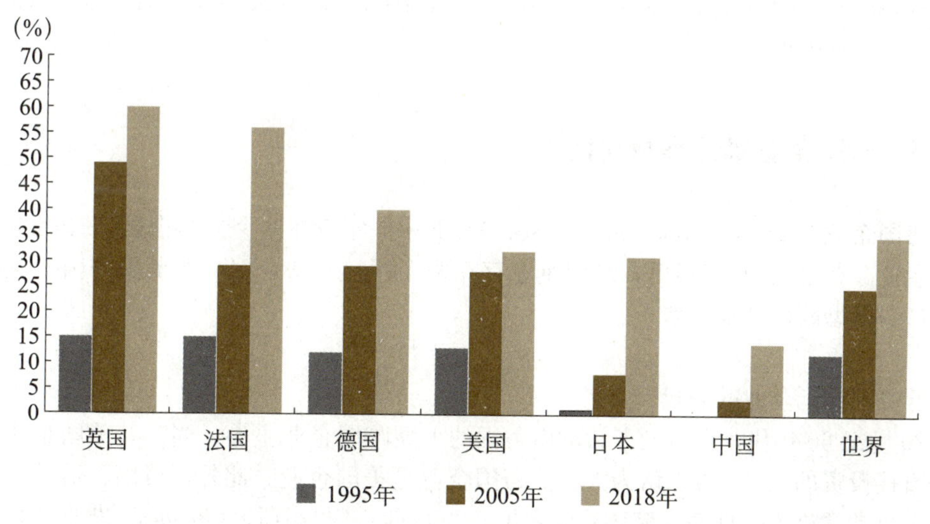

图 1－2　对外直接投资存量占 GDP 的百分比

资料来源：OECD data 2019，World Development Indicators 2019，UNCTAD data base，2019.

图 1－3 说明了另外两个重要趋势——自 1990 年以来对外直接投资的跨境流量持续增长，以及发展中国家作为对外直接投资目的地的重要性与日俱增。在整个 20 世纪 90 年代，针对发达国家和发展中国家的投资额均出现了显著增长，这一趋势反映了商务企业的国际化程度日益加深。对外直接投资在 1998—2000 年激增，但在 2001—2004 年锐减，这与 20 世纪 90 年代末和 2000 年金融泡沫破裂后全球经济活动放缓有关。2005 年，对外直接投资回到“正常”水平，并持续上行，至 2007 年达到历史新高，但随着全球金融危机爆发，2008 年和 2009 年增长再次放缓。不过，在此期间，流入发展中国家的对外直接投资依然呈强劲增长态势。在发展中国家中，中国是最大的接收国，有约 2 500 亿美元的资金流入。正如我们将在本书后续章节看到的，持续流入发展中国家的

对外直接投资是这些国家经济增长的重要刺激因素。对于这一趋势的主要受益国而言，这是个好兆头。

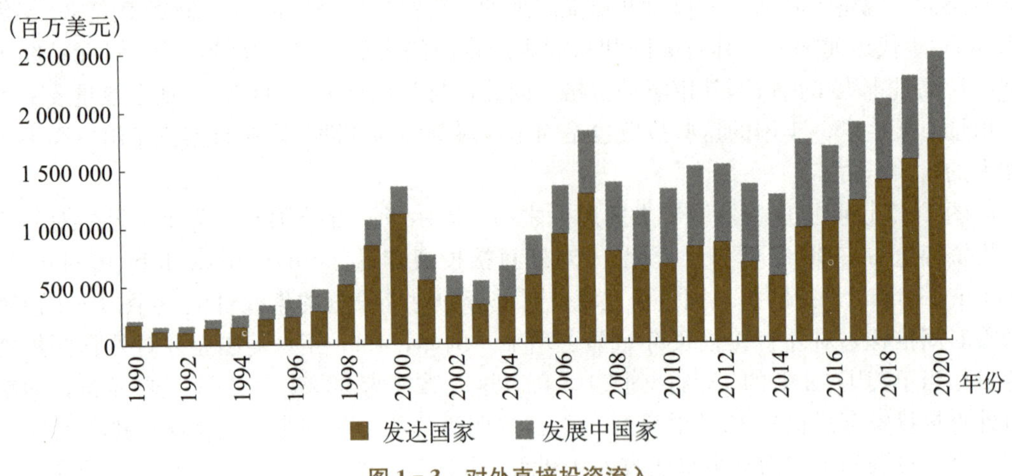

图1-3 对外直接投资流入

资料来源：United Nations Conference on Trade and Development，World Investment Report 2019.（Data for 2019 - 2020 are forecast.）

1.5.3 跨国企业属性不断变化

跨国企业（multinational enterprise，MNE）是任何在两个或多个国家开展生产活动的企业。在过去50多年里，跨国企业存在两个明显趋势：（1）非美国跨国企业的崛起；（2）微型跨国企业的增长。

非美国跨国企业的崛起

20世纪60年代，全球商务活动由美国的大型跨国企业主导。当时，美国企业约占对外直接投资的2/3，可以认为大多数跨国企业是美国企业。此外，英国、荷兰和法国的企业也常常进入全球最大跨国企业名单。2003年，《福布斯》（*Forbes*）杂志开始编撰年度全球企业2 000强排行榜，2 000家企业中有776家即38.8%是美国企业。第二大来源是日本，占比16.6%。而英国企业占比6.6%。到2019年，美国企业所占比例下降至28.8%，即575家企业，日本企业占比降至11.1%，而中国企业占比有了显著提升。同时，来自印度和韩国的跨国企业也出现了显著增加。

大型跨国企业及其母国所显现出的这一变化趋势很可能继续下去。确切地说，我们预计还有更多来自发展中国家的企业将成为全球市场的主要竞争者，从而进一步将世界经济的轴心从北美和西欧转移至其他地方，并对发达国家企业的长期主导地位形成挑战。

微型跨国企业的增长

国际商务的另一个趋势是中小型跨国企业（微型跨国企业）的增长。[21]当人们想到国际商务时，往往会想到埃克森美孚（ExxonMobil）、通用汽车、福特、松下、宝洁（Procter & Gamble）、索尼和联合利华这种业务遍及全球的大型复合型跨国企业。尽管大多数国际贸易和投资仍掌握在大型企业手中，但越来越多的中小型企业正在加入。互联网的兴起减少了小企业进行国际销售时所面临的障碍。

以华盛顿州肯特市的 Lubricating Systems 为例，它是一家制造机床润滑液的企业，拥有 25 名员工，销售额为 650 万美元。它绝对称不上大型复合型跨国企业，但有超过 200 万美元的销售额来自对日本、以色列和阿拉伯联合酋长国等数十个国家的出口。Lubricating Systems 还与一家德国企业成立了合资企业，以服务欧洲市场。[22]

另一个例子是美国工业 X 射线设备的小型制造商 Lixi。其 2 440 万美元的营业额中，超过一半来自对日本的出口。[23] 再以德国路德维希堡的可可豆烘焙机械制造商 G. W. Barth 为例。这家只有 65 名员工的小企业占据了全球可可豆烘焙机市场 70%的份额。[24] 如今，不仅是大企业，中小型企业也在开展国际商务。

1.5.4 世界秩序不断变化

20 世纪 40 年代左右，东欧一些国家较少开展国际贸易，西方跨国企业在这些国家几乎都吃了闭门羹。但在 20 世纪 90 年代，它们提供了大量出口和投资机会。现在由于政治、经济等方面的动荡，在有些国家开展业务的风险很高，但回报也可能很高。

国际商务带来的潜在影响是巨大的。以中国为例。一方面，中国代表了一个潜力巨大的市场。从 1983 年至今，中国每年的对外直接投资从 20 亿美元增加至 2 500 亿美元。另一方面，中国的新企业正在成为强有力的竞争者，它们与西方企业和日本企业竞争全球市场份额。

在长达几十年的时间里，大多数拉丁美洲国家都限制了外国企业的直接投资。除此之外，拉丁美洲各经济体也存在管理不善的问题，经济表现出低增长、高债务和恶性通货膨胀——这些都阻碍了跨国企业在当地投资。在过去 20 多年里，这一情况发生了很大改变。在拉丁美洲大部分地区，债务水平和通货膨胀率都在下降，政府将国有企业出售给私人投资者，对外国投资持欢迎态度，且该地区的经济影响力也在扩大。巴西、墨西哥和智利是其中的领先者。这些变化使拉丁美洲作为出口市场和对外直接投资目的地的吸引力都大大增加，但这些有利趋势能否延续尚无定论。事实上，过去几年，玻利维亚、厄瓜多尔，尤其是委内瑞拉，更多转向了国家干预工业，外国投资如今已不像 20 世纪 90 年代那样受欢迎。在这些国家，政府从外国投资者手中收回了石油和天然气田的控制权，并限制了外国能源企业在当地开采石油和天然气。因此，巨大的机遇伴随着巨大的风险。

1.5.5 21 世纪的全球经济

在过去 1/4 个世纪里，全球经济经历了快速变化。虽然有的国家推出了更高的关税，但商品、服务和资本自由流动的壁垒仍保持降低的趋势。随着经济的发展，越来越多的国家加入了发达国家的行列。韩国曾被视为二线发展中国家，如今它已成为庞大的经济体，那里的企业也成为许多全球行业的主要参与者，从造船到钢铁，再到电子和化工领域，都有它们的身影。还有一些国家改变了经济政策，进一步强化了全球经济。简而言之，当前趋势表明，世界正朝着更有利于国际商务的经济体系发展。

但是，使用现有趋势预测未来总是过于轻率。世界可能正朝着更全球化的经济体系发展，但全球化并非势在必行。如果各国正在经历的事情不符合它们的预期，则它们可能会改变政策。显然，对于国际企业来说，这种情况将更加棘手。

除此之外，全球化程度加深也带来了风险。这在 1997 年和 1998 年得到了充分证明，当时泰国的金融危机首先蔓延到其他东亚国家，然后波及俄罗斯和巴西。最终，这场危机使包括美国在内的许多发达国家都陷入经济衰退的风险。我们将在第 10 章对这场危机以及其他类似的全球金融危机的原因和后果进行探讨。即使从纯粹的经济学角度来看，全球化也并非百利而无一害。我们可能在全球经济中获得更多开展业务的机会，但正如 1997—1998 年的情况，全球金融危机蔓延的风险也增大了。事实上，在 2008—2009 年，一场始于美国金融领域的危机席卷了全球，它源于当时银行对房屋所有者采取的过于宽松的贷款政策。这场危机使全球经济陷入自 20 世纪 80 年代初以来最为严重的一次衰退，再一次表明，在一个相互连接的世界中，一次严重的区域危机会影响全球。尽管如此，正如本书后面将介绍的，企业可以通过适当的对冲策略降低风险，并更好地利用与全球化相关的机遇。当世界努力在全球化和部分国家可能愈演愈烈的民族主义倾向中寻求平衡时，这些对冲策略也可能变得越来越重要。

1.6 全球化的争议

向更加一体化和相互依存的全球经济转变是一件好事吗？许多有影响力的经济学家、政治家和商业领袖似乎都这么想。[25]他们认为，国际贸易和投资壁垒的降低是推动全球经济更加繁荣的双引擎。他们指出，国际贸易和跨境投资增加将导致商品和服务价格下降。他们相信，全球化会刺激经济增长，提高消费者收入，并有助于为所有加入全球贸易体系的国家创造就业机会。我们将在第 5 章、第 6 章和第 7 章中对支持全球化的观点进行详细讨论。正如我们将看到的，减少国际贸易和投资的壁垒能够刺激经济增长、创造就业机会、提高收入水平的观点得到了充分的理论支持。不仅如此，如第 5 章、第 6 章和第 7 章所述，这一理论所作出的预测也得到了实证支持。然而，尽管存在大量令人信服的理论和证据，全球化仍然饱受争议。[26]一些批评者采用激进的方式表明他们对全球化的抗议。在本节中，我们将主要考察反全球化抗议的本质，并简要审视与全球化优点相关的主要争议。在后面的章节中，我们将对其中许多观点进行详细论述。

1.6.1 反全球化抗议

反对全球化的民众示威可以追溯到 1999 年 12 月，当时有超过 40 000 名抗议者围堵了西雅图街道，试图阻止世界贸易组织在该市举行会议。示威者抗议的问题很广泛，包括行业受到外国竞争对手冲击而导致的失业、非技术劳动力工资下行的压力、环境恶化，以及全球媒体和跨国企业的文化帝国主义（一些抗议者称其被美国“文化贫乏”的利益和价值观主导）。示威者称，所有这些弊病都可以归咎于全球化。世界贸易组织当时试图启动新一轮谈判，以减少跨境贸易和投资的壁垒。因此，它被视为全球化的推动者和抗议者的目标。抗议活动逐渐向暴力演变。与此同时，世界贸易组织的会议未能达成协议，尽管会议厅外的抗议与这次会议的失败并没有太大关系，但给人留下了示威者成功阻挠了会议的印象。

此后，反全球化抗议者每逢重要的全球机构会议几乎都会出现。小规模的抗议活动在法国等多个国家定期举行。1999 年，反全球化活动者在法国破坏了一家麦当劳餐厅，以抗议美国对法国文化的入侵（详见稍后的“国家聚焦”）。从示威的规模可以清楚看出，支持这一活动的不只是无政府主义者这一核心人群。在许多国家，大多数人认为全球化会对生活水平、工资和环境产生不利影响。事实上，唐纳德·特朗普在 2016 年美国总统大选中能够获得大力支持，主要就是因为他一再断言，贸易将使美国的就业机会输出到海外并在美国造成失业和工资降低。

理论和证据都表明，对全球化的担忧大多被夸大了。许多反全球化的抗议活动都在利用一种对过往世界的失落感，在那里，时间和距离的障碍以及不同国家的经济制度、政治制度和发展水平的显著差异，造就了一个人类文化多样性的世界。虽然来自发达国家的游客在泰国等富有异国情调的地方度假时，可能会为当地有太多同质化的麦当劳餐厅和星巴克咖啡馆而感到惋惜，但这些国家的民众却很少抱怨，他们欣然接受全球化进程所带来的更高生活水平。

国家聚焦　法国的反全球化抗议活动

这一切都始于 1999 年 8 月的一个晚上，其影响可能一直延续至今。回到 1999 年，10 名男子在当地牧羊人兼农村活动家何塞·博韦（José Bové）的领导下前往法国中部城镇米约，破坏了一家正在建设中的麦当劳餐厅，造成了约 15 万美元的损失。但是，至少在他们的支持者看来，这不是普通的破坏。他们声称，“象征性拆除”麦当劳门店最初是为了抗议美国的不公平贸易政策。欧盟（European Union，EU）曾禁止从美国进口经过激素处理的牛肉，主要是担心这可能会导致健康问题（尽管欧盟科学家表示没有证据）。世界贸易组织在认真审查后表示，根据欧盟和美国应遵守的贸易规定，欧盟不应采用此类禁令，欧盟不取消该禁令，可能会面临报复。欧盟拒绝遵守，因此美国政府对特定欧盟产品征收了 100%的进口关税，包括鹅肝、芥末和罗克福奶酪等法国主要产品。在米约附近的农场，博韦和其他牧羊人提供的羊奶就是制作罗克福奶酪的原料。他们对美国的关税政策感到愤怒，并决定针对麦当劳发泄他们的不满。

博韦和他的同伙被逮捕并受到了指控。大约同一时间，在法国朗格多克地区，加利福尼亚酿酒师罗伯特·蒙大维（Robert Mondavi）与阿尼安村市长和议会以及当地官方机构达成协议，将该村 125 英亩树木繁茂的山坡变成一座葡萄园。蒙大维计划在该项目上投资 700 万美元，并希望能够生产出每瓶 60 美元的顶级葡萄酒销往欧洲和美国等地。但是，这一计划遭到了当地环保人士反对，他们声称这将破坏该地区独特的生态遗产。何塞·博韦对反对者表示了支持，于是抗议活动开始了。2001 年 5 月，批准该项目的社会党市长在地方选举中落选，蒙大维项目成了主要议题。取代他的共产主义者曼努埃尔·迪亚兹（Manuel Diaz）谴责该项目是资本主义的阴谋，意图通过牺牲村民和环境的利益来使富得流油的美国股东更加富有。在迪亚兹获胜后，蒙大维宣布他将退出该项目。一位发言人指出："这是一种巨大的浪费，但显然这里面涉及的个人利益和政治利益在起作用，已远远超出了我们的控制范围。"*

那么，法国人是否反对外国投资呢？麦当劳和蒙大维的经历似乎表明了这一点，相关新闻报道也是如此，但如果仔细观察，现实似乎并非如此。如今，麦当劳在法国拥有 1 200 多家餐厅，雇用了 69 000 名员工。法国是继美国之后麦当劳最赚钱的市场。简而言之，在抗议活动发生 20 多年后，麦当劳在法国取得了巨大成功。不仅如此，法国一直以来是对外直接投资最受青睐的地区之一，它在 2000—2017 年间获得了超过 7 000 亿美元的对外直接投资，成为欧洲对外直接投资的首选目的地之一。美国企业在这类投资中始终占据了很大比例。另外，法国企业也是重要的外国投资者，约 1 100 家法国跨国企业在其他国家拥有约 1.1 万亿美元的资产。尽管仍有反对的声音，但法国企业和消费者似乎都已经接受全球化了。

* Henley, Jon. "Grapes of Wrath Scares Off US Firm." *Guardian News & Media Limited*, May 18, 2001. https://www.theguardian.com/world/2001/may/18/jonhenley.

资料来源："Behind the Bluster," *The Economist*, May 26, 2001; "The French Farmers' Anti-Global Hero," *The Economist*, July 8, 2000; C. Trueheart, "France's Golden Arch Enemy?" *Toronto Star*, July 1, 2000; United Nations, *World Investment Report*, 2014 (New York & Geneva: United Nations, 2011); and Rob Wile, "The True Story of How McDonald's Conquered France," *Business Insider*, August 22, 2014.

1.6.2 全球化、就业和收入

全球化的反对者经常表达的一个担忧是，国际贸易壁垒的减少将对美国和西欧国家等发达经济体的制造业就业机会造成毁灭性影响。批评者认为，减少贸易壁垒使企业能够将制造活动转移到工资水平低得多的国家。[27]事实上，由于中国、印度和东欧国家加入全球贸易体系，以及全球人口增长，全球劳动力储备从 1990 年至今已经增加了 5 倍以上。在其他条件不变的情况下，我们可能会认为，全球劳动力大幅增加，再加上国际贸易扩张，将压低发达国家的工资水平。

这种担忧往往会得到一些支持。例如，《费城询问报》（*Philadelphia Inquirer*）的两名记者巴特利特（D. L. Bartlett）和斯蒂尔（J. B. Steele）就引用了美国服装制造商哈伍德工业（Harwood Industries）的案例。该企业关闭了其在美国的业务，因为在美国，他们需支付工人每小时 9 美元的工资，而将制造业转移到洪都拉斯后，那里的纺织工人每小时只需要 48 美分。[28]巴特利特和斯蒂尔认为，正是由于这些举措，美国较低收入阶层的工资在过去 25 年里出现了显著下降。

在过去几年中，同样的担忧也出现在服务业，越来越多的企业将服务外包给劳动力成本较低的国家。当戴尔、IBM或花旗集团（Citigroup）等企业将服务外包给成本较低的外国供应商时，人们普遍感觉它们正在向低收入国家输出就业机会，并导致本国（在本例中是美国）失业率上升、生活水平降低。一些美国立法者呼吁通过法律设置壁垒限制外包。

全球化的支持者则回应道，对这些趋势持批判态度的人忽略了自由贸易协议的本质——收益大于成本。[29]他们认为，自由贸易将使各国专门生产其能够高效生产的商品和服务，并同时进口其无法高效生产的商品和服务。当一个国家接受自由贸易时，总会出现一些混乱——失去哈伍德工业的纺织工作或失去戴尔客户服务呼叫中心的工作，但是整体经济却因此变得更好了。根据这一观点，如果美国可以在其他国家以更低的成本生产纺织品，那么在其国内生产纺织品就没有任何意义了。从其他国家进口纺织品能够使美国的服装价格下降，从而使消费者将更多的钱花在其他商品上。同时，其他国家纺织品出口收入的增长也提高了该国收入水平，从而有助于该国居民购买更多的美国产品，例如安进（Amgen）的药品、波音的飞机、英特尔的微处理器、微软的软件和思科（Cisco）的路由器等。

同样的观点也支持将服务外包给低收入国家。通过将客户服务呼叫中心外包给其他国家，戴尔可以改善成本结构，从而降低电脑价格。美国消费者将因此受益。随着电脑价格下降，美国消费者可以将更多的钱花在其他商品和服务上。不仅如此，其他国家收入水平提高将提高该国居民购买力，这有助于创造就业机会。全球化的支持者认为，通过这种方式，自由贸易将给所有坚持自由贸易的国家带来益处。

如果全球化的批评者是正确的，那么必须证明三个问题。首先，与资本所有者（如股东和债券持有人）相反，发达国家劳动力在国民收入中分得的份额应由于工资的下行压力而有所下降。其次，如果蛋糕的总规模增长足以抵消劳动力份额的下降，即使劳动力能够分到的经济蛋糕的份额下降，也并不意味着其生活水平下降——换句话说，在发达经济体中，经济增长和生活水平提高可以抵消劳动力所分得的份额下降（这是全球化支持者所主张的观点）。最后，劳动力在国民收入中所占份额的下降必须是由于将生产转移至低收入国家，而不是生产技术和生产力的提高。

多项研究给出了以上问题的答案。[30]首先，数据表明，在过去20多年里，劳动力在国民收入中分得的份额有所下降。但是，详细的分析表明，技术劳动力（skilled labor）在国民收入中的份额实际上有所增加，这说明劳动力份额下降是由于非技术劳动力（unskilled labor）的份额下降。IMF的一项研究表明，技术劳动力和非技术劳动力之间的收入差距在过去20多年中扩大了25%。[31]另一项侧重于美国数据的研究发现，进口带来的竞争会导致非技术劳动力工资下降，对技术劳动力则没有明显影响。同一项研究还发现，当行业出口增长时，技术和非技术劳动力的实际工资均有所增加。[32]这些数据表明，在过去几十年里，当行业内的外国竞争者效率更高时，非技术劳动力在国民收入中取得的份额就会有所下降。

然而，这并不意味着发达国家非技术劳动力的生活水平有所下降。发达国家的经济增长有可能抵消非技术劳动力在国民收入中分得的份额的下降，从而提高他们的生活水平。有证据表明，自 20 世纪 80 年代以来，包括美国在内的大多数发达国家的实际劳动报酬都有所增长。经济合作与发展组织（Organisation for Economic Co-operation and Development，OECD）的多项研究表明，尽管 OECD 成员国的社会贫富差距有所扩大，但大多数国家的实际收入水平均有所提高，其中包括最贫困的阶层。在一项研究中，OECD 发现其成员国的实际家庭收入（经通货膨胀调整）每年增长 1.7%，其中最贫困的 10%人口的实际收入水平平均提高了 1.4%，而最富裕的 10%人口年增长率为 2%（即虽然每个人都变得更富有，但社会贫富阶层的差距却在扩大）。与大多数其他国家相比，美国增长率的贫富差异则更为极端。研究发现，美国最贫困的 10%人口的实际收入年增长率仅为 0.5%，而最富裕的 10%人口的实际收入年增长率为 1.9%。[33]

如前所述，全球化的批评者认为，非技术劳动力的工资下降是由于低收入制造业岗位转移到了海外，从而使得对非技术劳动力的需求相应减少。然而，全球化的支持者看到了更复杂的情况。他们坚持认为，非技术劳动力的实际工资增长甚微，主要是因为发达经济体内部的技术因素导致了转变，劳动力能否胜任岗位不再只看其是否愿意每天上班，而是朝着需要大量教育和技能的方向发展。他们指出，许多发达经济体都报告说，高技术劳动力短缺，而非技术劳动力供应过剩。因此，日益加剧的收入不平等是劳动力市场抬高技术劳动力工资而打压非技术劳动力工资的结果。事实上，有证据表明，技术变革对劳动力在国民收入中所占份额下降的影响比全球化更大。[34]这说明，要解决非技术劳动力实际收入增长缓慢的问题，不应该限制自由贸易和全球化，而应该增加社会对教育的投资，以减少非技术劳动力的供应量。[35]

最后，值得注意的是，随着发展中国家经济快速增长，发展中国家和发达国家之间的工资差距正在缩小。例如，一项估计表明，中国的工资水平将在约 20 年内接近西方水平。[36]在这种情况下，任何非技术岗位转移至低收入国家的现象都是暂时的，这表明世界经济正在调整结构，朝着全球经济一体化程度更高的方向前进。

1.6.3 全球化、劳工政策和环境

第二个担忧是，自由贸易鼓励发达国家的企业将制造设施转移到欠发达国家，而后者缺乏足够的法规来保护劳工和环境。[37]全球化的批评者通常认为，遵守劳工和环境相关的法规会显著增加制造业企业的成本，相对于不必严格遵守此类法规的发展中国家企业而言，发达国家企业将在全球市场上处于竞争劣势。这一理论认为，企业为了应对这种成本劣势，会将生产设施转移至没有此类烦琐的法规或对此类法规执行不力的国家。

如果是这种情况，那么我们可以预测自由贸易将会导致污染增加，并造成发达国家的企业剥削欠发达国家的劳动力。[38]提出这一观点的是那些反对加拿大、墨西哥和美国订立《北美自由贸易协定》（North American Free Trade Agreement，NAFTA）的人。他们描绘了美国将制造业企业迁往墨西哥的场景——放肆污染环境、雇用童工、无视工作场所的安全和健康问题，只为追求更高的利润。[39]

自由贸易和全球化进程的支持者则对此表示怀疑。他们认为，更严格的环境法规和劳工标准与经济发展是齐头并进的。[40]一般而言，随着国家变得更富裕，它们也会制定

更严格的环境和劳工法规。[41]因为自由贸易能够提高发展中国家的经济增长率并使其变得更富裕，所以应当能够推动其制定更严格的环境和劳工法规。持这种观点的人认为，自由贸易的批评者在颠倒黑白：自由贸易不会导致更严重的污染和劳动力剥削，反而会改善这种情况。通过创造财富和激励企业进行技术创新，自由市场体系和自由贸易能够使世界各国在应对污染和人口增长问题上更轻松。事实上，较贫困国家的污染水平在上升，而发达国家的污染水平一直在下降。例如，在美国，大气中的一氧化碳和二氧化硫污染物浓度自 1978 年以来下降了 60%，而铅浓度下降了 98%，这些下降都是在经济持续扩张的背景下发生的。[42]

许多计量经济学研究发现，有一致的证据表明，收入水平和污染水平呈“驼峰型”关系（见图 1－4）。[43]随着经济增长和收入水平提高，污染水平最初会上升。然而，到达某个点后，收入水平的提高将导致环境保护的要求提高，污染水平随之下降。格罗斯曼（Grossman）和克鲁格（Krueger）的一项影响深远的研究发现，转折点通常出现在人均收入水平达到 8 000 美元。[44]

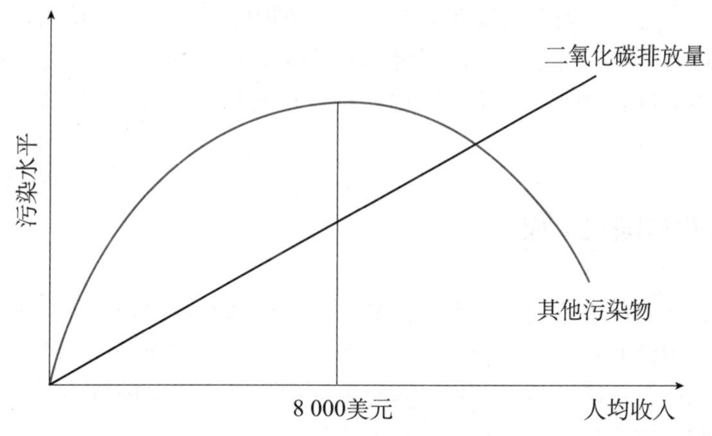

图 1－4　收入水平和污染水平的关系

资料来源：C. W. L. Hill and G. T. M. Hult, *Global Business Today* (New York: McGraw-Hill Education, 2018).

虽然图 1－4 中的驼峰型关系似乎适用于各种污染物的污染水平与收入水平的关系——从二氧化硫到铅浓度以及水质等，但二氧化碳的排放量是一个重要例外，它会随着收入水平的提高而稳定上升。鉴于二氧化碳是一种吸热气体，并且有充分证据表明大气二氧化碳浓度增加是全球变暖的一个原因，人们应该予以重视。然而，让能够促进经济增长和全球化并能够提高全球生活水平的贸易自由倒退，可能无助于我们解决问题。让世界各国都同意限制碳排放的政策可能是一种解决方法。在大多数经济学家看来，最有效的方法是，通过征收碳税给碳密集型能源发电加价。为确保这一税种不会损害经济增长，经济学家认为碳税应该是收入中性的，其增加额可被所得税或消费税的减少抵消。[45]

尽管自 1992 年里约热内卢地球峰会以来，联合国主办的各项会谈都将减少二氧化碳排放量作为首要目标，但时至今日，无论是地球峰会，还是随后的会谈（例如，1997

年在日本京都、2009 年在哥本哈根、2015 年在巴黎）中制定的减少二氧化碳排放量的宏大目标都收效甚微。2015 年各国在巴黎达成了一份基础广泛的多边协定。在该协定中，各国承诺为减少二氧化碳排放量和限制未来全球气温升高这一宏大的目标而努力。然而，在时任美国总统唐纳德·特朗普的推动下，美国于 2017 年退出了《巴黎协定》。特朗普对二氧化碳水平上升导致气候变化这一理论及其证据表示异议，他认为《巴黎协定》使美国处于不利地位，失去了其他国家无法获得的特殊利益。

许多自由贸易的支持者指出，在欠发达国家，可以将自由贸易协定与更严格的环境和劳工法规的实施捆绑在一起。例如，NAFTA 获得通过的必要条件就是，在附带协议的谈判中，确保墨西哥将执行更严格的环境保护法规。因此，自由贸易的支持者认为，现在的墨西哥工厂比没有通过 NAFTA 时更加清洁。[46]

支持者还认为，商务企业并不是批评者所说的不道德组织。虽然可能有一些“烂苹果”，但大多数商务企业的管理人员致力于以合乎伦理的方式开展业务，并且不太可能仅仅为了排放更多的污染或剥削更多的劳动力而将生产转移至海外。此外，污染、劳动力剥削和生产成本之间的关系可能并不像批评者所说的那样。他们认为，一般而言，获得良好待遇的劳动者更具有生产力，而对成本影响最大的往往是生产力，而不是基本工资。自由贸易的支持者对于“贪婪的管理者将生产转移至低收入国家以剥削其劳动力”的想法嗤之以鼻。

1.6.4 全球化与国家主权

全球化的批评者所表达的第三个担忧是，当今全球经济的相互依存度越来越高，使得经济权力从各国政府转移到了世界贸易组织（WTO）、欧盟和联合国等超国家组织。批评者认为，如今，非民选的官方机构将政策强加给民选的各国政府，损害了这些国家的主权，并限制了国家控制自己命运的能力。[47]

WTO 成为那些抨击全球经济热潮的人的主要目标。如前所述，WTO 成立于 1995 年，旨在对 GATT 所建立的世界贸易体系进行监管。WTO 有权对其 164 个成员之间的贸易争端进行仲裁。仲裁庭可作出裁决，要求其成员改变违反 GATT 的贸易政策。如果违规者拒绝按照裁决执行，则 WTO 允许其他国家对违规者实施适当的贸易制裁。因此，根据著名的批评家、美国环保主义者、消费者权益倡导者及总统参选人拉尔夫·纳德（Ralph Nader）的说法：

> 在新的体系下，许多将影响数十亿人的决策不再由当地政府或各国政府作出，而是在受到 WTO 成员质疑时，将决策权交给一群非选举产生的坐在日内瓦（WTO 总部所在地）闭门造车的官员。这些官员可以决定加利福尼亚州能否阻止其最后一片原始森林被破坏，或是否禁止在他们的食物中使用致癌杀虫剂；或者欧洲国家是否有权禁止在肉类中使用危险的生物技术激素……民主和负责任的决策方式已经岌岌可危。[48]

与纳德相反，许多经济学家和政治家坚持，像 WTO 这样的超国家组织所拥有的只是其成员通过集体协议所授予的权力。他们认为，联合国和 WTO 的存在是为了服务其成员的集体利益，而不是为了颠覆这些利益。超国家组织的支持者指出，这些机构的权力很大程度上取决于其说服成员采取特定行动的能力。这些机构如果未能为成员的集体利益服务，则会失去它们的支持而迅速瓦解。依据这种观点，真正的权力仍然掌握在成员而不是超国家组织手中。

1.6.5　全球化与世界贫困问题

全球化的批评者认为，尽管自由贸易和投资带来了所谓的好处，但在过去 100 年左右的时间里，贫富差距越来越大。1870 年，世界上最富裕的 17 个国家的人均收入是其他所有国家的 2.4 倍。1990 年，同一群体的财富却达到了其他群体的 4.5 倍。2019 年，包括世界上大多数富裕经济体在内的 OECD 的 34 个成员国的人均国民总收入（gross national income，GNI）超过 40 000 美元，而世界上最不发达的 40 个国家的人均 GNI 却低于 1 000 美元——这意味着世界上最富裕的 34 个国家的人均 GNI 是最贫穷的 40 个国家的 40 多倍。[49]

虽然世界上一些较贫困的国家能够实现经济的快速增长，但世界上最贫困的多个国家似乎仍存在难以撼动的阻碍力量。在 1960 年人均 GDP 低于 1 000 美元的国家当中，有 1/4 的国家增长率为负数，有 1/3 的国家增长率低于 0.05%。[50]批评者认为，如果全球化是一种积极的发展，那么这种贫富差距就不应该产生。

尽管经济停滞的原因各不相同，但都与自由贸易或全球化无关。[51]有的国家没有有效的经济政策，有的国家长期内战，有的国家人口迅速增长。自由贸易的支持者认为，这些国家改善其状况的最佳方式是降低自由贸易和投资的壁垒，并采用基于市场经济的经济政策。[52]

世界上许多较贫困的国家都被巨额债务所拖累。尤其令人担忧的是共拥有约 7 亿人口的 40 个“重债穷国”（highly indebted poor countries，HIPCs）。在这些国家中，以 GDP 衡量，政府的平均债务负担高达 GDP 的 85%，每年为偿还政府债务需消耗国家出口收入的 15%。[53]偿还如此沉重的债务使这些国家的政府几乎没有钱投资于重要的公共基础设施，例如教育、医疗保健、道路和电力等。其结果就是 HIPCs 陷入了抑制经济发展的贫困和债务的恶性循环。一些人认为，自由贸易只是帮助这些国家摆脱贫困的必要但不充分条件。而这些国家希望获得大规模的债务减免，以便有机会重组经济，逐步走向繁荣。

20 世纪 90 年代后期，在较富裕国家的政治机构中开展了一场债务减免运动。[54]美国还支持了 IMF 的一项计划，出售其部分黄金储备，并将所得款项用于债务减免。IMF 和世界银行如今已有明确的立场，并开始了系统性的债务减免计划。

然而，要使此类计划产生深远的影响，债务减免必须与促进经济发展的公共项目投资（如教育）以及促进投资和贸易的经济政策相匹配。

经济学家认为，最富裕的国家在从最贫困的国家进口产品时，可以通过减少贸易壁垒来提供帮助，特别是对农产品和纺织品进口所征收的关税。高关税壁垒和其他贸易障碍使贫困国家难以出口更多的农产品。据 WTO 估计，如果发达国家取消其对农业生产者的补贴并消除农业贸易的关税壁垒，则将使全球经济福利增加 1 280 亿美元，其中 300 亿美元将流入贫困国家，而这些贫困国家当中不少都负债累累。WTO 认为，扩大农业贸易带来的相关增长能够以较快的速度大幅减少贫困人口的数量。[55]

尽管富裕国家和贫困国家之间存在巨大差距，但有证据表明这一问题的解决已取得实质性进展。根据世界银行的数据，在过去 30 多年里，世界贫困人口比例大幅下降（见图 1-5）。1981 年，世界上 42.2%的人口生活在极端贫困中，即每日生活费不到 1.90 美元，而 66.4%的人口每日生活费不到 5.50 美元。到 2015 年，这些数字分别为 10%和 46%。换句话说，在 1981—2015 年，生活在极端贫困中的人数从 19 亿下降到了 7.36 亿，尽管同期世界人口增加了约 25 亿。世界正在变得更好，并且有许多经济学家认为，这一变化离不开全球化为较贫困国家提供的改善命运的机会。但是，到 2015 年，仍有 34 亿人每日生活费不足 5.50 美元，这表明我们仍有很长的路要走。

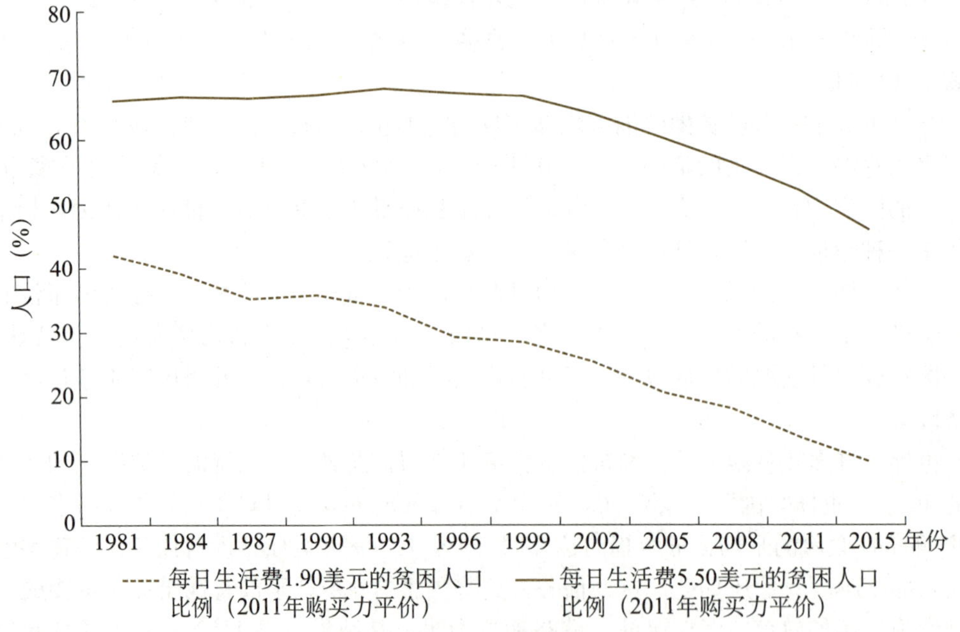

图 1-5　1981—2015 年世界贫困人口比例

资料来源：World Bank Data Base on Poverty and Equity，World Development Indicators，2019.

1.7　全球市场中的管理

本书的大部分内容与国际企业的管理有关。**国际企业**（international business）是指从事国际贸易或投资的企业。虽然以直接投资的方式在其他国家开展业务的跨国企业也属于国际企业，但从事国际商务，不一定要成为跨国企业。企业所要做的就是从其他国家进出口产品而已。随着世界向真正一体化的全球经济体转变，越来越多的企业，无论大小，都成了国际企业。这种向全球经济体转变的趋势对于国际企业的管理者意味着什么呢？

随着企业越来越多地参与跨境贸易和投资，管理者需要认识到，管理一家国际企业与管理一家纯国内业务的企业在许多方面是不同的。最基本的差异来源于一个简单的事实——国家不同。各国的文化、政治制度、经济制度、法律制度和经济发展水平各不相同。尽管人们热衷于谈论“地球村”，市场全球化和生产全球化的趋势不变，但正如我们在本书中所讲的，世界各国仍然存在很大差异。

国家间的差异要求国际企业在不同国家采用不同的做法。在巴西营销产品与在德国营销产品可能采用不同的方法；管理美国工人与管理日本工人可能使用不同的技巧；在墨西哥，与特定层级的政府部门保持密切关系可能十分重要，但在英国则无关紧要；在加拿大推行的商业策略，在韩国可能行不通；等等。国际企业的管理者不仅需要对这些差异保持敏感性，还需要采取适当的政策和策略来应对。本书的大部分内容都致力于解释这些差异的来源以及成功应对的方法。

国际企业和国内企业的另一个不同之处在于管理国际企业的复杂程度更高。除国家差异引发的问题外，国际企业的管理者还需要面临一系列国内企业管理者从未遇到过的问题。国际企业的管理者必须决定在世界哪个地方从事生产活动才能最大限度降低成本并增加附加值。他们必须决定，如果仅遵守许多欠发达国家较宽松的劳工和环境保护标准，是否合乎伦理。他们还必须决定如何最好地协调和控制分散于全球各处的生产活动（正如我们将在本书后面看到的，这不是一个小问题）。国际企业的管理者还必须决定进入哪国市场和避免哪国市场。他们必须选择合适的方式来进入特定的外国市场：向国外出口产品是不是最好的方式？是否应当许可该国当地企业生产其产品？是否应当通过与当地企业合资的形式在该国生产产品？或者，是否应当以设立全资子公司的形式来服务该国市场？正如我们将看到的，进入模式的选择至关重要，因为它将对企业的长期发展产生重大影响。

如果要跨越国界开展商业活动，就需要理解国际贸易和投资体系的规则。国际企业的管理者还必须应对政府在国际贸易和投资上的管制，在此情况下找到开展业务的方式。正如本书中解释的那样，尽管许多政府声称其致力于自由贸易，但它们仍经常通过干预手段来规范跨境贸易和投资。国际企业的管理者必须制定应对此类干预措施的策略和政策。

跨境交易还要求企业资金在本币和外币之间转换。由于货币汇率会随着不断变化的经济状况而变化，国际企业的管理者必须制定应对汇率变动的政策。采用错误政策的企业可能会损失大量资金，而采用正确政策的企业可以增强其国际业务的盈利能力。

总而言之，管理国际企业不同于管理纯国内业务的企业，其原因至少有四点：(1) 国家差异；(2) 相对于国内企业管理者而言，国际企业管理者面临的问题范围更广且更复杂；(3) 国际企业必须在政府对国际贸易和投资体系的干预下找到开展业务的方式；(4) 国际交易涉及不同货币之间的转换。

在本书中，我们深入研究了所有这些问题，并密切关注了管理者在国际企业面临各种挑战时应采取的不同策略和政策。第 2 章、第 3 章探讨了各国在政治、经济、法律和文化制度方面的差异。第 4 章对国际商务中出现的伦理问题、企业社会责任和可持续发展问题进行了深入讨论。第 5 章到第 8 章着眼于国际企业运营时所处的全球贸易和投资环境。第 9 章、第 10 章和第 11 章考察了全球货币制度，侧重于外汇市场的性质和新兴的国际货币体系。第 12 章和第 13 章探讨了国际企业的战略、组织和市场进入模式。第 14 章到第 19 章着眼于国际企业中各种职能的运营管理，包括出口、进口、对等贸易、生产、供应链管理、营销、研发、财务和人力资源。读完本书，你应该能够很好地掌握国际企业管理者每天必须应对的问题，并且熟悉一系列的策略和运营政策，能够在当今迅速崛起的全球经济中更有效地参与竞争。

小结

本章展示了世界经济如何变得更加全球化，并考察了全球化的主要驱动力，各国似乎都被推向了一个更加紧密相连的一体化全球经济体。本章还研究了国际商务的性质如何随着全球经济的变化而变化，讨论了快速全球化引发的担忧，并考察了快速全球化对管理者的影响。本章要点如下：

1. 在过去 30 多年里，我们见证了市场全球化和生产全球化。

2. 市场全球化意味着各国市场正在融合成一个巨大的市场。但是，这种看法并非绝对。

3. 生产全球化意味着企业将各个生产活动放在了该特定活动在世界上的最优地点。因此，谈论美国产品、日本产品或德国产品变得越来越无关紧要，因为它们正在被“全球”产品所取代。在另一些情况下，它们只是被特定企业（例如苹果、索尼或微软）制造的产品所取代。

4. 全球化趋势的形成似乎有两个因素：贸易壁垒减少，以及通信、信息处理和运输技术的变革。

5. 第二次世界大战结束以来，商品、服务和资本自由流动的壁垒已大大减少。最重要的是，这促进了生产全球化的趋势并促使企业将世界视为一个单一市场。

6. 由于生产全球化和市场全球化，在过去十年里，世界贸易的增长速度超过了世界产出的增长速度，对外直接投资激增，进口产品已愈加深入工业国家的各个方面，并且各行各业的竞争压力都有所增加。

7. 微处理器的发展以及通信和信息处理技术的相关发展帮助企业将其全球业务接入先进的信息网络。航空运输通过缩短出行时间帮助国际企业将其全球业务连接起来。这些变化使企业能够实现其全球业务的紧密协调，并将世界视为一个单一市场。

8. 20 世纪 60 年代，美国经济在世界上占主导地位，美国企业完成了世界经济中的大部分对外直接投资，美国企业在大型跨国企业名单中占到了多数。

9. 到 21 世纪 20 年代，美国在世界产出中的份额将减少一半，而欧洲和东南亚经济体将占主要份额。美国在全球对外直接投资中的份额将下降约 2/3。美国跨国企业将面临大量跨国企业的竞争。此外，还需注意微型跨国企业的出现。

10. 商务人士、经济学家和政治家对全球经济一体化的利弊争论不休。争论的焦点在于全球化对就业、工资、环境、工作条件、国家主权以及世界上最贫困国家的影响。

11. 管理国际企业不同于管理国内企业的四点原因：(1) 国家差异；(2) 相对于国内企业管理者而言，国际企业管理者面临的问题范围更广且更复杂；(3) 国际企业必须在政府对国际贸易和投资体系的干预下找到开展业务的方式；(4) 国际交易涉及不同货币之间的转换。

思考与讨论题

1. 描述过去 30 年间世界经济的变化。这些变化对英国、北美的国际企业分别有何影响？

2. “如果你要去大型跨国企业工作，那么学习国际商务是对的，但对于在小企业工作的人来说，就无关紧要了。”请评价这种说法。

3. 技术变革如何促进市场全球化和生产全球化？如果没有技术变革，生产全球化和市场全球化是否仍可能实现？

4. “归根结底，学习国际商务与学习国内商务并没有什么不同。因此，单独开设国际商务课程是没有意义的。”请评价这种说法。

5. 互联网如何影响国际商务活动和世界经济全球化？

6. 如果目前的趋势延续下去，中国可能在 2035 年成为世界上最大的经济体。请讨论这种发展对以下各方面的可能影响：

(1) 世界贸易体系。

(2) 国际货币体系。

(3) 目前欧洲和美国的全球企业所采取的商业策略。

(4) 全球商品价格。

7. 重新阅读“管理聚焦”专栏中的“波音的全球生产体系”并回答以下问题：

(1) 将波音 787 零部件的制造外包给其他国家的企业对于波音来说有什么好处？

(2) 外包给波音带来的潜在成本和风险是什么？

(3) 除了外国分包商和波音本身之外，波音决定将零部件的制造组装外包给其他国家还会使谁从中受益？会使谁成为潜在的受害者？

(4) 如果波音管理层决定将所有的生产留在美国，你认为会对企业、企业员工以及依赖波音的团体产生什么影响？

(5) 总的来说，你认为波音所采用的外包方式对美国经济是好是坏？请阐述你的观点。

章末案例

通用汽车在中国

2018 年 11 月，美国最大的本土汽车制造商通用汽车宣布其将关闭在美国的三家组装工厂，裁员约 5 600 人。这些都是生产乘用车的工厂，而乘用车在美国消费者眼中已经失宠，他们更喜欢购买运动型多功能车和皮卡车。

将复兴美国传统制造业作为主要目标之一的时任总统唐纳德·特朗普此后迅速在推特上表示，他“对通用汽车及其首席执行官玛丽·芭拉（Mary Barra）关闭俄亥俄州、密歇根州和马里兰州的工厂感到非常失望。他们没有在墨西哥关闭任何工厂。美国拯救了通用汽车，而这就是我们得到的‘感谢’！我们正在考虑削减通用汽车的所有补贴，包括对电动汽车的补贴。几年前，通用汽车在中国（和墨西哥）建厂时，下了一个大赌注——不要认为这个赌注会得到回报。我站在这里，就是为了保护美国工人！”* 在接受《华尔街日报》（*Wall Street Journal*）采访时，特朗普阐明了他的看法：“我认为通用汽车应该停止在中国制造汽车，改为在美国制造。”

特朗普说对了一点，通用汽车在中国下了大赌注。自 1997 年通用汽车与中国国有汽车设计和制造公司上汽集团成立合资企业以来，通用汽车在中国的业务从未间断。通用汽车在合资企业上汽通用汽车中拥有 50%所有权。2018 年，通用汽车及其合资伙伴在中国生产和销售了约 364 万辆汽车，远高于 2011 年的 120 万辆和 2006 年的 40 万辆。相比之下，2018 年，通用汽车在美国的销量仅为 295 万辆。中国如今已成为世界上最大的汽车市场。自 2012 年以来，中国一直是通用汽车最大的市场。尽管中国市场已颇具规模，但其仍有很大的增长空间。中国每千人拥有汽车约 173 辆，而这一数字在美国为 833 辆。

通用汽车在中国销售的车型主要在雪佛兰、别克、GMC、凯迪拉克、霍顿、宝骏、五菱和解放等品牌之下。通用汽车几乎没有从美国向中国出口任何东西，但它却向美国市场出口了一款中国制造的车型——别克昂科威。通用汽车表示，它无法在美国找到经济实惠的方法来生产别克昂科威，因为中国市场占到了该车型全球销量的 80%。

与许多汽车制造商一样，通用汽车认为它的工厂需要尽量靠近客户，从而降低供应链成本并设计出最符合当地市场需求的汽车。通用汽车想要留在中国的另一个原因是，中国在从汽油发动机向电池驱动的电动机的转变中处于领先地位。中国的电动汽车销量是美国的 4 倍，增长速度也快于美国。为促进电动汽车的生产，中国一直在为本地生产者（包括上汽通用汽车）和消费者提供慷慨的补贴。通用汽车已承诺将大力投资电动汽车，并计划到 2023 年在中国推出 20 款电动车型。

除此之外，长期以来中国一直对进口汽车征收关税，而在当地生产可以避免这些关税。2018 年，中国将美国制造的汽车的进口关税从 15%提高到了 40%，以回应特朗普对美国进口中国产品广泛征收关税的行为。关税上调对通用汽车几乎没有影响，它在中国销售的所有产品都是当地生产的。然而，这却影响了另一家美国制造商特斯拉（Tesla）。特斯拉一直在做的就是特朗普希望通用汽车做的：将产品从美国出口到中国。在关税上调后的几个月里，特斯拉在中国的销量下降了一半。特斯拉以在中国市场大幅降价作为回应，并表示其将加快中国生产设施的建设，开设新工厂。

* Donald John Trump. *Twitter*, November 27, 2018. https://twitter.com/realdonaldtrump.

资料来源：Trefor Moss, “Why GM Is Likely to Keep Producing in China Despite Trump's Pleas,” *The Wall Street Journal*, November 27, 2018; Anjani Trivedi, “GM Needs China more than It Fears Trump,” *Bloomberg*, November 27, 2018; Wolf Richter, “GM's Business Is Booming in China,” *Business Insider*, December 6, 2018; Jack Perkowski, “What China's Shifting Subsidies Could Mean for Its Electric Vehicle Industry,” *Forbes*, July 13, 2018.

案例讨论题

1. 中国市场的长期前景如何?

2. 通用汽车在中国为中国市场生产汽车是否合理? 为什么?

3. 如果通用汽车试图通过从美国出口产品来服务中国市场，你认为会怎样?

4. 你认为通用汽车为何会与一家国有企业合作在中国生产汽车? 这样的合资可能带来哪些利益? 可能有什么缺点?

5. 你从这个案例中知道了哪些关于进口关税利弊的知识?

注释

第 II 篇

国家差异

第2章

经济发展的国家差异

学习目标

阅读本章后，你将能够：

- 阐述国家经济发展水平的决定因素。
- 阐述政治经济学中的国家差异对管理实践的影响。

2.1 引言

国际商务比国内商务复杂得多，因为各国在许多方面都存在差异。不同国家有着不同的政治、经济和法律制度。它们的经济发展水平和未来的经济增长轨迹各不相同。文化习俗可能大相径庭，民众的教育和技能水平也有很大差异。所有这些差异都可能对国际商务实践产生重大影响。这些差异对与各国业务相关的收益、成本和风险，不同国家的业务管理方式，以及国际企业在不同国家应采取的策略，都产生了深远影响。本章和接下来两章主要就是让读者对国家差异在经济发展和社会文化等方面的重要性有所认识和理解，并介绍世界各国的政治、经济和文化制度的演变方式，以及这些变化对国际商务实践所产生的影响。

在本章中，我们将以各国在政治制度、经济制度和法律制度方面的差异为基础，解释这些差异如何影响国家的经济发展水平，以及各国作为商务地点的吸引力。我们还将考察世界各国的经济、政治制度如何变化，以及这些变化对国家和地区的未来经济发展速度有何影响。在过去30多年里，各国普遍朝着更加民主的政府形式、基于市场的经济改革以及强化产权的法律制度方向迈进。总体而言，这些趋势有助于全球经济实现较大发展，并为国际商务创造更有利的环境。在本章的最后部分，我们将把所有这些信息汇总起来，探讨政治和经济制度的差异如何影响在不同国家开展业务所产生的收益、成本和风险。

2.2 经济发展差异

不同国家的经济发展水平截然不同。经济发展水平的一个常见指标是一国的人均**国民总收入**（gross national income，GNI）。GNI 被视为国家经济活动的衡量标准，它衡量一国居民总的年收入。按照这一指标，日本、瑞典、瑞士、美国和澳大利亚等国家最为富有，而印度等发展中大国则贫穷得多。例如，2018 年，日本的人均 GNI 为 41 340 美元，而印度仅为 2 020 美元。[1]

人均 GNI 可能会产生误导，因为这些数据没有考虑生活成本的差异。例如，尽管瑞士在 2018 年的人均 GNI 为 83 580 美元，大大超过美国，但瑞士较高的生活成本却意味着美国人与瑞士人能够购买的商品和服务量实际上差不多。为了将生活成本的差异纳入考量，我们可以用购买力来调整 GNI，这被称为**购买力平价**（purchasing power parity，PPP）调整。它可以更为直观地比较不同国家的生活水平。调整时，我们将美国的生活成本作为基准。然后，根据生活成本是低于还是高于美国来（向上或向下）调整各国的 PPP。例如，2018 年，中国人均 GNI 为 9 470 美元①，但人均 PPP 为 18 140 美元，这表明中国的生活成本较低，并且中国的 9 470 美元可以在美国购买多达 18 140 美元的商品和服务。表 2－1 给出了部分国家 2018 年人均 GNI、2018 年经 PPP 调整的人均 GNI、2009—2018 年 GDP 年均增长率和 2018 年以 GDP 衡量的经济规模。

表 2－1　部分国家的经济数据

国家	2018 年人均 GNI（美元）	2018 年经 PPP 调整的人均 GNI（美元）	2009—2018 年 GDP 年均增长率（%）	2018 年以 GDP 衡量的经济规模（10 亿美元）
巴西	9 140	15 820	1.2	1 868
中国	9 470	18 140	8.0	13 608
德国	47 450	55 800	1.3	3 998
印度	2 020	7 680	7.1	2 726
日本	41 340	45 000	0.7	4 970
尼日利亚	1 960	5 700	4.2	397
波兰	14 150	31 110	3.5	586
俄罗斯	10 230	26 470	0.9	1 658
瑞士	83 580	69 220	1.5	706
英国	41 330	45 660	1.3	2 825
美国	62 850	63 390	1.8	20 494

资料来源：World Development Indicators Online，2018.

① 根据国家统计局的数据，2018 年我国人均 GNI 为 9 732 美元。——译者

可以看出，各国的生活水平存在显著差异。表 2-1 表明，以 PPP 为依据，普通印度人的消费能力只有普通美国人消费能力的 12%左右。鉴于此，我们可能会认为，虽然印度拥有十几亿人口，但对于许多生产消费品的西方国际企业而言，印度不太可能成为一个能赚大钱的市场。但是，这种想法是不正确的，因为印度尽管有很多低收入群体，但也有约 2.5 亿颇为富裕的中产阶层。我们可以很肯定地说，如今的印度经济不可小觑。

更为复杂的是，在许多国家，官方数据并不全面。大量的经济活动可能以未记录的现金交易或易货协议的形式出现，人们通过此类交易来避税。尽管在美国等发达经济体中，此类交易占总体经济活动的比例不高，但据称在有些国家，其占比相当大。这类交易被称为黑色经济（black economy）或影子经济（shadow economy）。据估计，在印度此类交易高达 GDP 的 50%，这意味着印度经济数据可能比表 2-1 中列出的还多一半。据欧盟估计，影子经济在英国和法国 GDP 中占 10%～12%，意大利为 21%，希腊则高达 23%。[2]

GNI 和 PPP 数据给出了发展的静态图景。例如，数据显示中国暂时落后于美国，但没告诉我们差距是否在缩小。为对此进行评估，我们必须考察各国的经济增长率。表 2-1 给出了一些国家在 2009—2018 年期间的 GDP 年均增长率。虽然印度等国目前仍相对贫困，但这些经济体的绝对规模已很大，并且其增长速度远快于许多发达国家。对国际企业而言，它们已然成为巨大的市场。2010 年，中国超过日本成为仅次于美国的世界第二大经济体。事实上，如果中国和美国都保持目前的经济增长率，那么中国将在未来十年内成为世界上最大的经济体之一。按照目前的趋势，印度也将成为世界上最大的经济体之一。鉴于这种可能性，许多国际企业都试图在这些市场立稳脚跟。

2.2.1　更广泛的发展理念：阿马蒂亚·森

诺贝尔经济学奖得主、经济学家阿马蒂亚·森（Amartya Sen）认为，在对发展进行评估时，应尽量少用人均 GNI 等基于物质产出的衡量标准，更多使用人们享有的能力和机会等指标。[3]他认为，发展应被视为人们体验到的真正自由的扩张过程。因此，发展需要消除针对自由的主要障碍：贫困和暴政、缺乏经济机遇和系统性的社会剥夺，以及忽视公共设施和专制国家的偏狭。在他看来，发展不仅是一个经济过程，也是一个政治过程，如果想要取得成功，就需要将各个政治群体“民主化”，让公民在这些群体作出重要决策时拥有发言权。森的这一观点强调了基本医疗保健（尤其针对儿童）和基础教育（尤其针对女性）。这些因素不仅能够帮助人们实现较高的收入水平，而且它们本身也是有益的。人们如果患有慢性病或愚昧无知，就无法施展自己的能力。

联合国采纳了森的有影响力的论文，并且制定了**人类发展指数**（Human Development Index，HDI）来衡量不同国家人们的生活质量。HDI 基于三个指标：出生时的预期寿命（医疗保健功能）；受教育程度（通过成人识字率和小学、中学、高等教育入学率进行综合衡量）；基于 PPP 估算的人均 GNI 能否满足该国民众的基本生活需求（充足的食物、住所和医疗保健）。因此，相比于狭义的经济指标（如人均 GNI），HDI 更接近于森关于如何衡量发展水平的理念——虽然森的论文表明政治自由也应当包含在指数当中，但其并未被纳入。HDI 评分从 0 到 1，得分低于 0.5 的国家被认为人类发展水平较低（生活质量差），得分在 0.5～0.8 之间的国家被认为人类发展水平中等，而得分高于 0.8 的国家被认为具有较高的人类发展水平。

2.3 政治经济与经济进步

人们通常认为，一个国家的经济发展依赖于其经济和政治制度所发挥的功能。那么，政治经济与经济进步之间的关系本质是什么？尽管学术界和政策制定者对这个问题进行了旷日持久的争论，但仍不能给出明确的答案。然而，我们可以理清争论的主线，并对政治经济与经济进步之间关系的本质进行一些概括。

2.3.1 创新和创业是增长的引擎

经济学家一致认为，创新和创业活动是长期经济增长的引擎。[4]提出这一观点的人将**创新**（innovation）作广义解释，不仅包括新产品，还包括新流程、新组织结构、新管理实践和新策略。因此，优步让乘客使用智能手机应用程序叫车的策略可以被视为一项创新，因为它是业内第一家采用这个策略的企业。同样，亚马逊（Amazon. com）面向大众市场的线上零售业务也可以视为一项创新。创新和创业活动通过创造过去不存在的新产品和新市场来增加经济活力。不仅如此，生产和业务流程中的创新还可以提高劳动力和资本的生产率，从而进一步提高经济增长速度。[5]

创新也被视为创业活动的产物，通常，**创业者**（entrepreneur）首先将创新的产品和流程商业化，而创业活动为经济提供了很大的活力。例如，美国经济就从高水平的创业活动中受益匪浅，这些创业活动能够引发产品和流程的快速创新。苹果、谷歌、脸书、亚马逊、戴尔、微软、甲骨文（Oracle）和优步等企业都是由开发新技术的创业者个人创立的。所有这些企业都在产品和流程的创新中实现了商业化，从而创造了巨大的经济价值并大幅提高了生产率。因此，我们可以得出结论，如果一个国家的经济要维持长期增长，则其营商环境必须有利于产品和流程的持续创新及创业活动。

2.3.2 创新和创业需要市场经济

这从逻辑上引出了另一个问题：一个国家需要怎样的营商环境才能有利于创新和创业活动？对这一问题的考量强调了市场经济的优势。[6]有观点认为，相比于计划经济或混合经济，市场经济能够为创新和创业创造更大的动力。在市场经济中，任何人有了创意，都可以通过创立企业（创业活动）来实现创意。同样，现有企业可以自由地通过创新来改进其运营。只要能够成功，无论是个人创业者还是已建立的企业都可以获得高利润的回报。因此，市场经济中包含了创新发展所需的巨大动力。

在计划经济中，国家拥有一切生产资料。创业者几乎没有经济动力来开发有价值的创新产品，因为大部分收益都将归属于国家而不是个人。缺乏创新激励可能是许多前社会主义国家经济停滞的主要因素。在许多混合经济体的国家垄断行业中（例如英国的煤矿和电信行业）也出现了类似的停滞现象。这种停滞为 20 世纪 80 年代中期许多混合经济体的国有企业普遍民营化提供了动力，并且该情况今天仍在继续。

2.3.3　创新和创业需要强有力的产权保护

若要使营商环境有利于创新和创业活动，从而促进经济增长，另一个要求就是对产权进行强有力的法律保护。[7]无论是个人还是企业，都应当有机会从创意中获利。如果没有强有力的产权保护，企业和个人都将面临创新成果侵占或窃取的风险。若产权未得到充分保护，则会削弱创新和创业活动的动力，从而降低经济增长率。

极具影响力的秘鲁发展经济学家赫尔南多·德索托（Hernando de Soto）认为，在产权得到更好的界定和保护之前，大部分发展中国家将无法从资产转化为资本中获利。[8]德索托认为问题的关键不是利益被侵占的风险，而是产权所有者长期以来无法确立其合法所有权。为阐明这一问题带来的影响，他引用了海地的例子，在那里，人们必须在 19 年内通过 176 个步骤才能合法拥有土地。由于这些国家的大多数财产都是以非正式的方式“拥有”的，因此缺乏合法的所有权证明，这就意味着财产持有人无法将其资产转化为资本并用于商务企业融资。银行不会借款给低收入群体，因为低收入群体无法证明其拥有可用于抵押的财产，例如农田等。

2.3.4　地理、教育、人口和经济发展

虽然一个国家的政治和经济制度可能是推动其经济发展的重要引擎，但其他因素也很重要。其中一个受到关注的因素就是地理。[9]地理可能影响经济政策从而影响经济增长率的观点可以追溯到亚当·斯密（Adam Smith）。极具影响力的经济学家杰弗里·萨克斯指出：

> 纵观历史，沿海国家长期参与国际贸易，比内陆国家更支持市场制度，而内陆国家往往形成了等级森严（且往往是军事化）的社会。由于地理上的孤立，山区国家往往忽视了基于市场的贸易。与处于热带地区的国家相比，温带气候的国家通常有更高的人口密度，从而形成更广泛的分工。[10]

萨克斯的意思是，因地理位置有利，有些国家比其他国家更有可能参与贸易，从而更有可能开放并发展市场经济体系，这反过来促进了更高的经济增长率。他还指出，无论一个国家采用何种经济和政治制度，不利的地理条件——例如困扰许多热带国家的高患病率、土壤贫瘠、气候恶劣等——都可能对发展产生负面影响。萨克斯与哈佛大学国际发展研究所的同事一起对 1965—1990 年间地理对一个国家经济增长率的影响进行了考察。他发现，内陆国家的经济增长速度比沿海国家慢。完全处于内陆将使一国的经济

增长率每年下降约 0.7%。他还发现，热带国家每年的经济增长速度比温带国家慢 1.3%。

教育已经成为经济发展的另一个重要决定因素（阿马蒂亚·森强调了这一点）。一般而言，在教育上投资越多的国家将拥有越高的经济增长率，因为受过教育的人将有更高生产率。例如，1960 年，巴基斯坦和韩国处于同一经济水平，然而，只有 30%的巴基斯坦儿童能够上小学，而在韩国，这一比例为 94%。到了 20 世纪 80 年代中期，韩国的人均国民生产总值是巴基斯坦的 3 倍。[11]一个包含 14 项统计研究的调查，考察了一国的教育投资与其之后的经济增长率之间的关系并得出结论，教育投资确实会对国家经济增长率产生正向的、统计上显著的影响。[12]与此类似，萨克斯的研究也表明，教育投资有助于解释为何东南亚的一些国家（如印度尼西亚、马来西亚和新加坡）能够克服热带地理位置带来的相关劣势，并且比非洲或拉丁美洲的热带国家经济增长得更快。

经济学家还认为，人口因素在一个国家的经济增长方面起到了重要的决定作用。假设一个国家拥有能够促进创业和创新的制度，则相较于老龄化且停滞不前的人口，年轻且不断增长的人口能够给该国带来更大的增长潜力。[13]人口增长将增加劳动力供应。年轻职工往往也比年长退休人员更热衷于消费，这就带动了商品和服务的需求。不仅如此，人口老龄化还意味着更少的在职人员需要供养更多的退休人员，这可能会给政府财政带来压力。在 20 世纪 70 年代和 80 年代，日本是世界上最具活力的经济体之一，但自 21 世纪以来，低出生率和人口老龄化阻碍了其经济发展。更普遍地说，低出生率和人口老龄化可能会导致未来其他主要经济体（包括中国、德国和美国）也出现劳动力短缺和经济增长放缓的现象。解决这一问题的方法之一是让人口老龄化的国家吸纳更多的移民。

2.4 聚焦管理影响

2.4.1 国际商务的收益、成本、风险和总体吸引力

一国的政治、经济和法律环境能够明显影响该国作为市场或投资场所的吸引力。我们认为，一国如果拥有民主制度、以市场为基础的经济政策和强有力的产权保护，则更有可能实现高速、持续的经济增长，从而对国际企业更具有吸引力。因此，在一国开展业务的相关收益、成本和风险，与该国的政治、经济和法律制度息息相关。一国作为市场或投资场所的总体吸引力，取决于在该国开展业务可能取得的长期收益与可能涉及的成本和风险之间的权衡。我们在此讨论收益、成本和风险的决定因素。

收益

总体上，在一国开展业务所能取得的长期货币收益取决于市场规模、该市场消费者的现有财富（购买力）以及消费者可能取得的未来财富。有些市场如果以消费者数量衡量，则十分巨大（例如印度）；但如果从经济角度衡量，相对较低的生活水平可能意味着消费者的购买力有限，则该市场规模相对较小。国际企业应注意对此进行区别，同时

也应当留意一国的未来前景。1960 年，韩国被视为一个贫穷的第三世界国家，而到 2017 年，它已成为世界第 11 大经济体。那些在 1960 年就认识到韩国潜力并在那里开展业务的国际企业，相较于当时看衰韩国的其他国际企业而言，可能收获了更大的好处。

通过尽早识别潜在的未来经济之星，并对其进行投资，国际企业可以建立起品牌忠诚并在该国获取商务实践经验。如果该国实现了持续高速的经济增长，则它们能够获得可观的红利。相比之下，后进入该市场的国际企业可能会发现，它们缺乏占领该市场所需的品牌忠诚和实践经验。从商业战略来说，早期进入该潜在市场的企业可能取得巨大的先发优势，而后进入者可能成为后发劣势的牺牲品。[14]（**先发优势**（first-mover advantage）是早期进入市场的企业所取得的优势。**后发劣势**（late-mover disadvantage）是后进入者可能遇到的障碍。）这一推论使大量外来投资进入中国。如果以目前的速度继续增长，到 2030 年，中国可能成为世界上最大的经济体（中国已经是世界第二大经济体）。20 多年来，中国在发展中国家当中一直是对外直接投资的最大接收国，包括通用汽车、大众汽车（Volkswagen）、可口可乐和联合利华（Unilever）在内的国际企业都试图在中国建立可持续的优势。

通过一国的经济体系和产权制度可以很好地预测其经济前景。产权受到保护的市场经济体，相比于计划经济或产权保护不力的经济体，往往能够实现更高的经济增长率。因此，一国的经济体系、产权制度和市场规模（以人口衡量）可能构成衡量在该国开展业务所能取得的潜在长期收益的合理且良好的指标。相比之下，产权未得到良好保护且腐败猖獗的国家往往经济增长水平低下。然而不能一概而论，因为尽管产权制度相对薄弱且腐败程度较高，印度依然实现了经济的高增长率，向市场经济体制转型给它带来了巨大收益。

成本

在一国开展业务的成本取决于一系列政治、经济和法律因素。就政治因素而言，在该国政府允许其开展业务之前，企业可能需要被迫向有影响力的政界人士或政治团体支付不菲的费用，这种费用实质上是一种贿赂。对于企业是否可以通过贿赂来换取市场准入，我们将在第 4 章深入讨论商业伦理问题时对此进行研究。

在经济因素当中，最重要的一个变量是一国经济的成熟度。在相对不发达的经济体中开展业务的成本可能更高，因为它们缺乏基础设施和配套业务。在极端情况下，国际企业可能不得不自己提供基础设施和配套业务，这显然会增加成本。当麦当劳决定在莫斯科开设第一家餐厅时，它发现如果要在那里供应相同的餐饮，则必须向后垂直整合，才能满足自己的需求。因此，为保证产品质量，麦当劳在俄罗斯建立了自己的奶牛场、养牛场、蔬菜基地和食品加工厂。相对于可以在开放市场上购买高质量投入要素的成熟经济体而言，在俄罗斯开展业务提高了企业的成本。

就法律因素而言，如果一国的当地法律法规对产品安全、工作场所安全、环境污染等制定了严格的标准，则在该国开展业务的成本将更高（因为遵守此类法规的成本更高）。另外，美国等国家没有对损失赔偿设定上限，这就意味着责任保险的费率可能不断攀升，从而使在这些国家开展业务的成本更高。如果一国缺乏完善的法律对商业行为进行规范，则在该国开展业务的成本也会更高。在缺乏完善的商务合同法律体系的情况下，国际企业可能无法以满意的方式来解决合同纠纷，并常常因此遭受巨额损失。同样，如果当地法律未能充分保护知识产权，则国际企业可能由于知识产权受到侵害而遭受收入损失。

风险

与成本相似，在一国开展业务的风险也取决于一系列政治、经济和法律因素。**政治风险**（political risk）指的是政治力量可能导致一国的营商环境发生剧烈变化，从而对商务企业的利润或其他目标产生不利影响。[15]根据这一定义，在社会动荡和发生骚乱的国家，政治风险往往更大。社会动荡通常表现为罢工、示威、恐怖主义和暴力冲突。社会动荡可能导致政府部门和政府政策突然发生变化，或者在某些情况下，导致旷日持久的内乱。这类冲突往往会对商务企业的利润目标产生负面的经济影响。

其他风险则可能来自一国对其经济管理不善。**经济风险**（economic risk）指的是经济管理不善可能导致一国商业环境发生剧烈变化，从而损害特定商务企业的利润和其他目标。经济风险并非独立于政治风险。经济管理不善可能导致严重的社会动荡，并因此引发政治风险。然而，经济风险应当作为一个单独的类别予以强调，因为经济管理不善和社会动荡之间并不具有必然的联系。一国的通货膨胀率往往是经济管理状况的一个明显指标，另一个指标是该国企业和政府的债务水平。

对于那些过度依赖石油收入的国家而言，2014—2015 年间油价暴跌暴露了其经济管理不善，并增大了其经济风险。在俄罗斯、沙特阿拉伯和委内瑞拉等国，高油价使它们能够在社会项目和公共基础设施上大举支出。随着油价暴跌，这些国家的政府收入锐减，预算赤字急剧攀升，本国货币在外汇市场上贬值。随着进口价格上涨，价格通货膨胀开始加剧，致使它们的经济开始萎缩，失业率上升，并增加了社会不安定的可能性。以上变化对于这些国家和投资于这些经济体的外国企业而言，都十分不利。

在法律方面，当一国法律体系无法在合同违约的情况下对企业提供足够的保护或者对产权进行有力的保护时，很可能产生风险。当法律无力提供足够的保护时，企业更有可能为了谋取自身利益而违反合同约定或盗用知识产权。因此，**法律风险**（legal risk）可以定义为贸易伙伴趁机违反合同或侵占产权的可能性。当一国的法律风险很高时，国际企业在与该国企业订立长期合同或合资协议时可能会产生顾虑。例如，20 世纪 80 年代，印度政府通过一项法律，要求所有外国投资者都必须与印度企业设立合资企业。IBM 和可口可乐等企业停止了它们在印度的投资项目。它们认为，印度的法律体系未能对知识产权提供足够的保护，印度合作伙伴有可能侵占它们的知识产权（这些知识产权是企业的核心竞争优势），这将带来一种非常现实的危险。

总体吸引力

一国作为国际企业的潜在市场或投资场所的总体吸引力取决于企业在该国开展业务所涉及的收益、成本和风险的权衡（见图 2－1）。一般来说，在外国开展业务涉及的成本和收益，在经济发达且政治稳定的国家通常较低，在欠发达且政治不稳定的国家则较高。但是，这种评估十分复杂，因为潜在长期收益不仅取决于一国当前的经济发展水平或政治稳定性，还取决于该国未来可能实现的经济增长率。经济增长似乎是自由市场体系和国家增长能力（欠发达国家的增长能力可能更大）共同作用的结果。我们可以得出一个结论，在其他条件相同的情况下，对收益、成本、风险加以权衡，可能拥有自由市场体系、通货膨胀率和私营部门债务水平都没有出现大幅上升、政治稳定的发达和发展中国家，总体吸引力较大。而对于以混合经济或计划经济运作的、政治不稳定的发展中国家，或者因投机性金融泡沫导致过度借款的发展中国家，其总体吸引力最小。

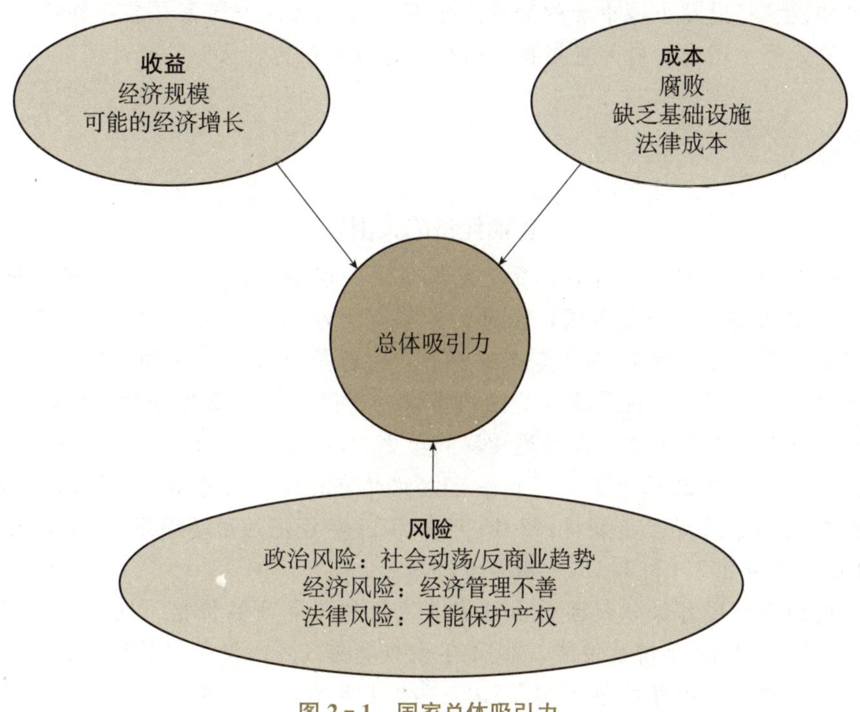

图2-1　国家总体吸引力

小结

本章考察了各国在政治、经济和法律体系上的不同之处。在一国开展业务的潜在收益、成本和风险取决于该国的政治、经济和法律体系。本章要点如下：

1. 一国的经济进步速度取决于该国在多大程度上拥有运作良好且能够对产权提供保护的市场经济。

2. 一国作为市场或投资场所的吸引力取决于企业在该国开展业务可能取得的收益及可能涉及的成本和风险之间的权衡。

3. 在一国开展业务的收益取决于其市场规模（人口）、当前财富（购买力）和未来的增长潜力。企业投资于目前仍处于贫困中但增长迅速的国家，可以获得先发优势，从而在未来获得丰厚的回报。

4. 在政治不稳定、经济管理不善，以及其法律体系无法在合同或产权遭到侵害时提供充分保护的国家，企业开展业务的风险往往更大。

思考与讨论题

1. 产权和经济进步之间有什么关系？

2. 你是一家美国汽车企业的高级管理者，你考虑在中国、俄罗斯和德国投资生产设施，这些设施将满足当地市场的需求。分别评估在这几个国家开展业务的相关收益、成本和风险。哪个国家对对外直接投资的吸引力最大？为什么？

章末案例

巴西经济陷入困境

2000—2012 年，巴西一度是世界上发展最快的经济体之一，每年经济增长超 5%。2012 年，巴西经济暂时超过英国，成为世界第六大经济体。巴西的经济成就可部分归因于国际商品需求旺盛和商品价格居高不下。巴西是咖啡、大豆和铁矿石的主要出口国。除此之外，该国还受益于强劲的国内需求、国际市场的低息贷款、外国资本流入、温和的通货膨胀（对于一个有恶性通货膨胀历史的国家十分重要）以及适度保守的宏观经济政策。但是，自 2012 年起，巴西一直饱受严重的经济问题困扰。2013 年经济增速放缓，2014 年经济开始严重衰退，2015 年和 2016 年经济活动萎缩超 3.5%，而 2017 年和 2018 年仅实现 0.7%和 1.1%的微弱经济增长。

巴西的经济问题可部分归因于出口需求疲软和国际商品价格下跌。2010 年巴西出口增长 11.6%，2012 年增长停滞，2014 年出口萎缩 1%。但是，导致巴西国内需求减少的还有其他更深层的结构性问题。2011—2014 年间，政府在提高养老金和为受优待行业提供非生产性税收减免方面耗资巨大。当经济增长放缓时，失业率飙升至 12%以上，而税收收入锐减。由于支出增加和税收减少，财政赤字从 2010 年 GDP 的 2%扩大至 2015 年 GDP 的 10%。政府债务总额被推高到 GDP 的 70%，并且需要以更高的利率出售政府债券，这被视为风险增大的表现。政府还提高利率以控制通货膨胀。通货膨胀在巴西历来是一个问题。由于利率提高，政府的偿债成本扩大到了 GDP 的 7%，同时较高的利率也提高了消费者和企业的借贷成本，从而进一步抑制了经济活动。

鉴于利率提高，政府控制财政赤字的唯一途径就是削减开支并增加税收，这并不容易。巴西的一个核心问题是该国的养老金制度。养老金制度使巴西人平均 54 岁即可退休。而养老金给付义务已经占到了 GDP 的 13%。如果不进行改革，随着人口老龄化，到 21 世纪中叶，这一数字可能会飙升至 25%。

此外，保护本国效率低下的企业免受国际竞争影响的关税壁垒、劳动法和繁重的税法等，长期以来也一直被视为巴西经济的拖累。通常，一家制造业企业每年需在税务工作上花费 2 600 小时才能符合巴西复杂的税法规定，而拉丁美洲的平均值为 356 小时。

按照劳动法规定，即使员工不称职，解雇成本也非常高昂。而保护国内企业免受国际竞争冲击的措施，导致该国制造业生产率远低于国际标准。雪上加霜的是，巴西一直饱受大量腐败丑闻的困扰，甚至波及政府最高层，从而进一步损害了经济信心。

2016 年，米歇尔·特梅尔（Michel Temer）接替罗塞夫担任总统。他为经济改革带来一个充满希望的开端。他冻结了按现值计算的未来 20 年的公共开支，他还全面修订了巴西的劳动法，使企业解雇低效员工变得更加容易。通货膨胀大幅缓和，国际商品价格上涨则为增加出口提供了助力，这使得央行能够将利率降至 6.75%（曾经高达 12%），进一步促进了经济增长。随着政府试图通过出售国有资产筹集资金并提高经济效率，还出现了一波私有化浪潮——包括巴西电力领航者 Eletrobras 的私有化。剩下的就是解决该国养老金问题，这需要大幅提高退休年龄。特梅尔遭到了强烈反对。修改养老金法律的最初提案未能在巴西国会获得足够的票数。

2018 年 10 月，巴西举行选举。特梅尔所在的左翼劳工党在选举中失利。右翼社会自由党的雅伊尔·博索纳罗（Jair Bolsonaro）取得了胜利，他在选举中强调了法律和秩序，承诺解决巴西的高犯罪率问题，还表示将对国家的养老金制度进行必要的改革。

资料来源：Denise Chrispim Marin, "Brazil's Half Glass Economy," *Global Finance*, October 3, 2017; "Michel Temer Is Trying to Fix Brazil's Pension Systems," *The Economist*, February 15, 2018; "Will Brazil's Future Arrive?" *The Economist*, August 17, 2017; "Brazil's Fall," *The Economist*, January 2, 2016; Jeffrey T. Lewis, "Brazil Posted Lackluster Economic Growth in 2018," *The Wall Street Journal*, February 28, 2019.

案例讨论题

1. 2000—2010 年，巴西被视为世界上增长最快的发展中经济体之一。这一成功的基础是什么？

2. 2012 年之后，巴西的经济增长为何"命途多舛"？有多少损失是其自身造成的，有多少可归结于该国无法控制的因素？

3. 你如何看待特梅尔的经济改革？它们是否正确？

4. 你认为巴西应该采用哪些政策来重塑其经济增长？在巴西实施这些政策的难度如何？

注释

第3章

文化差异

学习目标

阅读本章后，你将能够：

- 解释社会文化的含义。
- 了解导致社会文化差异的作用力。
- 了解文化差异对商务和经济的影响。
- 认识社会文化差异如何影响商业价值。
- 领会文化变革所带来的经济和商业意义。

开篇案例　新加坡：世界上文化最多元化的地方之一

新加坡拥有约570万人口，由于城邦式的基础设施建设，其全部公民都生活在城市。

新加坡位于东南亚，是马来西亚南部和印度尼西亚之间的一个岛屿城市。它属于热带气候，受东北季风（12月至3月）和西南季风（6月至9月）影响，有两个明显的季风季节。新加坡尽管面积不大，但在全球出口排名第14位，进口排名第16位，其贸易顺差使得该国出口与进口比率位居世界第9。新加坡受到企业和全球旅客的青睐，是因为在以下几方面表现良好：低腐败、全球连通性、经商便利性、全球竞争力、创新、机遇、经济自由度、联网程度和合理税收等。但其在环保要求、新闻自由度和政治领导力等方面也有一些负面因素。

新加坡最吸引人的特质之一是它独特的多元文化组合。与其他同样具有多元文化且在全球市场取得成功的地方相比，新加坡非常年轻。仅在约半个世纪前（1965年8月9

日），新加坡才获得独立。这个小岛国始终以其境内多样化且相对和谐的文化和宗教而自豪。新加坡大多数居民是华裔，也有马来人、印度人和欧亚人以及少数来自美国和加拿大的移民。为实现文化上的包容性，并确保其公民之间能够顺利交流，新加坡有四种官方语言：英语、马来语、华语和泰米尔语。

到新加坡旅游花费不菲，当地居民的生活开支也很高。尽管如此，新加坡相互融合的文化使其成为独一无二的连接世界各地的桥梁。出于这些文化或商务原因，企业和个人与新加坡之间彼此产生了联系。那么，跨国企业在新加坡的开销如何呢？既然新加坡拥有无数的企业，它们的收益肯定得大于成本。有多个基于成本的指数可以对世界各国进行排名，描述对于个人和企业而言在新加坡的开支是高是低。例如，经济自由度指数侧重于评估每个人控制自己劳动力和财产的基本权利。新加坡在经济自由度指数中排名第 2，这意味着该国具有极高的包容性。

另一个体现新加坡企业成本的指数是纳税指数。该指数由普华永道（PwC）和世界银行编制，调查并比较了全球经济体的税收制度。新加坡再次获得高分，排名世界第 7。这意味着新加坡政府欢迎跨国企业前来开展业务并为其提供了便利。由于新加坡很小，许多企业都受益于其中央政府建设的完善的基础设施，及其为外国企业提供的普惠条件。因此，即使游客和居民认为在新加坡花费不菲，企业仍愿意在那里发展。（新加坡通常被列为生活成本最高的城市之一。）

新加坡旅游局强调"新加坡是文化、宗教甚至激情交汇的地方"。新加坡在多元化方面的优势正是个人和企业与其城邦交融的原因。新加坡被视为地球上最和谐、最多元化的国家之一，充满激情与活力。

资料来源：Marcelina Morfin，"The 10 Most Multicultural Cities in the World，" April 16，2018；Karen Gilchrist，"Singapore Named the World's Most Expensive City，" CNBC，March 14，2018；Amir Yusof，"Principles for Budget 2019 Reflect the Singapore way，" Channel NewsAsia，February 28，2019；"Singapore on globalEDGE，" globaledge. msu. edu/countries/singapore，March 1，2019.

3.1 引言

在本章中，我们将探讨不同国家之间以及国家内部的文化差异如何作用于企业的国际商务战略。这包括对所有类型的企业（小、中、大型企业）如何制定和实施国际商务战略所进行的深入考察。大型跨国企业通常更受关注，但其实文化对各种规模和类型的组织都会产生影响。

本章贯穿几个主题。首先，在许多（甚至大多数）国家如果要取得成功，就需要跨文化素养。**跨文化素养**（cross-cultural literacy）指的是对国家之间和国家内部的文化差异如何作用于商务实践有所了解。即使在今天，有时也很容易忘记全球各地的文化差异是多么巨大。[1]在全球化的表象之下，深层的文化差异依然存在，它对企业价值链中的许多方面都会产生不可忽视的影响。这些差异也在一国民众心中建立了一条共同的纽带——价值体系，这本质上也是国家存在的原因。文化价值体系可以存在于家庭、企业和地域当中。有时，不同行业甚至存在截然不同的价值体系。[2]

在文化价值体系中，存在大量价值观和规范，其中有些会影响国际商务，有些不会，还有一些则难以判断它们是否会对国际战略及其实施产生影响。例如，在全球所有国家中，瑞典被认为是最有耐心的国家（其次是荷兰和美国）。研究结论显示，世界上最有耐心的 10 个国家要么属于说英语的新欧洲国家，要么位于西欧，其中斯堪的纳维亚国家表现出了极高程度的耐心。[3]而最没有耐心的国家是尼加拉瓜（其次是卢旺达和格鲁吉亚）。耐心、风险规避、互惠互利、利他主义和信任程度等都是使每个国家独一无二的文化因素。

开篇案例表明，新加坡的独一无二在于它将人们的背景和特征融合从而形成了多元文化。与那些因文化差异而常常造成民众对立或产生摩擦的国家相反，新加坡十分看重多元文化组合，并将其打造成自身优势。我们甚至可以说，作为世界文化最多元化的地方之一，新加坡在多元化中实现了独特的文化同质化。

文化差异对企业在不同地区开展业务会产生不同的影响。其中包括了各种成本因素。因此，本章要介绍的另一主题就是文化与业务成本之间的关系。不同国家或多或少支持市场模式的生产和销售（即产品和服务的价格由供需关系决定）。

例如，文化因素对于在日本开展业务的企业而言是降低成本的诱因，并且有助于解释日本在约半个世纪前迅速崛起成为极具竞争力的工业化国家的原因。[4]文化因素也可能使业务成本升高。阶层分化历来是英国文化的一个重要方面，并且长期以来，在英国经营的企业发现它们很难实现劳资合作。在日本发展成为世界强国的同一时期，阶级分化导致英国发生了严重的劳资纠纷。这种差异重创了英国，却为日本开辟了发展空间。相对于历来阶级纷争不太普遍的德国、日本、挪威、瑞典和瑞士等国家，在英国开展业务的成本也在不断攀升。文化因素在过去十几年里也以多种方式推动全球民族主义运动（例如，法国、德国、英国、美国的民族主义运动），它往往导致关税和总体国际贸易成本升高。

日本和英国的例子引出了本章要讨论的一个主题：文化不是静止的。文化根植于人所拥有的价值观和规范当中，并且通常对人一段时间内的行为具有约束力。如果你重复做某事，就会形成一种习惯，直到你几乎将其视为理所当然。但有时你会打破习惯并开始新的尝试或改变做某事的方式。文化也是如此。尽管文化的变化速度存在争议，但文化会演变，也确实在演变。（从个人角度来看，我们改变习惯的难易程度或频率如何?）一般来说，当人们的某些行为变得根深蒂固并融入其价值观和规范时，文化就会随之演变。随着时间推移，文化思维方式也会随着人们的行为变化而发展。然后在未来的某个时刻，发生的某些事情可能会导致人们的行为再次发生变化，文化也会继续演变下去。

个人文化价值观和规范难以改变。社会文化也是如此。当一个国家或地区的大量人群奉行以共同行为方式为基础的价值观时，就衍生出了社会文化。社会变革往往十分缓慢。重要的是，跨文化经营的跨国企业通常也有其独特的价值观和规范。因此，许多人在个人生活中有特定的价值观和规范，在工作中可能有另一套（稍微）不同的价值观和规范，在社会行为方式上可能又有所不同。它们之间可能存在重叠，许多人会依据特定情况采用相关的价值观和规范，从而采取不同的行动。

3.2 什么是文化

人们很难简单地就文化的定义达成一致。这使得大、中、小型公司在全球部分地区开展业务时，很难作出战略规划。因为文化作为一种价值观和规范体系存在于社会的多个层面（个人、家庭、公司、行业、国家及地域），我们必须考虑不同层面的文化以及它们之间的相互作用。

19 世纪 70 年代，人类学家爱德华·泰勒（Edward Tylor）将文化定义为“包括知识、信仰、艺术、道德、法律、习俗和人类作为社会成员所获得的其他能力在内的复杂整体”。[5] 从那时起，来自不同文化的专家提出了多种文化定义并为此争论，换言之，文化实际上影响了不同人对文化的定义。

在大学里，你认为学生们能对文化给出让来自五湖四海的学生普遍接受的定义吗？或者你的一小群朋友能够达成共识吗？也许可以，但要经过几次尝试。我们将会把重点放在与国际商务相关的文化上（而不是与文化相关的一切）来简化这一问题。

弗洛伦斯·克拉克洪（Florence Kluckhohn）和弗雷德·斯多特贝克（Fred Strodtbeck）的文化价值取向理论指出，文化的所有定义都必须对有限数量的具有普遍性的问题作出解答，基于价值观的解决方案是数量有限且广为人知的，且不同文化有着不同偏好。[6] 在他们之后，也有其他著名专家支持文化的依据来源于一套普遍的人类价值观，如米尔顿·罗克奇（Milton Rokeach）有关“人类价值观本质”的著作和谢洛姆·施瓦茨（Shalom Schwartz）关于“人类基本价值观理论”的著作。[7] 罗克奇和施瓦茨都是著名的文化专家，他们对包括吉尔特·霍夫斯泰德（Geert Hofstede）在内的理论家产生了深远影响。

荷兰跨文化差异和国际管理专家吉尔特·霍夫斯泰德也支持有限的人类价值观理论，他将文化定义为“将一个人类群体与另一个人类群体区分开来的集体思维模式”。[8] 霍夫斯泰德的著作是过去半个世纪以来商务领域最常用到的，本书也依赖于他的科学方法来理解文化如何、何时以及为何会对跨国公司产生影响。在基础层面，文化包括价值体系，价值观是文化的组成部分。[9] 文化的另一个补充定义来自社会学家兹威·内门卫斯（Zvi Namenwirth）和罗伯特·韦伯（Robert Weber），他们将文化视为一个思想体系，并认为这些思想构成了一种生活方式。[10]

本书对文化的讨论采用了霍夫斯泰德的概念，并受到了内门卫斯和韦伯团队的影响。因此，这里的**文化**（culture）指的是一群人共享的价值观和规范体系，其整体构成了一种生活方式。**价值观**（values）是一个群体对于什么是“好的、正确的和可取的”的思想认识。换句话说，价值观是对“应当如何”作出的共同假设。[11] **规范**（norms）是有关特定情况下适当行为的社会规则和准则。**社会**（society）指的是一群人共享一套价值观和规范。

3.2.1 价值观和规范

价值观是文化的基石，为社会规范的形成和确立作出了铺垫。价值观可能包括社会对个人自由、民主、真理、正义、诚实、忠诚、社会义务、集体责任、女性、爱情、婚姻等概念的态度。价值观不仅仅是抽象的概念，还被赋予了相当重要的情感意义。人们为了诸如自由之类的价值观而争论、斗争，甚至不惜牺牲生命。自由和安全通常是许多发达国家（例如美国）的政治领导者对其干涉世界各地活动的行为作出辩解时用到的核心理由。价值观也反映在社会经济体系中。[12]

规范是支配人们行为的社会规则。它可以分为两大类：习俗和道德观念，由美国社会学家威廉·格雷厄姆·萨姆纳（William Graham Sumner）于 1906 年提出，仍然适用并深植于我们如今的社会。**习俗**（folkways）是日常生活的常规做法。一般来说，习俗是几乎不具有道德意义的行为。它们是社会惯例，主要涉及得体的着装要求、良好的社交礼仪、正确的用餐餐具、和谐的邻里关系等。尽管习俗为人们期望的行为方式作出了定义，但违反习俗通常不会造成严重后果。违反习俗的人可能被认为是古怪的或无礼的，但通常不会被认为是邪恶的或糟糕的。在许多国家，外国人初来乍到违反习俗可以得到谅解。但是，随着期望越来越高，当管理者到达异国他乡时，当地人希望他们能够了解具体的着装规范、社交和职业礼仪，使用正确的餐具进餐以及遵守商务礼节。如今，由于规范的演变，在他国开展业务的商业合作伙伴至少应当努力遵照当地习俗行事。

人们对待时间的态度就是一个典型的习俗的例子。在美国以及德国、荷兰和斯堪的纳维亚国家（丹麦、芬兰、冰岛、挪威和瑞典）的文化中，人们非常清楚现在是什么时间、时间的流逝以及时间的重要性。在这些文化中，商务人士非常注重他们的时间安排，如果他们的商业伙伴开会迟到或因任何原因而让他们长时间等待，他们很快就会因为浪费时间而感到恼火。对于他们而言，时间真的就是金钱。

与注重时间的美国人、德国人、荷兰人和斯堪的纳维亚人相反，在许多阿拉伯国家、拉丁美洲国家和非洲国家的文化中，商务人士认为时间更具有弹性。与按照时间表行事相比，建立良好关系或完成与他人的互动更为重要。例如，开会前，如果让一个美国商人在一名来自拉丁美洲的高管办公室外等待 30 分钟，他可能会感到被怠慢了。然而，这个拉丁美洲人可能只是在完成与另一位同事之间的互动，并且他认为从互动中收集信息比严格遵守时间表更为重要。这位高管并没有不尊重商业伙伴的意思，但是由于双方对时间重要性的理解不同，美国人可能有着不同看法。同样，沙特阿拉伯人对待时间的态度也受到了游牧的贝都因人传统的影响，认为准确的时间毫无意义，“明天”可能意味着下个星期。与拉丁美洲人一样，许多沙特阿拉伯人难以理解西方人对准确的时间和计划表的执念。

习俗还包括仪式和象征行为。仪式和象征是文化最明显的表现形式，被视为深层价值观的外在表现。例如，在与外国企业高管会面时，日本高管会双手捧着自己的名片，并在将名片呈递给对方时鞠躬。[13]这种仪式行为具有深厚的文化象征意义。名片上标明了日本高管的职级，这在日本社会中是非常重要的信息。鞠躬是表示尊敬，鞠躬的幅度越大，则表示的敬意越大。收到名片的人应当仔细查看（日本人通常在名片的一面印有日文，另一面印有英文），这是一种回敬的方式，也是对对方的地位予以承认。同时，外国人也应当在拿到名片时鞠躬，并向日本高管呈递自己的名片作为回礼。如果不这样做，或者没有查看对方呈递的名片，而是随意地将其揣进口袋或钱包中，则违反了这一重要的习俗，并且会被认为态度粗鲁。

道德观念（mores）指的是人们更广泛遵守的规范，相比于习俗而言，更具有道德意义，并且是社会运作和社会生活的核心。违反道德观念可能遭到惩罚、抱怨，并导致商业交易失败。道德观念往往十分重要，从而被制定成法律。许多道德观念（和法律）都因文化而异。例如，在美国，饮酒是被广泛接受的，但是在沙特阿拉伯，饮酒被视为违反了重要的社会道德，并可被判处监禁（一些在沙特阿拉伯工作的西方人知道后会感到很诧异）。沙特阿拉伯和阿拉伯联合酋长国等国家对西方人在当地按照西方人的方式行事越来越宽容。比如，西方的合作伙伴可以喝酒，但是不要张扬。随着时间推移，根据你所在之处和你的身份不同，道德观念可能有着不同的实现方式，了解其中的差异能使你获得回报。

3.2.2 文化、社会和国家

我们将社会定义为一群拥有共同价值观和规范、被共同文化联系在一起的人。社会和国家之间并没有严格的一一对应关系。国家是政治产物，虽然国家常常因为“国家认同”、“国家特征”甚至“国家竞争优势”而成为研究对象，但实际上国家可能包含单一的文化，也可能包含多个亚文化。[14]法国可以被认为是法国文化的政治体现。然而，加拿大也有法国文化，并且它至少有三种核心文化——盎格鲁文化、说法语的魁北克文化和美洲原住民文化。同样，非洲许多国家的不同部落之间文化迥异。印度也是由许多不同的文化群体组成的，每个群体都有自己丰富的历史和传统。

一种文化也可以存在于多个国家，例如丹麦、芬兰、冰岛、挪威和瑞典组成的斯堪的纳维亚国家的文化。斯堪的纳维亚国家的文化价值观和规范可以追溯到几个世纪以前，而这种文化观念模式仍存在于大多数斯堪的纳维亚人心中。伊斯兰文化也是一个有力的证明，它是中东、亚洲、非洲许多国家共有的文化。当然，不同国家的伊斯兰文化存在着细微差别。这种涉及多个国家的扩张性文化，为塞缪尔·亨廷顿（Samuel Huntington）提出的世界被分成不同文明的观点提供了支持。[15]事实上，许多国际商务学者在谈论文化时指出，公司在制定跨国战略时，不应针对各个国家，而应当将全球所有国家按照文化观念划分为不同的商业区域。

如前所述，更为复杂的是，我们可以在一个国家的不同层面谈论文化。我们可以接受“美国社会”和“美国文化”的说法，但在美国有多个社会，而每个社会都有自己的文化。例如，在美国，人们可能谈论非洲裔美国人文化、卡津文化、华裔美国人文化、西班牙裔文化、印第安文化、爱尔兰裔美国人文化、南方文化以及其他群体文化。在一定程度上，这意味着文化与国家之间的关系通常是模糊的。即使一国只有单一的同质文化，这种文化往往也是由各种亚文化组成的（例如新加坡）。商务人士需要注意各种习俗的微妙之处，才能对这些文化上的细微差别给予尊重，如果打算在该国或该文化中开展业务，还需确保不会违反当地的道德观念。随着全球化程度加深，跨国和跨文化商务关系也愈加普及，但对文化的理解程度并不一定能随之提高。文化始终是一个值得研究的多维度、多层次的复杂现象。[16]

3.2.3 文化的决定因素

文化的价值观和规范并不会以完整的形态出现。正如我们之前介绍的，价值观和规范受到多个因素影响，会随着时间演变。这些因素包括主流的政治和经济理念、社会结构以及占主导地位的宗教、语言和教育（见图 3-1）。最终，当人们的日常活动、行为模式和做事方式由于这些不同因素的影响而根深蒂固时，文化就形成了。

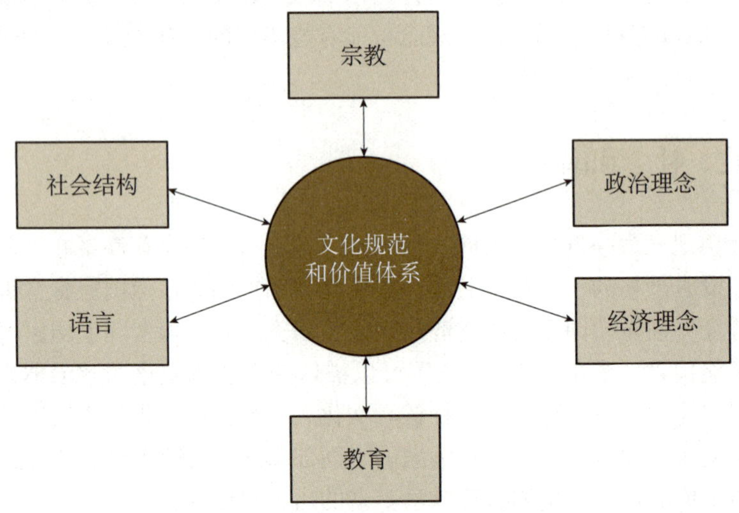

图 3-1 文化的决定因素

政治和经济理念显然会影响社会的价值体系。例如，朝鲜关于自由、正义和个人成就的价值观与瑞典的价值观明显不同，这是因为每个社会都在根据不同的政治和经济理念运作。本章接下来的几节将讨论社会结构、宗教、语言和教育带来的影响。因果关系的链条是双向的。在社会结构和宗教等因素对社会价值观和规范产生明显影响的同时，社会价值观和规范也影响着社会结构和宗教。这就意味着，人的行为可以促使文化发生演变，而现有文化也会影响人的行为。

3.3 社会结构

社会结构（social structure）指的是社会的基本组织形式。它表明了社会如何由价值观、规范和关系等组织在一起。社会如何运作，以及个人、群体和公司如何交往，都源于并且取决于特定社会中人的行为。

在解释跨社会结构的差异时，有两个维度尤其重要（尽管在这两个维度之外还存在许多维度）。第一，在多大程度上社会的基本单位是个人，而不是群体或公司。一般而言，西方社会倾向于强调个人的作用，而在许多非西方社会中，群体往往更为重要。第二，在多大程度上社会被划分为不同的阶层。有些社会（如印度）的特征是社会阶层分明，且不同阶层之间的流动性较低；而其他一些社会（如美国）的特征是没有明显的社会阶层，且各阶层之间的流动性很高。

3.3.1 个人和群体

群体（group）是拥有认同感的两人及以上形成的团体，他们基于对彼此行为的共同期望，以有组织的方式进行互动。[17]人类的社会生活就是一种群体生活，人们处于家庭、工作小组、社会团体、娱乐团体和潜在的无数其他群体之中。社交媒体扩大了群体生活的界限，并强化了扩大后的社会群体。社交媒体具有独特的潜能，它既可以影响社会群体中的个人，也可以影响群体本身。例如，由于群体带来的影响，消费者更有可能购买他们在 Instagram、推特、脸书或领英（LinkedIn）上关注的品牌或他们通过 Snapchat 接触到的品牌。然而，尽管任何社会中都存在群体，但群体在多大程度上被视为社会组织的主要形式则有所不同。[18]在一些社会中，个人特质和成就比群体的更重要；而在另一些社会中，则恰恰相反。

个人

个人主义不仅仅是抽象的政治理念。在许多社会中，个人是社会组织的基石，这不仅反映在社会的政治和经济组织中，还反映在社会环境和商务环境中人们的自我感知和相互联系的方式上。例如，西方社会的价值体系强调个人成就。个人的社会地位不取决于他们为谁工作，而很大程度上取决于他们在自己选择的工作场合中的个人表现。越来越多人被视为“独立承包商”，即使他们隶属于某个公司并为该公司工作。这些人利用他们所拥有的知识、技能和经验来打造他们自己的个人品牌，这通常会转化为加薪、晋升或被另一家公司挖掘（如果该公司可以从这个人的个人能力中受益）。在科学领域，“明星科学家”已经成为创新产品高产者的代名词，这些产品的推出往往基于他们个人的知识、技能和经验。[19]

强调个人表现既有潜在的有益方面，也有潜在的有害方面。在美国，对个人表现的强调体现在人们对强烈的个人主义、创业精神和创新理念的崇拜之上。在美国、欧洲和许多所谓的发达国家，强调个人表现带来的一个好处就是高水平的创业活动。美国创业者陆续创造出了许多新产品及新的经营方式（如个人电脑、复印机、计算机软件、生物技术、超市、折扣零售店和社交媒体等）。可以说，美国经济的活力很大程度上归功于个人主义的理念。高度个人主义的社会往往有着源源不断的新产品和服务创意，从而拥有不断创新的能力。

个人主义还体现在公司管理上的高流动性，这并不总是好事。虽然对那些想打造令人印象深刻的简历并得到加薪机会的管理者而言，从一家公司跳槽到另一家公司可能是一件好事，但对公司而言并不一定有利。管理者缺乏对公司的忠诚和承诺，并试图为了更好的待遇跳槽，可能会导致其虽然具有良好的综合能力，却缺乏在同一家公司工作多年才能取得的知识、经验和人脉。一个高效的管理者会利用公司特有的经验、知识和人脉来寻找当前问题的解决方案，而如果管理者缺乏这些特质，则公司可能遭受损失。但是，管理上的高流动性也有积极的一面，那就是管理者可以接触到不同的经营方式，从而能够将商务实践进行对比，这有助于他们将某家公司的良好实践和技能运用到管理其他公司上，以实现盈利。

群体

与强调个人主义的西方社会相反，在许多其他社会中，群体是社会组织结构的主要单位。例如，在传统日本社会中，个人的社会地位取决于他所属群体的声望以及他的个人表现。[20]群体过去指的是个人所属的家庭或村庄，如今时常表现为工作小组或商务组织。在一项关于日本社会的现代经典研究中，中根千枝（Nakane）指出了群体的日常表现：

> 日本人在对外（向另一个人）描述自己的社会地位时，倾向于将所属机构放在自己的职业之上。他们不会说“我是排字员”或“我是档案员”，而很可能说“我来自 B 出版集团”或“我是 S 公司的职员”。[21]

中根千枝观察到，以群体为先的观念通常会演变成一种深刻的情感归属，使群体认同感在个人生活中变得非常重要。例如，作为学生，你通常会因你上的大学或者你的母校而找到认同感——这种作为校友的认同感将伴随你终生。在许多情况下，我们也会将群体的概念延伸到公司、组织或大学之外。例如，我们会谈论与大学相关的联盟，比如“我要去密歇根州立大学，它是大十联盟的成员”或者“我要去华盛顿大学，它是太平洋十二校联盟（Pac-12 Conference）的成员”。

在国家层面上，日本文化的一个核心价值观是重视群体成员。这对商务企业而言具有积极意义。对群体有强烈的认同感，会给互帮互助和集体行为带来压力。个人价值如果与群体成就密切相关，就会如中根千枝指出的，赋予群体中的个人成员强大的动力，使其为共同的利益而互相协作。有些人认为，日本公司在全球经济中能够取得成功，部分归功于公司内部和公司之间的密切合作。这表现在：日本的组织结构内随处可见的自我管理工作小组；日本公司内不同职能部门之间的密切合作（例如，制造、营销和研发部门之间的合作）；公司在设计、质量控制和缩减库存方面与供应商进行的合作。[22]而提高群体绩效是所有这些合作的驱动力。

将群体认同感放在首要地位，也能够减少管理者和其他员工跳槽的风险。长期以来，在日本经济的某些领域中，员工与特定公司建立终身雇佣关系是一种常态（据估计，在所有日本员工中，有 20%～40%与雇主有着正式或非正式的终身雇佣关系）。不过近几十年来这种常态出现了较大变化，公司之间的人员流动更加频繁。多年来积累的知识、经验和人际网络，可以帮助管理者更有效地完成工作并实现与他人的合作。

但是，群体优先并不总是有益的。以创业精神为特征的美国社会反映了个人主义价值优先的观念，而有些人认为，日本社会恰恰缺乏相应的创业精神。尽管我们尚不清楚这会有什么长期后果，但它可能会使美国创造比日本更多的新产业，并继续在开创全新产品和全新经营方式上取得更大的成功。大多数人认为，美国在一段时间以来一直引领着世界创新，尤其是在全新产品和服务的开发上，而这种创新观念很大程度上归功于美国的个人主义。但根据通用电气全球创新风向标（GE Global Innovation Barometer）调查结果，日本等以群体为导向的国家在创新方面也做得很好，尤其是温和的“常规”创新。[23]这表明，无论是在个人主义文化中，还是在以群体为导向的文化中，都存在多种创新途径，这取决于某一文化的独特性及其反映出的核心竞争力。[24]一些人认为，个人主义社会擅长打造创新理念，而集体主义或以群体为导向的社会更擅长实施这些理念（将这些理念推向市场）。

3.3.2 社会阶层

所有社会都根据不同层级划分出了不同的社会类别——**社会阶层**（social strata）。这些阶层通常是根据家庭背景、职业和收入等社会经济特征来定义的。人出生在某个特定阶层，与他们的父母一样，成为这个社会类别中的一员。出生于社会阶层顶端的人往往比出生于社会阶层底端的人拥有更多的人生机遇，他们可能获得更好的教育、医疗、生活和工作机会。虽然所有社会都在一定程度上被划分为不同阶层，但在两个方面有所不同。首先，不同社会中各社会阶层之间的流动程度不同。其次，商务场合中社会阶层的重要性不同。总体而言，社会阶层的划分基于四个基本原则[25]：

（1）社会阶层是一种社会特征，不能反映个体差异。

（2）社会阶层代代相传。

（3）社会阶层普遍存在，但可以改变。

（4）社会阶层不仅涉及不平等，还涉及信仰。

社会流动性

社会流动性（social mobility）指的是人在多大程度上可以脱离他出生的阶层。不同社会的流动性存在很大差异。最为严格的阶层制度就是种姓制度。**种姓制度**（caste system）是一种封闭式的阶层划分制度，在这种制度中，人的社会地位由其出生的家庭决定，而人在一生中要改变这种地位往往是不可能的。通常，种姓地位与特定职业相关。比如，一个种姓的成员可能是鞋匠，而另一个种姓的成员可能是屠夫。这些职业根植于种姓之中，并通过家庭关系传递给后代。虽然 20 世纪采用种姓制度的社会急剧减少，但仍有一部分留存了下来。印度有四个主要种姓和数个亚种姓。尽管种姓制度于印度独立两年后（即 1949 年）被正式废除，但它仍然在印度农村社会有巨大影响，在那里，职业和婚姻仍在一定程度上与种姓相关（更多详细信息，请见随附的有关印度种姓制度的“国家聚焦”专栏）。[26]

阶层制度（class system）是一种不太严格的社会阶层划分形式，在这一制度中有可能实现社会流动。它是一种开放式的阶层划分形式，人出生时的地位可以通过自己的成就或运气得到改变。出生于阶层底部的人可以通过工作向上升；相反，出生于阶层顶端的人也可能滑落至更低的阶层。

国家聚焦 种姓决定社会阶层

现代印度是一个有着明显反差的国家。在信息技术（IT）领域，它是世界上最具活力的国家之一，塔塔咨询服务（Tata Consultancy Services）、高知特（Cognizant TechnologySolutions）、印孚瑟斯（Infosys）和威普罗（Wipro）等公司在全球都拥有极大影响力。高知特最初作为邓白氏（Dun & Bradstreet）（美国）的技术部门而设立，但它通常被认为是一家印度 IT 公司，因为它的大多数员工都在印度。事实上，许多 IT 公司选择在印度设立或经营，是因为印度强大的 IT 技术、人力资本和文化。

在传统上，印度拥有世界上最强大的种姓制度之一。尽管种姓制度在 1949 年已被正式废除，但它如今仍然存在。从本质上讲，种姓制度在印度是不合法的，并且对低种姓的歧视是非法的。印度还颁布了许多新法律并作出了许多社会倡议，以保护和改善该国低种姓人群的生活条件。

在 1949 年之前，印度的种姓制度是社会流动的一大障碍，而如今仍有人认为跨种姓流动十分困难。但是在印度受过教育的城市中产人群中，种姓对社会经济条件的束缚正在逐渐淡化，印度高科技领域中的大多数雇员都来自中产群体。但是，在居住着印度 64%人口的农村地区，情况则有所不同。在那里，种姓制度仍然有广泛的影响力。

印孚瑟斯的一位年轻女工程师来自一个小乡村，是一个“达利特”。她讲述了自己的亲身经历。她从未进入过“婆罗门”（印度上层祭司的种姓）的房子，即便她的村子里有一半人是婆罗门。当她村子里的学校雇用了一个达利特做饭时，婆罗门纷纷让自己的孩子从这所学校退学。这位工程师是印孚瑟斯慈善培训计划的受益人。她的种姓占到了印度人口的约 16%（约 2.12 亿人），是印度最贫困的群体之一，其中约有 91%的人每月收入不足 100 美元。

为纠正这种长期的不平等，政界人士多年来一直在谈论如何将就业配额制扩大到私营公司。政府要求私营公司尽量雇用达利特和部落民，否则，政府将采取强有力的措施。私营公司仍在抵制这种强加的配额，它们解释称，这种通过配额制取得工作的人不太可能会努力工作。

与此同时，有进步意识的雇主也意识到，他们需要为纠正这种不平等现象而行动，除非印度企业能够雇用低种姓人，否则快速发展的高科技企业将无法找到合适的员工。因此，印度工业联合会（Confederation of Indian Industry）实施了一系列有利于达利特的措施，包括给聪明的低种姓儿童提供奖学金等。在此基础上，印孚瑟斯在高科技企业中起到了带头作用，它为毕业后未能在行业内找到工作的低种姓工程专业毕业生提供特别培训。虽然这种培训并没有对他们的就业作出承诺，但几乎所有完成七个月培训计划的毕业生都被印孚瑟斯或其他企业录用了。印孚瑟斯项目是印度教育为打破种姓制度而演化出的一个私营版本。

资料来源：Mari Marcel Thekaekara, “India's Caste System Is Alive and Kicking—and Maiming and Killing,” *The Guardian*, August 15, 2016; Noah Feldman, “India's High Court Favors Nationalism over Democracy,” *Bloomberg View*, January 8, 2017; “Why Some of India's Castes Demand to Be Reclassified,” *The Economist*, February 16, 2016.

虽然许多社会都有阶层制度，但在不同社会的阶层制度内，社会流动性是不一样的。例如，一些社会学家认为，英国的阶层结构比美国等西方社会更加严格。[27]历史上，英国社会被分成了三个主要阶层：上层阶层，这一阶层有着家族世代相传的财富、声望以及偶得的权力；中产阶层，主要是从事专业性、管理和文书工作的人；以体力劳动为生的工人阶层。中产阶层还可以进一步细分出中上阶层和中下阶层，前者主要从事重要的管理工作以及具有威望的职业（律师、会计师、医生），而后者主要从事文书工作（银行出纳员）和声望较低的职业（学校教师）。

英国阶层制度表现在不同阶层之间的人生机遇有着明显差距。上层阶层和中上阶层通常会将他们的孩子送入高级私立学校，在那里，他们不会与较低阶层的孩子交往，并且能学习彰显社会上层身份的口音和社交规范。这些私立学校与牛津大学、剑桥大学等最负盛名的大学有着密切联系。直到最近，牛津大学和剑桥大学仍然为这些私立学校的毕业生留有一定数量的名额。在名牌大学就读使得这些人极有可能在同样来自上层阶层或中上阶层的人所开设的公司、银行、商行和律师事务所里获得一份受人尊敬的工作。

现代英国社会正在迅速摆脱这种阶层制度，并向着无阶层的社会发展。但是，社会学家对此表示质疑。例如，一项研究报告表明，在拥有 23 万人口的伦敦伊斯灵顿区(郊区)，公立学校只有 79 人进入名校，甚至不及伊顿这一所享有盛誉的私立学校向牛津大学和剑桥大学输送的人数。[28]研究者称，这意味着“钱仍然在生钱”。他们认为，好中学意味着好大学，好大学意味着好工作，而真正具有才能的人只有非常有限的机会能够挤进这个狭小的圈子。在另一项调查中，一位社会学家指出，在过去几十年里，许多社会对于教育上的阶层差异几乎未作出任何改变，这与设想恰恰相反。[29]

美国的阶层制度不如印度、英国那么明显，流动性更大。与英国一样，美国也有自己的上层阶层、中产阶层和工人阶层。然而，阶层划分在更大程度上取决于个人的经济成就，而不是其背景或学校。因此，个人可以凭借自己的经济成就，顺利地从工人阶层爬升至上层阶层。出身普通的成功人士在美国社会中十分受人尊敬，例如安德鲁·卡耐基（Andrew Carnegie)、亨利·福特（Henry Ford)、奥普拉·温弗瑞（Oprah Winfrey)、比尔·盖茨（Bill Gates）和拉里·佩奇（Larry Page)，这些美国企业家在创造和营销自己的产品、服务和理念方面做得非常出色。

重要性

从商业角度来看，社会阶层对公司运营有着重要影响。在美国社会，高度社会流动性和极度强调个人主义限制了阶层背景对商业运营的影响。日本也是如此，因为那里多数人都认为自己是中产阶层。而英国或印度这样的国家则相对缺乏阶层流动性，且阶层差异导致了阶层意识的出现。**阶层意识**（class consciousness）指的是人们以自己的阶层背景来认识自己的一种状态，这种意识将帮助他们塑造与其他阶层的关系。

阶层意识在英国社会中造就了中上阶层管理者与工人阶层员工之间相互对抗的传统。长期以来的相互对立和不尊重使得许多英国公司难以实现劳资合作，并导致劳资纠纷频发。但是，在过去 20 多年里，劳资纠纷显著减少，这为那些声称英国正朝着无阶层社会前进的人们提供了论据。有些人认为，英国退出欧盟（英国脱欧）的谈判及其结果与阶层相关，英国人可能需要数十年才能有效地解决这一问题。

总体而言，管理层和劳工阶层之间的对立关系，以及由此引发的缺乏合作和产业严重受阻的问题，往往会增加那些阶层分化严重的国家的生产成本。而这些国家的本国公司，则更难在全球经济中建立竞争优势。英国需要面对脱欧带来的影响，美国开始出现民族主义倾向，而印度仍然在实行限制社会流动的种姓制度。这些都尚未成为历史，因此，公司需要作出相应的战略规划。

3.4 宗教和伦理体系

宗教（religion）可以定义为与神圣领域相关的一系列共同信仰和仪式。[30] **伦理体系**（ethical system）指的是一套用于指导和塑造行为的道德准则或价值观。[31] 世界上大多数伦理体系都是宗教的产物。

宗教、伦理和社会之间的关系微妙且复杂。在当今世界数以千计的宗教类型中，从信徒的数量来看占主导地位的宗教包括基督教、伊斯兰教、印度教、佛教等。如今，一些宗教在特定地区也具有重要的影响力，但它们的信徒数量与占主导地位的宗教相比悬殊。我们将对这四大宗教以及儒家思想进行考察，重点关注它们潜在的商业影响。

一些学者认为，宗教对商业最重要的影响在于，不同宗教在多大程度上塑造了人们对待工作和创业的态度，以及宗教伦理对经营成本的影响有多深。但是，我们不可以过度总结宗教、伦理体系和商业实践之间的关系。

有趣的是，经济学家罗伯特·巴罗（Robert Barro）和瑞秋·麦凯丽（Rachel McCleary）的研究表明，无论何种宗教，强烈的宗教信仰都可能对经济增长率产生积极影响。[32] 巴罗和麦凯丽研究了 59 个国家的宗教信仰和经济增长率之间的关系，得出结论：宗教信仰越强就越能够刺激经济增长，因为这些信仰有助于人们维持稳定的行为方式，进而创造更高的生产率。也有其他专业人士认为，经济增长取决于健全的经济政策，与宗教或宗教伦理不一定有关联。

3.4.1 基督教

基督教是世界上教徒人数最多的宗教。大部分基督教徒生活在欧洲和美洲，非洲的人数也在迅速增长。基督教起源于犹太教，与犹太教一样，它是一神论宗教。11 世纪宗教分化，出现了两个主要的基督教派别：天主教和东正教。如今，天主教教徒在所有基督教教徒中占比超过一半，他们大多数分布在南欧和拉丁美洲。东正教虽然影响力较小，但它对多个国家也具有重要意义（尤其是希腊和俄罗斯）。16 世纪，宗教改革导致天主教进一步分裂，并诞生了新教。新教不再墨守成规，出现了众多新教派（浸信会、卫理公会、加尔文宗等）。

基督教的经济影响

有社会学家认为，在基督教的主要分支——天主教、东正教和新教之中，新教具有最重要的经济意义。1904 年，著名的德国社会学家马克斯·韦伯（Max Weber）将新教伦理与“资本主义精神”联系了起来，自那时起，这一理论发挥了巨大影响力。[33]韦伯指出，资本主义出现在西欧，在那里：

> 商业领袖和资本所有者，以及具有较高技术水平的劳动力，甚至现代企业中接受过高级技术和商业培训的人员，他们中的绝大多数是新教徒。[34]

韦伯认为，新教与资本主义的出现存在关系。他表示，新教伦理强调了努力工作和创造财富（为了信仰的荣耀）以及节俭（远离世俗的享乐）的重要性。一方面，这种价值体系是资本主义发展所必需的。新教徒努力工作，并有条不紊地积累财富。他们苦行的信念表明，与其将财富挥霍在世俗的享乐中，还不如将其投资用于资本主义企业的扩张。因此，努力工作与资本积累能够为投资和扩张提供资金，从而为西欧及随后在美国发展起来的资本主义铺平了道路。而另一方面，天主教承诺的是来世的救赎，而不是现世，从而无法塑造出同样的观念。

新教也可能以另一种方式促进资本主义发展。新教摆脱了宗教和社会生活中的等级制度，而天主教在历史中则大多非常注重等级制度。新教早期主要以自由的宗教形式来体现不墨守成规的特质。这种强调个人宗教自由的做法很可能为后来强调个人经济和政治自由以及以个人主义为核心的经济和政治理念的发展铺平了道路，这种理念是创业型自由市场资本主义的基石。在此基础上，一些学者认为，受新教激发而来的个人主义与国家创业活动的活跃度之间存在联系。[35]同样，我们必须注意不要对这一历史社会学观点过度关注。虽然英国、德国和美国等具有强烈新教传统的国家是工业革命早期的领导者，但当今世界中，天主教或东正教信仰占多数的国家也出现了大量且持续的创业活动和经济增长。

3.4.2　伊斯兰教

伊斯兰教可追溯到公元 610 年穆罕默德开始传播伊斯兰教的理念和教义时，但伊斯兰历法从公元 622 年才开始，当时穆罕默德离开麦加去往叶斯里卜的绿洲定居点，即后来的麦地那。伊斯兰教的信徒被称为穆斯林。穆斯林在 40 多个国家中占人口的多数，他们的居住地从非洲西北海岸，经由中东，延绵至中国和马来西亚。

伊斯兰教与基督教和犹太教一样，也是一神教，核心原则是只有一位真正全能的神（真主安拉）。伊斯兰教要求人们无条件地接受真主安拉的独一无二、力量和权威，并将实现真主安拉的旨意作为生活的目标，以期进入天堂。伊斯兰教认为，世俗的利益和世间的权力是虚幻的。那些在地球上追求财富的人可能会得到财富，但那些放弃世俗野心以寻求真主安拉恩惠的人可以获得更宝贵的财富——进入天堂。伊斯兰教的其他要求还包括孝敬父母、尊重他人的权利、慷慨但不挥霍等。[36]这与犹太教和基督教的核心原则有着相似之处。

伊斯兰教涉及生活中的方方面面，规范着穆斯林的行为。[37]穆斯林在社会和经济活动中受到其宗教原则（人际关系行为准则）的约束。宗教在生活的各个领域都至高无上。穆斯林生活在伊斯兰教价值观和道德行为规范所塑造的社会结构中。在伊斯兰国家，日常生活中的仪式有很多，比如，每天进行祈祷（当穆斯林需进行日常祈祷仪式时，商务会议可能会暂停），对女性着装作了严格要求，禁止饮酒。

伊斯兰教的经济影响

《古兰经》确立了一些明确的经济原则，其中许多都表示支持自由企业。[38]《古兰经》中赞许地谈到自由企业以及通过贸易和商业来赚取利润（先知穆罕默德本人曾经是一名商人）。尽管伊斯兰教声称所有财产都是真主的恩惠（他创造并拥有一切），但对私有财产权的保护也深植于伊斯兰教观念中。那些持有财产的人被视为受托人而不是所有者。作为受托人，他们有权从财产中获取利润，但他们受到告诫，应当以正当、对社会有益且审慎的方式来使用这些财产。这反映出伊斯兰教注重社会正义。伊斯兰教批判那些通过剥削他人而获利的人。在伊斯兰教看来，人类是一个集体，在这个集体中，富人有义务帮助弱势群体。只要利润来路正当且不是通过剥削他人而赚取的，就是被允许的。如果那些获利的企业通过慈善行动帮助穷人，那么对企业也会有益处。此外，伊斯兰教还强调了履行合同义务、信守承诺以及不得欺骗的重要性。

鉴于伊斯兰教倾向于市场体系，伊斯兰国家很可能会欢迎国际企业，只要这些企业的行为方式符合伊斯兰教的伦理、习俗和商业惯例。在穆斯林占人口大多数的国家，外国企业要关注伊斯兰教特有的一项经济原则，那就是禁止支付和收取利息，这被认为是不合法的。这不仅仅是一个宗教问题，在许多伊斯兰国家还是一个法律问题。《古兰经》明确禁止利息。多年来，在伊斯兰国家开展业务的银行都忽视了这种要求，但是从 20 世纪 70 年代埃及成立伊斯兰银行开始，伊斯兰银行开始在伊斯兰国家占主导地位。如今，在 50 多个国家有数百家伊斯兰银行，资产约 1.6 万亿美元；除此之外，还有超过 1 万亿美元由遵守伊斯兰原则的共同基金管理。[39]不仅如此，传统银行也在进入这一市场。两家大型金融机构——花旗集团和汇丰银行（HSBC），如今都开始提供伊斯兰金融服务。伊朗和苏丹仍在执行伊斯兰银行传统，而在越来越多的国家中，客户可以在传统银行和伊斯兰银行之间进行选择。

传统银行向储户支付利息，向借款人收取更高的利息，并从中赚取差额。由于伊斯兰银行不能支付或收取利息，它们必须找到不同的获利方式。伊斯兰银行尝试了两种不同模式——盈亏分摊制（mudarabah）和加价制（murabaha）。[40]

盈亏分摊制类似于利润分享计划。在盈亏分摊制下，当伊斯兰银行借钱给一家企业时，它会分享这笔投资所产生的利润，而不是收取利息。同样，当企业（或个人）在伊斯兰银行存款时，该笔存款将在银行使用该资金进行的任何投资活动中被视为股权。因此，存款人可以根据约定的比率从银行的投资中分享利润（而不是获取利息）。一些穆斯林声称，这一体系比西方的银行体系更加高效，因为它鼓励长期存款和长期投资。但是，并没有确凿的证据来证明这一点，而且有人认为盈亏分摊制的效率低于传统的西方银行制度。

加价制在伊斯兰银行中使用最为广泛，主要因为它实施起来最容易。在加价制合同中，当企业想要贷款购买某物时，比如一台价值1 000美元的设备，企业在与设备制造商谈好价格后会告知银行，然后银行以1 000美元的价格购买该设备，借款人稍后再从银行手中以稍高价格将设备买回，比如1 100美元的价格，其中包含了支付给银行的100美元加价。有人可能会指出，这种加价在功能上等同于利息支付，正是由于这种模式与传统银行业务如此相似才使其更容易实施。

3.4.3 印度教

印度教教徒大多数在印度次大陆。印度教发源于4 000多年前的印度河流域，是世界上最古老的宗教之一。与基督教和伊斯兰教不同，它的创立与特定的人无关。它也没有像《圣经》或《古兰经》那样得到官方认可的圣书。印度教教徒认为，社会中的道德力量需要接受某些责任，即“法”（dharma）。印度教教徒相信轮回，也相信“业”（karma），即灵魂在精神上的延续。人的业力受到他生活方式的影响。业力的道德状态决定了他来世要面对的挑战。若每一世都使灵魂进步，印度教教徒相信他们最终可实现“涅槃”（nirvana）——一种完整的精神圆满的状态，在这种状态下不再需要轮回转世。许多印度教教徒相信，严格的苦行生活是实现涅槃的方式，他们在物质和身体上自我否定，执着于精神追求，而非物质追求。

印度教的经济影响

马克斯·韦伯以阐述新教的工作伦理而闻名，但他也指出，印度教中的苦行原则不会对追求财富的创业活动起到促进作用。[41]根据韦伯的观点，传统的印度教价值观强调不应以物质成就，而应以精神成就来评判一个人。印度教教徒认为追求物质幸福会使涅槃更加困难。鉴于他们注重苦行生活，韦伯认为，虔诚的印度教教徒相比于虔诚的新教教徒更不可能从事创业活动。

著名的印度民族主义者和精神领袖甘地（Mahatma Gandhi）无疑是印度苦行主义的代表。有人认为，甘地提倡的印度苦行主义和自力更生的价值观对独立后的印度经济发展产生了负面影响。[42]但是，不应过度解读韦伯的这些相当陈旧的观点。现代印度是一个充满活力的创业型社会，数以百万计辛勤工作的企业家构成了该国经济快速发展的支柱，尤其是在信息技术领域。[43]

印度教历来支持印度的种姓制度。对传统印度教教徒而言，在人的一生中实现种姓之间的流动毫无意义。印度教教徒认为，种姓之间的流动可以通过精神的延续和转世而实现。如果人在这一世实现精神上的进步，那么他可以在下一世投胎于更高的种姓。正如本章前面所讨论的，尽管种姓制度在印度已经被废除了，但它对印度人生活的影响仍然存在。

3.4.4 佛教

公元前6世纪，佛教由释迦牟尼（Siddhartha Gautama）创立于今尼泊尔。悉达多

（即释迦牟尼）放弃了他的财富，以追求一种苦行的生活和精神上的圆满。他的信徒称他达到了涅槃，却决定留在世间教他的追随者如何也能达到这种开悟的状态。悉达多被称为佛陀（意为“觉醒者”）。如今，大多数佛教徒分布在中亚和东南亚、中国、韩国和日本。佛教认为，痛苦源于人们对快乐的渴望，遵循转化的道路，可以脱离苦海。悉达多提出了八正道作为转化的途径，即正见、正思维、正语、正业、正命、正精进、正念和正定。与印度教不同，佛教不支持种姓制度，也不提倡极端苦行行为。然而，与印度教一样，佛教也强调来世和精神成就，而不是沉迷于眼前的世界。

佛教的经济影响

基督教中的新教注重财富创造的理念，这在佛教历史中无处可寻。因此，在佛教社会中，没有对创业行为的文化压力。但是与印度教不同的是，佛教不支持种姓制度和极端苦行行为，这使佛教社会可能比印度教文化更适合创业活动。实际上，在与种姓无关的社会中，创新思想和创业活动都有可能占据一席之地，但是，每种文化发展出的创业行为类型不尽相同。

佛教认为，社会历来深深地根植于当地的自然环境中。[44]这就意味着经济更加本土化，人与人之间的关系以及文化与自然之间的关系相对来说更为直接。在现代经济中，复杂的技术和大范围的社会制度导致人与人之间以及人与自然之间被分隔开来。此外，随着经济增长，很难理解并评价人们对自然界产生的潜在影响。这些情况都与佛陀的教义背道而驰。

近年来佛教中的“禅”逐渐被引入西方商业世界。[45]根据美国专利商标局（United States Patent and Trademark Office）的数据，仅在美国就有约 700 个商标包含“禅”字。为企业提供名称和品牌咨询的企业文案策划人南希·弗里德曼（Nancy Friedman）在博客中写道：“在商业中，‘禅’是我们常说的‘无’的同义词。”她指出：“‘禅’可以与邮件结合来描述‘收到的邮件中没有信息或附件’。‘禅述’是一个动词，意思是‘不用说话就讲了个故事’。而把一道计算题给‘禅’了，意味着凭直觉瞬间解决了它——也许这就是‘创造力’把‘禅’与你相连的瞬间。”[46]

3.4.5 儒家思想

孔子于公元前 5 世纪创立了儒家学派。现在在中国、韩国和日本等地仍有许多人在遵循孔子的教导。儒家思想教导人们应当通过正确的行动来获得个人救赎。儒家思想虽然不是宗教，但几个世纪以来早已深植于这些国家的文化之中，并对无数人的生活有着深远影响。[47]儒家思想建立于一套全面的伦理准则之上，这些准则为人与人之间的相互关系提供了指导。崇高的道德品行和对他人的忠诚是儒家思想的核心。与宗教不同的是，儒学不关心超自然的事物，而且也不谈论神或来世。

儒家的经济影响

一些学者认为，儒家对经济有着深刻影响，不亚于韦伯提到的新教对经济的影响，尽管两者的性质有所不同。[48]他们的基本论点是，儒家思想影响着中国、日本、韩国等地的文化，降低了这些国家的经商成本，这有助于解释它们在经济上取得的成功。在这方面，儒家体系蕴含的三个概念发挥了特别重要的作用：忠诚、互利互惠、诚以待人。

在儒家思想中，忠诚非常重要。在以儒家文化为基础的组织结构中，员工忠于其组织领导，这使得管理层和员工之间的冲突较少，而这种冲突总是存在于更具有阶层意识的社会中。强调以忠诚作为美德的文化价值体系，有助于管理层和员工之间保持合作，进而降低成本。不过，在儒家文化中，对上级的忠诚（例如，员工对管理层的忠诚）并不是盲目的。

互利互惠的概念也很重要。儒家思想强调上级应当通过给予恩惠的方式来奖赏下级的忠诚。如果没有这些恩惠，也不会有忠诚。这一儒家伦理是“关系”概念的核心。“关系”指的是通过互利互惠联系在一起的网络。[49]在商业环境中，也可以更好地理解为“人脉”。互利互惠是使关系网牢固的黏合剂。如果某人没有履行这些义务，即给出的恩惠未得到回报或不是相互的，则他的名誉就会受损，而且将来也不太可能再依靠他的“关系网”来寻求帮助。因此，这种社会处罚通常足以确保人情和恩惠得到回报，并且使关系得到尊重。一个社会如果缺乏法规传统，则出现违反商务协议的行为时，也会缺乏法律的救济方式，这使得“关系”成为企业建立长期联系并开展业务的重要机制。

儒家思想的第三个概念是诚以待人。儒家思想强调，不诚信的行为虽然可能带来短期利益，但长期则不然。重视诚信具有重大的经济意义。当公司可以相互信任不违反合同义务时，不需要聘请昂贵的律师来解决合同纠纷，做生意的成本就降低了。当公司奉行儒家伦理时，他们可以信任对方不会违反合作协议的条款，为实现合作所花费的成本可能更低。

例如，有人认为，日本汽车公司与其零部件供应商之间的密切联系是在信任和互利互惠的基础上发展起来的。这些密切联系使得汽车公司及其供应商能够在一系列问题上展开合作，包括减少库存、控制质量和设计等。丰田等日本汽车公司的竞争优势可以部分归功于这些因素。[50]

3.5 语言

许多国家存在的一个明显不同在于，人们使用的语言不同。我们所说的语言是指口头和非口头的交流方式。语言同时也是文化的决定性特征之一。通常，学习语言也需要学习文化，反之亦然。有些人甚至会说，如果不了解一国的主要语言，就不可能深入了解其文化。

3.5.1 口头语言

语言的作用远不止让人们相互交流。语言本身构成了我们感知世界的方式。语言可以将社会成员的注意力引至世界的某个特征，而不是其他特征。这一现象的经典例证是：英语只有一个单词来表示“雪”，但因纽特人的语言中没有“雪”的泛称，而是将雪的不同形态区分开来，由于这在他们生活中非常重要，所以因纽特人有 24 个词来描述不同类型的雪（例如，粉雪、落雪、湿雪、飘雪等）。[51]

因为语言塑造了人们感知世界的方式，它也有助于对文化进行定义。拥有不止一种语言的国家往往也有不止一种文化。加拿大有英语文化和法语文化。语言差异可能会导致文化差异。[52]

以普通话（中文）为母语的人数最多，其次是英语和印地语，印地语主要在印度使用。而世界上使用范围最广的语言是英语，其次是法语、西班牙语和普通话。多年来发达国家普遍使用英语，英语越来越多地成为国际商务中使用的语言。当日本商人和德国商人一起做生意时，大概率他们会用英语交流。不过，虽然可以广泛使用英语，但学习当地语言可以给你带来相当大的优势。大多数人更喜欢用他们自己的语言交流，说当地语言可以帮你建立融洽和友好的关系。不懂当地语言的国际企业通常会因为不当的翻译而犯错，在商业谈判中花费更长的时间，也可能完全失去潜在的交易机会。

例如，阳光电器（Sunbeam Corporation）的喷雾卷发器在进军德国市场时使用了英文单词“Mist-Stick”（喷雾棒），在做了昂贵的广告宣传后，公司才发现“mist”在德语中意为排泄物。波多黎各经销商一直对雪佛兰（Chevrolet）旗下的新星（Nova）缺乏热情，这使通用汽车很苦恼。在西班牙语中，“nova”的字面意思是“星星”，但是发音听起来就像“no va”，意思是“走不动”。后来通用汽车把这款车型的名字改成了“Caribe”。[53]即使是来自瑞典的世界上最大的家具制造商宜家也因命名错误而遇到了品牌问题。它将一款花盆命名为“Jättebra”（在瑞典语中意为“超好的”），但在泰国俚语中易产生不当含义。百事的广告语“百事新一代带给你活力”（come alive with the Pepsi Generation）在中国并未引起共鸣，因为容易产生理解上的歧义。

3.5.2 非口头语言

非口头语言指的是非语言交流。我们都会通过大量的非语言方式与他人交流。例如，扬起眉毛在大多数文化中表示认可，而微笑表示喜悦。但是，许多非语言线索受到文化约束。如果无法理解其他文化中的非语言线索，则可能导致沟通失败。例如，把拇指和食指圈成一个圆在美国是一种友好的手势，但是在希腊和土耳其却带有粗俗的意味。同样，虽然大多数美国人和欧洲人用竖大拇指的动作表示“赞成”，但在希腊这是一个不雅的手势。

非语言交流还体现在个人空间，即和别人交谈时的舒适距离。在美国，商务交流时的习惯距离是 5～8 英尺，而在拉丁美洲是 3～5 英尺。因此，在交流时，许多北美人会认为拉美人在侵入他们的个人空间，所以会一直后退。美国人可能觉得拉美人总是咄咄逼人，相反，拉美人可能会将对方这种后退的行为视为冷漠。两个来自不同文化的商人之间缺乏融洽的关系，最终可能导致结果不尽如人意。

3.6 教育

正规教育在社会中发挥着重要作用，并且它通常是人们学习各种语言、知识和技能的途径，这在现代社会中是不可或缺的。在家庭之外，正规教育为年轻人学习社会价值观和规范并走向社会提供了帮助。价值观和规范的教授方式可以是直接的，也可以是间接的。学校通常会教授学生一些与社会属性和政治属性相关的基本事实，还注重公民基本义务教育。除此之外，学校也间接教授文化规范。尊重他人、服从权威、诚信、整洁、准时等都是学校教学内容的一部分。评分的方式也使学生了解到个人成就和竞争的价值。[54]

从国际商务的角度来看，教育很重要的一个方面是，它作为国家竞争优势的一个决定因素所发挥的作用。[55]拥有一批富有技术和知识的工人，对一国取得经济成功起到了重要的决定性作用。例如，在分析日本为何能在竞争中脱颖而出时，哈佛商学院教授迈克尔·波特（Michael Porter）指出，在第二次世界大战之后，日本几乎一无所有，只剩下一群有着各式技能且受过良好教育的人力资源：

> 日本有长期尊重教育的传统，这使日本拥有大量有文化、受过教育且技能水平较高的人力资源……日本的发展得益于大量受过培训的工程师。就人口比例而言，从日本大学毕业的工程师数量比美国多得多……日本的小学和中学体系以一流的高标准运作，并强调数学和科学等学科。小学和中学教育竞争激烈……日本的教育体系为日本各地的大多数学生都提供了良好的教育，也为今后的进修和学习奠定了基础。日本高中毕业生的数学知识可比肩美国多数大学毕业生。[56]

波特指出，日本的教育体系是该国战后经济取得成功的重要因素。好的教育体系不仅是国家竞争优势的决定因素，也是引导国际企业选址的重要因素。例如，将信息技术岗位外包给印度的趋势可部分归因于印度拥有大量受过培训的工程师，而这正是印度教育体系的成果。出于同样的原因，几乎不可能将一个需要高技术工种的生产设施建在一个教育体系非常差以至于很难找到技术工人的国家，无论那个国家在其他方面（比如成本）有多大吸引力。

一国的总体教育水平也表明了该国可能购买的商品类型，以及企业应该使用的宣传方式。例如，如果一国有50%以上的人口是文盲，则该国不太可能成为畅销书籍的良好市场。但更重要的也许是，在向大众市场推销产品时如果使用了包含文字描述的宣传材料，则很难在一个半数人口无法阅读的国家发挥作用。在这种情况下，使用图片促销效果要好得多。

3.7 文化与商业

对跨国公司或任何在不同国家开展业务的公司（无论小型、中型或大型）而言，都应当重视社会文化对职场价值观的影响。管理流程和实践可能需要根据文化所确定的工作观念作出改变。例如，如果巴西和英国文化或者美国和瑞典文化所产生的工作观念不同，则在不同国家经营的公司应当根据这些差异对管理流程和实践作出调整。

相关研究中最著名的当属吉尔特·霍夫斯泰德对文化与职场价值观的关系所做的研究。[57]作为 IBM 的心理学家，霍夫斯泰德工作的一部分就是对超过 11.6 万名员工的看法和价值观进行收集，然后根据调查对象的职业、年龄和性别进行匹配。他利用这些数据对 50 个国家的文化维度进行比较。霍夫斯泰德最初识别出了四个维度来概括不同文化[58]——权力距离、不确定性规避、个人主义与集体主义，以及男性化和女性化，后来，受儒家思想启发，他又增加了第五个维度，即长期取向与短期取向。[59]

第五个维度是通过中国文化价值观调查（Chinese Value Survey，CVS）获取数据并作为函数加入的。CVS 是迈克尔·哈里斯·邦德（Michael Harris Bond）根据他与霍夫斯泰德的讨论所开发的一种工具。[60]邦德使用了霍夫斯泰德称为“东方思想”的信息开发出了中国文化价值观调查。邦德还提到，他为体现新的长期与短期取向而创造一系列价值观时，中国学者提供了帮助。在最初的研究中，邦德将第五个维度称为“儒家工作动力论”，但霍夫斯泰德说，该维度实际上就是长期和短期取向。

权力距离（power distance）维度关注的是，社会如何处理人们在身体和智力方面不平等的事实。霍夫斯泰德认为，如果一国拥有高权力距离文化，则该国会放任不平等随时间推移发展成权力和财富的不平等。而如果社会中的文化是低权力距离的，则会尽可能淡化这种不平等。

个人主义与集体主义（individualism versus collectivism）维度关注的是个人与其同伴之间的关系。在个人主义社会中，人与人之间的联系是松散的，个人的成就和自由得到了高度重视。而在强调集体主义的社会中，人与人之间的联系很紧密。在这样的社会中，人们出生于集体（例如大家族）中，每个人都应该为集体的利益着想。

不确定性规避（uncertainty avoidance）维度衡量了不同文化的社会成员接受不确定状况和容忍不确定性的程度。在高不确定性规避的文化中，成员非常重视工作保障、职业模式、退休福利等，他们非常需要规章制度；管理者应当下达明确的指示，而下属的主动性应当被严格控制。低不确定性规避的文化有两个特征：愿意承担风险，以及情绪上较不抗拒变化。

男性化与女性化（masculinity versus femininity）维度考察的是性别和工作角色之间的关系。在男性化文化中，性别角色被区分开来，传统的“男性化价值观”（比如成就和有效行使权力）决定了文化理想。而在女性化文化中，性别角色不那么明显，同一份工作中的男性和女性之间几乎没有区别。

长期取向与短期取向（long-term versus short-term orientation）维度是指一种文化使人们接受物质、社会和情感需求延迟满足的程度。它体现了人们对于时间、坚持、尊卑有序、爱面子、尊重传统以及回礼和回谢的态度。这些都是儒家思想中衍生出的价值观。

霍夫斯泰德为这五个维度分别创设了一个从 0 到 100 的指数评分系统（100 为最高）。[61]通过利用 IBM 的全球架构，霍夫斯泰德能够将不同文化中的公司影响力看作常数。因此，任何存在于不同国家文化之间的差异都是国家文化的差异，而不是公司文化的差异。他将给定国家的所有员工分数取平均值，从而得出每个维度的指数评分。

如今存在一种为霍夫斯泰德的研究加上第六个维度的强烈倾向。吉尔特·霍夫斯泰德和迈克尔·明科夫（Michael Minkov）合作分析了世界价值观调查（World Values Survey，WVS），并在2010年增加了一个很有说服力的新维度——放纵与约束（indulgence versus restraint）。[62] 2011年1月17日，霍夫斯泰德为欧洲跨文化教育训练与研究学会（SIETAR）举办了一场名为"心理软件的新力量"（New Software of Mind）的网络研讨会。会上介绍了《文化和组织》（第三版），该书中包括了明科夫的分析结果，并对第六个维度表示支持。此外，在2013年7月6日于土耳其伊斯坦布尔举行的国际商务学会（Academy of International Business）年会上，霍夫斯泰德发表了主题演讲，再次用研究结果和理论依据来支持放纵与约束维度。放纵指的是社会允许人们相对自由地满足与生活和娱乐相关的基本且自然的人类需求。约束指的是社会抑制人们的需求，并通过严格的社会规范对其进行管理。经过多年努力，霍夫斯泰德研究中最初的四个维度得到了强有力的支持，第五个维度也获得了许多赞同，但仍有一些学者对最新的第六个维度持怀疑态度。

表3-1总结了15个国家在个人主义与集体主义、权力距离、不确定性规避、男性化与女性化以及长期取向与短期取向这五个既定维度上的数据（霍夫斯泰德收集了约50个国家的数据，邦德收集了约23个国家的数据，许多其他研究人员收集的数据也扩充了国家样本）。美国、加拿大和英国等西方国家在个人主义量度上得分较高，在权力距离量度上得分较低。拉丁美洲和亚洲国家强调集体主义胜过个人主义，并且在权力距离量度上得分较高。表3-1还表明，日本文化具有强烈的不确定性规避和高度男性化特征，这符合人们对日本的刻板印象，即一个男性主导的并以终身雇佣制体现不确定性规避的国家。瑞典和丹麦清晰地表现出较低的不确定性规避和较低的男性化特征（高度强调女性化价值观）。

表3-1 15个国家与工作相关的价值观

	权力距离	不确定性规避	个人主义	男性化	长期取向
澳大利亚	36	51	90	61	31
巴西	69	76	38	49	65
加拿大	39	48	80	52	23
德国（德意志联邦共和国）	35	65	67	66	31
英国	35	35	89	66	25
印度	77	40	48	56	61
日本	54	92	46	95	80
荷兰	38	53	80	14	44
新西兰	22	49	79	58	30
巴基斯坦	55	70	14	50	00

续表

	权力距离	不确定性规避	个人主义	男性化	长期取向
菲律宾	94	44	32	64	19
新加坡	74	8	20	48	48
瑞典	31	29	71	5	33
泰国	64	64	20	34	56
美国	40	46	91	62	29

资料来源：Hofstede Insights；www.hofstede-insights.com/product/compare-countries，Accessed March 7，2019.

霍夫斯泰德的结论概括性阐述了各文化之间的差异。霍夫斯泰德的许多发现都与人们对文化差异的刻板印象一致。例如，许多人认为美国人比日本人更加追求个人主义和平等主义（权力距离更小），而日本人又比墨西哥人更加追求个人主义和平等主义。同样，许多人可能同意拉丁美洲国家比丹麦和瑞典等斯堪的纳维亚国家更强调男性化价值观——前者是大男子主义文化。不出所料，日本和泰国等国家在长期取向上得分较高，而美国和加拿大等国在该项的得分较低。

然而，我们应该注意不要过度解读霍夫斯泰德的研究，该研究也存在局限性。[63]第一，霍夫斯泰德假设文化与国家之间是一对一的对应关系，但正如我们之前讨论的，许多国家拥有不止一种文化。第二，霍夫斯泰德的研究可能受到了文化限制。研究团队均由欧洲人和美国人组成。他们向 IBM 员工提出的问题，以及他们对答案的分析，可能都受到了自身文化偏见和文化观点的左右。后来增加的长期取向与短期取向维度就说明了这一点。第三，霍夫斯泰德的调查对象不仅来自单一行业（计算机行业），也来自同一家公司 IBM。当时，IBM 就以其强大的企业文化和员工选任制度而闻名，这使其员工价值观有可能在一些重要方面与员工所来自的文化的价值观不同。

尽管如此，霍夫斯泰德对文化的研究仍属世界领先。对于试图弄清楚文化差异及其对管理实践意味着什么的管理者来说，这将是一个很好的起点。此外，另有几位学者发现，有充分的证据表明文化差异会影响职场价值观和实践，并且霍夫斯泰德的基本结论也得到了不同环境下更多样化的各种样本的反复验证。[64]不过，管理者应谨慎使用这些结论，因为层出不穷的新的文化价值观调查和数据不断对霍夫斯泰德的研究工作作出补充。“全球领导力和组织行为有效性工具”和“世界价值观调查”是另外两个经过检验且与工作和商业问题相关的文化价值观框架。

全球领导力和组织行为有效性（Global Leadership and Organizational Behavior Effectiveness，GLOBE）工具旨在解决与有效领导相关的概念。[65]它存在于被领导者的社会和组织价值观及规范中。GLOBE 的初步调查结论是在霍夫斯泰德和其他文化研究者的调查结果基础上，对来自 62 个社会、951 个组织的 17 300 名中层管理者所做的研究。GLOBE 研究确立了九个文化维度：权力距离、不确定性规避、人性导向、制度集体主义、内群体集体主义、自信、性别差异、未来导向和绩效导向。

世界价值观调查（World Values Survey，WVS）是一个横跨 100 多个国家的研究项目，旨在考察人们的价值观和规范、它们如何随时间变化，以及它们对社会和商业有何影响。[66]WVS 维度包括对民主的支持程度，对外国人和少数族裔的包容程度，对性别平等的支持程度，宗教的作用及宗教信仰的虔诚度，全球化的影响程度，对环境、工作、家庭、政治、国家认同、文化、多元化和不安全感的看法，以及主观幸福感。

文化只是可能影响一国经济成功的众多因素之一。文化的重要性不容忽视，但也不应被夸大。霍夫斯泰德的框架是最重要的、研究最多的文化框架，它与工作价值观和商务息息相关。但是一些较新的文化框架（例如 GLOBE、WVS）在文献中也越来越常见，它们有可能补充甚至取代霍夫斯泰德的研究，在与工作相关的价值观、商务和市场问题方面作出更多的验证并具有很大的关联性。同时，经济、政治和法律制度在对不同时期经济增长率的差异作出解释时，可能比文化因素更为重要。

3.8　文化变革

关于文化，本章要强调的一点是，文化不是一成不变的，它会随着时间演进。[67]对社会而言，价值体系的变化可能是缓慢而痛苦的，但变革确实在发生，并且往往有着深远影响。在 20 世纪 60 年代初，女性可以在大公司担任高层管理者的想法并未被广泛接受，但如今这已经是一个自然而然且为人们喜闻乐见的事实了，并且大多数美国人认为本应如此。例如，2012 年，弗吉尼亚·罗曼提（Virginia Rometty）成为 IBM CEO；2014 年，玛丽·芭拉（Mary Barra）成为通用汽车 CEO；2019 年，科里·巴里（Corie Barry）成为百思买（Best Buy）CEO。这些公司的年销售额都超过 400 亿美元（通用汽车 1 470 亿美元，IBM 800 亿美元，百思买 400 亿美元）。通用汽车的玛丽·芭拉入选《时代》周刊的全球百大最具影响力人物（Time 100），福布斯将她评为世界最具影响力的 100 位女性之一。另一个例子是，2019 年，标准普尔（Standard & Poor's）500 强公司的 CEO 中有 24 名女性，虽然与男性担任高管的机会相比仍存在很大差异，但相较于几十年前已经有了很大改善，并且很可能继续改善。在美国主流社会中，没有人再质疑女性在商界的发展或能力，而且人们已无法理解为何曾经存在质疑。

另一个文化变革的例子来自日本。一些商务专业人士认为，日本文化正在朝着更强的个人主义方向转变。[68]日本上班族的特点是忠于他们的老板或组织，可以放弃晚上、周末和节假日的休息时间来为组织服务。然而，这种情况可能不再适用于新一代上班族。新一代日本人可能比传统日本人更加坦率，他们的行为更像西方人，他们不再为公司而活，他们如果得到了更好的工作或者加班太多，就会选择离开。[69]

多项研究表示，经济进步和全球化可能是社会变革的重要因素。[70]有证据表明，经济进步通常伴随着价值观从集体主义向个人主义转变。[71]随着日本变得更富有，强调集体主义的文化开始弱化，并且出现了更强的个人主义倾向。这种转变的一个原因可能是，随着社会变得更富裕，人们对建立在集体主义基础上的社会和物质需求减少，无论这一集体是家族还是公司。人们能够更好地满足自己的需求。因此，对集体主义的重视程度下降，而经济自由度提高也使表达个人主义的机会增加。

由于经济进步会影响许多其他因素，这些因素反过来又会影响文化，所以社会文化也可能随着社会越来越富裕而发生改变。例如，城市化进程加快以及教育质量和普及度的提高都是经济进步的结果，这两者都会导致贫困的农村社会中传统观念弱化。前面提到的世界价值观调查记录了价值观是如何变化的。该研究将这些价值观的变化与一国经济发展水平的变化联系起来。[72]随着国家变得更加富裕，有关宗教、家庭和国家的传统价值观都向着现实理性的价值观转变。

文化融合或趋同也可以归结为如今的世界比以往任何时候都更加全球化。交通、通信、技术、国际贸易的发展为全球公司（例如迪士尼、微软、谷歌）定下了基调，它们可以将多样的文化融合在一起，使其更加同质化。[73]无数的例子表明全球公司在塑造无处不在的、社交媒体导向的青年文化上发挥了重要作用。此外，许多国家都走上了经济发展的道路，一些人认为这为减少文化差异创造了条件。不同文化可能正在以一种缓慢但坚定的方式朝着某些普遍接受的价值观和规范趋同。这被称为趋同（convergence）假说，这类趋同正发生于较年轻的人群中。但是，较年长的人群仍然保持着文化上的差异，他们的世界仍是凹凸起伏的，而不是平的。[74]

与此同时，我们不应忽视重要的逆向趋势，这些逆向趋势是对文化趋同压力作出的反应。在一个日益现代化和唯物主义的世界中，一些社会正试图重新强调其文化根源和独特性。同样重要的是，虽然文化中的某些元素变化很快，特别是一些有代表性的事物，但其他元素变化很慢。不能仅仅因为许多人都穿牛仔裤、吃麦当劳、使用智能手机、看《美国偶像》，以及开着福特车上班，就认为他们已经接受了外国价值观，事实往往并非如此。[75]因此，我们必须从可见的物质层面及深层结构（尤其是核心社会价值观和规范）来对文化进行区分。深层结构变化缓慢，而差异往往更持久。

3.9 聚焦管理影响

3.9.1 文化素养和竞争优势

国际商务不同于国内商务，因为各个国家和社会有所不相同。社会不同是因为它们的文化不同。文化不同是因为社会结构、宗教、语言、教育、经济理念和政治理念不同。这些不同给国际商务带来了三个重要影响。第一个影响是需要培养跨文化素养。我们不仅需要理解文化差异，还要理解这些差异对于国际商务意味着什么。第二个影响集中于文化与国家竞争优势的关系上。第三个影响着眼于决策时文化与伦理之间的联系。在本节中，我们将深入探讨前两个问题。文化与伦理之间的联系将在第 4 章讨论。

跨文化素养

企业首次进军海外所面临的最大危险之一是信息不足。国际企业不了解另一种文化，就很可能会遭遇失败。企业在不同文化中开展业务需要作出调整，以符合该文化的价值体系和规范。一家国际企业在国外可以作出全方位的调整。交易的谈判方式、销售人员的薪酬激励制度、组织结构、产品名称、劳资关系的要点、产品的推广方式等，都对文化差异很敏感。在一种文化中行之有效的方法在另一种文化中可能行不通。

为消除信息不足的危险，国际企业应考虑雇用当地公民来帮助它们在特定文化中开展业务。它们还必须确保本国高管足够了解文化差异对商务实践的影响。定期在全球范围内轮岗，有利于高管们接触不同的文化，有助于打造一支见多识广的管理团队。国际企业还必须时刻警惕民族中心主义行为。**民族中心主义**（ethnocentrism）是一种相信自己的民族或文化更具有优越性的信念。与民族中心主义相伴而来的是对其他国家文化的漠视或不尊重。当今世界范围内民族中心主义太普遍了。

人类学家爱德华·霍尔（Edward T. Hall）描述了不拘小节的美国人在公共场合受到纠正或训斥时所作出的强烈反应。[76]这种反应在德国可能会引发问题，德国文化有纠正陌生人行为的倾向，而这会让大多数美国人感到震惊和被冒犯。就德国人而言，他们可能会惊讶于美国人直接称呼对方名字的习惯。如果是同级别的高管，他们可能会觉得很不舒服，而如果是一位年轻的美国高管在未受邀的情况下直呼一位资深德国高管的名字，则会被视为不尊重他人。霍尔的结论是，要与德国人互称名字可能需要很长时间，如果你随随便便这么做了，他们可能会认为你缺乏边界感和粗鲁，这将对你的工作产生不利影响。

霍尔还指出，文化中对待时间的态度不同可能导致无数问题。他表示，在美国设定最后期限可以增加任务紧迫性或重要性。但是，在中东设定最后期限的作用恰恰相反。如果一个美国人坚持要求他的阿拉伯商业伙伴匆忙作出决定，则这位美国人可能被认为要求过高且施加过多压力。而阿拉伯人可能因美国人的粗鲁行为而放慢速度，从而使结果正好相反。美国人可能认为，阿拉伯人因为在街上遇见朋友停下来聊天而导致开会迟到的行为非常粗鲁，因为美国人非常重视时间和日程安排。但是对阿拉伯人来说，完成与朋友之间的讨论比遵守严格的时间计划更重要。事实上，阿拉伯人可能完全不明白美国人为何这么看重时间和日程安排。

文化与竞争优势

本章的一个主题是文化与国家竞争优势之间的关系。[77]简而言之，一国的价值体系和规范会影响在该国开展业务的成本。在一国开展业务的成本影响企业建立竞争优势的能力。我们已经考察了社会结构和宗教如何影响人们对劳资合作、工作和利息支付的看法。

一些学者认为，相较于大多数西方国家，现代日本的文化降低了经商成本。日本强调群体归属感、忠诚、互利互惠、诚实及教育，这些都提高了日本公司的竞争力。强调群体归属感和忠诚有助于人们对自己工作的公司产生强烈的认同感。这往往培养了一种伦理观，使得管理层和员工之间为公司的利益而努力工作并展开合作。此外，拥有大量高技术劳动力特别是工程师，使得日本公司能够通过流程创新降低成本，从而提高生产率。[78]因此，文化因素可能有助于解释许多日本公司取得成功的原因。最值得注意的是，有人认为，20 世纪下半叶日本崛起成为经济强国可部分归因于其文化带来的经济影响。[79]

还有人认为，相比于美国，日本文化对创业活动的支持更少。在许多方面，创业活动是个人主义观念的产物，而这不是日本文化的典型特征。这或许可以解释为什么美国企业主导着那些高度重视创业和创新的行业（例如，计算机软件和生物技术行业），而不是日本企业。当然，也存在例外。孙正义（Masayoshi Son）比任何企业巨头都更快认识到了软件的潜力。1981年，他成立了软银集团（Softbank），并在过去40年里将其打造成了日本顶级软件分销商。同样，索尼和松下（Matsushita）等日本大公司也是由富有进取精神的企业家创立的。

对国际商务而言，文化与竞争优势的联系很重要，原因有二。首先，这种联系表明哪些国家可能出现竞争力最强的对手。例如，美国企业可能会受到越来越多的来自环太平洋国家竞争对手的挑战，这些国家融合了市场经济、儒家思想、以群体为导向的社会结构和先进的教育体系，使其竞争企业有积极进取的精神和注重成本效益的特征。其次，文化与竞争优势的联系对企业选择哪些国家作为生产设施的投资地和开展业务的目的地有着很重要的影响。

假设有一家公司必须在两个国家A和B之中选择一个作为生产设施的投资地，两国都拥有低成本的劳动力和对接世界市场的便利条件。两个国家的人口基本相同，并且经济发展阶段相近。A国教育体系不发达，社会分化明显，有六大语言群体。B国教育体系发达，社会分化不明显，拥有重视群体认同感的文化，并且只有一个语言群体。应该投资于哪个国家？

答案很可能是B国。A国管理层和员工之间的冲突，以及不同语言群体之间的冲突，可能导致社会和产业混乱，从而提高业务成本。[80]缺乏良好的教育体系也可能不利于企业实现自己的商业目标。在国际企业试图将产品推向海外时，可能也会在A国和B国之间进行类似的比较。同样从逻辑上讲应当选择B国，因为文化因素表明，从长远来看，B国更有可能实现高水平的经济增长。

虽然文化对个人、企业和社会有着重要影响，但在对国家间经济增长差异进行解释时，文化的重要性可能弱于经济、政治和法律制度。文化差异很重要，但我们不应过分强调它在经济领域的作用。例如，马克思·韦伯认为印度教中的某些文化因素不利于创业活动。虽然这一论点耐人寻味，但近些年来印度的创业活动有所增加，特别是在信息技术领域，印度已成为重要的全球参与者。文化因素显然并未对该领域中的创业活动造成阻碍。

小结

本章考察了文化的本质，并讨论了文化对商务实践的一些影响。本章要点如下：

1. 文化是一种复杂的现象，包括知识、信仰、艺术、道德、法律、习俗以及人们作为社会成员所获得的其他能力。

2. 价值观和规范是文化的核心组成部分。价值观是一种抽象理想，关乎社会认为什么是好的、正确的和可取的。规范是一种社会规则和指南，规定了特定情形下的正确行为。

3. 价值观和规范受到政治力量、经济理念、社会结构、宗教、语言和教育的影响。并且，一国的价值体系和规范会影响企业在该国开展业务的成本。

4. 社会结构指的是社会的基本组织结构。社会结构主要在两个维度上存在不同，它们是个人-群体维度和社会阶层维度。

5. 在一些社会中，个人是社会组织结构的基本组成部分，这些社会强调个人成就胜过一切。在其他一些社会中，群体是社会组织结构的基本组成部分，这些社会强调群体归属和群体成就高于一切。

6. 事实上，所有社会都可以划分为不同阶层。阶层意识较高的社会以社会流动性低和高度阶层分化为主要特征。阶层意识较低的社会以社会流动性高和阶层分化程度低为主要特征。

7. 宗教可定义为与神圣领域相关的一系列共同信仰和仪式。伦理体系指的是一套用于指导和塑造行为的道德准则或价值观。不同宗教和伦理体系的价值观对商务实践存在不同影响。

8. 语言是文化的决定性特征之一。口头语言和非口头语言是语言的两个维度。在有不止一种口头语言的国家，往往有不止一种文化。

9. 正规教育是人们学习知识和技能并适应社会价值观和规范的途径。教育在决定国家竞争优势方面发挥着重要作用。

10. 吉尔特·霍夫斯泰德对文化与职场价值观的关系进行了研究。他从不同文化中提炼出了五个维度：权力距离、不确定性规避、个人主义与集体主义、男性化与女性化，以及长期取向与短期取向。

11. 文化不是一成不变的，它在演进，尽管这一过程通常很缓慢。经济进步和全球化是文化变革的两个重要引擎。

12. 公司向海外进军时，危险之一是信息不足。为培养跨文化素养，在全球运营的公司应当考虑雇用当地公民，打造一个国际化的高管团队，并防范民族中心主义。

思考与讨论题

1. 讨论一国文化为何会影响企业在该国开展业务的成本。用国家和企业的例子来说明你的答案。

2. 选择两个看起来存在文化差异的国家（例如，瑞典和哥伦比亚）。比较这两个国家的文化，并指出文化差异如何影响企业在各国开展业务的成本、各国未来可能出现的经济增长，以及商务实践上的差异。

注释

第4章

伦理、企业社会责任和可持续发展

学习目标

阅读本章后，你将能够：

- 了解国际企业面临的伦理、企业社会责任和可持续发展问题。
- 认识伦理、企业社会责任和可持续发展的困境。
- 找出管理者在涉及商业、企业社会责任或可持续发展问题时作出不合伦理行为的原因。
- 描述全球适用的处理商业伦理问题的不同理念。
- 说明全球管理者如何将伦理问题纳入一般决策、企业社会责任和可持续发展倡议。

开篇案例 爱立信、瑞典和可持续发展

总部位于加拿大多伦多的企业骑士（Corporate Knights）评选出了2019年全球最佳可持续发展企业100强，瑞典的爱立信（Ericsson）因其在可持续发展方面的努力排名全球第21位，在可持续发展方面成为最优秀的跨国企业之一，而瑞典也在联合国可持续发展目标（Sustainable Development Goals，SDG）指数排名中位于前列。在可持续发展水平最高的国家被评为可持续发展水平最高的企业之一，这本身就很有说服力。SDG指数涵盖了156个国家（所有这些国家在SDG的17个维度上都有可靠数据），而企业骑士的指数是基于对年收入超过10亿美元的约7 500家企业所作的分析。

在可持续发展方面，爱立信的世界排名和瑞典的排名都很高或许是一种必然。爱立信将联合国可持续发展目标纳入企业框架，用以描述和衡量企业对社会的影响力。爱立

信认为，其在全球市场上的核心产品和服务——信息和通信技术（information and communication technology，ICT），能够帮助实现所有17个可持续发展目标。2015年，爱立信运用技术和专业知识对联合国190多个成员国的可持续发展目标产生了积极影响并提供了支持。具体而言，ICT与完备的企业可持续发展战略相结合有助于应对一系列的全球挑战。这种认识使得爱立信在技术进步的配合下，持续承担了积极的社会责任，并推动了社会的积极变革。

瑞典也从爱立信的可持续发展影响和努力中受益匪浅。根据SDG指数，在可持续发展方面，瑞典一直位居世界第一。瑞典是一个拥有1 000万人口、数以千计的沿海岛屿和内陆湖泊以及广阔的北方森林和冰川山脉的国家。它对环境保护非常重视，其政府和企业在环境保护上花费大量时间。例如，瑞典一半以上的能源来自可再生能源。美国人均二氧化碳（CO_2）排放量大约是瑞典人均排放量的4倍。

瑞典同时也是个拥有丰富数据的国家，这些数据几乎涵盖了每个公民日常生活的方方面面。在技术进步普及的瑞典，成千上万的瑞典人在手上植入了微芯片。这些芯片旨在让人们的日常生活更加快速和方便，只要简单地在数字读卡器上刷一下手，就可以进入家中、办公室、健身房等地点。只要可以使用数字读卡器的地方，都可以通过这些芯片获取信息，包括收集有关可持续发展措施方面的数据。这种成熟的数据收集方式已经深入瑞典社会。例如，在超过25年的时间里，爱立信一直对可持续发展成效作出报告，从环境披露到更广泛的“三重底线”法（即环境、社会和经济发展底线），再到最近爱立信采用的有责任感的商业实践。

就国家而言，瑞典致力于被称为“气候路线图”（Climate Roadmap）的可持续发展议程，这是欧盟倡议“路线图2050”（Roadmap 2050）的直接行动计划。“路线图2050计划旨在根据欧盟的能源安全、环境和经济目标，为欧洲实现低碳经济的方式提供实用、独立和客观的分析。路线图2050计划是欧洲气候基金会（European Climate Foundation，ECF）的一项倡议。”* 为支持这项倡议，瑞典通过了一部新的气候法律，该法律于2018年生效，承诺瑞典将于2045年实现碳中和。在气候政策委员会（Climate Policy Council）的指导下，该法律还规定了实现这些目标的方式。每年都必须对气候行动计划进行评估，以确保2030年和2040年的中期减排目标能够实现。

瑞典可持续发展措施的一个独特之处是该国的回收“革命”。瑞典人回收了99%的生活垃圾。然而，瑞典废物管理和回收协会（Waste Management and Recycling Association）的首席执行官韦恩·维奎斯特（Weine Wiqvist）仍然认为该国及其公民可以做得更多。他表示，大约一半的家庭垃圾被焚烧，这就意味着它们被转化成了能源。维奎斯特解释道，如果瑞典能够重新利用这些材料，那么相较于燃烧垃圾获取能源，创造新产品使用的能源将更少。他说：“正如我们所说，我们正在努力‘攀登废物利用的阶梯’，从焚烧到材料回收，通过促进回收和与当局合作来实现这一目标。”** 尽管通过焚烧垃圾来重新利用材料的比例仍然很高，但积极的一面是，垃圾填埋场不再是瑞典的一个问题，所有废弃物都得到了某种形式的再利用。

同样，当联合国在2015年推行可持续发展目标时，爱立信就开始引领整个行业。在将ICT专业知识融入自身的可持续发展战略后，爱立信拥有了一个强大的平台，能够取得有决定性意义的进步。事实上，爱立信是世界上为数不多的直接将全部17个可持续发展目标都与企业具体问题联系起来的组织之一，尤其是在ICT行业中。例如，可持续发展目标第11项侧重于建设可持续的城市和社区。在这一领域，爱立信表示："ICT可以降低管理成本，降低医疗保健、教育和银行等关键领域的准入门槛，并提供一个具有包容性的平台。"***

* Roadmap 2050. Roadmap.

** Avfall Sverige/Swedish Institute.

*** "Global Goals SDG 11," Ericsson, 2019, https://www.ericsson.com/en/about-us/sustainability-and-corporate-responsibility/sustainable-development-goals/goal-11.

资料来源：Susanne Arvidsson, "Lessons from Sweden in Sustainable Business," *The Conversation*, December 11, 2017; Maddy Savage, "The Swedish Wasteland That Is Now a Sustainability Star," *BBC News*, October 3, 201; Klas Ericson, Martin Bauer, and Andreas Scheibenpflug, "How Sweden Lays the Foundation for Sustainable Manufacturing," *Business Sweden*, February 19, 2019; Ben Wilde, "How Sweden Became the World's Most Sustainable Country: Top 5 Reasons," *Adec Innovations*, January 12, 2016; "Energy Use in Sweden," Sweden.se, February 19, 2019; Dominic Hogg, "The Dark Truth Behind Sweden's Revolutionary Recycling Schemes," *The Independent*, December 13, 2016; "Sweden Turns Goal to Reach Carbon Neutrality in 2045 Into Law," *Climate Policy Observer*, June 16, 2017.

4.1 引言

伦理、社会责任和可持续发展是全球企业、行业、国家及区域面临的一系列相互交织的社会问题。这些社会问题往往由于各国的商业实践和规定不同而时常出现在国际商务中。例如，与铅污染有关的行为，在墨西哥是被允许的，而在美国是违法的。这些问题之所以令人感到棘手，还因为遵守伦理、社会责任和可持续发展方面的要求往往不是企业或国家的法律义务。

相反，"行善"往往是企业或行业自我纠正，或者国家采用纠正措施作为商业模式（可能在某个国家有法律规范，但很少能普遍适用于其他国家）的出发点。最终，"可持续性"实践的差异可能使企业陷入两难境地。了解企业的这种困境并采用正确的行动方针以应对是本章的中心主题。我们将许多商业伦理问题与企业社会责任和可持续发展问题相结合，以便对这些问题有全球性的了解。

这些都不是我们随时可以掌握、理解甚至产生认同的简单问题。例如，我们知道有些玩具制造商几十年来一直违反安全生产法规，并且在许多行业，许多企业也在继续这样做。特别是对于玩具行业而言，假如我们能够对制作玩具所使用的材料成分进行追踪，则假以时日这些问题将会浮出水面。某国出口的玩具中，约1/3重金属超标，但是目前在塑料中使用铅并不违法。这是一个伦理问题，也许也是一个可持续发展问题，而且通常是一个自愿与否的问题，有些企业会采取解决措施，而另一些企业则选择回避。一些企业走捷径的原因非常明显，它们只考虑成本收益或玩具行业巨大的市场机会。接下来最重要的问题是：接触含有重金属的玩具对儿童有害，那么制造含有重金属的玩具是否不合伦理？一国企业的企业社会责任或可持续商业实践能否发挥作用？

开篇案例说明了国家及其企业之间在可持续发展方面的相互作用。自 2015 年 9 月 193 个国家通过了联合国可持续发展目标（SDG）以来，瑞典在 17 个 SDG 目标上的表现在所有国家中堪称最佳，并且瑞典还有 169 项配套措施。2019 年，爱立信在最佳可持续发展企业 100 强中排名第 21，在将可持续发展纳入企业战略方面是瑞典企业中首屈一指的。从根本上说，瑞典为爱立信等企业实施可持续发展措施提供了一流的基础设施和资源。

本章的核心出发点是伦理。伦理是人们做什么或不做什么的基础，而员工合乎伦理的行为最终会为企业社会责任和可持续发展举措作出贡献。企业社会责任和可持续发展举措可以追溯到以员工和其他利益相关者（如客户、股东、供应商、监管机构和社区）为主的伦理基础。[1]伦理（ethics）是管理个人行为、行业成员或组织行动时公认的对错原则。**商业伦理**（business ethics）是管理商务人士行为时公认的对错原则，而**伦理策略**（ethical strategy）是不违反这些公认原则的策略或行动方针。

大体上，我们先着眼于应当如何将伦理问题纳入国际企业的决策过程。我们还将对不佳的伦理决策的原因进行考察，并讨论对待商业伦理的不同理念。然后，以伦理决策为平台，在“管理聚焦”专栏介绍大众汽车和斯道拉恩索集团（Stora Enso）结合案例来加以说明。本章最后介绍了管理者可以采用不同流程以确保国际企业的决策过程中纳入了与伦理相关的考量，以及这些决策如何渗透到企业社会责任和可持续发展工作中。

4.2　伦理与国际商务

国际商务中的许多伦理问题都源于各国政治制度、法律、经济发展和文化的差异。在一国被认为正常的做法，在另一国可能被认为不合伦理。不仅如此，在一国违法的行为，在另一国可能是正常且合乎伦理的。

尤其是法律和伦理上的差异有着独特的复杂性，要形成伦理、企业社会责任和可持续发展方面的全球标准，将异常困难。正如我们在开篇案例中所讨论的那样，联合国成员国于 2015 年通过了可持续发展目标，但是离达成这些目标还有很长的路要走（虽然这些目标定于 2030 年实现）。跨国企业的管理者在世界各地开展业务时，尤其需要对这些系统性的国家层面差异保持敏感。许多商务人士试图在别国宣传甚至强行推广他们本国的观点，却没有考虑到可能给双方关系带来的影响。在国际商务环境下，最常见的伦理问题涉及雇佣行为、环境污染、腐败和跨国企业的伦理义务。我们将逐一进行讨论。

4.2.1　雇佣行为

与跨国企业的母国相比，当东道国的工作条件更差时，应当遵循哪国的标准？母国的？东道国的？还是介于两者之间？虽然几乎没有人会建议各国保持一致的薪酬和工作条件，但我们能接受它们之间有多大的差异呢？例如，虽然在一些欠发达国家或者新兴国家，12 小时工作制、极低的薪酬以及未对接触有害化学物质的工人提供保护的情况可能很普遍，但这是否意味着，跨国企业可以容忍其子公司采用这类工作条件，或者任由当地分包商放任这种情况存在？在不考虑潜在财务影响的情况下，人们可能会简单地认为，每家企业都应该按照其母国的要求，以符合伦理、社会责任和可持续发展方面的要求作为其行为准则，但事实并非那么简单。

当新闻报道揭示了耐克（Nike）许多分包商的工作条件不佳时，耐克陷入了抗议风暴。哥伦比亚广播公司（Columbia Broadcasting System，CBS）的《48 小时》（48 Hours）播出了这样的画面：在某国一家分包商处，年轻女性需要在工作中接触有毒材料，她们在恶劣的条件下每周工作六天，时薪只有 20 美分。该报道还指出，该国当地的生活开销至少为每天 3 美元，只有大量加班，才可能维持生计。耐克及其分包商并没有违反任何法律，但利用"血汗工厂"来制造产品，使人们对其在伦理层面产生了质疑。这可能是合法的，但按照发达国家的标准，这些分包商明显就是在剥削劳动力，这是否合乎伦理呢？批评者认为这不合伦理，而企业成了一大波示威游行和消费者抵制浪潮的焦点。耐克分包商的行为曝光，使耐克开始重新审视自己的政策。耐克意识到，即使没有违法，其分包政策也被认为是不合伦理的。耐克管理层为分包商制定了行为准则，并由独立审计师对所有分包商进行年度监督。[2]

正如耐克案例所表明的，对于跨国企业而言，容忍其海外机构或分包商的恶劣工作条件是不可取的。然而，这仍然没有回答我们应该采用哪些标准。我们将在本章后面更详细地讨论这一问题。建立保障员工基本权利和尊严的最低可接受标准、定期对外国子公司和分包商进行审计以确保它们符合标准，以及在它们不符合标准时采取纠正措施，是防止出现伦理问题的好方法。关于供应商运营实践的另一个案例，请阅读"管理聚焦"，它讨论了大众汽车因利用软件降低空气污染排放数值的方式不合伦理（在许多情况下是非法的），而陷入了巨大的公关危机。

管理聚焦　大众汽车"排放门"

大众汽车是一家德国汽车制造商，由德国劳工阵线（German Labor Front）创立，总部位于沃尔夫斯堡。它在 2017 年首次成为世界顶级汽车制造商，并一直保持领先的位置。大众汽车表示，它向全球交付了 1 080 万辆汽车，紧随其后的竞争对手雷诺-日产-三菱（1 030 万辆）和丰田（1 030 万辆）的全球销量也非常接近，仅比大众汽车少了约 50 万辆（在它们之后是通用汽车，通用汽车在中国的销量很大）。

与汽车销量相对应，大众汽车获得了约 1 290 亿美元的收入，拥有约 63 万名员工。即使有这样惊人的数字及世界顶级汽车制造商的地位，大众汽车也可能面临其 80 多年历史中最大的挑战（该公司成立于 1937 年）。

大众汽车排放丑闻被称为"排放门"或"柴油门"，始于 2015 年 9 月，当时美国环境保护署（U. S. Environment Protection Agency，EPA）向这家德国汽车制造商发出了违反《清洁空气法案》的通知。EPA 是美国联邦政府的一个机构，其职责是根据美国国会通过的法律，制定和执行相关法规来保护人类健康和环境。

EPA 发现，大众汽车故意对发动机软件进行编程，使其仅在实验室测试期间激活排放控制。大众汽车进行这种不合伦理的编程会导致车辆排放的氮氧化物（空气污染标准中最重要的因素）在至关重要的实验室监管测试期间显示较低的排放量以符合严格的美国标准。但实际上，这些车辆在马路上排放的氮氧化物将比测试时高出 40 倍。大众汽车在全球约 1 100 万辆汽车中使用了这种不合伦理且非常复杂的计算机编程技术，其中有 50 万辆汽车在美国使用（2009—2015 年生产的车型）。

大众汽车为达成这一目的费尽心思。当汽车在实验室进行测试时，软件会感应并自动激活车内减少排放的设备。当车辆在路上正常行驶时，该软件会关闭车内的这一设备，造成排放量增加并远远超出法律标准限制。这样做的唯一原因是节省燃料或提高发动机扭矩和加速度。因此，大众汽车不仅是关闭了排放软件，还进行了不合伦理的调试，使汽车性能数据得到提高——显然，这可以被视为另一个不合伦理的决定或者排放软件的副产物。

该软件经过修改，可调整用于回收部分废气的催化转换器或阀门等零部件。这些零部件可减少氮氧化物排放。氮氧化物是一种可导致肺气肿、支气管炎和其他多种呼吸系统疾病的空气污染物。大众汽车支付 43 亿美元就其所造成的严重空气污染与美国监管机构达成和解。大众汽车同意进行为期三年的全面改革、进行新的审计并接受独立监督员的监督。大众汽车还对内部数十名工程师进行了纪律处分，这可能暗示其高层管理者对该软件的安装和不合伦理的使用不知情。

资料来源：Nathan Bomey，"Volkswagen Passes Toyota as World's Largest Automaker Despite Scandal，" *USA Today*，January 30，2017；Bertel Schmitt，"It's Official：Volkswagen Is World's Largest Automaker in 2016. Or Maybe Toyota，" *Forbes*，January 30，2017；Rob Davis，"Here Are 42 of President Donald Trump's Planned EPA Budget Cuts，" *The Oregonian*，March 2，2017；"VW Expects to Sanction More Employees in Emissions Scandal：Chairman，" *CNBC*，March 7，2017.

4.2.2 环境污染

当东道国的环境法规不如母国完善时，就可能会出现伦理、社会责任和可持续发展问题。伦理驱动人们的决定，企业社会责任和可持续发展驱动企业的最终决策。许多发达国家对污染物排放、有毒化学品倾倒、在工作场所使用有毒物质等制定了大量规定。发展中国家通常缺乏这些规定，因此，批评者称，这可能使跨国企业在东道国运营所造成的污染水平高于其母国允许的水平。

从实践和盈利角度来看，跨国企业能否随意在发展中国家造成污染？答案很简单：这样做不合乎伦理。可能存在这样一种危险：不道德的管理者将企业生产转移到发展中国家，因为在那里不需要采取成本高昂的污染控制措施，企业可以随意破坏环境而不顾危及当地人的生活，只是为了降低生产成本并取得竞争优势。在此情况下，正确和道德的做法是什么？通过污染获取经济优势，还是确保外国子公司遵守有关污染控制的共同标准？

由于环境保护在某种程度上是一种公共事业，不被任何个人拥有，但任何人都能破坏环境，因此环境问题尤为重要。即便如此，许多企业还是作出了不合逻辑的回答，它们认为一定程度的污染是可以接受的。如果这一问题从尽量防止污染发生变成了控制污染程度，那么战略决策也将随之改变，人们就会开始讨论可接受的污染程度，而不是首先要做什么来防止污染。对于人们应如何看待污染这一问题，棘手点在于，没有人拥有大气层或海洋，但无论污染来自何处，最终都会污染大气层和海洋，并对所有人造成伤害。[3]在这种情况下，就出现了“公地悲剧”（tragedy of the commons）的现象。公地悲剧发生于所有人共有但无人拥有的一项资源被人们过度使用并造成其恶化时。这一现象最初由加勒特·哈丁（Garrett Hardin）命名，并用于描述 16 世纪英国的一个特定问题。当时，大片空地被称为“公地”，所有人都可以将其免费作为牧场使用。穷人在这些公地上饲养牲畜，以贴补他们微薄的收入。放养的牲畜越多，得到的收益就越多，但是社会后果就是过多的牲畜远远超过了公地能够承受的数量，最终导致过度放牧、公地退化，而其带来的补充收益也不复存在。[4]

企业如果将生产转移到“公地”，将污染物随意排放到大气中或倾倒到海洋或河流中，从而损害了这些宝贵的全球公地，那么公地悲剧将再次发生。虽然这样的行为可能是合法的，但是它不合乎伦理，违反了基本的社会伦理观念和企业社会责任。随着人们越来越担心人为因素引起的全球变暖，环境问题也得到了更多重视。大多数气候学家认为，人类的工业和商业活动正在增加大气中的二氧化碳含量。二氧化碳是一种温室气体，它能够将热量反射回地球表面，使全球变暖，最终导致地球的平均温度升高。来自众多数据库中的各种科学证据都支持了这一观点。[5]因此，世界各地都开始限制作为工业和商业活动副产物的二氧化碳的排放。但是，各国的规定不尽相同。鉴于此，如果企业试图将生产转移到监管较宽松的国家，以逃避严格的污染排放限制，但这样做会导致全球变暖，那么这种做法是否合乎伦理呢？大多数人认为这样做违反了基本的伦理准则。

4.2.3 腐败

腐败几乎是历史上每个社会都存在的问题，目前仍然存在。[6]过去总是有腐败的政府官员，而现在和将来也是如此。通过买通这些官员，国际企业可以获得不少经济上的优势。一个知名的例子涉及时任洛克希德公司（Lockheed）总裁卡尔·科奇安（Carl Kotchian）。他向日本代理商和政府官员支付了 1 260 万美元，以确保得到全日空航空公司（All Nippon Airway）对洛克希德三星（TriStar）客机的大额订单。事情败露后，美国官员指控洛克希德公司伪造记录并违反税收规定。虽然这种行为在日本被视为一种公认的商业惯例（也可以被视为一种极为奢侈的送礼方式），但这些爆料仍在日本引发了丑闻。涉案的政府官员受到了刑事指控，政府颜面扫地，而日本民众怒不可遏。显然，这在日本是不被接受的一种经商方式。这种行为归根结底就是一种贿赂，支付款项给政府官员的目的是确保企业能够获得大额订单，否则这笔订单就可能落入波音等其他制造商手中。科奇安的行为显然不合伦理，因此，认为贿赂在日本是可接受的经商方式是自私且不正确的。

洛克希德案推动了美国出台**《反海外腐败法》**(Foreign Corrupt Practices Act, FCPA)。该法案禁止为获得业务而向国外政府官员行贿，并且即使其他国家的企业如此做，美国企业也不能这样做。一些美国企业立即提出反对，认为这项法案会使得美国企业处于竞争劣势（没有证据表明这一点）。[7]该法案随后进行了修订，允许存在“疏通费”(facilitating payments)，有时也被称为“加速费”(speed money) 或“通融费”(grease payments)。疏通费不是为了确保获得合约而支付的款项，也不是为了获得排他性优惠待遇而支付的款项。相反，这笔款项是为了确保企业能从外国政府处获得其应得的标准待遇，而不会受到某些外国官员的阻挠。

经济合作与发展组织（OECD）成员国的贸易和财政部长后来效仿美国，通过了**《禁止在国际商业交易中贿赂外国公职人员公约》**(Convention on Combating Bribery of Foreign Public Officials in International Business Transactions)。[8]该公约于1999年生效，要求其成员国及其他签约国将贿赂外国公职人员的行为定为刑事犯罪。不过，该公约不包括为加快政府常规行动而支付的疏通费。

虽然疏通费或加速费被排除在FCPA和OECD有关贿赂的公约之外，但支付此类款项的伦理影响尚不清楚。实际上，行贿可能是为了取得更大的好处而必须支付的款项（假设投资创造了就业机会，且这种做法不违法）。几位经济学家对此观点持支持态度，他们认为在发展中国家的法规普遍烦琐的背景下，腐败可以提高效率并帮助经济增长。这些经济学家还表示，如果一个国家的政治结构扭曲或限制了市场机制运作，那么以黑市、走私和好处费等形式存在于政府官僚机构中的腐败可以“加快”商业投资的审批流程，从而提高福利。[9]诸如此类的观点说服了美国国会将疏通费排除在FCPA之外。

另一些经济学家则认为，腐败会降低企业的投资回报，并导致经济增长缓慢。[10]在一个腐败盛行的国家，效率低下的官僚机构索要好处费才授予企业经营许可，这可能会掠夺商业活动利润，降低企业投资意愿，并阻碍该国经济增长。一项针对70个国家腐败与经济增长之间关系的研究发现，腐败对一国的经济增长率有显著的负面影响。[11]另一项研究发现，企业行贿越多，管理层就可能花费更多（而不是更少）的时间与官僚机构协商法规，并因此增加企业成本。[12]

因此，许多跨国企业对贿赂采取零容忍的政策。例如，大型石油跨国企业英国石油公司（BP）对疏通费采取零容忍的态度。其他企业做法更微妙。道康宁（Dow Corning）几年前曾在其行为准则中正式声明：“如果当地商业惯例规定了此类费用（疏通费），且别无选择，则在这些国家支付的疏通费应为必要的最小金额，并且必须准确地记录归档。”[13]这一声明承认了商业惯例和习俗因国家而异，道康宁也允许在别无选择时支付疏通费，尽管它也明确表明了自身的反对立场。道康宁最新版的行为准则完全删除了“国际商务准则”部分，或许该企业正在采取更强硬的零容忍态度。

与许多企业一样，道康宁可能也意识到贿赂和疏通费之间的细微差别并不明确。许多美国企业由于支付疏通费而被认为违反了FCPA，因为这些疏通费无法被视为一般规则下允许支付的款项。例如，全球货运代理企业康威（Con-way）因向菲律宾多名海关官员支付上百笔小额款项而被罚30万美元。康威一共支付给这些官员约24.4万美元，诱使他们违反海关规定、解决争端以及不进行行政罚款。[14]

4.2.4 伦理困境

跨国企业在雇佣行为、腐败和环境污染方面的伦理义务并不总是十分明确。然而，越来越明确的是，管理者及其企业越来越多地感受到来自客户和其他利益相关者的市场压力，要求他们在作出伦理决策时保持透明。与此同时，对于什么是公认的伦理准则，在世界范围内仍未形成普遍共识。从国际商务的角度来看，有人认为合乎伦理与否取决于个人的文化视角。[15]在美国，死刑被认为是可接受的，但是在许多文化中，这种类型的惩罚是不可接受的——死刑被视为对人类尊严的践踏，是非法的。许多美国人觉得这种态度很奇怪，而许多欧洲人却认为美国人的做法太野蛮了。以商务谈判中双方互相赠送礼物的做法为例。在许多亚洲文化中，这被认为是正确和适当的行为，但在一些西方文化中，这是贿赂的一种形式，因此是不合伦理的，特别是当礼物很贵重时。

国际管理者通常会面临非常现实的伦理困境，例如，假设美国高管发现其位于贫穷国家的子公司雇用了一名 12 岁的女孩在工厂车间工作。子公司雇用童工直接违反了企业自身的伦理准则，因此他要求当地经理将这名儿童换成成年人。但女孩是孤儿，家里只有她和六岁的弟弟，她是唯一可以赚钱养家的人，如果无法找到另一份工作，她和弟弟无法存活下去。美国高管如果知道这个女孩的情况有多糟，还会要求将她换掉吗？如果维持现状，让女孩继续工作，又会违反企业自身禁止雇用童工的伦理准则。那要怎么做才是正确的？在这样的伦理困境中，管理者的义务是什么？

这些问题没有简单的答案。这就是**伦理困境**（ethical dilemma）的本质：在这种情况下，无论作出什么选择，在伦理上都是不可接受的。[16]企业管理者需要道德指南针或者伦理算法，引导他们走出伦理困境并找到可接受的解决方案。稍后，我们将简要介绍这种道德指南针或者伦理算法。伦理困境存在的原因是，现实世界的许多决定都很复杂、不明确，并且涉及难以量化的一阶、二阶和三阶后果。做正确的事，甚至知道什么是正确的，通常远非易事。[17]

4.3 不合伦理行为的根源

国际管理者在国际商务环境下作出不合伦理行为的例子比比皆是。为什么管理者会作出不合伦理行为？原因很复杂，但是我们可以将其归纳为六个决定因素：个人伦理、决策流程、组织文化、绩效目标、领导力和社会文化（见图 4－1）。[18]

4.3.1 个人伦理

社会商业伦理并没有脱离个人伦理（personal ethics）。个人伦理是普遍接受的指导个人行为的是非准则。个人伦理会影响商业伦理，正如我们将在本章“聚焦管理影响”

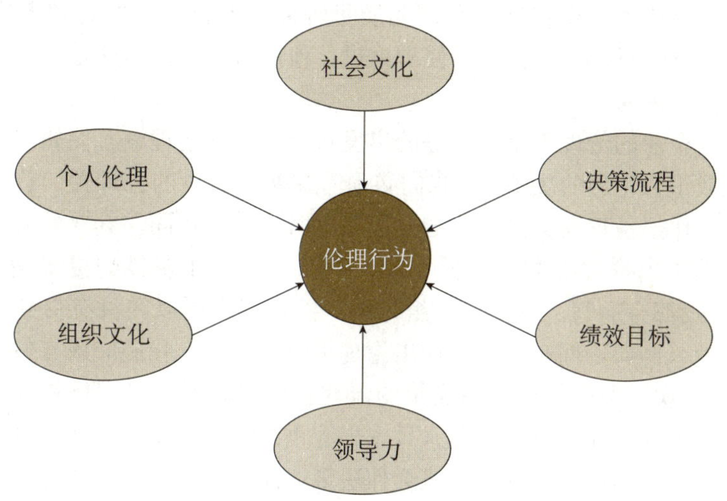

图 4-1　伦理行为的决定因素

部分看到的，最终会对企业的社会责任行为和可持续发展活动产生影响。个人通常被教导，撒谎和欺骗是错误的，是不合伦理的，应当怀着诚信和荣誉感做事，并坚持其认为正确和真实的事情。这些道理基本上适用于所有社会。引导我们行为的个人伦理准则有许多来源，包括我们的父母、学校、宗教以及媒体等。个人伦理准则对商务人士的行为方式产生了深远影响，拥有强烈个人伦理意识的人不太可能在商务环境中作出不合伦理的行为。由此可见，对于社会而言，建立强烈的商业伦理意识的第一步是强调个人伦理。

跨国企业的外派管理者如果要遵守个人伦理，可能会遇到比在母国更大的压力。他们离开了自己熟悉的社会背景及文化，并且在心理上和地理上都远离了母公司。在管理者母国非常重要的伦理规范，可能在他们身处的文化中不受重视，并且他们周围的当地员工可能也没有那么严格的伦理标准。母公司可能会给外派管理者施压，要求他们实现不切实际的绩效目标，而这些目标只能通过偷工减料或不合伦理的行为才能实现。例如，为实现总部规定的绩效目标，外派管理者可能会通过行贿来赢得合同，或者将工作条件和环境控制降至最低可接受标准之下。当地管理者可能对外派管理者的这种行为起到了促进作用。由于地理距离，母公司可能无法了解或选择性无视外派管理者实现目标的方式，从而使这种行为继续发展并存续下去。

4.3.2　决策流程

对商务环境下不合伦理行为的一些研究表明，商务人士有时没有意识到他们的行为不符合伦理，主要是因为他们根本没有考虑“这个决定或行为是否合乎伦理”。[19]相反，他们基于简单的商业计算来作出商业决策，而忘记了这些决策还涉及很重要的伦理层面。他们的错误在于没有将伦理纳入商业决策流程之中。耐克的管理者最初作出分包决定时，可能就是这种情况。那些决策可能是为了追求良好的经济效益而作出的。选择分包商的依据可能是成本、交付期限和产品质量等商业变量，主要管理者根本没有考虑"这家分包商是如何对待员工的"，即使考虑过，他们可能也认为这是分包商要关心的问题，而不是他们分内的事。

要改善跨国企业的伦理决策，最好的出发点是：更好地理解人们如何在组织环境中作出合乎伦理或不合伦理的决策。[20]我们必须考虑两个假设的合理性。首先，人们常常假设在工作场合作出伦理决策的方式与他们在家时的方式相同。其次，人们常常假设来自不同文化的人作出伦理决策时遵循相同流程（有关文化差异的更多信息，请见第3章）。这两个假设都有问题。首先，在组织内，极少有人可以在没有受到组织环境压力的情况下自由地（例如，拥有权力）作出伦理决策（例如，我们应该支付疏通费还是将其视为贿赂）。其次，虽然作出伦理决策的流程在许多国家可能大体相同，但对某些问题的重视程度却不太一样。有些文化（日本）注重组织因素，有些文化（美国）强调个人因素，有些文化（缅甸）纯粹基于机会作决策，而另一些文化（印度）则基于决策对上级的重要性。

4.3.3 组织文化

一些企业的文化并不鼓励人们思考商业决策所带来的伦理后果。企业不合伦理行为可能是由于一种不再强调商业伦理的组织文化将所有决策简化为纯粹的经济问题。**组织文化**（organizational culture）指的是组织员工之间共同的价值观和规范。第3章讲到，价值观是一种抽象理念，关乎群体认为什么是好的、正确的和可取的，而规范是一种社会规则和指南，规定了特定情形下的正确行为。正如第3章中讨论的，与社会一样，商业组织也拥有文化。价值观和规范共同塑造了商业组织的文化，而这种文化对商业决策中的伦理准则有着重要影响。

例如，长期以来，通过行贿来获取商业合同在某些企业内部被视为可接受的经营方式。用一位戴姆勒（Daimler）案件调查员的话来说：这种"标准的商业做法"已经渗透到组织的各个方面，包括审计和财务等部门，而这些部门本应当发现并制止此类行为。我们可以认为，只有当组织的价值观和规范对于通过行贿获取业务的方式持默许态度时，这种做法才能够普遍持续存在。

4.3.4 绩效目标

前面提及，外派管理者面对来自母公司的达成不切实际的绩效目标的压力，这种目标只能通过偷工减料或以不符合伦理的方式实现。在这种情况下，为完成具有挑战性的绩效目标，贿赂可能被视为一种方式。如果组织文化将不合伦理的行为合理化，或者对其视而不见，再加上不切实际的绩效目标的压力，就可能会产生特别严重的危害。在这种情形下，管理者违反个人伦理并采取不合伦理行为的可能性远大于平均值。反过来说，组织文化也可以强化对伦理行为的要求。例如，在惠普（Hewlett-Packard），公司创始人比尔·休利特（Bill Hewlett）和戴维·帕卡德（David Packard）传达了一套被称为“惠普之道”（The HP Way）的价值观。这一价值观塑造了企业内外开展业务的方式，包含了重要的伦理元素，强调了对人的信任和尊重、开放式的沟通方式，以及对员工个人的关心等。

4.3.5　领导力

惠普的例子表明对伦理行为产生影响的第五个因素是：领导力。领导者可以帮助建立组织文化，为其他人树立榜样、规范和准则，并制定战略运营和日常运营的结构和流程。员工通常都在一个明确的组织结构中工作，他们的思维方式与组织整体文化相契合。

不仅如此，企业员工通常会受其领导行为的影响，如果领导以不合乎伦理的方式行事，则员工也可能如此。所以，重要的不仅是领导者说了什么，还有他们做了什么或者没做什么。那么，戴姆勒领导层的腐败行为发出了什么信息？可想而知，他们对不合伦理的行为没有抑制作用，反而有促进作用。

4.3.6　社会文化

社会文化可能会影响个人和组织作出不合伦理行为的倾向。一项针对 24 个国家 2 700 家企业的研究发现，总部位于不同国家的企业，伦理政策存在显著差异。[21] 在霍夫斯泰德文化维度理论的基础上，该研究还发现，相比于总部处于男性化和权力距离特征明显的文化中的企业，总部处于高度个人主义和不确定性规避特征明显的文化中的企业，更可能强调伦理行为的重要性。此类分析表明，与总部位于斯堪的纳维亚半岛的企业相比，总部位于男性化和权力距离评分较高且腐败猖獗的国家的企业，更有可能作出不合伦理的行为。

4.4　处理伦理问题的哲学方法

在本节中，我们将探讨在全球市场中处理商业伦理问题的几种不同方法。总的来说，所有人在作出合乎伦理（或不合伦理）的决策时都会有一个过程。这个过程基于个人处理伦理问题的方法，即个人潜在的道德观。

我们将从稻草人理论开始，稻草人要么否认商业伦理的价值，要么以非常不理想的方式使用这一概念。通过讨论，我们希望你排除稻草人理论，考虑接下来介绍的几种受到大多数思想家青睐的方法，它们是当前国际企业伦理行为模式的基础。

4.4.1　稻草人理论

学者们提出商业伦理的稻草人理论，主要是为跨国企业展示一些伦理决策中所使用的不恰当准则。文献中通常会讨论四种此类商业伦理理念：弗里德曼学说、文化相对主义、正义道德论者和天真无道德论者。所有这些理念都有一些内在价值，但在重要方面都无法令人满意。不过，有时企业会采用这些理念。

弗里德曼学说

诺贝尔经济学奖得主米尔顿·弗里德曼（Milton Friedman）于 1970 年在《纽约时报》（*The New York Times*）上发表了一篇文章，该文章此后被认为是典型的“稻草人”案例，常被商业伦理学者批判。[22] 弗里德曼的基本立场是，只要企业遵守法律规定，那么“企业的社会责任就是增加利润”。他明确反对企业应承担超出法律强制规定和企业有效运营所需的社会支出。例如，他提出将工作条件改善至超出法律要求的水平或最大限度提高员工生产率所必需的水平，会减少利润，因此是不合适的。他认为，企业应使其利润最大化，因为这是使企业所有者和股东回报最大化的方式。根据弗里德曼的观点，如果股东随后希望将收益用于社会投资，那是他们的权利，但企业管理者不应该为他们作出决定。

尽管弗里德曼谈论的是社会责任和伦理习俗，而不是商业伦理本身，但许多商业伦理学者仍将社会责任等同于伦理行为，并因此认为弗里德曼的观点与商业伦理相悖。然而，弗里德曼的观点与商业伦理相悖的假设并不完全正确，因为弗里德曼确实认为企业只有一个社会责任：在遵守法律的前提下，提高企业的盈利能力。这也意味着企业应当参与公开和自由的竞争，而不应进行欺骗或欺诈。[23]

> 企业有且只有一项社会责任——在遵守游戏规则的前提下，利用其资源参与各种活动以提高其利润，也就是说，不带有欺骗或欺诈地参与公开和自由的竞争。[24]

换句话说，弗里德曼认为，企业应该根据伦理习俗，在没有欺骗和欺诈的情况下，以对社会负责的方式开展业务。

批评者指责弗里德曼的观点经不起检验，在国际商务中尤其如此。国际商务的“游戏规则”并不完善，而且因国家而异。想想“血汗工厂”的例子，在某些国家，雇用童工可能并不违法，而最大限度提高生产率可能不需要跨国企业在该国停止雇用童工，但雇用童工仍然是不道德的，因为这一做法与人们普遍持有的是非观念相冲突。同样，欠发达国家可能没有关于环境污染的规定，而花钱控制污染可能会降低企业的利润率，但是人们普遍的道德观认为，将有毒污染物倒入河流或将有害气体排放至空气中是不合伦理的。这种污染不仅可能给当地带来不良影响，造成周围居民出现严重的健康问题，还可能随着污染物在非常重要的全球“公地”（大气层和海洋）上分解而导致全球性的后果。

文化相对主义

商业伦理学者提出的另一个“稻草人”是**文化相对主义**（cultural relativism），这一理念认为伦理只不过是文化的映射——所有伦理都是由文化决定的，因此，企业应当采用其业务所在地的文化伦理规范。[25] 这种理念通常被概括为“入乡随俗”。与弗里德曼的观点类似，文化相对主义也经不起推敲。举一个极端的例子，文化相对主义认为，如果一国文化支持奴隶制，那么在该国就可以使用奴隶劳动，这显然不对。文化相对主义以一种含蓄的方式否认了普遍认同的道德观可以超越不同文化，但正如我们将在本章后面讨论的，确有一些普遍认同的道德观存在于不同文化之中。

一些伦理学家虽然彻底地驳斥了文化相对主义，但是他们认为这种方法也具有剩余价值。[26]我们对此表示同意。正如我们在前文提到的，社会价值观和规范因文化而异，并且各地的习俗也不尽相同，因此，某些商业行为在一国是合乎伦理的，但在另一国则不然。事实上，《反海外腐败法》所允许的疏通费在某些国家是被承认的，向政府官员支付加速费是做生意所必需的，并且即使在伦理上不希望发生这样的事，但至少在伦理上它是可接受的。

正义道德论者

正义道德论者（righteous moralist）声称，跨国企业母国的伦理标准就是其应当在国外遵循的标准。这种理念通常流行于来自发达国家的管理者。这种理念虽然乍一看好像很有道理，但可能产生问题。试想一下：一位美国银行管理人员被派往意大利，他吃惊地发现当地分行的会计部门建议少报银行利润，以减少应纳所得税。[27]这位管理者坚持要求银行如实报告收入——按美国的标准。当意大利税务部门传唤他参加企业的税务听证会时，他被告知企业所欠税款是已缴税款的三倍，这意味税务部门通常假设每家企业都会少报 2/3 的收入。尽管他提出抗议，但仍以新的评估为准。在这个案例中，正义道德论者遇到了一个问题，这个问题是由业务所在国的文化规范导致的。他应该如何应对？正义道德论者可能会主张维持他的立场，而更务实的方法可能是遵循现行的文化规范，否则会受到严厉的惩罚。

对正义道德论者理念的主要批判观点是，这一理念的支持者要求太高。虽然有一些不应违反的普遍的道德准则，但并不是总要采用母国的标准。例如，美国法律对最低工资和工作条件有严格的规定，这是否意味着在国外适用相同的规定，支付与美国相同的工资、提供相同的福利和工作条件呢？答案可能是否定的。因为这么做就没有理由在外国投资了，从而无法使当地人享受到跨国企业投资带来的好处。显然，这一理念需进行细化。

天真无道德论者

天真无道德论者（naive immoralist）认为，如果跨国企业管理者看到其他国家没有遵守东道国的伦理规范，那么管理者及其企业也不用遵守。能够说明这一理念的一个经典例子被称为“毒枭问题”：在哥伦比亚的一位美国管理者经常付钱给当地毒枭，以保证其工厂不会被炸毁，其员工也不会被绑架。管理者表示，这种做法在伦理上是站得住脚的，因为大家都这么做。

这带来了两方面的反对意见。首先，仅仅因为大家都这样做，就认为一种行为在伦理上是合理的，显然不具说服力。如果一国企业经常雇用 12 岁的童工，并要求他们每天工作 10 小时，那么是否就在伦理上站得住脚了？显然不是，而且我们明确知道企业应该怎样选择。它可以不遵循当地惯例，也可以选择不在这种行为尤其恶劣的国家投资。其次，跨国企业必须意识到它确有能力改变一国现行的做法。它可以利用自己的力量，强化积极的道德作用，这就是英国石油公司对疏通费采取零容忍政策时的做法。英国石油公司表示，支付疏通费的普遍做法在伦理上是错误的，企业有责任利用自身力量来改变这种惯例。虽然有些人可能认为，这种方法有一种道德扩张的感觉，而且缺乏文化敏感性，但如果它与国际社会的标准相符，那么它在伦理上就可能是正确的。

4.4.2 功利主义和康德伦理学

与前文讨论的稻草人理论相反，大多数伦理学家认为功利主义和康德伦理学对商业伦理具有重要意义。这些方法是在 18 世纪和 19 世纪发展起来的，虽然它们很大程度上被更现代的理念所取代，但新方法始终构建于它们所形成的传统之上。

商业伦理的功利主义可以追溯至大卫·休谟（David Hume，1711—1776）、杰里米·边沁（Jeremy Bentham，1748—1832）和约翰·斯图尔特·穆勒（John Stuart Mill，1806—1873）。功利主义的伦理观认为，行为或实践的道德价值取决于它们的后果。[28] 如果行为产生好结果的可能性大于坏结果的可能性，则该行为是可取的。功利主义致力于将好处最大化，并将伤害最小化。功利主义承认，行为会产生诸多后果，一些后果在社会意义上是好的，而另一些是有害的。作为践行商业伦理的方法，它强调有必要对商业活动的所有社会效益和成本进行仔细权衡，并且只在社会效益大于成本时才进行该项活动。从功利主义的角度来看，最好的决策能够为最多人带来最大利益。

许多企业采用的诸如成本收益分析和风险评估等特定工具都来源于功利主义。管理者通常在决定是否采取行动前，会权衡该行动的收益和成本。一家石油公司考虑在阿拉斯加的野生动物保护区进行钻探，它必须进行权衡，一方面是石油产量增加的经济利益和创造的就业机会，而另一方面是脆弱的生态环境退化的代价。而像孟山都（Monsanto）这样的农业生物技术企业则必须决定，有天然抗虫效果的转基因作物所带来的好处是否大于风险。其好处包括提高作物产量和减少对化肥的需求，而风险是如果昆虫对孟山都作物中经基因工程编辑后产生的天然杀虫成分产生抗性，从而使作物无法抵抗新一代的超级害虫，则孟山都的抗虫作物可能随着时间推移而不再具有价值。

作为践行商业伦理的一种方法，功利主义确实有一些严重的缺陷。其中一个就是如何衡量一系列行为的收益、成本和风险。以石油企业在阿拉斯加钻探为例，它如何衡量这一行为对该地区生态系统造成的潜在危害？功利主义的另一个问题是忽视了公平。为最多人带来最大利益的行为可能导致少数人遭到不公正待遇。这种行为不合乎伦理，因为它是不公正的。例如，为了降低医疗保险费用，政府决定对人们进行 HIV 筛查，并拒绝为 HIV 携带者提供医疗保险。通过降低医疗成本，这一行为可能给很多人带来巨大好处，这却是不公正的，因为它对少数人进行了不公平的差别对待。

康德伦理学建立在伊曼努尔·康德（Immanuel Kant，1724—1804）的哲学理念基础上。**康德伦理学**（Kantian ethics）认为，人应当被视为目的，而不是纯粹被视为实现他人目的的手段。人不是像机器一样的工具。人有尊严，需要被尊重。根据康德的观点，血汗工厂雇用员工，让他们在恶劣的工作条件下长时间工作而只支付很低的薪酬，是违反伦理的，因为这种方式把人当作了机器上的齿轮，而不是有尊严和道德意识的生物。尽管当代伦理学家倾向于认为康德伦理学不够完善，例如，他的体系中没有涉及道德情感或诸如同情或关怀之类的情绪，但人们应受到尊重和得到有尊严的对待这一观念在现代世界引起了共鸣。

4.4.3　权利理论

权利理论（rights theories）发展于 20 世纪，它承认人类拥有超越国界和文化的基本权利和待遇。权利确立了行为在道德上可接受的最低水平。基本权利广为人知的一个定义是优先于或胜过集体利益的事物。因此，我们可以说，言论自由是一项基本权利，它优先于除最强烈的集体目标之外的所有集体目标，并且凌驾于国家有关文明和谐或道德共识的利益之上。[29]道德理论家认为，基本人权是道德指南针的依据，管理者在作出涉及伦理的决策时，应以此为指导。更准确地说，他们不应作出有违这些权利的行为。

基本权利超越国界和文化这一观念是 1948 年联合国通过**《世界人权宣言》**（Universal Declaration of Human Rights）的根本动机，几乎所有国家都正式签署了这一宣言，并规定了无论在何种文化中开展业务都应遵守的原则。[30]与康德伦理学相呼应，该宣言第一条规定：

> 人人生而自由，在尊严及权利上一律平等。他们富有理性和良心，并应以兄弟关系的精神相对待。[31]

该宣言直接涉及雇佣关系的第二十三条规定：

> （一）人人有权工作、自由选择职业、享受公正和合适的工作条件并享受免于失业的保障。
>
> （二）人人有同工同酬的权利，不受任何歧视。
>
> （三）每一个工作的人，有权享受公正和合适的报酬，保证使他本人和家属有一个符合人的尊严的生活条件，必要时并辅以其他方式的社会保障。
>
> （四）人人有为维护其利益而组织和参加工会的权利。[32]

显然，第二十三条中所体现的“公正和合适的工作条件”、“同工同酬”和确保“符合人的尊严的生活条件”的报酬等权利意味着血汗工厂雇用童工以及支付低于维持生计所需的工资是不合伦理的，即便这在某些国家仍是普遍的做法。这些都是超越国界的基本人权。

需要注意的是，伴随权利而来的是义务。因为我们有言论自由的权利，所以我们也有义务确保尊重他人的言论自由。《世界人权宣言》第二十九条对义务的概念进行了阐述：

> （一）人人对社会负有义务，因为只有在社会中他的个性才可能得到自由和充分的发展。[33]

在权利理论的框架内，某些人或机构有义务提供保障他人权利的福利或服务。拥有此类义务的不止一类道德主体（道德主体是任何可以采取道德行动的个人或机构，例如政府或企业）。

例如，为了避免西方国家高昂的有毒废弃物处理成本，一些企业将废弃物批量运往非洲国家，在那里处理成本低得多。有一次，五艘西方国家船只在某非洲国家卸下了危险的有毒废弃物。穿着凉鞋和短裤的工人以每天 2.50 美元的价格卸下装着废弃物的桶，并将它们放在一个居民区的土堆上。他们不知道这些桶里装了什么。[34] 在这个例子中，谁对这些当地工人和居民的安全权利负有保护义务呢？权利理论认为，这一义务不是归属于一个道德主体，而是属于所有道德主体，他们的行为都有可能伤害当地工人和居民，或者助长对他们的伤害。因此，这不仅是该非洲国家政府的义务，也是运输有毒废弃物的跨国企业的义务，它们有义务确保当地居民和工人不会受到伤害。在这个例子中，政府和跨国企业显然都没有认识到它们具有保护他人基本人权的基本义务。

4.4.4 正义理论

正义理论着眼于有价商品和服务的公平分配。**公平分配**（just distribution）被认为是公平和公正的。正义理论不只是一个理论，而是多个在重要方面相互冲突的理论。[35] 在这里，我们关注一个极具影响力且有重要伦理意义的特别的正义理论。该理论来自哲学家约翰·罗尔斯（John Rawls）。[36] 罗尔斯认为，除非不平等分配对每个人都有利，否则所有有价商品和服务都应当平等分配。

根据罗尔斯的观点，有效的正义原则是所有人在自由且公正地考虑时都会同意的原则。被罗尔斯称为“无知之幕”（veil of ignorance）的概念保证了公正性。在无知之幕下，假设每个人都不知道自己的任何特征，例如种族、性别、智力、国籍、家庭背景和特殊才能等。然后，罗尔斯问人们在无知之幕下会设计什么样的体系。在这种情况下，人们会一致同意两个基本的正义原则。

第一个原则是，每个人都允许享有与其他人类似且不相冲突的最大限度的基本自由。罗尔斯认为这些是政治自由（例如，投票权）、言论和集会自由、信仰和思想自由、持有个人财产的自由和权利，以及免于被随意逮捕和扣押的自由。

第二个原则是，一旦平等的基本自由得到保障，收入和财富分配以及机遇等基本社会福利的不平等只有在对每个人都有利的情况下才是被允许的。如果在某一体系下，不平等制度对每个人都有利，那么罗尔斯认为这样的不平等也是合理的。更确切地说，他提出了所谓的差异原则（difference principle），即如果不平等能够给最弱势者带来好处，那么这种不平等就是合理的。有些人认为，井然有序的市场经济和自由贸易能够通过促进经济增长的方式使社会中最弱势者获益。至少在原则上，这使得该制度中固有的不平等具有公正性（换句话说，市场经济和自由贸易创造的财富浪潮使得所有船只，即使是最弱势的船只，都能水涨船高）。

在国际商务伦理的背景下，罗尔斯的理论创造了一个有趣的视角。管理者可以扪心自问，他们在国外业务中采用的政策在罗尔斯的无知之幕下是否被认为是公正的。例如，支付给外国工人低于母国工人的工资是否是公正的？罗尔斯的理论表明，只要这种不平等能够给全球社会中最弱势的成员带来好处，就是公正的（这也是经济理论的观点）。我们很难想象在无知之幕下经营的管理者会设计一个体系让外国员工在血汗工厂中长时间工作并接触有毒物质，而只支付他们勉强维持生计的工资。在罗尔斯的理论中，这种工作条件显然是不公正的，因此也是不合伦理的。同样，在无知之幕下，多数人会设计一个体系，提供一些保护以避免海洋、大气和热带雨林等重要的全球公地出现退化。在这种情况下，如果企业行为导致这些公地出现广泛退化，则这些行为也是不公正的，进而也是不合伦理的。因此，罗尔斯的无知之幕是一种概念工具，它有助于形成道德指南针，帮助管理者摆脱伦理困境。

4.5　聚焦管理影响

4.5.1　在国际范围内作出伦理决策

那么，对于跨国企业管理者而言，确保其将伦理问题纳入国际商务决策的最佳方式是什么？

当面临与工作条件、人权、腐败和环境污染有关的问题时，管理者应如何作出符合伦理的行为决策？从伦理角度来看，管理者如何确定与跨国企业权利相伴的道德义务？在许多情况下，这些问题并没有简单的答案：许多棘手的伦理问题之所以发生是因为它们固有的非常真实的两难处境，而且没有什么行为是绝对正确的。尽管如此，管理者可以而且应当尽其所能确保遵守基本的伦理准则，并将伦理问题纳入常规的国际商务决策。

在这里，我们将重点关注国际企业及其管理者为确保在商务决策中纳入伦理问题，可以采取的七项措施：(1) 倾向于聘用和提拔有良好个人伦理意识的员工；(2) 建立高度重视伦理行为的组织文化并从领导层开始以身作则；(3) 制定决策流程，要求人们考虑商务决策的伦理层面；(4) 在组织中设立伦理官；(5) 培养道德勇气；(6) 将企业社会责任作为企业政策的基石；(7) 追求可持续发展战略。

聘用和提拔

显然，企业应当尽量聘用有强烈个人伦理意识且不会作出不合伦理或不法行为的员工。同样，对于那些行为与普遍接受的伦理标准不符的人，企业最好不要提拔他们，或者将其开除。但是，这样做实际上是非常困难的。如何知道某人的伦理意识很差呢？在社会中，我们总是倾向于对公众隐瞒缺乏个人伦理意识的行为。因为一旦人们意识到你的行为不合伦理，他们就不再信任你了。

那么，企业能否采取措施来确保它们所聘用的员工不会在后来被证明是一个伦理意识不佳的人，特别是考虑到人们倾向于向公众隐瞒这一点呢？（事实上，不合伦理的人很可能就自己的品行撒谎。）企业可以对潜在员工进行心理测试，以辨别他们的伦理倾向，并且企业可以与该员工的前任雇主或同事核实此人的人品（例如，要求出具推荐信，并与该潜在员工以前的同事进行交谈）。后者更为常见，并且确实会影响聘用过程。如果企业的组织文化很重视伦理行为，并且领导者也采取了相应的行动，那么该企业就不应提拔任何在伦理上表现不佳的员工。

企业不仅应该尽量发现和聘用具有强烈个人伦理意识的员工，还应尽可能多地为了潜在员工的利益而塑造组织中的伦理氛围。谁愿意在安然这样的跨国企业工作？其高管建立了不为公众所知的高风险合伙关系，以在一定程度上牟取私利，最终导致企业破产。

组织文化和领导力

为培养伦理行为，企业需要建立一种重视伦理行为的组织文化。在建立强调伦理行为的组织文化时，有三件事尤为重要。首先，企业必须明确表达出一种强调伦理行为的价值观。几乎所有大企业都是通过建立**伦理准则**（code of ethics）来做到这一点，它是对企业应遵守的伦理优先事项的正式声明。通常，伦理准则会大量借鉴联合国《世界人权宣言》等文件，而该宣言本身就是以康德伦理学和权利理论为基础。其他组织则是将伦理声明纳入文件，以清楚阐述企业价值观或使命。例如，国际商务学会（Academy of International Business，国际商务领域的顶级专业组织）为其领导层和会员制定了伦理准则[37]：

> 国际商务学会制定领导层伦理准则的动机：一个组织的领导层将对渗透到组织及其成员内部的价值观、规范和实践的创造承担最终责任。只有在强有力的伦理委员会的管理下，才可能产生一个拥有强大伦理基础的组织。为简洁起见，“委员会”一词包括了在组织内拥有管理、监护、决策或财务权力的所有组织结构。*

其次，在伦理准则或其他文件中阐明价值观后，企业领导者必须通过反复强调其重要性然后付诸行动，来赋予这些条款生命和意义。这意味着利用任何相关的机会来强调商业伦理的重要性，并确保关键的商业决策不仅具有良好的经济意义，也符合伦理规范。许多企业更进一步，通过聘请独立审计师来确保它们的行为符合伦理准则的规定。例如，耐克通过聘请独立审计师来确保企业的分包商能够遵守耐克的行为准则。

最后，建立高度重视伦理行为的组织文化还需要激励和奖励机制，包括提拔那些行为合乎伦理的人，以及惩罚那些行为不合伦理的人。例如，通用电气前首席执行官杰克·韦尔奇（Jack Welch）描述了他如何对管理者的绩效进行评估并将他们分成几个不同的组。其中包括表现出正确价值观并被选中获得晋升和奖励的优异表现者，以及表现出错误价值观并被解雇的极差表现者。韦尔奇不愿意容忍企业的内部领导者不按照企业的核心价值观行事，即便这些领导者在其他所有方面都极具能力。[38]

决策流程

除了在组织中建立正确的伦理文化外，商务人士还必须能够以一种系统的方式思考

---

* “Code of Ethics for the Academy of International Business Leadership,” Academy of International Business, October 11, 2018, https://documents.aib.msu.edu/policies/AIB-Leadership-Code-of-Ethics-20181011.pdf.

决策中蕴含的伦理意义。为此，他们需要一个道德指南针，而权利理论和罗尔斯的正义理论都对此有益。一些伦理专家还提出了一个用于确定一个决策是否符合伦理的实用指南（或伦理算法）。[39]根据这些专家的观点，如果一个商务人士在作出决策时能够对以下这些问题都作出肯定的回答，那么这个决策在伦理上就是可接受的：

- 我的决策是否符合组织环境中通常适用的公认价值观或标准（如伦理准则或其他企业声明中阐明的内容）?
- 我是否愿意将该决策传达给所有受其影响的利益相关者，例如，通过报纸、电视或社交媒体对其进行报道?
- 与我有重要私人关系的人，如家人、朋友，甚至其他企业的管理者，是否赞成该决策?

另有一些人建议采用五步流程来思考伦理问题（这是伦理算法的另一个例子）。[40]第一步，商务人士应当确定该决策将影响哪些利益相关者以及影响的方式。企业的**利益相关者**（stakeholder）是指与企业、企业行为和企业表现存在利益、权利或利害关系的个人或团体[41]，可以分为内部利益相关者和外部利益相关者。**内部利益相关者**（internal stakeholder）是为企业工作或拥有企业的个人或团体，包括员工、董事会和股东等主要利益相关者。**外部利益相关者**（external stakeholder）是与企业有直接或间接权利关系的所有其他个人和团体，通常包括客户、供应商、政府和当地社区等主要利益相关者，以及特殊利益集团、竞争对手、行业协会、大众媒体和社交媒体等次要利益相关者。[42]

所有利益相关者都与企业存在交换关系。[43]每个利益相关者群体都为组织提供了重要资源（或资本），而作为交换，他们也都希望自己的利益得到满足。[44]例如，员工提供了劳动、技能、知识和实践，而作为交换，他们希望得到相应的收入、工作保障和良好的工作条件。客户为企业提供了收入，作为交换，他们希望获得物有所值的优质产品。社区为企业提供了当地的基础设施，作为交换，它们希望企业承担相应的责任，并确保能够带来生活质量的改善。

对利益相关者进行分析涉及所谓的道德想象力（moral imagination）。[45]这意味着企业需要站在利益相关者的立场上，认识到即将作出的决策可能给利益相关者带来怎样的影响。例如，在考虑外包给分包商时，管理者可能需要考虑，在不符合健康标准的环境下长时间工作会有什么影响。

第二步需要根据第一步中获得的信息，判断即将作出的战略决策所蕴含的伦理意义。管理者需要确定，即将作出的决策是否会侵犯任何利益相关者的基本权利。例如，我们可能认为，对工作场所健康风险的知情权是员工的一项基本权利。同样，对某产品潜在危险特性的知情权也是客户的一项基本权利（烟草公司如果没有将其所知的吸烟的健康风险告知客户，就侵犯了这一权利）。管理者还可以思考，如果他们在罗尔斯的无知之幕下设计一个体系，他们是否会作出这样的战略决策。例如，管理者正在考虑是否将工作外包给薪资很低且工作条件恶劣的分包商，如果他们在无知之幕下考虑这一问题（他们最终可能会成为该分包商的雇员），他们是否会作出此类决策。

这一阶段的判断应以不违背各种道德准则为指导。这些准则可能在企业伦理准则或其他企业文件中得到了明确阐释。此外，也不应违反我们作为社会成员所采用的某些道德准则，例如禁止偷窃。此阶段的判断还应受到决策规则的指导，这些规则是企业为评估战略决策而作出的。虽然大多数企业强调的决策规则是最大化长期盈利能力，但这些规则应当在不违反道德准则的情况下才适用，即企业的行为符合伦理。

第三步要求管理者确立道德意图。这意味着，在利益相关者的基本权利或关键道德准则受到侵犯时，企业必须将道德问题置于其他问题之前。在此阶段，高层管理者的投入可能特别重要。如果没有高层管理者的积极鼓励，中层管理者可能倾向于将企业狭隘的经济利益置于利益相关者的权益之上。他们这么做可能是因为他们通常误解了高层管理者的意图。

第四步要求企业作出符合伦理的行为。第五步要求企业对其决策进行审查，确保行为符合伦理准则，例如企业伦理准则中所规定的内容。最后一步至关重要，却经常被忽视。如果不对过去的决策进行审查，商务人士可能不知道他们的决策流程是否有效，以及是否应该作出改变以确保更好地遵守伦理准则。

伦理官

为确保企业的行为合乎伦理，企业必须接受高层人士或遵守法律和伦理标准的人的监督。这些人通常被称为伦理官，负责对组织的伦理和法律合规方案进行管理。他们的职责通常包括：(1) 对伦理方案必须解决的需求和风险进行评估；(2) 制定和分发伦理准则；(3) 开展员工培训；(4) 建立和维护保密机制以解决员工有关伦理的问题；(5) 确保组织能够遵循法律法规；(6) 对伦理行为进行监督和审查；(7) 对可能违规的行为酌情采取行动；(8) 定期对伦理准则进行审查和更新。[46]由于伦理官负责的范围较广，在许多企业中，伦理官会以内部监察员的身份处理员工的非公开询问、调查员工或他人的投诉、报告调查结果并提出整改意见。

例如，联合技术公司（United Technologies）是一家全球收入超过 600 亿美元的跨国航空航天企业，它自 1990 年以来就有正式的伦理准则。[47]联合技术公司拥有约 450 名商务实践官（即伦理官），负责确保企业的伦理准则得到遵守。联合技术公司还于 1986 年启动了一个“监察员”计划，员工可以匿名询问伦理问题。自 1986 年以来，该计划已收到约 60 000 次询问，其中由监察员处理的有 10 000 多次。联合技术公司的这些早期举措为企业建立了坚固、符合伦理标准且负责任的基础架构。

道德勇气

我们还必须认识到，国际企业的员工可能需要巨大的道德勇气（moral courage）。道德勇气能使管理者放弃那些有利可图但不合伦理的决定。当上级指示员工作出不合伦理的行为时，道德勇气使员工有胆量拒绝。道德勇气赋予员工正直的品质，使他们能够向媒体公开并揭发企业持续存在的不合伦理行为。道德勇气来之不易，在一些众所周知的案例中，员工因举报企业的不合伦理行为并向媒体透露情况而失去了工作。[48]

然而，为增强员工的道德勇气，企业可以承诺不会对展现出道德勇气、拒绝上级或以其他方式反映不合伦理行为的员工进行报复。请见以下国际商务学会伦理准则中的摘录：

> 国际商务学会领导层承诺：在为了或代表国际商务学会的会员制定政策时，我是该组织的资产保管受托人。国际商务学会的会员需要选出有能力且忠诚的委员会成员为他们的组织服务，他们对我的诚意和能力给予信任。作为回报，我应将全部的努力、奉献和支持给予这些会员。因此，作为国际商务学会委员会成员，我承诺将遵守高标准的伦理和行为，为国际商务学会及其会员的利益付出我最大的努力、技能和资源。我将履行我作为委员会成员的职责，维护和增强会员对国际商务学会正直、客观、公正的信心和信任，否则就是违背了会员给予我的信任。[49]

该承诺确保所有在国际商务学会担任领导职务的成员都能够信守诺言、履行责任，在国际商务学会的领导活动中遵守伦理规范。国际商务学会有一个独立的监察委员会，处理所有伦理问题和违规行为，以确保其独立性并遵守最高的道德准则。

企业社会责任

跨国企业拥有对资源进行控制的权力，并能够将生产从一个国家转移到另一个国家。尽管这种权力不仅受到法律法规的限制，也受到市场纪律和竞争过程的限制，但它仍然有着重大影响。一些道德理论家认为，跨国企业也应承担相应的社会责任回馈社会，并促进社会的繁荣和发展。

企业社会责任（corporate social responsibility，CSR）指的是商务人士在作出商业决策时应当考虑经济行为的社会后果，并且应当预想该决策能够带来好的经济和社会后果。[50]以最纯粹的形式表现的企业社会责任，能够因其本身是企业行为的正确方式而得到支持。倡导者认为，企业（特别是成功的大型企业）需要认识到它们的“贵族义务”并回馈社会，因为它们的成功源于社会。“贵族义务”（noblesse oblige）是一个法语词汇，在商务环境中，它被认为是成功企业采取慈善行为的责任。这一点长期以来得到了许多商界人士的认可，从而形成了企业回馈社会的丰富且珍贵的历史，企业通过向社会投资而提高其业务所在社区的福利。

权力本身在道德上是中立的，如何使用权力才是最重要的。以积极的方式使用权力，可以增加社会福利，因此是合乎伦理的，但有些企业也可能以伦理和道德上存疑的方式使用权力。一些跨国企业的管理者表示他们对利用权力提高其业务所在社区的社会福利有道德上的义务。英国石油公司是全球最大的石油企业之一，它对其业务所在国家进行了社会投资，并将其作为企业政策的一部分。[51]在阿尔及利亚，英国石油公司一直在投资一个重大项目，开发沙漠小镇萨拉赫附近的气田。当企业注意到萨拉赫缺乏干净的水源时，它建造了两个海水淡化厂，为当地社区提供饮用水并向居民分发容器以便他们可以从厂里取水回家。对英国石油公司而言，这项社会投资没有任何经济意图，但企业认为在道德上它有义务以建设性的方式来利用它的权力。这对英国石油公司来说虽然是件小事，却给当地社区带来了重大影响。有关企业社会责任在实践中的另一个例子，请参阅“管理聚焦”专栏关于芬兰企业斯道拉恩索的案例。

管理聚焦 斯道拉恩索的企业社会责任

斯道拉恩索是芬兰的一家纸浆和造纸商，由瑞典的矿业和林业产品企业斯道拉（Stora）和芬兰的林业产品企业恩索-古泽特（Enso-Gutzeit Oy）于 1998 年合并而成。企业总部位于芬兰首都赫尔辛基，拥有约 25 000 名员工。2000 年，企业收购了北美的 Consolidated Papers。斯道拉恩索同时也在向南美洲、亚洲和俄罗斯扩张。到 2005 年，按产能计算，斯道拉恩索已成为全球最大的纸浆和造纸商。不过，2007 年它将其北美业务出售给了新页公司（NewPage Corporation）。

直至今日，斯道拉恩索仍然在全球范围内保持着悠久的企业社会责任传统。作为“斯道拉恩索全球责任”的一部分，企业声明：“对斯道拉恩索而言，全球责任意味着采取具体的行动来帮助实现我们的宗旨，即造福于人类和地球。”斯道拉恩索还继续声明：

> “造福于人类和地球”的宗旨是我们开展业务的最终原因。它是指导我们一切行为的首要规则，这些行为包括：生产和出售可再生产品，从芬兰当地的森林所有者那里购买树木，销售斯道拉恩索斯库格哈尔工厂生产的电力，或者在全球范围内管理我们的物流。[52]

有趣的是，斯道拉恩索还声称，它意识到这一声明相当大胆，甚至可能无法令人完全信服。但是企业表示，它将对自己的行为负责，也就是说，它大胆地以书面形式设定了其宗旨。与此同时，斯道拉恩索对企业的定位为：始终以造福人类和地球的社会责任需求为己任。这一点表现在它坚持在其工厂周围创建社区，开发创新系统以减少稀有资源的使用，并与森林所有者、企业自己的员工、政府和其工厂附近的当地社区等主要利益相关者保持良好关系。

通过追溯过去和反思未来，斯道拉恩索为其全球责任战略确定了三个主要领域：人与伦理、森林与土地利用，以及环境与效率。在人与伦理方面，企业致力于在其全球价值链中以对社会负责的方式开展业务。在森林与土地利用方面，企业致力于通过创新和负责任的方式利用森林和土地，成为优秀的合作伙伴和当地社区的良好公民。在环境与效率方面，企业的重点是资源有效利用，它能够帮助企业实现与其产品相关的卓越的环保表现。

虽然许多企业都将企业社会责任的声明纳入了网站、年度报告和话题要点，但斯道拉恩索还提出了明确的对象和绩效目标。这些对象和目标都可以通过既定的指标进行评估。其整体运营以企业层面的环境和社会绩效目标为指导，该目标被贴切地称为“斯道拉恩索全球责任关键绩效指标”。一份名为“目标和绩效”的文件中公开列出了企业目标，其中针对三个主要领域分别提出了 2～5 个基本类别的措施。人与伦理维度涵盖了健康与安全、人权、伦理与合规、可持续的领导力以及负责任的采购；森林与土地利用维度涵盖了土地利用效率和可持续发展林业；环境与效率维度涵盖了气候和能源、材料效率以及工业用水排放。“目标和绩效”文件还列出了上一年度的绩效、当年的目标，以及与每个维度相关的战略目标。

资料来源："Global Responsibility in Stora Enso," www.storaenso.com；K. Vita, "Stora Enso Falls as UBS Plays Down Merger Talk: Helsinki Mover," *Bloomberg Businessweek*, September 30, 2013；M. Huuhtanen, "Paper Maker Stora Enso Selling North American Mills," *USA Today*, September 21, 2007.

可持续发展

随着国际企业的管理者越来越多地将与企业社会责任有关的理念转化为战略行动，国际企业也开始越来越多地转向可持续发展战略。我们所说的**可持续发展战略**（sustainable strategy）不仅可以帮助跨国企业赚取丰厚的利润，还可以在不损害环境的情况下，同时确保企业对利益相关者承担社会责任。[53]可持续发展的核心理念在于，组织的行动不会对后代满足自身经济需求产生负面影响，并且其行动将给利益相关者带来长期的经济和社会利益。[54]

追求可持续发展战略的企业不会为了短期经济利益而采用破坏环境的商业实践，因为这样做将给后代带来不利影响。换句话说，追求可持续发展战略的国际企业试图确保它们不会引致或参与公地悲剧。因此，它们会努力减少碳足迹（二氧化碳排放量），以免加剧全球变暖。

追求可持续发展战略的企业也不会采用可能对员工和供应商等主要利益相关者产生负面影响的政策，因为管理者认识到这样做将会损害企业的长期利益。例如，如果企业支付给员工的工资不足以维持生计，则企业未来就很难招聘到员工，而且可能不得不应对员工的高流动率，从而使得企业自身成本增加。同样，如果一家企业压低支付给供应商的价格，以至于供应商无法赚到足够的钱来投资提升其运营能力，那么从长远来看，供应商提供的投入品质量将会下降且缺乏创新，从而使得企业的业务受到不利影响。

星巴克有一个目标：确保其咖啡来源完全符合伦理规范。这意味着种植咖啡豆并供应给星巴克的农民需要使用不损害环境的可持续耕作方法，星巴克善待员工并且给他们支付合理的工资。星巴克的农学专家直接与哥斯达黎加和卢旺达等地的农民合作，确保他们使用的耕作方法不会对环境造成损害。星巴克还向农民提供贷款，以帮助他们升级生产方式。由于这些政策，约 9%的星巴克咖啡豆来源于公平贸易，其余约 91%是在符合伦理规范的情况下采购的。

小结

本章讨论了国际企业伦理问题的来源和性质、商业伦理的不同方法、管理者为确保国际商务决策中充分考虑伦理问题所能够采取的步骤，以及企业社会责任和可持续发展在实践中的作用。本章要点如下：

1. 伦理是指管理个人行为、行业成员或组织行动时公认的对错原则。商业伦理是管理商务人士行为的公认的对错原则。伦理策略是不违反这些公认原则的策略。

2. 国际商务中伦理问题和伦理困境的根源是各国政治制度、法律、经济发展和文化方面的差异。

3. 国际商务中最常见的伦理问题涉及雇佣行为、环境污染、腐败和跨国公司的社会责任。

4. 伦理困境是指，无论作出什么选择在伦理上都不可接受的状况。

5. 不合伦理行为的根源在于个人伦理、社会文化、外国子公司与总部的心理和地理距离、未能将伦理问题纳入战略和运营决策、机能失调的文化，以及领导者未能以符合伦理的方式行事等。

6. 道德理论家认为弗里德曼学说、文化相对主义、正义道德论者和天真无道德论者等商业伦理理念在一些重要方面无法令人满意。

7. 弗里德曼学说指出，只要企业遵守法律规定，企业唯一的社会责任就是提高利润。文化相对主义认为，企业应当采用其业务所在地的文化伦理观。正义道德论者认为应一成不变地将母国伦理观应用于外国。而天真无道德论者则认为，如果跨国企业的管理者看到其他国家的企业不遵守东道国的伦理规范，那么该管理者也不必遵守这些规范。

8. 功利主义认为，行为或实践的道德价值取决于它们的后果，而最好的决策能够为最多人带来最大利益。

9. 康德伦理学指出，人应该被视为目的，而不是纯粹作为实现他人目的的手段；人不是像机器一样的工具；人有尊严，需要被尊重。

10. 权利理论承认人类拥有超越国界和文化的基本权利和待遇。这些权利确立了行为在道德上可接受的最低水平。

11. 约翰·罗尔斯提出的正义理论表明，如果人们在无知之幕下设计的社会体系允许作出该决策，那么该决策就是公正和合乎伦理的。

12. 为确保国际商务决策中纳入伦理问题，管理者应当：(1) 倾向于聘用和提拔有良好个人伦理意识的员工；(2) 建立高度重视伦理行为的组织文化并从领导层开始以身作则；(3) 制定决策流程，要求人们考虑商务决策的伦理层面；(4) 在组织中设立伦理官；(5) 培养道德勇气；(6) 将企业社会责任作为企业政策的基石；(7) 追求可持续发展战略。

13. 跨国企业在实践中若采用以业务为中心的可持续发展战略，则可以通过与市场导向的融合，在解决多个利益相关者需求的同时，遵守企业社会责任原则。

思考与讨论题

1. 一位美国高管发现，位于欠发达国家的一家外国子公司违反企业禁止雇用童工的规定，雇用了一名 12 岁的女孩在工厂车间工作。他让当地管理者更换员工，并让女孩回学校上学。当地管理者告诉美国高管，这个孩子是个孤儿，没有其他经济来源，如果不让她工作，她很可能流浪街头。美国高管应该怎么做？

2. 借鉴约翰·罗尔斯无知之幕的概念，制定伦理准则对一家大型石油跨国企业的环境保护决策提供指导，以及影响一家服装企业在外包制造业务时的潜在决策。

3. 在何种情况下将生产外包给劳动力成本较低的发展中国家，并解雇企业母国的长期雇员，在伦理上是站得住脚的？

4. 你认为疏通费（加速费）是符合伦理的吗？这与在哪个国家或地区支付此类费用有关吗？

5. 米尔顿·弗里德曼于 1970 年在《纽约时报》发表的著名文章中指出："企业的社会责任是提高利润。"* 你是否同意？如果不同意，你更希望跨国企业关注企业社会责任还是可持续发展实践？

6. 一家企业能否在企业社会责任方面做得很好，但不以可持续发展为导向？是否有可能仅注重可持续发展，而不注重企业社会责任？在阅读"聚焦管理影响"的基础上，讨论企业社会责任和可持续发展的相关程度以及它们概念上的差异。

* M. Friedman, "The Social Responsibility of Business Is to Increase Profits," *The New York Times Magazine*, September 13, 1970.

章末案例

纳图拉的可持续发展计划

企业骑士是加拿大多伦多的一家调研企业。它根据年度数据分析，评出了全球最佳可持续发展企业 100 强。利用公开数据，企业骑士对大型企业的 17 项关键指标进行评级，并在资源、财务和员工的管理等方面（例如，能源、碳足迹、用水、废弃物生产效率、洁净空气）展开了评估。评估对象包括全球约 4 000 家市值超过 20 亿美元的公司。

多年来，来自巴西的纳图拉（Natura & Co SA）一直居于世界领先地位，每年都能够跻身全球 20 强。这是伟大的成就，因为纳图拉是世界上最大的化妆品公司，而化妆品行业在制造和运营中常常面临不可持续的困境，但纳图拉实现了逆势而上。纳图拉总部位于巴西圣保罗，成立于 1969 年。公司拥有 18 000 名员工，营收约 44 亿美元。纳图拉拥有三个主要子公司：纳图拉化妆品（Natura Cosmetics）、美体小铺（The Body Shop）和伊索（Aesop），它们都在为了实现运营中的可持续发展而尽己所能。

纳图拉化妆品公司开发、生产、分销和销售化妆品、香水和卫生用品。产品包括面霜、除臭剂、口红、乳液、香水、洗发水、剃须膏、香皂和防晒霜等。其产品组合包括 Amo、Ekos、Tododia、Aguas、Chronos、Erva Doce、Homem、Horus、Seve 和 Luna 等品牌。该公司在巴西、阿根廷、智利、墨西哥、秘鲁、哥伦比亚和法国拥有 7 000 多名员工。自成立以来，可持续发展一直是纳图拉的指导原则。可持续发展以及对客户关系管理的重视，促使公司将直销方式作为其主要商业战略。为支持其直销模式，公司在全球有超过 1 421 000 名顾问直接向客户宣传公司的价值观和产品。为实现可持续发展，公司以创新作为其发展政策的核心。例如，该公司某年在产品开发上投入了约 7 500 万美元，推出了 164 款产品，并使创新指数（过去两年内推出的产品的收入占总收入的百分比）达到了 64.8%。

美体小铺曾经是一家著名的英国化妆品、护肤品和香水公司，由安妮塔·罗迪克（Anita Roddick）和高登·罗迪克（Gordon Roddick）共同创办于 1976 年。该公司在

66 个国家的约3 100 家自营和特许商店中销售超过 1 000 种产品。美体小铺于 2017 年 6 月被纳图拉以 12 亿美元（8.8 亿英镑）的价格从法国化妆品公司欧莱雅（L'Oréal）（美体小铺在 2006—2017 年为其所有）手中收购，总部如今仍位于英国东克罗伊登和利特尔汉普顿。众所周知，美体小铺自 20 世纪 80 年代以来一直以领导者的姿态在全球范围内禁止进行化妆品的动物实验，并且为实现整个化妆品行业禁止动物实验的目标而不懈努力。这一立场也体现在其可持续发展计划中。安妮塔·罗迪克说道："我对美体小铺未来的希望主要寄托在那些守护我们的文化和价值观的人身上。"* 这种守护包括承诺成为世界上最重视伦理和可持续发展的公司之一。例如，美体小铺提出了"回馈而非豪夺"（Enrich Not Exploit）的口号，致力于强化其运营的各个方面。这一开创性的承诺重申了该全球化妆品品牌在伦理和可持续发展商业实践方面的领导者定位。

伊索由美发师丹尼斯·帕皮蒂斯（Dennis Paphitis）于 1987 年在澳大利亚墨尔本创立。苏珊·桑托斯（Suzanne Santos）作为伊索的第一名员工，对公司的创立和发展发挥了重要作用。伊索自 2016 年起成为纳图拉全资所有的澳大利亚护肤品牌（尽管纳图拉自 2012 年起就已拥有其部分所有权）。该品牌在如今的社交媒体世界中所采用的营销方式被认为是独一无二的。这是一种非传统的方式，伊索不使用传统广告或折扣来促销产品，而是主要通过对产品、门店和活动的设计进行口耳相传的营销，以独特的方式融合了享受式的产品体验、体贴入微的语言和现代极简主义设计（可类比瑞典家具巨头宜家，宜家在家具行业中也经常有类似的极简但精湛的设计）。

纳图拉凭借其核心子公司（纳图拉化妆品、美体小铺和伊索）在全球范围内对商业成功进行了重定义。它是第一家成为"共益企业"（Certified B Corporation）的上市公司。获得"共益企业"称号的公司主要专注于两个具体的可持续发展问题。首先，它对社会和环境的影响达到了一定门槛。其次，公司必须承诺其业务决策考虑到了对更广泛的利益相关者的影响，而不仅仅是其股东。目前，全世界仅有约 2 200 家共益企业，它们将可持续发展的重点放在社会、环境和经济之间的相互依存关系上。重要的是，纳图拉的行动表明，企业可以在通过盈利确保公司财务可行性的同时对环境产生积极影响。这一理念也促使纳图拉于 2017 年收购了美体小铺，这是首次发生于两家共益企业之间的十亿美元级的收购。

* Roddick, Anita Dame, "Building For The Future. Our Values Performance 2014/2015 & Our New Commitment," The Body Shop, 2016.

资料来源：Deanna Utroske, "The Body Shop Launches New Campaign for UN Animal Testing Ban," *Cosmetics Design*, March 22, 2018; Andres Schipani, "Body Shop Owner Natura Targets Global Growth," *Financial Times*, February 4, 2018; Corporate Knights, "2018 Global 100 Results," www.corporateknights.com/reports/2018-global-100; "The Body Shop Marks 40th Year with Pledge to Be World's Most Ethical, Sustainable Global Company," *Sustainable Brands*, February 12, 2016; Charmain Love, Katie Hill, and Marcel Fukayama, "Building Bridges: Natura, Aesop and The Body Shop Join Their Businesses as Forces for Good," *B the Change*, September 13, 2017.

案例讨论题

1. 纳图拉拥有三个核心子公司（纳图拉化妆品、美体小铺和伊索），它融合了三种不同的与客户互动的商业模式。这三种模式都把关注点放在可持续发展的商业实践上。关于如何实现可持续发展，其他公司可以向纳图拉学习什么？

2. 美体小铺自 20 世纪 80 年代以来一直以领导者的姿态在全球范围内禁止进行化妆品的动物实验，并且为实现整个化妆品行业禁止动物实验的目标而不懈努力。动物实验是可持续发展的一部分，还是另一个关注点？

3. 伊索没有使用传统的广告或折扣来促销其产品，而是主要通过对产品、门店和活动的设计进行口耳相传的营销，以独特的方式融合了享受式的产品体验、体贴入微的语言和现代极简主义设计。如果你需要与纳图拉互动，哪个子公司的客户参与模式最适合你？为什么？

4. 对你而言，一家公司以可持续发展的方式运营有多重要？如果其产品质量与非可持续发展的其他公司产品质量相同，你是否愿意为其多付 5%、10%或者 25%的价格？在其产品质量更逊色但价格相同的情况下呢？

注释

第  篇

全球贸易和投资环境

第5章

国际贸易理论

学习目标

阅读本章后，你将能够：

- 理解国家之间为何要进行贸易。
- 总结能够解释国家之间贸易流的不同理论。
- 理解为何许多经济学家认为国家之间不受限制的自由贸易可以使参与自由贸易体系的国家提高经济福利。
- 解释那些坚持认为政府可以对某些行业的国家竞争优势起到积极促进作用的观点。
- 了解国际贸易理论对管理实践的重要影响。

开篇案例　两个国家的故事：加纳和韩国

1970 年，韩国和西非国家加纳的生活水平相似。韩国人均 GDP 为 260 美元，而加纳为 250 美元。将近 50 年后，韩国一跃成为世界第 11 大经济体，人均 GDP 为 32 000 美元，而加纳的人均 GDP 仅为 1 786 美元。显然，在过去半个世纪里，韩国的经济增长速度远远超过加纳。世界银行的一项研究揭示其部分原因在于 20 世纪下半叶两国对国际贸易的态度不同。

加纳于 1957 年获得独立。该国第一任总统克瓦米·恩克鲁玛（Kwame Nkrumah）是泛非洲社会主义的早期倡导者。他的政策包括对许多进口商品征收高关税以促进某些制成品的自给自足，同时抑制出口。这些内向型政策给加纳带来了一场灾难。1970—1983 年，加纳的生活水平降低了 35%。

例如，加纳在获得独立时，是可可的主要生产国和出口国。有利的气候、良好的土壤条件和通往世界各地的便捷航路使加纳成为生产可可的理想之地。独立之后，政府创建了一个由国家控制的可可营销局。该机构不仅为可可定价，还是国内可可的唯一买家。它压低了支付给农民的可可价格，同时以世界价格在世界市场上销售他们的产品。因此，它向农民支付的可可价格可能是每磅25美分，然后以每磅50美分的价格在世界市场上转售。实际上，该机构支付给可可生产者的价格远低于他们的产品在世界市场上的售价，相当于对出口征税。然后，政府将所得款项用于资助国有化和工业化政策，以促进自给自足。

随着时间推移，向农民支付的可可价格涨幅远低于通货膨胀率和世界市场的可可价格涨幅。种植可可的回报持续下降，农民开始从生产可可转向生产那些可以在加纳境内销售盈利的粮食。该国的可可产量及出口量直线下降。与此同时，政府通过国有企业投资建设工业基地的尝试未能取得预期收益。到20世纪80年代，加纳陷入经济危机，出口下降，缺乏外汇收入来购买进口产品。

相比之下，韩国采用了对制成品实行低进口壁垒的政策，并制定了促进出口的激励措施。在20世纪50年代后期，进口关税一度高达60%，从20世纪50年代后期开始，进口关税和配额逐渐降低。到20世纪80年代，大多数制成品的税率几乎都降至0。受到进口配额限制的商品数量也从20世纪50年代的超过90%，降至20世纪80年代初期的0。出口激励措施包括降低出口征税和为出口导向型行业提供低息融资等。

面对进口产品的竞争，韩国企业不得不提高效率。鉴于一系列的出口激励措施，在20世纪60年代，韩国生产者开始利用本国丰富的低成本劳动力来为世界市场生产纺织品和服装等劳动密集型产品。这使得韩国从以农业为主转向了以制造业为主。随着劳动力成本上升，韩国企业又逐渐转向生产资本密集型产品，包括钢铁、造船、汽车、电子和电信等行业产品。在转变过程中，韩国企业因本国受过良好教育的劳动力而获益。最终，出口带来的增长显著提高了普通韩国人的生活水平。

到20世纪90年代，加纳认识到其经济政策存在严重问题。1992年，该国政府开始放开经济，取消价格管制，实施以市场为基础的改革，并开始向外国投资者开放市场。在接下来的十年里，加纳成为撒哈拉以南非洲地区经济增长最快的国家之一。2007年发现石油也为其发展增添了不少助力。加纳如今是重要的石油出口国。此外，加纳仍然是可可和黄金的主要生产国和出口国。虽然国营的可可营销局仍在运行，但其已进行了改革，以确保农民能够从出口收益中获取公平的份额。如今，其职能之一是促进出口并保护农民免受商品价格波动的不利影响。简而言之，加纳已经改变了其内向型贸易政策。

资料来源："Poor Man's Burden: A Survey of the Third World," *The Economist*, September 23, 1980; J. S. Mah, "Export Promotion Policies, Export Composition and Economic Development in Korea," *Law and Development Review*, 2011; D. M. Quaye, "Export Promotion Programs and Export Performance," *Review of International Business and Strategy*, 2016; T. Williams, "An African Success Story: Ghana's Cocoa Marketing System," *IDS Working Papers*, January 2009.

5.1 引言

开篇案例说明了国际贸易可能带来的好处。独立后，加纳政府的经济政策阻碍了加纳与其他国家的贸易。其结果是，加纳的资源从生产性用途（种植可可）转向了非生产性用途（种植粮食作物）。与此相反，韩国政府的经济政策对韩国与其他国家的贸易提供了强有力的支持。其结果是，韩国的资源从用于缺乏比较优势的农业转向了用于生产率更高的制造业。采用不同的国际贸易政策，是韩国在过去半个世纪里经济增长速度明显快于加纳的部分原因。

对国际贸易的不同态度为何会产生不同结果？要理解这一点，我们需要仔细研究贸易政策的思想基础，贸易政策对就业、收入和经济增长的影响，以及过去 70 多年里全球贸易政策的演变。我们还应该考虑企业进行对外直接投资（foreign direct investment，FDI）的原因。因为 FDI 可能会替代贸易（即出口），或为扩展全球贸易提供支持。例如，许多汽车公司在墨西哥投资生产，因为那里是向许多其他国家出口成品汽车的优良基地。

本书有四章介绍了全球贸易和投资环境，本章是其中的第一章。本章重点关注贸易政策的理论基础，还将通过经济迹象对贸易政策和经济增长之间的关系进行研究。第 6 章介绍了世界贸易体系的发展，讨论了贸易政策的不同方面，并考察了各国和全球机构对贸易政策的管理方式。第 7 章讨论了对外直接投资的原因以及政府为管理外国投资而采用的政策。第 8 章考察了创建欧盟和北美自由贸易协定（NAFTA）等贸易区的原因，并讨论了这些跨国协定在实践中的作用。学完这四章，你应该对全球贸易和投资环境有非常扎实的了解，并且理解贸易和投资政策对国际商务实践所产生的极其重要的影响。

5.2 贸易理论概述

我们从对重商主义的讨论开始。16—17 世纪盛行的重商主义主张各国应同时鼓励出口并抑制进口。尽管重商主义是一种古老且存疑的学说，但在现代政治辩论和许多国家的贸易政策中仍然能看到它的影子。事实上，有人认为，唐纳德·特朗普就支持重商主义观点。接下来，我们来看亚当·斯密（Adam Smith）的绝对优势理论。斯密于 1776 年提出了这一理论，他首次解释了为何不受限的自由贸易对国家有利。**自由贸易**（free trade）是指政府没有试图通过配额或关税来影响国民从其他国家购入产品或者生产产品并销往其他国家。斯密认为，决定国家进口什么和出口什么的，应该是市场机制这只看不见的手，而不是政府政策。他的观点暗示了这种对贸易自由放任的状态符合国家的最大利益。在斯密理论的基础上，我们还将考察另外两个理论。一个是比较优势理论，由 19 世纪英国经济学家大卫·李嘉图（David Ricardo）提出。这一理论是现代不受限制的自由贸易观点的思想基础。20 世纪，两位瑞典经济学家伊·赫克歇尔（Eli

Heckscher）和贝蒂·俄林（Bertil Ohlin）对李嘉图的理论进行了完善，他们的理论被称为赫克歇尔-俄林理论。

5.2.1 贸易的好处

斯密、李嘉图和赫克歇尔-俄林的理论的强大之处在于准确认识了国际贸易带来的切实好处。常识告诉我们，有些国际贸易是有益的。例如，没有人会建议冰岛自己种植柑橘。冰岛可以用其低成本产出的一些产品（鱼类）来交换其根本无法生产的产品（柑橘）。通过国际贸易，冰岛人能够吃到柑橘。

然而，斯密、李嘉图和赫克歇尔-俄林的理论超越了这一常识概念，表明为何参与国际贸易的国家即便是为了获得其自身能够产出的产品，也可以从中受益。这是一个很难掌握的概念。例如，许多美国人认为，美国消费者应当尽可能购买美国公司在美国制造的产品，从而在全球竞争中帮助美国人获得本土的就业机会。在许多其他国家也存在同样的观点。

但是，斯密、李嘉图和赫克歇尔-俄林的理论表明，如果一国公民从其他国家购买其本国能够生产的产品，该国经济也可能从中受益。国际贸易使得一国能够专门制造和出口该国生产效率更高的产品，同时进口别国生产效率更高的产品，从而提高收益。

因此，美国可以专门从事商用飞机的生产和出口，因为商用飞机的高效生产需要美国丰富的资源，例如高技能的劳动力和尖端科技。而美国从孟加拉国进口纺织品也是合理的，因为纺织品的高效生产需要相对廉价的劳动力——而廉价劳动力在美国并不丰富。

当然，这种经济观点通常难以让所有行业的人都接受。美国纺织公司及其员工因未来可能受到进口威胁，而努力说服政府通过增加配额和关税来限制纺织品进口。虽然此类进口管制可能有利于特定群体，例如纺织公司及其员工，但斯密、李嘉图和赫克歇尔-俄林的理论认为，这种行为会损害整体经济。国际贸易理论的一个重要观点是，限制进口往往符合国内生产者的利益，但会损害国内消费者的利益。

5.2.2 国际贸易格局

斯密、李嘉图和赫克歇尔-俄林的理论有助于解释我们在世界经济中观察到的国际贸易格局。该格局的某些方面很容易理解。气候和自然资源条件解释了加纳出口可可、巴西出口咖啡、沙特阿拉伯出口石油以及中国出口小龙虾的原因。但是，我们在国际贸易中观察到的大部分格局更难以解释。例如，为什么日本出口汽车、消费电子产品和机床？为什么瑞士出口化学品、药品、手表和珠宝？为什么孟加拉国出口服装？大卫·李嘉图的比较优势理论从劳动生产率的国际差异方面进行了解释。更复杂的赫克歇尔-俄林理论则强调了不同国家可获得的生产要素（如土地、劳动力和资本）比例和生产特定商品所需比例之间的相互作用。这一解释假设各国的各种生产要素禀赋均不相同。但是，对该理论的检验表明，它对现实世界贸易格局的解释并不像人们曾经以为的那样有力。

在赫克歇尔-俄林的理论无法对观察到的国际贸易格局进行解释时，有人用产品生命周期理论作出了回应。该理论由雷蒙德·弗农（Raymond Vernon）提出，他认为在产品生命周期早期，大多数新产品都在其创新国生产并从那里出口。然而，随着新产品被国际广泛接受，其他国家也开始生产。该理论认为，该产品可能最终通过其他国家的出口，回到其最初创新国。

同样，20 世纪 80 年代，保罗·克鲁格曼（Paul Krugman）等经济学家提出了后来广为人知的新贸易理论。**新贸易理论**（new trade theory）强调，在某些情况下，国家专门从事特定产品的生产和出口，并不是因为要素禀赋的根本差异，而是因为在某些行业中，世界市场只能够支持有限数量企业的存在（商用飞机行业就被认为符合这种情况）。在这类行业中，率先进入市场的企业能够建立竞争优势，而后续企业则难以对其优势形成挑战。因此，我们观察到的国家间贸易格局可能部分归因于特定国家企业所取得的先发优势。美国是商用飞机的主要出口国，因为波音等美国企业是世界市场的先行者。波音建立竞争优势后，即使后来的企业来自同样拥有有利要素禀赋的国家，也很难对其形成挑战（尽管欧洲的空中客车成功做到了这一点）。在与新贸易理论有关的一部著作中，迈克尔·波特（Michael Porter）提出了国家竞争优势理论。它试图解释为何特定国家的特定行业能够在国际范围内取得成功。除要素禀赋之外，波特还指出了国内需求和国内竞争等国家因素对于一国在特定产品的生产和出口上占据主导地位所起到的重要作用。

5.2.3　贸易理论与政府政策

虽然所有这些理论都认同国际贸易对国家有利，但在对政府政策的建议上缺乏一致意见。重商主义为政府促进出口和限制进口提供了理由。斯密、李嘉图和赫克歇尔-俄林的理论部分支持了不受限制的自由贸易。不受限制的自由贸易观点认为，进口管制和出口激励（如补贴）都会适得其反，并导致资源浪费。新贸易理论和波特的国家竞争优势理论都认为，有限的政府干预是合理的，并可以支持某些出口导向型产业的发展。

我们将在第 6 章中讨论战略性贸易政策的利弊，以及不受限制的自由贸易观点的利弊。

5.3　重商主义

国际贸易的第一个理论是重商主义。重商主义的主要主张是，黄金和白银是国家财富的支柱，对繁荣的商业至关重要。当时，黄金和白银是国家间贸易的货币，一国可以通过出口商品来赚取黄金和白银。相反，从其他国家进口商品则会导致黄金和白银外流。**重商主义**（mercantilism）的主要信条是，保持贸易顺差、出口大于进口，最符合国家利益。通过这种方式，国家可以积累黄金和白银，从而增加国家财富、声望和权力。正如英国重商主义作家托马斯·孟（Thomas Mun）于 1630 年所说：

> 因此，增加我们财富的一般方法是对外贸易，而在对外贸易中我们必须遵守这条规则：每年卖给外国的商品价值要大于我们从他们手中消费的商品价值。[1]

与此一致的是，重商主义学说提倡政府干预以实现贸易顺差。重商主义认为贸易量过大没有好处，提倡最大化出口和最小化进口的政策。为实现这一目的，进口就需受到关税和配额的限制，而出口则应得到补贴。

古典经济学家大卫·休谟（David Hume）于 1752 年指出了重商主义学说的内在矛盾。休谟认为，如果英国对法国有贸易顺差（出口大于进口），则黄金和白银的流入将导致国内货币供应增长，造成英国通货膨胀。而在法国，黄金和白银的流出将产生相反的效果，法国的货币供应量将收缩，商品价格下跌。法国和英国之间相对价格的变化将鼓励法国人减少购买英国商品（因为英国商品相对更贵），而鼓励英国人更多购买法国商品（因为法国商品相对更便宜），结果是破坏了英国的贸易顺差，并改善了法国的贸易逆差，直到英国的贸易顺差消失。因此，根据休谟的观点，从长期来看，没有国家可以保持重商主义所设想的贸易顺差并积累黄金和白银。

重商主义的缺陷在于它将贸易视为**零和博弈**（zero-sum game）（零和博弈指的是一国的收益将导致另一国的损失）。亚当·斯密和大卫·李嘉图随后指出了这一学说的局限性，并证明了贸易是一种正和博弈，或者说，所有国家都能从贸易中受益。尽管如此，重商主义学说并没有消亡。例如，唐纳德·特朗普似乎就是新重商主义的倡导者。[2]新重商主义将政治权力等同于经济权力，并将经济权力等同于贸易顺差。批评者认为，一些国家已经采取新重商主义战略，意图在促进出口的同时限制进口。[3]

5.4 绝对优势

亚当·斯密在其 1776 年具有里程碑意义的著作《国富论》（*The Wealth of Nations*）中抨击了贸易零和博弈的重商主义假设。斯密认为，各国在高效生产商品的能力上存在差异。在他所处的时代，英国人凭借优越的制造工艺，成为世界上最高效的纺织品制造商。由于有利的气候条件、良好的土壤条件和长久积累的专业知识，法国人拥有世界上最高效的葡萄酒产业。英国人在纺织品生产上具有绝对优势，而法国人在葡萄酒生产上具有绝对优势。因此，当一国在某一产品的生产效率上高于其他任何国家时，该国就在该产品的生产上具有**绝对优势**（absolute advantage）。

根据斯密的观点，各国应该专门生产其具有绝对优势的商品，然后用这些商品换取其他国家生产的商品。在斯密的时代，这就意味着英国应该专门生产纺织品，而法国应该专门生产葡萄酒。英国可以通过向法国出售纺织品来购买其所需的全部葡萄酒。同样，法国可以通过向英国出售葡萄酒来购买其所需的全部纺织品。因此，斯密的基本观点是，如果能以更低价格从别国购买商品，就不应在国内生产该商品。斯密证明了通过专门生产各自具有绝对优势的商品，两国都可以从贸易中获利。

考虑加纳和韩国之间的贸易影响。生产任何商品（产出）都需要土地、劳动力和资本等资源（投入）。假设加纳和韩国拥有相同数量的资源，并且这些资源可用于生产大米或可可。进一步假设每个国家拥有 200 单位的资源。试想加纳可以用 10 单位资源生产 1 吨可可、用 20 单位资源生产 1 吨大米。因此，加纳能够生产 20 吨可可且不生产大米，或者生产 10 吨大米且不生产可可，或者生产介于这两个极端情况之间的大米和可可的某种组合。加纳能够生产的不同商品组合由图 5－1 的 GG' 线表示，它被称为加纳的生产可能性边界（production possibility frontier，PPF）。同样，试想韩国可以用 40 单位资源生产 1 吨可可、用 10 单位资源生产 1 吨大米。因此，韩国能够生产 5 吨可可且不生产大米，或者生产 20 吨大米且不生产可可，或者生产介于这两个极端情况之间的某种组合。韩国能够生产的不同商品组合由图 5－1 的 KK' 线表示，这是韩国的 PPF。显然，加纳在可可的生产上具有绝对优势（韩国生产 1 吨可可需要的资源比加纳更多），韩国在大米的生产上具有绝对优势。

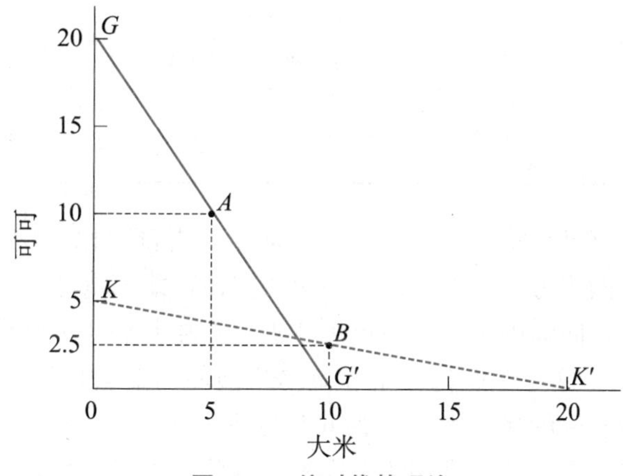

图 5－1　绝对优势理论

现在，考虑两国都不与对方进行贸易的情况。每个国家都将其一半的资源用于生产大米，另一半用于生产可可。每个国家都只能消费自己产出的商品。加纳能够产出 10 吨可可和 5 吨大米（图 5－1 中的 A 点），韩国能够产出 10 吨大米和 2.5 吨可可（图 5－1 中的 B 点）。如果没有贸易，两国的可可总产量为 12.5 吨（加纳 10 吨，韩国 2.5 吨），大米总产量为 15 吨（加纳 5 吨，韩国 10 吨）。如果每个国家都专门生产自己具有绝对优势的商品，然后与对方进行贸易以换取自己缺乏的商品，则加纳能够生产 20 吨可可，韩国可以生产 20 吨大米。因此通过专业化分工，两种商品的产量均有所增加。可可产量从 12.5 吨增加到 20 吨，大米产量从 15 吨增加到 20 吨。因此，专业化分工带来了 7.5 吨可可和 5 吨大米的产量增加。表 5－1 对上述情况进行了总结。

表 5－1　绝对优势与贸易利得

生产 1 吨可可和大米所需的资源		
	可可	大米
加纳	10.0	20.0
韩国	40.0	10.0

续表

没有贸易时的生产和消费		
	可可	大米
加纳	10.0	5.0
韩国	2.5	10.0
总产量	12.5	15.0
专业化分工后的生产		
加纳	20.0	0.0
韩国	0.0	20.0
总产量	20.0	20.0
加纳用 6 吨可可换取韩国 6 吨大米后的消费		
加纳	14.0	6.0
韩国	6.0	14.0
专业化分工和贸易带来的消费提升		
加纳	4.0	1.0
韩国	3.5	4.0

通过贸易用 1 吨可可交换 1 吨大米，两国的生产者都可以消费更多的可可和大米。想象一下，加纳和韩国用可可和大米进行一对一交换，即 1 吨可可的价格等于 1 吨大米的价格。如果加纳决定向韩国出口 6 吨可可并进口 6 吨大米，其贸易后的最终消费量为 14 吨可可和 6 吨大米，这比专业化分工和贸易之前的消费量增加了 4 吨可可和 1 吨大米。同样，韩国在贸易后的最终消费量为 6 吨可可和 14 吨大米，这比专业化分工和贸易之前的消费量增加了 3.5 吨可可和 4 吨大米。因此，由于专业化分工和贸易，可可和大米的产量都有所增加，两国的消费者可以消费更多商品。由此可见，贸易是一个正和博弈，它能为所有参与者带来净收益。

5.5 比较优势

大卫·李嘉图在亚当·斯密的基础上进一步探讨了当一国在所有商品的生产中都具有绝对优势时会发生什么。[4]斯密的绝对优势理论表明，这样的国家可能无法从国际贸易中获益。李嘉图在 1817 年出版的《政治经济学原理及赋税原理》（*Principles of Political Economy and Taxation*）一书中表示，情况并非如此。根据李嘉图的比较优势理论，一国可以专门生产其生产效率最高的商品，并从其他国家购买其生产效率较低的商品，即便该国对于那些从其他国家购买的商品拥有更高的生产效率。[5]虽然这似乎与直觉相反，但其中的逻辑可以通过一个简单的例子得到解释。

假设加纳在可可和大米的生产上都具有更高的效率，也就是说，加纳在这两种产品的生产上都具有绝对优势。在加纳，生产 1 吨可可需要 10 单位资源，生产 1 吨大米需要 13.33 单位资源。因此，假设总资源量为 200 单位，则加纳可以生产 20 吨可可且不生产大米，或生产 15 吨大米且不生产可可，或生产其 PPF 上的任何组合（图 5-2 中的 GG'线）。而在韩国，生产 1 吨可可需要 40 单位资源，生产 1 吨大米需要 20 单位资源。因此，韩国可以生产 5 吨可可且不生产大米，或生产 10 吨大米且不生产可可，或生产其 PPF 上的任何组合（图 5-2 中的 KK'线）。再次假设在没有贸易的情况下，每个国家都用一半的资源生产大米，另一半生产可可。如果没有贸易，加纳将生产 10 吨可可和 7.5 吨大米（图 5-2 中的 A 点），而韩国将生产 2.5 吨可可和 5 吨大米（图 5-2 中的 B 点）。

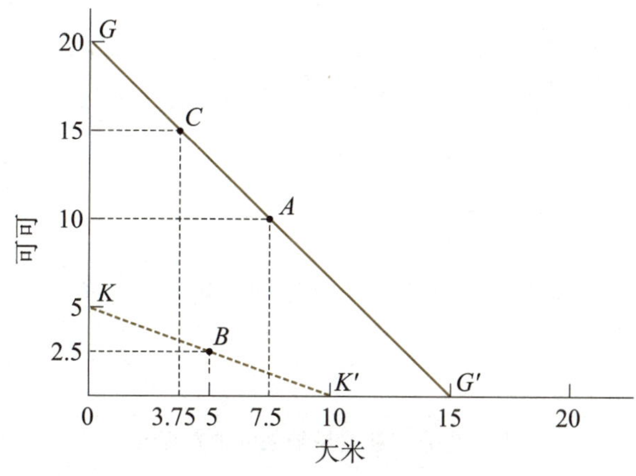

图 5-2　比较优势理论

鉴于加纳在这两种产品的生产上都具有绝对优势，它为什么要与韩国进行贸易呢？虽然加纳在可可和大米的生产上都具有绝对优势，但它仅在可可的生产上具有比较优势：加纳的可可产量是韩国的 4 倍，但大米产量仅为韩国的 1.5 倍。比较而言，加纳生产可可比生产大米的效率更高。

如果没有贸易，可可的总产量为 12.5 吨（加纳 10 吨，韩国 2.5 吨），大米的总产量为 12.5 吨（加纳 7.5 吨，韩国 5 吨）。在没有贸易的情况下，每个国家都只能消费自己产出的商品。而通过贸易，两国可增加大米和可可的总产量，且两国的消费者也可以消费更多的这两种商品。

5.5.1　贸易利得

想象一下，加纳利用其在可可生产上的比较优势将可可产量从 10 吨提高到 15 吨，消耗 150 单位的资源，剩余的 50 单位资源用于生产 3.75 吨大米（图 5-2 中的 C 点）。同时，韩国专门生产大米，得到产量 10 吨。这样，可可和大米的总产量都有所增加。在专业化分工之前，可可的总产量为 12.5 吨，大米为 12.5 吨。而现在的总产量是可可 15 吨、大米 13.75 吨（加纳 3.75 吨，韩国 10 吨）。表 5-2 对产量增加的来源进行了归纳。

表 5-2 比较优势与贸易利得

生产 1 吨可可和大米所需的资源		
	可可	大米
加纳	10.0	13.33
韩国	40.0	20.0
没有贸易时的生产和消费		
加纳	10.0	7.5
韩国	2.5	5.0
总产量	12.5	12.5
专业化分工后的生产		
加纳	15.0	3.75
韩国	0.0	10.0
总产量	15.0	13.75
加纳用 4 吨可可换取韩国 4 吨大米后的消费		
加纳	11.0	7.75
韩国	4.0	6.0
专业化分工和贸易带来的消费提升		
加纳	1.0	0.25
韩国	1.5	1.0

开展贸易后，不仅产量更高了，而且两国均可以从贸易中获益。如果加纳和韩国用可可和大米进行一对一交换，并且两国都选择用 4 吨出口商品交换 4 吨进口商品，那么与专业化分工和贸易之前相比，两国都能消费更多的可可和大米（见表 5-2）。因此，如果加纳用 4 吨可可换取韩国的 4 吨大米，则加纳还剩余 11 吨可可，比发生贸易之前还多 1 吨。而它用 4 吨可可从韩国换回了 4 吨大米，加上其国内生产的 3.75 吨大米，就有 7.75 吨大米，比专业化分工之前增加了 0.25 吨。同样，韩国用 4 吨大米与加纳交换后，还有 6 吨大米，与专业化分工之前相比有所增加。而它换得的 4 吨可可也比发生贸易前自己生产的产量增加了 1.5 吨。因此，由于专业化分工和贸易，两国可可和大米的消费量都有所增加。

比较优势理论所要传达的基本理念是，在不受限制的贸易下，潜在的世界产量会比在受限制的贸易下更大。李嘉图的理论表明，如果没有贸易管制，所有国家的消费者都可以消费更多的商品。即使对那些在任何商品的生产上都缺乏绝对优势的国家而言，也是如此。换言之，相对于绝对优势理论，比较优势理论在更大程度上表明，贸易是一种正和博弈，所有参与贸易的国家都可以从中实现经济效益。这一理论为自由贸易提供了强有力的依据。李嘉图的理论起到了极其强大的作用，它一直是自由贸易倡导者的主要思想武器。

5.5.2 条件与假设

从这样一个简单的模型中得出自由贸易普遍有益的结论过于草率。这个简单的模型中包含了许多不切实际的假设：

1. 假设世界上只有两个国家和两种商品。而在现实世界中，有许多国家和许多商品。

2. 假设国家之间没有运输成本。

3. 假设不同国家的资源价格没有差异。没有提到汇率，只是假设可可和大米可以进行一对一的交换。

4. 假设一国的资源可以自由地从一种商品的生产转移到另一种商品的生产。实际上并非总是如此。

5. 假设规模报酬不变。也就是说，加纳或韩国的专业化分工对于生产1吨可可或大米所需的资源数量没有影响。实际上，专业化分工带来收益递增和递减的情况都存在。当一国专门生产某产品时，生产该产品所需的资源数量可能增加，也可能减少。

6. 假设每个国家都有固定的资源存量，并且自由贸易不会改变一国使用其资源的效率。这种静态假设没有考虑资源存量和自由贸易可能导致一国在资源使用效率上的动态变化。

7. 假设贸易对国内收入分配没有影响。

鉴于这些假设，自由贸易互惠互利的结论能否推广到存在多国、多商品、运输成本、汇率波动、国内资源不变、专业化分工回报不定和动态变化情况的现实世界中呢？对比较优势理论进行详细扩展超出了本书的范围，不过经济学家已经证明，从我们的简单模型中得出的基本结论可以推广到由许多生产不同商品的国家所构成的世界。[6]虽然李嘉图的模型存在缺陷，但研究发现，各国可出口其生产效率最高的商品这一基本观点得到了数据支持。[7]

然而，一旦放弃所有假设，虽然不受限制的自由贸易仍是有益的，但一些与“新贸易理论”相关的经济学家却认为它失去了优势。[8]我们将在本章稍后部分及下一章讨论新贸易理论时回答这个问题。诺贝尔经济学奖获得者保罗·萨缪尔森（Paul Samuelson）认为，与常规解释相反，在某些情况下，比较优势理论的预测表明：如果富国与穷国进行自由贸易，可能使富国受损。[9]我们将在下一节中讨论萨缪尔森的这一观点。

5.5.3 李嘉图模型的扩展

让我们探索放宽先前在简单比较优势模型中确定的三个假设的影响，这三个假设是：一国的资源可以自由地从一种商品的生产转移到另一种商品的生产，规模报酬不变，以及贸易不会改变一国的资源存量或资源的利用效率。

不能流动的资源

我们在加纳和韩国的简单比较模型中假设，生产者（农民）可以轻松地利用生产可可的土地生产大米，反之亦然。虽然这一假设可能适用于某些农产品，但资源并不总能如此轻易地从一种商品的生产转移到另一种商品的生产，这其中有一定的冲突。例如，像美国这样的发达经济体如果实行自由贸易，将意味着减少某些劳动密集型商品（如纺织品）的生产，而增加某些知识密集型商品（如计算机软件或生物技术产品）的生产。虽然该国作为整体能够从中获益，但纺织品生产商将蒙受损失。南卡罗来纳州的一名纺织工人可能没有能力为微软编写软件，因此，转向自由贸易可能意味着她将失业或不得不接受其他吸引力较低的工作，例如在快餐店打工。

资源并不总能轻易地从一种经济活动转移到另一种经济活动。这个过程存在冲突，而人们也可能因此遇到困难。虽然比较优势理论预测，自由贸易带来的好处大大超过其代价，但对于那些付出代价的人来说，这种损失于事无补。因此，在政治上对自由贸易制度的反对，通常来自那些工作受威胁最大的人。例如，在美国，纺织工人及其工会长期以来一直反对自由贸易，正是因为自由贸易会给该群体带来大量损失。政府通常会帮助那些因此失去工作的人，为其提供培训，以缓和向自由贸易过渡时产生的不安定状况。转向自由贸易制度时遭遇的困难往往是一种短期现象，一旦实现转型，贸易带来的收益将是长期且巨大的。

报酬递减

前面介绍的简单比较优势模型假设专业化分工的报酬不变。**专业化分工报酬不变**（constant returns to specialization）意味着无论该国处于生产可能性边界（PPF）上的哪个位置，生产一件商品（可可或大米）所需的资源数量保持不变。因此，我们假设加纳生产 1 吨可可总是需要 10 单位资源。但是，现实情况是专业化分工报酬递减。当每多生产一件商品所需的资源数量增加时，就会出现专业化分工报酬递减。虽然 10 单位资源可能足以将加纳的可可产量从 12 吨增加到 13 吨，但如果要将产量从 13 吨增加到 14 吨则可能需要 11 单位资源，从 14 吨增加到 15 吨可能需要 12 单位资源，依此类推。报酬递减意味着加纳的 PPF 是条凸起的曲线（见图 5－3），而不是图 5－2 中的直线。

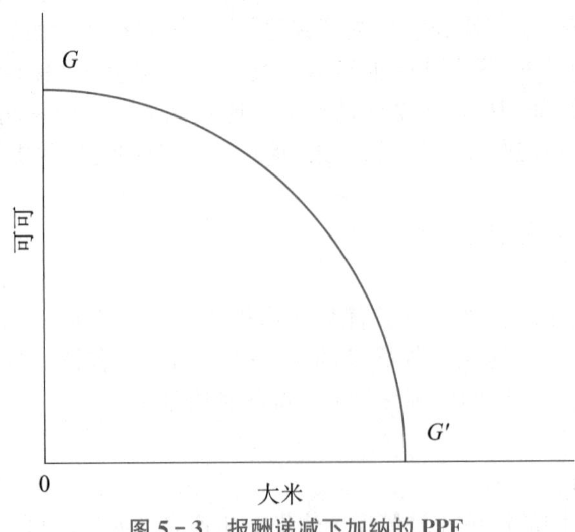

图 5－3　报酬递减下加纳的 PPF

假设报酬递减更符合现实的原因有两点。第一个原因是，并非所有资源的质量都相同。当一国试图增加某商品的产量时，就可能越来越多地利用边际资源，而这些边际资源的生产率不如最初使用的资源那么高，结果就是需要更多的资源来增加同等产量。例如，一些土地的生产率高于其他土地，随着加纳试图增加可可产量，它可能不得不越来越多地利用边际土地，这些土地的肥沃程度低于最初利用的土地。随着每英亩产量的下降，加纳必须利用更多的土地来生产 1 吨可可。

第二个原因是，不同商品所使用的资源比例不同。例如，试想种植可可比种植大米需要更多的土地和更少的劳动力，而加纳试图将资源从大米的生产上转移到可可的生产上。若要有效生产可可，按比例来说，大米产业释放的劳动力过多而土地过少。而为了吸收这些释放出来的劳动力和土地资源，可可产业就不得不转向更加劳动密集型的生产方式。结果是可可产业使用劳动力的效率下降，而报酬也随之减少。

报酬递减表明，一国不可能达到前述简单比较优势模型所示意的专业化分工程度。专业化分工报酬递减表明，专业化分工的收益很可能在专业化分工完成之前耗尽。实际上，大多数国家都没有专业化分工，而是生产一系列的商品。但是该理论表示，在贸易收益完全被递减的报酬抵消之前，专业化分工仍是值得追求的目标。因此，尽管由于报酬递减，收益可能减小，但不受限制的自由贸易是有益的，这一基本结论仍然成立。

动态效应和经济增长

简单的比较优势模型假设，贸易不会改变一国的资源存量或资源利用效率。这种静态假设没有考虑贸易可能带来的动态变化。如果放宽这一假设，则在贸易上对外开放的经济体很可能取得两类动态收益。[10]首先，自由贸易可能使来自国外的劳动力和资本增加，从而增加其国内可利用的资源存量。例如，东欧国家自 20 世纪 90 年代初以来一直存在这种现象，许多西方企业在这些国家投入了大量资本。

其次，自由贸易也可能提高一国的资源利用效率。资源利用效率的提高可能源于多个因素。例如，贸易扩大了国内企业的总市场规模，企业可能会实现规模化生产。贸易可能为国内企业带来更先进的国外技术，从而提高劳动生产率或土地生产率（绿色革命就对发展中国家的农业产出造成了此类影响）。此外，对外开放的经济体在面对外国竞争时，可能会促使国内生产者寻找提高效率的方法。同样，我们认为曾受保护的东欧市场一直存在这种现象，许多国家垄断企业不得不提高运营效率，才能在充满竞争的世界市场中生存。

一国资源存量和资源利用效率的动态提高，会导致 PPF 向外移动。如图 5－4 所示，从 PPF_1 到 PPF_2 的移动是由自由贸易产生的动态收益所引起的。这种外移的结果就是，在图 5－4 中，该国两种商品的产量都比引入自由贸易之前的产量更高。该理论表明，实行自由贸易的经济体，不仅可以得到前述讨论的静态收益，还可以得到刺激经济增长的动态收益。如果是这种情况，那么自由贸易就得到了更强有力的支持，总体上确实如此。但是，如前所述，20 世纪最杰出的经济理论家之一保罗·萨缪尔森认为，在某些情况下，动态收益可能导致不利结果。

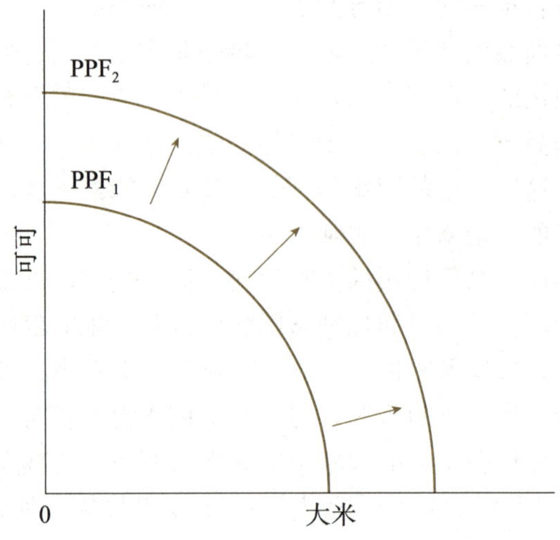

图 5-4　自由贸易对 PPF 的影响

贸易、工作和工资：萨缪尔森的批判

萨缪尔森的观点着眼于富国与穷国签订自由贸易协定时发生的情况，穷国在引入自由贸易制度后迅速提高了生产率（即穷国通过提高资源利用效率获得了动态收益）。萨缪尔森的模型表明，在这种情况下，如果自由贸易的动态影响会降低美国的实际工资，那么在引入自由贸易制度后，美国消费者低价购买他国进口商品所省下的钱可能不足以为美国经济带来净收益。正如萨缪尔森在接受《纽约时报》采访时所说："（由于国际贸易）在沃尔玛买东西的价格便宜了 20%，并不一定能弥补（美国的）工资损失。"[11]

萨缪尔森特别关注传统上不具有国际流动性的离岸服务进行国际流动的能力，例如软件调试、呼叫中心工作、会计工作，甚至核磁共振的医学诊断（详见"国家聚焦"）。自 20 世纪 90 年代初万维网发展以来，通信技术的进步使其成为可能，它有效地将劳动力市场扩大到了印度、菲律宾等国家受过教育的人群。萨缪尔森认为，外国劳动力的生产率随教育水平迅速提高，这对美国中产阶层工资所造成的影响类似于大规模移民进入美国：它将降低市场结算工资，可能足以抵消国际贸易带来的积极影响。

国家聚焦　将美国白领工作转移到海外

经济学家长期以来一直认为，自由贸易能够为所有参与自由贸易体系的国家带来收益。随着全球化继续影响美国经济，许多人对此产生了疑问。在 20 世纪 80 年代和 90 年代，自由贸易将低技能的蓝领制造业工作从美国等富裕国家转移到低工资国家，例如将纺织业转移到哥斯达黎加、运动鞋生产转移到菲律宾、钢铁生产转移到巴西、电子产品生产转移到泰国等。虽然许多观察家为美国制造业"空心化"而哀叹，但经济学家表示，与知识经济相关的高技能和高薪酬的白领工作将留在美国。计算机可能在泰国组装，但仍由高技能的美国工程师在硅谷设计，而软件应用程序仍由苹果、微软、Adobe、甲骨文等公司的美国程序员来编写。

但过去几十年的发展，让人们开始质疑这种假设。许多美国公司将白领的知识型工作转移到了发展中国家，因为那里的运营成本很低。例如，几年前，美国银行（Bank of America）将美国25 000名信息技术员工裁减了近5 000人。其中一些岗位被转移到了印度，在那里，支付每小时20美元的工资就可以完成在美国时薪为100美元的工作。从美国银行裁员中受益的公司之一就是印孚瑟斯。该信息技术公司位于印度班加罗尔，有250名工程师在为美国银行开发信息技术应用程序。其他印孚瑟斯的员工也在忙于处理美国抵押贷款公司的住房贷款申请。在另一家印度公司威普罗（Wipro Ltd.），放射科医生每天都要为麻省总医院（Massachusetts General Hospital）分析其通过互联网发送过来的30份CT扫描图。在班加罗尔的另一家公司里，工程师为得州仪器（Texas Instruments）设计前沿半导体芯片，每年可赚10 000美元。而印度不是这些变化的唯一受益者。

一些建筑工作也被外包到了成本较低的地方。弗罗尔公司（Flour Corp.）是一家位于得克萨斯州的建筑公司，它在菲律宾、波兰和印度雇用工程师和制图员将其工业设施的布局转化为详细的图纸。为了实施弗罗尔公司设计的一家沙特阿拉伯化工厂项目，年收入不到3 000美元的200名年轻的菲律宾工程师，与年收入高达100 000美元的美国和英国精英工程师通过互联网实时合作。弗罗尔为什么要这样做？答案很简单。该公司表示，这样做可以将项目价格降低15%，从而使公司在全球建筑设计市场上取得基于成本的竞争优势。同样将对美国未来就业增长造成困扰的是，一些高科技初创企业从一开始就将重要工作外包。例如，位于加利福尼亚州的卓豪公司（Zoho Corporation）是一家为小企业提供在线网络应用程序的初创企业，它在美国约有20名员工，而在印度有超过1 000名员工。

资料来源：P. Engardio, A. Bernstein, and M. Kripalani, "Is Your Job Next?" *BusinessWeek*, February 3, 2003, pp. 50-60; "America's Pain, India's Gain," *The Economist*, January 11, 2003, p. 57; M. Schroeder and T. Aeppel, "Skilled Workers Mount Opposition to Free Trade, Swaying Politicians," *The Wall Street Journal*, October 10, 2003, pp. A1, A11; D. Clark, "New U. S. Fees on Visas Irk Outsources," *The Wall Street Journal*, August 16, 2010, p. 6; and J. R. Hagerty, "U. S. Loses High Tech Jobs as R&D Shifts to Asia," *The Wall Street Journal*, January 18, 2012, p. B1.

话虽如此，但应该指出，萨缪尔森也承认历史上自由贸易给富国带来了很大好处（稍后讨论的数据能证实这一点）。此外，他还认为，通过保护主义措施（例如贸易壁垒）来防范自由贸易未来可能对美国造成的伤害，可能带来更糟的状况。萨缪尔森说道："与游说带来的关税和配额相比，自由贸易可能仍然是各个地区最务实的做法，而前者是对民主的曲解和一种无谓的沉重损失。"[12]

麻省理工学院经济学家大卫·奥托尔（David Autor）及其同事的一项著名研究支持了萨缪尔森的观点。该研究被媒体和政治家广泛引用。奥托尔及其同事研究了美国每个县的制造商受某国（发展中国家）竞争者的影响程度。[13]研究人员发现，受该国影响最大的地区不仅会失去更多的制造业岗位，而且总体就业率也会下降。在受该国影响较大的地区，领取失业保险金、食品券和伤残津贴的职工人数也出现了较大增幅。政府支出增加所产生的经济成本占对外贸易收益的 2/3。换言之，对外贸易给美国带来的很多好处（比如向美国消费者提供廉价商品）都被抵消了。即便如此，与萨缪尔森一样，该项研究认为，从长远来看，自由贸易是一件好事。不过，他们指出，外国的迅速崛起导致了巨大的调整成本，这在短期内会大大减少贸易带来的收益。

一些经济学家不认同萨缪尔森的担忧。[14]他们虽然没有质疑萨缪尔森的分析，但也指出，在现实中，发展中国家不太可能快速提升其劳动力的技能水平从而出现萨缪尔森所说的情况，换言之，它们将很快遇到报酬递减的情况。然而，与这种反驳不一致的是，有数据表明，亚洲国家正在迅速升级其教育体系。例如，2008 年全世界授予的工程学位中约有 56%在亚洲，而仅有 4%在美国。[15]

贸易与经济增长关系的证据

许多经济研究都着眼于贸易与经济增长之间的关系。[16]总体而言，这些研究表明，正如标准的比较优势理论所预测的，对国际贸易采取较开放态度的国家比那些封闭的国家拥有更高的经济增长率。杰弗里・萨克斯（Jeffrey Sachs）和安德鲁・华纳（Andrew Warner）创建了一个衡量经济体对国际贸易开放程度的指标，然后考察了 1970—1990 年间 100 多个国家样本的开放度与经济增长的关系。[17]他们在报告中指出：

> 我们发现开放度与经济增长之间存在密切联系，无论在发展中国家还是在发达国家都是如此。在发展中国家中，开放经济体的年经济增长率为 4.49%，而封闭经济体的年经济增长率为 0.69%。在发达国家中，开放经济体的年经济增长率为 2.29%，而封闭经济体的年经济增长率为 0.74%。[18]

瓦克奇亚格（Wacziarg）和韦尔奇（Welch）的一项研究在萨克斯和华纳的基础上更新了 20 世纪 90 年代后期的数据。他们发现，在 1950—1998 年间，实现贸易自由化的国家，与自由化之前相比，经济年增长率平均提高了 1.5～2 个百分点。[19]一项针对 1967—2009 年间发表的 61 项研究成果的详尽调查指出：贸易对产出和经济增长的积极重要的影响，得到了宏观经济证据强有力的支持。[20]

调查结论很明确：采取开放经济和自由贸易，国家将取得更高的经济增长率。而更高的经济增长率将提高国家收入水平和生活水平。最后这一点在一项考察贸易与收入增长关系的研究中得到了证实。由杰弗里・弗兰克尔（Jeffrey Frankel）和戴维・罗默（David Romer）进行的研究发现，平均而言，一国贸易与 GDP 之比每增加 1%，人均收入至少增加 0.5%。[21]在一个经济体中，国际贸易每增长 10%，人均收入将至少增加 5%。尽管采用自由贸易制度会带来较高的短期调整成本，但从长远来看，正如李嘉图的理论作出的预测，贸易很可能带来更大的经济增长和更高的生活水平。[22]

5.6　赫克歇尔-俄林理论

李嘉图的理论强调，比较优势来源于生产率的差异。因此，加纳在可可生产上是否比韩国更有效率取决于其如何有效地利用资源。李嘉图强调劳动生产率，并认为国家间劳动生产率的差异是比较优势概念的基础。瑞典经济学家伊·赫克歇尔（于 1919 年）和贝蒂·俄林（于 1933 年）对比较优势作出了不同解释，他们认为，比较优势源于国家要素禀赋的差异。[23] **要素禀赋**（factor endowment）是指一国拥有土地、劳动力和资本等资源的充裕程度。各国有不同的要素禀赋，而不同的要素禀赋解释了要素成本的差异。具体而言，某种要素越丰富，它的成本就越低。赫克歇尔-俄林理论预测，各国将出口那些密集利用当地充裕要素的商品，而进口那些密集利用当地稀缺要素的商品。因此，赫克歇尔-俄林理论试图解释我们在世界经济中观察到的国际贸易格局。与李嘉图的理论一样，赫克歇尔-俄林理论认为自由贸易是有益的。然而，与李嘉图的理论不同的是，赫克歇尔-俄林理论认为，国际贸易格局是由要素禀赋差异决定的，而不是由生产率的差异决定的。

赫克歇尔-俄林理论的解释似乎贴近常识。例如，美国长期以来一直是农产品的主要出口国，这部分反映了其土地资源非常丰饶。相比之下，在劳动密集型制造业中，中国在商品出口上一直处于领先地位，这反映了中国相对丰富的低成本劳动力资源。美国由于缺乏足够的低成本劳动力，而成为劳动密集型商品的主要进口国。请注意，资源禀赋是相对的，而非绝对的；一国拥有的土地和劳动力的绝对数量可能比另一个国家多，但其中只有一项是相对充裕的。

5.6.1　里昂惕夫悖论

赫克歇尔-俄林理论一直是国际经济学中最具影响力的理论之一。大多数经济学家更倾向于赫克歇尔-俄林理论，而不是李嘉图的理论，因为前者的简化假设较少。由于其广泛的影响力，这一理论也经受了许多实证检验。从瓦西里·里昂惕夫（Wassily Leontief，1973 年诺贝尔经济学奖获得者）于 1953 年发表的一项著名研究开始，许多研究都对赫克歇尔-俄林理论的有效性提出了质疑。[24] 里昂惕夫利用赫克歇尔-俄林理论，假设由于美国与其他国家相比拥有相对充裕的资本，因此美国将成为资本密集型商品的出口国和劳动密集型商品的进口国。然而，他惊讶地发现，美国出口商品的资本密集度居然低于进口商品。由于这个结论与理论预测不一致，因此被称为里昂惕夫悖论（Leontief paradox）。

没有人能准确解释里昂惕夫悖论。一种可能是，美国在生产新产品或创新科技商品上具有特殊优势。与那些科技已经成熟并可以大规模生产的商品相比，这些商品的资本密集度可能更低。因此，美国出口的商品（例如，计算机软件）可能需要大量利用技能型劳动力和创新创业精神，而进口的重型制造业商品则需要利用大量资本。一些实证研究也证明了这一点。[25] 然而，在使用许多国家的数据对赫克歇尔-俄林理论进行检验时，都能够证实存在里昂惕夫悖论。[26]

这使经济学家陷入了两难境地。一方面，在理论上，他们更倾向于赫克歇尔-俄林理论，但现实世界中，它对国际贸易格局的预测能力相对较弱。另一方面，他们认为过于局限的李嘉图比较优势理论反而对贸易格局的预测更为准确。解决这一难题的最佳办法可能就是重新回到李嘉图的观点，即贸易格局主要取决于生产率的国际差异。因此，我们可以说，美国出口商用飞机并进口纺织品并不是因为其要素禀赋特别适合制造飞机而不适合制造纺织品，而是因为美国在飞机的生产上比在纺织品的生产上更有效率。赫克歇尔-俄林理论的一个关键假设是，各国间的技术水平相同，但真实情况可能并非如此。技术差异可能导致生产率差异，而生产率差异将进一步影响国际贸易格局。[27]因此，日本自 20 世纪 70 年代以来在汽车出口方面取得的成功不仅基于其相对充裕的资本，还基于其创新制造技术的发展，它使日本与其他同样具有充裕资本的国家相比，能够在汽车生产方面实现更高的生产率。实证研究也支持了这种理论解释。[28]新的研究发现，一旦各国间的技术差异得到控制，那么各国确实会出口那些密集利用当地充裕要素的商品，同时进口那些密集利用当地稀缺要素的商品。换言之，一旦控制了技术差异对生产率的影响，赫克歇尔-俄林理论似乎就具备了预测能力。

5.7 产品生命周期理论

雷蒙德·弗农最初于 20 世纪 60 年代中期提出了产品生命周期理论。[29]弗农的理论基于以下观察：在 20 世纪的大部分时间里，世界上很大一部分新产品是由美国企业开发并率先在美国市场销售的（例如，大批量生产的汽车、电视机、拍立得相机、复印机、个人电脑和半导体芯片等）。为了解释这一现象，弗农指出，美国市场的财富和规模给美国企业提供了开发新产品的强烈动力。此外，美国高昂的劳动力成本也促使美国企业为了节约成本进行流程创新。

但是新产品是由美国企业开发并首先在美国市场销售，并不意味着该产品必须在美国生产。它可以在国外某个低成本的地点生产，然后以出口的方式回到美国。然而，弗农认为，大多数新产品最初都在美国生产。显然，创新企业考虑到引入新产品所固有的不确定性和风险，将生产设施靠近市场及企业的决策中心。此外，大多数新产品的需求往往取决于非价格因素。因此，企业可以给新产品定一个相对较高的价格，这也避免了在其他国家寻找低成本生产基地的需要。

弗农进一步指出，通常在新产品生命周期早期，当美国的需求快速增长时，其他发达国家的需求仅来自高收入群体。由于其他发达国家的初始需求有限，尚不值得这些国家的企业开始生产这种新产品，却使美国有必要向这些国家出口该产品。

随着时间推移，其他发达国家（例如，英国、法国、德国和日本等）对该新产品的需求开始增长。这样一来，外国生产者就开始自行为本国市场生产该产品。此外，美国企业可能会在那些需求增长的国家设立生产设施。因此，其他发达国家的生产开始限制美国的出口潜力。

随着美国和其他发达国家的市场日益成熟，该产品越来越标准化，价格成为主要竞争力。此时，成本因素开始在竞争过程中发挥更大作用。劳动力成本低于美国的其他发达国家（例如，意大利和西班牙等）生产者就有可能向美国出口该产品。如果成本压力越来越大，则这一过程可能不会停止。如同美国失去相对于其他发达国家的生产优势一样，这一过程可能随着发展中国家（例如，泰国）获得相对于发达国家的生产优势而再次重演。因此，全球生产基地从最初的美国转移到了其他发达国家，然后又转移到了发展中国家。

随着生产逐渐集中于国外成本较低的地区，这些趋势对世界贸易格局的影响将使美国从产品出口国转变为产品进口国。

5.7.1　21 世纪的产品生命周期理论

从历史上看，产品生命周期理论似乎能准确地解释国际贸易格局。以复印机为例，该产品首先由美国施乐（Xerox）于 20 世纪 60 年代初开发，最初销售给美国用户。开始时，施乐从美国出口复印机，主要销往日本和西欧的发达国家。随着这些国家的需求逐渐增长，施乐以合资形式在日本和英国建立了生产基地——富士施乐（Fuji-Xerox）及兰克施乐（Rank-Xerox）。后来，在施乐对复印机的专利到期后，其他外国竞争者开始进入市场（例如日本的佳能（Canon）和意大利的奥利维蒂（Olivetti））。因此，美国的出口下降，而美国用户开始从国外，尤其是日本购买成本较低的复印机。渐渐地，日本公司发现其本国的制造成本过高，开始将生产转移到泰国等发展中国家。因此，最初是美国，现在是其他发达国家（例如日本和英国），都从复印机的出口国转变成了进口国。复印机的国际贸易格局演变与产品生命周期理论预测的一致，即成熟的产业往往会从创新国转移到低成本的组装地。

然而，产品生命周期理论也有不足。弗农关于大多数新产品由美国开发和引入的观点似乎有点民族中心主义且过时了。尽管在美国主导全球经济期间（1945—1975 年）可能大部分新产品确实是由美国推出的，但总有一些重要的例外。近年来，这些例外似乎越来越普遍。许多新产品率先出现于日本（例如电子游戏机）或韩国（例如三星智能手机）。不仅如此，随着世界经济全球化和一体化程度提高，越来越多的新产品（例如，平板电脑、智能手机和数码相机）在美国和许多欧洲及亚洲国家同时推出。随之而来的是，为了在全球找到要素成本和技能组合最有利的地点来生产新产品的特定组件，企业将生产分散到全球各地（正如比较优势理论所预测的）。总而言之，虽然弗农的理论有助于对过去的国际贸易格局作出解释，但它与现代世界的联系似乎较为有限。

5.8　新贸易理论

新贸易理论于 20 世纪 70 年代开始出现，当时一些经济学家指出，企业实现规模经济的能力可能对国际贸易产生重要影响。[30] **规模经济**（economies of scale）是指与大规模产出相关的单位成本降低。规模经济有许多来源，包括将固定成本分摊到大量商品上，以及利用生产率更高的专业化员工和设备大批量生产的能力。规模经济是许多行业降低成本的主要来源，从计算机软件行业到汽车行业，从制药行业到航天行业。例如，微软将其开发的 Windows 操作系统的固定成本（约 100 亿美元）分摊到最终安装的每个新系统上（约 20 亿台个人电脑），从而实现了规模经济。同样，汽车公司通过在专业化分工的装配线上生产大量汽车来实现规模经济。

新贸易理论提出了两个重要观点：第一，贸易通过对规模经济的影响，可以增加消费者获得商品的种类并降低这些商品的平均成本。第二，如果某些产业为实现规模经济所需的产出在世界总需求中占比很大，那么全球市场可能只能支持少数企业。因此，某些产品的国际贸易可能只能由那些在生产上具有先发优势的企业所在国主导。

5.8.1 增加产品种类并降低成本

首先想象一个没有贸易的世界。在规模经济很重要的行业中，一国可以生产的产品种类和生产规模都受到了市场规模的限制。如果该国市场很小，则可能没有足够的需求来促使生产者实现某些产品的规模经济。因此，这些产品可能无人生产，从而限制了消费者可获得的产品种类。或者，企业可能会生产这些产品，但产量很低，以至于单位成本和价格都远高于规模经济时的水平。

现在考虑国家间存在贸易的情况。各国市场合并成一个更大的世界市场。由于贸易使市场规模扩大，各企业可以更好地实现规模经济。根据新贸易理论，这意味着与没有贸易的情况相比，每个国家都有可能专门生产更小范围内的商品，并从其他国家购买其不生产的商品，每个国家都可以在增加消费者可获得的商品种类的同时，降低这些商品的成本。因此，即使各国的要素禀赋或技术水平没有差异，贸易也提供了互惠互利的机会。

假设有两个国家，每个国家每年都有 100 万辆汽车需求的市场。通过双边贸易，两个国家可以创造一个有 200 万辆汽车需求的综合市场。这个综合市场由于能够更好地实现规模经济，可以比任何单一市场生产更多种类（型号）的汽车，且平均生产成本更低。例如，每个国家市场对跑车的需求可能限制在 55 000 辆，而每年至少需要 100 000 辆的总产出才能实现显著的规模经济。同样，每个国家市场对小型货车的需求可能是 80 000 辆，而每年也至少需要 100 000 辆的总产出才能实现显著的规模经济。面对有限的国内市场需求，任何一个国家的企业都不愿生产跑车，因为在产量如此低的情况下生产成本太高。尽管它们可能会生产小型货车，但与实现显著规模经济的情况相比，生产成本和价格都偏高。然而，一旦两国进行贸易，一国企业可以专门生产跑车，而另一国企业可以专门生产小型货车。两国的综合需求为 110 000 辆跑车和 160 000 辆小型货车，这使得两国企业都可以实现规模经济。在这种情况下，消费者可以得到开展国际贸易之前无法得到的商品（跑车），并用较低的价格购买国际贸易之前无法以最有效规模生产的商品（小型货车）。因此，贸易是互惠互利的，因为它可以带来生产专业化、实现规模经济、生产更多种类的商品并降低价格。这就是新贸易理论的第一个重要观点。

5.8.2 规模经济、先发优势和贸易格局

新贸易理论的第二个重要观点是，我们在世界经济中观察到的贸易格局可能是规模

经济和先发优势的结果。**先发优势**（first-mover advantage）是指率先进入某个行业所获得的经济和战略优势。[31]能够先于后来者获得规模经济，进而从较低的成本中受益，是一项重要的先发优势。新贸易理论认为，如果对于某产品而言，规模经济很重要而且其生产规模占据了世界需求的较大比例，那么行业中的先行者可以获得基于规模的成本优势，而后来进入者几乎不可能与之抗衡。这种贸易格局可能反映了先发优势。因为规模经济在某些商品的生产中很重要，一国企业如果率先实现了规模经济，就获得了先发优势，则该国很可能在这些商品的出口中占据主导地位。

以航空业为例，大量销售产生的实质性规模经济才能够实现开发新型喷气式飞机的固定成本分摊。空中客车为开发 550 座的 A380 超大型喷气式飞机而耗资 250 亿美元，该机型于 2007 年投入使用。空中客车至少售出 250 架 A380 才能收回成本并实现收支平衡。到 2018 年，A380 已售出约 240 架。如果空中客车能售出超过 250 架 A380 飞机，这显然是一个有利可图的项目。此类飞机投入使用的前 20 年，其全球总需求量估计在 400～600 架。因此，全球市场最多只能让一家超大型喷气式飞机制造商实现盈利。由于欧洲空中客车率先生产了超大型喷气式飞机并实现了规模经济，欧盟可能因此在超大型喷气式飞机的出口中占据主导地位。波音等其他潜在生产商由于无法取得与空中客车一样的规模经济，可能被市场拒于门外。空中客车由于开创了这一市场类别，而取得了基于规模经济的先发优势，竞争对手难以与其相较，欧盟从而成了超大型喷气式飞机的主要出口方。（然而，事实证明，超大型喷气式飞机的市场规模可能连使一家生产商盈利都支持不了。2019 年初，空中客车宣布，由于需求疲软，它将在 2021 年停止生产 A380。）

5.8.3　新贸易理论的启示

新贸易理论具有重要意义。该理论表明，各国即使在要求禀赋或技术水平上没有差异，也可能从贸易中受益。贸易允许一国专门生产某些产品，实现规模经济，并降低这些产品的生产成本，同时从专门生产其他产品的其他国家购入其不生产的产品。通过这种机制，每个国家的消费者获得的产品种类都有所增加，而这些产品的平均成本和价格则有所下降，节省出的资源可用于生产其他商品和服务。

该理论还表明，一国如果拥有一家或多家企业率先生产某种商品，就有可能在该商品的出口中占据主导地位。一个行业的先行者如果能够获得规模经济，就有可能锁定世界市场，从而让后来者难以进入。先行者受益于收益递增的能力将提高该市场的进入壁垒。在商用飞机行业，波音和空中客车已经实现了规模经济，从而阻碍了后来者进入，并加强了美国和欧洲在中大型喷气式飞机贸易中的主导地位。由于全球需求可能不足以让该行业再出现另一家能够盈利的中大型喷气式飞机生产商，美国和欧盟的这种主导地位得到了进一步强化。因此，尽管日本企业能够展开市场竞争，但它们仍决定不进入该行业，而是将自己作为主分包商，与生产商结盟（例如，三菱重工是波音 777 和 787 项目的主要分包商）。

新贸易理论与赫克歇尔-俄林理论存在分歧。赫克歇尔-俄林理论认为，当一国在产品制造中密集使用的要素禀赋特别充裕时，该国将在该产品的出口中占据主导地位。新贸易理论认为，美国是商用喷气式飞机的主要出口国，并不是因为它在生产飞机所需的要素禀赋方面比其他国家充裕，而是因为该行业的先行者之一波音是美国的。而新贸易理论与比较优势理论之间并不矛盾，规模经济提高了生产率。因此，新贸易理论为比较优势提供了一个重要来源。

新贸易理论能够对贸易格局作出有力的解释。实证研究似乎也对该理论的预测提供了支持：贸易提高了行业内的生产专业化程度，增加了消费者可获得的产品种类，并使平均价格降低。[32]关于先发优势和国际贸易，企业史学家艾尔弗雷德·钱德勒（Alfred Chandler）的研究表明，先发优势是解释某些国家的企业在特定行业占据主导地位的一个重要因素。[33]许多全球性行业中的企业数量非常有限，包括化学行业、重型建筑设备行业、重型卡车行业、轮胎行业、消费电子行业、喷气式发动机行业和计算机软件行业等。

也许新贸易理论最具争议的影响就是，它引发了政府干预和战略性贸易政策。[34]新贸易理论强调运气、创业和创新在企业先发优势中的作用。根据这一观点，波音之所以成为商用喷气式飞机制造领域的先行者——而不是本来也有机会成为先行者的英国的德哈维兰（De Havilland）和霍克·西德利（Hawker Siddeley）或者荷兰的福克（Fokker），是因为波音运气好且具有创新性。波音的好运之一是德哈维兰搬起石头砸到了自己的脚，它在波音第一款喷气式客机波音 707 推出两年前就推出了“彗星”（Comet）客机，但该机型被发现存在很多严重的技术缺陷。若非如此，英国可能会成为世界领先的商用飞机出口国。波音的创新性体现在其独立开发商用客机所需的专有技术上。然而，一些新贸易理论家指出，波音的研发费用大部分由美国政府买单，707 是政府出资的军事项目的衍生产品，空中客车进入该行业也得到了大量政府补贴的支持。这就使政府干预有了理由，通过巧妙且明智地使用补贴，政府能否让其国内企业更有机会成为某一新兴行业的先行者，就像美国政府对波音的支持以及欧盟对空中客车的支持？如果这是可能的，并且新贸易理论也认同，那么政府就有了在经济上采取激进贸易政策的理由，这与我们迄今为止考察的自由贸易理论不一致。我们将在第 6 章中考虑这个问题对政策的影响。

5.9 国家竞争优势：波特钻石模型

著名的哈佛大学战略学教授迈克尔·波特（Michael Porter）也撰写了有关国际贸易的文章。[35]波特和他的团队研究了 10 个国家的 100 个行业。与新贸易理论家一样，波特之所以做此研究是因为他相信现有国际贸易理论只能说明部分情况。对于波特而言，最重要的是解释一国在特定行业中取得国际成功的原因。为什么日本在汽车产业上表现得如此出色？为什么瑞士在精密仪器和药品的生产和出口方面表现不俗？为什么德国和美国在化工行业做得那么好？赫克歇尔-俄林理论无法给出令人满意的回答，而比较优势理论只能提供部分解释。根据比较优势理论，瑞士在精密仪器的生产和出口上表现出色是因为它能够在该行业中非常有效地利用资源。尽管这可能是正确的，但这并不能解释为什么瑞士在该行业中的生产率高于英国、德国或西班牙。波特试图解开这个谜团。

波特的理论认为，一国的四大属性塑造了当地企业的竞争环境，而这些属性会促进或阻碍竞争优势的建立（见图 5-5）。

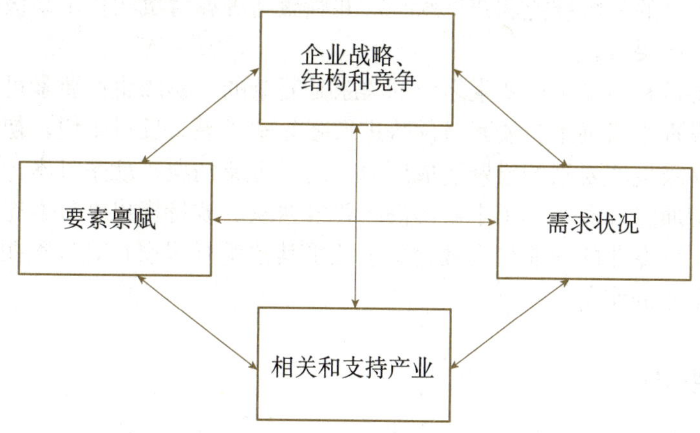

图 5-5　国家竞争优势的决定因素：波特钻石模型

资料来源：Michael E. Porter，*The Competitive Advantage of Nations*（New York：Free Press，1990；republished with a new introduction，1998），p. 72.

这些属性是：

- 要素禀赋。一国生产要素方面的情况，例如在某特定行业中竞争所不可或缺的技术工人或基础设施。
- 需求状况。本国对该行业产品或服务的需求状况。
- 相关和支持产业。是否存在具有国际竞争力的供应商产业和相关产业。
- 企业战略、结构和竞争。决定企业创立、组织和管理方式的条款以及国内竞争的性质。

波特认为这四个属性是钻石模型（diamond）的构成要素，企业在最符合钻石模型的行业或其细分领域中取得成功的概率最大。他还认为，钻石模型是一个相辅相成的系统。任一属性的作用都与其他属性的状况息息相关。例如，波特认为，除非竞争对手足以使企业作出反应，否则有利的需求状况也不会带来竞争优势。

波特还表示，有两个额外的变量可对国家钻石模型产生重要影响：偶然事件和政府。重大创新等偶然事件可以重塑产业结构，并为一国企业取代别国企业提供机会。政府可以通过政策的选择来削弱或强化国家优势。例如，管制可以改变国内的需求状况，反垄断政策可以影响行业内竞争的激烈程度，政府对教育的投资也可以改变要素禀赋。

5.9.1　要素禀赋

要素禀赋是赫克歇尔-俄林理论的核心。虽然波特没有对此提出全新的建议，但他对生产要素的特征进行了分析。他认识到要素之间存在层次结构，可分为初级生产要素

(basic factor)（例如，自然资源、气候、区位和人口统计特征等）和高级生产要素(advanced factor)（例如，通信基础设施、有经验和技术的劳动力、研究设施和专有技术等）。他认为，高级生产要素对竞争优势最为重要。与自然赋予的初级生产要素不同，高级生产要素是个人、公司、政府投资的产物。因此，政府投资于基础教育和高等教育，可以提高人口的一般技能和知识水平，并刺激高等教育机构作出高级研究，从而强化一国的高级生产要素。

高级生产要素和初级生产要素之间的关系是复杂的。初级生产要素可以提供初始优势，随后通过投资于高级生产要素对优势进行强化和扩展。反过来说，初级生产要素的劣势也可以对高级生产要素的投资造成压力。这一现象的典型就是日本。日本缺乏耕地和矿产储备，却通过投资积累了丰富的高级要素禀赋。波特指出，日本庞大的工程师队伍（体现在其工程专业的毕业生人数远多于几乎其他所有国家）对日本在制造业上的成功起到了至关重要的作用。

5.9.2 需求状况

波特强调了国内需求在提升竞争优势方面的作用。企业通常对其最亲近的客户需求反应最为敏感。因此，国内需求对于塑造国产产品属性以及施加创新和质量压力尤为重要。波特认为，如果一国企业的国内消费者较为高端且较难满足，则该国企业就会获得竞争优势。这些消费者会迫使当地企业提高产品质量并生产出创新产品。例如，波特指出，日本成熟的消费群体不断促使日本相机行业提高产品质量并推出创新型号。

5.9.3 相关和支持产业

对某一行业的国家优势而言，第三个属性在于其是否存在具有国际竞争力的供应商或相关产业。相关和支持产业对高级生产要素的投资可以惠及整个行业，从而帮助其取得强大的国际竞争力。瑞典在钢制品（例如，滚珠轴承和切削工具）上的优势就得益于瑞典特种钢产业的优势。美国半导体行业的技术领先地位为美国在个人电脑和其他一些高科技电子产品上的成功奠定了基础。同样，瑞士在制药业上取得的成功与其在技术上相关联的染料行业上的国际优势密不可分。

结果就是，一国的成功产业往往可归集为相关的产业集群。这是波特的研究中适用面最广的发现之一。波特认为德国的纺织和服装部门就属于此类集群，它包括优质棉、羊毛、合成纤维、缝纫机机针和各种纺织机械企业。这种集群很重要，因为在地理上形成集群的企业，可以实现企业间知识的流动，从而使该集群内的所有企业受益。当员工在同一地区的企业间更换工作时，或者当国家性的行业协会将来自不同企业的员工聚集在一起定期开会或做研讨时，就实现了知识的流动。[36]

5.9.4 企业战略、结构和竞争

在波特模型中，国家竞争优势的第四个属性是一国企业的战略、结构和竞争。波特

在此提出了两个要点。首先，不同国家的管理理念不同，可能有助于也可能无助于其打造国家竞争优势。例如，波特指出，工程师在德国和日本企业的最高管理层中占据主导地位，他认为原因在于这些企业注重改进制造流程和产品设计。波特还指出，相比之下，许多美国企业的领导者都拥有金融背景，他认为这是由于美国企业对改进制造流程和产品设计缺乏重视，而金融背景的主导地位导致其过分强调短期财务回报最大化。根据波特的说法，这些不同的管理理念带来的结果之一就是，美国在工程相关行业（例如，汽车行业）中相对缺乏竞争力，因为制造流程和产品设计在这些行业中至关重要。

其次，激烈的国内竞争对于创造和保持行业竞争优势有着重要作用。激烈的国内竞争可以促使企业寻找提高效率的方法，从而使它们提高国际竞争力。国内竞争给创新、质量提高、成本缩减以及高级要素升级所需的投资带来了压力。所有这些都有助于将企业打造成世界级的竞争者。波特在日本的案例中说道：

> 国内竞争的作用在日本表现得最为明显。在那里，这是一场全力以赴的战争，许多公司都未能实现盈利。日本公司以占领市场份额为目标，不断超越对手。市场份额排名波动明显。商业媒体对这一过程着重进行了报道。详细的排名表明了哪些公司深受大学毕业生青睐。新产品和工艺的开发速度惊人。[37]

5.9.5　评估波特的理论

波特认为，一国在某个行业取得国际成功的可能性取决于要素禀赋，需求状况、相关和支持产业，以及企业战略、结构和竞争的综合影响。他表示，拥有钻石模型全部四个组成部分才能够有良好的竞争力（尽管也有例外）。波特还认为，政府可以对钻石模型四个组成部分中的任何一个施加积极或消极的影响。要素禀赋会受到补贴、资本市场政策、教育政策等影响。政府可以通过调整当地产品标准或者对买方需求进行引导或管制来塑造国内需求。政府可以通过管制的方式影响相关和支持产业，通过资本市场监管、税收政策和反垄断法等手段影响企业竞争。

如果波特是正确的，他的模型将能够预测现实世界中的国际贸易格局。各国应该出口其在钻石模型所有四个组成部分中都拥有有利要素的行业产品，同时进口那些不利要素所在领域的产品。波特的理论尚未经过详细的实证检验。该理论的大部分内容似乎有一定的合理性，但是新贸易理论、比较优势理论和赫克歇尔-俄林理论也是如此。也许这些相互补充的理论都解释了国际贸易格局中的一部分问题。

5.10　聚焦管理影响

5.10.1　区位、先发优势和政府政策

在本章讨论的内容中，国际企业至少将受到三个主要方面的影响：区位、先发优势

和政府政策。

区位

我们所讨论的理论基于一种观念，即不同国家在不同生产活动中具有特别的优势。因此，从获利的角度来看，企业有理由根据国际贸易理论将其生产活动分散到那些可以最有效开展这些活动的国家。如果在法国设计是最有效的，那么设计部门就应该设在法国；如果在新加坡制造基本部件是最有效的，就应该在那里制造；如果在中国进行总装是最有效的，就应该在中国进行总装。最终结果就是形成了一个全球性的生产活动网络，根据比较优势、要素禀赋等决定因素，在全球不同地点开展不同的活动。企业如果不这样做，那么与如此做的企业相比，就有可能处于竞争劣势。

先发优势

根据新贸易理论，在特定新产品的生产上建立先发优势的企业，可能随后会在该产品的国际贸易中占据主导地位。如果某些行业的全球市场只能支持少量企业盈利（例如航空市场），则尤为如此，但在集中度较低的行业，早期参与也很重要。对企业而言，投入大量财务资源来建立先发优势或早期优势可以得到回报，即使这意味着在新项目盈利之前，企业可能要经历数年的亏损。企业采取这种做法的用意在于抢占市场的潜在需求，获得与数量相关的成本优势，先于竞争对手打造持久的品牌，从而建立长期可持续的竞争优势。企业可以学习如何利用先发优势并且避免开拓市场时遇到的困境（先发劣势）。[38]

政府政策

国际贸易理论对国际企业也很重要，因为企业是国际贸易的主要参与者。商务企业生产出口产品，并从其他国家进口产品。由于在国际贸易中起到关键作用，企业可以对政府的贸易政策施加重大影响，它们可以通过游说的方式促进自由贸易或加强贸易限制。国际贸易理论认为，促进自由贸易虽然不一定符合个别企业的最大利益，但通常符合一国的最大利益。许多企业认识到了这一点，并积极推动市场开放。

例如，20 世纪 90 年代，美国政府宣布其有意对从日本进口的液晶显示屏（LCD）征收关税，遭到了 IBM 和苹果的强烈抗议。IBM 和苹果都指出：日本 LCD 的成本最低，IBM 和苹果的笔记本电脑都使用了这些屏幕，如果征收关税，则会增加 LCD 的成本，使得 IBM 和苹果生产的笔记本电脑成本也增加，从而降低它们在世界市场上的竞争力。换言之，征收关税的目的本来是保护美国企业，却适得其反。迫于这些压力，美国政府最终放弃对其征收关税。

然而，企业并不总是为自由贸易而进行游说。例如，美国政府为应对美国企业的直接压力，定期对钢材进口实施管制（如 2018 年 3 月，特朗普政府对国外钢铁进口征收 25%的关税）。在某些情况下，政府为应对国内企业寻求保护的压力，会让外国企业同意“自愿”限制出口，即在较为全面的正式贸易壁垒中以暗含威胁的方式促使它们遵守一些协议（这曾经发生在汽车行业）。在其他情况下，政府会使用“反倾销”措施来合理化其进口关税（我们将在第 6 章中详细讨论）。

正如国际贸易理论所预测的那样，许多措施适得其反，例如 1985 年达成的自愿限制机床进口的协议。由于进口壁垒阻碍了国际竞争对手，美国机床行业失去了提高自身效率的动力。因此，其在出口市场上输给了更有效率的外国竞争者。结合国际贸易理论，美国机床行业在该协议生效期间出现了萎缩。[39]

最后，波特的国家竞争优势理论还包含了政策影响。波特的理论表明，就企业而言，对高级生产要素进行投资升级（例如，投资于更好的员工培训）并增加对研发的投入，符合其最佳利益。企业促使政府采取对国家钻石模型各组成部分有利的政策，也符合其最佳利益。因此，波特认为，企业应当敦促政府增加对教育、基础设施和基础研究的投资（因为所有这些都会强化高级生产要素），并采用促进国内市场激烈竞争的政策（因为根据波特的理论，这会使企业成为更强大的国际竞争者）。

小结

本章介绍了一些理论，以解释为何一国参与国际贸易是有益的，并解释了在世界经济中观察到的国际贸易格局。斯密、李嘉图和赫克歇尔-俄林的理论都为不受限制的自由贸易提供了强有力的支持。相比之下，重商主义学说则支持政府干预，通过补贴以及关税、配额等限制进口的措施来促进出口。新贸易理论也在一定程度上支持重商主义的观点。

本章在解释国际贸易格局时，除重商主义外，其他不同的理论都在很大程度上作出了互补的解释。虽然没有一种理论可以对国际贸易格局作出清晰的解释，但比较优势理论、赫克歇尔-俄林理论、产品生命周期理论、新贸易理论，以及波特的国家竞争优势理论综合表明了哪些因素更为重要。比较优势理论认为生产率的差异很重要；赫克歇尔-俄林理论认为要素禀赋很重要；产品生命周期理论认为哪国率先推出新产品很重要；新贸易理论认为，专业化收益递增和先发优势很重要；波特认为所有这些要素可能都很重要，因为它们会影响国家钻石模型的四个组成部分。本章要点如下：

1. 重商主义认为，保持贸易顺差符合一国的最佳利益。它将贸易视为零和博弈，一国得利将导致其他国家受损。

2. 绝对优势理论表明，各国在商品的生产效率上存在差异。该理论认为，一国应当专门在其拥有绝对优势的领域内生产商品，并进口其他国家绝对优势领域内的商品。

3. 比较优势理论表明，一国可以专门生产其生产效率最高的商品，并从其他国家购买其生产效率相对较低的商品，即使本国在这些商品上的生产效率高于其他国家。

4. 比较优势理论表明，不受限制的自由贸易会增加世界产量，即贸易是一种正和博弈。

5. 比较优势理论还表明，一国开放自由贸易可以刺激经济增长，并从贸易中取得动态收益。实证研究证实了这一观点。

6. 赫克歇尔-俄林理论认为，国际贸易格局取决于要素禀赋的差异。各国将出口那些密集使用本国充裕要素的商品，并进口那些密集使用本国稀缺要素的商品。

7. 产品生命周期理论表明，贸易格局受到新产品推出地的影响。在日益一体化的全球经济中，产品生命周期理论似乎不再像过去那样具有预测性。

8. 新贸易理论指出，贸易允许一国专门生产某些商品，实现规模经济并降低生产成本，同时从其他同样从事专业化生产的国家购买本国不生产的商品。通过这种机制，每个国家的消费者获得的商品种类都有所增加，而这些商品的平均成本则有所下降。

9. 新贸易理论还指出，在那些实现规模经济体量极大且世界市场只能支持少数企业盈利的行业中，国家可能仅仅因为拥有一家在该行业中具有先发优势的企业，而在某些产品的出口中占据主导地位。

10. 一些新贸易理论的支持者提倡战略性贸易政策。其观点是，政府合理地利用补贴，可以增加国内企业在新兴行业中成为先行者的机会。

11. 波特的国家竞争优势理论表明，贸易格局受到国家四个属性的影响：要素禀赋，需求状况，相关和支持产业，以及企业战略、结构和竞争。

12. 国际贸易理论对任何企业都很重要，主要是因为它们有助于企业选择开展各种生产活动的地点。

13. 参与国际贸易的企业能够并且确实对政府的贸易政策产生了重大影响。通过游说政府，商务企业可以促进自由贸易或贸易管制。

思考与讨论题

1. 请讨论这一说法：重商主义是一种在现代世界中没有立足之地的被淘汰的理论。

2. 自由贸易公平吗？请对此进行讨论。

3. 发达国家的工会组织经常反对从低收入国家进口商品，并提倡设置贸易壁垒，以保护就业免受“不公平”进口竞争的影响。这样的竞争“不公平”吗？你认为这一观点是否符合（1）工会，（2）工会所代表的工人，和/或（3）整个国家的最佳利益？

4. 采用自由贸易制度有哪些潜在成本？你认为政府是否应当采取措施降低这些成本？为什么？

5. 重新阅读“国家聚焦”专栏中的“将美国白领工作转移到海外”，回答以下问题：

（1）把需要技能的白领工作外包给发展中国家，谁将从中受益？谁将因此遭受损失？

（2）像美国这样的发达国家是否会出现高技能和高薪工作的流失？

6. 将计算机编程和会计等高薪白领工作向外转移，与将低薪蓝领工作向外转移是否存在差异？如果是，差异是什么？国家是否应采取措施阻止白领工作流向外国？

7. 利用新贸易理论和波特的国家竞争优势理论，概述在生物技术领域建立国家竞争优势的政府政策。政府应采取什么政策？这些政策是否与基本的自由贸易理念相悖？

8. 世界上最贫穷的国家在其经济的所有部门中都处于竞争劣势。这些国家没有可出口的商品，没有资本，土地贫瘠，大部分人口没有工作且受教育程度低。自由贸易不可能使这类国家受益。请讨论这种说法。

章末案例

"贸易战是有好处的，而且很容易赢"

2018 年 3 月 2 日凌晨 3 点 50 分，美国第 45 任总统唐纳德·特朗普在社交媒体推特上发表了他对国际贸易重要政策问题的看法。他发布推特说："当一个国家（美国）在与几乎任何一个国家的往来贸易中都会损失数十亿美元时，贸易战是有好处的，而且很容易赢。当我们在与某个国家的贸易中损失了 1 000 亿美元时，它在搞鬼，不要再进行贸易了——这样我们就赢了。这很简单！"*

早些时候，特朗普决定对钢铁进口征收 25%的关税、对铝进口征收 10%的关税，这遭到了强烈反对，他的推文就是对此作出的回应。特朗普政府声称，这些关税对于保护这两个对国家安全至关重要的行业来说，是十分必要的。他的批评者则有着不同看法，他们认为，关税将会使钢铁和铝的消费者投入增加，其中包括建筑公司、建筑设备制造商、电器制造商、汽车制造商、容器和包装物（例如啤酒罐）的制造商，以及航空公司。由于这些关税抬高了成本，美国最大的两家出口商——波音和卡特彼勒（Caterpillar）也受到了打击。批评者还指出，美国只有 14 万人受雇于钢铁和铝行业，却有 650 万人受雇于使用钢铁和铝的行业，而这些行业的投入成本已经在增加。

特朗普的行动一点也不出人意料。与第二次世界大战以来的其他美国总统不同，唐纳德·特朗普长期以来一直强烈反对旨在降低关税壁垒和促进美国与其贸易伙伴之间商品和服务自由流动的贸易协定。在竞选总统期间，他称北美自由贸易协定"可能是有史以来签订的最糟糕的贸易协定"。自从特朗普上任后，他的政府就启动了北美自由贸易协定的重新谈判，目的是使该条约对美国更为有利。在竞选时，他曾承诺要毁掉跨太平洋伙伴关系协定（Trans-Pacific Partnership Agreement，TPP），这是一项由奥巴马政府谈判签署的包括美国在内的环太平洋 12 国自由贸易协定。在特朗普上任的第一周，他签署了一项行政命令，使美国正式退出了 TPP。他甚至还威胁说，如果全球性的贸易机构干涉他征收关税的计划，他就要让美国退出世界贸易组织。

特朗普似乎认为，贸易是一场美国需要获胜的博弈。他似乎将获胜等同于贸易顺差，并将美国持续的贸易逆差看作美国软弱的表现。用他的话说："只要看看我们的贸易逆差，就会发现我们正在被贸易伙伴洗劫一空。"** 他认为，其他国家在贸易协定中占了美国的便宜，结果就是美国制造业的工作岗位急剧减少。他似乎还认为，美国可以通过更强硬的谈判，从希望进入美国市场的国家获得更优惠的条件，从而赢得贸易上的博弈。他甚至对以往的美国贸易谈判代表不满，并建议让他自己做"首席谈判官"。

与唐纳德·特朗普的立场相反，过去 70 多年间鼓励贸易的政策以大量经济理论和证据为基础，这些理论和证据表明自由贸易对所有参与国家的经济增长都会起到积极作用。根据这些研究，自由贸易不会造成工作岗位流失，它可以创造工作岗位并提高国民收入。可以肯定的是，当一个国家转向自由贸易体制时，有些部门会出现工作岗位流失，但该经济体的其他部门所创造的工作岗位足以弥补这些损失，总的来说，国家会变得更好。

美国长期以来一直是世界上最大的经济体、最大的外国投资者，以及三大出口国之一。由于出口以及对其他国家的对外直接投资，标准普尔 500 指数中所有美国企业 43%的销售额来自美国境外。由于美国强大的经济实力，美国人长期以来对自由贸易政策的支持也为世界贸易体系定下了基调，强调降低国际贸易和投资壁垒。但唐纳德·特朗普的做法使这一切都开始发生改变。自由贸易的支持者认为，如果继续推行更多的贸易保护主义政策，就有可能发生一些人们不想看到的结果，包括来自美国贸易伙伴的报复、通过提高关税而展开的贸易战、世界贸易量下降、美国失业率上升，以及全球经济增速放缓。他们指出，20 世纪 30 年代实施保护主义政策时，国家间的贸易战加剧了经济大萧条。

* Donald John Trump，Twitter，March 2，2018，https://twitter. com/realdonaldtrump.

** Donald J. Trump and Dave Shiflett，The America We Deserve：on Free Trade，Renaissance Books，2000.

资料来源："Donald Trump on Free Trade，" *On the Issues*，www. ontheissues. org/2016/Donald _ Trump _ Free _ Trade. htm；Keith Bradsher，"Trump's Pick on Trade Could Put China in a Difficult Spot，" *The New York Times*，January 13，2017；William Mauldin，"Trump Threatens to Pull U. S. Out of World Trade Organization，" *The Wall Street Journal*，July 24，2016；"Trump's Antitrade Warriors，" *The Wall Street Journal*，January 16，2017；"Donald Trump's Trade Bluster，" *The Economist*，December 10，2016；and Chad Brown，"Trump's Steel and Aluminum Tariffs Are Counterproductive，" Peterson Institute for International Economics，March 7，2018.

案例讨论题

1. 唐纳德·特朗普的观点最符合有关国际贸易的哪种经济理论？

2. 唐纳德·特朗普对国际贸易的立场可能会带来哪些好处？可能会产生哪些潜在成本和风险？

3. 你认为贸易战是否有好处而且很容易赢？"赢"一场贸易战是什么意思？"输"又是什么意思？

附录：国际贸易和国际收支

国际贸易涉及向其他国家的居民出售商品和服务（出口）以及从其他国家的居民处购买商品和服务（进口）。一国的**国际收支账户**（balance-of-payments accounts）跟踪记录了特定时期内该国与其他国家之间的往来收支情况，包括为进口商品和服务向外国支付的款项，以及向外国出口商品和服务而收取的款项。表 A－1 提供了 2018 年美国国际收支账户汇总。在本附录中，我们将简要介绍国际收支账户的形式，并讨论经常账户赤字是否值得担忧（通常是大众媒体的关注点）。

表 A－1　2018 年美国国际收支账户　　单位：百万美元

经常账户	
商品和服务出口及收入（贷方）	3 701 694
商品	1 672 331
服务	828 425
初次收入	1 060 362
二次收入	140 576

续表

商品和服务进口及收入（借方）	4 190 166
商品	2 563 651
服务	559 211
初次收入	816 066
二次收入	251 237
资本账户	
资本转移收入	9 418
资本转移支出	10
金融账户	
美国金融资产净收购	301 618
美国净负债	800 913
金融衍生品净额	−20 261
统计差异	−40 491
余额	
经常账户余额	−488 472
资本账户余额	9 409
初次收入余额	244 295
二次收入余额	−110 661

资料来源：Bureau of Economic Analysis.

国际收支账户

国际收支账户分为三个主要部分：经常账户、资本账户和金融账户。**经常账户**（current account）记录了表 A-1 所示的四类交易。第一类是商品，指的是实物商品的进出口（例如，农产品、汽车、计算机、化学品等）。第二类是服务进出口（例如，银行和保险服务、有关知识产权的版权费、从访美外国游客处取得的收益以及其他无形产品等）。第三类是初次收入，指的是因外国投资取得的收入或向外国投资者支付的支出（例如，利息和股利的收取和支付等）。第三类还包括在美国境外工作的美国居民取得的款项，以及美国实体向外国居民支付的款项。第四类是二次收入，指的是将商品、服务或资产转移给美国政府或私营实体，或对外国政府或实体的转移支付（包括纳税、外国养老金支付、现金转移等）。

当一国的商品和服务进口及收入大于出口时，就会出现**经常账户赤字**（current account deficit）。当一国的商品和服务出口及收入大于进口时，就会出现**经常账户盈余**（current account surplus）。如表 A-1 所示，2018 年美国经常账户赤字为 4 884.72 亿美元。美国经常账户赤字反映了美国进口的实物商品远大于出口。（美国通常在服务贸易和收入方面出现盈余。）

2006 年，美国经常账户赤字为 8 030 亿美元，创历史新高，相当于该国 GDP 的约 6.5%。从那以后，赤字有所减少。2018 年经常账户赤字仅占 GDP 的 2.4%。许多人认为，美国持续出现经常账户赤字是一个不安定信号，他们普遍认为大量进口商品取代国内生产，导致失业，并降低了美国的经济增长率。然而，这个问题其实更为复杂。要充分了解持续的巨额赤字会带来什么影响，还需要考察其他的国际收支账户。

资本账户（capital account）记录了资产存量的一次性变化。如前所述，直到近期，该项目还包含在经常账户之中。资本账户包括资本转移，例如债务免除和移民转移（移民进入或离开该国时与其相随的货物和金融资产）。从整体来看，2018 年资本账户为 94 亿美元，数额相对较小。

金融账户（financial account）记录了涉及资产购买或出售的交易。因此，当德国公司购买美国公司股票或购买美国债券时，该交易在美国国际收支中记入金融账户贷方。这是因为资本正在流入该国。当资本流出美国时，就应记入金融账户借方。

金融账户由许多部分组成。美国金融资产净收购包括美国政府拥有的外国资产的变化（例如美国官方储备资产）以及私人和公司拥有的外国资产变化（包括通过对外直接投资拥有的资产变化）。从表 A-1 可以看出，2018 年美国持有的外国资产增加了 3 016 亿美元，这表明美国政府和美国私营实体购买的外国资产多于售出。美国净负债是指外国拥有的美国资产。2018 年，外国增持美国资产约 8 000 亿美元，表明外国买入的美国股票、债券（包括国库券）和房地产等实物资产多于售出。

国际收支会计的一个基本准则是复式记账。每笔国际交易都会自动记入国际收支平衡表两次——一次在贷方，一次在借方。

假设你以 20 000 美元的价格购买了丰田在日本生产的汽车。由于你的买入行为代表了一国向另一国支付商品款项，因此将记入国际收支平衡表经常账户的借方。丰田现在有了 20 000 美元，就必须用它做点什么。如果丰田将这笔钱存入美国银行，就相当于丰田购买了美国资产——一笔价值 20 000 美元的银行存款，这笔交易将在金融账户的贷方显示 20 000 美元。或者丰田可能会将这笔现金存入日本银行以换取日元，那么日本银行必须决定如何处理这 20 000 美元。无论它采取何种行动，这笔交易最终都会记入美国国际收支的贷方。如果银行将这 20 000 美元借给一家日本企业，该企业用这笔钱从美国进口个人电脑，则这 20 000 美元要记入美国国际收支经常账户的贷方。如果日本银行用这 20 000 美元购买美国政府债券，这种情况也将记入美国国际收支金融账户的贷方。

因此，任何国际交易都会自动在国际收支中产生两笔互抵的账目。所以，经常账户、资本账户和金融账户的余额总和应当始终为零。实践中，由于存在“统计差异”，并不总是这样。关于统计差异的来源，我们在此不做关注（请注意，2018 年统计差异约达 405 亿美元）。

经常账户赤字意味着什么?

如前所述，一国国际收支出现经常账户赤字，往往会引起担忧。[40]近年来，许多富裕国家都持续出现经常账户赤字，其中美国最为明显。当一国出现经常账户赤字时，流向其他国家的资金随后可被这些国家用来购买赤字国的资产。因此，当美国对某国出现贸易逆差时，该国人会用从美国消费者那里得到的钱来购买美国的股票、债券等资产。换句话说，经常账户赤字是通过向其他国家出售资产来弥补的，即增加金融账户的负债。因此，为弥补美国持续的经常账户赤字，就要稳定地出售美国资产（股票、债券、房地产及整个公司等）。简而言之，经常账户赤字的国家会成为净债务国。

例如，通过出售资产来弥补经常账户赤字导致美国必须向外国债券持有人支付一系列利息、向外国的土地所有者支付租金，并向外国的股东支付股利。有人可能会认为，向外国人支付这类款项会耗尽一个国家的资源，并限制该国国内可用于投资的资金。因为一国的国内投资是刺激经济增长所必需的，所以持续的经常账户赤字会遏制该国未来的经济增长。这就产生了持续赤字对经济不利的观点。然而，事情并没有这么简单。其中一个原因是，在资本市场全球化的时代，资金能够得到最有价值的利用，并且在过去1/4个世纪中，资本得到最有价值利用的许多案例都发生在美国。因此，尽管资本以支付的形式从美国流向国外，但其中大部分资本仍以生产性投资的方式回到了美国。简而言之，目前尚不清楚经常账户赤字是否会遏制美国经济增长。事实上，虽然经历了2008—2009 年的经济衰退，但在过去 30 多年中，尽管存在持续的经常账户赤字和向外国人出售美国资产来弥补赤字的事实，美国经济仍呈现大幅增长。这恰恰是因为外国人将其从购买美国资产中赚取的大部分收入都重新投资于美国。近年来越来越流行的修正主义观点表明，持续的经常账户赤字可能不会像人们曾经认为的那样阻碍经济增长。[41]

话虽如此，人们仍然担心外国人对美国资产的偏好程度可能会下降。如果外国人突然减少其在美国的投资，会发生什么呢？简单来说，他们不再将其从出口及美国投资中赚取的美元重新投资于美国，而是将这些美元卖掉以换取另一种货币，例如欧元、日元或人民币，然后投资于以欧元、日元或人民币计价的资产。这将导致美元在外汇市场贬值，进而提高美国产品的进口价格并降低出口价格，使美国的出口产品更具竞争力，从而降低经常账户的总体赤字水平。因此，长期来看，可以通过美元贬值来改善美国持续存在的经常账户赤字。令人担忧的是，这类调整可能无法顺利展开。美元不会有控制地贬值，而是可能在短时间内突然大幅贬值，从而引发“美元危机”。[42]美元是世界主要储备货币，许多外国政府和银行都持有大量美元，任何美元危机都可能对世界经济造成沉重打击，至少会使得全球经济增速放缓，那可不是什么好事。

注释

第6章

政府政策与国际贸易

学习目标

阅读本章后，你将能够：

- 认识政府用来影响国际贸易流动的政策工具。
- 理解政府有时会干预国际贸易的原因。
- 归纳并解释反对战略性贸易政策的观点。
- 描述世界贸易体系的发展和当前的贸易问题。
- 阐述世界贸易体系发展对管理者的影响。

开篇案例

美国钢铁关税

2018 年 3 月，特朗普政府开始对美国进口的外国钢铁征收 25%的关税（并对进口铝征收 10%的关税）。在谈到征收钢铁关税的原因时，特朗普表示，强大的国内钢铁行业对确保美国的国家安全而言是必要的。2017 年，美国进口钢铁约 3 600 万吨，国内生产钢铁为 8 160 万吨。美国进口钢铁占钢铁总消费量的比率从 2007 年的 23%，上升到 2017 年的 31%。美国每年出口约 200 万吨钢铁。2018 年，美国钢铁行业约有 14 万名从业者，而建筑、机械和汽车等消费钢铁的行业约有 650 万名从业者。

这不是美国钢铁行业第一次成为进口关税的受益者，该行业的关税保护由来已久。一些批评人士指责称，这与印第安纳州、宾夕法尼亚州和俄亥俄州等产钢州在美国总统选举中发挥的重要作用有关。2002 年，布什政府对外国进口钢铁征收 8%～30%的关税，但美国免除了其 NAFTA 伙伴加拿大和墨西哥的这些关税。九个月后，钢铁消费行业企业声称钢铁价格上涨导致了大量失业，在其强烈反对下，这项关税被取消了。2016

年，奥巴马政府对从中国进口的部分钢铁产品征收高达500%的惩罚性关税。受奥巴马政府征收关税的影响，当特朗普宣布征税决定时，中国在美国钢铁进口中仅占2%。2017年，对美国出口钢铁最多的国家是加拿大、韩国、墨西哥和巴西。

特朗普政府认为，这一轮钢铁关税将有助于重振困境中的美国钢铁行业。批评者反驳说，其结果将是钢铁消费价格上涨及钢铁消费行业的失业率上升。早期的证据利弊参半。在征收关税后的第一年，美国国内钢铁产量增长了约7%，而进口量下降了约10%。2018年美国钢铁产品价格上涨了约20%，钢铁生产商的利润有所改善。由于资金充裕，美国国内钢铁生产商纷纷宣布了扩大产能的计划，其中包括纽科（Nucor）、钢铁动力（Steel Dynamics Inc.）和美国钢铁公司（U. S. Steel Corp.）。这些计划将为美国钢铁行业增加约830万吨的产量，使其产能增加14%。

然而，一些钢铁消费者指出，钢铁价格上涨使其遭受了损失。2018年11月，作为主要钢铁消费者的通用汽车表示，特朗普对钢铁（和铝）征收关税将使其每年损失超过10亿美元。该公司宣布计划关闭几家工厂并裁员15 000人（尽管钢铁价格上涨并非唯一因素）。同样，美国标志性的摩托车制造商哈雷戴维森（Harley Davidson）也表示，特朗普政府征收关税导致的金属成本上涨，使其在2018年无法获利。该公司宣布计划将部分生产转移至海外，以避免美国金属成本过高带来的影响，并为其国外市场提供支持。只有时间能够证明通用汽车和哈雷戴维森的声明是否表明钢铁价格上涨将对许多美国公司带来影响。仅从第一波影响看来，特朗普政府征收钢铁关税的效果最终可能还不如乔治·布什在2002年征收关税的效果。对布什政府征收关税的分析表明，美国钢铁消费者的损失超过了钢铁生产商的收益。

资料来源：Bob Tita and Alistair MacDonald，"Foreign Steel Keeps Flowing into the U. S. despite Tariffs，" *The Wall Street Journal*，December 5，2018；International Trade Administration，*Steel Imports Report*：*United States*，June 2018；Alistair MacDonald，"Tariffs Roil Global Steel Trade，Creating Winners and Losers，" *The Wall Street Journal*，November 29，2018；Doug Mataconis，"After Trump's Tariffs，American Steel Industry Faces Downturn，" Outside the Beltway，January 19，2019；Ruth Simon，"A Tale of Two Steel Firms and Their Diverging Paths Under Trump's Tariffs，" *The Wall Street Journal*，February 10，2019；"Tariffs on Steel and Aluminum are Creating Some Winners，" *The Economist*，August 9，2018；G. C. Hufbauer and B. Goodrich，"Steel Policy：The Good，the Bad，and the Ugly，" *Peterson Institute*：*International Economics Policy Briefs*，January 2003.

6.1 引言

第5章对斯密、李嘉图和赫克歇尔-俄林的经典贸易理论的介绍表明，在没有贸易壁垒的情况下，贸易格局取决于不同国家不同生产要素的相对生产率。各国将专注于生产效率最高的产品，同时进口效率较低的产品。第5章也对自由贸易进行了知识性的介绍。**自由贸易**（free trade）是指政府未限制其公民从另一国购买商品或向另一国出售商品的情形。斯密、李嘉图和赫克歇尔-俄林的理论都预测自由贸易将带来静态的经济收益（因为自由贸易支持更高水平的国内消费和更有效的资源利用）和动态的经济收益

（因为自由贸易刺激经济增长并创造财富）。

本章着眼于国际贸易的政治现实。尽管许多国家名义上致力于自由贸易，但它们仍会干预国际贸易以保护重要政治团体的利益或者增加国内生产商的利益。例如，美国政府干预钢铁行业自由贸易的历史由来已久，它通过征收进口关税来保护国内生产商不因较便宜的外国钢铁进口而失去市场份额。布什、奥巴马和特朗普都授权了对外国钢铁征收进口关税的措施。这样做的动机与所谓的国家安全有关，此外，他们认为有些外国钢铁生产商正在以低于生产成本的价格向美国市场倾销钢铁产品，而征收关税有望提高美国钢铁产量，并增加炼钢行业的工作岗位。但是，在任何情况下，我们都应该权衡这些潜在好处是否超出了钢铁价格上涨对美国钢铁消费者（包括汽车、建筑、机械和家电行业的众多企业）的不利影响。由于投入成本增加，钢铁关税可能会降低这些企业的盈利能力，造成失业，并削弱钢铁产品消费企业的竞争力。

本章首先介绍了政府用于干预国际贸易的一系列政策工具，然后详细考察了政府进行干预的各种政治和经济理由。在本章的第 3 节中，我们在政府干预国际贸易的各种理由下，讨论了自由贸易的存在方式。然后我们介绍了以关税与贸易总协定（General Agreement on Tariffs and Trade，GATT）及其后继的世界贸易组织（WTO）为基础的现代国际贸易体系的兴起。GATT 和 WTO 是一系列跨国条约的产物。本章的最后一节讨论了这些内容对管理实践的影响。

6.2 贸易政策工具

贸易政策的主要工具有关税、补贴、进口配额、自愿出口限制、国产化程度要求、行政管理政策和反倾销税等。关税是最古老、最简单的贸易政策工具。本章后面将讲到，GATT 和 WTO 对关税的限制也是最成功的。近几十年来，伴随着关税壁垒下降，补贴、配额、自愿出口限制和反倾销税等非关税壁垒却出现了增加。

6.2.1 关税

关税（tariff）是对进口（或出口）征收的税种。关税分为两类：**从量税**（specific tariff）对每单位进口商品征收固定费用（例如，每桶石油 3 美元）；**从价税**（ad valorem tariff）根据进口商品的价值按比例征税。在大多数情况下，对进口商品征收关税是为了提高进口商品价格，以保护国内生产商免受国外竞争者影响。同时，关税也为政府带来了收入。例如，在引入所得税之前，美国政府的大部分收入都来自关税。

进口关税由进口商支付，出口关税由出口商支付。因此，特朗普政府于 2017 年对外国钢铁进口征收的 25%从价税，不是由外国钢铁生产商支付的，而是由美国进口商支付的。这些进口关税实际上就是对美国消费者征税。在理解进口关税时，重要的是明确受损方和受益方分别是谁。政府受益是因为关税增加了政府收入；国内生产商受益是因为关税提高了进口外国商品的成本，从而在一定程度上使它们免受外国竞争者的影响。消费者受损是因为他们必须为进口商品支付更多的钱。例如，在开篇案例中提到，2002年美国政府对外国钢铁进口征收8%～30%的从价税，目的在于保护国内钢铁生产免受外国廉价进口钢铁的影响。然而，这种做法导致美国钢铁产品价格上升了30%～50%。美国的许多钢铁消费企业，从家电制造商到汽车公司，都反对征收钢铁关税，因为这会提高它们的生产成本，从而使它们更难在全球市场上展开竞争。政府和国内生产商的获利是否超过了消费者的损失取决于多种因素，如关税数额、进口商品对国内消费者的重要程度、受保护行业挽救的工作岗位数量等。在钢铁行业的例子中，许多人认为钢铁消费者的损失显然超过了钢铁生产商的获利。2003年11月，世界贸易组织宣布该项关税违反了WTO条约，美国于当年12月取消了该项关税。但这项裁决并没有阻止唐纳德·特朗普在2018年3月继续对外国钢铁进口征收25%的关税。

进口关税造成的经济影响一般有两个方面。[1]首先，关税通常都有利于生产者而不利于消费者。虽然生产者受到保护，不受外国竞争影响，但这种供应限制提高了国内价格。例如，日本经济学家在一项研究中计算得出，日本进口食品、化妆品和化学品的关税，以提高价格的形式让日本消费者每年平均多花了约890美元。几乎所有研究都发现，进口关税以提高价格的形式给国内消费者带来了巨大的成本增加。其次，进口关税降低了世界经济的整体效率。因为保护性的关税鼓励国内企业在国内生产，而这些产品原本可以在国外以更高效的方式生产，结果就是资源的利用效率降低了。[2]

有时国家也会对出口产品征收关税。出口关税不如进口关税常见。一般来说，征收出口关税有两个目的：首先，增加政府收入；其次，通常出于政治原因以减少某一部门的出口。

6.2.2　补贴

补贴（subsidy）是政府支付给国内生产商的款项。补贴有多种形式，包括现金补助、低息贷款、税收减免和政府参股国内企业等。补贴可以降低生产成本，从而在两方面为国内生产者提供帮助：第一，与外国进口商展开竞争；第二，赢得出口市场。在大多数国家，农业往往是补贴受益最大的行业之一。欧盟每年支付约440亿欧元（550亿美元）的农业补贴。美国国会2018年通过的农业法案中包含在未来十年内每年向生产者提供约250亿美元补贴的条款。日本长期以来也一直通过农业补贴的方式对效率低下的国内生产者提供支持。根据世界贸易组织的数据，2000年年中，各国共花费了约3 000亿美元用于补贴，其中21个发达国家就花费了2 500亿美元。[3]为应对全球金融危机后销售严重下滑的情况，2008年年中至2009年年中，一些发达国家向其汽车制造商提供了450亿美元的补贴。虽然这些补贴的目的是帮助公司在困难的经济环境中生存下去，但后果之一是让受补贴的公司在全球汽车行业中获得了不公平的竞争优势。

补贴的主要收益归属于国内生产商，它们的国际竞争力因此得到提高。战略性贸易政策（第5章中提及它是新贸易理论的产物）的倡导者支持提供补贴，以帮助国内企业在那些规模经济很重要且世界市场仅足以支持少数企业盈利的行业（航空和半导体行业）中取得主导地位。根据这一观点，补贴可以帮助企业在新兴行业中获得先发优势。

如果实现了这一目标，那么这类大型跨国企业所创造的就业机会及带来的税收收入都将进一步促进国内经济增长。但是，政府补贴通常来自个人和企业上缴的税收。

补贴给国家带来的好处是否超过了其成本尚有存疑。实际上，许多补贴在提高国内生产商的国际竞争力方面并不是很成功。相反，补贴往往会保护效率低下的企业并造成生产过剩。一项研究估计，如果发达国家放弃对农民的补贴，全球农产品贸易将增加50%，全世界的农产品贸易额将增加 1 600 亿美元。[4]另一项研究估计，消除所有的农业贸易壁垒（包括补贴和关税）可以使世界收入增加 1 820 亿美元。[5]财富的增加源于对农业用地更有效的利用。

6.2.3 进口配额和自愿出口限制

进口配额（import quota）直接限制可能进口到一国的某些商品数量。通常会通过向个人或企业发放进口许可证来实施这类限制。例如，美国对奶酪进口有配额，仅有某些贸易公司获准进口奶酪，每家公司都被分配了每年能够进口奶酪的最大数量。在某些情况下，销售权会被直接授予出口国的政府。

配额和关税常常配合使用，称为**关税配额**（tariff rate quota）。在关税配额制度下，配额内的进口商品比配额外的进口商品适用更低的关税税率。例如，如图 6－1 所示，韩国对进口配额内的 100 万吨大米征收 10%的从价税，在 100 万吨配额之外则适用80%的税率。因此，韩国可以进口 200 万吨大米，其中 100 万吨的关税税率为 10%，另外 100 万吨的关税税率为 80%。关税配额在农业中很常见，目的是限制超配额进口。

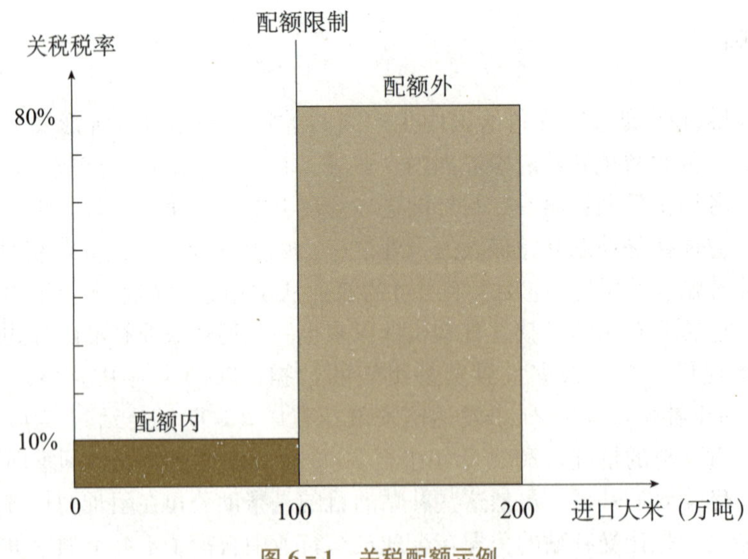

图 6－1 关税配额示例

自愿出口限制是从进口配额演变而来的。**自愿出口限制**（voluntary export restraint，VER）是出口国施加的贸易配额，通常是在进口国政府的要求下作出的。例如，2012 年巴西对从墨西哥出口到巴西的车辆采取了相当于自愿出口限制的措施。两国签署了为期十年的自由贸易协定，因为墨西哥出口到巴西的车辆激增，促使巴西提高了保护主义壁垒。墨西哥同意对出口巴西的车辆施加为期三年的配额。[6]外国生产商同意 VER 是因为它们担心如果不这么做，会被施加更具破坏力的惩罚性关税或进口配额。同意 VER 被视为保护主义压力下的明智之举。

与关税和补贴一样，进口配额和 VER 可以限制进口竞争，从而使国内生产商受益。与所有贸易管制一样，配额对消费者没有好处。进口配额或 VER 会提高进口商品的国内价格。当配额或 VER 将进口商品的市场份额限制在较低水平时，价格就会因国外供应量受限而有所升高。进口配额使供应量受到人为限制，生产者因此赚取的额外利润被称为**配额租金**（quota rent）。

如果国内产业不能够满足需求，则进口配额会同时提高国产商品和进口商品的价格。美国制糖业就有此经历。在美国制糖业中，关税配额制度长期以来限制了外国生产商在美国市场上的销量。根据一项研究，进口配额使美国糖类价格高出世界市场价格 40%。[7]这部分高出的价格给美国糖类生产商带来了更大利润，它们游说政治家们维持使其获得丰厚利润的协议。它们声称，如果废除配额制度，美国制糖业的工作岗位将被外国生产商抢走。

6.2.4　出口关税和禁令

出口关税（export tariff）是对出口商品征税。出口关税背后的目标是抑制出口，以确保国内有足够的商品供应。由于大多数国家都试图鼓励出口，因此征收出口关税的情况较少。

出口禁令（export ban）是部分或全部限制某项商品出口的政策。一个典型的例子是 1975 年美国国会颁布的美国原油生产出口禁令。当时，石油输出国组织（Organization of Petroleum Exporting Countries，OPEC）限制石油供应，以推高油价。美国的出口禁令被视为确保国内石油供应充足的一种方式，有助于保持国内低油价并促进国家安全。在美国石油生产商的游说下，该禁令于 2015 年解除，它们认为，如果允许它们向世界市场出售石油，那么它们的部分产品可以卖到更高的价格。

6.2.5　国产化程度要求

国产化程度要求（local content requirement，LCR）是一种让商品的某些特定部分在国内生产的要求。这种要求可以是实物上的（例如，该产品 75%的零部件必须是本地生产的），也可以是价值上的（例如，该产品 75%的价值必须是本地创造的）。发展中国家广泛使用国产化程度要求来将其制造基地的业务从简单的产品组装（零部件在别处制造）转变为当地零部件制造。发达国家也会使用这种方法来保护本地工作岗位和相关行业免受外国竞争的影响。例如，《购买美国货法案》（*Buy American Act*）规定，美国的政府机构在设备采购招标时必须优先考虑美国产品，除非外国产品具有显著的价格优势。该法案规定，如果某产品 51%的价值是国内创造的，则该产品就是“美国”产品，这就相当于国产化程度要求。如果一家外国公司或一家美国公司希望从美国政府机构手中获得某些设备的合同，则它必须确保其产品价值有至少 51%是在美国创造的。

国产化程度要求为国内生产商提供保护，其原理与进口配额部分相同，即限制外国竞争者。二者总体经济效果也相似：国内生产商受益，但进口管制提高了进口零部件的价格；进口零部件价格上涨又以最终价格上涨的形式传递给最终产品的消费者。因此，与所有贸易政策一样，国产化程度要求往往有利于生产者，而不利于消费者。

6.2.6 行政管理政策

除了正式的贸易政策工具外，各国政府有时也会使用非正式的手段或行政管理政策来限制进口并促进出口。**行政管理政策**（administrative trade policy）是为了使进口商品难以进入某国而实施的烦琐制度。有人认为，日本尤为擅长设置这一贸易壁垒。近几十年来，日本正式的关税和非关税壁垒一直维持在世界最低水平，但批评者指责该国对进口商品施加的非正式行政管理政策壁垒已远远超出了正式壁垒的作用范围。例如，日本汽车市场一直是外国企业难以攻克的。2016 年，在日本出售的 490 万辆汽车中，外国汽车仅占 6%，美国汽车仅占 1%。几十年来，美国汽车制造商一直抱怨日本设置的监管障碍使它们难以参与该市场的竞争，这些监管障碍（如日本的汽车零部件标准）在世界其他地方都不存在。跨太平洋伙伴关系协定解决了这一问题。美国将降低日本轻型卡车的进口关税，以换取日本采纳美国的汽车零部件标准，这将使美国汽车在日本进口和销售变得更加容易。不过，特朗普政府于 2017 年 1 月使美国退出了 TPP。[8]

6.2.7 反倾销政策

在国际贸易背景下，**倾销**（dumping）有不同的定义，它可以指以低于生产成本的价格在国外市场销售商品，也可以指以低于公允价值的价格在国外市场销售商品。这两种定义之间存在差异，商品的公允价值包括合理的利润率，因此通常高于商品的生产成本。倾销被视为企业在外国市场处理过剩产能的一种方法。有些倾销可能是掠夺性的，生产商利用其在国内市场赚取的大量利润来补贴在外国市场的低价损失，以期将当地竞争者赶出市场。一旦达成这一目的，企业就会提高价格并赚取可观的利润。

反倾销政策（antidumping policy）旨在惩罚进行倾销的外国企业，最终目标是保护国内生产商免受不公平的外国竞争影响。虽然各国的反倾销政策不同，但大多数与美国的政策相似。如果某家国内生产商认为外国企业正在向美国市场倾销商品，它可以向美国商务部（Commerce Department）和美国国际贸易委员会（International Trade Commission，ITC）提交申请。如果认定存在倾销行为，商务部可能会对违规的外国进口商品征收反倾销税（通常也称为**反补贴税**（countervailing duty））。反倾销税是一种特殊关税，金额可能相当大，最长可维持五年。下面的“管理聚焦”介绍了美国镁业（U. S. Magnesium）如何利用反倾销立法获得保护，从而免受不公平的国外竞争的影响。

管理聚焦

保护美国镁业

镁是一种金属，主要用于某些汽车零部件和铝罐的制造。2004 年 2 月，美国镁业作为美国唯一幸存的镁生产商，向美国国际贸易委员会（ITC）提交了一份申请。它指出，进口激增对美国工业领域的就业、销售、市场份额和盈利能力都造成了实质性损害。美国镁业称，某些外国生产商在美国市场以远低于市场价值的价格销售镁。2002—2003 年，美国对镁的进口量增长了 70%，而价格下跌了 40%，进口商品占据的市场份额从 25%跃升至 50%。

在长达一年的调查期间，ITC 征求了争议各方的意见。美国的外国镁生产商和消费者表示，2002—2003 年镁价下跌只是反映了供需之间的不平衡，其额外产能不是来自美国镁业指责的国家，而是来自 2001 年新设的加拿大工厂和计划设立的澳大利亚工厂。加拿大工厂于 2003 年关停，而澳大利亚工厂从未投产，镁的价格在 2004 年再次上涨。

美国的镁消费者还向 ITC 表示，对国外进口镁征收反倾销税会导致美国国内价格大大高于世界水平。美国铝业公司（Alcoa）的业务包括用镁铝合金制造罐头容器，其发言人预测，如果对镁征收反倾销税，那么美国的高价将迫使美国铝业公司将部分生产转移至国外。美国铝业公司还指出，2003 年美国镁业的供应量不足以满足美国铝业公司的全部需求，该公司被迫转向进口商品。汽车行业的镁消费者声称，美国镁的高价会使工程师在设计汽车时不再考虑使用镁材料，或迫使制造业转向别处，最终结果不利于任何人。

ITC 的六名成员对这些观点持怀疑态度。2005 年 3 月，ITC 裁决某些国家存在向美国倾销镁的行为。美国政府决定对俄罗斯生产商征收 19%～22%不等的关税，并维持了五年，此后 ITC 重新对该情况进行了审查。ITC 于 2011 年 2 月撤销了对俄罗斯的反倾销令。

美国镁业称，最开始这些有利的裁决使其从投资的制造工厂中获利近 5 000 万美元，并在 2005 年底之前将产能提高了 28%。美国镁业的一位发言人在对该裁决进行评论时说道："一旦市场上的不公平贸易不复存在，我们就能战无不胜。"

然而，美国镁业的客户和竞争对手认为这种情况不属于不公平贸易。虽然征收反倾销税无疑有助于保护美国镁业及其 400 名员工免受外国竞争影响，但美国的镁消费者认为自己才是最终的输家。价格统计数据似乎也证实了这一观点。2010 年初，美国镁合金价格为 2.30 美元/磅，墨西哥为 1.54 美元/磅，欧洲为 1.49 美元/磅，中国为 1.36 美元/磅。

资料来源：Dave Anderton, "U. S. Magnesium Lands Ruling on Unfair Imports," *Deseret News*, October 1, 2004, p. D10; "U. S. Magnesium and Its Largest Consumers Debate before U. S. ITC," *Platt's Metals Week*, February 28, 2005, p. 2; S. Oberbeck, "U. S. Magnesium Plans Big Utah Production Expansion," *Salt Lake Tribune*, March 30, 2005; Lance Duronl, "No Duties for Chinese Magnesium Exporter, CIT Affirms," *Law 360*, June 2, 2015; and Dan Ikenson, "Death by Antidumping," *Forbes*, *January* 3, 2011.

6.3 政府干预的理由

前文介绍了政府可使用的各种贸易政策工具，现在来看政府干预国际贸易的情况。政府干预的理由有两方面：政治和经济。在政治上，干预往往涉及对国内某些群体（通常是生产者）利益的保护，这种保护通常以牺牲其他群体（通常是消费者）的利益为代价，或者是为了实现经济关系之外的某些政治目标，例如保护环境或人权。在经济上，干预通常涉及增加一国的整体财富（为了所有人的利益，包括生产者和消费者）。

6.3.1 政府干预的政治理由

政府干预可能出于一系列政治原因，包括维持就业率、保护对国家安全很重要的行业、报复不公平的国外竞争、保护消费者免受不安全产品的伤害、推进外交政策目标等。

保护就业和行业

政府干预最常见的政治理由就是：这对于保护就业和行业免受不公平外国竞争的影响很有必要。出口国的生产商以某种方式获得政府补贴，通常会被视为不公平竞争。例如，一再有人声称，包括铝、钢和汽车零部件在内的多个行业的外国企业都受益于大量的政府补贴。奥巴马政府于 2012 年针对某国汽车零部件生产商向 WTO 提起诉讼背后逻辑就是如此。从更宽泛的层面来说，美国经济政策研究所（Economic Policy Institute）的罗伯特·斯科特（Robert Scott）声称，2001—2015 年美国对外国贸易逆差的增长在很大程度上是不公平竞争的结果，这些不公平竞争包括外国生产商直接获取的补贴。斯科特估计，美国因此失去了多达 340 万个工作岗位。[9]唐纳德·特朗普在 2016 年竞选总统期间就利用了美国人对外国不公平贸易导致美国失业率上升的担忧。

然而，批评者指责不公平竞争往往由于政治原因被夸大了。正如开篇案例中所述，乔治·布什于 2002 年对外国进口钢铁征收关税，以此作为对不公平竞争的回应。但批评者很快指出，许多从这些关税中受益的钢铁生产商都位于布什在 2004 年寻求连任时需要获得选票的州。政治动机也是欧盟出台共同农业政策（Common Agricultural Policy，CAP）的基础。CAP 旨在通过限制进口和维持价格来保护农民的就业机会，而农民在欧洲具有强大的政治力量。但是，CAP 拉高了物价，使欧洲消费者付出了沉重的代价。许多通过政府干预来保护就业和行业的做法都会造成消极结果。例如，2002 年征收的钢铁关税提高了美国消费者获得钢铁的价格，削弱了它们在全球市场上的竞争力。

保护国家安全

一种说法认为，各国必须保护某些对国家安全很重要的行业，尤其是与国防相关的行业（例如，航空、先进电子和半导体等行业）。当特朗普政府于 2018 年 3 月 1 日宣布对外国钢铁和铝征收关税时，国家安全问题被列为主要理由。这是自 1986 年以来美国首次以威胁国家安全为由开征关税。2017 年，美国国内使用的钢材有 30%是进口的，其中从加拿大和墨西哥进口的数量最多。与特朗普政府的观点相反，批评者认为，作为钢铁和铝的大型消费者，美国国防项目承包商的投入成本因此增加了，这项关税实际上损害了美国国防工业，并对国家安全造成负面影响。[10]

报复

有些人认为，政府应该将干预贸易政策作为谈判筹码，以帮助打开外国市场，并迫使贸易伙伴遵守"游戏规则"。美国政府曾以惩罚性贸易制裁为威胁，试图让某国政府执行其知识产权法规。这类法律执行不力曾导致该国存在严重的盗版问题，使微软等美国公司每年损失数亿美元的销售收入。在美国威胁要对该国一系列进口商品征收 100%关税后，两国官员进行了谈判，该国同意加强知识产权法规的执行力度。

如果这种"报复"奏效，那么出于政治动机的政府干预可以带来贸易自由化并产生经济效益。但这是一个冒险的策略，一国在受到压力时，可能不会退缩，反而以提高自身贸易壁垒的方式来应对惩罚性关税。如果一国政府不让步，结果可能就是全方位地提高贸易壁垒，并给所有相关方造成经济损失。

保护消费者

许多政府都有保护消费者免受不安全产品侵害的法规。此类法规的间接影响通常是限制或禁止不安全产品进口。例如，2003 年在华盛顿州发现一起疯牛病病例后，包括日本和韩国在内的多个国家都决定禁止进口美国牛肉。该禁令旨在保护消费者免受不安全产品的侵害。当时，美国牛肉在日本和韩国的合计销售额为 20 亿美元，因此这项禁令对美国牛肉生产商产生了重大影响。两年后，两国解除了禁令，不过仍对美国牛肉进口提出了严格的要求以降低风险，避免进口可能被污染的牛肉（例如，日本要求所有进口牛肉必须来自 21 个月以下的小牛）。

推进外交政策目标

政府有时会使用贸易政策来支持其外交政策目标。[11]政府如果想要与某个国家建立强有力的关系，就可以给予该国优惠的贸易条件。贸易政策也曾多次被用来对那些不遵守国际法或国际规范的国家进行施压或惩罚。

单边贸易制裁可能因其他国家介入而失效。例如，美国对古巴的制裁并没有阻止其他西方国家与古巴之间的贸易。美国的制裁只是创造了一个真空地带，加拿大和德国等其他贸易国都可以进入。

6.3.2 政府干预的经济理由

随着新贸易理论和战略性贸易政策（见第 5 章）的发展，近年来，支持政府干预的经济理论"卷土重来"。直到 20 世纪 80 年代早期，大多数经济学家仍认为政府干预不会带来任何好处，并强烈主张自由贸易政策。由于战略性贸易政策的发展，这一立场已略有改变，但坚持自由贸易仍在经济学上得到了强有力的支持。

幼稚产业保护理论

幼稚产业保护理论（infant industry argument）是迄今为止支持政府干预的最古老的经济理论，由亚历山大·汉密尔顿（Alexander Hamilton）于 1791 年提出。许多发展中国家在制造业方面具有潜在的比较优势，但其新兴制造业在发展初期无法与发达国家的老牌产业竞争。为使新兴产业站稳脚跟，该理论提出政府应该通过关税、进口配额和补贴等措施为新兴产业提供暂时性的支持，直到它们足够强大以应对国际竞争。

在过去 50 多年里，这一理论深受发展中国家政府的青睐，GATT 也已将幼稚产业保护理论视为采取保护措施的正当理由。然而，出于两个主要原因，许多经济学家仍对这一观点持批评态度。首先，保护制造业免受外国竞争影响并不一定有好处，除非这种保护有助于提高产业效率。但是，在许多案例中，保护措施似乎只不过是在扶持低效产业的发展，对它们参与世界市场竞争起不到任何作用。例如，巴西利用关税壁垒和配额打造了世界第十大汽车产业。但当这些壁垒于 20 世纪 80 年代后期消除后，外国进口飙升，该产业被迫面对这样一个事实：即使经过了 30 年的保护，巴西汽车产业仍是世界上效率最低的产业之一。[12]

其次，幼稚产业保护理论基于以下假设，即企业无法通过在国内或国际资本市场借款来进行有效的长期投资。因此，政府必须补贴其长期投资。鉴于过去 20 多年全球资本市场的发展，这一假设似乎不再像过去那样有效。如今，如果一个发展中国家在制造业上具有潜在的比较优势，该国企业应该能够从资本市场上融资。如果有了资金支持，在具有潜在比较优势的国家，即使没有政府保护，企业也有能力承受必要的初始损失，从而获得长期收益。纺织、半导体、机床、钢铁和航运等行业的许多韩国企业就采用了这种方式。因此，鉴于存在高效的全球资本市场，需要政府保护的产业将是那些不值得被保护的产业。

战略性贸易政策理论

一些新贸易理论家提出了战略性贸易政策理论。[13]第 5 章讨论新贸易理论时介绍了其基本观点。新贸易理论认为，如果某些行业的规模经济使得世界市场只能支持少数企业盈利，那么国家可能仅仅因为其企业率先获得了先发优势而在该行业产品的出口中占据主导地位。波音在商用飞机行业的长期霸主地位就归功于此。

战略性贸易政策理论有两个组成部分。首先，如果政府能够以某种方式确保在某个行业中获得先发优势的是国内企业而不是国外企业，那么政府就能够通过适当的措施提高国民收入。因此，根据战略性贸易政策理论，政府应当用补贴的方式对新兴产业中表现活跃的有前景的企业提供支持。这一观点的支持者指出，美国政府在 20 世纪 50 年代至 60 年代给予了波音大量研发资金，这可能是波音在新兴的客机领域取得竞争优势的原因之一（波音的第一架商用喷气式客机波音 707 是从军用飞机衍生而来的）。同样的观点也适用于日本在计算机液晶显示屏生产中的主导地位。虽然该产品是在美国发明的，但日本政府在 20 世纪 70 年代末 80 年代初与几大电子公司合作，针对该行业提供了研究支持，使日本企业（而不是美国企业）随后在该市场上获得了先发优势。

其次，已经取得先发优势的外国企业可能在行业中设置进入壁垒，政府可以帮助国内企业越过该壁垒，从而从干预中取得回报。这一观点是政府对空中客车提供支持的基础（见开篇案例）。空中客车是波音的主要竞争对手，由来自英国、法国、德国和西班牙的四家公司组成。它于 20 世纪 60 年代中期开始生产时，在世界商用飞机市场所占份额不到 5%。到 2017 年，它已经与波音平分秋色。空中客车是如何做到的？美国政府称，英国、法国、德国和西班牙政府为空中客车提供了 180 亿美元的补贴。[14] 如果没有这些补贴，空中客车可能永远无法打入世界市场。

这些观点如果是正确的，就对政府干预国际贸易提供了理论支持。针对未来可能发挥重要影响的技术，政府应该利用补贴来支持其商业化发展。此外，政府还应该提供出口补贴，直到国内企业在世界市场上建立了先发优势。在外国竞争者已经取得先发优势的情况下，政府的支持还可以帮助本国企业克服后发劣势，成为世界市场上有力的竞争者（如空中客车和半导体行业的例子）。在这种情况下，可能还要结合国内市场保护和出口补贴措施。

6.4　修正后的自由贸易理论

新贸易理论家提出的战略性贸易政策理论为政府干预国际贸易提供了经济学上的依据。这一观点挑战了亚当·斯密和大卫·李嘉图等人提出的古典贸易理论及其所支持的不受限制的自由贸易理论。为了应对它对传统观点的挑战，许多经济学家（包括保罗·克鲁格曼等对新贸易理论发展作出贡献的经济学家）指出，战略性贸易政策尽管在理论上看起来很有吸引力，但在实践中可能行不通。这种对战略性贸易政策理论的回应构成了修正后的自由贸易理论。[15]

6.4.1　报复与贸易战

克鲁格曼认为，旨在让国内企业在全球行业中占据主导地位的战略性贸易政策是一种以邻为壑的政策，它以牺牲其他国家的利益为代价来提高本国国民收入。使用此类政策的国家可能会招致报复。在许多情况下，两个或多个采用干预政策的国家之间可能会爆发贸易战，这对所有相关国家来说，可能比从一开始就袖手旁观更糟。例如，如果美国政府为了对空中客车得到的政府补贴作出回应而增加对波音的补贴，结果可能是各自的补贴效果相互抵消。在此过程中，欧洲和美国的纳税人最终都会被卷入一场代价高昂且毫无意义的贸易战，并且欧洲和美国的境况也将变得更糟。

关于战略性贸易政策可能导致贸易战的观点，克鲁格曼可能是正确的。但问题是，当竞争者已经取得政府补贴时，国家和企业应当如何应对？对于空中客车取得补贴，波音和美国政府应当如何应对？根据克鲁格曼的观点，正确的应对方法可能不是采取报复性贸易行动，而是帮助建立游戏规则，尽量减少使用可能使贸易扭曲的补贴政策。这也是世界贸易组织一直试图做到的。我们还应该注意的是，有些竞争者因得到补贴而能够以低于生产成本的价格销售商品，针对这类竞争者，可采用反倾销政策。

6.4.2 国内政策

政府干预经济并不总是为了国家利益，具有重要政治意义的利益集团也常常影响政府政策，欧盟的共同农业政策（CAP）就是一个例子。该政策的发布就源于法国和德国农民的政治力量。对效率低下的农民和依赖农民选票的政治家而言，CAP 是有利的，但对欧盟消费者则不然。消费者最终会为自己的食品支付更高的价格。因此，根据克鲁格曼的观点，不接受战略性贸易政策的另一个原因就是，该政策会被经济中的特殊利益集团所利用，并使该政策的目的发生扭曲。克鲁格曼在美国说道：

> 要求美国商务部在为许多行业制定详细政策的同时无视特殊利益集团是不现实的。根据这一理论，建立一揽子自由贸易政策且仅在极端压力下才允许例外的做法，可能不是最佳政策，但已经是国家能够施行的最好政策。[16]

6.5 世界贸易体系的发展

经济理论支持不受限制的自由贸易。虽然许多政府已经认识到这些观点的可取之处，但它们仍然不愿意单方面降低贸易壁垒，因为它们担心其他国家可能不会这么做。巴西和阿根廷这两个邻国就是否降低双方之间的贸易壁垒犹豫不决。巴西政府可能倾向于降低贸易壁垒，但它担心阿根廷不这么做。巴西政府可能还担心阿根廷人会利用巴西较低的贸易壁垒进入巴西市场，同时仍维持自身较高的贸易壁垒将巴西产品拒于门外。阿根廷政府可能也面临同样进退两难的境地。这一问题的本质是缺乏信任。两国政府都认识到它们可以从彼此之间更低的贸易壁垒中受益，但双方政府都因担心对方不会效仿而不愿降低壁垒。[17]

两国如果通过谈判制定一套管理跨境贸易和降低贸易壁垒的规则，就可以打破这一僵局。但谁来监督它们以确保其遵守贸易规则呢？谁来对违反规则的政府作出制裁呢？两国政府可以成立一个独立的机构来充当裁判。这个裁判可以监督国家间的贸易，确保没有国家违反规则，并在一国违反贸易规则时加以制裁。

虽然任何政府都不太可能以这种方式在国家主权问题上让步，但自第二次世界大战以来，国际贸易框架正朝着这一方向演变。在最初的近 50 年里，这个框架就是众所周知的关税与贸易总协定（GATT）；1995 年之后，它演变为世界贸易组织（WTO）。接下来，我们将介绍 GATT 和 WTO 的演变历程和运作方式。

6.5.1 从斯密到大萧条

正如第 4 章所述，自由贸易理论可以追溯到 18 世纪末期亚当・斯密和大卫・李嘉图的研究工作。1846年，英国议会废除《谷物法》(Corn Laws)，英国成为第一个将自由贸易作为一项政府政策的国家。《谷物法》规定了对外国进口谷物征收高额关税，目的是增加政府收入，并保护英国谷物生产商。自19世纪20年代以来，英国议会每年都会提出自由贸易的动议，当时大卫·李嘉图正是其中一名议员。然而，由于英国粮食歉收加上爱尔兰饥荒带来的危机，在经历了旷日持久的争论后，农业保护才被撤销。面对民众巨大的苦难，英国议会以微弱的优势改变了长期立场。

在接下来80年左右的时间里，英国作为世界主要贸易国，推动了贸易自由化的发展，但未得到其他国家的响应，主要贸易伙伴对英国的单边自由贸易政策无动于衷。英国在如此长的时间里坚持该政策的唯一原因是，作为世界最大的出口国，它在贸易战中遭受的损失会比其他任何国家都大得多。

到20世纪30年代，英国促进自由贸易的努力被埋在了大萧条的经济废墟之下。1930年，美国国会通过了**《斯姆特-霍利关税法案》**(Smoot-Hawley Tariff Act)，经济问题变得更加复杂。为了避免国内各行业的失业率不断攀升，并转移消费者对外国产品的需求，《斯姆特-霍利关税法案》建立起了巨大的关税壁垒。几乎每个行业都有自己的"定制"关税。《斯姆特-霍利关税法案》对外国就业产生了破坏性影响。其他国家也以提高自己的关税壁垒作为回应，美国出口因此不断下跌，世界经济进一步陷入大萧条。[18]

6.5.2 1947—1979年：关税与贸易总协定(GATT)、贸易自由化和经济增长

《斯姆特-霍利关税法案》开创了以邻为壑的贸易政策，这些政策所造成的经济损失对第二次世界大战后世界的经济制度和意识形态产生了深远影响。美国在战后繁荣，在经济上占据了主导地位。在大萧条造成经济崩盘后，美国国会的观点急剧转变，美国开始强烈支持自由贸易。在多国协商下，GATT于1947年签订。

GATT是一项多边协定，目标是通过消除关税、补贴、进口配额等壁垒来实现贸易自由化。从1947年成立到被WTO取代，GATT的缔约国从23个增加到了120多个。GATT并没有试图一举放开所有贸易限制，那是不可能的。相反，它将降低关税的举措分成了八轮谈判。

早期，GATT的多数举措都很成功。例如，在1947年日内瓦回合和1973—1979年东京回合之间，美国的平均关税下降了近92%。与第4章中介绍的李嘉图的理论观点一致，在GATT下，自由贸易的发展似乎刺激了经济增长。

6.5.3 1980—1993年：保护主义趋势

20世纪80年代至90年代初，随着世界各地的保护主义趋势上升，GATT建立的贸易体系面临很多压力。20世纪80年代，造成压力的原因有三个。第一，在此期间日本取得的成功给世界贸易体系带来了很大压力。当GATT成立时，日本正处于战后废墟中。然而，到20世纪80年代初，它已成为世界第二大经济体和最大的出口国。日本在汽车和半导体等行业取得的成功给世界贸易体系带来了压力。西方普遍认为，虽然日

本的关税和补贴都很低，但日本市场因行政管理政策上的贸易壁垒而将进口和外国投资拒于门外。这种观点使情况变得更糟。

第二，世界贸易体系因世界最大经济体美国持续的贸易逆差而变得紧张。美国财政赤字使得汽车、机床、半导体和纺织品等行业面临严峻挑战，这些行业中的国内生产商不断被外国竞争者夺走市场份额。由此导致的失业使得美国国会再次提出了保护行业免受进口影响的要求。

第三，许多国家找到了绕过 GATT 的方法。双边自愿出口限制（VER）规避了 GATT 的约定，因为进口国和出口国都不会向日内瓦的 GATT 官方组织投诉，而没有投诉，就意味着 GATT 官方组织对此无能为力。出口国同意 VER 是为了避免更具破坏性的惩罚性关税。最著名的一个例子就是日本和美国之间在汽车贸易上的 VER。根据该协议，日本生产商承诺限制向美国出口汽车，以此缓和日益加剧的贸易紧张局势。世界银行的一项研究称，1986 年，工业化国家有 16%的进口商品受到了非关税贸易壁垒的影响，其中就包括 VER。[19]

6.5.4 乌拉圭回合和世界贸易组织

在保护主义压力不断攀升的背景下，1986 年，GATT 成员开始了第八轮降低关税的谈判，即乌拉圭回合（因发生在乌拉圭而得名）。这是迄今为止最耗时耗力的一轮谈判。在此之前，GATT 规则仅适用于制成品和大宗商品贸易。在乌拉圭回合中，缔约国试图扩大 GATT 规则范围以涵盖服务贸易。它们还试图制定保护知识产权的规则，减少农业补贴，并加强 GATT 监督和执行机制。

乌拉圭回合历时约七年，直到 1993 年 12 月 15 日才达成协议，并于 1995 年 7 月 1 日生效。乌拉圭回合包含以下条款：

1. 工业产品的关税减少 1/3 以上，取消 40%以上的制成品关税。
2. 发达国家对制成品征收的平均关税降至其价值的 4%以下，这是现代历史上的最低水平。
3. 大幅减少农业补贴。
4. GATT 公平贸易和市场准入规则扩大到更广范围的服务贸易。
5. GATT 规则也将扩展，以加强对专利、版权和商标（知识产权）的保护。
6. 在 10 年内大幅降低纺织品的贸易壁垒。
7. 成立世界贸易组织以执行 GATT。

世界贸易组织

世界贸易组织（WTO）作为一个联盟组织，其主要协议包括 GATT 以及《服务贸易总协定》（General Agreement on Trade in Services，GATS）和《与贸易有关的知识产权协定》（Trade-Related Aspects of Intellectual Property Rights，TRIPS）。GATS 与服务贸易有关，率先将自由贸易协定扩大到了服务贸易领域。TRIPS 与知识产权有关，旨在缩小全球知识产权保护方式之间的差距，并将其置于共同的国际规则之下。WTO

还负责对贸易争端进行仲裁，并对成员的贸易政策进行监督。虽然 WTO 与 GATT 都是在协商一致的基础上运作的，但在争端解决领域，成员不再能够拒绝 WTO 采用仲裁报告。如果仲裁小组报告了成员之间发生贸易争端，则该报告将自动被 WTO 采用，除非该报告经协商被一致否决。被仲裁小组裁定违反 GATT 规则的成员可以向常设的上诉机构提出上诉，但该裁决具有约束力。如果违反规则的成员未遵守仲裁小组的建议，则其贸易伙伴有权获得赔偿，或者将（相应的）贸易制裁作为最终手段。该流程的每一个阶段都有严格的时间限制。因此，WTO 优于 GATT 之处在于威慑力。[20]

6.5.5 WTO：迄今为止的成果

截至 2019 年，WTO 已有 164 个成员，中国于 2001 年加入。WTO 成员合计占到世界贸易量的 98%。自成立以来，WTO 一直致力于促进全球自由贸易。创建者确信，WTO 的运行机制使其能比 GATT 更有效地监督全球贸易规则。人们希望 WTO 能成为未来贸易协定的有效倡导者和促进者，特别是在服务贸易领域。它迄今为止的成果难以评价。在迈出强劲的第一步之后，自 20 世纪 90 年代后期以来，WTO 一直未能就进一步降低国际贸易和投资壁垒达成协议。多哈回合的进展十分缓慢。在 2008—2009 年金融危机后，保护主义又有了抬头迹象。2016 年英国脱欧公投等事件都预示着世界可能进一步向着保护主义转变。这些给 WTO 的未来方向带来了不少困扰。

WTO 作为全球警察

WTO 诞生后的最初 20 年里，它的监管和执行机制一直在发挥积极作用。[21] 1995—2018 年，WTO 受理了超过 500 起成员之间的贸易争端[22]，与 GATT 在近半个世纪里处理的共计 196 起形成了鲜明对比。在 WTO 受理的案件中，有 3/4 是通过争端国家和地区之间的非正式磋商解决的，而剩下的则通过更为正式的流程解决，大多是成功的。总的来说，争端国家和地区都采纳了 WTO 的建议。各成员利用 WTO 来解决争端的这一事实表明，WTO 的争端解决机制得到了广泛认可。

扩大贸易协定

如前所述，GATT 的乌拉圭回合谈判将全球贸易规则扩展至服务贸易领域。WTO 被赋予促成未来协议以开放全球服务贸易的职能。各成员积极推动 WTO 扩大其涵盖范围，以期将对外直接投资也纳入管理，这是 GATT 从未做过的事情。最先进行改革的两个行业是全球电信和金融服务行业。

1997 年 2 月，WTO 促成了一项协议，各成员同意开放电信市场以利于竞争，允许国外运营商购买国内电信服务提供商的股份，并建立起一套公平竞争的共同规则。到 1998 年 1 月 1 日该协议生效时，包括美国、欧盟和日本在内的世界上大多数大规模的市场都已完全自由化。该协议涵盖了所有形式的基本电信服务，包括语音电话以及数据、卫星和无线电通信等。许多电信公司对该协议反应积极，它们指出这使其能够更好地为商业客户提供一站式的服务——以全球化的无缝服务来满足企业的所有需求并只需要支付一份账单。

随后，1997 年 12 月，各成员达成了一项开放金融服务跨境贸易的协议。该协议涵盖了全球 95%以上的金融服务市场，于 1999 年 3 月初生效，有 102 个成员（在不同程度上）承诺向外国竞争者开放其银行、证券和保险部门。与电信领域一样，该协议不仅涵盖了跨境贸易，也涵盖了对外直接投资。有 70 个成员同意大幅降低或消除对外直接投资进入其金融服务部门的壁垒。美国和欧盟大部分国家对外国银行、保险和证券公司的外来投资完全开放。作为协议的一部分，许多亚洲成员也作出了重要让步，首次允许大量外资进入其金融服务部门。

6.5.6 WTO 的未来：未解决的问题和多哈回合

自 20 世纪 90 年代取得成功以来，WTO 仍在为推进国际贸易而努力。在 2001 年后世界经济增速放缓的背景下，许多国家和地区难以再次就新一轮降低贸易壁垒的政策达成一致。许多国家和地区政治上反对 WTO 的趋势愈演愈烈。一些政客和非政府组织将高失业率、环境恶化、发展中国家和地区恶劣的工作条件、发达国家和地区低收入人群的实际工资下降以及收入差距扩大等各种弊病都归咎于作为全球化象征的 WTO。

在这种困难的政治背景下，推进国际贸易任重而道远。在 WTO 议程中，排在前四名的主要问题是：反倾销政策、农业保护主义程度高、许多国家和地区对知识产权缺乏强有力的保护，以及许多国家和地区仍对非农产品和服务征收高关税。在对始于 2001 年并停滞不前的多哈回合（即 WTO 成员之间旨在减少贸易壁垒的最新一轮会谈）进行讨论之前，我们将逐一考察这四个问题。

反倾销行动

在 20 世纪 90 年代和 21 世纪 00 年代，反倾销行动激增。WTO 规则允许各成员在其国内生产商能够证明自己受到损害时，对售价低于生产成本或其母国国内价格的外国商品征收反倾销税。但“倾销”的定义相当模糊，反倒成为许多奉行保护主义的国家所利用的漏洞。

1995—2017 年，WTO 成员向 WTO 报告了约 5 529 起反倾销行动的实施情况。印度发起的反倾销行动最多，达 888 起；欧盟发起了 502 起；美国发起了 659 起。在遭到投诉的国家和地区中，韩国 417 起，美国 283 起，日本 202 起。反倾销行动似乎集中于某些经济部门，例如基础金属（铝和钢铁等）、化工、塑料，以及机械和电气行业。[23]这些部门的反倾销行动约占所有向 WTO 报告的反倾销行动的 70%。自 1995 年以来，这四个行业均存在竞争激烈和产能过剩的问题，导致这些行业中的企业不得不面对低价和低利润（或者损失）的困境。因此，可想而知，这些行业中的反倾销行动数量居高不下，企业声称外国竞争对手采用了不公平竞争，正好反映了陷入困境的制造商试图利用本国的政治手段来寻求保护，避免因外国竞争而遭受损害。虽然其中一些说法可能有道理，但当企业代表及其员工说服政府官员保护国内工作岗位免受外国竞争者影响时，这一过程就可能变得非常政治化，而政府官员为了在未来的选举中获得选票，自然会同意反倾销行动。WTO 显然对反倾销政策的使用感到担忧，它认为这反映了顽固的保护主义倾向，敦促其成员加强对征收反倾销税的监管。

农业保护主义

WTO 的另一个关注点是，许多经济体中农业部门的高关税和补贴。农产品的关税税率通常比制成品或服务的关税税率高得多。例如，发达国家和地区对非农产品征收的平均关税税率在 2%左右。然而，在农产品方面，加拿大的平均关税税率为 15.4%，欧盟为 11.9%，日本为 17.4%，美国为 4.8%。[24]这意味着高关税国家和地区的消费者需要为进口的农产品支付非必要的高价，这使得他们花在其他商品和服务上的钱减少了。

农产品历来有着高关税，这反映了各个国家和地区保护农业和传统农耕群体免受外部竞争影响的意愿。除了高关税外，农业生产者还受益于大量补贴。根据 OECD 的估计，政府补贴平均占加拿大农业生产成本的 17%，美国为 21%，欧盟为 35%，日本为 59%。[25]OECD 国家每年在农业补贴上的支出超过 3 000 亿美元。

毫无疑问，高关税和补贴的组合严重扭曲了农产品的生产及其国际贸易。最终结果是提高了消费者支付的价格，减少了农产品贸易量，并导致那些获得大量补贴的产品生产过剩（政府通常会购买这些剩余产品）。由于全球农业贸易约占商品贸易总额的 10%，WTO 认为，消除关税壁垒和补贴能够显著提高贸易总水平，降低消费者支付的价格，并通过向更高效的领域释放消费和投资资源来促进全球经济增长。根据国际货币基金组织的估计，取消农产品关税和补贴将使全球经济收益每年增加 1 280 亿美元。[26]另有人认为，这项收益可达 1 820 亿美元。[27]

现有体系的最大捍卫者是发达国家和地区，它们希望保护其农业部门免受发展中国家和地区低成本生产者的竞争冲击。相比之下，发展中国家和地区则一直在大力推动改革，试图让它们的生产商更多地进入发达国家和地区所保护的市场。有估计称，仅消除所有 OECD 国家的农产品补贴，就能够使发展中国家和地区取得相当于它们目前从 OECD 国家获得的所有援助的 3 倍收益。[28]换句话说，农业自由贸易有助于推动世界较贫困国家和地区经济增长并在全球范围内减少贫困。

知识产权保护

还有一个对 WTO 越来越重要的问题是知识产权保护。1995 年，乌拉圭回合成立 WTO，包含了一项保护知识产权的约定，即《与贸易有关的知识产权协定》(TRIPS)。TRIPS 规定，WTO 成员可授予并强制至少 20 年的专利和 50 年的版权保护。富裕国家和地区必须在一年内开始遵守该规定。通常对知识产权保护较弱的贫困国家和地区有 5 年的宽限期，极端贫困的国家和地区有 10 年的宽限期。该协定的订立基于各签署方坚信专利、商标、版权等知识产权的保护是国际贸易体系的基本要素。对知识产权保护不力会降低创新的动力。由于创新是经济增长和提高生活水平的核心驱动力，因此各方认为需要一项多边协定来提供知识产权保护。

如果没有知识产权协定，人们会担心一国（比如甲国）生产者可能会在市场上模仿别国（比如乙国）发明的专利创新产品。这将给国际贸易带来两方面的影响。首先，它减少了乙国原创产品出口甲国的机会。其次，因为甲国生产商能够将其盗版仿制品出口到其他国家，所以也减少了乙国原创产品出口到这些国家的机会。此外，也有人认为，由于创新产品在世界范围内的整体市场规模缩小，追求这些高风险且耗资不菲的创新活动的动力也会减小。最终会导致世界经济中的创新减少，经济增长放缓。

非农产品和服务的市场准入

尽管 WTO 和 GATT 在降低非农产品关税方面取得了长足进步，但仍有很多工作要做。虽然大多数发达国家和地区已将工业产品的关税降至其价值的 4%以下，但仍存在例外情况。特别是，尽管平均关税很低，但发达国家和地区仍对特定的进口商品征收高关税，这限制了市场准入和经济增长。例如，同为 OECD 国家的澳大利亚和韩国分别对运输设备的进口征收 15.1%和 24.6%的约束关税（约束关税（bound tariff rate）是可征收的关税的上限，它通常是实际征收的关税）。相比之下，美国、欧盟和日本进口运输设备的约束关税税率分别为 2.7%、4.8%和 0。一个特别值得关注的领域是，发达国家和地区对从发展中国家和地区进口的特定商品仍在征收高关税。

此外，服务关税仍高于工业品关税。例如，美国对商务和金融服务征收的进口关税税率平均为 8.2%，欧盟为 8.5%，日本为 19.7%。[29]鉴于跨境服务贸易的地位不断上升，降低相应关税预计可带来相当可观的收益。

WTO 希望进一步降低关税税率并缩小使用高关税的范围，最终目标是将关税降至零。尽管这听起来很难实现，但已有 40 个国家对信息技术商品实行零关税，开创了一个先例。实证研究表明，将平均关税税率进一步降低至零可以产生相当可观的收益。世界银行的经济学家估计，如果多哈回合谈判达成一项广泛的全球贸易协定，则世界收入每年可增加 2 630 亿美元，其中 1 090 亿美元将流向贫困国家。[30]而 OECD 的另一项估计表明，每年增加的收入可能达 3 000 亿美元。[31]请参阅“国家聚焦”以了解自由贸易预计可给美国经济带来多少好处。

国家聚焦　估算美国的贸易收益

国际经济研究所（Institute for International Economics）发表了一项研究，试图估算出自由贸易给美国经济带来的收益。该研究表明，由于 1947 年以来 GATT 和 WTO 降低了关税壁垒，到 2003 年，美国的 GDP 比关税壁垒未降低时高出 7.3%，每年由此带来的收益约为 1 万亿美元，即每个美国家庭每年可获得约 9 000 美元的额外收入。

研究还试图测算出，在美国与其所有贸易伙伴都达成自由贸易协定并将所有商品和服务的关税降至零的情况下，会发生什么。该研究使用了多种方法来测算这可能造成的影响，结论是每年可以实现 4 500 亿～1.3 万亿美元的额外收益。研究者认为，保守估计，在完全实现自由贸易后，美国普通家庭的年收入可增加 4 500 美元。

研究者还试图测算出广泛的自由贸易可能对就业中断的人数和成本造成多大影响。如果美国取消所有关税壁垒，某些部门的工作机会将有所减少，而其他部门的工作机会则有所增加。按照历史数据估算，他们认为由于贸易扩大，美国每年将失去 226 000 个工作岗位，但其中有大约 2/3 的人会在一年后再就业，而再就业的工资水平将降低 13%～14%。该研究得出的结论为，那些因自由贸易而中断就业的人每年的损失总计约为 540 亿美元。然而，与此相抵的是，自由贸易将带来更高的经济增长，创造许多新的就业机会并提高家庭收入，每年可以为经济创造额外的 4 500 亿～1.3 万亿美元的收益。换句话说，贸易带来的年收益远高于每年因就业中断而产生的相关成本，并且由于更广泛的自由贸易，受益的人将多于受损的人。

资料来源：S. C. Bradford，P. L. E. Grieco，and G. C. Hufbauer，"The Payoff to America from Global Integration，" in *The United States and the World Economy*：*Foreign Policy for the Next Decade*，C. F. Bergsten，ed.（Washington，DC：Institute for International Economics，2005）.

从长远来看，WTO 希望降低发展中国家和地区非农产品的进口关税。许多国家都使用幼稚产业保护理论来将其继续征收高关税的行为合理化；然而，如果要彻底享受国际贸易带来的好处，这些国家和地区最终都需要降低关税税率。例如，印度进口运输设备的约束关税税率为 53.9%，巴西为 33.6%，它们都使用提高国内价格的方式来保护效率低下的国内生产商，并且消费者必须为运输设备及其相关服务支付更高的价格，导致人们的实际收入降低，最终限制了经济增长。

新一轮会谈：多哈回合

2001 年，WTO 在其成员之间启动了新一轮会谈，旨在进一步开放全球贸易和投资框架。这次会谈的地点选在波斯湾地区国家卡塔尔的多哈。会谈原计划持续 3 年，但如今已进行了 17 年，仍停滞不前。

多哈发展议程包括削减工业产品和服务关税，逐步取消农业生产者的补贴，减少跨境投资壁垒，以及限制反倾销法规的使用。目前会谈仍在进行中，它时常因受到阻碍和错过最后期限而停滞不前。2003 年 9 月在墨西哥坎昆举行的会议未取得显著成果，主要原因是没有就如何降低农业补贴和关税达成一致。美国、印度、欧盟等国家和地区不太愿意降低关税和对农民的补贴，因为农民在其政治中有举足轻重的地位，而巴西和某些西非国家和地区则希望尽快实现自由贸易。2004 年，美国和欧盟都极力推动重启谈判。然而，从那以后，会谈没有取得任何进展，谈判陷入僵局，主要是因为各成员对于应在多大程度上削减农业生产者的补贴未能达成一致。截至 2018 年，其目标是使制成品和农产品的关税降低 60%～70%，并将补贴削减至目前水平的一半。但事实证明，让各成员同意这一目标极其困难。

多边和双边贸易协定

由于多哈回合未取得明显进展，许多国家开始推动**多边或双边贸易协定**（multilateral or bilateral trade agreements），即两个或多个伙伴之间订立的互惠贸易协定。例如，2015 年，澳大利亚和中国签署了双边自由贸易协定。2012 年 3 月，美国与韩国签订了双边自由贸易协定，根据该协定，美国对韩国出口的消费品和工业品中有 80%享受免税，到 2017 年双边贸易中的工业品和消费品有 95%享受免税（该协定于 2018 年作出修订，详见章末案例）。据估计，该协定将使美国 GDP 增加约 100 亿～120 亿美元。在奥巴马政府的领导下，美国推行了两项主要的多边贸易协定，一项是与澳大利亚、新西兰、日本、马来西亚和智利等 11 个环太平洋国家达成的多边协定 TPP，另一项是与欧盟之间的多边协定。但是，在唐纳德·特朗普继任美国总统后，美国退出了 TPP（尽管其余 11 个国家仍在延续修订后的协定），并将与欧盟进行谈判的贸易协定搁置。

订立多边和双边贸易协定是为了从现有 WTO 协定之外获取贸易利益。WTO 规则允许签订多边和双边贸易协定，但必须通知 WTO。截至 2019 年，已有 470 多个区域或双边贸易协定。由于多哈回合迟迟没有进展，此类协定的数量自 2000 年起有了大幅增长，2000 年只有 94 个生效的协定。

世界贸易体系受到威胁

持续推动自由贸易并降低商品和服务跨境流动壁垒是全球通过 70 多年努力所达成的共识，但在 2016 年，有两个事件对此形成了挑战。第一个是英国在全民公投后决定退出欧盟。我们将在第 8 章中更详细地讨论英国脱欧，但值得注意的是，英国退出称得上是世界上最成功的自由贸易区之一的欧盟，对于那些支持自由贸易的人来说是一个重大挫折。第二个是唐纳德·特朗普在 2016 年美国总统大选中获胜。正如第 5 章所讨论的，特朗普似乎支持重商主义的贸易观点，对许多自由贸易协定都持反对意见。他的第一个行动就是让美国退出 TPP。2018 年初，他开始对美国进口的太阳能电池板、洗衣机、钢铁和铝征收关税，这极可能违反了 WTO 规则。特朗普还对北美自由贸易协定进行了重新谈判，并流露出对 WTO 的不满。最值得注意的是，特朗普在与中国的贸易争端中绕过了 WTO 规则下的仲裁机制。2019 年底，特朗普政府还阻止了 WTO 上诉机构两名法官的更换，该机构主要对贸易争端的上诉案件进行审理，在只剩一名法官的情况下，将无法再审理新的案件，这实际上破坏了 WTO 的执行机制。这些事件意义重大。迄今为止，英国和美国一直为推动全球自由贸易发挥重要作用。尽管英国作出了脱欧的决定，但其支持自由贸易的立场似乎仍保持不变。而作为世界最大的经济体，美国的立场则不再那么鲜明。如果美国继续背弃新自由贸易协定（如 TPP）、废除现有协定，并且不遵守 WTO 规则，那么其他国家也可能会效仿。这很可能会对世界经济产生负面影响，导致全球保护主义抬头、经济增长放缓和失业率上升。

6.6 聚焦管理影响

6.6.1 贸易壁垒、企业战略和政策的影响

贸易壁垒、企业战略和政策对商务实践有何影响？国际企业管理者为什么应该关注自由贸易的政治经济问题，以及自由贸易和保护主义各自观点的利弊？问题有两个答案。第一个与贸易壁垒对企业战略的影响有关。第二个则涉及商务企业在促进自由贸易或贸易壁垒方面所发挥的作用。

贸易壁垒与企业战略

要了解贸易壁垒如何影响企业战略，首先应考虑第 5 章介绍的内容。基于国际贸易理论，我们讨论了企业为何可以将其各种生产活动分散于世界各地的不同国家并取得最佳效率。因此，对于企业而言，它们可以在一国设计和策划产品，在一国制造零部件，再在另一国进行最终组装，然后将成品出口到世界各地。

显然，贸易壁垒限制了企业将其生产活动分散至世界各地的能力。第一，关税壁垒明显提高了向一国出口产品的成本（或者国家间半成品出口的成本）。这会使企业相对于该国本土竞争者而言处于竞争劣势。为应对这种情况，企业在该国设立生产设施可能更为经济，这样它就可以在平等的基础上展开竞争。

第二，配额可能会限制企业从该国以外的地方向该国提供服务的能力。企业的应对方式同样可以是在该国设立生产设施，尽管这样可能会造成生产成本上升。这就是 20 世纪 80 年代和 90 年代日本汽车制造业的产能在美国迅速扩张的主要因素之一。在此之前，美国与日本订立了 VER 协议，限制了美国进口日本汽车。唐纳德·特朗普曾威胁要对那些将生产转移至他国以降低成本，然后将产品出口回美国的公司征收高额关税。这迫使一些公司重新考虑其外包战略，特别是包括福特和通用汽车在内的多家汽车公司已经改变了将部分生产转移至墨西哥工厂的计划，并宣布扩大美国国内生产计划。[32]

第三，为符合当地的国产化程度要求，企业可能不得不将更多的生产活动放在当地市场。从企业的角度来看，相比于将生产活动分散到最佳地点，这样做可能会提高成本。即使最终不再存在贸易壁垒，企业仍可能继续在该国进行某些生产活动，以减少未来贸易壁垒的威胁。

相比于一个没有贸易壁垒的世界，上述影响都有可能提高企业成本。不过，如果不区分原产国，对所有外国企业的进口产品都施加贸易壁垒，那么由此产生的更高的成本不一定会转化为相对于其他外国企业的显著竞争劣势。但是，当贸易壁垒只针对特定国家的出口产品时，该国企业相对于其他国家企业而言就会处于竞争劣势。一种策略是，企业可以将生产转移到设置壁垒的国家，以应对这种有针对性的贸易壁垒。另一种策略是，企业可以将生产转移到出口不受特定贸易壁垒限制的国家。

第四，反倾销措施限制了企业使用激进的定价来占领一国市场份额的能力。一国企业可以战略性地利用反倾销措施，规避来自低成本外国生产商的激烈竞争。例如，美国钢铁行业一直非常积极地对外国钢铁制造商采取反倾销行动，尤其在全球钢铁需求疲软且产能过剩时。1998 年和 1999 年，由于亚洲出现严重经济衰退导致当地生产商产能过剩，美国对低成本钢铁的进口激增。美国生产商向美国国际贸易委员会（ITC）提出了多项投诉，如日本热轧钢生产商以低于成本的价格向美国销售钢材。ITC 同意对从日本进口的特定钢铁产品征收 18%～67%的关税（这些关税独立于前面讨论的钢铁关税）。[33]

政策的影响

如第 5 章所述，商务企业是国际贸易舞台上的主要参与者。由于企业在国际贸易中起到关键作用，它们对政府的贸易政策有着重要影响。这种影响有可能助长保护主义，也有可能促使政府支持 WTO 并推动所有国家向着开放市场和更自由的贸易迈进。政府对国际贸易的政策可以对企业产生直接影响。

与战略性贸易政策一致，政府以关税、配额、反倾销行动和补贴等形式帮助企业和行业在世界经济中建立竞争优势的例子比比皆是。但总的来说，本章和第 5 章的观点表明，政府干预存在三个缺点。一是干预可能会适得其反，因为其倾向于保护效率低下的企业，而不是帮助企业成为更高效的全球竞争者。二是干预是危险的，可能招致报复并引发贸易战。三是鉴于特殊利益集团很可能趁机利用此类政策，这些干预措施往往无法得到很好的执行。这是否意味着企业应当鼓励政府采取放任的自由贸易政策呢？

大多数经济学家可能会指出，自由但不放任的贸易最有利于国际商务。从企业的长期利益出发，似乎应当鼓励政府积极推动更大程度的自由贸易，如强化 WTO 的作用。相比于采用战略性贸易政策对某些国内产业提供支持，政府如果向进口和对外直接投资开放国内受保护的市场，可能会给企业带来更多好处。

我们在第 1 章中提到了一个现象：过去 20 多年里，世界越来越向着经济一体化和生产国际化发展。这强化了本章的结论。许多来自不同国家的企业越来越依赖于分散在全球各地的生产体系来获得竞争优势，这正是自由贸易的结果。自由贸易为参与其中的企业带来了极大的优势，消费者也从更低的价格中受益。考虑到报复行为可能带来的危险，游说政府采取保护主义政策的商务企业必须意识到，这么做可能使它们自己无法通过构建全球生产体系来建立竞争优势。鼓励政府采取保护主义政策，可能招致别国政府报复，从而使自己的海外活动和海外销售受损。这并不意味着企业不应该寻求反倾销等形式的保护，但企业应当作出更深远的考虑和审慎的选择。

小结

本章在第 5 章介绍的不受限制的自由贸易理论的基础上，对国际贸易的现实差异进行了讨论。本章介绍了贸易政策的各种工具，回顾了政府干预国际贸易的政治和经济理由，重新审视了战略性贸易政策下的自由贸易经济案例，并考察了世界贸易框架的演变。虽然自由贸易政策可能并不总是理论上的最优政策（鉴于新贸易理论的观点），但对于政府而言，可能是实践中的最佳选择。尤其是强化 WTO 等国际组织的作用，很可能最符合企业和消费者的长期利益。鉴于孤立的保护主义可能会升级为贸易战，与政府保护国内产业免受外国竞争影响的措施相比，政府（通过 WTO）开放国内受保护的市场，允许进口和对外直接投资可能会给企业带来更多好处。本章要点如下：

1. 关税、补贴、反倾销法规和国产化程度要求等贸易政策往往有利于生产者，但不利于消费者。生产者从中受益（免受外国竞争影响），消费者却因必须为进口商品支付更高的价格而蒙受损失。

2. 支持政府干预国际贸易的观点有两类：政治上的和经济上的。干预的政治理由涉及保护特定群体的利益（通常以牺牲其他群体的利益为代价），或者外交、消费者保护等方面的目标。干预的经济理由则与增加一国的总体财富有关。

3. 干预常见的政治理由是，它对于保护就业很有必要。但是，政治干预往往会损害消费者，并可能适得其反。各国有时会认为，出于国家安全的原因，有必要保护某些行业。有些人认为，政府应该将对贸易政策的干预作为打开外国市场的谈判工具。这可能是一项冒险的政策，如果失败则可能导致更高的贸易壁垒。

4. 支持政府干预的幼稚产业保护理论认为，政府应该对新兴产业提供暂时性的支持以帮助其站稳脚跟。但是在实践中，政府最终往往只是对效率低下的产业提供了保护。

5. 战略性贸易政策表明，政府可以通过补贴的方式帮助国内企业在那些规模经济很重要的全球产业中获得先发优势。政府补贴也可以帮助国内企业克服障碍，进入这些市场。

6. 战略性贸易政策带来了双重问题：这种政策可能招致报复，对各方均不利；战略性贸易政策可能被特殊利益集团用于达到它们的目的，从而被扭曲。

7. GATT是战后自由贸易运动的产物。GATT成功降低了制成品和大宗商品的贸易壁垒。GATT提高了自由贸易程度，可能刺激经济增长。

8. GATT乌拉圭回合的完成和世界贸易组织的成立，通过将GATT规则范围扩展到服务贸易、加大知识产权保护、减少农业补贴以及加强监督和执行机制，强化了世界贸易体系。

9. 贸易壁垒限制了企业将其各种生产活动分散到全球最佳地点的能力。为应对贸易壁垒，企业可在受保护的国家开展更多生产活动。

10. 与政府保护国内产业免受外国竞争影响的措施相比，政府开放国内受保护的市场，允许进口和对外直接投资可能会给企业带来更多好处。

思考与讨论题

1. 你认为政府在给予某些国家特惠待遇时应当考虑人权吗？支持和反对这一立场的理由分别是什么？

2. 政府贸易政策应优先关注谁的利益：生产者（企业及其员工）的利益还是消费者的利益？

3. 考虑与新贸易理论和战略性贸易政策相关的观点，企业应当向政府施压令其采取何种贸易政策？

4. 假如你是一家美国企业的员工，该企业在泰国生产个人电脑，然后出口到美国和其他国家进行销售。当时其他可以考虑的地点还有马来西亚。这些个人电脑最初是在泰国生产的，以利用当地相对成本较低和富有技能的劳动力。美国政府决定对从泰国进口的电脑征收100%的惩罚性从价税，以报复泰国设置行政贸易壁垒限制美国对泰国出口。该企业应该如何应对？通过这个案例，你对于有针对性的贸易壁垒有何了解？

5. 重新阅读“管理聚焦”专栏中的“保护美国镁业”。美国对从中国和俄罗斯进口的镁征收反倾销税，谁获利最大？谁遭受损失？这些关税是否符合美国的最佳利益？

章末案例

美国和韩国达成修订的贸易协定

2012 年，美韩之间达成了自由贸易协定。2016 年，美国向韩国出口商品和服务 638 亿美元，进口 808 亿美元，贸易逆差 170 亿美元。在 2016 年美国大选期间，唐纳德·特朗普称该协定是可怕的“就业杀手”。

鉴于特朗普反对该自由贸易协定，美国于 2018 年 1 月宣布与韩国就修改协议条款进行谈判。有两个因素使事情复杂化。首先，2018 年 3 月初，特朗普政府开始对进口钢铁征收 25%的关税。作为美国钢铁的第三大外国供应商，韩国钢铁业很有可能受到关税带来的负面影响。此外，这一全球关税制度实际上违反了 WTO 协定，而美国和韩国都是该协定的签署国。其次，韩国是美国的重要盟友。该国的支持对于美国至关重要。鉴于此，许多观察家也疑惑为什么特朗普政府会在需要韩国的政治力量时对其施压。

可能出于地缘政治的考虑，谈判进行得很快。汽车贸易是谈判的核心，因为特朗普政府将其视为贸易逆差的主要原因。2017 年，美国进口了近 160 亿美元的韩国乘用车，但出口到韩国的仅有 15 亿美元。在美国，汽车生产大量集中于密歇根州和俄亥俄州等“摇摆”州，而这些州帮助特朗普赢得了总统选举。

2018 年 3 月底，两国宣布已达成修订后的协定。根据该协定条款，韩国向美国出口钢铁将免收 25%的关税。但韩国同意通过配额限制将其向美国出口的钢铁限制在 2017 年的 70%左右。

作为交换，韩国作出了两项让步。首先，该协定将韩国向美国出口轻型卡车 25%的关税延长了 20 年（根据最初的协议，25%的关税于 2021 年到期）。这对美国汽车制造商而言可能是一个重大利好，因为轻型卡车是它们的主导领域。其次，韩国同意将美国汽车每年的进口配额从每家制造商 25 000 辆提高到 50 000 辆。但除此之外，在韩国销售的美国汽车必须符合韩国严格的安全和环境标准（特朗普政府将这些标准称为“烦琐的规定”），为的是让美国公司难以在韩国销售汽车。实际情况是，美国汽车公司的出口量每年不到 25 000 辆，因此提高上限可能主要是一种象征意义。

该协定还在美国和韩国之间达成了一项附加协议，以阻止两国货币“竞争性贬值”——这将人为降低消费者购买进口商品的成本，并同意在货币政策上提高透明度。政府官员表示，其他贸易协定中也可能效仿这种新的安排，尽管他们也承认这种安排并不具有强制性。

特朗普声称，该协定表明了他对贸易谈判所采取的强硬态度行之有效。据报道，韩国很高兴他们不必就开放农业、进口美国农产品而作出让步了，因为韩国的行政关税壁垒限制了大米和土豆等一些低价美国食品的进口。

资料来源：Michael Shear and Alan Rappeport, “Trump Secures Trade Deal with South Korea Ahead of Nuclear Talks,” *The New York Times*, March 27, 2018; Scott Horsley, “Trump Administration Strikes Trade Deal with South Korea,” *NPR Politics*, March 27, 2018; Patrick Gillespie, “New US Deal with South Korea: What You Need to Know,” *CNN Money*, March 28, 2018.

案例讨论题

1. 你认为奥巴马政府为何在 2012 年与韩国达成贸易协定？美国在经济和政治上能够获得什么潜在利益？有哪些潜在成本？

2. 是否有证据表明 2012 年《美韩自由贸易协定》是特朗普所说的“就业杀手”？

3. 特朗普政府对 2012 年协定进行重新谈判的动机是什么？

4. 谁将从修订后（2018 年）的协定中受益？谁会遭受损失？2018 年协定与 2012 年协定相比，是否有所改善？

注释

第7章

对外直接投资

学习目标

阅读本章后，你将能够：

- 认识当今世界经济中对外直接投资的趋势。
- 解释对外直接投资的不同理论。
- 了解政治意识形态如何影响政府对对外直接投资的态度。
- 描述对外直接投资给母国和东道国带来的收益和成本。
- 阐述政府用于影响对外直接投资的政策工具。
- 认识对外直接投资相关理论和政府政策对管理者所产生的影响。

开篇案例　星巴克的对外直接投资

40 多年前，星巴克只是位于西雅图派克市场的一家出售优质烘焙咖啡的商店。如今，它是一家遍布全球的咖啡烘焙和零售商，在 70 多个国家拥有 28 000 多家门店。20 世纪 80 年代，星巴克的营销总监霍华德·舒尔茨（Howard Schultz）从意大利旅行回来，他着迷于意大利咖啡馆的体验，从而促使星巴克走上了如今的道路。舒尔茨后来成了星巴克的 CEO，他说服公司所有者尝试采用咖啡馆的模式——星巴克体验由此诞生。打造星巴克体验的策略是，在高雅的咖啡馆中销售自己的优质烘焙咖啡和现煮意式浓缩咖啡，配以各种糕点、咖啡辅具、茶和其他产品。公司专注于销售"第三空间"体验，而不仅仅是咖啡。这种经营方式在美国取得了巨大成功，星巴克在十年内从"无名小卒"变成了美国最知名的品牌之一。正是因为星巴克，咖啡店才成为了放松、与朋友聊天、阅读报纸、进行商务会谈或上网的场所。

1995年，星巴克在美国已拥有700家门店，并开始寻求海外机会。它的第一个目标市场是日本。星巴克与当地零售商Sazaby一起成立了一家合资企业——日本星巴克咖啡（Starbucks Coffee of Japan），双方各自持有该合资企业50%的股权。星巴克最初向该合资企业投资了1 000万美元，这是其第一笔对外直接投资。该合资企业经授权使用星巴克模式，负责扩大星巴克在日本的业务。

为确保日本能够复制北美的"星巴克体验"，星巴克还将一部分美国员工调往日本开展经营。合资协议中要求所有日本门店的管理者和员工都接受与美国员工类似的培训课程。该协议还要求各门店遵守美国制定的设计参数。2001年，日本星巴克咖啡为所有日本员工推出了股票期权计划，成为日本第一家这样做的公司。有人对星巴克能否在海外复制其在北美的成功充满疑虑，但截至2018年底，星巴克已在日本拥有约1 286家门店且获利颇丰。在此过程中，星巴克于2015年收购了日本星巴克咖啡，使这些门店成为其全资所有，而不再是特许经营。

在进军日本市场之后，星巴克开始了积极的外国投资计划。1998年，它以8 400万美元的价格收购了拥有60家零售店的英国咖啡连锁品牌Seattle Coffee。该品牌最初由一对来自西雅图的美国夫妇创办，目的是在英国建立类似于星巴克的连锁店。到2018年，星巴克在英国已经拥有近1 000家门店。

20世纪90年代后期，星巴克还在中国、新加坡、泰国、新西兰、韩国和马来西亚等开设了门店。星巴克在亚洲最常用的策略是，以许可经营的方式让当地经营者或合资伙伴使用其模式，以取得最初的许可费和基于门店收入的特许权使用费。与在日本一样，星巴克坚持强化员工培训，并对门店的模式和布局制定了严格的规范。

中国已经成为星巴克增长最快的市场，在门店数量和收入上仅次于美国。尽管中国有着悠久的饮茶历史，但星巴克开创的第三空间咖啡文化在中国许多大城市也产生了巨大吸引力。在这些城市中，顾客愿意花较高的价格购买一杯咖啡。与其他许多国家一样，星巴克最初进入中国也是通过与当地公司成立合资企业并授权其模式。2018年情况有所变化，星巴克收购了华东的合资伙伴，以便更好地控制其增长战略。星巴克中国业务CEO王静瑛表示："全资拥有将使我们有机会充分利用公司强大的商务基础，为我们的顾客提供优质的咖啡、店内的第三空间体验和数字创新服务，并给我们的员工带来更多的职业发展机会。"* 在2018财年末拥有3 500家门店的基础上，公司计划到2022年底在中国拥有6 000家全资门店。

* Belinda Wong, "Starbucks Acquires Remaining Shares of East China Business; Move Accelerates Company's Long-term Commitment to China," Starbucks, 2017.

资料来源：Starbucks 2018 10K; J. Ordonez, "Starbucks to Start Major Expansion in Overseas Market," *The Wall Street Journal*, October 27, 2000, p. B10; S. Homes and D. Bennett, "Planet Starbucks," *Business Week*, September 9, 2002, pp. 99－110; "Starbucks Outlines International Growth Strategy," *Business Wire*, October 14, 2004; A. Yeh, "Starbucks Aims for New Tier in China," *Financial Times*, February 14, 2006, p. 17; Laurie Burkitt, "Starbucks to Add Thousands of Stores in China," *The Wall Street Journal*, January 12, 2016; "Starbucks to Acquire remaining Shares of East China JV," Starbucks press release, July 27, 2017; Jon Bird, "Roasted: How China Is Showing the Way for Starbucks in the US," *Forbes*, January 15, 2019; Eric Sylvers, "After 25 000 Stores in 78 Countries, Starbucks Turns to Italy," *The Wall Street Journal*, September 6, 2018.

7.1 引言

当企业直接对外国设施进行投资以生产或销售商品或服务时，就发生了对外直接投资（foreign direct investment，FDI）。根据美国商务部的规定，当美国公民、组织或附属团体在外国商业实体中占有 10%及以上的权益时，就发生了 FDI。如果一家企业进行 FDI，它就成了一家跨国企业。星巴克在日本、英国和中国等国家投资设立门店就是 FDI 的例子（见开篇案例）。虽然许多 FDI 采用了绿地投资的形式——从头开始建立子公司，但对完善的外国实体进行收购或与其共同设立合资企业也是 FDI 的重要手段。星巴克就同时使用了这两种方法。

本章首先将考察 FDI 在世界经济中的重要性。然后将介绍与企业为何进行 FDI 相关的理论。这些理论可以解释星巴克进入日本和中国等国家时为何采用与当地生产商共同设立合资企业并授予门店经营权的模式。这些国家在商业制度、法律和文化上与美国截然不同，所以星巴克需要外国合作伙伴的专业知识来帮助其解决在国外经营时遇到的相关问题。在讨论了 FDI 相关理论后，本章介绍了美国政府对 FDI 的政策。本章最后一节介绍了上述内容在管理实践方面的意义。

7.2 世界经济中的对外直接投资

在讨论 FDI 时，必须区分 FDI 流量和 FDI 存量。**FDI 流量**（flow of FDI）是指在特定时间段（通常为一年）内 FDI 的数量。**FDI 存量**（stock of FDI）是指特定时间点上外国资产的累计价值。我们还会谈论 **FDI 流出**（outflow of FDI），即 FDI 流出一国的流量；以及 **FDI 流入**（inflow of FDI），即 FDI 流入一国的流量。

7.2.1 FDI 趋势

在过去 20 多年里，世界经济中的 FDI 流量和存量都出现了显著增加。FDI 的年平均流出量从 1990 年的 2 500 亿美元增加到了 2007 年的峰值 2.2 万亿美元，然后在 2018 年回落到 1 万亿美元左右（见图 7 - 1）。[1]尽管自 2007 年以来有所回落，但从 1990 年起，FDI 流量增速一直快于世界贸易和世界产出的增速。例如，1990—2017 年间，世界总 FDI 流量增长了约 6 倍，而世界贸易额仅增长了 4 倍，世界产出仅增长了约 60%。[2]由于 FDI 流量较大，截至 2018 年，全球 FDI 存量约为 31 万亿美元。2018 年，跨国企业的外国子公司在全球的销售额为 27 万亿美元，占所有跨境商品和服务贸易的 1/3 以上，而全球商品和服务出口额仅为 23 万亿美元。[3]显然，无论以何种标准衡量，FDI 都是世界经济中非常重要的现象。

FDI 增长迅速有多个原因。首先，尽管过去 30 多年里，贸易壁垒总体呈下降趋势，

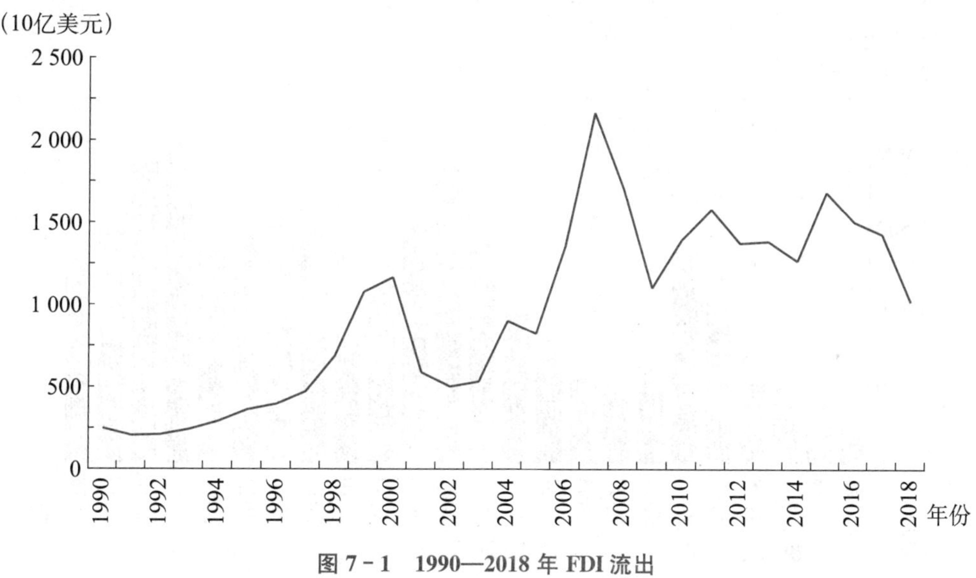

图 7-1　1990—2018 年 FDI 流出

资料来源：UNCTAD statistical data set，http://unctadstat.unctad.org.

但企业仍在担心保护主义压力。管理者将 FDI 视为规避未来贸易壁垒的一种方式。随着英国脱欧等事件的发生，保护主义压力不断升高，并很有可能会持续一段时间。其次，FDI 的增长在很大程度上受到发展中国家发生的政治和经济变革的推动。第 2 章中讨论的一些发展中国家普遍向民主制度和自由市场经济的转变，促进了 FDI 的发展。在亚洲、东欧和拉丁美洲的大部分地区，经济增长、放松经济管制、向外国投资者开放以及取消 FDI 多项限制，使得这些国家对跨国企业更具吸引力。根据联合国的数据，自 2000 年以来，各国对管理对外直接投资的法律进行了 1 500 多项修改，其中约有 80% 创造了更有利的环境。[4]

世界经济全球化对 FDI 数量也产生了积极影响。许多企业将整个世界视为它们的市场，它们进行 FDI 以确保在世界许多地区都占据重要地位。例如，标准普尔 500 指数中的美国企业，约有 43%的销售额来自国外。[5]出于一些原因，许多企业如今都认为，让生产设施更靠近主要客户群体非常重要。这也为 FDI 造成了更大的压力。

7.2.2　FDI 方向

从历史上看，发达国家的企业投资于其他发达国家市场，所以 FDI 也大多流向发达国家（见图 7-2）。在 20 世纪 80 年代和 90 年代，美国通常是 FDI 流入的首选目标。由于拥有庞大且富裕的国内市场、充满活力且稳定的经济、有利的政治环境以及对 FDI 的开放态度，美国一直对 FDI 极具吸引力。其投资者包括英国、日本、德国、荷兰和法国的企业。进入 21 世纪后，美国的外来投资仍保持高位，2018 年达到了 2 520 亿美元。欧洲发达国家也一直是大量 FDI 流入的接收国，这些流入主要来自美国和其他欧洲国家。2017 年，欧洲的外来投资为 1 720 亿美元。英国和法国历来都是 FDI 的最大接收国。[6]

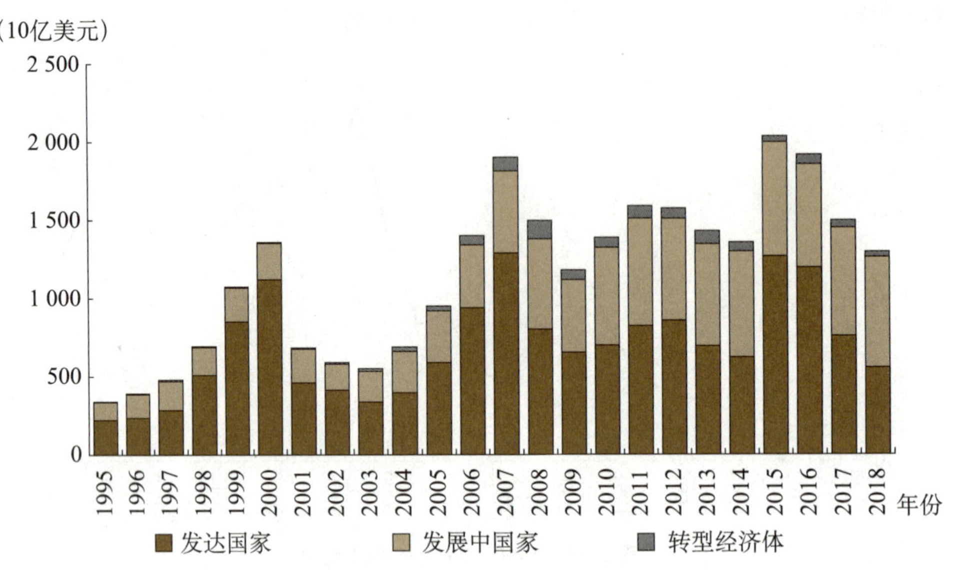

图 7-2　1995—2018 年按地区划分的 FDI 流入

资料来源：UNCTAD statistical data set，http://unctadstat.unctad.org.

然而，在过去十几年里，FDI 流入发展中国家以及东欧和前苏联地区的数量大幅增加，并在 2018 年首次超过了流入发达国家的 FDI 数量。流入发展中国家的 FDI 主要针对亚洲的新兴经济体。主要原因在于中国作为 FDI 接收国的重要性与日俱增，中国于 2004 年吸引了 600 亿美元的 FDI，随后稳步上升至 2018 年创纪录的 1 390 亿美元。[7]拉丁美洲是发展中国家中接收 FDI 流入的另一重要地区。2017 年，该地区的外来投资总额达到了 1 470 亿美元。巴西历来是拉丁美洲最大的外来投资接收国。在中美洲，由于靠近美国并加入了北美自由贸易协定，墨西哥一直是外来投资的主要接收国。2018 年，外国在墨西哥投资数额约为 320 亿美元。长期以来，非洲接收的外来投资数额最少，2018 年仅为 460 亿美元。近年来，中国企业已成为非洲的主要投资者，尤其是在采掘业。非洲无法吸引更多投资在一定程度上归咎于该地区的政治动荡、武装冲突和经济政策的频繁变化。[8]

7.2.3　FDI 来源

第二次世界大战以来，美国一直是最大的 FDI 来源国。其他重要来源国还包括英国、法国、德国、荷兰和日本等。总的来说，这六个国家占据了 1998—2018 年所有 FDI 流出量的 60%（见图 7-3）。正如我们所料想的那样，这些国家长期以来在全球最大跨国企业排名中始终位居前列。但中国的排名正在快速上升。[9]除中国外，这些国家之所以位居前列，主要是因为它们在战后大部分时间里都是拥有最大经济体的最发达国家，因此也成为许多规模最大、资本最雄厚的企业的母国。这些国家大多也有着悠久的贸易史，自然而然地寻求外国市场以推动其经济扩张。因此，这些国家的企业一直引领着 FDI 趋势。

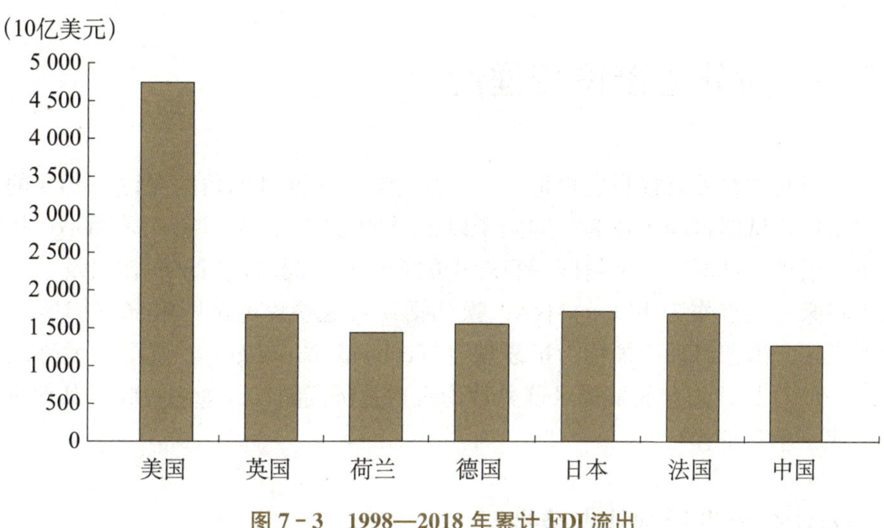

图 7-3　1998—2018 年累计 FDI 流出

资料来源：UNCTAD statistical data set，http://unctadstat.unctad.org.

中国的迅速崛起可能会使情况有所不同，特别是自 2010 年以来中国跨国企业对外投资激增。2005 年，中国企业对外投资约 120 亿美元。此后，这一数值稳步攀升，在 2016 年达到了创纪录的 1 960 亿美元，随后在 2018 年回落至 1 300 亿美元。中国企业对外投资主要针对欠发达国家的采掘业（例如，中国一直是非洲国家的主要投资者）。然而，有迹象表明，中国企业开始将注意力转向了更发达的国家。2017 年，中国企业对美国直接投资 250 亿美元，远高于 2003 年的 1.46 亿美元。[10]

7.2.4　FDI 形式：并购与绿地投资

FDI 有两种主要形式。第一种是**绿地投资**（greenfield investment），涉及在国外新建企业。第二种涉及对外国现有企业的并购。据联合国估计，1998—2018 年，约有 40%～80%的 FDI 流入是通过并购的形式进行的。[11]然而，FDI 流入发达国家和流入发展中国家的形式明显不同。就发展中国家而言，仅有约 1/3 或更少的 FDI 以跨国并购的形式出现。较低的并购率可能反映了一个事实，即在发展中国家可供收购的目标企业较少。

在考虑进行 FDI 时，企业在什么情况下更愿意并购现有资产而不是进行绿地投资呢？我们将在第 14 章深入探讨这个问题。这里先做一些简单分析。第一，并购比绿地投资执行起来更快。在现代商业世界中，市场发展十分迅速，这是企业需要考虑的一个重要因素。许多企业会认为，针对一家理想的目标企业，如果它们不收购，那么其全球竞争对手可能会“横刀夺爱”。第二，并购外国企业是因为这些企业拥有宝贵的战略资产，例如品牌忠诚度、客户关系、商标或专利、分销体系、生产体系等。对于企业而言，并购获得这些资产比通过绿地投资“白手起家”要容易得多并且可能风险更小。第三，企业进行并购是为了通过转移资本、技术或管理技能来提高被收购企业的效率。但是，正如我们将在第 14 章中讨论的，有证据表明许多并购未能实现预期收益。[12]

7.3 对外直接投资理论

本节介绍几种对外直接投资理论。这些理论从三个互补的角度探讨了 FDI 的各种现象。第一组理论试图解释企业为何倾向于以 FDI 的方式进入外国市场，而不选择出口和许可。第二组理论试图解释为何同一行业中的企业常常同时进行 FDI，以及它们为什么都倾向于将某些地点作为 FDI 的目标。换句话说，这些理论试图解释我们所观察到的 FDI 流动模式。第三组理论被称为**折衷理论**（eclectic paradigm），试图将另外两组观点整合成单一的对 FDI 的全面解释（这种理论观点是折衷的，因为它吸收了其他理论的优点并整合成了单一解释）。

7.3.1 为什么要进行对外直接投资

当企业可以通过出口和许可在外国市场取得盈利机会时，为什么还要通过 FDI 来开拓业务呢？**出口**（exporting）涉及在国内生产商品，然后将它们运往接收国进行销售。**许可**（licensing）涉及授予外国实体（被许可人）生产和销售企业产品的权利，并就它们售出的每件产品收取特许权使用费。通过粗略的考察，人们发现 FDI 与出口和许可相比成本更高、风险更大，因此为何要进行 FDI 这一问题就极为重要。FDI 耗资不菲，因为企业必须承担在国外建立生产设施或收购外国企业的成本。FDI 风险较大，因为不同文化中的游戏规则可能存在很大差异，从而导致生意上出现问题。与本土企业相比，首次在一国进行 FDI 的外国企业更有可能因无知而犯下代价高昂的错误。而出口时，企业无须承担这些成本，并可以通过当地的销售代理来减少海外销售的相关风险。同样，当一家企业同意另一家企业根据许可协议生产其产品时，其风险或成本将由被许可人承担（例如，时装公司博柏利最初就是通过与日本零售商签订许可协议的方式进入日本市场，参见“管理聚焦”）。那么，为什么这么多企业仍倾向于 FDI，而不是出口或许可呢？这就需要分析出口和许可在利用外国市场机会方面的局限性。

管理聚焦　博柏利改变其在日本的进入策略

博柏利（Burberry）是具有代表性的英国高端服装公司，以高级时装外套而闻名。它已经在日本经营了近半个世纪。之前，其品牌产品都是根据与三阳商会（Sanyo Shokai）之间的许可协议进行销售的。三阳商会在如何使用博柏利品牌方面具有很大的自主权。它在全国 400 家门店中出售博柏利商品，从高尔夫球包到迷你裙以及博柏利芭比娃娃等，其价格通常远低于博柏利在英国为其高端产品的定价。

长期以来，这笔交易对博柏利而言似乎很划算。三阳商会负责日本市场开发，每年创造约 8 亿美元的收入，并且每年向博柏利支付 8 000 万美元的特许权使用费。然而，到了 2007 年，时任博柏利 CEO 安吉拉·阿伦茨（Angela Ahrendts）越来越不满意其与日本之间的许可协议以及类似的与他国之间的 22 个协议。在阿伦茨看来，许可协议弱化了博柏利的核心品牌形象。与博柏利自家门店中的产品价格相比，三阳商会等被许可方以低得多的价格销售各种产品。阿伦茨曾说道："在奢侈品行业，随处可见是致命的——这意味着你不再是真正的奢侈品了。"此外，越来越多的顾客在网上或去英国旅行时购买博柏利产品，在英国这一品牌被认为非常高档。阿伦茨认为，对于博柏利而言，严格控制其全球品牌形象至关重要。

阿伦茨决定不再放任被许可方并重新将博柏利在国外市场的销售控制权掌握在手中，即使这意味着其销量会受到短期影响。在 2014 年离开博柏利并掌管苹果零售部门之前，她开始解除对被许可方的许可。她亲自挑选的继任者——从博柏利设计部门晋升 CEO 的克里斯托弗·贝利（Christopher Bailey），也继续奉行这一策略。

在日本，博柏利许可于 2015 年解除。三阳商会被要求关闭了近 400 家曾获得许可的博柏利门店。但博柏利并未放弃日本市场，毕竟日本是世界第二大奢侈品市场。该公司如今通过数量有限的全资门店销售产品，目标是到 2018 年在日本最高档的地方拥有 35～50 家门店。它们只提供高端产品，例如博柏利售价 1 800 美元的经典风衣等。总体上说，大多数博柏利产品会比过去在日本的价格高出 10 倍。博柏利意识到此举存在风险，并对重塑品牌后销售额会先降再升做好了准备。但贝利认为，博柏利如果想要为其奢侈品树立清晰的全球品牌形象，此举绝对必要。

资料来源：Kathy Chu and Megumi Fujikawa, "Burberry Gets a Grip on Brand in Japan," *The Wall Street Journal*, August 15 - 16, 2015; Angela Ahrendts, "Burberry's CEO on Turning an Aging British Icon into aGlobal Luxury Brand," *Harvard Business Review*, January-February 2013; Tim Blanks, "The Designer Who Would be CEO," *The Wall Street Journal Magazine*, June 18, 2015; and G. Fasol, "Burberry Solves Its 'Japan Problem,' at Least for Now," *Japan Strategy*, August 19, 2015.

出口的局限性

出口实物商品的可行性通常受到运输成本和贸易壁垒的限制。当把运输成本加到生产成本中时，远距离销售某些商品就变得无利可图，尤其是每单位重量所含价值较低的商品以及在几乎任何地点都能生产的商品。对于这类商品，相对于 FDI 或许可，出口的吸引力会有所下降，例如，水泥。因此，墨西哥大型水泥制造商西麦斯（Cemex）主要通过 FDI 而不是出口来实现国际扩张。然而，对于每单位重量所含价值较高的商品而言，运输成本通常只占总抵岸成本的一小部分（例如，电子元件、个人电脑、医疗设备、计算机软件等），出口、许可和 FDI 的相对吸引力几乎没有差别。

除运输成本外，一些企业进行 FDI 是为了应对实际或可能带来威胁的贸易壁垒，如进口关税或配额。通过对进口商品征收关税，政府增加了出口相对于 FDI 和许可的成本。同样，通过配额限制进口，政府也提高了 FDI 和许可的吸引力。例如，日本汽车公司在美国进行 FDI 的浪潮始于 20 世纪 80 年代中期并持续至今，部分原因在于美国国会带来的保护主义威胁以及对日本车辆（尤其是轻型卡车及 SUV）征收进口关税的威胁，向美国出口这些车辆如今仍面临 25％的关税。对日本汽车公司而言，这些因素降低了出口的盈利能力，增加了 FDI 的盈利能力。在这种情况下，即使没有实质的贸易壁垒，FDI 相对于出口也存在优势。通常，为了减少贸易壁垒可能带来的威胁，企业有充分理由选择 FDI，而不是出口。

许可的局限性

内部化理论（internalization theory），也称为**市场不完善**（market imperfection）理论，是经济理论的一个分支，它试图解释为什么企业通常更愿意将 FDI 而不是许可作为进入外国市场的策略。[13]根据内部化理论，作为开拓外国市场的策略之一，许可有三个主要缺点。第一，许可可能导致企业把宝贵的技术诀窍泄露给潜在的外国竞争对手。一个经典的例子是，20 世纪 60 年代，美国无线电公司（Radio Corporation of America，RCA）将其领先的彩色电视技术许可给了包括松下和索尼在内的多家日本公司。当时，RCA 将许可视为利用其技术诀窍在日本市场获得丰厚回报的一种方式，而无须承担与 FDI 相关的成本和风险。但是，松下和索尼很快模仿了 RCA 的技术，并利用该技术进入美国市场与 RCA 展开直接竞争。结果，RCA 在其本土市场日趋式微，而松下和索尼却占据了越来越大的市场份额。

第二，许可并不能让企业严格控制其在国外的生产、营销和策略，而这些都是实现利润最大化所必需的。通过许可的方式，企业将（商品或服务的）生产、营销和策略的控制权授予被许可人，以换取特许权使用费。然而，出于战略和运营原因，企业很可能仍然希望保留对这些职能的控制权。企业想要对其外国实体所采取的策略进行控制，一个原因就是它可能希望外国子公司采用激进的定价和营销策略来遏制外国竞争对手。与全资子公司不同的是，被许可人可能不会接受这样的要求，因为这可能减少利润，甚至造成损失。另一个原因是为了确保外国实体不会损害企业品牌。这也是时尚零售商博柏利终止其在日本的许可协议并将日本市场的所有零售门店转为直接所有的主要原因（详细信息请参阅有关博柏利的“管理聚焦”）。

企业想要控制外国实体的运营，其中一个原因是企业可能希望利用各国要素成本的差异，在特定国家只生产其最终产品的一部分，同时以较低成本进口别国生产的其他部分。同样，被许可人不太可能接受这样的安排，因为这将限制被许可人的自主权。出于这一原因，当企业需要对外国实体进行严格控制时，FDI 往往比许可更可取。

第三，当企业的竞争优势不是基于产品，而是基于生产这些产品所需的管理、营销和制造能力时，这些能力往往无法通过许可来获取。虽然国外的被许可人可以依据许可复制企业产品，但这样做往往达不到企业本身的生产效率。因此，被许可人可能无法充分利用外国市场的固有潜能来赚取利润。

以丰田为例，该公司在全球汽车行业的竞争优势被认为来自其对汽车设计、工程、制造和销售等整个流程进行管理的卓越能力，即来自其管理和组织能力。事实上，丰田因率先开发了“精益生产”的新生产流程而备受赞誉，该流程使其能够以低于全球竞争对手的成本生产更高质量的汽车。[14]虽然丰田可以通过许可的方式对某些产品进行授权，但其真正的竞争优势来自管理和组织能力。这类能力往往说不清、道不明，当然无法简单地写入合同中。这些能力广泛分布于整个组织中，并经过了多年的发展。它们不体现在任何个人身上，而是融于整个公司。换句话说，丰田的能力根植于其组织文化中，而文化是无法通过许可授予的。因此，如果丰田允许外国实体依据许可生产汽车，该实体很可能无法像丰田那样高效，还有可能限制外国实体充分开发该产品市场潜能的能力。正是由于这些原因，丰田总是倾向于在国外市场进行直接投资，而不是许可外国汽车公司生产产品。

所有这些都表明，当满足以下一个或多个条件时，在市场上出售专有技术的机制就会失效，而FDI能比许可带来更高的利润：(1) 企业宝贵的专有技术无法通过许可协议得到充分保护；(2) 企业需要对外国实体进行严格控制以最大化其在该国的市场份额和收益；(3) 企业的技能和专有技术不适用于许可。

对外直接投资的优势

当运输成本或贸易壁垒使得出口具有的吸引力下降时，企业将更倾向于采用FDI作为进入策略。此外，当企业希望保持其对专有技术或运营和业务策略的控制权时，或者在大多数情况下，企业的能力根本不适用于许可时，企业也会更倾向于FDI，而不是许可（或特许经营）。不仅如此，通过购买现有企业的资产，以FDI的方式获取技术、生产性资产、市场份额、品牌资产、分销体系等，都可以加快进入市场的速度，提高企业总部的生产效率，并有利于技术从被并购的公司转移至开展并购的公司。我们将在讨论不同的进入模式时讨论这个话题。

7.3.2　对外直接投资的模式

研究发现，同行业的企业往往同时进行FDI。此外，企业进行FDI往往针对相同的目标市场。本节将试图通过两种理论来解释我们在FDI流动中观察到的模式。

战略行为

一种理论基于以下观点：FDI流动反映了全球市场中企业之间的战略竞争。尼克博克（F. T. Knickerbocker）对这一观点进行了早期阐述，他研究了FDI与寡头垄断行业竞争之间的关系。[15] **寡头垄断**（oligopoly）行业是由有限数量的大企业所组成的行业（例如，在某个行业中，四家企业控制了80%的国内市场，就可将其定义为寡头垄断）。这些行业有一个关键的竞争特征，即主要参与者之间有着相互依赖的关系，一家企业的行为会对其主要竞争对手产生直接影响，迫使它们作出同样的反应。寡头垄断企业可以通过降价从竞争对手手中夺取市场份额，迫使竞争对手也采取类似的降价行为以保持市场份额。因此，寡头垄断企业之间相互依赖的关系会导致模仿行为，竞争者通常会迅速模仿另一寡头垄断企业。

在寡头垄断行业中，模仿行为有多种形式。一家企业提高价格，其他企业紧随其后；一家企业扩大产能，竞争对手纷纷效仿，以防未来处于劣势。尼克博克认为，类似的模仿行为也是FDI的特征。假设美国某寡头垄断行业有三家企业（A、B、C）主导着市场。A企业在法国设立子公司。B企业和C企业坚信，如果A企业成功了，那么这家新的子公司将损害它们出口法国的业务，并为 A 企业带来先发优势。此外，A 企业可能会在法国发现一些有竞争力的资产，并带回美国，从而使 B 企业和 C 企业在本土市场也遭受重创。鉴于这些可能性，B 企业和 C 企业决定紧随 A 企业之后在法国开展业务。

对美国企业 FDI 的研究表明，寡头垄断行业中的企业往往倾向于模仿彼此的 FDI 行为。[16]同样的现象也存在于日本企业的 FDI 中。[17]例如，本田在美国和欧洲进行投资；作为回应，丰田和日产也在美国和欧洲进行 FDI。研究还表明，全球寡头垄断行业中的战略行为可以解释全球轮胎行业的 FDI 模式。[18]

尼克博克的理论还可以扩展到多点竞争的情况下。当两家或多家企业在不同的区域市场、国家市场或行业中相遇时，就会出现**多点竞争**（multipoint competition）。[19]经济理论表明，与国际象棋选手争夺优势相似，企业会在不同市场中尝试采取相应策略以制约对方的行动。这是为了确保竞争对手不会在某个市场中取得主导地位，同时用该市场赚取的利润来弥补企业在其他市场遭受的竞争性攻击。

尽管尼克博克的理论及其扩展内容有助于解释寡头垄断行业中企业的 FDI 模仿行为，但它未能解释寡头垄断行业中的第一家企业为何决定进行 FDI，而不是采用出口或许可。内部化理论解释了这一现象。同样，模仿理论也未对 FDI 是否在海外扩张中比出口或许可更为高效作出解释，而内部化理论同时解释了效率问题。出于这些原因，许多经济学家更倾向于使用内部化理论对 FDI 进行解释，尽管他们中的大多数也认为模仿理论在对 FDI 进行阐述时发挥了重要作用。

7.3.3　折衷理论

英国经济学家约翰·邓宁（John Dunning）是折衷理论的倡导者。[20]邓宁认为，除前面讨论的各种因素外，区位特定优势在对 FDI 的原因和方向进行解释时也起到了相当重要的作用。邓宁所说的**区位特定优势**（location-specific advantage）是指利用与特定外国区位相关的资源禀赋或资产并将其与企业自身独特的资产（例如企业的技术、营销或管理能力）相结合而产生的宝贵优势。邓宁同意内部化理论的观点，即企业很难将自己独特的能力及专有技术许可给他人。因此，他认为企业往往需要通过 FDI，将自身独特的能力与区位特定资产或资源禀赋相结合。也就是说，企业需要在外国资产或资源禀赋所在地建立生产设施。

邓宁的观点有一个直观的例子，那就是自然资源，如石油和其他矿产，其特征就是位于特定区位。邓宁表示，要开发此类外国资源，企业就必须进行 FDI。这解释了为何世界上许多石油公司都进行 FDI，这些公司必须在石油所在地进行投资，才能将其技术和管理能力与宝贵的区位特定资源相结合。另一个典型的例子是宝贵的人力资源，例如低成本、高技能的劳动力。劳动力成本和技能因国家而异。邓宁认为，由于劳动力难以在国际范围内流动，企业可以将生产设施建在那些劳动力成本和技能最适合特定生产流程的国家。

邓宁的理论不仅仅适用于矿产和劳动力等基本资源。以硅谷为例，它是世界计算机和半导体行业的中心。许多世界领先的计算机和半导体公司，如苹果、惠普、甲骨文、谷歌和英特尔，都位于加利福尼亚州硅谷地区，彼此相邻。因此，计算机和半导体领域的许多前沿研究和产品开发都发生在那里。根据邓宁的观点，在硅谷产生的有关计算机和半导体设计及制造的知识，在世界其他任何地方都无法获取。可以肯定的是，知识在传播至世界各地时就被商业化了，但计算机和半导体行业知识创造的前沿仍在硅谷。这意味着硅谷在计算机和半导体行业相关知识的创造方面具有区位特定优势。这种优势部分来源于该领域人才的高度集中，部分来源于非正式的关系网，这种关系网使企业能够从彼此的知识创造中获益。经济学家将这种知识“外溢”的现象称为**外部效应**（externality），并且有切实的理论表明，企业靠近知识外溢的来源地可以从外部效应中受益。[21]

在这种情况下，外国计算机和半导体企业就有理由投资于研究和生产设施，从而可以学习并利用有价值的新知识，进而在世界其他地方开展业务并在全球市场建立竞争优势。[22]有证据表明，欧洲、日本、韩国的计算机和半导体企业投资于硅谷地区正是因为它们希望从那里的外部效应中获益。[23]另有观点认为，外国企业直接投资于美国生物技术行业的动力来自它们希望获取美国生物技术企业独有的区位特定技术知识。[24]因此，邓宁的理论似乎是对前述内容的有益补充，因为它有助于解释区位因素对 FDI 流向的影响。[25]

7.4 政治意识形态与对外直接投资

从历史上看，国家内部针对 FDI 的政治意识形态差异极大，一个极端是对所有 FDI 持敌视态度的激进立场，另一个极端则是坚持自由市场经济学的不干涉主义原则。介于这两个极端之间的是一种可称为实用民族主义（pragmatic nationalism）的方法。

7.4.1 激进的观点

一些激进的学者认为，跨国企业是帝国主义统治的工具。他们将跨国企业视为剥削东道国以使其资本主义和帝国主义的母国独占利益的工具。他们认为，跨国企业从东道国攫取利润并带回母国，而没有给东道国带来任何价值。例如，他们指出，跨国企业严格控制着关键技术，并且其外国子公司的重要职位均由其母国国民而非东道国国民担任。正因为如此，根据激进的观点，发达资本主义国家的跨国企业进行 FDI，会使欠发达国家出现相对倒退并更依赖于发达资本主义国家的投资、工作岗位和技术。因此，这种观点的极端，就是任何国家都不应允许外国企业进行 FDI，因为 FDI 永远无法成为经济发展的工具，只能成为经济支配的工具。一国如果已经存在跨国企业，就应立即将其收归国有。[26]

从 1945 年到 20 世纪 80 年代，这种激进的观点在世界经济中有很大的影响力。许多国家也曾采取激进的立场——尤其在非洲，那里许多新独立的国家采取的首要行动之一就是将外资企业收归国有。在政治意识形态中信奉民族主义的国家则持有更为激进的立场。伊朗和印度就是如此，它们都通过严格的政策限制 FDI 并将许多外资企业收归国有。

到 20 世纪 90 年代初期，激进的立场逐渐退出历史舞台。那些持有激进立场的国家普遍经济表现糟糕，许多国家越来越相信 FDI 可以成为技术和工作岗位的重要来源，并可以刺激经济增长；那些信奉资本主义而非激进立场的发展中国家和地区出现了强劲的经济表现。尽管如此，激进的观点在一些国家仍然存在。

7.4.2 自由市场的观点

自由市场的观点可以追溯到古典经济学以及亚当·斯密和大卫·李嘉图的国际贸易理论（见第 5 章）。FDI 的内部化理论强化了该观点的理论依据。自由市场的观点认为，国际生产应当根据比较优势理论在各国之间进行分配。各国应该专门生产其生产效率最高的商品和服务。在此框架内，跨国企业是一种将商品和服务的生产分散至全球最高效地点的工具。从这个角度来看，跨国企业的 FDI 提高了世界经济的总体效率。

试想，戴尔决定将其个人电脑的装配业务从美国移至墨西哥，以利用墨西哥较低成本的劳动力。根据自由市场的观点，这种举措可被视为提高了世界经济中资源利用的总体效率。墨西哥因其较低的劳动力成本而在个人电脑组装方面具有比较优势。戴尔通过将个人电脑的生产从美国移向墨西哥，释放了美国资源，从而可将这些资源用于美国具有比较优势的活动（例如，计算机软件设计、微处理器等高附加值零部件的制造或基础研发等）。不仅如此，相比于国内生产的个人电脑而言，其成本降低也将使消费者受益。此外，墨西哥也能够从通过 FDI 转移的技术、技能和资本中获益。与激进的观点相反，自由市场的观点强调了这种资源转移给东道国带来的好处，它可以刺激东道国经济增长。因此，自由市场的观点认为，FDI 对母国和东道国都有好处。

7.4.3 实用民族主义

在实践中，许多国家既没有对 FDI 采用激进的政策，也没有采用自由市场政策，而是采用了实用民族主义的政策。[27]实用民族主义的观点认为，FDI 有利有弊。FDI 可以为东道国带来资本、技能、技术和工作岗位，从而使东道国受益，但这些好处是有代价的。当外国公司而不是本国公司生产产品时，其投资利润就会流向国外。许多国家还担心，外资制造商可能从其母国进口许多零部件，从而对东道国的国际收支状况产生负面影响。

认识到这一点，采取实用民族主义立场的各国所奉行的政策都旨在最大化国家收益、最小化国家成本。根据这种观点，只要收益大于成本，国家就应该允许 FDI。日本就是一个实用民族主义的例子。直到 20 世纪 80 年代，日本的政策在所有采取实用民族主义立场的国家中仍可能是限制性最强的。这是因为日本认为，外国企业带着丰富的管理资源直接进入日本市场可能会阻碍日本自身产业和技术的发展和提高。[28]这种观点导致日本阻止了大部分意图进入日本的投资。但是，政策总有例外。拥有重要技术的企业如果坚持不将其技术许可给日本企业或不与日本企业成立合资企业，通常也能够被允许进行 FDI。IBM 和得州仪器就通过这一谈判立场得以在日本设立全资子公司。从日本政府的角度来看，FDI 的好处超过了可预知的成本——这些企业可能刺激日本经济的增长。

实用民族主义的另一个观点是，它往往通过税收减免或拨款等形式向外国跨国企业提供补贴，以积极吸引符合国家利益的 FDI。欧盟国家为了吸引美国和日本的 FDI，经常积极提供大量税收减免和补贴。从历史上看，英国在吸引日本汽车行业投资方面一直是最成功的。日产、丰田和本田如今都已在英国拥有大型装配厂，并将英国作为它们服务欧洲其他地区的基地，这给英国的就业和国际收支带来了明显的好处（在英国退出欧盟的情况下，这些投资会有什么变化仍有待观察）。同样，在美国，各州之间也经常相互竞争以吸引 FDI，它们以税收减免的形式向外国企业提供慷慨的财政激励，以鼓励这些企业在美国开展业务。

7.4.4　意识形态的转变

近年来，坚持采用激进意识形态的国家数量明显减少。尽管很少有国家采用完全的自由市场政策，但越来越多的国家正在朝着自由市场的方向发展，并且逐步对外国投资开放。其中包括许多在 30 多年前属于激进阵营的国家以及多个在 FDI 方面被列为实用民族主义的国家（例如，日本、韩国、意大利、西班牙，以及大多数拉丁美洲国家）。其带来的结果之一就是全球 FDI 量激增，正如我们之前指出的，FDI 增速一直快于世界贸易增速。另一个结果是，在过去 20 多年里开放 FDI 的国家的 FDI 量也有所增长，这些国家包括中国、印度和越南等。

也有一些证据表明，仍有部分国家对 FDI 采取了更具敌意的态度。2005 年和 2006 年，委内瑞拉和玻利维亚两国政府单方面改写了油气勘探合同，提高了外国企业在该国境内开采油气必须向政府支付的特许权使用费。时任玻利维亚总统埃沃·莫拉莱斯（Evo Morales）在 2006 年就职后，将该国的天然气田国有化，还表示外国企业如果不同意将收入的约 80%上缴该国并放弃生产监督，就会被驱逐出境。也有越来越多的证据表明一些发达国家对 FDI 流入的敌意有所增强。2006 年，由印度企业家拉克希米·米塔尔（Lakshmi Mittal）控股的全球企业米塔尔钢铁公司（Mittal Steel）试图收购欧洲最大的钢铁公司阿赛洛（Arcelor），这在欧洲激起了强烈的政治反对。

7.5　FDI 的收益和成本

在对 FDI 的态度上，许多政府或多或少都可被视为实用民族主义者。它们的政策是在衡量 FDI 的收益和成本的基础上制定的。在本节中，我们将首先从东道国（接收国）的角度，然后从母国（来源国）的角度，探讨 FDI 的收益和成本。在下一节中，我们将研究政府用于管理 FDI 的政策工具。

7.5.1 东道国的收益

FDI 流入给东道国带来的收益主要来自资源转移效应、就业效应、国际收支效应，以及对竞争和经济增长的影响。

资源转移效应

FDI 可以通过无可替代的资本、技术和管理资源的供应，为东道国的经济作出积极贡献，从而提高东道国的经济增长率。

在资本方面，许多跨国企业可以凭借庞大的规模和财务实力，获取东道国企业所无法获取的财务资源。这些资金可能来自企业内部，也可能来自外部——大型跨国企业可能凭借良好的声誉比东道国企业更容易从资本市场上借到钱。

在技术方面，如第 2 章所述，技术可以刺激经济发展和工业化。技术可以通过两种形式带来价值。技术可以与生产流程结合（例如，用于勘探、挖掘和提炼石油的技术），或者与产品结合（例如，个人电脑）。然而，许多国家缺乏开发本国产品和工艺技术所需的研发资源和技能，在欠发达国家尤其如此。这些国家必须依赖于先进的工业化国家来获取刺激经济增长所需的大部分技术，而 FDI 可以提供这些技术。

研究表明，跨国企业在对外投资时确实经常带来重大技术转让。[29] 例如，一项对瑞典 FDI 的研究发现，外国企业在收购瑞典企业后，会增加被收购企业的劳动力和全要素生产率，这表明发生了重大技术转让（技术通常会提高生产率）。[30] 此外，OECD 针对 FDI 开展的一项研究发现，外国投资者对被投资国投入了大量资金进行研发，这表明它们不仅向这些国家转让技术，而且可能对这些国家的现有技术进行了升级或创造了新技术。[31]

通过 FDI 获取的外国管理技能也可能为东道国带来很大的好处。受过最新管理技能培训的外国管理者通常有助于提高东道国业务的运营效率，无论这些业务是通过并购还是绿地投资建立的。当接受培训并随后担任外国跨国企业子公司的管理、财务和技术职位的当地人员离开公司并帮助建立本土企业时，也可能产生有益的附带效应。外国跨国企业卓越的管理技能还能够刺激当地供应商、分销商和竞争对手提高它们自己的管理技能，从而带来类似的好处。

就业效应

FDI 的另一个好处是就业效应，它能够为东道国带来就业机会，而这些机会在没有 FDI 的情况下无法产生。FDI 对就业的影响既有直接的，也有间接的。当外国跨国企业雇用许多东道国国民时，就产生了直接影响。当这些投资为当地供应商创造工作岗位，并且由于跨国企业员工在当地的支出增加，进而创造了就业机会时，则产生了间接影响。间接的就业效应通常不亚于直接的就业效应，甚至影响会更大。例如，当丰田决定在法国开设一家新汽车工厂时，该工厂预计将创造 2 000 个直接工作岗位，并可能为配套产业另外创造 2 000 个工作岗位。[32]

怀疑论者认为，在 FDI 创造的新工作岗位中，并非所有岗位都能带来就业机会净增长。就日本汽车公司在美国的FDI而言，有些人认为，该项投资创造的就业机会被美国自有汽车公司的失业率所抵消，日本竞争对手夺取了这些美国公司的市场份额。由于存在替代效应，FDI创造的新就业机会数量可能不如跨国企业最初声称的那么多。就业机会的净增长可能成为跨国企业意图开展FDI时与东道国政府谈判的主要问题。

当采用收购东道国既有企业的方式而不是绿地投资的方式进行FDI时，如果跨国企业试图对被收购企业的业务进行重组以提高其运营效率，则可能造成就业率下降等直接影响。但是，研究表明，即使在这种情况下，一旦完成重组的初始阶段，被外国企业收购的企业往往会比国内竞争对手更快速地提高就业率。OECD的一项研究发现，外国企业创造新工作岗位的速度快于国内同行。[33]

国际收支效应

FDI对一国国际收支账户的影响是大多数东道国政府制定政策时优先考虑的重要问题。一国的**国际收支账户**（balance-of-payments accounts）记录了该国对其他国家支付的款项和从其他国家收取的款项。当一国的国际收支经常账户出现赤字时，政府通常会感到担忧。**经常账户**（current account）记录了商品和服务的进出口。当一国进口的商品和服务多于出口时，就会出现经常账户赤字，通常也被称为贸易逆差（trade deficit）。政府通常更愿意看到经常账户盈余而不是赤字。消除经常账户长期赤字的主要途径是向外国出售资产（有关这一情况的详细介绍，参见第5章附录）。例如，自20世纪80年代以来，美国经常账户持续赤字，弥补赤字的方式就是稳定地向外国出售美国资产（股票、债券、房地产和整个公司）。各国政府都不希望本国资产落入外国，它们总是希望自己的国家实现经常账户盈余。FDI可以通过两种方式帮助国家实现这一目标。

首先，如果FDI可以替代商品或服务的进口，就可以改善东道国的国际收支经常账户。例如，日本汽车公司在美国和欧洲进行的大部分FDI都可以看作替代了从日本进口的商品。由于许多日本公司如今供应美国市场的商品都来自其在美国的生产设施，而不是在日本的生产设施，美国的国际收支经常账户得到了一定程度的改善。这就减少了通过向外国出售资产的方式来弥补经常账户赤字的需要，美国显然从中获利。

其次，跨国企业利用外国子公司向其他国家出售商品和服务。根据联合国的一份报告，外国跨国企业带来的FDI流入是许多发展中国家和发达国家出口导向型经济增长的主要驱动力。[34]例如，中国的出口额从1985年的273.6亿美元激增至2008年的1.4万亿美元。这种爆发式的出口增长在很大程度上源于外国跨国企业对中国进行了大量投资。

对竞争和经济增长的影响

经济理论表明，市场有效运作取决于生产者之间的充分竞争。采用绿地投资的形式进行FDI，结果是建立新企业，增加市场参与者的数量，并因此给消费者带来更多选择。这也可以提高国内市场的竞争水平，从而压低价格并增加消费者的经济福利。竞争加剧往往会刺激企业在厂房、设备和研发等方面投入更多资本，以努力取得超越竞争对手的优势。从长远来看，这还可能提高生产力，促进产品和流程创新，并实现更快速的经济增长。[35]韩国零售部门于1996年放开FDI管制后，似乎就出现了这些有利的变化。

西方大型折扣店（包括沃尔玛、开市客（Costco）、家乐福和特易购（Tesco）等）的 FDI，似乎对易买得（E-Mart）等韩国本土折扣店的发展起到了促进作用，使其提高了运营效率，并带来了更有效的竞争和更低的价格，使韩国消费者受益。同样，印度政府也已向 FDI 开放该国零售部门，部分原因是它认为沃尔玛、家乐福和宜家等高效的全球零售商将带来竞争，从而刺激印度零散的零售体系提高效率。

FDI 对国内市场竞争的影响在电信、零售和许多金融服务领域尤为重要，在这些服务领域中，由于服务的生产地和交付地相同，出口往往是不可能的。[36]例如，根据 1997 年世界贸易组织达成的协议，占世界电信收入 90%以上的 68 个国家承诺对外国投资和竞争开放市场，并遵守电信领域公平竞争的共同规则。在此协议之前，世界上大部分电信市场都将外国竞争者拒于门外，而且在大多数国家，市场都由单一的运营商（通常是国有企业）垄断。该协议大幅提高了许多国家电信市场的竞争水平，带来了两大主要好处。首先，外商投资加剧了竞争，刺激了对全球电网现代化的投资，从而带来了更好的服务。其次，更激烈的竞争也带来了更低的价格。

7.5.2 东道国的成本

东道国进行 FDI 会涉及三类成本。这些成本来源于对竞争的不利影响、对国际收支的不利影响，以及对国家主权和自治权的潜在影响。

对竞争的不利影响

东道国政府有时会担心外国跨国企业的子公司在经济实力上超过本国企业。如果外国跨国企业属于一个较庞大的国际组织，则它很可能利用在其他地方取得的资金来补贴其在东道国市场的损失，这可能导致本国企业受到业务排挤，而该跨国企业一家独大。一旦市场被垄断，外国跨国企业就可以提高价格，使价格高于竞争市场中的一般价格，进而对东道国的经济福利产生不利影响。如果一国（通常是欠发达国家）没有自己的大型企业，则这种情况会加剧。而在大多数发达的工业化国家，这种情况相对较少发生。

总的来说，虽然以绿地投资形式进行 FDI 会加剧竞争，但尚不清楚以收购东道国既有企业的形式进行 FDI 是否也是如此。由于收购不会导致市场参与者的数量出现净增加，因此对竞争的影响可能是中性的。当外国投资者在东道国收购两家或多家企业并将其兼并时，可能会造成市场竞争水平降低，外国企业实现垄断，消费者选择减少且价格提高。例如，在印度，联合利华的印度子公司——印度斯坦联合利华有限公司（Hindustan Unilever Ltd.）收购了当地主要竞争对手 Tata Oil Mills，从而占据了沐浴皂（75%）和清洁剂（30%）市场的主导地位。印度斯坦联合利华有限公司还在其他市场收购了多家当地公司，例如冰激凌制造商 Dollops、Kwality 和 Milkfood 等。在将这些公司合并后，印度斯坦联合利华有限公司在印度冰激凌市场的份额从 0 增加到了 74%。[37]尽管这些情况引发了明显担忧，但几乎没有证据表明其影响存在普遍性。许多国家管理国内竞争的机构都有权审查并阻止它们认为可能对竞争造成不利影响的任何并购活动。如果此类机构能够有效运作，则足以确保外国实体无法在一国市场形成垄断。

对国际收支的不利影响

FDI 对东道国国际收支状况可能造成双重不利影响。第一，为抵消 FDI 给东道国带来的初始资本流入，外国子公司取得的收益必然将在之后流向母公司。这种流出表现为国际收支账户的资本外流。有些政府对外国子公司能够汇回母国的收益进行限制，以应对此类资本外流。第二，外国子公司从国外大量进口投入品，将借记在东道国国际收支经常账户。例如，对于日本公司在美国拥有的汽车装配业务，有批评者指出它们通常会从日本进口许多零部件。正因为如此，FDI 对美国国际收支经常账户的有利影响可能没有最初设想的那么大。日本汽车公司的回应是，承诺从美国当地制造商处购买多达 75%的零部件（但是这些制造商的所有者不一定是美国人）。当日本汽车公司日产投资于英国时，日产对人们关于国产化程度的担忧作出了回应，它承诺将其产品的国产化程度增至 60%，随后又提高到 80%以上。

对国家主权和自治权的潜在影响

有些东道国政府担心，FDI 将造成本国一定程度的经济独立性丧失。这种担心源于外国母公司可能作出影响东道国经济的关键决策，而这些外国母公司没有对东道国作出真正的承诺且东道国政府对它们也没有实际控制权。大多数经济学家认为这种担忧是无稽之谈。政治学家罗伯特·赖希（Robert Reich）指出，这种担忧是一种过时的思维的产物，因为它没有考虑到世界经济越来越相互依存的情况。[38]在所有发达国家都越来越多地投资于彼此的市场的情况下，一国不可能向别国索取“经济赎金”而不损害到自己。

7.5.3　母国的收益

FDI 对母国（来源国）的好处有三方面。第一，母国的国际收支状况将受益于外国收益的流入。如果外国子公司能够为母国创造资本设备、中间产品、互补产品等出口需求，则 FDI 也能够因此给母国的国际收支带来好处。

第二，FDI 流出给母国带来的好处来源于就业效应。与国际收支一样，当外国子公司为母国创造出口需求时，就会产生积极的就业效应。因此，丰田在欧洲投资汽车装配业务对日本的国际收支和就业都有好处，因为丰田会直接从日本进口欧洲汽车装配业务所需的零部件。

第三，母国跨国企业可以从其涉足的外国市场中学到一些宝贵的技能并传回母国，从而带来收益。这相当于一种反向资源转移效应。通过外国市场，跨国企业可以学到卓越的管理技能以及优秀的产品和工艺技术。然后可将这些资源传回母国，为母国的经济增长作出贡献。[39]

7.5.4　母国的成本

相对于这些收益而言，FDI 也会给母国（来源国）带来明显的成本。最令人担忧的是 FDI 流出对国际收支和就业的影响。母国的国际收支可能受到三方面的影响。第一，FDI 最初的资金需求将造成资本外流，从而影响母国的国际收支。但是这种影响通常随着外国收益的流入而被抵消或逆转。第二，如果 FDI 的目的是利用产地的低成本优势为国内市场服务，则国际收支经常账户就会受到影响。第三，如果用 FDI 替代直接出口，也将影响国际收支经常账户。因此，只要丰田在美国的装配业务能够替代日本产品的直接出口，日本的经常账户就会出现恶化。

关于就业效应，当 FDI 被看作国内生产的替代方式时，情况往往最令人担忧。丰田在美国和欧洲的投资就是这种情况，这将明显降低母国的就业率。如果母国的劳动力市场已经供不应求，失业率很低，则这种担忧可能不那么明显。但是，如果母国失业率较高，就会出现对出口行业工作岗位的担忧。例如，美国劳工领袖经常对北美自由贸易协定提出反对意见（见第 8 章），他们认为美国企业为了利用较便宜的劳动力而在墨西哥投资并反过来向美国出口产品，这将使美国失去数十万个工作岗位。[40]

7.5.5 国际贸易理论与 FDI

在评估 FDI 带给母国的收益和成本时，应该结合国际贸易理论（见第 5 章）。国际贸易理论表明，离岸生产未必会给母国带来负面经济影响。**离岸生产**（offshore production）指的是为服务国内市场而进行的 FDI。美国汽车公司在墨西哥投资生产汽车零部件就是一个例子。这类 FDI 非但不会降低母国的就业率，反而可能刺激母国的经济增长（并因此提高就业率），因为它可以释放母国资源并将这些释放的资源集中用于母国具有比较优势的活动中。此外，如果 FDI 促使特定产品的价格下降，则母国消费者也将从中受益。不仅如此，如果一家公司因负面的就业效应而被禁止进行此类投资，而其国际竞争对手却获得了低成本生产的好处，那么毫无疑问，该公司的市场份额将被其国际竞争对手掠夺。在这种情况下，对该国经济造成的长期不利影响很可能超过离岸生产对国际收支和就业效应的影响。

7.6 政府政策工具与 FDI

我们已经从母国和东道国的角度审视了 FDI 的收益和成本。现在让我们来关注母国（来源国）和东道国可以用来管理 FDI 的政策工具。

7.6.1 母国政策

母国可以通过不同政策鼓励或限制当地企业进行 FDI。首先来看旨在鼓励 FDI 的政策。这些政策包括外国风险保险、资本扶持、税收优惠和政治压力。然后，再来看旨在限制 FDI 的政策。

鼓励 FDI

许多投资国（母国）都有政府支持的保险计划，保险范围涵盖了主要类型的外国投资风险，包括征收（国有化）、战争损失以及无法将利润转回母国的风险。此类保险计划特别有助于鼓励企业在政局不稳定的国家进行投资。[41]此外，一些发达国家还设立了专门的基金或银行，用于向那些希望在发展中国家投资的企业提供政府贷款。作为鼓励国内企业进行FDI的进一步激励措施，许多国家取消了对外国收入的双重征税（即东道国和母国的所得税）。最重要的一点是，一些投资国（包括美国）一直在利用其政治影响力来说服东道国放宽对外商投资的限制。例如，为应对美国施加的压力，日本减少了其对FDI流入的非正式壁垒。玩具反斗城（Toys “R” Us）经过该公司及美国政府官员五年不断的游说，于1991年12月在日本开设了第一家零售店。到2012年，玩具反斗城在日本拥有超过170家门店，并且由其控股的日本企业已在日本股票市场上市。有趣的是，虽然玩具反斗城在2017年因破产而停止其在美国的业务，但它仍在日本继续经营。

限制FDI

事实上，包括美国在内的所有投资国都时常对FDI流出施加一定程度的控制。出于国际收支上的考虑，其中一个政策就是限制资本外流。例如，从20世纪60年代初期到1979年，英国制定了外汇管制条例，限制了企业可以转移出该国的资本金额。尽管此类政策的主要目的是改善英国的国际收支状况，但一个重要的间接目的就是让英国企业更难进行FDI。

此外，有些国家偶尔会利用税收政策来鼓励本国企业在国内投资。这类政策是为了在国内（而不是在其他国家）创造就业机会。英国就曾采取过这类政策。英国先进的公司税制使得英国公司为海外收入缴纳的税率高于其国内收入的税率。这项税收法规推动了英国公司在国内投资。

各国有时会出于政治原因禁止本国企业在特定国家投资。此类限制可以是正式的或非正式的。例如，美国正式规定，禁止美国企业在古巴和伊朗等政治意识形态及政治行动有悖于美国利益的国家进行投资。同样，在20世纪80年代，为劝阻美国企业在南非投资，美国政府施加了非正式的压力，目的是迫使南非改变其所实施的种族隔离法，而南非确实在20世纪90年代初期作出改变。

7.6.2 东道国政策

东道国也可以用政策来限制或鼓励FDI流入。正如本章前面所述，政治意识形态过去曾对这些政策的类型和范围起决定作用。在20世纪的最后十年里，许多国家迅速从禁止FDI的激进立场转向以自由市场为目标的实用民族主义。

鼓励FDI

政府通常会鼓励外国企业来本国投资。激励措施有多种形式，最常见的是税收减免、低息贷款以及拨款或补贴。这类激励措施为的是使本国从FDI的资源转移效应和就业效应中获益，同时避免其他潜在的东道国得到FDI。例如，20世纪90年代中期，英国和法国政府争相为丰田在其本国投资提供激励措施。而在美国，各州政府经常为吸引 FDI 而相互竞争。例如，肯塔基州向丰田提供了价值 1.47 亿美元的一揽子激励计划，包括税收减免、新基础设施支出以及低息贷款等，目的是说服其在该州建立汽车装配厂。[42]

限制 FDI

东道国政府使用各种控制措施从多个方面限制 FDI。最常见的两种方式是所有权限制和绩效要求。所有权限制有多种形式。在有些国家，外国公司不可从事特定领域的业务，比如瑞典的烟草和采矿业以及巴西、芬兰和摩洛哥的特定自然资源开发等领域禁止外国企业进入。在其他行业中，尽管允许外资持股，但子公司的大部分股权必须由本地投资者持有。美国限制航空领域的外资所有权不得超过 25%。印度在 2001 年放宽规定允许外国企业持有至多 26%的印度报纸企业股权，之前一直禁止外国企业拥有媒体业务。

进行所有权限制有两个基本原因。首先，各国常以国家安全或竞争为由将外国企业排除在特定领域之外。特别是在欠发达国家，人们似乎认为，只有通过进口关税和 FDI 管控限制外国竞争者，才能发展本地企业。这是第 6 章讨论的幼稚产业保护理论的另一种形式。

其次，所有权限制似乎基于一种信念，即当地所有者有助于东道国将 FDI 的资源转移效应和就业效应最大化。直至 20 世纪 80 年代，日本政府仍禁止大多数 FDI，但允许日本企业和拥有宝贵技术的外国跨国企业建立合资企业。日本政府认为这种安排能够加快跨国企业所拥有的宝贵技术在日本传播。

绩效要求也有多种形式。绩效要求旨在对跨国企业当地子公司的行为进行控制。最常见的绩效要求涉及国产化程度、出口、技术转让和高层管理人员中的当地人参与率等。与所有权限制一样，绩效要求背后的逻辑是帮助东道国最大化 FDI 收益并最小化 FDI 成本。许多国家为达成自己的目的都有某种形式的绩效要求。不过，与发达的工业化国家相比，绩效要求在欠发达国家往往更为普遍。[43]

7.6.3 国际机构与 FDI 自由化

直至 20 世纪 90 年代，跨国机构仍未稳定参与 FDI 管理。随着 1995 年世界贸易组织成立，这一状况发生了变化。WTO 致力于促进国际服务贸易。由于许多服务必须在其产地进行销售，不可能出口（例如，我们无法出口麦当劳汉堡包或银行服务），WTO 开始参与管理 FDI。对于一个为促进自由贸易而创建的机构而言，WTO 一直致力于推动 FDI 管理的自由化，特别是在服务领域。在 WTO 的主持下，1997 年为实现电信和金融服务的贸易自由化达成了两项广泛的多国协议。这两项协议都包括了详细的条款，要求签约国放宽对 FDI 的管制，从根本上向外国电信和金融服务公司开放市场。WTO 试图启动会谈，以建立一套旨在促进 FDI 自由化的通用规则，但至今收效甚微。以马来西亚和印度为代表的发展中国家仍拒绝 WTO 启动此类谈判。

7.7 聚焦管理影响

7.7.1 FDI和政府政策

本章讨论的内容对企业有一些内在影响。本节将首先考察理论影响，然后再关注政府政策的影响。

FDI理论

FDI理论对企业实践的影响显而易见。首先，约翰·邓宁主张的区位特定优势理论确实有助于解释FDI的方向。但是，区位特定优势理论并未解释企业为何选择FDI而不是许可或出口。在这方面，无论是从解释的角度还是从企业的角度来看，关注出口及许可限制的理论可能是最有效的，即内部化理论。该理论在一定程度上确定了FDI、出口及许可的相对盈利能力如何随着环境而变化。该理论表明，只要运输成本较低且贸易壁垒可忽略不计，出口就优于许可和FDI。随着运输成本或贸易壁垒增加，出口利润逐渐减少，就只能在FDI和许可之间作出选择。由于FDI相较于许可成本更高、风险更大，在其他条件相同的情况下，该理论认为许可优于FDI。然而，其他条件相同的情况极少。因此，尽管可以选择许可，但当存在以下一个或多个条件时，许可并不是一个有吸引力的选择：(1) 企业所拥有的宝贵的专有技术无法通过许可协议得到充分保护；(2) 企业需要严格控制外国实体以最大化其在该国的市场份额和收益；(3) 企业的技能和能力不适用于许可。图7-4以决策树的形式呈现了这些需要考虑的因素。

对于某些企业而言，许可并不是一个好的选择。这些企业主要集中于三种类型的行业中：

- 高科技行业。在这些行业中，保护企业特有的专业技术是最重要的，而许可却可能带来危害。
- 全球寡头垄断行业。在这些行业中，竞争中的相互依赖关系使得跨国企业必须对海外业务有着严格控制，才有能力对其全球竞争对手发起协同攻击。
- 成本压力很大的行业。这些行业中的跨国企业需要严格控制其海外业务，以便将生产分散到全球要素成本最有利的地点，使成本最小化、价值最大化。

尽管实证证据很有限，但似乎大多数研究都支持这些推断。[44]此外，如果企业的竞争优势深植于企业的日常运作或管理技能中，且这些优势难以形成“规划方案”，那么许可就不是一个好的选择。就这一点而言，许多行业企业似乎都符合。

当行业条件与前述内容相反时，许可对于企业而言是一个好的选择。也就是说，在零散的低技术行业中，许可往往更普遍，也更有利可图。在这些行业中，将制造分散至全球各地是不可取的，快餐业就是一个很好的例子。麦当劳通过特许经营策略在全球扩张。特许经营实质上就是服务行业的许可，尽管它的期限通常比许可长得多。通过特许经营，企业将品牌名称许可给外国企业以换取一定比例的被特许人的利润。特许经营合

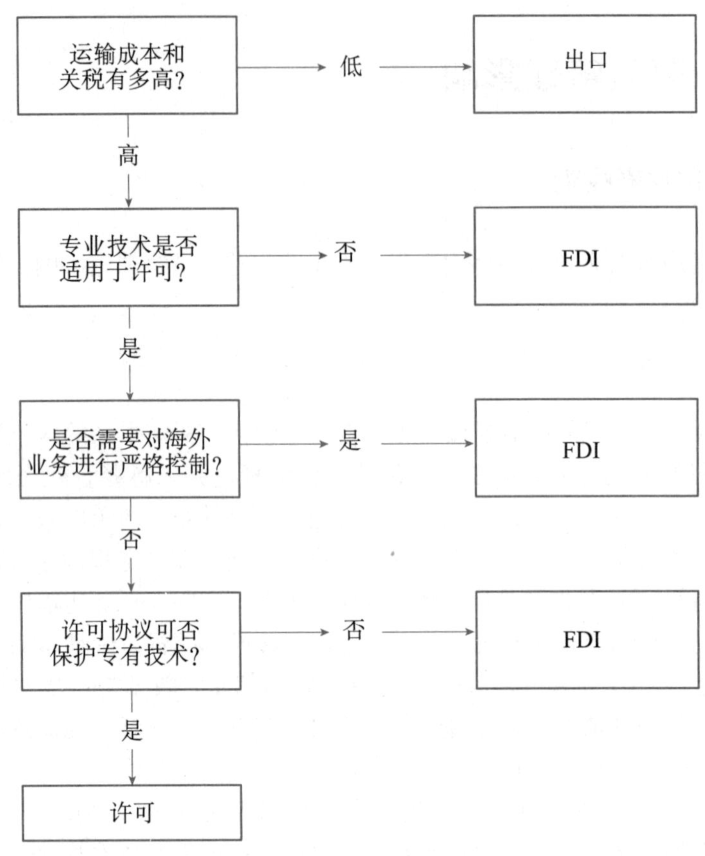

图 7-4　决策框架

同规定了被特许人使用特许人品牌名称必须满足的条件。因此，麦当劳允许外国企业使用其品牌名称的前提是这些外国企业同意采用与世界其他地方的麦当劳餐厅完全相同的方式来经营餐厅。这种策略对于麦当劳来说很合理，因为（1）与很多服务行业一样，快餐不能出口；（2）特许经营减少了开拓国外市场的相关成本和风险；（3）与专门技术不同，品牌名称更容易以合同方式进行保护；（4）麦当劳没有必须对其被特许人施加严格控制的理由；（5）麦当劳有关如何经营快餐店方面的专有知识可以在书面合同中作出明确规定（例如，合同规定了如何经营麦当劳餐厅的细节）。

最后，应该指出的是，从企业实践的角度来看，产品生命周期理论和尼克博克的 FDI 理论用处不大。这两种理论的问题在于它们是描述性的而不是分析性的。它们能够很好地描述 FDI 的历史演变，但它们在确定影响 FDI、许可和出口相对盈利能力的因素方面作用较小。实际上，这两种理论都忽略了许可也可以作为 FDI 的替代方案。

政府政策

东道国政府对 FDI 的态度在很大程度上决定了在哪里建立外国生产设施以及在哪里进行 FDI。在其他条件相同的情况下，投资于对 FDI 实行宽松政策的国家显然优于投资于限制 FDI 的国家。

然而，现实问题往往更为复杂。尽管近年来各国纷纷转向自由市场，但仍有许多国家对FDI持激进的立场。在此情况下，企业考虑FDI时就必须与该国政府就具体的投资条款进行谈判。谈判通常围绕两个广泛的问题。如果东道国政府试图吸引FDI，则核心问题可能是东道国政府准备向跨国企业提供何种激励措施，以及企业将承诺以什么作为交换。如果东道国政府不确定FDI能带来好处并选择限制FDI流入，则核心问题可能是企业必须作出怎样的让步才能获准继续进行投资。

在很大程度上，任何协议的结果都取决于双方相对的议价能力，而双方的议价能力取决于三个因素：

- 一方对另一方提供的价值的重视程度。
- 双方备选方案的数量。
- 双方的时间期限。

在企业与东道国政府就投资条款进行谈判时，如果东道国政府高度重视企业提供的价值，企业有很多备选方案并且有很长的时间来完成谈判，那么企业的议价能力就较强。反之，如果东道国政府不太重视企业提供的价值，企业的备选方案很少并且需在较短时间内完成谈判，那么企业的议价能力就较弱。[45]

小结

本章试图通过理论介绍对国家间的FDI模式作出解释并考察政府在企业FDI决策方面的影响。本章要点如下：

1. 任何试图解释FDI的理论都必须说明为何企业在可采用出口和许可的情况下，仍会选择并购或创立海外业务。

2. 高昂的运输成本或进口关税都有助于解释为何许多企业宁愿选择FDI或许可，而不是出口。

3. 在以下情形下，企业通常更愿意进行FDI而不是许可：(1) 企业所拥有的宝贵的专有技术无法通过许可协议得到充分保护；(2) 企业需要对外国实体进行严格控制，以使其在该国的市场份额和收益最大化；(3) 企业的技能和能力不适用于许可。

4. 尼克博克的理论表明，许多FDI可以用寡头垄断行业中竞争企业之间的模仿行为来进行解释。

5. 邓宁认为，区位特定优势理论在对FDI的性质和方向进行解释时具有相当重要的意义。根据邓宁的观点，企业进行FDI是为了利用具有区位特殊性的资源禀赋或资产。

6. 政治意识形态是政府FDI政策的重要决定因素。意识形态包括从敌视FDI的激进立场到不干预的自由市场立场。在这两个极端之间是实用民族主义。

7. FDI给东道国带来的收益来自资源转移效应、就业效应和国际收支效应。

8. FDI给东道国带来的成本包括对竞争和国际收支的不利影响以及对国家主权的不利影响。

9. FDI给母国（来源国）带来的收益包括：由于外国收入流入而使国际收支得到

改善、当外国子公司为母国出口创造需求时所产生的积极就业影响，以及反向资源转移效应所带来的好处。当外国子公司在国外获得了可以传回母国的宝贵技能时，就会发生反向资源转移效应。

10. 母国的 FDI 成本包括：初始资本外流和 FDI 的出口替代效应对国际收支造成的不利影响。当 FDI 将就业机会输出国外时，也会产生成本。

11. 母国可以利用政策鼓励或限制 FDI。东道国可通过激励措施来吸引 FDI，或通过所有权限制以及对外国跨国企业的特定绩效要求来限制 FDI。

思考与讨论题

1. 2008 年，FDI 流入约占爱尔兰固定资本形成总额（gross fixed capital formation，是指对工厂、仓库和零售店等固定资产的投资额）的 63.7%，而这一数字在日本仅为 4.1%。两国的 FDI 流入为何存在如此差异？

2. 比较内部化理论和尼克博克的 FDI 理论。你认为哪一个理论能够更好地解释 FDI 的历史模式？为什么？

3. FDI 折衷理论的优势是什么？你认为它有缺点吗？折衷理论对管理实践有何影响？

4. 阅读"管理聚焦"《博柏利改变其在日本的进入策略》，然后回答以下问题：

（1）为什么博柏利最初选择许可的方式来扩展其在日本的业务？

（2）随着时间推移，许可的哪些限制变得愈加明显？博柏利是否预料到这些不利之处？

（3）对于博柏利而言，终止日本的许可协议并开设全资门店是否是正确的策略？存在什么风险？

5. 假设你是一家美国企业的国际管理者，该企业刚开发出一款革命性的新型个人电脑，它的功能与现有个人电脑相同，但制造成本仅为现在的一半。该电脑的独特设计拥有多项专利保护。企业 CEO 要求你就如何向西欧扩展业务提出建议。你的选择如下：（1）从美国出口；（2）许可某家欧洲企业制造和销售这款电脑；（3）在欧洲设立全资子公司。评估各备选方案的利弊，并提出建议。

章末案例

吉利走向全球

浙江吉利控股集团有限公司是一家中国汽车制造商，成立于 1986 年，最初是一家冰箱制造商。它的创始人李书福是一位充满活力的企业家和汽车爱好者。这家位于杭州的公司直到 1997 年才涉足汽车行业。如今，它已在蓬勃发展的中国汽车市场中成为领先的民营汽车制造商。

据报道，李书福对设计的要求很高。在报废了三批次设计和制造不佳的车型后，他才最终找到了一款符合预期的四门超小型轿车。这款名为"自由舰"的车型于 2005 年推出，是由吉利与韩国大宇汽车公司（Daewoo Motors）合作开发的。

大约在这一时期，李书福萌生了收购沃尔沃（Volvo）的想法。沃尔沃是他最喜欢的汽车制造商，总部位于瑞典。1999年，福特汽车以64.5亿美元的价格收购了沃尔沃。2009年，大萧条使美国和欧洲汽车市场遭受重创，受到打击的福特汽车宣布出售旗下的多个汽车品牌，其中包含了沃尔沃。李书福的机会来了。2010年，吉利达成了以18亿美元收购沃尔沃的协议，这在当时是中国汽车制造商最大的海外收购案。

许多观察人士都不看好此次收购，但后来的事实证明他们是错的。沃尔沃的品牌和工程设计技能与吉利的制造能力相结合被证明是一个成功的组合。如今，沃尔沃汽车仍然在瑞典哥德堡策划、设计和测试，并保留瑞典特色，但它们在中国的两家新工厂和美国南卡罗来纳州的一家新工厂进行组装，而这些工厂都是在吉利收购沃尔沃后才建造的。

吉利对南卡罗来纳州的工厂寄予了厚望。该工厂生产在美国销售的沃尔沃S60轿车，但吉利计划将其生产扩大至沃尔沃SUV，将年产量提高到150 000辆，并将美国员工人数扩大一倍，达到近4 000人。沃尔沃美洲制造和物流副总裁卡塔琳娜·菲约尔丁（Katarina Fjording）表示，美国工厂需要比中国工厂更大的投入。吉利已经在中国制造汽车并拥有成熟的物流和供应基地，但在南卡罗来纳州，一切都要从头开始。

自此次收购之后，中国已成为沃尔沃汽车的主要市场，沃尔沃以其安全性能和雅致的外观而广受好评。该公司的目标是生产出在任何路况下都能良好行驶的最安全的汽车。吉利承诺将生产出“零死亡率”的汽车，在这种新款沃尔沃汽车的行驶过程中，不会出现重伤或死亡的情况。为实现这一目标所需的技术包括自动转向、自适应巡航控制以及为碰撞警告和防止碰撞而设置的行人和动物感应，所有这些技术都在哥德堡进行开发。

该收购策略的成功之处体现在销售数据上。2018年，吉利旗下的沃尔沃品牌销量同比增长了12.4%。对于这一拥有90多年历史的老品牌而言，创造了历史新高。世界各地的市场共销售642 000辆沃尔沃汽车。中国的销量增长了14%，美国的销量增长了20%。中国如今是沃尔沃品牌最大的市场，2018年销量为131 000辆；其次是美国，2018年销量为98 000辆。

吉利从收购沃尔沃的成功之中受到了鼓舞，进行了更多的外国投资。2017年，它获得了英国跑车制造商路特斯汽车（Lotus Cars）的控股权、马来西亚最大汽车公司宝腾（Proton）49.9%的股权，以及瑞典卡车公司、沃尔沃集团（曾是沃尔沃汽车的母公司）和戴姆勒-奔驰的少数股权。

资料来源：Pamela Ambler，“Volvo and Geely：The Unlikely Marriage of Swedish Tech and Chinese Manufacturing，” *Forbes*，January 23，2018；Sui-Lee Wee，“Geely Buys Stake in Volvo Trucks，” *The New York Times*，December 27，2017；“Volvo Cars Sets New Global Sales Record in 2018”，Volvo Car Group，January 4，2019；B. Gruley and J. Butler，“How China’s 36th Best Car Company Saved Volvo，” *Bloomberg Businessweek*，May 24，2018.

案例讨论题

1. 吉利为何要收购沃尔沃？这次收购会带来什么好处？有什么潜在成本和风险？
2. 收购沃尔沃让吉利在中国的销量有所增长。与简单地授权沃尔沃品牌和专有技术相比（假设这是一种选择），为什么收购更受偏爱？

3. 在收购沃尔沃之后，吉利在美国建立了一家新的全资工厂以生产沃尔沃汽车。为什么FDI策略优于其他开拓美国市场的方式（例如，出口或将沃尔沃品牌和设计许可给其他生产商）？

4. 吉利在南卡罗来纳州的投资会给美国经济带来哪些好处？存在哪些潜在成本？让这项投资继续进行是否符合美国利益？

注释

第8章

区域经济一体化

学习目标

阅读本章后，你将能够：

- 描述区域经济一体化的不同程度。
- 了解支持区域经济一体化的经济和政治观点。
- 了解反对区域经济一体化的经济和政治观点。
- 阐述世界上最重要的区域经济协定的历史、当前范围和未来前景。
- 了解区域经济一体化协议对管理实践的内在影响。

开篇案例

英国脱欧的代价

1973 年 1 月 1 日，英国加入欧洲经济共同体（欧盟前身）。当时人们相信，加入欧洲经济共同体能加强英国与欧洲其他成员国的贸易关系并从贸易中获得可观的收益，从而推动经济出现更大的增长。但是，这一决定在政治上存在争议，许多英国人担心加入该组织将使国家主权受到限制。1975 年公投再次确定了英国将留在欧洲经济共同体中，当时有 67%的选民投票赞成英国继续保留成员国身份。

时间来到 2016 年 6 月，英国再次举行了有关其是否继续留在欧盟的公投。核心问题与 1975 年公投时相同，有很大一部分人认为加入欧盟对英国的国家主权产生了负面影响。触发争议的焦点包括：(1) 来自东欧的欧盟成员国（例如波兰）的移民激增，人们还担心土耳其加入欧盟后会带来更多的移民；(2) 位于布鲁塞尔的欧盟官方机构所拥有的权力不断增加；(3) 英国作为欧盟成员国在订立贸易协议方面没有自主权。那些想要英国离开欧盟的人认为，从长远来看，英国如果退出欧盟，经济状况将会更好。那些想要英国留在欧盟的人则认为，如果退出欧盟，英国将因无法轻易进入欧盟这一庞大的单一市场而遭受重大经济损失。最终，"脱欧"阵营以51.89%对48.11%在公投中战胜了"留欧"阵营。这一微弱的优势并没有缓解英国紧张的政治局势。执政的保守党政府内部对这一问题仍存在严重分歧，但不得不与欧盟就退出协议展开谈判。

事实证明，想要在退出协议的谈判中最大限度减少脱欧所带来的经济混乱并满足脱欧阵营快速切断与欧盟关系的愿望，绝非易事。面对政治上的一系列混乱，英国要求延长原定于2019年3月29日的脱欧日期，试图促成一项能够得到英国国会批准的协议。欧盟同意将最终期限延长至2019年10月31日，随后又延长到2020年1月31日。尽管如此，显而易见的是，无论退出欧盟将带来怎样的长期影响，从短期来看，围绕英国脱欧形式和时机的不确定性已经对英国经济造成了损害。

英格兰银行的经济学家的一项研究表明，自2016年6月公投以来，英国每年付出了400亿英镑的代价。这意味着，与原有情况相比，到2018年底，英国的损失相当于GDP的2%左右。该研究表明，英国经济增长放缓的一个主要原因是英国脱欧的不确定性带来的商业投资停滞。许多英国企业最关心的是它们进入欧盟单一市场的机会将受到英国脱欧协议的何种影响，因为英国脱欧后欧盟出口的关税可能会有所上升。

标准普尔的经济学家的另一项研究表明，到2018年底，相比于留在欧盟时，英国经济规模会缩减约3%（损失660亿英镑）。标准普尔团队表示，除商业投资减少外，公投之后英镑贬值导致英国通货膨胀率上升，从而削减了家庭支出，抑制了经济需求。标准普尔的研究还指出，虽然货币贬值通常会促进出口，但在英国并没有观察到这种现象。对此的一种可能解释是，考虑到英国脱欧的不确定性，其他欧盟国家的企业不愿增加英国商品和服务的采购量，即便这些商品和服务拥有更低的价格。

有证据表明，如果最终的脱欧协议不符合英国意愿且英国失去了进入欧盟单一市场的优惠条件，则许多在英国拥有大量资产的企业将会把部分生产转移出英国。这些威胁要将生产设施迁往欧洲大陆或减少英国投资的企业包括本田、日产、路虎和福特等汽车制造商，索尼和松下等消费电子公司，英国创新型消费品公司戴森（Dyson），飞机制造商空中客车，以及银行业巨头摩根大通（J. P. Morgan）。

资料来源：R. Partington，"Cost of Brexit to UK Economy Running at £40 Billion a Year，" *The Guardian*，February 15，2019；Felix Todd，"From Dyson to JP Morgan，Here Are the Companies that Could Leave the UK After Brexit，" *Compelo*，February 19，2019；E. Nelson，"In an Alternative Universe Without Brexit，the UK Economy Is 3% Larger，" *Quartz*，April 4，2019；J. Edwards，"The Price of Brexit Has Been £66 Billion So Far，Plus an Impending Recession，" *Business Insider*，April 7，2019.

8.1 引言

过去20多年里，促进**区域经济一体化**（regional economic integration）的区域贸易集团激增。WTO成员必须向WTO通报其所参与的任何区域贸易协定。到2019年，所有成员都已向WTO通报其加入了一个或多个区域贸易协定。截至2019年，共有294

个有效的区域贸易协定。[1]

与国际贸易理论，尤其是比较优势理论（见第 5 章）的预测一致，经济学家认为，为促进区域内更自由的贸易而订立的协定将给所有成员带来贸易收益。GATT 及 WTO 都在寻求减少贸易壁垒的途径。但是，WTO 站在全球的角度，要让所有成员达成一项共同的协定极为困难。而相比于在 WTO 的主持下达成协定，通过签订区域协定，一些国家集团可以更迅速地减少贸易壁垒，从而获得比 WTO 规则所允许的更大的贸易收益。近年来，由于 WTO 未能在最新一轮贸易谈判即于 2001 年启动但至今仍悬而未决的多哈回合（见第 6 章）中取得进展，区域贸易协定已成为各国为达成目标所采用的一项重要政策。鉴于多哈回合未能取得成功，各国政府认为它们可以通过多边协定（而不是 WTO）来更好地推进贸易议程。

欧洲在区域经济一体化中一直走在世界前列。1993 年 1 月 1 日，欧洲共同体（以下简称“欧共体”）正式取消了在欧盟内部开展跨境业务的诸多壁垒，试图建立一个拥有 3.4 亿消费者的单一市场。如今，欧盟人口约 4.5 亿，生产总值达 18 万亿美元，总体经济规模仅次于美国。然而，英国脱欧为欧洲设想的未来蒙上了一层阴影。不仅如此，正如开篇案例所述，有些人认为英国脱欧将导致英国经济增长放缓，因为英国企业和消费者将失去欧盟单一市场所带来的好处。如果情况确实如此，就能够证明加入一个结构完善的区域贸易协定能够帮助各国从贸易中获得收益。

世界其他地区也在推行类似的举措。1994 年 1 月 1 日，加拿大、墨西哥和美国签署的《北美自由贸易协定》(NAFTA) 正式生效。NAFTA 的最终目标是消除三个国家之间商品和服务自由流动的所有壁垒。虽然 NAFTA 导致美国某些部门的失业率上升，但总体与国际贸易理论的预测一致，大多数经济学家认为，扩大区域贸易的收益远大于成本。然而，唐纳德·特朗普批评了 NAFTA，指责它造成美国大量失业，并已经通过谈判达成一项新协议，即《美国-墨西哥-加拿大协定》(United States-Mexico-Canada Agreement，USMCA)。

南美洲也在朝着区域经济一体化前进。1991 年，阿根廷、巴西、巴拉圭和乌拉圭共同建立了“南方共同市场”(Mercosur)，开始减少彼此之间的贸易壁垒。非洲也在进行区域经济一体化的尝试。2015 年，有 26 个非洲国家签署了一项协定，试图降低关税并减少通关程序，以刺激该地区的经济增长。

本章探讨了有关区域经济一体化的经济和政治观点，特别关注了一体化带来的经济上和政治上的收益和成本；介绍了全球范围内区域经济一体化的进展，并阐述了区域经济一体化对国际商务实践的重要影响。我们将讨论未来可能对欧盟造成威胁的当前事态发展，以及接替 NAFTA 的 USMCA。在此之前，我们首先需要考察理论上可能存在的各种一体化程度。

8.2　经济一体化程度

理论上，经济一体化存在不同程度（见图 8-1）。一体化程度从最低到最高，依次是自由贸易区、关税同盟、共同市场、经济联盟，以及最高的政治联盟。

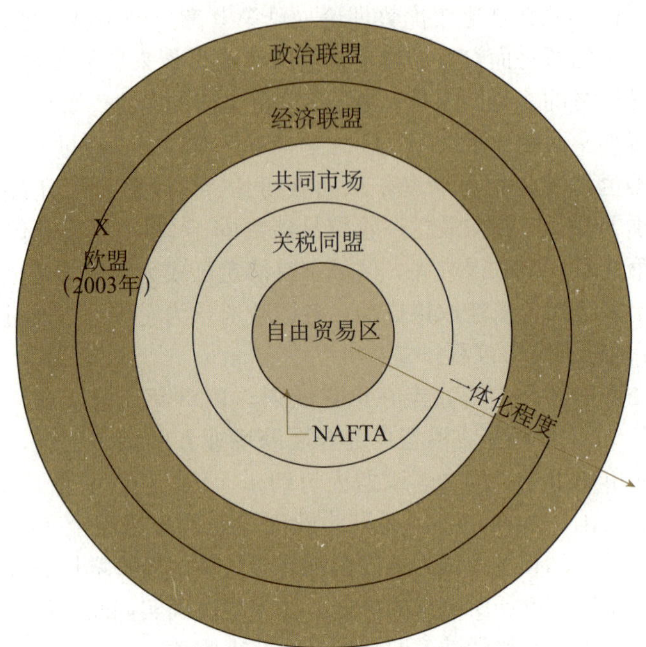

图 8-1　经济一体化的不同程度

在**自由贸易区**（free trade area）内，成员之间移除了所有商品和服务贸易壁垒。理论上，一个理想的自由贸易区不存在使成员之间的贸易发生扭曲的歧视性关税、配额、补贴或行政障碍。但是，每个成员都可以针对非成员制定自己的贸易政策。例如，不同成员对非成员产品征收的关税可能不同。自由贸易协定是区域经济一体化最受欢迎的形式，几乎占到区域协定的 90%。[2]

世界上最持久的自由贸易区是**欧洲自由贸易联盟**（European Free Trade Association，EFTA）。EFTA 成立于 1960 年 1 月，从 1995 年的 7 个成员国减至目前的 4 个成员国——挪威、冰岛、列支敦士登和瑞士（有 3 个 EFTA 成员国——奥地利、芬兰和瑞典于 1996 年 1 月 1 日加入欧盟）。EFTA 是由那些最初决定不加入欧共体的西欧国家建立的。它的原始成员包括奥地利、英国、丹麦、芬兰和瑞典。EFTA 把重点放在工业品的自由贸易上，农业被排除在外。EFTA 成员国可以自由决定对来自 EFTA 以外的商品所实施的保护程度。其他自由贸易区还包括北美自由贸易区及其后继的《美国-墨西哥-加拿大协定》建立的自由贸易区，我们将在本章后面对其进行深入讨论。

关税同盟在全面经济和政治一体化道路上向前迈了一步。**关税同盟**（customs union）消除了成员之间的贸易壁垒，并采用了共同的对外贸易政策。建立共同的对外贸易政策需要大量的行政机制来监督其与非成员之间的贸易关系。大多数加入关税同盟的成员都希望在未来实现更大程度的经济一体化。欧盟最初就是一个关税同盟，但它如今已超越了这一程度。安第斯共同体（Andean Community，前身为安第斯条约组织）是一个包括玻利维亚、哥伦比亚、厄瓜多尔和秘鲁在内的自由贸易区，它一直渴望成为关税同盟，但迄今为止尚不能得到完善的落实。安第斯共同体在成员国之间实现了自由贸易，并在理论上对外部进口的产品征收 5%～20%的共同关税。[3]

经济一体化程度再加深一步就是**共同市场**（common market）。共同市场成员之间没有贸易壁垒，拥有共同的对外贸易政策，并允许生产要素在成员之间自由流动。劳动力和资本自由流动的原因是成员之间没有移民或资本跨境流动的限制。建立自由市场需要在财政、货币和就业政策方面实现高度协调与合作。事实证明，要实现这种程度的合作十分困难。多年来，欧盟一直作为一个共同市场发挥作用，尽管如今它已经超越了这一程度。南方共同市场（由阿根廷、巴西、巴拉圭和乌拉圭组成的南美洲集团）希望最终成为一个共同市场。委内瑞拉曾被南方共同市场接收为正式成员，但由于不民主的政策，其加入该集团的进程于 2017 年 8 月被无限期延后。

相较于共同市场，**经济联盟**（economic union）需要更紧密的一体化和合作。与共同市场一样，经济联盟涉及成员之间产品和生产要素的自由流动，采用共同的对外贸易政策，但还需要单一货币、统一的成员税率以及共同的货币和财政政策。要实现如此高度的一体化，就需要一个协调的官方机构，以及各国为该机构牺牲大量国家主权。欧盟就是一个经济联盟，尽管它如今还不够完善，因为并非所有欧盟成员国都采用欧盟的货币——欧元，各国之间的税率和法规仍存在差异，并且在能源等市场中并未完全解除管制。

在向经济联盟转变的过程中会带来一个问题，即如何建立一个对各成员公民负责的协调的官方机构。答案是通过政治联盟，用一个中央政治机构来协调各成员的经济、社会和外交政策。欧盟前进的方向显现出了一些政治联盟的苗头。欧洲议会在欧盟具有举足轻重的作用，自 20 世纪 70 年代以来一直由欧盟国家公民直接选举产生。此外，由各欧盟成员国政府部长组成的部长理事会是欧盟的控制和决策机构。

8.3　支持区域经济一体化的观点

支持区域一体化的理由既有经济方面的，也有政治方面的，但通常无法被一国内部的大多数群体接受，这就解释了为何大多数实现区域经济一体化的努力都充满争议且停滞不前。在本节中，我们将考察支持一体化的经济和政治观点，并讨论一体化面临的两个障碍。在下一节中，我们将考察反对一体化的观点。

8.3.1　支持一体化的经济观点

支持区域经济一体化的经济观点简单明了。我们在第 5 章中考察了国际贸易的经济理论，介绍了不受限制的自由贸易为何能使各国专门生产其拥有最高生产效率的商品和服务。自由贸易的结果是，世界产量将高于贸易受限时的情况。第 5 章还揭示了一国开放自由贸易为何能够刺激经济增长，并从贸易中取得动态收益。第 7 章详细介绍了对外直接投资如何将技术、营销和管理上的专业技能转移到东道国。鉴于知识在促进经济增长中的核心作用，一国开放 FDI 也可能会刺激经济增长。总而言之，经济理论认为，自由贸易和投资是一场正和博弈，所有参与国都将从中受益。

因此，理论上理想的情形是国家间商品、服务和生产要素的自由流动不存在障碍。但是，正如我们在第 6 章和第 7 章中看到的，也有不少观点支持政府干预国际贸易和 FDI。由于许多政府部分或全部接受了这些干预理由，不受限制的自由贸易和 FDI 只存在于理想之中。尽管 WTO 等国际机构一直在推动世界走向自由贸易体制，但并不是很成功。在一个拥有众多国家和不同政治意识形态的世界中，要让所有国家都同意一套共同的规则非常困难。

在此背景下，区域经济一体化可被视为除 WTO 全球协定之外，从各国贸易和投资的自由流动中获取额外收益的一种尝试。在少数邻国之间建立自由贸易和投资机制，相比于在世界范围内建立这一机制要容易得多。能否实现协调和政策统一在很大程度上取决于试图达成协定的国家数量。涉及的国家越多，需要调和的方面就越多，达成一致就越难。因此，区域经济一体化的动力来源于从自由贸易和投资中获益的愿望。

8.3.2 支持一体化的政治观点

支持区域经济一体化的政治观点越来越多地表现为建立自由贸易区、关税同盟等多种努力。将相邻国家的经济联系在一起，使它们越来越依赖于彼此，从而促进各邻国之间形成政治合作，并减少发生暴力冲突的可能性。此外，通过形成经济一体化，这些国家也可以提高它们在世界上的政治影响力。

出于这些考虑，1967 年欧共体成立。欧洲在 20 世纪上半叶经历了两次毁灭性的战争。许多欧洲人认为，第二次世界大战后，欧洲国家不再拥有足够的力量在世界市场和世界政治中占有一席之地，需要统一起来以应对美国和其他政治对手。[4]

NAFTA 的建立也有政治方面的考虑。许多 NAFTA 支持者认为，该贸易协定有助于推进墨西哥的民主和经济增长。这也对美国有利，因为它将减少来自墨西哥的非法移民。事实上，来自墨西哥的非法移民已经从 1995 年的 290 万人增加到了 2007 年的近 700 万人。但是，自 NAFTA 建立，墨西哥经济走强确实使墨西哥非法移民的数量减少。到 2017 年，美国的墨西哥非法移民人数已降至 580 万人。[5]

8.3.3 一体化的障碍

尽管有强有力的经济和政治观点支持一体化，但要实现或维持一体化绝非易事，主要有两个障碍。第一，虽然大多数人能从经济一体化中获益，但也需要付出代价。一国作为整体可能从区域自由贸易协定中获益匪浅，但仍有某些群体至少在中短期内会遭受一定损失。转向自由贸易机制可能面临痛苦的调整。由于 NAFTA 的建立，随着加拿大和美国企业将生产转移至墨西哥，在纺织等雇用低成本、低技能劳动力的行业中，一些加拿大和美国工人失去了工作。为加拿大和美国经济整体带来巨大净收益的协定，受到那些因 NAFTA 而蒙受损失的群体的敌视。这些群体一直站在反对 NAFTA 的最前沿，并将继续反对该协定出现任何扩大的趋势。

一体化的第二个障碍来自对国家主权的担忧。例如，墨西哥担心其在与加拿大和美国达成协定后能否保住石油利益，因此 NAFTA 在有关开放外国投资的条款中对墨西哥石油工业予以了豁免。之所以会有对国家主权的担忧，是因为经济一体化形成的紧密关系要求各国在一定程度上放弃其对货币政策、财政政策（例如税收政策）和贸易政策等关键问题的控制权，这一直是欧盟发展的主要绊脚石。为实现全面经济联盟，欧盟引入了单一货币欧元，由欧洲中央银行控制。尽管大多数成员国都同意加入欧元区，但英国是一个重要的抵制者。在英国政坛有着重要影响的一部分群体反对单一货币，他们认为这将使英国把对货币政策的控制权交给欧盟，而许多英国人将欧盟视为一个由外国人运营的官僚机构。1992 年，英国决定不加入单一货币体系。2016 年，英国就其是否继续留在欧盟举行了公投，并通过投票决定退出欧盟（本章稍后将进行讨论）。对国家主权的担忧，尤其是对移民政策的担忧，是促使英国政府举行公投的主要因素。

8.4 反对区域经济一体化的观点

尽管建立区域自由贸易协定已成为一种趋势，但一些经济学家仍表示担忧，他们认为区域经济一体化的好处被夸大了，而代价却被忽略了。[6]他们指出，区域经济一体化的好处取决于贸易创造，而非贸易转移。当高成本的国内供应商被自由贸易区内低成本的供应商取代时，就发生了**贸易创造**（trade creation）。同样，当高成本的外部供应商被自由贸易区内低成本的供应商取代时，情况也是如此。当低成本的外部供应商被自由贸易区内高成本的供应商取代时，就发生了**贸易转移**（trade diversion）。区域自由贸易协定只有在其创造的贸易量超过转移的贸易量时才能使世界受益。

假设美国和墨西哥对来自所有国家的产品征收进口关税，然后二者建立了一个自由贸易区，取消了它们之间的所有贸易壁垒，但仍对来自世界其他地区的进口产品征收关税。如果美国开始从墨西哥进口纺织品，这种变化是否有益？如果美国过去一直以高于墨西哥的成本生产所有纺织品，则该自由贸易协定将使生产转向更便宜的地区。根据比较优势理论，区域集团内部形成的贸易不会造成世界其他地区的贸易量减少。显然，这种变化是有益的。但如果美国过去一直从哥斯达黎加进口纺织品，而哥斯达黎加的纺织品生产成本低于美国和墨西哥，那么贸易就会从低成本地区转移到高成本地区，这使情况变得更糟。

理论上，WTO 规则应确保自由贸易协定不会导致贸易转移。只有在成员国对非成员国设定的关税不会比以往更高或具有更多限制的情况下，WTO 规则才允许建立自由贸易区。但是，正如第 6 章所说的，GATT 和 WTO 并未涵盖一些非关税壁垒。因此，区域集团可能通过较高的非关税壁垒来保护其内部市场免受外部竞争影响。在这种情况下，贸易转移效应可能超过贸易创造效应。那些对此表示担忧的人认为，防止出现这种可能性的唯一方法是扩大 WTO 规则的范围以涵盖非关税贸易壁垒。然而，这在短期内可能难以实现，因此区域经济一体化导致贸易转移的风险仍然存在。

8.5 欧洲的区域经济一体化

欧洲有两个贸易集团——欧盟和欧洲自由贸易联盟（EFTA）。相比而言，欧盟如今更为重要，不仅体现在成员数量上（尽管英国已投票退出，但欧盟目前仍有 27 个成员国；EFTA 仅有 4 个成员国），也体现在对世界经济和政治的影响力上。英国的退出可能会改变人们对欧盟的看法，但欧盟仍然被视为与美国实力相当的新兴经济和政治超级联盟。因此，我们将重点讨论欧盟。[7]

8.5.1 欧盟的演变

欧盟（European Union，EU）的产生离不开两个政治因素：（1）第二次世界大战期间西欧遭受的破坏以及对持久和平的渴望；（2）欧洲国家渴望在世界政治和经济中占有一席之地。此外，许多欧洲人意识到，各国之间形成更紧密的经济一体化能够带来潜在的经济利益。

1951 年，比利时、法国、西德、意大利、卢森堡和荷兰成立了欧洲煤钢共同体（European Coal and Steel Community），目标是消除集团内部煤炭、钢铁和非金属的货运壁垒。1957 年**《罗马条约》**（Treaty of Rome）签署，1967 年欧共体正式成立。1993 年，《马斯特里赫特条约》（Maastricht Treaty）正式生效，欧共体正式更名为欧洲联盟。

《罗马条约》规定建立共同市场。该条约第 3 条规定了新共同体的主要目标，呼吁消除内部贸易壁垒，建立共同的对外关税，并要求各成员国消除阻碍生产要素在成员国之间自由流动的障碍。为促进商品、服务和生产要素的自由流动，该条约要求各成员国通过制定法律作出必要的协调。此外，该条约还承诺欧共体将在农业和运输方面制定共同政策。

1973 年，英国、爱尔兰和丹麦加入了欧共体，使其更加壮大。紧随这三个国家之后，希腊于 1981 年，西班牙和葡萄牙于 1986 年，奥地利、芬兰和瑞典于 1995 年，分别加入欧共体，使成员国总数达 15 个（在 1990 年德国统一后，东德也成了欧共体的一部分）。2004 年 5 月 1 日，东欧的 8 个国家以及地中海小国马耳他和塞浦路斯共 10 个国家加入欧盟。此后，保加利亚和罗马尼亚于 2007 年、克罗地亚于 2013 年加入欧盟，使成员国总数达 28 个（英国脱欧后，成员国数量变为 27 个）。通过一系列扩张，欧盟已在经济上具有全球影响力。

8.5.2 欧盟的政治结构

围绕欧盟经济政策的制定和实施形成了一个复杂且仍在不断完善的政治结构。该结构中有四个主要机构，分别是欧盟委员会、欧盟理事会、欧洲议会和欧盟法院。[8]

欧盟委员会（European Commission）负责提议和实施欧盟立法，并监督各成员国遵守欧盟法律。它的总部设在比利时布鲁塞尔，由各成员国指派的委员进行管理，委员任期五年，可续任。委员会主席由各成员国选出，再由主席与各国协商选出其他委员。整个委员会必须得到欧洲议会的批准才能开始工作。欧盟委员会在欧盟立法提案上享有独断地位。欧盟委员会提出提案后，该提案将相继提交给欧盟理事会和欧洲议会。欧盟理事会不能在没有欧盟委员会提案的情况下立法。欧盟委员会还负责欧盟法律的实施，尽管在实践中，大部分法律必须由各成员国实施。欧盟委员会的另一项职责是监督各成员国以确保它们遵守欧盟法律。欧盟委员会通常会要求违反欧盟法律的国家改正行为。如果该国仍不改正，欧盟委员会可以将案件提交给欧盟法院。

近年来，对于企业而言，欧盟委员会在竞争政策方面发挥了越来越重要的作用。自 1990 年正式受命负责竞争政策以来，欧盟竞争事务专员作为欧盟成员国竞争政策的首席监管者，影响力一直在稳步提升。与美国联邦贸易委员会和美国司法部等美国反垄断机构的职能类似，欧盟竞争事务专员的职能是确保没有任何企业利用市场影响力驱逐竞争对手并垄断市场。例如，2009 年，欧盟委员会因英特尔在计算机芯片市场滥用市场支配权而对其处以创纪录的 10.6 亿欧元罚款。此前因类似的滥用市场权力而接受处罚的记录是 2004 年微软因阻碍服务器和媒体软件市场竞争而被处以 4.97 亿欧元的罚款。2018 年，欧盟又因谷歌的反竞争行为而对谷歌处以 43.4 亿欧元的罚款（详细信息请参阅“管理聚焦”）。

管理聚焦　欧盟委员会与谷歌

2018 年 6 月，欧盟委员会宣布对谷歌的反竞争行为处以创纪录的 43.4 亿欧元罚款（略高于 50 亿美元）。这一针对谷歌的反垄断案涉及谷歌开发的手机操作系统安卓（Android）及其所有相关软件，包括其应用商店谷歌商店（Google Play）和一系列其他应用程序，最重要的是还包括谷歌的互联网搜索引擎。

安卓是欧盟市场中占主导地位的手机操作系统，市场份额超过 70%（苹果的 iOS 操作系统占有剩余的大部分份额）。此外，谷歌搜索引擎以 97%的份额几乎垄断了欧盟市场。对于智能手机制造商和电信运营商而言，安卓的主导地位使其成了必备的操作系统。欧盟委员会称，谷歌利用其在安卓系统上的支配权让智能手机制造商和电信运营商不得不作出“全有或全无”的选择：如果它们想在安卓设备上安装谷歌的任何程序，就必须安装谷歌应用商店等相关程序，并且在醒目的位置显示其图标。由于这些企业只有安装应用商店才能激活手机，所以实际上它们别无选择，无论它们的意愿如何，都只能按照谷歌的要求在醒目的位置安装谷歌的互联网搜索引擎。

欧盟委员会认为，这种捆绑做法剥夺了竞争程序开发者“实质上的创新和竞争机会”，也剥夺了“消费者从有效竞争中获益的机会”。换句话说，这种全有或全无的选择是为了保护谷歌的程序免受竞争影响，尤其是其占主导地位的搜索引擎。

欧盟委员会要求谷歌根据调查结果作出改正，不再采用这种全有或全无的选择，从而停止其侵权行为。理论上，这将使谷歌的竞争对手有机会更好地销售安卓应用程序，并可能与谷歌的互联网搜索引擎、谷歌商店、谷歌文档（Google Docs）等应用程序展开竞争。如果谷歌不作出改变，欧盟委员会表示将对其处以进一步罚款，最高可达谷歌母公司 Alphabet 每日全球收入的 5%。

资料来源："Google Is Fined €4.3bn in the Biggest Ever Antitrust Penalty," *The Economist*, July 21, 2018; "Antitrust: CommissionFines Google €4.3 Billion for Illegal Practices Regarding Android Mobile Devices to Strengthen Dominance of Google's Search Engine," European Commission Press Release, July 18, 2018.

欧盟竞争事务专员还对拟进行的并购进行审查，确保并购行为不会导致具有强大市场支配力量的企业出现。[9]例如，2000 年，两家音乐唱片公司美国时代华纳（Time Warner）与英国 EMI 计划合并，这将导致主要唱片公司的数量从 5 家减少为 4 家，并在价值 400 亿美元的全球音乐市场中产生一家占据主导地位的公司。在欧盟委员会对此表示担忧后，这一合并计划被取消了。

欧盟理事会（European Council）代表了各成员国的利益。它是欧盟内部的最终控制机构，因为只有在其同意的情况下，欧盟委员会的立法草案才能成为欧盟法律。欧盟理事会由来自各个成员国政府的一名代表组成。因所讨论的议题不同，成员也有所不同。在讨论农业议题时，各国的农业部长将出席理事会会议；在讨论交通问题时，则由交通部长出席。在 1987 年之前，欧盟理事会的所有议题都必须由成员一致通过。这常常导致马拉松式的理事会会议，且难以在欧盟委员会的提案上取得进展或达成一致。为了消除由此产生的僵局，《单一欧洲法案》（Single European Act）正式规定在"以单一市场的建立和运作为目标"的议题上采用多数表决制。但是，如果要在税收法规和移民政策等其他议题上形成法律，仍需要欧盟理事会成员一致通过。一国在理事会中拥有的票数与该国规模有关。例如，德国有 29 票，而丹麦只拥有 7 票。

截至 2019 年初，**欧洲议会**（European Parliament）共有 751 名议员，均由成员国民众直接选举产生。欧洲议会在法国斯特拉斯堡举行会议，它主要是作为一个咨询机构，而非立法机构。它对欧盟委员会提议并由欧盟理事会转交的立法提案进行讨论。它可以对立法提出修正意见，欧盟委员会和最终决策的欧盟理事会决定是否采纳这些意见。欧洲议会的权力有所增加，但仍然没有达到议员的期望。如今，欧洲议会有权对委员的任命进行投票，也可以否决某些法律（例如欧盟预算和单一市场相关的立法）。

在过去一段时间里，欧洲争论的主要问题是，欧盟最高权力机构是欧盟理事会还是欧洲议会。一些人对欧盟官方机构的民主责任制表示担忧，他们认为，解决民主问题需要增加欧洲议会的权力；而另一些人则认为，真正的民主合法性在于由欧盟理事会授权民选政府采取行动。[10]经过激烈的讨论，2007 年 12 月，各成员国签署了一项新条约——**《里斯本条约》**（Treaty of Lisbon）。根据该条约，欧洲议会的权力有所增加。该条约于 2009 年 12 月生效，欧洲议会在历史上首次成为几乎所有欧洲法律的共同立法者。[11]《里斯本条约》还设立了一个新职位，即代表欧盟各民族国家的欧盟理事会主席，任期 30 个月。

欧盟法院（Court of Justice）由各国的一名法官组成，是欧盟的最高上诉法院。与委员一样，法官必须作为独立官员行事，而不能作为国家利益的代表。欧盟委员会或成员国可以将未履行条约义务的其他成员国告上法庭。同样，欧盟委员会或欧盟理事会如果未按照欧盟条约行事，成员国、成员国的公司或机构也可以将其告上法庭。

8.5.3 《单一欧洲法案》

由于成员国对欧共体未能兑现承诺而感到失望，从而诞生了《单一欧洲法案》。到 20 世纪 80 年代初，欧共体明显未能实现消除成员国之间贸易和投资自由流动障碍并协调商务活动中广泛的技术和法律规范的目标。在此背景下，欧共体中许多杰出的商务人士在 20 世纪 80 年代初发起了一项积极的运动，以结束欧共体经济分裂的局面。作为回应，欧共体建立了德洛尔委员会。在主席雅克·德洛尔（Jacques Delors）的领导下，委员会提议在 1992 年 12 月 31 日之前消除形成单一市场的所有障碍。于是《单一欧洲法案》于 1987 年成为欧共体的法律。

法案的目标

《单一欧洲法案》的目标是在 1992 年 12 月 31 日之前建立单一市场。该法案提议作出以下改变[12]：

- 取消欧共体国家之间所有的边境管制，从而消除延误并减少因贸易机制而耗费的资源。
- 对产品标准实行“互认”原则。一个欧共体国家制定的标准只要符合健康和安全等方面的基本要求，就应当被其他欧共体国家接受。
- 对国外供应商开放公共采购，允许低成本供应商进入国内以直接降低成本，迫使国内供应商参与竞争以间接降低成本。
- 取消零售银行和保险业务中的竞争壁垒，降低整个欧共体的金融服务成本，包括借贷成本。
- 在 1992 年底前取消成员国之间外汇交易的所有限制。
- 在 1992 年底前取消境内运输限制。外国卡车司机有权在另一成员国境内提货和运送货物。据估计，这将使欧共体内部的运输成本降低 10%～15%。

所有这些改变都有望降低欧共体内部的商务成本，但建立单一市场也有可能在供给侧产生更复杂的效应。例如，扩大后的市场预计将为欧共体企业提供更多可以利用规模经济的机会。此外，人们认为消除内部贸易和投资的壁垒将加剧竞争，从而使欧共体企业变得更高效。

法案的影响

《单一欧洲法案》对欧盟经济产生了影响。[13]该法案为重新构建欧洲工业的重要领域提供了动力。许多企业已经从国内生产和分销体系转向了泛欧生产和分销体系，试图实现规模经济，并更好地在单一市场中展开竞争。结果是欧洲经济实现了前所未有的快速增长。实证研究表明，单一市场在最初 15 年里将欧盟 GDP 提高了 2%～5%（不同的实证研究结果可能不同，但都表明影响是积极的）。[14]然而，在单一市场形成超过 25 年后，现实与理想仍相去甚远。尽管欧盟正在朝着单一市场的方向发展，但各国之间长期存在的法律、文化和语言差异，使得单一市场的落实情况并不均衡。

8.5.4 欧元的建立

1992 年 2 月，欧共体成员国签署了**《马斯特里赫特条约》**（Maastricht Treaty），承诺在 1999 年 1 月 1 日之前采用单一货币。[15]如今有 20 个欧盟成员国使用欧元，即通常所说的欧元区成员。欧元区包括约 3.3 亿欧盟公民，其中有强大的经济体德国和法国。2004 年 5 月 1 日加入欧盟的多数国家和 2007 年加入的两个国家最初计划在满足特定经济条件时采用欧元，这些经济条件包括价格稳定、财政状况良好、汇率稳定，以及长期利率趋同（目前的成员国必须满足相同的条件）。然而，2010—2012 年欧盟主权债务危机使得许多国家搁置了它们的计划。

欧元的建立是一项了不起的政治壮举，几乎没有先例。它要求参与国政府放弃本国货币和国家对货币政策的控制。各国政府通常不会为了更大的利益而牺牲国家主权，可见对欧元的重视程度。在采用欧元后，欧盟创造了仅次于美元的世界第二大广泛交易的货币。有些人认为，欧元可能会与美元竞争成为世界上最重要的货币。

同意使用欧元的国家于 1999 年 1 月 1 日锁定了汇率。本国货币仍在各参与国流通，但是每个国家的本国货币都代表了一定数额的欧元。2002 年 1 月 1 日，欧元纸币和硬币正式发行，本国货币随后停止流通。到 2002 年年中，欧元区内的所有价格和常规经济交易均以欧元计价。

欧元的好处

欧盟决定建立单一货币有以下原因。第一，企业和个人只处理一种货币而不是多种货币，可以节省大量开支。较低的外汇成本和对冲成本减少了资金损耗。例如，从德国到法国，无须再为了将德国马克换成法国法郎而向银行支付手续费，他们可以使用欧元。欧盟委员会称，因此节省的开支相当于欧盟 GDP 的 0.5%。

第二，采用单一货币使人们更容易比较全欧洲的价格。一方面，这将加剧竞争，因为消费者能够更方便地货比三家。例如，如果一个德国人发现法国的汽车售价低于德国，他可能会从法国汽车经销商手中购买汽车，而不是从德国当地的汽车经销商处购买。另一方面，经营者可能会利用这种价格差异进行套利，从法国购买汽车并转售至德国。在面对这种竞争压力时，德国汽车经销商继续经营下去的唯一方法就是降低汽车价格。因此，引入单一货币可能导致价格降低，从而使欧洲消费者获益。

第三，由于价格降低，欧洲生产商被迫寻找降低生产成本的方法以维持利润率。引入单一货币可以加剧竞争，为欧洲企业带来长期的经济效益。

第四，引入单一货币促进了高流动性的泛欧资本市场的发展。随着时间推移，资本市场的发展将降低资金成本，并提高投资水平和投资带来的资金配置效率。这对于过去难以从国内银行取得贷款的小型企业尤其有帮助。例如，葡萄牙的资本市场很小且流动性差，这使得有好创意的葡萄牙企业家极难以合理的价格贷款。但是，从理论上讲，这些企业都可以利用更具流动性的泛欧资本市场融资。

第五，以欧元计价的泛欧资本市场将扩大个人和机构的投资选择范围。例如，如今荷兰的个人和机构如果想投资于意大利或法国的企业会容易得多。这使得欧洲投资者能够更好地分散风险，从而降低资金成本，并提高资本的配置效率。[16]

欧元的代价

对于有些人而言，单一货币的一个缺点是国家失去了对货币政策的控制。因此，确保完善的欧盟货币政策至关重要。《马斯特里赫特条约》决定建立欧洲中央银行（European Central Bank，ECB，以下简称"欧洲央行"），它在某些方面类似于美国联邦储备委员会，其明确的职能是管理货币政策以确保价格稳定。总部设在法兰克福的欧洲央行应当不受政治压力影响，独立行事，但批评者对此提出了质疑。除此之外，欧洲央行还负责设定利率并决定整个欧元区的货币政策。

欧洲央行的设立意味着一定程度的国家主权丧失，英国、丹麦和瑞典正是出于这一考虑不加入欧元区。它们怀疑欧洲央行能否摆脱政治压力并严格控制通货膨胀。

从理论上讲，应当确保欧洲央行不受政治压力影响。它以欧洲历史上最独立、最成功的中央银行——德意志联邦银行为蓝本。《马斯特里赫特条约》禁止欧洲央行受控于政界人士。欧洲央行执行委员会由行长、副行长和其他四名成员组成，通过向欧元区各国央行发布指令来实施政策。政策本身由管理委员会制定，该委员会由执行委员会和来自欧元区国家的央行行长组成。管理委员会可就利率调整进行表决。执行委员会成员任期八年，不可连任，以防止他们为追求连任而屈从于政治压力。迄今为止，欧洲央行在政治独立性方面拥有良好的声誉。

批评者认为，单一货币的另一个缺点是欧盟并非经济学家口中的最优货币区。在**最优货币区**（optimal currency area）内，各经济体的经济活动的基础结构相似，可以采用单一货币和单一汇率作为宏观经济政策工具。但是，欧元区内的许多欧洲经济体有着较大差异。例如，芬兰和葡萄牙的工资水平、税收制度和商业周期不同，它们对外部经济冲击的反应也可能截然不同。欧元汇率变化如果对芬兰有利，则可能对葡萄牙不利。显然，这种差异会使宏观经济政策变得复杂。当欧元区内的经济体没有同步增长时，相同的货币政策可能意味着利率对于萧条地区过高，而对于繁荣地区过低。

对于欧盟而言，在欧元区内应对这种差异的一种方式是进行财政转移，即抽取繁荣地区的资金注入萧条地区。然而，这种做法可能会引发一系列政治难题。德国民众愿意放弃他们在欧盟资金中的"公平份额"，为未充分就业的希腊工人创造就业机会吗？毫无疑问，这种做法将在政治上遭到强烈反对。

欧元的发展

自 1999 年 1 月 1 日诞生以来，欧元与世界主要货币美元之间的交易价格始终存在波动。1999 年欧元诞生之时，1 欧元＝1.17 美元，此后欧元不断走强，2008 年 3 月初二者汇率达到历史新高 1 欧元＝1.54 美元。欧元升值的一个原因是 2007 年和 2008 年美国金融市场疲软导致流入美国的资本减少。许多投资者将资金撤出美国，出售以美股和美债等以美元计价的资产，买入以欧元计价的资产。美元需求下降、欧元需求上升导致美元对欧元贬值。此外，为表示对欧元以及欧洲央行管理欧元区货币政策能力的信任，许多外国央行都在其外汇供应中增加了欧元。德国马克和其他前欧元区货币曾构成全球储备的 13%，但欧元在诞生后的前三年里，并未达到这一比率。直到 2002 年初，欧元才越过了这一门槛，并在 2009 年创纪录地达到全球储备的 28%。到 2018 年底，欧元约占全球外汇储备的 20%。[17]

然而，自 2008 年以来，欧元对各种货币均呈现走弱趋势，反映出人们对多个欧盟成员国，尤其是希腊、葡萄牙、爱尔兰、意大利和西班牙经济增长放缓和巨额预算赤字的持续担忧。在 21 世纪 00 年代，上述国家为资助公共开支，政府债务大幅增长，一些国家政府债务占 GDP 的百分比达到了历史最高水平。到 2010 年，私人投资者越来越担心这些国家无法偿还其主权债务，尤其是考虑到 2008—2009 年全球金融危机后经济放缓。他们抛售那些陷入困境的国家的政府债券，导致这些国家债券价格下跌，政府借贷成本上升（债券价格和利率成反比）。人们担心有些国家（尤其是希腊）可能会在主权债务上违约，从而使欧元区陷入经济危机。

为避免此类主权债务危机，2010 年 5 月，欧元区国家和 IMF 同意了一项 1 100 亿欧元的救助计划，以援助希腊。2010 年 11 月，欧盟和 IMF 同意为爱尔兰提供 850 亿欧元的救助计划；2011 年 5 月，欧元区国家和 IMF 为葡萄牙制订了 780 亿欧元的救助计划。作为获得救助的回报，这三个被救助国家都必须大幅削减政府开支，这就意味着在政府债务降至可持续水平之前，它们将出现经济增速放缓和高失业率。虽然意大利和西班牙没有请求救助，但两国也都因债券价格下跌而不得不大幅削减政府开支来实现财政紧缩。欧元区国家还设立了一个放贷额度约为 5 000 亿欧元的永久性救助基金——欧洲稳定机制（European Stability Mechanism），旨在恢复人们对欧元的信心。正如“国家聚焦”中所介绍的，到 2015 年，希腊获得了三次救助以防止其主权债务全面违约。欧盟内部的经济动荡导致了欧元贬值。到 2019 年初，美元与欧元的汇率为 1 欧元＝1.13 美元，远低于 2008 年的水平。2008 年底至 2019 年初，由于欧盟经济增长相对放缓，欧元对世界上大多数其他主要货币也出现了贬值。

许多曾经承诺采用欧元的新欧盟国家搁置了它们的计划，这可能对欧元的长期发展造成影响。波兰和捷克等国家不愿在加入欧元区后让本国纳税人救助意大利和希腊等国家的政府。更加复杂的是，主权债务危机暴露了欧元区的一个严重缺陷：德国等在财政上较为保守的国家很难限制其他国家政府大肆支出，继而增加整个欧元区的压力和成本。德国不得不为救助希腊、葡萄牙和爱尔兰政府而提供贷款。这削弱了较强大的欧盟国家对欧元的支持。为弥补这一缺陷，2012 年 1 月，当时欧盟的 25 个国家签署了一项财政契约，确保成员国更难违反有关政府赤字的严格新规（英国和捷克弃权，克罗地亚于 2013 年加入）。

国家聚焦　希腊主权债务危机

欧元诞生时，有批评者担心欧元区内一些国家（如意大利和希腊）可能会过度举债，造成公共部门出现无法弥补的巨额赤字，进而使欧元贬值，并需要德国或法国等国家介入以提供救助。2010 年，希腊债务危机重创欧元，使这种担忧成为现实。

希腊主权债务危机的根源在于希腊政府近十年来不加节制地以大量举债的方式资助公共部门的广泛支出。其中大部分的支出增加是由于希腊政府意图收买希腊社会中一些强大的利益集团，政府通过提供高薪和各种福利来赢得教师、农民、公共部门雇员这些利益集团的支持。更糟糕的是，希腊政府在其债务水平方面误导了国际社会。2009 年 10 月，新政府上台后迅速宣布 2009 年公共部门实际赤字为 12.7%（曾预计在 5%左右），这显然表明上一届政府一直在伪造账目。

这击垮了国际投资者对希腊经济的信心。希腊政府债券利率迅速飙升至 7.1%，比德国债券利率高出约 4 个百分点。三大国际评级机构中有两家下调了希腊债券评级，并警告可能会进一步下调。人们还担忧，希腊政府可能无法为 2010 年 4 月或 5 月到期的约 200 亿美元债务再融资。此外，希腊政府可能缺乏大幅削减公共开支的政治决心，而这对于减少赤字和恢复投资者信心至关重要。

公共部门出现巨额赤字的不仅是希腊。另外三个欧元区国家——西班牙、葡萄牙和爱尔兰——也背负了沉重的债务，并且随着投资者抛售资产，它们的债券利率也大幅升高。欧元区中较弱的成员国出现大规模违约的金融恐慌开始蔓延。欧盟和 IMF 不得不介入以拯救陷入困境的国家。这种曾被认为是杞人忧天的可能性成了现实，投资者开始将资金从欧元资产中撤出，于是欧元在外汇市场上开始贬值。

2010 年 5 月，意识到如果没有外部救助，希腊政府可能会出现债务违约，并将欧盟和欧元推入一场重大危机，以德国为首的欧元区国家和 IMF 同意向希腊提供高达 1 100 亿欧元的贷款，足以满足希腊三年的融资需求。作为交换，希腊政府同意实施一系列严格的紧缩措施，包括增加税收、大幅削减公共部门支出、减少公共部门雇员享有的福利（例如，退休年龄从 61 岁提高到 65 岁，并对养老金设限），以及将公共部门的企业数量从 6 000 家减少至 2 000 家。希腊经济在 2010 年和 2011 年极速收缩，税收大幅减少。到 2011 年底，希腊经济比 2005 年缩减了近 29%，而失业率接近 20%。税收减少限制了政府的偿债能力。到 2012 年初，10 年期政府债券的收益率达 34%，表明许多投资者预计希腊将发生主权债务违约。这迫使希腊政府不得不寻求欧元区国家和 IMF 的进一步援助。为了获得新的 1 300 亿欧元救助，希腊政府必须让希腊债券持有人同意史上最大的主权债务重组，实际上，这就相当于要求债券持有人同意核销其所持有债券的 53.5%。

虽然确切来说，希腊政府并没有对其主权债务违约，但在许多人看来，欧盟和 IMF 精心策划了一场有序的部分违约。到 2014 年初，希腊经济似乎终于转危为安，开始复苏。10 年期政府债券的收益率已跌至 8%以下，并且政府在支付利息之前出现了预算盈余。

然而 2014 年情况又急转直下。当时，虽然经济得到了明显改善，但希腊仍没有足够的资金按时偿还债务，因此不得不再度发行新债券。在决定提前进行选举后，2015 年 1 月，一个激进的左翼“反救助”政党上台执政。新政府的财政大臣建议希腊政府不再按期偿还其最大债权人德国的债务。这引发了欧元区危机，并促使欧元对美元汇率急剧下跌。

通过进一步谈判，希腊的债权人同意在 2015 年底进行第三次救助，但前提是希腊同意采取进一步的紧缩措施并进行经济改革。2018 年 8 月，希腊从债权人那里获得了此次救助计划下的最后一笔贷款。希腊目前欠欧盟和 IMF 约 2 900 亿欧元。为偿还债务，希腊已经同意在 2060 年之前保持预算盈余、接受欧盟的持续监督，并采取额外的紧缩措施。尽管希腊经济再次出现增长，但其 20%的失业率仍是欧盟内最高的，并且 IMF 认为，自主权债务危机以来，希腊经济萎缩了 25%，很可能需要进一步债务减免以帮助其渡过难关。

资料来源："A Very European Crisis," *The Economist*, February 6, 2010, pp. 75 - 77; L. Thomas, "Is Debt Trashing the Euro?" *The New York Times*, February 7, 2010, pp. 1, 7; "Bite the Bullet," *The Economist*, January 15, 2011, pp. 77 - 79; "The Wait Is Over," *The Economist*, March 17, 2012, pp. 83 - 84; "Aegean Stables," *The Economist*, January 11, 2014; Liz Alderman, "Greece's Debt Crisis Explained," *The New York Times*, November 8, 2015; Liz Alderman, "Europe Says Greece Is a Comeback Story. The IMF Isn't Convinced," *The New York Times*, July 31, 2018.

8.5.5 欧盟的扩张

自 20 世纪 80 年代末，关于欧盟将范围扩张至东欧的讨论不断。到 20 世纪 90 年代末，已有 13 个国家申请成为欧盟成员国。为获得欧盟成员国资格，申请者必须将其国有资产私有化、放松市场管制、重组行业并抑制通货膨胀，还必须将复杂的欧盟法律纳入本国的法律体系，建立稳定的民主政府，并尊重人权。[18]2002 年 12 月，欧盟正式同意接受 10 个国家的申请，它们于 2004 年 5 月 1 日加入欧盟。10 个新成员国包括波罗的海国家、捷克、匈牙利和波兰等国家。不在东欧的新成员国是地中海岛国马耳他和塞浦路斯。纳入这些国家后，欧盟成员国就扩大到了 25 个，范围从大西洋延伸到俄罗斯边境，欧盟的陆地面积增加了 23%，增加了 7 500 万人，总人口达 4.5 亿，并创造了一个 GDP 近 11 万亿欧元的单一大陆经济体。2007 年保加利亚和罗马尼亚加入，2013 年克罗地亚加入，欧盟成员国总数达 28 个。

多年来，新成员国一直未采用欧元。而在采用欧元之前，新成员国和现有成员国之间的劳动力自由流动是被禁止的。根据自由贸易理论，扩张应该能够给所有成员国带来额外的收益。但是，鉴于东欧经济体规模较小（合计仅占欧盟 GDP 的 5%），最初的影响可能很小。最显著的变化可能体现在对欧盟官方机构和决策流程的影响上，成员国之间进行预算谈判要比原先更为复杂。

长期以来，土耳其一直试图通过游说加入欧盟，但这会给欧盟带来一些棘手的问题。土耳其自 1995 年以来就与欧盟建立了关税同盟，并且欧盟占到了其国际贸易额的一半左右。但是，由于对其人权问题的担忧，欧盟一直拒绝土耳其成为正式成员国。此外，土耳其方面也质疑，欧盟并不太愿意让这一横跨亚欧、拥有 7 400 万人口、以穆斯林为主的国家加入。2004 年 12 月，欧盟同意土耳其于 2005 年 10 月开始就正式加入欧盟进行谈判。但 2016 年底，欧洲议会投票决定暂停土耳其加入欧盟的谈判。

8.5.6 英国退出欧盟（英国脱欧）

2016 年 6 月 23 日，英国在全民公投中以微弱的优势投票决定退出欧盟。2017 年初，英国政府正式向欧盟通报了脱欧意向。根据《里斯本条约》，它有两年的时间与欧盟就退出条款进行谈判，并定于 2019 年 3 月 29 日正式脱欧。随着这一日期临近，明确的脱欧协议仍未达成，而英国国内政治也因脱欧条款的分歧出现了混乱，英国政府要求延长脱欧期限。欧盟准许将期限延长至 2020 年 1 月 31 日。2019 年 12 月，由时任首相鲍里斯·约翰逊（Boris Johnson）领导的支持脱欧的保守党在大选中获胜，脱欧已成定局。在 2020 年 1 月 31 日退出欧盟之后，英国在 2020 年 12 月 20 日之前与欧盟就贸易协议进行谈判。在此期间，英国与欧盟之间的大部分关系保持不变，双方就贸易、安全合作和一系列其他细节进行商议。

虽然英国享受了欧洲内部自由贸易的好处，但仍有一部分人一直对欧盟成员国身份所造成的部分国家主权丧失感到不满。英国人经常抨击位于布鲁塞尔的欧盟官方机构所推行的规定，尤其是移民政策。2015 年，来自欧盟内部的移民数量创下历史新高，其中大部分移民来自东欧。许多移民仅具备较低的技能，只能在餐馆、旅馆和零售店等地方工作。退出欧盟的行动认为，脱欧将使英国人“收回”对移民的控制权。在公投中，伦敦、苏格兰和北爱尔兰投票支持留在欧盟，而英国其他大部分地区均投票决定退出。投票结果也因年龄和受教育程度而有所不同。较年轻、受教育程度较高的人投票支持留在欧盟，而年龄较大、受教育程度较低的人则投票支持退出。

英国脱欧对欧盟有重大影响。英国曾是欧盟第二大经济体。许多较小的成员国将其视为对德国经济的重要制衡。在英国进行脱欧公投之后，荷兰、丹麦和法国的右翼政客也呼吁就是否继续留在欧盟举行公投，引发人们对英国脱欧可能带来的“脱欧潮”的担忧。没有英国的欧盟将失去其在世界舞台上的部分经济和政治影响力，而欧盟本身的实力也将被削弱。考虑到移民问题在英国脱欧公投中的重要性，欧盟如今不太可能进一步扩张，尤其是在土耳其问题上。

至于脱欧对英国的影响，大多数专家预测英国将为脱欧决定付出中短期的代价（更多详细信息请参阅开篇案例）。[19] 英国对外国跨国企业投资的吸引力似乎有所减小，一些跨国企业可能会将业务转移到其他欧盟国家以维持其在该单一市场中的机会；英国对欧盟的出口量可能会下降；伦敦可能失去其作为欧洲金融中心的地位；英国经济增长可能会低于原有水平。此外，鉴于苏格兰以较多的票数支持留在欧盟，这再次增加了苏格兰从英国独立的可能性。从长远来看，英国能否从退出欧盟中得到好处取决于它与欧盟及其他主要经济大国（包括美国、日本和中国）就贸易协定进行谈判的结果能否弥补其退出欧盟的损失。在一个越来越抵制自由贸易协定的世界里，无法保证英国能做到这一点。作为脱欧谈判的一部分，英国政府希望与欧盟达成有利的贸易条件，但欧盟可能会坚持，英国只有遵守允许劳动力自由流动的欧盟法规，才能获得单一市场的完全准入权。

8.6 美洲的区域经济一体化

在区域经济一体化方面，没有任何尝试能与欧盟及其对世界经济的潜在影响相提并论，但是美洲也作出了大量努力。最值得注意的是《北美自由贸易协定》(NAFTA)，该协定正在被 USMCA 取代。除了 NAFTA 之外，美洲还有其他几个正在酝酿之中的贸易集团，其中最重要的是安第斯共同体和南方共同市场。

8.6.1 《北美自由贸易协定》

美国与加拿大政府于 1988 年签订了一项自由贸易协定，该协定于 1989 年 1 月 1 日生效，目标是到 1998 年取消加拿大和美国双边贸易中的所有关税。1991 年，美国、加拿大和墨西哥又就此展开会谈，意图在三个国家之间建立**《北美自由贸易协定》**(American Free Trade Agreement，NAFTA)。会谈于 1992 年 8 月结束，在原则上达成了一项协定。次年，该协定得到三个国家政府批准，并于 1994 年 1 月 1 日正式生效。[20]

NAFTA 的内容

NAFTA 包括如下内容：

- 到 2004 年，取消墨西哥、加拿大和美国之间 99%的商品贸易关税。
- 到 2000 年，消除服务跨境流动的大部分障碍，例如，允许金融机构不受限制地进入墨西哥市场。
- 保护知识产权。
- 消除三个成员国之间有关对外直接投资的大部分限制，但对墨西哥能源和铁路行业、美国航空和无线电通信行业以及加拿大文化产业给予特殊待遇（保护）。
- 采用有科学依据的国家环境标准，不可降低标准以吸引投资。
- 设立两个委员会，当涉及健康和安全、最低工资与童工方面的环境标准或立法被一国忽视时，有权对其处以罚款并取消贸易特权。

支持 NAFTA 的理由

NAFTA 的支持者认为，自由贸易区能够将整个地区塑造成更大、更高效的生产基地。支持者指出，NAFTA 带来的一个影响是，一些美国和加拿大企业将生产转移到墨西哥以利用较低的劳动力成本（2015 年，墨西哥汽车工厂平均每小时劳动力成本（包括福利）为 8～10 美元，而美国为每小时 42～58 美元[21]）。他们认为，最有可能转移到墨西哥的是那些低技能的劳动密集型制造业，墨西哥在这些方面可能具有比较优势。NAFTA 的支持者还认为许多人将从中受益。墨西哥能够从外来投资和带来的就业机会中得到好处。由于墨西哥人的收入增加将使他们能够进口更多的美国和加拿大商品，进而导致需求增加，弥补那些因将生产转移至墨西哥而失去工作岗位的行业的损失，从而给美国和加拿大也带来了好处。美国和加拿大的消费者也将因在墨西哥生产的产品价格更低而受益。此外，美国和加拿大企业将生产转移到墨西哥以利用其较低的劳动力成本，也会提高自身的国际竞争力，使它们在面对亚洲和欧洲竞争对手时有更大优势。

反对 NAFTA 的理由

NAFTA 的反对者声称，一旦该协定得到批准，美国和加拿大雇主将试图从墨西哥较低的工资和较宽松的环境和劳动法规中获取更多利润，从而导致大量工作岗位从美国和加拿大转移到墨西哥。极端反对者罗斯·佩罗（Ross Perot）表示，在 NAFTA 订立后，美国将有多达 590 万个工作岗位流失到墨西哥。然而，大多数经济学家认为，这很荒谬且是危言耸听。他们指出，墨西哥必须在与美国的双边贸易中保持近 3 000 亿美元的顺差，才会导致出现如此大规模的失业，而 3 000 亿美元几乎是墨西哥 GDP 的规模。换句话说，这种情况几乎不可能出现。

根据更理性的估计，由于墨西哥对美国商品和服务的需求增加，NAFTA 可能在美国净创造 170 000 个工作岗位，并使美国和墨西哥的整体 GDP 每年增加 150 亿美元；也有可能使美国净损失 490 000 个工作岗位；抑或产生在两者之间的影响。从这些数字来看，1993—2003 年，美国经济预计有 1 800 万新增就业。正如大多数经济学家反复强调的，NAFTA 对加拿大和美国的影响很小。这极有可能，因为墨西哥经济仅是美国经济的 5%。签订 NAFTA 需要墨西哥大幅提升对经济的信心，而不是加拿大或美国。降低贸易壁垒将使墨西哥企业直接面对高效的美国和加拿大竞争者，这些竞争者与普通墨西哥企业相比拥有更多的资本资源，能够雇用受过良好教育且技能水平较高的劳动者，并掌握更先进的技术。对墨西哥而言，短期内其很可能出现严重的经济重组和失业。但 NAFTA 的支持者称，在墨西哥企业为适应更加激烈的市场竞争而作出调整后，它们将取得长期的动态收益，墨西哥的经济增速将会加快，并可能成为加拿大和美国企业的主要市场。[22]

环保主义者也表达了对 NAFTA 的担忧。他们列举了格兰德河的污泥和墨西哥城上空的雾霾，警告称墨西哥可能会导致整个大陆的清洁空气和有毒废弃物标准下降。他们还指出，格兰德河下游是美国污染最严重的河段，在签订 NAFTA 后，从得克萨斯州埃尔帕索到墨西哥湾的这段河道沿线的化学废弃物和污水排放量将会增加。

在墨西哥，也有一些担心失去国家主权的人反对 NAFTA。反对者认为，墨西哥将会被美国企业主导，这些企业不会对墨西哥经济增长作出真正的贡献，只是将墨西哥作为它们的低成本组装基地，而将它们的高薪、高技能工作岗位留在本国。

NAFTA：结果

研究表明，NAFTA 最初影响不大。支持者和反对者都可能过分夸大了影响。[23] NAFTA 的总体影响小而积极。[24] NAFTA 旨在增加三个成员国之间的贸易额，而这似乎已经实现。

1990 年，美国与加拿大和墨西哥的贸易约占美国贸易总额的 25%。到 2017 年，这个数字超过了 40%。加拿大和墨西哥如今属于美国的三大贸易伙伴（另一个是中国），

2017 年它们与美国之间的商品和服务跨境贸易达 1.3 万亿美元，远高于 1993 年的 2 900 亿美元。[25]这三个国家在 NAFTA 生效后的第一个 10 年里，出现了强劲的生产率增长。墨西哥劳动生产率提高了 50%，这很可能归功于 NAFTA。

据估计，NAFTA 对就业仅有中度或较小影响。对失业最悲观的估计来自美国经济政策研究所（Economic Policy Institute）的一项研究。这项研究认为，美国在 1993—2013 年因 NAFTA 失去了 85 万个工作岗位，平均每年失去 4.25 万个工作岗位。比较来看，1992—2000 年美国经济平均每年新增 286 万个就业机会。其他研究表明，NAFTA 对美国就业的影响要小得多。一项研究认为，美国每年失业的人数中最多有 5%可以归咎于 NAFTA，大多数失业者都在其他地方找到了工作。OECD 的实证研究也表明，尽管劳动者出现了跨部门调整，但 NAFTA 对净就业率的影响相对较小。[26]

关于 NAFTA 对福利的作用，一项考虑了国民收入的研究表明，墨西哥和美国的福利分别小幅增长了 1.31%和 0.08%，而加拿大的福利损失为 0.06%。同一研究还指出，所有 NAFTA 成员国的实际工资都有所增长，其中墨西哥的增幅最大。彼得森国际经济研究所（Peterson Institute for International Economics）的一项研究表明，美国因 NAFTA 每年增加了 1 270 亿美元的财富。这些研究都支持了一个普遍的结论，即不同于政治观点，NAFTA 的影响相当小。[27]

8.6.2 《美国-墨西哥-加拿大协定》

尽管数据表明 NAFTA 对美国国民收入产生了微弱的积极影响，并且只对就业产生了较小的负面影响，但该贸易协定仍然是众矢之的。无论是右翼政客（唐纳德·特朗普）还是左翼政客（伯尼·桑德斯）都瞄准了 NAFTA，声称自由贸易区是造成美国大量失业的罪魁祸首。虽然经济数据并未对这些论断提供有力支持，但在某些行业中可以找到 NAFTA 造成失业的证据，例如墨西哥近年来从汽车产业中取得了大量收益。

尽管 NAFTA 的影响较小，但唐纳德·特朗普就任美国总统后，还是对 NAFTA 进行了重新谈判。新的**《美国-墨西哥-加拿大协定》**（United States-Mexico-Canada Agreement，USMCA）对 NAFTA 作出了些许改变。最重要的是，NAFTA 要求汽车制造商生产的汽车必须有 62.5%的零部件是北美制造，才有资格享受零关税；而 USMCA 将该门槛提高到了 75%，意图迫使汽车制造商为其在北美组装的汽车采购更少的来自德国、日本、韩国或中国的零部件。

USMCA 还规定，到 2023 年，任何免关税的车辆都必须有 40%的零部件来自所谓的“高工资”工厂。这些工厂必须为生产工人支付每小时不低于 16 美元的平均工资，这大约相当于目前墨西哥工厂平均工资的 3 倍。

特朗普政府显然希望这些条款能够增加美国汽车及其零部件的产量。批评者则认为，USMCA 可能导致贸易转移，而不是贸易创造，并可能导致北美汽车生产商成本增加和消费价格上涨。

USMCA 如果要成为法律并取代 NAFTA，需要得到全部三个国家立法机构的批准，而现在看来，这很有可能成为现实。截至 2019 年 12 月，USMCA 经修订后为美国工人提供了更多保护，并已获得美国行政部门和众议院的同意，只需参议院签署即可。加拿大和墨西哥大概率会批准修订后的协定，这是因为美国威胁退出 NAFTA，如果加拿大和墨西哥不接受 USMCA，情况可能更糟。

8.6.3　安第斯共同体

玻利维亚、智利、厄瓜多尔、哥伦比亚和秘鲁于 1969 年签署了《卡塔赫纳协定》（又称《安第斯条约》）。**安第斯共同体**（Andean Community）大部分以欧盟为模板，但在实现既定目标方面远没有欧盟那么成功。从 1969 年开始，其一体化进程包括内部关税削减计划、共同对外关税、运输政策、共同产业政策，以及对最小成员国玻利维亚和厄瓜多尔的特惠待遇。

到 20 世纪 80 年代中期，《安第斯条约》没有实现任何既定目标，几乎作废。成员国之间没有免税贸易，没有共同的对外关税，也没有在经济政策上相互协调。政治和经济问题似乎阻碍了成员国之间的合作。《安第斯条约》的签约国不得不应对低经济增长、恶性通货膨胀、高失业率、政治动荡和沉重的债务负担等各种问题。此外，当时在《安第斯条约》组织中占主导地位的政治意识形态有悖于《安第斯条约》所依据的自由市场经济原则，使成员国的一体化进程难以取得进展。

20 世纪 80 年代末，在经历了多年经济衰退后，拉美各国政府逐渐开始采用自由市场经济政策，形势出现了逆转。1990 年，安第斯共同体的五个现任成员国（玻利维亚、厄瓜多尔、秘鲁、哥伦比亚和委内瑞拉）的首脑在加拉帕戈斯群岛举行会谈，并发表了《加拉帕戈斯宣言》，成功重启《安第斯条约》。1997 年《安第斯条约》组织更名为安第斯共同体。宣言中明确的目标有：到 1992 年建立自由贸易区、到 1994 年建立关税同盟以及到 1995 年建立共同市场。最后一项目标至今尚未实现。1995 年在一定程度上落实了关税同盟，而玻利维亚在 2003 年之前一直享受特惠待遇。如今，安第斯共同体作为部分关税同盟仍在运作。2003 年 12 月，它与南方共同市场签订了一项协议，为在两个贸易集团之间建立自由贸易区而重启一度陷入僵局的谈判，谈判进展缓慢。2006 年，委内瑞拉退出安第斯共同体并试图加入南方共同市场。

8.6.4　南方共同市场

南方共同市场（Mercosur）于 1988 年由巴西和阿根廷之间的自由贸易协定发展而来。据称，该协定在一定程度上降低了关税和配额，在 20 世纪 80 年代后期帮助这两国之间的贸易增长了 80%。[28]这一成功促使该协定进一步扩大，并将巴拉圭和乌拉圭纳为正式成员国。2012 年，委内瑞拉加入南方共同市场，该协定又一次出现扩张。然而，2017 年委内瑞拉因违反该协定的民主原则，被暂停了南方共同市场的成员国身份。

南方共同市场的最初目标是在 1994 年底前建立一个全面自由贸易区，并在此后建立共同市场。1995 年 12 月，南方共同市场成员国同意了一项五年计划，希望完善自由贸易区并朝着全面关税同盟前进，这一目标至今尚未实现。[29]在成立后的前八年里，南方共同市场似乎对其成员国经济增长作出了积极贡献。四个核心成员国之间的贸易额在 1990—1998 年翻了两番。1990—1996 年，四个核心成员国的总 GDP 年均增长 3.5%，明显好于它们在 20 世纪 80 年代取得的成绩。[30]

但是，南方共同市场也引来了一些批评，比如世界银行高级经济学家亚历山大·叶芝（Alexander Yeats）就撰写了批评文章。[31]叶芝认为，南方共同市场的贸易转移效应超过了贸易创造效应。叶芝还指出，在南方共同市场内部，增长最快的是轿车、巴士、农业设备以及其他一些在这四个成员国中生产效率相对较低的资本密集型商品。换言之，南方共同市场国家通过对机动车征收高达其价值 70%的关税而免受外部竞争影响，由此投资建厂生产的产品因过于昂贵而无法卖给其他国家，只能在成员国之间相互交易。结果就是，一旦该集团的对外贸易壁垒瓦解，南方共同市场国家可能根本无力参与全球竞争。与此同时，资本正在从更高效的企业中抽离。短期内，由于南方共同市场的对外贸易壁垒将高效制造业企业拒于门外，拥有高效企业的国家反而会遭受损失。

南方共同市场在 1998 年遭遇了重大障碍，当时成员国纷纷陷入衰退，集团内贸易额大幅下滑。1999 年，巴西金融危机导致巴西雷亚尔贬值，继而引发南方共同市场其他成员国的商品在巴西涨价 40%，而巴西是它们最大的出口市场，这使得贸易额进一步下滑。当时，建立全面关税同盟的进程几乎停止。2001 年，情况进一步恶化，阿根廷受经济压力困扰建议暂时中止关税同盟。阿根廷希望暂停采用南方共同市场的关税，以便取消资本设备的进口关税，同时可以将消费品的关税提高到 35%（南方共同市场对这两类商品都征收 14%的进口关税）。巴西同意了这一请求，暂停了将南方共同市场发展成一个全面运作的关税同盟的进程。[32]2003 年，南方共同市场有望重新迈上征程，时任巴西总统卢拉·达席尔瓦（Lula da Silva）宣布他支持南方共同市场以欧盟为蓝本复兴和扩张，朝着更多成员国、单一货币和民主选举的方向发展。[33]2010 年，南方共同市场成员国就共同海关准则达成一致，以避免外部商品多次支付关税的现象，这是实现全面关税同盟的重要一步。但是，自 2010 年以来，南方共同市场进展缓慢，它能否成为一个全面运作的关税同盟尚无定论。

8.6.5 中美洲共同市场、CAFTA 和 CARICOM

美洲的另外两项贸易协定也没有取得太大进展。20 世纪 60 年代初，哥斯达黎加、萨尔瓦多、危地马拉、洪都拉斯和尼加拉瓜试图建立**中美洲共同市场**（Central American Common Market）。1969 年，洪都拉斯和萨尔瓦多两国在一场足球赛引发骚乱后爆发了战争，中美洲共同市场就此瓦解。从那时起，各成员国为恢复该协定作出了一些努力（除 5 个创始成员国外，多米尼加共和国也加入了）。美国于 2003 年表示有意与该集团进行双边贸易谈判，推动了共同市场的建立。这 6 个国家最终于 2004 年与美国达成了**《中美洲自由贸易协定》**（Central America Free Trade Agreement，CAFTA），该协定的目标是降低美国与这 6 个国家之间大多数商品和服务的贸易壁垒。

在加勒比共同体的主持下，所有说英语的加勒比国家计划于 1991 年建立共同关税。**加勒比共同体**（Caribbean Community，CARICOM）成立于 1973 年，但在经济一体化方面屡次失败。1984 年，CARICOM 成员国为实现经济和货币联盟作出了正式承诺，但此后进展甚微。1991 年 10 月，CARICOM 各成员国政府连续第三次未能在最后期限之前建立共同对外关税。即便如此，到 2005 年，CARICOM 的成员国数量也扩大到了 15 个。2006 年初，6 个 CARICOM 成员国建立了**加共体单一市场和经济体**（CARICOM Single Market and Economy，CSME）。以欧盟单一市场为蓝本，CSME 的目标是降低贸易壁垒并协调成员国之间的宏观经济发展和货币政策。[34]

8.7 其他地方的区域经济一体化

亚洲、非洲和其他各地也进行了区域经济一体化尝试。其中最重要的是东南亚国家联盟。除此之外，非洲也多次尝试建立自由贸易区（参见本章的章末案例），而美国和其他 11 个太平洋沿岸国家之间也一直在努力达成自由贸易协定（跨太平洋伙伴关系协定），美国与欧盟之间也是如此（跨大西洋贸易与投资伙伴关系协定）。

8.7.1 东南亚国家联盟

东南亚国家联盟（Association of Southeast Asian Nations，ASEAN）成立于 1967 年，成员国包括文莱、柬埔寨、印度尼西亚、老挝、马来西亚、缅甸、菲律宾、新加坡、泰国和越南。ASEAN 是一个拥有 6 亿人口、GDP 合计约 2 万亿美元的区域集团，基本目标是帮助成员国之间实现更自由的贸易，并在产业政策方面实现合作。然而，迄今为止收效甚微。

ASEAN 内部贸易中只有 5%的商品是因 ASEAN 特惠贸易而降低关税的，不过这种状况可能正在改变。2002 年，在 ASEAN 6 个创始成员国之间成立的东盟自由贸易区（ASEAN Free Trade Area，AFTA）全面生效。AFTA 将制造业和农产品的关税降至 5%以下。但是，这种关税削减存在一些重要的例外。例如，2005 年之前，马来西亚一直拒绝下调进口汽车的关税，而后仅同意将关税降至 20%，而不是 AFTA 要求的 5%。马来西亚希望保护其本地效率低下的汽车制造商宝腾（Proton）免受外国竞争影响。同样，菲律宾拒绝将石化产品的关税税率调低，而对该地区最重要的农产品——大米，至少在 2020 年之前仍保持较高的关税税率。[35]

尽管存在诸多问题，ASEAN 和 AFTA 仍在建立自由贸易区方面取得了不小进展。越南于 2006 年、老挝和缅甸于 2008 年、柬埔寨于 2010 年分别加入 AFTA。AFTA 的目标是在 2010 年之前将 6 个创始成员国之间的进口关税降至零，并在 2015 年之前将所有新成员国的进口关税降至零（尽管这一目标仍保留了重要的例外，例如大米关税等）。

ASEAN 与中国签署了一项自由贸易协定，约定取消 90%贸易商品的关税。该协定于 2010 年 1 月 1 日生效。中国和 ASEAN 成员国之间的贸易在 21 世纪第一个十年里增长超过 3 倍，很可能继续增长。[36]

8.7.2 非洲的区域贸易集团

约半个世纪以来，非洲国家一直就建立区域贸易集团进行尝试。如今，非洲大陆名义上有 19 个贸易集团，许多国家都是多个集团的成员。尽管贸易集团的数量惊人，但大多在有效促进贸易发展方面进展缓慢。

非洲的许多贸易集团多年来一直处于休眠状态。多个非洲国家政治上的重大不安定因素长期阻碍着这些集团取得真正有意义的进展。此外，一些非洲国家仍对自由贸易深表怀疑。这些国家通常认为，由于它们都是欠发达且不够多元化的经济体，因此需要通过关税壁垒等措施保护自己免受不公平外国竞争的影响。鉴于这种观点十分普遍，建立自由贸易区或关税同盟困难重重。

2001 年初，非洲为重新激发自由贸易运动作出了一次有益的尝试。当时，东非共同体（East African Community，EAC）成员国肯尼亚、乌干达和坦桑尼亚承诺在时隔 24 年后重启该集团。这三个国家共拥有约 8 000 万居民，它们意图建立关税同盟、地区法院、立法议会，并最终建立政治联盟。

EAC 计划在移民、公路和电信网络、投资以及资本市场等方面展开合作。虽然当地商界领袖对此表示欢迎并将此次重启看作一个积极信号，但他们也批评 EAC 未能在自由贸易方面取得实质进展。1999 年 11 月签署《东非共同体条约》时，成员国同意用四年时间来商议关税同盟，草案预计于 2001 年底完成。但这与早期制订的建立一个即刻生效的自由贸易区的计划相差甚远。坦桑尼亚和乌干达担心肯尼亚的竞争将导致区域不平衡，使得该集团再次分崩离析，这一早期计划被搁置了。[37] 2005 年，EAC 开始实施关税同盟。2007 年，布隆迪和卢旺达加入 EAC。2010 年，EAC 建立共同市场，努力实现其货币联盟的最终目标。

2015 年出现了一个令人鼓舞的迹象，来自 26 个非洲国家的代表签署了一项协议，承诺共同努力建立一个三方自由贸易区（Tripartite Free Trade Area，TFTA），取消或降低多项关税，并消除各国之间冗长费时的海关程序。TFTA 共同市场将涵盖超过 6.3 亿人口，并将非洲南部和东部的三个现有区域贸易集团联系在一起，各成员国的 GDP 合计 1.2 万亿美元，内部贸易额超过 1 020 亿美元。2018 年 3 月，44 个国家签署了一项自由贸易协定，成立了非洲大陆自由贸易区（African Continental Free Trade Area，AfCFTA）。这些协定能否比之前非洲为实现贸易自由化所作的尝试更有效，还有待观察，但非洲领导人似乎正以前所未有的方式积极拥抱自由贸易，因此有理由感到乐观。

8.7.3 其他贸易协定

如第 6 章所述，当为扩大 WTO 范围而进行的多哈回合谈判失败后，美国和其他许多国家重新开始强调双边和多边贸易协定。在时任总统奥巴马的领导下，美国试图达成两项主要的多边贸易协定——与其他 11 个环太平洋国家（包括澳大利亚、新西兰、日本、韩国、马来西亚和智利等）之间的《跨太平洋伙伴关系协定》（Trans-Pacific Partnership，TPP)，以及和欧盟之间的《跨大西洋贸易与投资伙伴关系协定》(Transatlantic Trade and Investment Partnership，TTIP)。但后来特朗普让美国退出了 TPP，而 TTIP 也因此搁置。

8.8　聚焦管理影响

8.8.1　区域经济一体化的威胁

目前，区域经济一体化发展最显著的是欧盟和 NAFTA。虽然一些拉丁美洲贸易集团和 ASEAN 未来的经济影响力可能增强，但欧盟和 NAFTA 的发展对当前商务实践具有更深远的意义。因此，本节将重点关注这两个集团对企业的影响。但是，对于世界其他地方的任何单一市场，也具有重要意义。

机遇

区域经济一体化扩大了商品和服务市场并降低了要素成本，给企业带来了重大机遇。过去不受外国竞争影响的市场如今变得更加开放，而企业的经营成本也有所下降。特别是在欧盟单一市场，经营成本下降尤为显著，而在 NAFTA（及其后继的 USMCA）也出现了较小幅度的下降。在这些区域内，商品和服务的跨境自由流动、统一的产品标准、简化的税收制度，以及欧元区所采用的单一货币，都使企业更有可能考虑欧盟及 NAFTA/USMCA 各地要素成本和技能的最佳组合来集中生产产品或零部件，从而大量节约成本。企业可能利用一个地点来服务于整个欧盟或北美市场，而无须在全部 27 个欧盟国家或 3 个 NAFTA/USMCA 国家中都生产产品。这一地点必须经过审慎的选择，而当地的要素成本和技能是必须考虑的因素。为获得此类收益，欧盟和北美都出现了大范围的跨境供应链，这也意味着这些地区的经济联系变得越来越紧密。

尽管如此，我们也必须认识到，即使取消了贸易和投资壁垒，文化和竞争策略方面的长期差异也会在企业于特定地点集中生产并为单一的多国市场提供标准化产品时，限制其节约成本的能力。以荷兰厨房家电制造商 Atag 为例。[38] Atag 曾经认为它将是单一市场的受益者，实际不然。Atag 工厂距离德国边境仅一英里，靠近欧盟人口中心。企业认为，它可以通过两条主要产品线以及向“欧洲消费者”销售标准化的“欧洲产品”，同时满足北欧和南欧的消费者。这样做最大的好处就是标准化产品的大规模生产所带来的规模经济。但 Atag 很快发现，“欧洲消费者”太过宽泛。各国消费者的偏好差异比 Atag 想象中要大得多。以陶瓷灶具为例，Atag 原本计划在整个欧盟销售两款产品，但发现实际上需要 11 款。比利时人喜欢用大锅做饭，需要超大的炉灶；德国人喜欢椭圆形的锅和配套的炉灶；法国人需要用小型灶具和非常低的温度来炖酱汁和肉汤；德国人喜欢把烤箱旋钮设在顶部，而法国人喜欢设在烤箱正面；大多数德国人和法国人更喜欢黑白系列，而英国人却喜欢彩色，包括桃粉、鸽蓝和薄荷绿。

威胁

单一市场为企业创造机遇的同时，也带来了许多威胁。其中一个方面是，它使每个集团内的商业环境都变得更具竞争性。国家间贸易和投资的壁垒降低导致整个欧盟和NAFTA/USMCA 的价格竞争加剧。

随着时间推移，各国之间的价格差异将逐渐在单一市场中缩小。这对于在欧盟或NAFTA/USMCA 国家开展业务的企业而言都是直接威胁。为了在竞争更加激烈的单一市场环境中生存，企业必须利用单一市场创造的机遇，提高生产率并降低成本。否则，它们将处于极其不利的地位。

从长远来看，贸易集团内的许多企业不断提高竞争力，可能对贸易集团外的企业进一步产生威胁。这种现象在欧盟尤为突出。欧盟企业历来受到高成本结构的限制，难以与北美及亚洲企业展开全球竞争。而单一市场的创建使欧盟内部的竞争加剧，许多欧盟企业开始大力尝试通过提高生产率的方式降低成本。这一转变使许多欧盟企业成为更高效的全球竞争者。但非欧盟企业就不得不为了应对更高效的欧盟竞争对手而改善自己的成本结构。

对贸易集团外的企业而言，还有一种威胁，那就是由于贸易壁垒的建立而被排除在单一市场之外。有人认为，区域经济一体化可能形成心理上的壁垒。这种观点通常针对欧盟。尽管欧盟所秉持的自由贸易理念在理论上反对建立任何壁垒，但有迹象表明，欧盟可能在某些政治敏感领域（如汽车产业）提高进口和投资壁垒。因此，非欧盟企业倾向于在欧盟设立自己的公司。在 NAFTA 国家也存在类似现象，不过可能性更小。

欧盟委员会在竞争政策方面发挥着越来越重要的作用，这意味着欧盟想要加强干预并对企业并购施加一定条件。这构成了一种威胁，因为它限制了企业自己选择发展战略的能力。欧盟委员会可能要求企业作出重大让步，作为允许其继续并购程序的先决条件。虽然这限制了企业的战略选择权，但通过此类做法，欧盟委员会能够尽可能维持欧洲单一市场的竞争水平，从而使消费者受益。

反对自由贸易区的浪潮显然也对企业构成了威胁。美国就出现了这一迹象。在时任总统特朗普的领导下，美国退出了 TPP，并开始对 NAFTA 进行颇具争议的重新谈判。欧盟也出现了类似迹象。英国脱欧可能削弱欧盟的实力。如果欧盟和 NAFTA/USMCA 都日趋势弱，贸易所带来的部分好处也将损失，而企业享有的许多利益将不复存在。

小结

本章有三个主要目标：考察有关区域经济一体化的经济和政治观点；介绍欧洲、美洲和其他地区的区域经济一体化进展；以及认识区域经济一体化对国际商务实践的重要影响。本章要点如下：

1. 理论上可能存在不同程度的经济一体化。按照一体化程度从低到高，包括自由贸易区、关税同盟、共同市场、经济联盟和政治联盟。

2. 在自由贸易区中，各成员国之间取消了贸易壁垒，但各国可以决定自己的对外贸易政策。在关税同盟中，各国取消了内部贸易壁垒并采用了一致的对外贸易政策。共同市场类似于关税同盟，只是允许生产要素在各国之间自由流动。经济联盟涉及更紧密的一体化关系，包括建立单一货币和统一税率。政治联盟是为实现更加紧密的经济一体化关系而努力的最终理想。

3. 区域经济一体化是为了取得贸易和投资在相邻国家之间自由流动所带来的经济收益。

4. 实现或维持一体化并非易事。虽然一体化能给大多数人带来好处，但对少数人来说，仍要付出代价。对国家主权的担忧往往会减缓或阻止一体化进程。2016年，这种担忧导致英国投票决定退出欧盟。

5. 如果自由贸易区中的贸易转移效应超过了贸易创造效应，区域经济一体化就不会增加经济福利。

6.《单一欧洲法案》旨在废除阻碍欧盟国家之间贸易和投资自由流动的障碍，以建立真正的单一市场。

7. 如今有17个欧盟成员国使用了单一货币欧元。单一货币带来的经济收益包括降低兑换成本、减少与货币波动相关的风险，以及加剧欧盟内部的价格竞争。

8. 欧盟委员会越来越多地在竞争政策方面主动采取措施，通过干预来限制可能对欧盟竞争造成不利影响的并购行为。

9. 虽然就潜在的经济和政治影响力而言，没有任何经济一体化的努力可以与欧盟相提并论，但世界各地仍作出了许多尝试。其中最著名的有北美的NAFTA、拉丁美洲的安第斯共同体和南方共同市场，以及东南亚的ASEAN。

10. 欧盟和北美单一市场的创立意味着许多过去避免外国竞争影响的受保护市场如今都更加开放。这给区域内外的企业都带来了重要的投资和出口机会。

11. 商品跨境自由流动、统一的产品标准以及简化的税收制度使得自由贸易区内的企业有可能将生产集中于区域内要素成本和技能组合最优的地点，以节约成本。

12. 在贸易集团内，各国之间的贸易和投资壁垒降低可能加剧价格竞争。

思考与讨论题

1. NAFTA为加拿大、墨西哥和美国经济带来了显著的净收益。请对此进行讨论。

2. 支持区域经济一体化的经济和政治观点有哪些？既然存在这些观点，为什么世界经济中没有出现更实质性的一体化？

3. 总体而言，在欧盟内建立单一市场并采用单一货币对欧盟的竞争有何影响？为什么？

4. 你认为欧盟委员会限制在欧洲开展业务的美国公司之间进行合并是否正确？（例如，欧盟委员会否决了两家美国公司美国世界通信公司（WorldCom）和Sprint之间的合并提案，并对另外两家美国公司美国在线（AOL）和时代华纳之间的合并进行仔细审查。）

5. 2010—2012年欧盟主权债务危机的起因是什么？这场危机表明欧元有什么弱点？你认为欧元能够渡过主权债务危机吗？

6. 一家仅向 ASEAN 出口的美国企业应该对该区域集团建立单一市场的意向作何反应？

7. 一家在 ASEAN 多国都拥有自给自足的生产设施的企业应该对 ASEAN 建立单一市场的意向作何反应？如果它想要最小化自身的生产成本，可能会受到哪些限制？

8. 在拥有一个良好开局后，南方共同市场自 2000 年以来进展甚微。哪些问题困扰着南方共同市场？如何解决这些问题？

章末案例

NAFTA 2.0：USMCA

在 2016 年总统竞选中，唐纳德·特朗普多次批评《北美自由贸易协定》(NAFTA) 是一个不公平的协议。尽管几乎没有任何证据，特朗普仍声称 NAFTA 使美国制造商失去了数百万个工作岗位。在当选总统后，特朗普启动了 NAFTA 的重新谈判。

特朗普反对 NAFTA 的立场给美国国内和国外的各行各业都带来了冲击。自从 1994 年 NAFTA 生效以来，美国、加拿大和墨西哥之间的贸易额翻了 3 倍，达到 1.3 万亿美元。2017 年，美国向加拿大出口了 3 420 亿美元的商品和服务，向墨西哥出口 2 770 亿美元，并且同时从加拿大进口 3 390 亿美元，从墨西哥进口 3 550 亿美元。美国对加拿大的贸易顺差为 28 亿美元，对墨西哥的贸易逆差为 690 亿美元。加拿大和墨西哥是美国最大的出口市场，占美国出口总额的 1/3，并且是美国第二大进口来源地。

NAFTA 的重新谈判因为横跨美国和墨西哥边境的多重供应链而十分复杂。其中以汽车行业最为典型。美国制造的汽车零部件可能运往墨西哥工厂组装成整车，然后运回美国进行最终销售（反之亦然，墨西哥制造的零部件运往美国工厂进行最终组装）。2017 年，美国生产商向墨西哥出口了价值 210 亿美元的整车和汽车零部件，但从墨西哥进口了价值 840 亿美元的整车和汽车零部件。如果没有这 630 亿美元的整车和汽车零部件贸易逆差，美国对墨西哥的贸易逆差仅为 60 亿美元。

也许是因为意识到了美国和墨西哥在汽车和汽车零部件的贸易中存在不公平，特朗普批评了那些已经将生产转移到墨西哥或计划这么做的汽车生产商。在遭到特朗普批评后，福特取消了在墨西哥投资 16 亿美元建造汽车装配厂的计划。特朗普还对通用汽车、丰田和宝马投资于墨西哥装配业务的行为进行了批评。除了施加压力外，特朗普政府还在考虑采用不同方式重新构建与墨西哥之间的贸易关系，这也是 NAFTA 重新谈判的一部分，其中包括对墨西哥进口的汽车征收关税。

最终，特朗普政府与墨西哥和加拿大就修订后的 NAFTA 达成协议，即《美国-墨西哥-加拿大协定》(USMCA)，其必须得到三个国家立法机构的批准才能生效。USMCA 对 NAFTA 作出了一些实质性修改。最重要的是，NAFTA 要求汽车制造商生产的车辆中必须至少包含 62.5%在北美生产的零部件，才有资格享受零关税。而 USMCA 将这一门槛提高到了 75%。这意味着汽车制造商为了其在北美组装的汽车，不得不减少从德国、日本、韩国或中国采购零部件。新协定还规定，到 2023 年，任何免关税的车辆必须有 40%的零部件来自所谓的“高工资”工厂。这些工厂给生产工人支付的平均工资不得少于每小时 16 美元，而这大概是目前墨西哥工厂平均工资的 3 倍。

特朗普政府显然希望这些规定能够增加美国的汽车和零部件产量。虽然这是有可能的，但批评人士指出，这也有可能带来北美汽车生产商成本升高以及消费价格上涨等其他一系列后果。

资料来源：U. S. Census Bureau，www. census. gov/foreign-trade/index. html，accessed April 10，2018；Robbie Whelan，“Gloom Descends on Mexico's NAFTA Capital，” *The Wall Street Journal*，January 26，2017；Dudley Althaus and Christina Rogers，“Donald Trump's NAFTA Plan Would Confront Globalized Auto Industry，” *The Wall Street Journal*，November 10，2016；William Mauldin and David Luhnow，“Donald Trump Posed to Pressure Mexico on Trade，” *The Wall Street Journal*，November 21，2016；and Siobhan Hughes et al.，“Trump Tariffs Spark GOP Rift，” *The Wall Street Journal*，March 5，2018.

案例讨论题

1. 总的来说，你认为 NAFTA 对美国经济有积极影响还是消极影响？对墨西哥和加拿大经济也是如此吗？

2. 你认为唐纳德·特朗普为何在成功当选总统后如此热衷于对 NAFTA 进行重新谈判？

3. 你对 USMCA 有何评价？该协定可能给美国带来哪些好处？美国会付出哪些代价？总的来说，该协定是否是 NAFTA 进步的体现？

4. 总的来说，USMCA 对加拿大和墨西哥有利吗？

注释

第 IV 篇

全球货币制度

第9章

外汇市场

学习目标

阅读本章后，你将能够：

- 描述外汇市场的功能。
- 了解即期汇率的含义。
- 认识远期汇率在防范外汇风险方面的作用。
- 了解不同的汇率决定理论及各自的优缺点。
- 认识不同的汇率预测方法的优缺点。
- 比较转换敞口、交易敞口和经济敞口之间的差异，并阐述其对管理实践的意义。

开篇案例　3M如何管理外汇风险

3M是美国历史最悠久、最享有盛誉的多元产业公司之一。该公司拥有多个知名消费品牌，例如Scotch、Scotchgard、Post-It、Scotch-Brite和ACE Bandages，但实际上消费品业务只占其商业活动的一小部分。该公司还提供许多可应用于汽车、医疗保健、电子和能源等工业领域的产品以及安全方面的产品。3M在创新上备受赞誉，其年收入的6%被投入研发。长期创新使3M拥有55 000种产品，其中许多产品都拥有很高的利润率，并且有30%左右的销售额来自五年内推出的产品。

除大力创新外，3M还是美国最国际化的公司之一。该公司320亿美元的年收入中，有大约60%来自美国以外地区。这家大型全球企业在200个国家进行销售，并在70个国家设有业务机构。3M在全球拥有200家工厂，除生产最终产品外，还制造许多自用的投入品，并且已经建成区域供应链网络以便更好地管理库存、改善客户响应能力、实现规模经济，并通过在最佳地点制造产品来提高生产效率。

对 3M 来说，应对大量国际销售和公司内部交易是一个难题。具体而言，由于不同货币之间相对价值的变化，在兑换成美元时会显著影响公司的收益，进而影响公司内部交易的价值，并最终改变不同国家作为潜在的制造活动开展地的吸引力。据 3M 估计，汇率的不利变动使其 2018 年的税前利润减少了 4 200 万美元，而 2017 年减少了 1.11 亿美元。（作为一家美国公司，3M 的财务报告均以美元为单位。）这些不利影响包含了当地货币转换成美元时对利润的影响、3M 产品在不同国家之间转移时货币波动造成的影响，以及交易损益（包括为降低外汇风险而购买的衍生工具损益）。例如，2018 年美元对许多其他国家的货币出现升值，导致 3M 的海外销售额（换算回美元时）减少了约 2.3%。当然，与此相反的情况也可能发生。

之所以会产生外汇风险，是因为货币之间的相对价值会随着时间波动，而且难以预测它们的变动方向。例如，2018 年美元对贸易加权的一篮子货币（包括欧元、日元、英镑、瑞士法郎和澳元等）升值了 5.2%，这意味着当年海外销售额换算成美元时平均减少 5.2%。

与许多公司一样，3M 试图以对冲方式降低外汇风险带来的不利影响。该公司在进行海外交易前，先签订外汇远期合约以“锁定”汇率。公司最多可提前 36 个月锁定汇率。例如，3M 向欧元区出口产品，预计将在未来三个月内收到以欧元支付的货款，并且它认为未来三个月美元对欧元可能会升值，那么 3M 可能会购买一份三个月的远期合约以锁定美元对欧元的某个特定汇率。这样 3M 就可以知道该笔销售发生时将带来多少美元的收入，并且以美元计算的销售额不会因为未来三个月美元对欧元升值而减少。当然，这样的远期合约不是没有代价的，也并不完美。在面对不确定性时，公司可能会预测错误而造成损失。如果未来三个月美元对欧元贬值，而不是像 3M 预测的那样升值，则 3M 最好不要进行对冲交易，因为其欧元销售额换算成未对冲的美元后，价值将会增加。

在情况允许时，3M 还会使用外汇远期合约和外币债务作为对冲工具来保障公司海外业务的净投资收益。例如，2018 年，其欧洲业务有一部分通过 41 亿欧元的债务进行融资。如果该笔债务以美元计价，却必须由 3M 的欧洲业务部门进行偿还，那么欧元对美元贬值将使其欧洲子公司偿还欧元债务的成本上升，从而减少 3M 在欧元区所取得的以美元计价的利润。正是通过这些行动，3M 降低了不可预测的汇率变动所带来的风险。

资料来源：3M 2018 10k Statement.

9.1 引言

与全球经济中的许多企业一样，美国跨国企业 3M 的收益会受到货币价值变动的影响（详见开篇案例）。例如，2018 年美元对大多数外币升值，那么像 3M 这样的全球企业以美元计价的外币收入可能就会减少。事实上，2018 年 3M 的海外销售额换算成美元后减少了2.3%。反过来，如果美元贬值，其以美元计价的外币收入则可能会增加。3M的例子说明外汇市场对企业的销售额和利润有着重要影响。因此，管理者有必要了解外汇市场的运作方式以及汇率变化可能对企业及其战略产生的影响。

本章有三个主要目标。首先是介绍外汇市场的运作方式。其次是考察汇率的决定因素，并讨论预测未来汇率变动的可能性。最后是了解汇率变动对国际商务的影响。本书共有三章介绍国际货币体系及其与国际商务的关系，本章是其中的第一章。第10章将探讨国际货币体系的制度结构，即外汇市场的运作背景。国际货币体系制度结构的变化对外汇市场的发展有着深远影响。

外汇市场（foreign exchange market）是将一国货币兑换成另一国货币的市场。**汇率**（exchange rate）就是一种货币兑换成另一种货币的比率。例如，丰田利用外汇市场将其在美国销售汽车赚取的美元兑换成日元。如果没有外汇市场，就不可能有大规模的国际贸易和国际投资，公司将不得不进行以物易物的交易。在使用不同货币的国家之间，公司如果要进行交易，外汇市场就是它们的润滑剂。

前文提及国际贸易和投资都存在风险。其中一些风险是因为无法准确预测未来汇率而产生的。一种货币兑换成另一种货币的汇率会随着时间变化。例如，2001年初，1美元可兑换1.065欧元，但到2014年初，1美元仅可兑换0.74欧元。美元对欧元大幅贬值，这使得美国商品在欧洲更加便宜，促进了出口销售。同时，它使得欧洲商品在美国更加昂贵，从而减少了在美国销售商品和服务的欧洲企业所能取得的销售收入和利润。然而，由于欧洲经济疲软和美国经济走强导致欧元贬值，美国企业享有的定价优势在2015—2018年消失。到2019年初，1美元可兑换0.88欧元，这意味着美国向欧元区出口的商品变得更加昂贵。这种货币相对价值变动常常让管理者措手不及，如果他们没有对可能发生的风险进行对冲，则可能严重影响企业的销售收入和利润。

外汇市场的功能之一就是为这种汇率波动带来的风险（通常称为外汇风险）提供保障。不过，尽管外汇市场能够针对外汇风险提供保障，却不能确保万无一失。由于未预见的汇率变化导致国际企业遭受损失（或取得收益）的情况并不少见。货币波动会使看起来有利可图的贸易和投资协议变得没有利润，反之亦然。

本章将从外汇市场的功能和形式开始，这部分内容包括认识即期交易、远期交易和货币掉期；然后将考察汇率的决定因素；之后还将研究当一国货币不能兑换成其他货币时如何进行对外贸易；最后讨论这些内容对商务的影响。

9.2　外汇市场的功能

外汇市场主要有两个功能。一是将一国货币兑换成另一国货币；二是针对外汇风险或不可预测的汇率变化所带来的不利后果进行管理。[1]

9.2.1　货币兑换

各国都有自己的货币，用于对商品和服务计价。美国是美元（$），英国是英镑（£），法国、德国和其他欧元区成员国是欧元（€），日本是日元（¥），等等。一般而言，在一国境内必须使用该国货币。美国游客无法在苏格兰爱丁堡的商店中用美元购买一瓶苏格兰威士忌，苏格兰不承认美元为法定货币，游客必须使用英镑支付。游客可以去银行将美元兑换成英镑，然后再购买威士忌。

当游客将一种货币兑换成另一种货币时，她就参与了外汇市场交易。汇率是该市场将一种货币兑换成另一种货币的比率。例如，€1＝$1.07 表示 1 欧元可兑换 1.07 美元。汇率使我们能够比较不同国家商品和服务的相对价格。希望在爱丁堡购买苏格兰威士忌的美国游客可能发现她必须为这瓶酒支付 30 英镑，而同样一瓶酒在美国卖 35 美元。这笔交易划算吗？假设当前英镑对美元汇率为£1.00＝$1.25（即 1 英镑可兑换 1.25 美元）。游客将 30 英镑换算成美元，她发现这瓶苏格兰威士忌的价格相当于 37.5 美元（30×1.25）。这令人惊讶，尽管存在运费，美国销售的苏格兰威士忌居然比苏格兰本地销售的更便宜（英国对酒类征收重税）。

游客只是外汇市场的次要参与者，而从事国际贸易和投资的企业是主要参与者。外汇市场对国际企业而言有四种主要用途。第一，企业收到的出口货款、外国投资收入或通过许可协议从外国企业处取得的收入都有可能是以外币支付的。要在本国使用这些资金，企业必须将其转换成本国货币。例如，苏格兰酿酒厂向美国出口威士忌，酿酒厂收到的是美元，但由于这些美元无法在英国消费使用，因此必须兑换成英镑。同样，丰田在美国以美元计价出售汽车，它必须将收到的美元兑换成日元才能在日本使用。

第二，当国际企业必须用外国货币支付其产品和服务时，就需要利用外汇市场。例如，戴尔从马来西亚企业处购买计算机零部件，必须用马来西亚货币林吉特向马来西亚企业付款，因此戴尔必须将美元兑换成林吉特才能支付。

第三，当国际企业希望用闲置资金对货币市场进行短期投资时，它们也会利用外汇市场。例如，一家美国公司有 1 000 万美元想要进行三个月的投资。在美国，它从这些资金中获得的最佳利率是 2%。但如果投资于韩国货币市场，它可能赚取利率为 6%的收益。因此，该公司可能会将这 1 000 万美元兑换成韩元并在韩国投资。但是，请注意，它从这项投资中取得的回报率不仅取决于韩国利率，还取决于在此期间韩元对美元的价值变化。

外汇市场的第四个用途是货币投机。**货币投机**（currency speculation）通常涉及一种货币向另一种货币短期转换，以期从汇率变动中获利。同样假设一家美国公司拥有 1 000 万美元，想要进行三个月的投资。该公司怀疑美元对日元的汇率被高估了，也就是说，该公司预计美元对日元会出现贬值。假设当前美元对日元汇率为$1＝¥120。该公司将 1 000 万美元兑换成日元，从而取得 12 亿日元（1 000 万×120）。在接下来三个月里，美元对日元贬值至$1＝¥100。这时，该公司将 12 亿日元换回美元，就有了 1 200 万美元。该公司用 1 000 万美元的初始投资，在三个月内通过货币投机获利 200 万美元。然而，总的来说，公司应当谨慎，因为投机的风险极高。公司无法确定汇率会发生怎样的变化。当投机者对未来货币走势的猜测正确时，他很可能获得丰厚的回报，但如果是错误的，则也可能遭受巨额损失。

近年来有一种投机行为越来越普遍，它被称为**套利交易**（carry trade）。套利交易指的是以一种低利率货币借款，然后将其所得资金投资于另一种高利率货币。[2] 例如，如果日本的借款利率为 1%，美国银行的存款利率为 6%，就可以借入日元，将其兑换成美元并存入美国银行。交易者可以因此赚取 5%的利差，再扣除将一种货币兑换成另一种货币的相关交易成本。这种投机交易取得成功的关键在于汇率（或与此相关的利率）不会出现使交易无利可图的不利变动。然而，如果日元对美元迅速升值，那么就需要更多的美元来偿还最初的贷款，这笔交易很快就会变得无法获利。在 21 世纪 00 年代中期，美元对日元套利交易占据了重要地位，2007 年规模达到了 1 万亿美元的峰值，当时东京外汇市场上约 30%的交易均与套利交易有关。[3] 这种套利交易的重要性在 2008—2009 年有所下降，因为随着美国利率下降，两国利差缩小，从而减少了交易利润。到 2016 年底，由于日本出现负利率，加上美国利率上升，有迹象表明美元对日元套利交易的重要性再次提升，借入日元并兑换成美元的交易再次变得有利可图。[4]

9.2.2　外汇风险管理

外汇市场的第二个功能是提供外汇风险管理，外汇风险就是不可预见的未来汇率变化给企业带来不利后果的可能性。企业管理外汇风险就是在进行套期保值。要了解市场是如何行使该功能的，首先必须认识即期汇率、远期汇率和货币掉期。

即期汇率

当双方同意交换货币并立即进行交易时，就是在进行即期外汇交易。此类即期交易所采用的汇率就被称为即期汇率。**即期汇率**（spot exchange rate）是外汇交易者在某一特定日期将一种货币兑换成另一种货币的汇率。当在爱丁堡的美国游客去银行将美元兑换成英镑时，使用的汇率就是当天的即期汇率。

许多金融网站实时发布即期汇率。汇率的报价方式有两种：一美元对应的外币价值，或者一单位外币对应的美元价值。因此，美国东部标准时间 2019 年 4 月 15 日中午 12：30，1 美元可买入 0.88 欧元，1 欧元可买入 1.13 美元。

即期汇率不断变化，通常每分钟变化一次（尽管在如此短的时间内，变化幅度通常很小）。一种货币的价值是由该货币的需求和供应相对于其他货币的需求和供应所决定的。例如，许多人需要美元，美元就供不应求，而没有人需要英镑，英镑就供过于求，从而使美元对英镑的即期汇率发生变化。美元对英镑可能升值（或英镑对美元贬值）。假设开市时即期汇率是£1＝＄1.25。随着当天交易进行，交易者需要更多的美元和更少的英镑。在当天交易结束时，即期汇率可能变为£1＝＄1.23。每一英镑所能够购买的美元比当天开市时更少，即美元升值，英镑贬值。

远期汇率

即期汇率的变动可能会给国际企业带来困扰。例如，一家从日本进口高端相机的美国公司必须在收货后 30 天内向日本供应商支付日元。该公司应向日本供应商支付每台相机 20 万日元的价款，而当前美元对日元的即期汇率为＄1＝￥120。在这一汇率下，对进口商而言，每台相机的成本为 1 667 美元（200 000/120）。进口商可以在收到相机的当天将其以每台 2 000 美元的价格出售，因此获得每台 333 美元（2 000－1 667）的利润。但是，进口商在出售相机之前，没有钱向日本供应商付款。如果在接下来 30 天内美元对日元意外贬值至＄1＝￥95，则进口商仍需要向日本公司支付每台相机 20 万日元的价款，相当于每台相机 2 105 美元，超出了相机售价。美元对日元的即期汇率从＄1＝￥120 变为＄1＝￥95，使得原本有利可图的交易不再赚钱。

为了规避或对冲这种风险，美国进口商可能会进行远期交易。当双方约定在未来的某个特定日期交换货币并进行交易时，就发生了**远期外汇**（forward exchange）交易。此类未来交易所采用的汇率就被称为**远期汇率**（forward exchange rate）。对于大多数主要货币，远期汇率都是以未来 30 天、90 天和 180 天进行报价。在某些情况下，也有可能取得未来几年的远期汇率。让我们回到相机进口商的例子，假设将美元兑换成日元的 30 天远期汇率为＄1＝￥110。进口商与外汇交易商进行了 30 天远期外汇交易，确保其为每台相机支付的价款不超过 1 818 美元（200 000/110），保证每台相机能取得 182 美元（2 000－1 818）的利润，而且进口商自身不会因美元对日元汇率的意外变化而无法在原本有利可图的交易中获利。

在这个例子中，即期汇率（＄1＝￥120）和 30 天远期汇率（＄1＝￥110）不同。这种差异是正常的，它反映了外汇市场对未来货币走势的预期。在本例中，与 30 天远期交易相比，用 1 美元进行即期交易实际上能够买到更多的日元，这表明外汇交易商预测美元对日元会在未来 30 天内发生贬值。当出现这种情况时，美元在 30 天远期市场上折价出售（即它的价值低于即期市场的价值）。当然，也可能出现相反的情况。例如，如果 30 天远期汇率为＄1＝￥130，则 1 美元在远期交易中可购买的日元数量多于即期交易。在这种情况下，美元在 30 天远期市场上溢价出售。这反映了外汇交易商预测未来 30 天内美元对日元会出现升值。

总而言之，当企业订立远期外汇合约时，它是在确保未来汇率变动不会导致原本获利的交易变得无利可图。虽然许多企业经常签订远期外汇合约来对冲外汇风险，但有时这种做法也会对企业不利。“管理聚焦”提供了一个例子，介绍了巴西支线飞机制造商——巴西航空工业公司（Embraer）所采用的套期保值策略为何适得其反。

管理聚焦　巴西航空工业公司与巴西雷亚尔的纠葛

多年来，巴西一直饱受高通货膨胀率困扰，结果是巴西货币巴西雷亚尔对美元不断贬值。这种情况在 21 世纪初期发生了改变，当时的巴西政府成功将年通货膨胀率降至个位数。较低的通货膨胀率，加上为巴西经济扩张铺平道路的政策，使得巴西雷亚尔对美元稳步升值。2004 年 5 月，1 巴西雷亚尔可买入 0.312 1 美元；到 2008 年 8 月，1 巴西雷亚尔可买入 0.65 美元，升值超过 100%。

巴西雷亚尔对美元升值对巴西航空工业公司有利有弊。巴西航空工业公司是全球最大的支线飞机（不超过 110 座）制造商，也是巴西最著名的工业公司之一。巴西航空工业公司从美国制造商处购买发动机和电子设备等飞机部件。由于巴西雷亚尔对美元升值，这些部件转换成以巴西雷亚尔计价后成本更低，这提高了巴西航空工业公司的利润率。但是，与全球市场上所有的商用飞机制造商一样，该公司也以美元为其飞机定价。因此，随着巴西雷亚尔对美元升值，巴西航空工业公司在将美元兑换为巴西雷亚尔后，美元收入减少。

为应对货币升值对收入的影响，21世纪00年代中期，巴西航空工业公司开始通过购买远期合约来对冲未来雷亚尔升值所带来的影响（远期合约向持有者提供了未来某个时点以某个预先确定的汇率，用一种货币（在本例中为美元）兑换另一种货币（在本例中为巴西雷亚尔）的权利）。如果巴西雷亚尔持续升值，这对巴西航空工业公司来说将是一个很好的策略，因为公司已经锁定将美元收入兑换为巴西雷亚尔时所使用的汇率。但不幸的是，随着2008年全球金融危机爆发，投资者纷纷转向美元，他们将美元视为避风港，巴西雷亚尔对美元开始贬值。2008年8—11月期间，巴西雷亚尔对美元贬值近40%。如果没有进行套期保值，这种贬值实际上会增加巴西航空工业公司的巴西雷亚尔收入。然而，巴西航空工业公司将自己锁定在一个高得多的巴西雷亚尔对美元汇率中，不得不因其押错货币走势而蒙受1.21亿美元的损失。

自2008年遭受冲击以来，巴西航空工业公司减少了货币的套期保值，其大部分美元销售额和采购额都没有进行对冲交易。这使得巴西航空工业公司的销售收入对巴西雷亚尔对美元汇率非常敏感。2010年，巴西雷亚尔对美元再次升值，给巴西航空工业公司的收入带来了压力。然而，2012年，巴西经济停滞，通货膨胀率又开始上升。这导致巴西雷亚尔出现持续贬值，从2011年7月的1巴西雷亚尔＝0.644美元跌至2017年2月的1巴西雷亚尔＝0.32美元，贬值约50%。这虽然对巴西货币不利，却对巴西航空工业公司有利，公司股价飙升至2008年2月以来的最高价，原因是市场猜测巴西雷亚尔贬值将使巴西航空工业公司以巴西雷亚尔计价的收入增加。

资料来源：D. Godoy, "Embraer Rallies as Brazilian Currency Weakens," *Bloomberg*, May 31, 2013; K. Kroll, "Embraer Fourth Quarter Profits Plunge 44% on Currency Woes," *Cleveland.com*, March 27, 2009; "A Fall from Grace: Brazil's Mediocre Economy," *The Economist*, June 8, 2013; and "Brazil's Economy: The Deterioration," *TheEconomist*, December 7, 2013.

货币掉期

前面对即期汇率和远期汇率的讨论表明，对于从事国际贸易的企业而言，购买远期期权十分重要。数据显示，远期金融工具占所有外汇交易的近2/3，而即期交易仅占1/3左右。[5]但是，这些远期交易中绝大多数都不是我们之前所讨论的，而是一种更复杂的工具——货币掉期。

货币掉期（currency swap）是在两个不同的起息日同时买卖一定数量的外汇。当交易者希望在有限期间内把一种货币兑换成另一种货币而不产生外汇风险时，国际企业与其银行之间、不同银行之间以及不同政府之间就会进行货币掉期交易。一种常见的货币掉期交易是即期对远期。以苹果公司为例，假设苹果在美国组装笔记本电脑，但屏幕是在日本制造的。苹果同时还向日本销售成品笔记本电脑。因此，与许多公司一样，苹果既从日本采购产品，也向日本销售产品。假设苹果今天要将100万美元兑换成日元以向其供应商支付笔记本电脑屏幕的货款。苹果在 90 天内会收到日本进口商为购买成品笔记本电脑支付的 1.2 亿日元货款，并且苹果会把这些日元兑换成美元以便在美国使用。假设今天的即期汇率为 $1＝￥120，而 90 天远期汇率为 $1＝￥110。苹果向银行出售 100 万美元可以换取 1.2 亿日元，支付其货款。同时，苹果还与银行达成了一项将 1.2 亿日元兑换成美元的 90 天远期外汇交易。因此，90 天后苹果将收到 109 万美元（1.2 亿/110）。由于日元在 90 天远期市场上溢价交易，苹果最终获得了比开始时更多的美元。货币掉期交易与传统的远期交易在一个重要方面是相似的：它为企业提供了管理外汇风险的保障。通过货币掉期交易，苹果今天就可以知道它将于 90 天内收到的 1.2 亿日元货款最终会兑换为 109 万美元。

9.3 外汇市场的性质

外汇市场并不位于任何一个地方。它是由电子通信系统连接在一起的银行、经纪人和外汇交易商所组成的全球网络。当公司希望兑换货币时，通常会通过银行，而不是自己直接进入市场。外汇市场一直在快速增长，反映了跨境贸易和投资量的普遍增长（见第 1 章）。1986 年 3 月，全球外汇交易日交易量为 2 000 亿美元。到 2016 年 4 月，这一数据已达到 5.1 万亿美元。[6]最重要的交易中心是伦敦（占 37%）、纽约（占 18%），以及苏黎世、东京和新加坡（均占交易量的 5%～6%）。[7]次要的交易中心包括法兰克福、巴黎、香港和悉尼等。

伦敦在外汇市场的主导地位有历史和地理原因。作为世界上第一个工业贸易大国的首都，伦敦在 19 世纪末已成为世界上最大的国际银行业中心。如今，东有东京和新加坡，西有纽约，伦敦位于中心，起到了连接东亚市场和纽约市场的关键作用。由于时区差异，伦敦在东京夜晚收市后很快就开市了，并在纽约开始交易的前几个小时仍处于开市状态。但是，退出欧盟对伦敦作为全球交易中心的地位会造成怎样的影响至今仍不清楚。[8]

外汇市场有两个值得注意的特点。首先外汇市场从不“休息”。东京、伦敦和纽约每 24 小时只休市 3 小时。在这 3 个小时中，许多较小的交易中心仍在交易，尤其是旧金山和悉尼。其次是各交易中心一体化。全球各交易中心通过高速计算机连接在一起，有效地创建了一个单一市场。金融中心一体化意味着各交易中心的报价汇率不会有显著差异。例如，如果伦敦下午 3 点日元/美元汇率报价为￥120＝$1，则纽约在同一时间（纽约时间上午 10 点）将给出相同的日元/美元汇率报价。如果纽约的日元/美元汇率报价为￥125＝$1，则交易商可以通过货币的低买高卖进行**套利**（arbitrage）。假设如前所述，伦敦和纽约的交易价格不同，纽约的交易商可以用 100 万美元购买 1.25 亿日元，然后立即在伦敦卖出，得到 104.166 6 万美元，从中获利 41 666 美元。然而，如果所有交易商都试图利用这种机会，纽约对日元的需求将会上升，造成日元对美元升值，纽约和伦敦之间的交易差价很快就会消失。由于外汇交易商总是盯着电脑屏幕寻找套利机会，这一概率往往很小，并且转瞬即逝。

美元在外汇市场起到重要作用。尽管外汇交易可以在任何两种不同的货币间开展，但大多数交易的一方都涉及美元，交易商想要出售一种非美元货币并买入另一种非美元货币时也是这样。例如，交易商想要出售墨西哥比索以换取日元，通常会先卖出比索换取美元，然后再用美元购买日元。虽然这样似乎绕了远路，但相比于寻找愿意购入日元的比索持有者，这实际上成本更低。由于涉及美元的国际交易量相当大，因此不难找到希望用美元兑换比索或日元的交易商。

由于美元在众多外汇交易中的核心作用，它已成为一种国际支付货币。在 2018 年所有外汇交易中，90%的交易一方涉及美元。在美元之后，最重要的国际支付货币是欧元（31%）、日元（21%）和英镑（12%），一国货币的国际地位反映了相应的贸易实体在世界经济中的重要性。

9.4　汇率决定理论

在最基础的层面上，汇率是由一种货币的需求和供应相对于另一种货币的需求和供应所决定的。例如，如果美元供不应求，而日元供大于求，则美元兑换日元将发生变化，美元对日元升值（日元对美元贬值）。不过，供给和需求的相对差异虽然解释了汇率是如何决定的，但只进行了表面上的解释，并没有揭示货币供需背后的因素，也没有解释美元何时会供不应求（供大于求）或日元何时会供大于求（供不应求）。它也没有说明在何种情况下会对货币出现需求或不会出现需求。本节将针对这些问题介绍一些经济理论以便更深入地理解汇率是如何决定的。

如果理解了汇率是如何决定的，或许能够预测汇率如何变动。由于未来的汇率变动将会影响出口机会、国际贸易和投资交易的盈利能力以及外国进口商品的价格竞争力，因此这一信息对国际企业来说十分宝贵。但预测汇率变动情况十分困难。决定汇率的因素十分复杂，并且在理论上未达成共识。尽管如此，大多数关于汇率变动的经济理论都认为三个因素对一国货币未来的汇率变动具有重要影响，即该国的物价水平、利率和投资者心理。[9]

9.4.1　价格与汇率

要了解价格与汇率变动的关系，首先需要讨论一价定律的经济学概念。然后讨论购买力平价（PPP）理论，该理论将两国之间汇率变化与物价水平变化联系了起来。

一价定律

一价定律（law of one price）表明，在没有运输成本和贸易壁垒（如关税）的竞争市场中，不同国家出售相同产品时，以同种货币表示的售价必须相同。[10]例如，如果英镑和美元之间的汇率是£1＝$2，那么在纽约售价为 80 美元的夹克在伦敦的售价应该是 40 英镑（80/2）。如果这件夹克在伦敦的售价为 30 英镑（即 60 美元），会发生什么？

在此价格下，交易商将会在伦敦购买夹克，并在纽约出售，这就发生了套利行为）。公司最初可以在伦敦以 30 英镑（60 美元）购买夹克，并在纽约以 80 美元出售（假设没有运输成本和贸易壁垒）。但是，伦敦的夹克价格将会随着需求增加而提高，而纽约的夹克供给增加将会导致其价格下降。这一过程将会持续到两地夹克价格相等时为止。因此，可能当伦敦的夹克价格变为 35 英镑（70 美元）时，纽约的夹克价格变成 70 美元，出现价格持平（假设￡1＝＄2 的汇率没有变化）。

购买力平价

如果一价定律适用于所有商品和服务，则任何一组价格中都可得出符合购买力平价（purchasing power parity，PPP）的汇率。通过比较以不同货币表示的相同商品的价格，就可以确定有效市场中的"实际"汇率或 PPP 汇率。（**有效市场**（efficient market）不存在商品或服务自由流动的障碍，如贸易壁垒。）

PPP 理论的一个不那么极端的说法是，如果市场相对有效，即国际贸易中几乎不存在障碍，则"一篮子商品"的价格在各个国家都应该大致相等。为了用公式表示 PPP 理论，我们用 $P_{\$}$ 表示一篮子特定商品的美元价格，$P_{¥}$ 表示同样一篮子商品的日元价格。PPP 理论预测，美元对日元的汇率 $E_{\$/¥}$ 应为：

$$E_{\$/¥}=P_{\$}/P_{¥}$$

因此，如果一篮子商品在美国价值 200 美元，在日本价值 20 000 日元，那么 PPP 理论预测的美元对日元的汇率应当为＄1＝¥100（＄200/¥20 000）。

每年《经济学人》都会发布自己版本的 PPP 指数，该指数称为"巨无霸指数"。《经济学人》选择麦当劳巨无霸汉堡包作为"一篮子商品"的代表，因为约 120 个国家都按照大致相同的配方生产该商品。巨无霸 PPP 是指各国汉堡包价格相同时所使用的汇率。《经济学人》认为，根据巨无霸汉堡包的相对价格可以计算出 PPP 指数，将一国的当前汇率与 PPP 指数预测的汇率进行比较，可以检验一种货币是否被低估。《经济学人》承认，巨无霸指数不是一个严谨的方法，但它确实有益于阐述 PPP 理论。

为计算巨无霸指数，《经济学人》将一国的巨无霸汉堡包价格用当前汇率换算成美元，然后计算与美国巨无霸汉堡包平均价格的比值。根据 PPP 理论，巨无霸汉堡包在各国的价格应该相同。如果价格不同，则意味着该国货币对美元的价值被高估或低估了。例如，某月美国巨无霸汉堡包的平均价格为 5.58 美元，而在中国的价格为 20.9 元（根据该月的汇率 1 美元＝6.85 元，相当于 3.05 美元）。这表明汇率应当是 1 美元＝3.75 元，人民币被低估了约 45%。

PPP 理论进一步论证汇率会随着相对价格的变化而变化。例如，假设美国物价没有上涨，而日本的物价每年上涨 10%。年初，一篮子商品的价格在美国是 200 美元，在日本是 20 000 日元，根据 PPP 理论得出的美元对日元的汇率应该是＄1＝¥100。到年底，一揽子商品在美国的价格仍然是 200 美元，但在日本的价格为 22 000 日元。PPP 理论预测的汇率也因此发生变动。更准确地说，年底时

$$E_{\$/¥}=\$200/¥22\,000$$

因此，¥1＝＄0.009 1（或＄1＝¥110）。由于存在 10%的通货膨胀，日元对美元

贬值了 10%。到年底，1 美元可以比年初时多购买 10%的日元。

货币供给与通货膨胀

总体上，根据 PPP 理论预测，相对价格的变化将导致汇率变动。从理论上讲，通货膨胀率较高的国家相对于通货膨胀率较低的国家会出现货币贬值。如果我们能够预测一国的未来通货膨胀率，那么我们也能够预测该国货币相对于其他货币的价值（即汇率）会发生怎样的变化。一国的货币供给增长率决定了其未来可能的通货膨胀率。[11]因此，至少在理论上，我们可以使用有关货币供给增长率的信息来预测汇率变动。

通货膨胀是一种货币现象。当流通中的货币数量增长快于商品和服务存量的增长时，即货币供给增长快于产出增长时，就会发生通货膨胀。试想，如果一国政府突然给每个国民都发了 10 000 美元，会发生什么？许多人会争先恐后地把多余的钱花费在他们一直想要的东西上——新车、新家具、更好的衣服等，商品和服务的需求猛增。汽车经销商、百货商店及其他商品和服务提供商不得不提高价格来应对过于旺盛的需求，结果就是通货膨胀。

政府增加货币供给相当于发钱。货币供给增加使银行更容易从政府借钱，个人和公司也更容易从银行借钱。由此产生的信贷增加也将导致商品和服务的需求增加。除非商品和服务产出的增长率与货币供给的增长率相近，否则将导致通货膨胀。这种情况在不同时期的不同国家均曾经出现。

现在已经在一国的货币供给、通货膨胀和汇率变动之间建立了联系。简而言之，当一国货币供给增加比产出增长更快时，就会加剧通货膨胀。PPP 理论告诉我们，通货膨胀率高的国家，其货币将会贬值。历史上最明显的一个例子是 20 世纪 80 年代中期玻利维亚所经历的恶性通货膨胀——一种爆炸式的、无法控制的通货膨胀，出现恶性通货膨胀时，货币会迅速贬值。表 9-1 展示了玻利维亚在恶性通货膨胀期间的货币供给、通货膨胀以及比索对美元汇率的数据。当时的汇率其实是黑市汇率，因为玻利维亚政府在此期间禁止比索与其他货币之间的兑换。数据表明，货币供给增加、通货膨胀率以及比索对美元的汇率都是相互影响的，这与 PPP 理论以及货币经济学的预测相符。在 1984 年 4 月—1985 年 7 月期间，玻利维亚的货币供给量增长了 17 433%，物价上涨了 22 908%，比索对美元的汇率下跌了 24 662%。1985 年 10 月，玻利维亚政府制订了一个大刀阔斧的稳定计划，包括引入新货币和严格控制货币供给。到 1987 年，该国的年通货膨胀率降至 16%。[12]

表 9-1　1984 年 4 月—1985 年 10 月玻利维亚宏观经济数据

时间	货币供给 （10 亿比索）	相对于 1982 年的物价 水平（平均值=1）	汇率 （美元/比索）
1984 年			
4 月	270	21.1	3 576
5 月	330	31.1	3 512
6 月	440	32.3	3 342
7 月	599	34.0	3 570

续表

时间	货币供给（10 亿比索）	相对于 1982 年的物价水平（平均值=1）	汇率（美元/比索）
8 月	718	39.1	7 038
9 月	889	53.7	13 685
10 月	1 194	85.5	15 205
11 月	1 495	112.4	18 469
12 月	3 296	180.9	24 515
1985 年			
1 月	4 630	305.3	73 016
2 月	6 455	863.3	141 101
3 月	9 089	1 078.6	128 137
4 月	12 885	1 205.7	167 428
5 月	21 309	1 635.7	272 375
6 月	27 778	2 919.1	481 756
7 月	47 341	4 854.6	885 476
8 月	74 306	8 081.0	1 182 300
9 月	103 272	12 647.6	1 087 440
10 月	132 550	12 411.8	1 120 210

资料来源：Juan-Antonio Morales，"Inflation Stabilization in Bolivia，" in *Inflation Stabilization*：*The Experience of Israel*，*Argentina*，*Brazil*，*Bolivia*，*and Mexico*，edited by Michael Bruno et al. Cambridge，MA：MIT Press，1988.

对于同一现象，还有一种理解方式是，一国货币供给增加（即可使用的货币数量增加）将改变外汇市场的相对供求状况。如果美国货币供给增长快于美国产出增长，则相对于货币供给增长与产出增长相近的国家，美元的数量相对更为充裕。由于美元供给出现相对增长，在外汇市场上针对货币供给增长较慢的国家而言，美元对其货币将出现贬值。

政府政策决定了一国货币供给增长率是否会超过产出增长率。政府要求该国中央银行发行更多货币，就可以增加货币供给。政府这样做往往是为其公共支出（修路、支付政府工作人员工资、国防开支等）提供更多资金。政府还可以通过增加税收来弥补公共支出，但由于没有人愿意多交税，而且政客们也不希望因此失去民意，所以政府总是倾向于扩大货币供给。不幸的是，货币供给过度增长的后果通常就是通货膨胀。然而，这并没有阻止世界各国政府扩大货币供给，结果可想而知。一家国际企业如果试图预测外汇市场上一国货币价值的未来走势，就应该考察该国针对货币供给的政策。如果政府有决心控制货币供给增加，则该国未来的通货膨胀率可能不高（即使目前的通货膨胀率很高），并且其货币在外汇市场上不会出现过度贬值。如果政府缺乏控制货币供给增加的政治意愿，则该国未来的通货膨胀率可能很高，并很有可能因此导致货币贬值。历史上，许多拉美国家政府都属于后一类情况，包括阿根廷、玻利维亚、巴西，以及委内瑞拉——其货币供给量不受控制的增长导致 2018 年该国通货膨胀率达到 1 000 000%（其货币基本上形同废纸）。2010 年底，美国联邦储备委员会决定使用量化宽松的政策来扩大美国货币供给，以促进经济增长。批评者指责这种政策会导致通货膨胀，并使美元在外汇市场贬值。“国家聚焦”将对此进行讨论。

国家聚焦 量化宽松、通货膨胀与美元价值

2010 年秋，美国联邦储备委员会（以下简称“美联储”）决定进入公开市场并从债券持有人手中购买 6 000 亿美元的美国政府债券，以扩大美国货币供给。这一政策被称为量化宽松（quantitative easing）。这 6 000 亿美元从何而来？美联储只是创造了新的存款准备金，并用这些现金来购买债券，实际就是印钞票。美联储采取量化宽松政策是为了刺激美国经济。在 2008—2009 年全球金融危机后，美国一直处于低经济增长和高失业率的困境中。美联储尝试通过降低短期利率来刺激经济，但短期利率已经被降低接近于零。因此它决定降低中长期利率，它所采用的工具就是向美国经济注入 6 000 亿美元，增加货币供给并降低货币价格（即利率）。美联储在 2011—2013 年又推行了多轮量化宽松政策。2014 年，随着美国经济走强和失业率降至 6%以下，美联储逐步缩减其债券购买计划，最终于 2014 年 10 月结束。而那时，美联储实际上已向美国经济注入了超过 3.5 万亿美元。

美联储的举措很快受到了大量批评。许多人指出，扩大货币供给的政策会助长通货膨胀，并导致美元在外汇市场上贬值。有些人甚至称该政策是美联储故意压低美元价格以促进美国出口，如果属实，这就是一种重商主义的形式。

但是，这些批评可能缺乏根据。首先，当时美国的核心通货膨胀率是 50 年来最低的。美联储担心通货紧缩的风险（价格持续下跌），而这将非常具有破坏性。当物价下跌时，人们将会推迟购买计划，因为他们知道明天的商品会比今天便宜。这可能导致总需求崩溃和高失业率。美联储认为小幅通货膨胀，比如每年 2%的通货膨胀率，可能是件好事。其次，美国经济增长乏力，失业率居高不下，而经济产能过剩。因此，向经济注入资金确实能刺激需求，而不会转化为通货膨胀，因为企业的第一反应是扩大产出以利用过剩产能。美联储的支持者认为，反对者似乎忽略了重要的一点，即只有当失业率相对较低且经济中没有太多过剩的产能时，扩大货币供给才会导致更高的通货膨胀率，但这种情况在 2010 年秋并不存在，而货币市场的反应相当平淡。2010 年 11 月初，就在美联储宣布该政策之前，美元对一篮子其他主要货币的贸易加权美元指数为 72。2014 年 1 月底，该指数小幅上升为 78。简而言之，货币交易商似乎并未抛售美元或对高通货膨胀率表示担忧。

2016 年 3 月，随着量化宽松计划结束，美国经济中并未出现通货膨胀率飙升的迹象。事实上，其通货膨胀率仍接近历史低位。此外，美元对大多数货币未走弱，而是出现升值，贸易加权美元指数为 92。美联储的做法似乎是对的，而批评者是错的。

资料来源：P. Wallsten and S. Reddy, “Fed's Bond Buying Plan Ignites Growing Criticism,” *The Wall Street Journal*, November 15, 2010; S. Chan, “Under Attack, the Fed Defends Policy of Buying Bonds,” *International Herald Tribune*, November 17, 2010; “What QE Means for the World; Positive Sum Currency Wars,” *The Economist*, February 14, 2013.

PPP 理论的实证检验

PPP 理论预测，汇率是由相对价格决定的，并且相对价格的变化会导致汇率变动。相对于通货膨胀率较低的国家，通货膨胀率较高的国家会出现货币贬值。这一理论似乎颇有说服力，但果真如此吗？一些例子可以说明一国通货膨胀与汇率变动之间的关系（例如玻利维亚）。但是，对 PPP 理论的广泛实证检验结果较模糊。[13]虽然 PPP 理论对长期汇率变动有着相对准确的预测，但对于不超过五年的短期汇率变动并不能作出很好预测。[14]此外，PPP 理论能够预测高通货膨胀率、资本市场不发达的国家的汇率变动。对于预测通货膨胀率差异相对较小的发达工业化国家之间发生的短期汇率变动，该理论的作用不大。

在相对通货膨胀率和汇率变动之间未找到强有力的联系，这被称为购买力平价之谜。有几个因素可以对此作出解释。[15]PPP 理论假设不存在运输成本和贸易壁垒。实际上，这些因素很重要，并且往往会在国家之间造成巨大的价格差异。对于许多商品来说，运输成本不可能忽略不计。此外，正如第 6 章所讲的，政府经常干预国际贸易，为跨境贸易设置关税和非关税壁垒。贸易壁垒限制了交易商利用套利的方式来平衡各国同一商品的价格，而这种平衡对一价定律的成立是必需的。政府对跨境贸易的干涉违反了有效市场的假设，削弱了相对价格变化与汇率变动之间的联系，从而使 PPP 理论对汇率变动的预测受到影响。

如果各国市场由少数跨国企业主导，而这些跨国企业有足够的市场实力对价格施加影响、控制分销渠道并且在不同国家提供差异化产品，那么 PPP 理论很可能站不住脚。[16]事实上，许多行业中都存在这种情况，占主导地位的企业可能会行使一定程度的定价权，在不同市场设定不同的价格以反映不同的需求状况，即价格歧视。要使价格歧视发挥作用，就必须限制套利行为。根据这一观点，有一定市场实力的企业可能会控制分销渠道，从而限制从外国市场购买产品并进行未授权的转售（套利）。企业还可以在不同国家对相同产品的某些方面（例如设计或包装）作出区分，从而限制转售（套利）。

例如，即使在中国销售的微软办公软件 Microsoft Office 版本可能比在美国销售的便宜，但利用套利来平衡价格的方法可能会受到限制，因为很少有美国人会需要中文的版本。微软办公软件针对中国和美国的设计差异表明，即使运输成本可以忽略不计且中美之间不存在关税壁垒，一价定律也不适用。如果在一定范围内普遍无法进行套利，就会打破 PPP 理论预测的相对价格变化与汇率变动之间的关系，这有助于解释该理论在实证研究中的局限性。

还有一个原因也相当重要，那就是政府为影响货币价格而干预外汇市场。第 10 章将探讨政府这样做的原因和所采用的方式。需要注意，政府定期干预外汇市场进一步削弱了物价变化与汇率变动之间的联系。PPP 理论无法预测短期汇率变动还因为投资者心理等因素对货币购买决策和汇率变动也会造成影响。我们将在本章稍后部分更详细地讨论这一问题。

9.4.2 利率与汇率

经济理论表明，利率反映了人们对未来通货膨胀率的预期。在预期通货膨胀率很高的国家，利率也会很高，因为投资者希望就货币贬值得到补偿。经济学家欧文·费雪（Irving Fisher）首先将这种关系公式化，称为费雪效应。**费雪效应**（Fisher effect）指出，一国的名义利率（i）是其所需的实际利率（r）与资金借出期间预期通货膨胀率（π）之和，公式为：

$$i \approx r + \pi$$

例如，如果一国的实际利率为 5%，预计年通货膨胀率为 10%，则该国的名义利率约为 15%。正如费雪效应所预测的那样，通货膨胀率与利率之间似乎存在着密切关系。[17]

我们可以更进一步考虑如何使这一公式适用于资本流动不受限制的国家。当投资者可以在各国之间自由转移资本时，每个国家的实际利率都将相等。如果不同国家的实际利率出现差异，则套利行为很快将使其趋于一致。例如，如果日本的实际利率是 10%，而美国的实际利率只有 6%，则投资者将会在美国借钱并投资于日本，由此导致美元需求增加，美国的实际利率升高，而日本的外币供给增加将降低日本的实际利率。这种变化将一直持续到两国的实际利率相等为止。

根据费雪效应，如果世界范围内的实际利率都相等，那么各国之间的任何利率差异都反映了对通货膨胀率的不同预期。因此，如果美国的预期通货膨胀率高于日本，那么美国的名义利率也将高于日本的名义利率。

PPP 理论说明，通货膨胀率与利率之间存在联系（至少理论上如此），并且利率反映了对通货膨胀率的预期，所以利率和汇率之间也必然存在联系。这种联系被称为国际费雪效应。**国际费雪效应**（international Fisher effect，IFE）指出，对于任意两个国家而言，即期汇率的变化应与两国之间名义利率的差异相等但方向相反。例如，美元和日元之间即期汇率的变化公式如下：

$$(S_1 - S_2)/S_2 \times 100 = i_{\$} - i_{¥}$$

其中，$i_{\$}$ 和 $i_{¥}$ 分别是美国和日本的名义利率；S_1 为期初即期汇率；S_2 为期末即期汇率。如果美国的名义利率高于日本，就反映出美国的预期通货膨胀率更高，美元对日元的价值未来应该会下降，降幅为两国名义利率之差。因此，如果美国的名义利率为 10%，而日本的名义利率仅为 6%，我们预计美元对日元将贬值 4%。

利率差异是否有助于预测未来货币走势？答案并不明确。与 PPP 理论一样，长期来看，利率差异与即期汇率的后续变动之间似乎存在某种关系，但短期来看存在相当大的不确定性。与 PPP 理论一样，国际费雪效应并不能很好地预测即期汇率的短期变动。[18]

9.4.3 投资者心理和从众效应

实证研究表明，PPP 理论和国际费雪效应都不能很好地解释汇率的短期变动。原因之一可能是投资者心理对短期汇率变动的影响。有证据表明，心理因素在决定市场交易商对未来汇率变动的预期方面发挥着重要作用。[19]反过来，预期往往也会自我应验。

投资者心理的影响有一个特别著名的例子。1992 年 9 月，乔治·索罗斯（George Soros）押注重金看跌英镑。索罗斯借了数十亿英镑，用他的投资基金资产作抵押，并立即出售英镑换取德国马克。这种“卖空”的技巧可以使投机者赚取巨额利润，但前提是他随后能够以更好的价格买回他已经卖出的英镑，并用这些低价购买的英镑来偿还贷款。通过卖出英镑并买入德国马克，索罗斯开始压低英镑在外汇市场上的价值。更重要的是，当索罗斯开始做空英镑时，许多了解索罗斯名声的外汇交易商纷纷跟风做空。这就触发了一次经典的**从众效应**（bandwagon effect），外汇交易商同时向着同一方向行动。随着从众效应愈演愈烈，越来越多的交易商预期英镑将发生贬值，从而开始出售英镑并购买德国马克，他们的预期之后自我应验。大量抛售使英镑对德国马克贬值。英镑贬值与其说是因为宏观经济基本面的任何重大变化，不如说是因为投资者纷纷跟风投机者乔治·索罗斯进行押注。

多项研究表明，投资者心理和从众效应在决定短期汇率变动方面发挥着重要作用。[20]但是，我们可能难以对这些影响作出预测。投资者心理会受到政治因素和微观经济事件的影响，例如个别企业的投资决策，其中许多决策与宏观经济基本面（如相对通货膨胀率）的关联性很弱。此外，政客的特殊行为也可能触发或加剧从众效应。1997 年，亚洲也发生了类似事件，在几个月内，泰国、马来西亚、韩国和印度尼西亚的货币对美元贬值了 50%～70%。

9.4.4 汇率决定理论小结

相对货币供给增长率、相对通货膨胀率和名义利率差异都可以对汇率长期变动作出较好的预测。但它们无法很好地预测汇率的短期变动，这可能是因为投资者心理和从众效应对于短期货币走势的影响。对于国际企业而言，这些信息很有用。鉴于外国投资的长期盈利能力、出口机会以及外国进口商品的价格竞争力都受到长期汇率变动的影响，国际企业应关注各国货币供给增长率、通货膨胀率和利率的差异。国际企业在从事日常外汇交易时，可以通过短期外汇汇率变动的一些预测指标来使自身受益。不过短期汇率走势很难预测。

9.5 汇率预测

公司需要对未来汇率变动进行预测，这就引发了一个问题，即是否值得在汇率预测方面进行投资以帮助公司进行决策。有两个学派对此作出了回答。有效市场学派认为，远期汇率代表了对未来即期汇率的最好预测，因此，在汇率预测上投资是浪费金钱。无效市场学派则认为，公司可以通过汇率预测来改善其对外汇市场上未来汇率（包含在远期汇率中）的估计。换句话说，无效市场学派不认为远期汇率是未来即期汇率的最佳预测指标。

9.5.1 有效市场学派

远期汇率代表了市场参与者对未来特定日期可能的即期汇率的集体预测。如果远期汇率是未来即期汇率的最佳预测指标，那么公司额外投资去预测短期汇率变动就没有意义了。许多经济学家认为外汇市场在设定远期汇率方面是有效的。[21]有效市场的价格反映了所有可知的公共信息。（如果远期汇率反映了有关未来汇率变动的所有可知信息，那么公司就无法通过其他预测方法来战胜市场。）

如果外汇市场有效，那么远期汇率应该是未来即期汇率的无偏预测指标。但这并不意味着这种预测在任何情况下都是准确的，只是表明由此产生的误差不会始终高于或低于未来即期汇率，即这种误差是随机的。人们针对有效市场假说开展了许多实证研究。尽管大部分早期研究肯定了该假说（建议公司无须在汇率预测上浪费钱），但也有一些研究对该假说提出了质疑。[22]有证据表明，远期汇率并不是未来即期汇率的无偏预测指标，并且根据公开信息进行计算可以更准确地预测未来即期汇率。[23]

9.5.2 无效市场学派

一些经济学家列举出了有效市场假说的反面证据，他们认为外汇市场是无效的。**无效市场**（inefficient market）的价格不能反映所有可得的信息。在无效市场中，远期汇率不是未来即期汇率的最佳预测指标。

如果确实如此，那么国际企业在汇率预测上进行投资将物有所值（许多企业就是这么做的）。人们相信，专业的汇率预测比远期汇率更可能对未来即期汇率作出准确预测。然而，这种专业预测服务以往的表现并不好。[24]例如，专业预测既没有预测到 1997 年席卷东南亚的货币危机，也没有预测到 2008 年底美元会出现升值，当时美国陷入了严重的金融危机，有些人认为那会导致美元贬值（美元升值似乎是因为当时许多国家都遭遇经济危机，而美元被认为是一种相对安全的货币）。

9.5.3 预测方法

假设无效市场学派是正确的，即外汇市场对未来即期汇率的估计可以得到改进，那么应该在什么基础上进行预测呢？这里同样也有两派观点：一个坚持基本面分析，另一个坚持技术分析。

基本面分析

基本面分析主要是利用经济理论构建复杂的计量经济学模型来预测汇率变动。这些模型中包含的变量通常有相对货币供给增长率、通货膨胀率和利率等。此外，还可能包括与国际收支相关的变量。

国际收支经常账户出现逆差（一国进口的商品和服务多于出口的商品和服务）会造成压力，导致该国货币在外汇市场上贬值。[25]试想，如果美国的国际收支经常账户持续逆差（过去一直如此）会发生什么。由于美国进口多于出口，其他国家所持有的美元数量将增加。如果这些人愿意持有美元，那么美元的汇率就不会受到影响。然而，如果这些人将美元兑换成自己国家的货币，那么外汇市场上的美元供给将会增加（对其他货币的需求也会增加）。这种供需变化所产生的压力可能导致美元对其他货币贬值。

这种观点的关键在于其他国家的人是否愿意持有美元。这取决于美国利率、持有其他以美元计价的资产（例如，美国公司的股票）所取得的回报，以及最重要的通货膨胀率等因素。因此，从某种意义上说，国际收支状况并不是未来汇率变动的基本预测指标。但是，是什么让股票和债券等金融资产具有吸引力呢？答案是现行利率和通货膨胀率，这两者都会影响基础经济增长和持有美国金融资产的实际回报。鉴于此，我们又回到了原先的观点，即汇率的基本决定因素是货币供给增长率、通货膨胀率和利率。

技术分析

技术分析是使用有关价格和数量的数据来确定过去的趋势并将其延续到未来，这种方法不依赖于对经济基本面的考察。技术分析的前提是存在可分析的市场趋势和波动，而这种趋势和波动可以用来预测未来的趋势和波动。由于这种预测没有理论依据，许多经济学家将技术分析比作"算命"。尽管存在这种怀疑，但近年来技术分析还是越来越受欢迎。[26]

9.6 货币的可兑换性

到目前为止，我们都在假设各国货币可以自由兑换成其他货币。但现实中，由于政府的限制，许多货币并不能与其他货币进行自由兑换。当一国政府对居民和非居民使用该国货币购买外币的数量不做限制时，该国货币就被认为**可自由兑换**（freely convertible）。当只有非居民可以不受限制地将该国货币兑换成外币时，该货币就被认为**对外可兑换**（externally convertible）。当居民和非居民都不被允许将该国货币兑换成外币时，该货币就**不可兑换**（nonconvertible）。

可自由兑换的货币并不常见。许多国家对其居民能否将本币兑换成外币做了一些限制（外汇兑换政策）。这种限制可小（例如，限制出国旅行时可携带的外币数量）可大（例如，限制国内企业将外币带出国）。外汇兑换的限制可能会制约国内企业的海外投资能力，但对于想在该国开展业务的外国企业而言，几乎不会造成任何困扰。例如，即使日本政府严格控制其居民将日元兑换成美元的能力，所有美国企业都可以随时将其在日本银行的存款从日元转换成美元并带出日本。因此，一家在日本拥有子公司的美国企业确信它能够将其日本业务的利润转换成美元并带出日本。

不可兑换的政策将带来严重的问题。苏联就曾采取了这种政策，并且在苏联解体后的几年里，俄罗斯仍然沿用这一政策。如果不可兑换的政策被严格执行，则意味着即使美国企业在俄罗斯等国家经营能够取得可观的利润，也无法将这些外币兑换成美元并带出东道国。显然，这对于国际企业来说是不可接受的。

政府限制货币的可兑换性，是为了保护其外汇储备。一国需要充足的外汇储备供给来偿还国际债务并购买进口商品。政府担心自由兑换会导致其外汇储备出现挤兑，所以通常会对本国货币施加兑换限制。当居民和非居民急于将其持有的本币兑换成外币时，就会出现挤兑——这种现象通常被称为**资本外逃**（capital flight）。资本外逃最有可能发生于出现恶性通货膨胀或一国经济其他方面的前景不佳导致该国货币迅速贬值时。在此情况下，居民和非居民都倾向于认为，如果将本币兑换成外币并在国外投资，更有可能使他们的资产实现保值。外汇储备挤兑不仅会限制一国偿还国际债务和支付进口商品的能力，还会由于居民和非居民在外汇市场上减持本币（从而增加该国货币的市场供给）而导致本币汇率急剧下跌。各国政府担心，货币贬值将造成进口价格上涨，从而进一步加剧通货膨胀。这种担忧也成了限制本币可兑换性的另一理由。

公司可通过对等贸易来解决不可兑换的问题。**对等贸易**（countertrade）是指一系列类似于易货贸易的协议，通过这些协议，公司可以用自己的商品和服务来交换其他商品和服务。当一国货币不可兑换时，就可以采用对等贸易。例如，当年罗马尼亚的货币不可兑换时，通用电气与罗马尼亚政府的交易陷入了僵局。通用电气在罗马尼亚订立了一份价值 1.5 亿美元的发电机项目合同，同意接受以罗马尼亚商品的形式付款，这些商品可以在国际市场上以 1.5 亿美元的价格出售。类似的例子还有，委内瑞拉政府与卡特彼勒（Caterpillar）谈判达成了一项合同，根据该合同，委内瑞拉将用 35 万吨铁矿石换取卡特彼勒的重型建筑设备。卡特彼勒随后将铁矿石卖到罗马尼亚以换取罗马尼亚的农产品，然后在国际市场上出售并换取美元。[27]

对等贸易有多重要？20 多年前，世界上存在大量不可兑换的货币，对等贸易量相当可观。但近年来，许多政府已经开放了货币的自由兑换，世界范围内涉及对等贸易的比例可能已低于 5%。[28]

9.7　聚焦管理影响

9.7.1　汇率风险

本章对企业实践有许多重要意义。首先，对于国际企业而言，了解汇率如何影响贸易和投资交易的盈利能力至关重要。汇率的不利变化会使看似盈利的交易无利可图。如前所述，因汇率变化引起的国际商务交易风险称为外汇风险。外汇风险通常分为三大类：交易敞口、转换敞口和经济敞口。

交易敞口

交易敞口（transaction exposure）是指每笔交易收入受外汇价格波动影响的程度。交易敞口包括以之前商定的价格购买或销售商品和服务的承诺以及外币资金借贷等。例如，假设 2004 年一家美国航空公司同意以每架 1.2 亿欧元的价格购买 10 架空中客车 A330 飞机，总价为 12 亿欧元，计划于 2008 年底交付并同时付款。在 2004 年签订合同时，美元对欧元的汇率为 \$1=€1.10，所以这家美国航空公司预计在交付 10 架飞机时需支付 10.9 亿美元（12 亿/1.1）。但是，假设在此期间美元对欧元贬值，到 2008 年应付款时，1 美元只能兑换 0.8 欧元（\$1=€0.80），则此时以美元计算的总成本为 15 亿美元（12 亿/0.8），增加了 4.1 亿美元。此例中的交易敞口是 4.1 亿美元，该损失是因签订合同和付款期间汇率的不利变动造成的。

转换敞口

转换敞口（translation exposure）是货币汇率变动对公司财务报表的影响。转换敞口与过去发生事件的当前计量有关。由此产生的会计收益或损失被认为是未实现的账面收益或损失，但仍然很重要。假设一家美国企业在墨西哥拥有子公司。如果墨西哥比索对美元大幅贬值，这将大大降低美国企业持有的墨西哥子公司股权的美元价值。反过来，这将减少合并资产负债表中企业总权益的美元价值，并提高企业报表中体现的杠杆率（债务比率），从而可能增加企业的借贷成本并限制其进入资本市场。同样，如果一家美国企业在欧盟设有子公司，而欧元对美元的价值在一年内迅速下跌，这将使欧洲子公司赚取的欧元利润在转换成美元价值时出现减少，从而产生负转换敞口。事实上，2000 年许多美国企业在欧洲的业务都出现了巨大的负转换敞口，就是欧元对美元快速贬值所导致的。2002—2007 年，欧元对美元升值。对于那些在欧洲拥有大量业务的美国跨国企业来说，由此产生的正转换敞口增加了其美元利润。2014 年中至 2015 年初，欧元再次对美元贬值，大量负转换敞口又一次压缩了美国跨国企业的美元利润。

经济敞口

经济敞口（economic exposure）是指一家企业未来的国际盈利能力受汇率变化影响的程度。经济敞口涉及汇率变化对未来价格、销售情况和成本的长期影响。它与交易敞口不同，交易敞口关注的是汇率变动对单笔交易的影响，其中大部分是在几周或几个月内出现的短期影响。试想美元价值大幅波动对美国企业国际竞争力的影响。20 世纪 90 年代，美元在外汇市场上快速升值，损害了许多美国制造商在世界市场上的价格竞争力。严重依赖于出口的美国制造商发现它们的出口量和世界市场份额均大幅下降。相反的现象发生于 2000—2009 年，当时美元对大多数主要货币贬值，而美元贬值有助于提高美国制造商在世界市场上的价格竞争力。2014 年中至 2015 年初，美元对大多数主要货币大幅升值，削弱了美国出口商的价格竞争力。2017 年的情况正好相反，美元贬值提高了美国出口商的价格竞争力，但 2018 年美元再次升值，使美国出口商品变得更加昂贵。

9.7.2 减少转换敞口和交易敞口

企业可以采取许多策略来最小化其交易敞口和转换敞口。这些策略主要为了保护短期现金流不受汇率变动的不利影响。本章已经详细讨论了其中两种策略，即签订远期汇率合约和购买货币掉期合约。除此之外，企业还可以利用提前或推迟收账或付款来最大限度地减少外汇敞口，也就是说，根据预期汇率变动，提前或推迟向供应商付款或从客户处收取款项。**提前策略**（lead strategy）是指在预期外币贬值之前尽早收取外币应收账款（客户支付的款项），并在预期外汇升值之前提前（向供应商）支付外币应付账款。

错后策略（lag strategy）是指在预期外币升值时推迟收取外币应收账款，并在预期外币贬值时推迟支付应付账款。提前策略和错后策略加速了弱势货币国向强势货币国支付的过程，并推迟了资金从强势货币国向弱势货币国流入的过程。

但是提前策略和错后策略存在实施上的困难。企业必须对付款条件有所控制，而企业并不总是拥有这种协商能力，特别当企业面对重要客户时，往往由客户来决定付款条件。此外，由于提前策略和错后策略可能会对较弱势的货币施加压力，因此许多政府对其进行了限制。例如，一些国家设定了接收出口货款和支付进口货款的最长期限是 180 天。

9.7.3 减少经济敞口

减少经济敞口需要在财务管理领域之外作出战略选择。减少经济敞口的关键是将企业的生产性资产分配到不同地点，这样企业的长期财务状况就不易受到汇率变动的不利影响。无论大企业还是小企业有时都会采用这类策略。例如，21 世纪 00 年代，由于担心欧元对美元将持续走强，一些在美国有大量业务的欧洲企业在美国市场建立了生产设施，以确保欧元升值不会使它们与当地竞争对手相比处于不利地位。同样，丰田的生产设施分布于世界各地，部分原因就是保证日元升值不会影响丰田在当地市场的盈利能力。卡特彼勒也奉行这一战略，它在世界各地建立工厂来对冲美元走强的风险，以使其出口海外市场的产品不受影响。2008 年、2009 年和 2014—2015 年，每当美元走强时，这种实质上的套期保值策略就会非常有效。

9.7.4 管理外汇风险的其他步骤

企业需要制定一种机制确保其拥有适当的战略和策略组合，以最大限度减少外汇风险。尽管对于该机制的构成并未达成普遍共识，但存在一些共同内容。[29]第一，需要对风险敞口进行集中控制，以有效地保护资源并确保每个下属单位都采用了正确的战略和策略组合。许多企业设立了内部外汇中心。尽管这些中心可能无法开展所有外汇交易（尤其是在大型、复合型跨国企业里，大量交易需要同时进行），但它们至少为企业的子公司制定了应当遵循的准则。

第二，企业应该将交易敞口和转换敞口与经济敞口进行区分。许多企业专注于减少交易敞口和转换敞口，但很少关注经济敞口，而经济敞口却可能产生更深远的长期影响。[30]企业需要制定策略来应对经济敞口。例如，电动工具制造商史丹利百得（Stanley Black & Decker）就制定了一个对其经济风险进行积极管理的策略。史丹利百得策略的关键是生产灵活。为了应对外汇变动，史丹利百得可以将生产从一个地点转移到另一个地点，以采用最具竞争力的价格。史丹利百得在世界各地的十几个地方开展生产活动——欧洲、澳大利亚、巴西、墨西哥和日本等。公司有超过 50%的生产性资产位于北美以外的地区。尽管史丹利百得的每个工厂都专注于一种或两种产品的生产以实现规模经济，但各工厂之间仍存在大量业务重叠。该公司工厂的产能利用率平均不超过

80%，因此大多数工厂能够迅速从生产一种产品转换成生产另一种产品或增加一种产品的生产。这使得工厂的生产计划能够根据外汇变动而作出改变。例如，如果美元对其他货币贬值，它就可以减少从海外子公司进口到美国的产品数量，增加从美国子公司出口到其他地方的产品数量。[31]

第三，预测未来汇率变动的必要性不言而喻，即便如本章前面所提的，这是一件棘手的事情，没有任何模型能够准确地预测未来汇率走势。我们最多只能说，在短期内，远期汇率是汇率走势的最佳预测指标，而从长期看，我们应关注基本经济因素——尤其是相对通货膨胀率，因为这些因素会影响汇率走势。一些企业试图自行预测汇率变动，而另一些企业则依赖于外部的专业预测机构。但是，所有这些对未来汇率变动的预测都不够完善。

第四，企业需要建立良好的报告系统，以便中央财务部门（或内部外汇中心）能够定期监控企业的敞口头寸。此类报告系统应该能够帮助企业识别任何风险账户、每个账户的货币敞口头寸及其涉及的时间段。

第五，依据来自汇率预测和定期报告系统的信息，企业应该制作每月外汇敞口报告。这些报告应明确，根据预测的汇率变动，现金流量表和资产负债表项目将受到何种影响。管理层可以使用这些报告为尚未发生的外汇风险制定相应的对冲策略。

然而，一些大型、复合型企业并没有采取这些预防措施，从而面临非常大的外汇风险。

小结

本章介绍了外汇市场的运作方式，考察了汇率的决定因素，然后讨论了这些因素对国际商务的影响。鉴于汇率变动可以极大地改变海外贸易和投资交易的盈利能力，这是国际商务中的一个重要领域。本章要点如下：

1. 外汇市场的一个功能是将一国货币兑换成另一国货币，另一个功能是管理外汇风险。

2. 即期汇率是交易商在特定日期将一种货币兑换成另一种货币时使用的汇率。

3. 利用远期汇率可以减少外汇风险。远期汇率是适用于未来交易的汇率。货币掉期也可以用于降低外汇风险。掉期是指在两个不同的起息日同时买卖一定数量的外汇。

4. 一价定律认为，在没有运输成本和贸易壁垒的竞争市场中，不同国家出售的相同产品如果用相同货币计价，则其售价必须相等。

5. 购买力平价（PPP）理论指出，一篮子特定商品的价格在每个国家都应该大致相等。PPP 理论预测，汇率会随着相对价格的变化而变化。

6. 各国相对价格的变化率取决于其相对通货膨胀率。一国的通货膨胀率可能与其货币供给增长率相关。

7. 有关汇率变动的 PPP 理论可以对汇率的长期走势作出相对准确的预测，但对短期走势的预测不准确。PPP 理论未能更加准确地预测运输成本、贸易和投资壁垒以及从众效应等心理因素对市场走势和短期汇率的影响。

8. 利率反映了对通货膨胀的预期。如果一国的通货膨胀率预期很高，则利率也会很高。

9. 国际费雪效应指出，对于任何两个国家，即期汇率的变动幅度应相当于名义利率的差值，但方向相反。

10. 最常用的汇率预测方法是基本面分析。它依赖于货币供给增长率、通货膨胀率、名义利率和国际收支状况等变量来预测未来汇率变动。

11. 在许多国家，居民和非居民将本币兑换成外币会受到政府政策的限制。政府限制其货币的可兑换性是为了保护本国外汇储备并阻止资本外逃。

12. 货币的不可兑换性使在该国从事国际贸易和投资变得十分困难。其中一种解决方法是进行对等贸易，用商品和服务进行交易。

13. 外汇风险的三种敞口类型是交易敞口、转换敞口和经济敞口。

14. 应对交易敞口和转换敞口的策略包括签订远期汇率合约、购买货币掉期合约，以及提前或推迟收账或付款。

15. 减少经济敞口需要企业制定战略将生产性资产分布于全球各地。

思考与讨论题

1. 一年期韩国政府债券的利率为4%，预计一年后的通货膨胀率为2%。一年期美国政府债券的利率为7%，预计一年后通货膨胀率为5%。当前韩元/美元的即期汇率为＄1＝₩1 200。请预测一年后韩元/美元的即期汇率，并解释。

2. 英国和美国都只生产一种商品：牛肉。假设牛肉在美国的价格为每磅2.80美元，在英国的价格为每磅2.70英镑。

(1) 根据PPP理论，美元/英镑的即期汇率是多少？

(2) 假设美国牛肉价格预计将涨至3.10美元，而英国将涨至4.65英镑。美元/英镑的一年远期汇率是多少？

(3) 根据前一问的答案，如果美国当前利率为10%，英国当前利率是多少？

3. 重新阅读“管理聚焦”专栏中的“巴西航空工业公司与巴西雷亚尔的纠葛”，然后回答下列问题：

(1) 巴西的经济发展说明了通货膨胀和汇率之间有什么关系？还有哪些其他因素可能影响巴西雷亚尔的汇率？

(2) 巴西雷亚尔对美元贬值对巴西航空工业公司有什么影响？请解释。

(3) 你认为巴西航空工业公司所面对的是哪种外汇风险敞口？该公司能否降低这些风险？应该采取哪些措施？

(4) 你认为巴西航空工业公司在21世纪初试图通过套期保值来应对雷亚尔的进一步升值是否是正确的决定？它还有其他选择吗？

(5) 自2008年以来，巴西航空工业公司大幅减少了美元的套期保值操作。这种做法明智吗？

(6) 2014年年中至2015年年初，巴西雷亚尔对美元大幅贬值。你认为这对巴西航空工业公司有何影响？

4. 假设你是一个酒杯制造商。6月中旬，你收到一个来自日本的10 000支高脚杯订单，对方将于12月中旬付款40万日元。你预计到12月，汇率将从目前的＄1＝￥130升至＄1＝￥100。你能够以年利率6％借到日元。你会怎么做？

5. 假设你是一家美国企业的首席财务官。该企业在墨西哥拥有一家全资子公司，为其在美国的组装业务生产零部件。该子公司资金来自美国银行发放的贷款。一位分析师告诉你，明年外汇市场上墨西哥比索对美元预计将贬值30％。你会采取什么行动？

注释

第10章

国际货币体系

学习目标

阅读本章后，你将能够：

- 描述现代国际货币体系的发展历史。
- 阐述世界银行和 IMF 在国际货币体系中的作用。
- 比较固定汇率制度和浮动汇率制度之间的差异。
- 认识当今世界使用的汇率制度以及各国采用不同汇率制度的原因。
- 了解围绕 IMF 在金融危机中的管理作用所展开的争论。
- 阐述国际货币体系对管理实践的影响。

开篇案例　巴基斯坦再次获得国际货币基金组织贷款

2019 年 4 月初，巴基斯坦宣布将从 IMF 获得 60 亿～80 亿美元的一揽子贷款，以应对国际收支危机。该国贸易逆差和预算赤字上升是引发这场危机的主要原因，2018 年这两项数据均达到了 GDP 的 5%。贸易逆差使该国需要动用外汇储备来支付进口商品，但 2018 年贸易逆差迅速减少，从 2018 年 1 月的 190 亿美元缩减至 2019 年 1 月的不到 70 亿美元。货币交易商意识到经济风险后，开始抛售巴基斯坦卢比。由于巴基斯坦央行的外汇储备不足以维持货币价值、支付进口商品并偿还现有外债，政府被迫接受本国货币大幅贬值。2017 年 4 月，官方汇率为 1 美元＝103.6 巴基斯坦卢比。到 2019 年 4 月，1 美元＝142 巴基斯坦卢比，巴基斯坦卢比贬值约 37%。尽管出现了货币贬值，但巴基斯坦出口并未回升。进口价格上涨推高了通货膨胀率，年通货膨胀率从 2018 年 4 月的 3.65%涨至 2019 年 2 月的 9.4%。如果没有 IMF 的贷款，巴基斯坦可能会在 2019 年耗尽外汇储备并引发更严重的经济危机。

这不是巴基斯坦第一次获得 IMF 救助。自 20 世纪 80 年代以来，巴基斯坦已先后同意了 12 组贷款方案。但此前，巴基斯坦经常无法满足 IMF 贷款的附加条件，包括削减政府开支、采取措施消除该国相当高的逃税率，以及将冗余和管理不善的国有企业私有化。此前，巴基斯坦仅达到了 IMF 的一个条件，就收到了于 2016 年结束的 66 亿三年期美元贷款的全部款项。当时，IMF 放宽了一些要求。

事实上，偿还债务的支出是巴基斯坦政府预算中仅次于庞大军费开支的第二大项目。军费开支和债务偿还共占据巴基斯坦政府开支的一半。

在向 IMF 申请最近一次贷款前，巴基斯坦曾试图通过其他外部途径筹集资金，以解决这次危机。时任总理伊姆兰·汗（Imran Khan）不愿向 IMF 求援。伊姆兰·汗曾经是一名运动员。他于 2018 年 7 月当选总理。自 1949 年独立后，巴基斯坦长期处于军方的统治之下。伊姆兰·汗批评前几届政府向 IMF 求助的行为，并承诺要打破这种“乞讨”的习惯。他设法获得了沙特阿拉伯和阿拉伯联合酋长国的财政承诺，这两个国家向其提供了超过 300 亿美元的投资和贷款，包括一些短期融资，以应对当前的危机。但这些明显不够，巴基斯坦还是需要 IMF 提供的资金。

对伊姆兰·汗而言，从 IMF 融资的问题在于需要满足一些附加条件，而这些条件受到其支持者的抵制。可以肯定的是，IMF 过去曾放宽了这些条件，但这一次可能会更难。

资料来源：G. Abbas，“Pakistan to Avail ＄6 - 8bn IMF Package，Says Asad Umar，” *Pakistan Today*，April 15，2019；S. Shah，“Pakistan Turns to Gulf Countries to Keep Economy Afloat，” *The Wall Street Journal*，January 22，2019；“Pakistan's New Prime Minister Turns to the IMF，” *The Economist*，October 11，2018；K. Haider，F. Mangi，and C. Kay，“For Pakistan's 13th IMF Bailout，Expect Tougher Conditions，” *Bloomberg*，October 11，2018.

10.1 引言

在本章中，我们将介绍国际货币体系及其在汇率决定方面的作用。**国际货币体系**（international monetary system）是指管理汇率的一系列制度安排。在第 9 章中，我们假设汇率主要由外汇市场决定，并且客观的市场供需力量决定了任何两种货币的相对价值（即它们的汇率）。此外，我们解释了各国相对通货膨胀率和利率如何对货币供需产生影响。当一种货币的相对价值由外汇市场决定时，该国即采用了**浮动汇率**（floating exchange rate）制度。世界上四种主要贸易货币——美元、欧元、日元和英镑，都可以彼此自由浮动。因此，它们的汇率是由市场力量决定的，并且每天（甚至每分钟）都在波动。但是，仍有许多国家的货币汇率并非由市场力量自由决定，它们采用其他汇率制度。

许多发展中国家的货币都钉住其他货币，主要是美元和欧元。**钉住汇率**（pegged exchange rate）是指本币相对于某种参考货币（如美元）的价值是固定的，该货币与其他货币之间的汇率取决于与参考货币的汇率。

还有一些国家虽然没有正式的钉住汇率，但也试图将其货币对于某个重要参考货币（例如美元或“一篮子”货币）的价值保持在一定范围内，这通常被称为**有管理的浮动汇率制度**（managed-float system）或**肮脏浮动制度**（dirty-float system）。这种制度下的汇率是浮动的，从理论上讲，货币价值是由市场力量决定的，但它又是有管理的（或肮脏的）浮动（与清洁浮动相对），因为如果该货币对某个重要参考货币贬值（或升值）过快，该国中央银行就将干预外汇市场，以维持该货币的价值。这是巴基斯坦政府自 20 世纪 80 年代以来采用的政策（见开篇案例）。巴基斯坦货币（巴基斯坦卢比）的价值与一篮子其他货币（包括美元、日元和欧元）挂钩，它可以相对单个货币发生价值变动，但仅限于一定范围内。

还有其他一些国家采用了**固定汇率**（fixed exchange rate）制度，其货币价值根据共同商定的汇率，相互之间保持固定。在 1999 年引入欧元之前，欧盟多个成员国在**欧洲货币体系**（European Monetary System，EMS）的范围内采用了固定汇率。在第二次世界大战结束后的 1/4 个世纪里，世界主要工业国都引入了固定汇率制度。虽然这一制度于 1973 年崩溃，但仍有人认为世界应尝试重建固定汇率制度。

此外，还有一种选择是一国放弃自己的货币，转而采用另一种货币，通常是美元，这一过程被称为**美元化**（dollarization）。一国遇到严重的宏观经济问题，例如高通货膨胀，导致其货币变得一文不值时，有时就会选择美元化。2000 年的厄瓜多尔就是这种情况。在遭受恶性通货膨胀后，厄瓜多尔放弃了自己的货币，转而使用美元。如今，美元化也是委内瑞拉的一种选择，该国货币已经因恶性通货膨胀而变得毫无价值。

本章介绍了国际货币体系的运作方式，并指出了其对国际商务的影响。要了解该体系的运作方式，我们必须回顾其演化过程。我们将首先讨论金本位制及其在 20 世纪 30 年代崩溃的背景。然后，我们将讨论 1944 年的布雷顿森林会议。布雷顿森林会议创建了两个在国际货币体系中发挥重要作用的国际组织——国际货币基金组织（IMF）和世界银行。IMF 的任务是维护国际货币体系的秩序，而世界银行的作用是促进发展。固定汇率的布雷顿森林体系于 1973 年完全崩溃。从那时起，世界一直在一种混合体系下运作，其中一些货币可以自由浮动，一些货币要么受到政府干预管理，要么与其他货币挂钩。

尽管固定汇率制度已经崩溃，但 IMF 和世界银行仍在世界经济和国际货币体系中发挥着重要作用。例如，2019 年 IMF 帮助巴基斯坦渡过了一次货币危机，此次危机是因该国数十年来经济政策不力以及贸易逆差和预算赤字扩大所引起的（见开篇案例）。巴基斯坦无法调动足够的外汇储备来完成国际支付（包括支付进口商品和偿还外债等）。由于外汇储备缩水，巴基斯坦卢比对世界主要货币贬值，推高了进口价格和通货膨胀。IMF 的贷款帮助该国履行国际义务并维持卢比的价值。但考虑到巴基斯坦的情况，这些贷款含有附加条件，即要求巴基斯坦采取切实措施改善其经济状况。

最后，我们将讨论所有这些内容对国际商务的影响。我们将看到政府采用的汇率政策会以何种方式对特定国家的企业运营前景产生重要影响。我们还将考察 IMF 所采用的政策如何影响一国的经济前景以及企业在该国经营的相应成本和收益。

10.2 金本位制

金本位制源于人们使用金币作为交换媒介、记账单位和价值储存工具，这种做法可以追溯至古代。在国际贸易量较小时，人们通常使用黄金或白银从其他国家购买商品。但是，随着工业革命兴起，国际贸易量扩大，就需要一种更方便的国际贸易资金融通方式。将大量黄金和白银运往世界各地用于国际贸易不切实际。人们最后采用了使用纸币支付的方式，并由各国政府同意按照固定比率将纸币兑换成黄金。

10.2.1 金本位制

将货币与黄金挂钩并保证其可兑换性就是**金本位制**（gold standard）。到 1880 年，世界上大多数主要贸易国，包括英国、德国、日本和美国等，都采用了金本位制。在这种情形下，任何货币相对于其他货币的价值（汇率）都很容易确定。

例如，在金本位制下，1 美元相当于 23.22 格令* 黄金。因此，理论上，人们可以要求美国政府将 1 美元兑换成 23.22 格令黄金。因为 1 盎司** 等于 480 格令，所以 1 盎司黄金的价格为 20.67 美元（480/23.22）。购买 1 盎司黄金所需的货币数量称为**黄金平价**（gold par value）。1 英镑相当于 113 格令黄金，即 1 盎司黄金的价格为 4.25 英镑（480/113）。借助英镑和美元的黄金平价，我们可以计算出英镑对美元的汇率，即£1=＄4.87（＄20.67/£4.25）。

10.2.2 金本位制的优势

金本位制的巨大优势在于它有一个能够使所有国家都实现贸易平衡的强大机制。[1] 当一国居民从出口中赚取的收入等于他们为进口而支付给其他国家的款项时（国际收支经常账户是平衡的），我们就说该国处于**贸易平衡**（balance-of-trade equilibrium）。假设世界上只有两个国家——日本和美国。日本出现了贸易顺差，因为它对美国的出口额大于从美国的进口额。日本出口商收到的是美元，他们需要在日本银行将其兑换成日元。日本银行将美元交给美国政府并要求换成黄金。（这是对现实的简化，仅用来说明我们的观点。）

在金本位制下，当日本拥有贸易顺差时，黄金就会从美国流入日本。黄金流动自动减少了美国的货币供给，并增加了日本的货币供给。正如第 9 章中提到的，货币供给增加和物价上涨之间存在紧密联系。货币供给增加将提高日本商品价格，而美国的货币供给减少将促使美国商品价格下跌。日本商品价格上涨将导致对日本商品的需求减少，而

* 1 格令约等于 0.064 8 克。——译者

** 1 盎司约等于 28.35 克。——译者

美国商品价格下跌将增加对美国商品的需求。因此，日本将从美国购买更多的商品，而美国将从日本购买更少的商品，直至达到贸易平衡。

这种调整机制看起来十分简单并具有吸引力，即使在金本位制崩溃 100 多年后，仍有人认为世界应该回到金本位制。

10.2.3　两次世界大战期间：1918—1939 年

从 19 世纪 70 年代开始，金本位制一直运行良好，直到 1914 年第一次世界大战爆发才被废止。战争期间，一些政府通过印钞来为其庞大的军费开支提供资金。这导致了通货膨胀，到 1918 年战争结束时，各地的物价水平都有所提高。美国于 1919 年、英国于 1925 年、法国于 1928 年恢复了金本位制。

尽管在 1914—1925 年间通货膨胀严重，英国在恢复金本位制时，仍将英镑与战前的黄金平价水平挂钩，即 1 盎司等于 4.25 英镑。这导致英国商品在外国市场上毫无立足之地，从而使英国陷入严重萧条。当持有英镑的外国人对英国维持其货币价值的承诺失去信心时，他们开始将持有的英镑兑换成黄金。英国政府发现，如果要满足市场对黄金的需求，就会严重消耗其黄金储备，因此英国于 1931 年放弃金本位制。

美国紧随其后于 1933 年退出了金本位制，但在 1934 年又恢复了金本位制并将黄金的美元价格从每盎司 20.67 美元提高到每盎司 35 美元。由于购买 1 盎司黄金需要花费的美元比以前更多，这就意味着美元更不值钱了，实际上相当于美元对其他货币贬值。在此之前，£1＝$4.87，但贬值之后为£1＝$8.24。通过降低出口价格和提高进口价格，美国政府试图以增加产出的方式创造就业（美国政府基本上将汇率作为一种贸易政策工具）。然而，其他一些国家也采取了类似策略，导致了竞争性贬值循环，结果是没有任何国家能从中获利。

最终，对金本位制仅剩的一点信心也消失殆尽了。随着各国随意使用货币贬值策略，再也无法确定一种货币可以购买多少黄金。人们通常不会持有外国货币，而是尽快将其兑换成黄金，以免在持有期间出现货币贬值。这就给各国的黄金储备带来了压力，迫使各国暂停黄金兑换。到第二次世界大战爆发时，金本位制几乎消亡。

10.3　布雷顿森林体系

1944 年，正值第二次世界大战激战，来自 44 个国家的代表在美国新罕布什尔州布雷顿森林举行会晤，意图设计一个新的国际货币体系。当时，金本位制崩溃，20 世纪 30 年代大萧条的景象历历在目，政治家们决心建立一个持久的经济秩序，以促进战后经济增长。各国一致同意采用固定汇率制度。此外，与会者还希望能够避免 20 世纪 30 年代那样毫无意义的竞争性贬值，他们认为金本位制并不能确保这一点。金本位制的一个主要问题，就是没有任何跨国机构能够阻止各国进行竞争性贬值。

布雷顿森林协议确立了两个跨国机构——国际货币基金组织（IMF）和世界银行。

IMF 的任务是维护国际货币体系的秩序，而世界银行的任务是促进经济总体发展。布雷顿森林协议的一项共识是建立一个由 IMF 监管的可调整的固定汇率制度，所有国家都以黄金来确定货币价值，但不需要将货币兑换成黄金。只有美元可以兑换成黄金，价格为每盎司黄金等于 35 美元。每个国家都可以自己决定本国货币对美元的汇率，然后据此计算本国货币的黄金平价。所有参与国都同意尽量通过购买或出售货币（或黄金）的方式将本国货币价值波动维持在黄金平价的 1%以内。例如，如果外汇交易商出售一国货币的数量多于对该货币的需求，该国政府就将干预外汇市场，购买本国货币，增加需求以维持黄金平价。

布雷顿森林协议的另一项共识是承诺不使用竞争性贬值作为贸易政策武器。但是，如果某国货币过于疲软，无力维持其价值，则无须 IMF 正式批准，该货币最多可贬值 10%。更大幅度的贬值则需要得到 IMF 批准。

10.3.1　国际货币基金组织的作用

《国际货币基金协定》深受全球金融崩溃、竞争性贬值、贸易战、高失业率、德国和其他地方恶性通货膨胀以及两次世界大战之间普遍的经济崩解的影响。以 IMF 为主要托管人的布雷顿森林协议旨在通过约束和灵活性的结合来避免混乱的局面重演。

约束

固定汇率制度确立了两方面的约束。首先，为维持固定汇率，需要制止竞争性贬值，并创造稳定的世界贸易环境。其次，固定汇率制度给各国货币施加了约束，以限制通货膨胀。试想，如果英国通过印制英镑迅速增加货币供给，那么在固定汇率制度下会发生什么？正如第 9 章所介绍的，货币供给增加会导致通货膨胀。在固定汇率制度下，通货膨胀将使英国商品在世界市场上失去竞争力，而进口商品因为价格下降将在英国变得更具吸引力。结果是英国的进口量超过出口量，贸易逆差扩大。为了在固定汇率制度下纠正这种贸易不平衡，英国需要限制货币供给增加，以使通货膨胀重新得到控制。因此，固定汇率制度被视为一种控制通货膨胀和强化各国经济约束的机制。

灵活性

虽然货币约束是布雷顿森林协议的核心目标，但人们也认识到严格的固定汇率制度过于僵化，可能会像金本位制那样崩溃。在某些情况下，一国如果尝试降低货币供给增长率并纠正持续的国际收支赤字，可能会陷入经济衰退并出现高失业率。而布雷顿森林协议的构建者希望避免高失业率，因此他们在布雷顿森林体系中设置了有限的灵活性。《国际货币基金协定》中有两项主要内容对这种灵活性提供了支持：IMF 贷款职能和可调整平价。

当快速收紧的货币或财政政策会损害国内就业时，IMF 随时准备向成员提供外币贷款，以帮助它们渡过短期的国际收支赤字困难。IMF 成员贡献的黄金和货币资源是这些贷款的来源。持续的国际收支赤字可能导致一国外汇储备枯竭，迫使该国货币贬值。IMF 向国际收支严重赤字的国家提供短期外币贷款，以帮助它们争取时间来降低通货膨胀率并减少国际收支赤字。人们相信，此类贷款将减轻货币贬值的压力，并帮助这些国家进行更有序、更缓和的调整。

各国在无需任何具体协议的情况下可以向 IMF 借入有限数量的资金。但是，一国如果想从 IMF 提取超出限制的大量资金就必须同意 IMF 对其宏观经济政策进行更严格的监管。从 IMF 借入大额款项的国家必须同意 IMF 设定的一系列货币和财政条件，其中通常包括 IMF 制定的有关国内货币供给增长、汇率政策、税收政策和政府开支等各方面的目标。

可调整平价制度允许一国货币贬值不超过 10%，前提是 IMF 认可该国的国际收支存在“根本性失衡”。《国际货币基金协定》中并没有“根本性失衡”（fundamental disequilibrium）一词，它适用于产品需求出现永久性不利变化的国家。如果不采用货币贬值的做法，这类国家则会出现高失业率和持续的贸易逆差，直到其国内物价水平降至足以恢复国际收支平衡。人们认为，在这种情况下货币贬值可以帮助国家规避痛苦的调整过程。

10.3.2　世界银行的作用

世界银行的官方名称是国际复兴开发银行（International Bank for Reconstruction and Development，IBRD）。布雷顿森林会议的参与者建立世界银行的主要目的是重建饱受战火摧残的欧洲经济。世界银行的最初使命是通过低息贷款为欧洲经济建设提供资金。事实证明，因马歇尔计划，世界银行未能充分发挥这一作用。在马歇尔计划下，美国直接向欧洲各国提供贷款，以帮助它们重建经济。因此，世界银行调整重点并开始向第三世界国家提供贷款。20 世纪 50 年代，世界银行主要针对公共部门的项目提供贷款，发电站、道路建设以及其他交通投资都很受其青睐。20 世纪 60 年代，世界银行开始大量发放贷款支持农业发展、教育发展、人口控制和城市发展。

世界银行有两类提供贷款的方案。第一类方案是在国际资本市场上通过出售债券筹集资金。借款人需按所谓的市场利率向银行支付利息——银行的资金成本加上少量费用。这种市场利率低于商业银行的市场利率。在此方案下，世界银行会向信用评级通常很差的高风险客户（例如，欠发达国家的政府）提供低息贷款。

第二类方案的监管者是于 1960 年创建的世界银行附属机构——国际开发协会（International Development Association，IDA）。IDA 贷款来源是美国、日本和德国等富裕成员国认缴的资金。IDA 贷款只发放给最贫困的国家。借款者有最多 50 年的时间以每年不高于 1%的利率偿还贷款。世界上最贫困的国家还可以获得捐赠和无息贷款。

10.4　固定汇率制度的崩溃

布雷顿森林会议确立的固定汇率制度初期运作良好，直到 20 世纪 60 年代后期开始出现问题，最终于 1973 年崩溃。从那时起，出现了有管理的浮动汇率制度。要理解该制度崩溃的原因，就必须了解美元在其中的特殊作用。美元作为唯一与黄金挂钩的货币，也是所有其他货币的参考货币，在该制度中占据了中心地位。美元所承受的任何贬值压力都有可能对该制度造成严重破坏，这种情况最终还是发生了。

大多数经济学家认为固定汇率制度的崩溃可以追溯至 1965—1968 年美国的一揽子宏观经济政策。[2]美国总统林登・约翰逊（Lyndon Johnson）为了筹集资金支持越南前线和他的福利计划，同意在不增加税收的情况下增加美国政府开支，而其资金来源于货币供给增加，这导致通货膨胀率从 1966 年的不到 4%升至 1968 年的近 9%。与此同时，政府开支增加刺激了经济。随着可支配收入越来越多，人们的开支也越来越多，特别在对进口商品的需求方面，美国的贸易收支开始恶化。

通货膨胀加剧和美国贸易状况恶化引发了外汇市场对美元贬值的猜测。1971 年春是一个关键时点，当时美国贸易数据显示，自 1945 年以来，美国进口额首次超过出口额。这引发投机者在外汇市场上大量购买德国马克，因为他们预测马克对美元的汇率将发生变化。由于人们对德国马克的巨大需求，仅 1971 年 5 月 4 日这一天，德国央行不得不购买 10 亿美元，以使汇率维持稳定。5 月 5 日上午，德国央行在外汇交易开始的第一个小时内又购买了 10 亿美元。德国央行已不得不允许其货币出现浮动。

在德国马克决定进行浮动后的几周内，外汇市场越来越相信美元将出现贬值。然而，美元贬值绝非易事。根据布雷顿森林协议的规定，任何其他国家都可以将其货币对美元的汇率固定在一个新水平，从而改变其对所有货币的汇率。作为这一制度中的关键货币，只有在所有国家都同意同时调整其对美元的汇率时，美元才能贬值。许多国家不愿意，因为这会使它们的产品相对于美国产品变得更加昂贵。

为了强行推动美元贬值，理查德・尼克松（Richard Nixon）于 1971 年 8 月宣布美元不可再兑换成黄金。他还宣布，在美国贸易伙伴同意重新评估其货币对美元的汇率之前，美国将维持 10%的新进口关税。这引发了美国与其贸易伙伴的谈判。1971 年 12 月，各国达成了一项协议，同意美元对外币贬值约 8%，进口关税随之取消。但问题远未解决。1973 年，美国的国际收支状况持续恶化，而美元供给继续增长。人们继续预测美元仍然被高估了，并且有必要进行第二次贬值。在这种预期下，外汇交易商开始将美元兑换成德国马克和其他货币。在 1973 年 2 月的大规模投机浪潮后，欧洲央行于 3 月 1 日花费 36 亿美元试图阻止其货币对美元升值，最终外汇市场不得不关闭。当外汇市场于 3 月 19 日重新开放时，尽管仍有许多发展中国家的货币继续钉住美元（许多国家至今仍在这么做），日本和大多数欧洲国家的货币都开始对美元浮动。当时，向浮动汇率制度的转变被认为是外汇市场对无法控制的投机行为的一种临时反应。采用固定汇率制度的布雷顿森林体系崩溃已有 40 多年，浮动汇率制度目前仍被广泛采用。

布雷顿森林体系有一个致命弱点：如果关键货币美元受到投机性攻击，该体系就无法继续运作。布雷顿森林体系只有在美国通货膨胀率保持低位且不存在国际收支赤字的情况下才能发挥作用。否则，该体系很快就会出现问题甚至崩溃。

10.5　浮动汇率制度

在固定汇率制度崩溃后，1976 年 1 月，IMF 成员在牙买加会晤并确立了现在使用的国际货币体系，正式确立了浮动汇率制度。

10.5.1　《牙买加协议》

牙买加会议修改了《国际货币基金协定》的条款，以反映浮动汇率制度下的新情况。《牙买加协议》的主要内容包括：

● 宣布接受浮动汇率制度。IMF 成员获准进入外汇市场，以平稳不必要的投机波动。

● 黄金不再作为储备资产。IMF 将其黄金储备以当时市场价格返还给各成员，并将收益存入信托基金以帮助贫困国家。IMF 成员获准以市场价格出售黄金储备。

● IMF 的年度总配额，即成员向 IMF 缴纳的金额增加至 410 亿美元。(从那以后，IMF 成员扩大至 190 个，缴纳金额增加至 7 670 亿美元。非石油输出国、欠发达国家获得 IMF 资金的途径更多。)

10.5.2　1973 年以来的汇率

自 1973 年 3 月以来，汇率波动比 1945—1973 年更加不稳定且更加难以预测。[3] 这种波动可部分归因于国际货币体系遭受的一些意外冲击，包括：

● 1973 年石油危机，石油输出国组织（Organization of the Petroleum Exporting Countries，OPEC）将石油价格提高到原来的四倍，对美国通货膨胀率和贸易头寸造成了不利影响，导致美元进一步贬值。

● 1977—1978 年美国通货膨胀率急剧上升，人们对美元失去信心。

● 1979 年石油危机，OPEC 再次大幅提高石油价格（价格翻了一番）。

● 1980—1985 年美元在国际收支恶化的情况下意外升值。

● 1985—1987 年美元对日元和德国马克迅速贬值，1993—1995 年美元对日元迅速贬值。

● 1992 年欧洲货币体系部分瓦解。

● 1997 年亚洲金融危机，包括韩国、印度尼西亚、马来西亚和泰国在内的多个亚洲国家的货币在几个月内对美元贬值了 50%～80%。

● 2008—2010 年全球金融危机，2010—2011 年欧盟主权债务危机。

图 10－1 总结了 1973 年 1 月—2019 年 1 月美元指数的波动情况。(该指数是美元对一篮子其他货币汇率的加权平均值，以 1973 年 3 月的值为 100。) 从中可以发现一个有趣的现象，美元价值在 1980—1985 年迅速上涨，随后在 1985—1988 年下跌。同样的涨

跌现象也出现在 1995—2012 年，只不过幅度略小。此外，美元在 2014 年中至 2019 年初出现升值。我们将对这些时期美元的涨跌做简要讨论，因为这将让我们对近年来国际货币体系的运作方式有更多了解。[4]

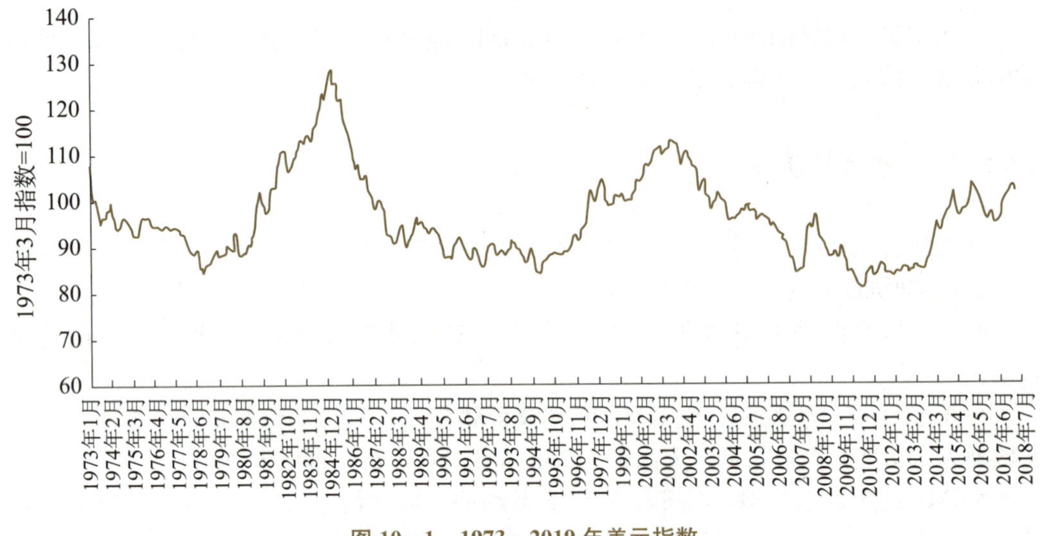

图 10-1　1973—2019 年美元指数

资料来源：Data from www.federalreserve.gov.

1980—1985 年美元升值发生在美国贸易逆差不断扩大的情况下，进口远远超过出口。传统观点认为，由于贸易逆差，外汇市场上美元供给增加将会导致美元贬值，但如图 10-1 所示，美元不降反升。这是为什么?

许多有利因素抵消了贸易逆差带来的不利影响。美国强劲的经济增长吸引了大量来自外国投资者的资本流入，这些投资者旨在寻求资本资产的高回报率。而美国较高的实际利率也吸引了寻求金融资产高回报率的外国投资者。同时，世界其他地区的政治动荡，以及欧洲发达国家相对缓慢的经济增长，使人们认为美国是一个投资的好地方。这些资本流入增加了外汇市场对美元的需求，从而推动美元对其他货币升值。

1985—1988 年美元贬值是政府干预和市场力量共同作用的结果。美元升值使美国商品无法在外国市场立足，并使进口商品变得相对便宜，导致美国的贸易前景惨淡。1985 年，美国的贸易逆差超过 1 600 亿美元，创历史新高。这导致美国国内的贸易保护主义呼声高涨。1985 年 9 月，五国集团（英国、法国、日本、德国和美国五个主要工业国）财长和中央银行行长在纽约广场饭店举行会议，达成了后来的“广场协议”（Plaza Accord）。他们宣布，大多数主要货币都应该对美元升值，并承诺干预外汇市场，抛售美元以促成这一目标。美元已于 1985 年夏开始走弱，而这一消息进一步加剧了美元的跌势。

美元持续贬值至 1987 年。五国集团中的各国政府开始担心美元会过度贬值，于是于 1987 年 2 月在巴黎会晤，达成了一项新协议，即卢浮宫协议（Louvre Accord）。他们表示汇率已经得到充分调整，并承诺在必要时以买卖货币的方式干预外汇市场，使汇率稳定在当前水平。虽然美元在达成卢浮宫协议后继续下跌了几个月，但下跌速度已有所放缓，到1988年初，美元已不再具有跌势。

除在1991年海湾战争期间出现了短暂的投机热潮外，美元在20世纪90年代前期一直保持相对稳定。然而，在20世纪90年代后期，包括引入欧元之后，美元对大多数主要货币再次升值，即便美国仍处于巨大的国际收支逆差之中。推动这次美元升值的仍然是外国投资者对美国金融资产（主要是股票和债券）的投资。资金流入推高了外汇市场上的美元价值。外国投资增长的原因是人们相信美国金融资产能够提供有利的回报率。

2002年，外国投资者开始对美国股票和债券失去兴趣，资金流入美国放缓。他们不再把出口美国所赚取的美元重新投资于美国金融资产，而是将美元兑换成其他货币（尤其是欧元）以投资于非美元计价的资产。其中一个原因是美国贸易逆差持续扩大，2005年达到了创纪录的7 910亿美元（2016年降至5 020亿美元）。尽管美国的贸易逆差几十年来不断刷新纪录，但如果以贸易逆差占美国GDP的百分比来衡量，2005年出现了有史以来最大的贸易逆差（占GDP的6.3%）。

如此大的贸易逆差意味着更多的美元从美国流向国外，而这些外国投资者不再愿意重新投资于美国，以致美元的稳定性难以维持。而外国投资者越来越不愿意投资于美国是由多个因素造成的。首先，2001—2002年美国经济增长放缓。其次，2001年之后，美国政府的预算赤字迅速扩大，人们担心美国最终会采取扩张性的货币政策来弥补预算赤字，从而加剧通货膨胀。最后，从2003年开始，美国政府官员开始支持美元贬值，部分原因是政府认为美元贬值可以增加出口并减少进口，从而改善美国的贸易收支状况。[5]外国投资者将此视为美国政府不会通过干预外汇市场来支持美元的信号，从而更不愿意将出口赚取的美元重新投资于美国金融资产。由于上述因素，美元需求疲软，在外汇市场上的价值不断下滑，2011年6月贸易加权美元指数跌至80.5，这是自1973年该指数创立以来的最低值。一些人认为，如果不是产油州将它们从原油销售中赚取的美元重新投入美国经济，美元还将进一步下跌。当时，这些州因高油价而受益（石油以美元计价），它们将赚取的美元重新投资于美国，而不是出售美元以换取其他货币。

2008年中到2009年初，尽管美国经济正处于严重的金融危机，美元对主要货币的汇率却出现了温和反弹。究其原因，虽然美国存在许多问题，但其他一些国家的情况更糟，外国投资者仍将美元视为避风港，因此将资金投资于低风险的美国资产，尤其是低收益率的美国政府债券。2009年中，由于投资者开始担心美国的债务水平，这种反弹开始消退。但是，2014—2019年初，美元再次大幅升值，这主要是因为美国的经济实力在金融危机后恢复得比其他发达国家要好，美国出现了较高的经济增长率和较低的失业率。

回顾以上事件，我们知道市场力量和政府干预决定了美元价值。在浮动汇率制度下，市场力量造成美元汇率波动。政府有时会通过买卖美元干预市场，以试图限制市场波动并纠正对美元的高估（1985年）或低估（1987年）。除直接干预外，政府官员的言论也会影响美元价值。例如，如果美国政府官员没有公开表示不会采取任何行动阻止美元下跌，那么美元可能不会像2004年那样贬值。不干预市场的信号反而会影响市场。政府频繁干预外汇市场解释了为什么当前的汇率制度有时被认为是有管理的浮动汇率制度。

10.6 固定汇率与浮动汇率

布雷顿森林体系的崩溃并没有平息人们对固定汇率制度和浮动汇率制度优缺点的争论。近年来，浮动汇率制度带来的失望重新激起了人们对固定汇率制度优点的讨论。本节介绍了固定汇率制度和浮动汇率制度支持者的理由。[6]我们先对支持浮动汇率制度的理由进行考察，然后再讨论为何许多批评者对浮动汇率制度感到失望并希望重新回到固定汇率制度。

10.6.1 支持浮动汇率制度的理由

支持浮动汇率制度的理由主要有三点：货币政策自主权、贸易收支自动调节，以及严重经济危机后的经济恢复。

货币政策自主权

有人认为，在固定汇率制度下，由于一国需要维持汇率平价，其适度扩大或收缩货币供给的能力受限。货币扩张会导致通货膨胀，从而给固定汇率带来下行压力（正如第 9 章中 PPP 理论所预测的）。同样，货币紧缩造成高利率（以减少货币需求），而利率升高会导致资金从国外流入，给固定汇率带来了上行压力。因此，为了在固定汇率制度下维持汇率平价，各国利用货币政策扩张或收缩经济的能力受限。

浮动汇率制度的支持者认为，不再需要维持汇率平价后，政府能够重新控制货币。如果政府面临高失业率，并且想要增加货币供给以刺激国内需求、降低失业率，就可以不再受制于维持汇率的需要。货币扩张在导致通货膨胀的同时，还将促使该国货币贬值。如果 PPP 理论是正确的，那么在外汇市场上由此产生的货币贬值将抵消通货膨胀的影响。虽然在浮动汇率制度下，国内通货膨胀会对汇率产生影响，但由于货币贬值，应该不会对企业在成本方面的国际竞争力产生影响。一国货币在外汇市场贬值应该能够正好抵消国内成本升高的影响。同样，政府可以使用货币政策来收缩经济，而无须考虑是否需要维持汇率平价。

贸易收支自动调节

在布雷顿森林体系下，如果一国出现永久性的贸易收支赤字（进口多于出口），且国内政策无法对其进行调节，就需要 IMF 同意该国货币贬值。该体系的批评者认为，在浮动汇率制度下，调节机制能更加顺利地运作。他们认为，如果一国出现贸易逆差，该国货币在外汇市场上供需失衡（供大于求）将导致该国货币贬值，从而降低出口成本并提高进口成本。因此货币贬值可以调节贸易逆差。

严重经济危机后的经济恢复

浮动汇率制度的支持者还表示，汇率浮动有助于一国应对经济危机。当一国遭受严重经济危机打击时，其货币通常会在外汇市场贬值。原因是投资者为应对危机会把资金撤出该国，卖出该国货币并引发其价值下跌。但是，货币贬值至某个点时，会刺激出口。冰岛在 2008 年发生银行业危机后，克朗对美元和欧元贬值 50%，之后就出现了上述情况。2009 年，冰岛渔业和铝业出口蓬勃发展，帮助冰岛渡过了经济危机。1997 年亚洲金融危机后，韩国也有类似的经历，汇率从约 800 韩元兑 1 美元暴跌至 1 700 韩元兑 1 美元。廉价的韩元反过来使韩国出口增加，出现了出口导向型经济复苏。不过，这两个国家货币贬值也推高了进口价格，导致通货膨胀加剧，因此，货币贬值带来的出口导向型经济复苏需要付出一定的代价。

而希腊的情况则形成了鲜明对比。在 2008—2009 年全球金融危机后，希腊经济一度崩溃，一直在努力复苏。希腊的问题可部分归咎于它在 2001 年放弃了自己的货币而采用欧元，而欧元一直相当坚挺。因此，希腊不能依靠本币贬值来提振出口和刺激经济复苏。

10.6.2　支持固定汇率制度的理由

支持固定汇率的理由有以下几个方面：货币约束、投机、不确定性，以及贸易收支调节与汇率之间缺乏联系。

货币约束

在讨论布雷顿森林体系时，我们已经探讨了固定汇率制度中固有的货币约束。维持固定汇率平价确保政府不会以通货膨胀为代价扩大货币供给。尽管浮动利率制度的支持者认为各国都有权选择自己的通货膨胀率（货币自主权），但固定汇率制度的支持者认为政府经常屈服于政治压力并过快扩大货币供给，引发不可控制的高通货膨胀，而固定汇率制度能够确保这种情况不会发生。

投机

浮动汇率制度的批评者还认为，投机会导致汇率波动。他们指出，美元在 20 世纪 80 年代出现了快速上涨和下跌，他们声称这与相对通货膨胀率及美国的贸易逆差无关，而是由投机行为引起的。他们认为，当外汇交易商预见某一货币贬值时，往往会抛售该货币，而不管该货币的长期前景如何。随着越来越多的交易商加入抛售潮，贬值的预期成为现实。这种投机行为带来的动荡往往会加剧长期汇率波动，扭曲进出口价格，从而损害一国经济。因此，固定汇率制度的支持者认为，固定汇率制度能限制投机行为对稳定性的影响。

不确定性

投机行为还会增加未来货币走势的不确定性，这是浮动汇率制度所特有的。在后布雷顿森林体系时代，汇率变动的不可预测性使商业规划变得困难，并增加了进出口和外国投资行为的风险。国际企业不知道如何应对汇率变动带来的变化，通常也不作出任何反应。如果本月美元下跌 6%，下个月可能上涨 6%，那么为什么要因此改变进出口或外国投资计划呢？批评者认为，这种不确定性抑制了国际贸易和投资的增长。他们指出，固定汇率可以消除这种不确定性，并促进国际贸易和投资的增长。浮动汇率制度的支持者则回应说，远期外汇市场可以为汇率波动的相关风险提供保障（见第 9 章），因此，不确定性给国际贸易和投资带来的不利影响被夸大了。

贸易收支调节与汇率之间缺乏联系

浮动汇率制度的支持者认为，浮动汇率有助于调节贸易收支失衡，并在危机过后帮助经济复苏。批评者则对汇率、贸易平衡和经济增长之间是否存在紧密联系提出了质疑。他们认为，贸易赤字是由一国储蓄和投资之间的平衡所决定的，而不是由该国货币的外部价值所决定的。[7]他们称货币贬值将导致通货膨胀（由于进口价格上涨）。货币贬值产生的成本优势所带来的表面收益会被通货膨胀所抵消。换言之，货币贬值不会像浮动汇率制度支持者所说的那样促进出口并减少进口，只会推高通货膨胀率。为了支持这一观点，固定汇率制度的支持者指出，1985—1988 年美元贬值 40%并没有调节美国的贸易逆差。对此，浮动汇率制度的支持者表示，1985—1992 年，美国贸易逆差从超过 1 600 亿美元降到了 700 亿美元左右，部分归功于美元贬值。此外，韩国和冰岛等国家的经历也表明，浮动汇率可以帮助一国从严重的经济危机中复苏。

10.6.3 谁是对的

在固定汇率制度和浮动汇率制度的激烈争论中，哪一方是对的？经济学家无法达成一致。企业作为国际贸易和投资领域的主要参与者，在这场争论中有很大的利害关系。国际企业在固定汇率制度还是浮动汇率制度下会发展得更好尚无定论。

然而，以布雷顿森林体系为蓝本的固定汇率制度可能行不通了。投机行为最终打击了该制度。固定汇率制度的支持者将该制度的崩溃归咎于浮动汇率。但是，不同类型的固定汇率制度也有可能会更加持久并有助于维持汇率稳定，从而促进国际贸易和投资更快速增长。在下一节中，我们将研究此类制度的潜在模型及其存在的问题。

10.7 实践中的汇率制度

世界各国政府所采用的汇率制度各不相同。其中包括由市场力量决定汇率的完全自由浮动制度，也包括含有 1973 年之前布雷顿森林体系的固定汇率某些特征的钉住汇率制度。约有 21%的 IMF 成员允许其货币自由浮动，23%的成员只进行有限的干预（中国和其他一些国家实行有管理的浮动汇率制度）。另有 5%的 IMF 成员如今没有自己的法定货币（不包括使用欧元的欧盟国家），并采用外币作为其境内的法定货币，通常是美元或欧元（见开篇案例），它们通常是位于非洲或加勒比地区的一些小国。其余国家的汇率制度更不灵活，如固定钉住汇率制度（43%），在此制度下，一国将其本国货币与美元或欧元等其他货币或者一篮子货币挂钩。还有一些国家采用允许本国货币对其他货币在目标区内波动的制度，即可调整的钉住汇率制度。在本节中，我们将更深入地研究钉住汇率制度和目标区汇率制度会形成怎样的机制以及带来怎样的影响。

10.7.1　钉住汇率

在钉住汇率制度下，一国会将其货币与美元等主要货币挂钩，当美元升值时，其本国货币也会升值。钉住汇率在许多较小的国家很受欢迎。与完全固定汇率制度一样，钉住汇率制度最大的优点在于它使一国形成了货币约束，并导致低通货膨胀率。例如，如果伯利兹将其货币伯利兹元与美元挂钩，1 美元＝1.97 伯利兹元，那么伯利兹政府必须确保伯利兹的通货膨胀率与美国相似。如果伯利兹的通货膨胀率高于美国，就将导致伯利兹元出现贬值压力（即改变钉住汇率）。为保持钉住汇率，伯利兹政府需要控制通货膨胀。当然，如果钉住汇率要在一国形成货币约束，那么被钉住货币的国家也必须奉行稳定的货币政策。

有证据表明，采用钉住汇率制度可以缓解一国的通货膨胀压力。IMF 的一项研究认为，采用钉住汇率制度的国家年平均通货膨胀率为 8%，而采用中间汇率制度的国家为 14%，采用浮动汇率制度的国家为 16%。[8]然而，许多国家仅在名义上采用钉住汇率制度，实际上相比于实行紧缩的货币政策，它们更愿意本国货币贬值。如果一国出现资本流出，且外汇交易商对其货币进行投机，那么对于一个小国而言，它很难维持与另一种货币的挂钩关系。1997 年，不利的资本流动和货币投机行为迫使包括泰国和马来西亚在内的多个亚洲国家放弃钉住美元，并允许本国货币自由浮动。如果马来西亚和泰国能够处理其经济在 20 世纪 90 年代出现的私营部门负债过高和经常账户贸易逆差扩大等一系列问题，就不会陷入这种境地。

10.7.2　货币局制度

中国香港在 1997 年亚洲金融危机期间的经历给钉住汇率制度带来了新的争论。1997 年底，当其他一些亚洲货币崩溃时，港元在经受了几轮投机攻击后仍然保持着 1 美元＝7.8 港元的汇率。这次胜利可归功于中国香港的货币局制度。采用**货币局制度**（currency board）的国家/地区承诺根据固定汇率将本币按需兑换成另一种货币。为兑现这一承诺，采用货币局制度的国家/地区所持有的其他货币储备在按固定汇率计算后必须相当于 100%的本币发行量。中国香港采用该制度就意味着按指定汇率计算的美元储备完全能够支撑港元价值。这仍然不是真正的固定汇率制度，因为美元对其他货币浮动，港元也会随之浮动，但它具有固定汇率制度的一些特征。

在这种制度下，只有当外汇储备足以提供支撑时，货币发行局才能在境内增发货币。这就限制了政府印钞的能力以及因此产生的通货膨胀压力。在严格的货币局制度下，利率会自动调整。如果投资者想将本币换成美元，那么本币供给就会减少，导致利率上升，直到最终重新吸引投资者持有本币。就中国香港而言，随着投资者将港元转换成美元，1997 年底三个月存款利率攀升至 20%。然而，港元仍然与美元挂钩，利率再次下降。

中国香港自 1983 年建立货币局制度以来，数经风雨。它的成功促使其他多个发展中国家开始考虑采用类似制度。阿根廷于 1991 年引入货币局制度（但于 2002 年放弃），保加利亚、爱沙尼亚和立陶宛近年来都采用了该制度。但是，尽管这种制度有益，批评者也很快指出了它的缺点。[9]如果当地通货膨胀率持续高于被钉住货币的国家，采用货币局制度的国家/地区可能会变得缺乏竞争力且其货币将被高估（这就是阿根廷采用货币局制度后的情况）。此外，在货币局制度下，政府无法设定利率。不仅如此，阿根廷在 2001 年经济崩溃后放弃了货币局制度，大大削弱了人们对这种汇率制度的信心。

10.8 国际货币基金组织的危机管理

许多观察家最初认为，1973 年布雷顿森林体系崩溃将削弱 IMF 在国际货币体系中的作用。IMF 最初的职能是提供一个资金池，成员可以从中借取短期资金以调节国际收支状况并维持汇率稳定。有些人认为，在浮动汇率制度下，短期贷款需求将大幅减少。贸易逆差很可能使一国汇率下降，有助于减少进口、促进出口，从而不再需要 IMF 提供临时的调整贷款。与此一致的是，1973 年后，大多数工业化国家倾向于由外汇市场根据供需关系决定汇率。自 20 世纪 70 年代初以来，全球资本市场快速增长，英国和美国等发达国家可以通过借入私人资金来弥补赤字，而不是动用 IMF 资金。

尽管有上述变化，IMF 在过去 30 多年里仍然扩大了活动范围。到 2019 年，IMF 拥有 189 个成员，其中约 40 个成员接受了 IMF 贷款计划。1997 年，IMF 实施了其成立以来最大的救助计划，承诺向 3 个陷入困境的亚洲国家——韩国、印度尼西亚和泰国，提供超过 1 100 亿美元的短期贷款。随后，IMF 又向土耳其、俄罗斯、阿根廷和巴西提供了额外的救助。随着 2008 年底全球金融危机爆发，IMF 提供的贷款再次增加。2008—2010 年，IMF 向拉脱维亚、希腊和爱尔兰等陷入困境的经济体提供了超过 1 000 亿美元的贷款。2009 年 4 月，为应对日益严重的金融危机，IMF 主要成员同意将该机构的储备提高至原来的 3 倍，从 2 500 亿美元增加至 7 500 亿美元，使 IMF 在全球金融危机期间能够积极使用财务杠杆来撬动经济。

IMF 的活动范围之所以会扩大，是因为在后布雷顿森林体系时代，周期性的金融危机持续对许多经济体造成冲击。IMF 一再向陷入金融危机的国家提供贷款，并要求这些国家的政府制定相应的宏观经济政策。IMF 的批评者声称，这些政策并不总像 IMF 设想的那样能够带来好处，有时可能会使情况变得更糟。在 IMF 向多个亚洲经济体提供贷款后，这些批评达到了高潮，人们对 IMF 应当发挥怎样的作用展开了激烈争论。在本节中，我们将讨论 IMF 在过去 30 多年里面对的一些主要挑战，并了解人们对于 IMF 作用的持续争论。

10.8.1 后布雷顿森林体系时代的金融危机

过去 30 多年里发生了各种各样的金融危机，其中许多都需要 IMF 介入。当货币遭受投机性冲击价值急剧贬损，或货币当局需要动用大量国际货币储备并大幅提高利率以维持现行汇率时，就发生了**货币危机**（currency crisis）。这就是 2018—2019 年巴基斯坦发生的情况。IMF 介入提供外币贷款来帮助巴基斯坦稳定卢比在外汇市场上的价值（详见开篇案例）。**银行业危机**（banking crisis）是指个人和公司对银行系统失去信心，从而取出存款。这就是 2008 年冰岛发生的情况。“国家聚焦”对冰岛的经历与 IMF 进行了深入讨论。**外债危机**（foreign debt crisis）是指一国无法偿还其对外债务，无论是私营部门债务还是政府债务。这就是 2010 年希腊、爱尔兰和葡萄牙发生的情况，也是 IMF 对巴基斯坦进行干预的一个原因（见开篇案例）。

国家聚焦　国际货币基金组织与冰岛经济复苏

2008 年全球金融危机袭来时，冰岛遭受的损失比大多数国家都严重。自 2000 年政府将银行业私有化以来，冰岛的三大银行一直在以惊人的速度扩张。冰岛人口约 32 万，对于其发达的银行业来说太少了，因此该国银行开始向其他斯堪的纳维亚国家和英国扩张。它们进入当地抵押贷款市场，收购外国金融机构，并开设外国分支机构，通过高利率来吸引储户。债务融资为其扩张提供了所需的大笔资金，其中大部分是必须定期再融资的短期贷款。到 2008 年初，三大银行的债务几乎是冰岛整个经济体价值的 6 倍。如果它们能够继续定期对这些债务进行再融资，那就不会出现问题。但是，2008 年在雷曼兄弟（Lehman Brothers）破产以及美国房地产市场崩溃后，全球金融市场陷入危机。此后，金融市场运作能力受损。冰岛的银行发现其无法为债务再融资，濒临破产。

冰岛政府没有足够的资金救助这些银行，因此只能任三大银行倒闭。很快，冰岛股市暴跌 90%，失业率增加了 9 倍。冰岛货币克朗在外汇市场暴跌，推高了进口价格，通货膨胀率飙升至 18%。冰岛似乎处于“自由落体”状态，2009 年其经济萎缩近 7%，2010 年又萎缩 4%。

为阻止经济下滑，冰岛政府从 IMF 和其他国家获得了 100 亿美元担保贷款。冰岛政府介入，帮助本国储户、扣押冰岛银行的国内资产，并使用 IMF 和其他国家提供的贷款来为存款提供后续保障。冰岛政府没有采取紧缩措施来解决危机，而是想方设法提振消费支出。例如，政府根据个人经济状况提供补贴，以减少借款人的按揭贷款利息开支，其意图是防止国内消费剧减而使经济进一步陷入萧条。

得益于 IMF 和其他国家提供的贷款，冰岛金融体系趋稳。接下来浮动汇率制度发挥了积极作用。克朗贬值帮助提振冰岛出口，例如渔业和铝业，同时抑制了对汽车等高价进口产品的需求。到 2009 年，克朗对美元和欧元的汇率是 2007 年危机前的一半。冰岛出口激增，进口下降。虽然进口商品的高成本确实引发了通货膨胀，但蓬勃发展的出口开始向冰岛经济重新注入资金。2011 年，冰岛年经济增长率再次达到 3.1%，2012 年为 2.7%，2013 年为 4%，而失业率从 10%的高位下降到了 2013 年的 4.4%。

资料来源：Charles Forelle，“In European Crisis，Iceland Emerges as an Island of Recovery，” *The Wall Street Journal*，May 19，2012，pp. A1，A10；“Coming in from the Cold，” *The Economist*，December 16，2010；Charles Duxbury，“Europe Gets Cold Shoulder in Iceland，” *The Wall Street Journal*，April 26，2012；and “Iceland，” *The World Factbook 2013* (Washington，DC：Central Intelligence Agency，2013).

这些危机背后往往有着共同的宏观经济因素：通货膨胀率较高、经常账户赤字不断扩大、国内借贷过度扩张、大量政府赤字和资产价格上涨（例如股票和房地产价格急剧上涨）。[10]有时，这些因素可能同时存在，如 1997 年亚洲金融危机、2000—2002 年阿根廷金融危机、2010 年爱尔兰债务危机，以及 2018—2019 年巴基斯坦危机。

为评估金融危机的发生频率，IMF 研究了 53 个国家 1975—1997 年的宏观经济表现（其中有 22 个发达国家，31 个发展中国家）。[11] IMF 发现发生了 158 次货币危机，其中 55 次造成一国货币贬值超过 25%；还发生了 54 次银行业危机。IMF 的数据表明，发展中国家发生货币危机和银行业危机的可能性是发达国家的两倍多。因此，自 20 世纪 70 年代中期以来，IMF 的大部分贷款活动都是针对发展中国家的。

1997 年，国际投资者意识到亚洲外汇市场存在投机泡沫，开始将其持有的当地货币兑换成美元，造成一些亚洲货币急剧贬值。泰国最先开始货币贬值，然后迅速蔓延到亚洲其他国家。要稳定这些货币就需要 IMF 的大力帮助。就韩国而言，当地企业在积极投资新工业产能时积累了巨额债务。到 1997 年，这些企业发现自己的工业产能过剩，而且无法产生足够的收入用于偿还债务。韩国银行和企业还犯了一个错误，它们大量借入美元，并且其中很大一部分是一年内到期的短期贷款。因此，当 1997 年秋韩元随着亚洲其他货币一起贬值时，韩国企业债务激增，多家大型企业被迫申请破产。这引发了韩国货币和股票市场的断崖式下跌。

由于经济濒临崩溃，韩国政府于 1997 年 11 月 21 日向 IMF 申请了 200 亿美元的备用贷款。随着谈判进行，韩国发现 200 亿美元远不够。1997 年 12 月 3 日，IMF 和韩国政府达成协议，向韩国提供 550 亿美元贷款。IMF 在协议中要求韩国向外国投资者开放经济和银行系统。韩国还承诺通过减少企业在银行的融资份额并要求企业发布合并财务报表及接受年度独立外部审计来约束韩国最大型的企业财阀。在贸易自由化方面，IMF 表示韩国将遵守其对 WTO 的承诺，取消贸易相关补贴和限制性进口许可，并简化进口认证程序，所有这些要求都使韩国经济在面对外国竞争时更加开放。[12]

10.8.2 对国际货币基金组织政策的评价

到 2019 年，IMF 已向大约 40 个存在经济和货币问题的国家提供了贷款计划，所有 IMF 贷款计划都有附带条件。IMF 坚持紧缩的宏观经济政策组合，包括削减公共支出、提高利率和执行货币紧缩政策。它通常还推动原来受保护的行业放松管制、国有资产私有化，以及银行业采用更好的财务报告机制。这些政策旨在通过控制通货膨胀和减少政府支出及债务来为过热的经济降温。这些政策遭到了许多观察家的严厉批评，IMF 开始对政策作出调整。[13]

政策不当

一种批评观点是，IMF 的传统政策是一种“一刀切”的宏观经济政策，并不适合许多国家。就 1997 年亚洲金融危机而言，IMF 采用的紧缩的宏观经济政策并不适合那些不存在政府过度开支和通货膨胀的国家，这些国家遭受的是通货紧缩背景下的私营部门债务危机。[14]

例如，韩国政府多年来一直保持预算盈余（1994—1996 年占韩国 GDP 的 4%），且通货膨胀率低至约 5%。韩国的财务状况在 OECD 国家中排名靠前。批评者指出，尽管如此，IMF 还坚持对韩国采用与高通货膨胀率国家相同的政策。IMF 要求韩国保持 5% 的通货膨胀率，然而，随着韩元暴跌以及随后石油等进口商品价格上涨，韩国的通货膨胀压力不可避免地增加。因此，为实现 5%的通货膨胀目标，韩国不得不实施一些不必要的货币紧缩政策。在韩国与 IMF 签署初步协议后，韩国的短期利率立刻从 12.5%飙升至 21%。利率上升使企业更难以偿还其本已无力负担的短期债务。批评者以此为证指出 IMF 的救助实际上可能会增加而不是减少企业大范围违约的可能性。

IMF 回应了这一批评。IMF 认为其核心任务是重建人们对韩元的信心。一旦实现这一目标，韩元将从超卖水平回归正常，从而减少韩国的美元债务在以韩元计价时的负担，并使企业更容易偿还债务。IMF 还认为，要求韩国取消对 FDI 的限制，可以使外国资本流入韩国以利用其廉价资产，这也将增加对韩元的需求，有助于改善韩元对美元的汇率。

韩国确实很快就从危机中恢复了，这也支持了 IMF 的做法。虽然韩国经济在 1998 年缩减了 7%，但到 2000 年已经完成反弹并以 9%的速度增长（以 GDP 增长率计算）。通货膨胀率在 1998 年达到 8%的峰值，到 2000 年已降至 2%，同期失业率也从 7%降到了 4%。韩元在 1998 年初以 1 美元＝1 812 韩元的汇率触底后，到 2000 年又回到了 1 美元＝1 200 韩元左右。

道德风险

第二种批评观点是，IMF 的救助行为实际上加剧了被经济学家称为道德风险的问题。人们如果知道出现问题可以得到救助，他们做事时就会不计后果，这时就出现了**道德风险**（moral hazard）。批评者指出，20 世纪 90 年代的繁荣时期，许多日本和西方银行都不计后果地为过度杠杆化的亚洲企业提供巨额贷款。这些银行应该为其草率的贷款行为付出代价，哪怕会面临倒闭。[15]只有采取极端行动，银行业才会意识到它们的错误，以后才不会贸然放贷。IMF 向这些国家提供支持，降低了企业债务违约的可能性，其实是在救助那些因草率贷款引发危机的银行。

这一观点忽略了两个要点。首先，如果一些日本银行或西方银行为陷入困境的亚洲经济体承受了巨大风险，从而不得不因大范围的债务违约而注销坏账，则其影响将难以遏制。例如，日本大型银行倒闭可能会引发日本金融市场崩溃，这几乎不可避免地会导致全球股市下跌，而这正是 IMF 试图以金融救助的方式避免的风险。其次，银行业已经为其草率的贷款行为付出了代价。1997 年亚洲金融危机后，IMF 坚持要求韩国、泰国和印度尼西亚关闭一些银行。向韩国企业提供短期贷款的外国银行迫于形势不得不重新确定贷款利率，而这样做并不能补偿贷款期限延长的损失。

缺乏问责制

最后一种批评观点是，IMF 缺乏真正的问责制，它的权力过大。[16]IMF 可以决定各国的宏观经济政策，但根据著名经济学家杰弗里·萨克斯（Jeffrey Sachs）等批评者的说法，IMF 的员工不足 1 000 人，他们缺乏工作所需的专业技能。萨克斯表示，IMF 在泰国和韩国陷入危机前的几个月里还在对它们的政府大加赞赏，这一定程度上表明其专业能力不足。此外，IMF 未深入了解韩国情况就为韩国制订了一项苛刻的计划。萨克斯认为，解决这一问题的方法是对 IMF 进行改革，使其更多地聘用外部专家，并在运作时接受更多的外部审查。

观察结果

与许多有关国际经济学的争论一样，我们尚不清楚 IMF 的政策是否适当。在某些情况下，IMF 的政策适得其反或只取得了有限的成果。例如，土耳其自 1958 年以来实施了约 18 个 IMF 计划，人们可能会质疑 IMF 给土耳其提供的政策是否适当。但 IMF 也取得了一些显著成就，包括成功遏制了可能从根本上动摇国际货币体系的亚洲金融危机，以及在 2008—2010 年迅速介入对冰岛、爱尔兰、希腊和拉脱维亚进行救助，进而遏制了全球金融危机。同样，许多观察家称赞 IMF 巧妙地处理了墨西哥比索危机等政治难题，并成功推广了自由市场理念。

在 IMF 干预后的数年里，亚洲经济复苏。当然，IMF 的介入避免了本可能发生的灾难性崩盘，尽管有些国家仍面临着相当大的问题，但尚不清楚 IMF 是否应对此承担一定责任。IMF 无法强迫各国采用必要的政策来改善经济管理。虽然政府可能会承诺采取纠正措施以得到 IMF 的贷款，但内部政治问题可能使政府难以履行承诺。在这种情况下，IMF 进退两难，如果它决定扣留资金，则有可能引发金融崩溃，并且难以阻止危机蔓延。

最后，值得一提的是，近年来 IMF 已经开始调整其政策。在应对 2008—2009 年全球金融危机时，IMF 敦促各国采取包括财政刺激和货币宽松在内的政策，这与 IMF 过去倡导的政策正好相反。IMF 的一些经济学家现在也认为，通货膨胀率上升如果能够使总需求出现更大的增长，从而帮助各国摆脱经济衰退，那么也可能是件好事。换言之，IMF 的应对政策日趋灵活，不再像批评者所说的缺乏灵活性。虽然严格控制的财政政策和紧缩的货币政策可能适用于高通货膨胀率的国家，但亚洲金融危机和 2008—2009 年全球金融危机都不是由高通货膨胀率而是由过度负债引起的，而 IMF 的新政策似乎就是为这一问题量身定制的。[17]

10.9　聚焦管理影响

10.9.1　货币管理、企业战略以及企业与政府的关系

本章讨论的内容主要在三个方面对国际企业产生影响：货币管理、企业战略，以及企业与政府的关系。

货币管理

一个与货币管理明显相关的影响是：企业必须认识到外汇市场并不完全像第 9 章描

述的那样运作。当前的外汇市场体系是一个混合体系，在这个体系中，政府干预和投机活动都可以影响外汇市场。企业如果涉及大量外汇活动，就需要意识到这一点，并相应地调整外汇交易。例如，卡特彼勒的货币管理部门称，在宣布广场协议后的几个小时内，它通过在外汇市场上卖出美元并买进其他预期会在政府干预后升值的货币赚取了数百万美元。

在现行制度下，投机性货币买卖会造成汇率剧烈波动（20 世纪 80 年代的美元涨跌和 20 世纪 90 年代后期的亚洲金融危机就是例证）。与购买力平价理论的预测相反，20 世纪 80 年代和 90 年代的汇率变动受相对通货膨胀率的影响似乎不大。由于汇率变动会增加外汇风险，因此这对企业不利。此外，正如第 9 章讲到的，外汇市场已经开发出许多金融工具，例如远期市场和掉期交易，它们可以帮助企业防范外汇风险。自 1973 年布雷顿森林体系崩溃以来，这些工具的使用率大幅提升。

企业战略

当前全球汇率波动给国际企业带来了难题。汇率会对企业的竞争地位产生重大影响，但汇率变动很难预测。详细的案例请参阅有关空中客车的“管理聚焦”专栏。面对未来货币价值的不确定性，企业可以像空中客车那样利用远期外汇市场。但是，远期外汇市场不能完美预测未来汇率变动（见第 9 章）。远期外汇市场往往仅可以为几个月（而不是几年）内的汇率变动提供保障，为未来几年内的汇率变动提供充足保障极为困难，甚至是不可能的。鉴于此，在面对不可预测的汇率变动时，可以增加企业战略的灵活性，即采取减少企业经济敞口的策略（第 9 章进行了讨论）。

管理聚焦

空中客车与欧元

2003 年空中客车在公司历史上交付的客机数量首次超过其长期竞争对手波音。空中客车 2003 年交付了 305 架飞机，而波音为 281 架。然而，欧元对美元走强给公司的未来蒙上了一层阴影。总部位于法国图卢兹的空中客车与波音一样以美元为飞机定价，但空中客车有一半以上的成本是以欧元计价的。因此随着 2002—2009 年底美元对欧元贬值超过 50%，空中客车的成本与收入同比例增长，压缩了利润。

短期内，美元对欧元贬值并未对空中客车造成损害。空中客车 2005 年完全对冲了其美元风险，并在 2006 年对冲了大部分风险。然而，预计美元对欧元将继续保持疲软，空中客车开始采取其他措施来减少强势的欧元造成的经济敞口。但来自波音的激烈竞争，使空中客车无法提高价格，因此它决定将重点放在降低成本上。为实现这一目标，空中客车作出的一个决定是由其美国供应商来提供其新型号飞机（如 A380 超大型飞机和 A350 等）的更多零部件。同时，它还将一些旧型号飞机的零部件供应从欧洲转移到了美国。这增加了其以美元计价的成本比例，使利润不易受到欧元升值的影响，并在换算成欧元时降低了飞机的制造成本。

此外，空中客车还推动其欧洲供应商开始以美元计价。许多供应商的成本都是以欧元计价的，它们发现要遵循空中客车的意愿，就不得不将更多的工作转移到美国或货币与美元挂钩的国家。因此，法国大型供应商卓达宇航（Zodiac）宣布考虑在美国进行收购。空中客车不仅推动供应商以美元为商用飞机零部件定价，还要求其 A400M 项目（一款以欧元出售给欧洲政府的军用飞机）的供应商也以美元为零部件定价。除这些举措外，空中客车母公司欧洲宇航防务集团（EADS）的首席执行官公开表示，如果有助于空中客车赢得重要的美国订单，其还可能会在美国组装飞机。虽然这一战略在初始几年里颇为有效，但在 2014 年中至 2018 年期间，随着美元对欧元迅速升值，它反而对空中客车造成了不利影响。

资料来源：D. Michaels，"Airbus Deliveries Top Boeing's; But Several Obstacles Remain，" *The Wall Street Journal*，January 16，2004，p. A9；J. L. Gerondeau，"Airbus Eyes U. S. Suppliers as Euro Gains，" *Seattle Times*，February 21，2004，p. C4；"Euro's Gains Create Worries in Europe，" Houston Chronicle. com，January 13，2004，3；and K. Done，"Soft Dollar and A380 Hitches Lead to EADS Losses，" *Financial Times*，November 9，2006，p. 32.

保持战略灵活性可以采用将生产分散至全球各地的形式，以真正对冲汇率风险（这似乎就是空中客车所考虑的）。以德国出口导向型公司梅赛德斯-奔驰为例。1995 年 6 月，该公司宣布预计 1995 年将严重亏损约 7.2 亿美元，震惊了德国商界。究其原因是德国马克过于强势，自 1995 年初以来，德国马克对一篮子主要货币升值 4%，并自 1994 年底以来对美元升值超过 30%。到 1995 年中，德国马克对美元的汇率为 1 美元＝1.38 德国马克。公司的管理层认为汇率在 1 美元＝1.60 德国马克以下，公司就无利可图了。管理层表示，德国马克对美元升值可能是永久性的，因此他们决定将大量生产转移到德国以外的地区，并增加对外国零部件的采购，以降低公司对未来汇率变动的敏感性；甚至在 1998 年收购克莱斯勒（Chrysler）之前就计划在 2000 年之前将 10%的汽车生产转移到德国以外的地区，主要是美国。同样，在 1985—1995 年日元升值导致日本出口价格上涨的背景下，日本汽车公司也采取了行动，在美国和欧洲扩大产能。对日本公司而言，在海外扩大产能是对日元持续升值（以及贸易壁垒）的套期保值。

提高战略灵活性和减少风险敞口的另一种方法是将制造外包出去。公司可以根据汇率变动带来的相对成本变化，将供应商从一国转移到另一国。然而，这种方法可能只适用于低附加值的制造业（例如纺织品），在这些行业中，单个供应商几乎没有任何可以增加产品价值的特有技能。而在高附加值的制造业中，例如，重型设备行业供应商特有的技术或技能可以使产品价值显著增加，其转移成本也相应更高，可能不适合采用这类方法。对高附加值制造业而言，更换供应商将导致产品附加值减少，从而抵消汇率变动带来的成本收益。

IMF 和世界银行在当前国际货币体系中的作用也会对企业战略产生影响。在世界经济中，IMF 越来越多地充当宏观经济监督者。各国如果想取得大额 IMF 贷款，就必须采用 IMF 制定的宏观经济政策。这些政策通常包括降低通货膨胀的货币政策和削减政府开支等。在短期内，这些政策通常会导致需求急剧紧缩。在这些国家从事销售或生产的国际企业需要意识到这一点并采取相应的措施。从长期来看，IMF 的政策可以促进经济增长并扩大需求，从而给国际企业创造更多机会。

企业与政府的关系

作为国际贸易和投资的主要参与者，企业可以影响政府针对国际货币体系的政策。例如，美国出口商的大力游说使美国政府确信有必要干预外汇市场。鉴于此，企业可以而且应该利用其影响力促成一个有利于国际贸易和投资增长的国际货币体系。人们对固定汇率制度和浮动汇率制度孰优孰劣仍存在争论。但是，相比于更稳定的汇率环境，20 世纪 80 年代和 90 年代的汇率波动给国际贸易和投资带来了更多不利因素。因此，为了国际企业的利益，应当促进国际货币体系发展，最大限度减少汇率波动，尤其在这些波动与长期经济基本面无关时。

小结

本章介绍了国际货币体系的运作，并指出了它对国际商务的影响。本章要点如下：

1. 金本位制是一种将货币与黄金挂钩并保证与黄金可兑换性的货币标准。人们认为，金本位制包含了一种自动机制，有助于所有国家同时实现国际收支平衡。由于各国出现竞争性贬值，金本位制于 20 世纪 30 年代崩溃。

2. 固定汇率制度的布雷顿森林体系建立于 1944 年。美元是该体系的中心货币，其他所有货币的价值都与美元价值挂钩。只有在 IMF 的许可下，一国货币才能出现大幅贬值。IMF 的作用是维持国际货币体系的秩序，避免出现 20 世纪 30 年代那样的竞争性贬值，以及通过给各国制定货币约束来控制通货膨胀。

3. 固定汇率制度于 1973 年崩溃，主要原因是美国通货膨胀加剧和美国贸易逆差扩大给美元带来了投机压力。

4. 自 1973 年以来，世界开始采用浮动汇率制度，汇率波动变得更加难以预测。汇率波动使人们重新对固定汇率制度和浮动汇率制度的优劣展开了争论。

5. 支持浮动汇率制度的理由有：这种制度赋予了各国货币政策自主权，以及浮动汇率制度有助于顺利调整贸易失衡。

6. 支持固定汇率制度的理由有：一国为维持固定汇率制度将形成货币约束；浮动汇率制度容易受到投机压力的影响；浮动汇率制度带来的不确定性抑制了国际贸易和投资增长；外汇市场上的货币贬值并不能调节贸易失衡，反而会导致通货膨胀。

7. 在当前的国际货币体系中，有些国家采用浮动汇率制度；有些国家将其货币与美元等另一种货币挂钩；有些国家将其货币与一篮子其他货币挂钩，并允许货币围绕一篮子货币在一定范围内波动。

8. 在后布雷顿森林体系时代，IMF 在帮助各国渡过金融危机方面仍然发挥着重要作用，它向陷入困境的各国政府提供大量资金，并要求它们采用特定的宏观经济政策。

9. 关于 IMF 制定的宏观经济政策是否适当，引起了重要争论。批评者指责 IMF 经常对接受其贷款的发展中国家施加不适当的政策。

10. 对国际企业而言，在有管理的浮动汇率制度下，货币管理更加重要。

11. 在当前有管理的浮动汇率制度下，汇率波动既带来了机遇，也带来了威胁。应对汇率波动的一种方法是，公司通过制造外包（适用于低附加值制造业）等方法将生产分散至全球各地，从而提高战略灵活性并减小风险敞口。

思考与讨论题

1. 为什么金本位制会崩溃？是否有理由恢复某种类型的金本位制？理由是什么？

2. 当前 IMF 向发展中国家提供贷款的政策可能为国际企业创造哪些机遇？可能带来哪些威胁？

3. 你认为 IMF 的标准政策方案（紧缩的货币政策和减少政府开支）是否总是适合面对货币危机的发展中国家？IMF 作出了哪些改变？这对国际企业有何影响？

4. 讨论固定汇率制度和浮动汇率制度的相对优缺点。从国际企业的角度来看，选择汇率制度时最重要的标准是什么？哪种汇率制度更适合国际企业？

5. 假设加拿大、美国和墨西哥决定采用固定汇率制度。这种制度会对国际企业以及三国之间的贸易和投资流动造成什么影响？

6. 重新阅读“国家聚焦”专栏中的“国际货币基金组织与冰岛经济复苏”，然后回答以下问题：

（1）2008 年冰岛陷入经济困境的主要原因有哪些？

（2）冰岛面对的是典型的货币危机还是银行业危机？

（3）冰岛是如何从 2008—2009 年的危机中恢复过来的？从这个案例中可以吸取哪些重要教训？

（4）冰岛并没有实施通常与 IMF 贷款相关的紧缩政策，但该国经济恢复了。这是否表明紧缩政策没有发挥作用？

章末案例

美元化能否拯救委内瑞拉？

委内瑞拉深陷困境。尽管该国声称其拥有全球最大的石油储量，理应是一个富裕国家，但治理不善使其常年处于经济危机之中，成了拉丁美洲最贫穷的国家之一。该国经济在 2016 年萎缩了 16.5%，2017 年萎缩了 12%，2018 年又萎缩了 18%，而失业率飙升至 34%以上。据报道，由于食物短缺，2/3 的人口体重明显下降。300 万人（约占人口的 10%）逃离了该国。超过 85%的人如今仍生活在贫困线以下。

该国经济衰退可以追溯到 1999 年乌戈·查韦斯（Hugo Chavez）上台统治时期。查韦斯大幅提高了外国石油公司必须向政府支付的特许权使用费。石油公司对此的回应是，不在委内瑞拉投资，到别处寻找石油资源。查韦斯随后解雇了国营石油公司的专业管理人员，并任命自己的政治人员接替，使情况进一步恶化。结果是勘探和开采的基础设施投资不足，该国石油产量下降。到 2017 年，石油产量比 1998 年峰值下降了 50%。

这对于一个原油出口占 95%的国家来说，是一个严重的问题。

在统治早期，查韦斯将石油收入慷慨地用于社会项目，包括价格控制和燃料补贴。这最初帮助了穷人并提高了他的知名度。然而，到 2012 年经济显现出了沉重压力，包括石油产量和出口下降、失业率上升、高通货膨胀率，以及政府赤字扩大。

2013 年查韦斯去世，尼古拉斯·马杜罗（Nicolas Maduro）继任。马杜罗继续沿着查韦斯的轨迹前进。然而油价和产量都大幅下跌，减少了政府收入。马杜罗没有放弃社会项目和补贴，而是简单地扩大了政府预算赤字。2017 年，政府预算赤字升至 GDP 的 38%。他通过印钞来弥补赤字。可以预见，结果是造成了恶性通货膨胀。通货膨胀率在 2016 年飙升至 25%，然后在 2017 年达到 2 700%，到 2018 年已接近1 000 000%。这使得该国货币玻利瓦尔一文不值，而依赖于稳定货币的商业活动完全被扼杀。

在外汇市场上，玻利瓦尔的价值暴跌，从 2014 年的 1 美元=64 玻利瓦尔跌至 2016 年初的 1 美元=960 玻利瓦尔，再到 2018 年初的 1 美元=100 000 玻利瓦尔。请注意，这是黑市上的汇率，委内瑞拉政府设定的官方汇率已无人关注，仍然停留在 1 美元=10 玻利瓦尔。由于玻利瓦尔一文不值，没有人愿意与委内瑞拉开展贸易，除非用美元支付。委内瑞拉没有足够的美元来进行国际贸易，这就意味着该国许多商品都存在短缺。

当一国遇到这类货币危机时，正常的做法是向 IMF 求援。作为提供贷款的回报，IMF 通常会要求该国采用紧缩的货币政策以减少政府预算赤字，外加使用高利率并严格控制货币供给增长以降低通货膨胀。IMF 要求的其他政策还包括取消价格管制和补贴，以及国有企业私有化。然而对马杜罗来说，这些举措都是不可接受的。

委内瑞拉反对派人士提出了另一种解决该国货币危机的方法——美元化。这意味着放弃玻利瓦尔，并由政府引入以美元计价的现金以维持商业活动。事实上，美元化已在委内瑞拉悄然进行。越来越多的商家无视价格管制，以自由市场中的美元价格为商品定价。不幸的是，委内瑞拉的经济崩溃过于严重，大多数委内瑞拉人每月只能赚到相当于几美元的收入，所以这对他们几乎没有帮助。要使美元化发挥作用，该国政府必须购买约 100 亿美元的美国货币并将其投入流通。

美元化曾有先例。厄瓜多尔于 2000 年开始采用美元，以应对通货膨胀率飙升和该国货币苏克雷贬值。虽然这种转变是痛苦的，工资水平最初下降了 40%，储蓄和养老金账户遭到破坏，但最终工资和价格趋于稳定，经济复苏并再次增长。然而，马杜罗长期固执己见，委内瑞拉的美元化可能尤为艰难。

资料来源：John Otis and Kejal Vyas, "The Dollar Rescued Ecuador: Can It Save Venezuela?" *The Wall Street Journal*, March 27, 2018; Matt O'Brian, "Venezuela Should Be Rich, but Its Government Has Destroyed Its Economy," *The Washington Post*, January 21, 2015; Patricia Laya, "One Dollar Now Buys 103, 000 Bolivars in Venezuela's Black Market," *Bloomberg Markets*, December 1, 2017; Matt O'Brian, "Venezuela is the Biggest Economic Disaster in Modern History," *The Washington Post*, February 1, 2019.

案例讨论题

1. 委内瑞拉经济问题的根源是什么？
2. 美元化如何帮助委内瑞拉解决经济问题？实施美元化有哪些要求？
3. 除美元化外，委内瑞拉如果要解决经济问题，还需要做些什么？

注释

第11章

全球资本市场

学习目标

阅读本章后，你将能够：

- 描述全球资本市场带来的好处。
- 认识全球资本市场迅速发展的原因。
- 了解与资本市场全球化相关的风险。
- 比较与欧洲货币市场、全球债券市场和全球股票市场相关的收益和风险。
- 了解外汇风险如何影响资金成本。

开篇案例　中国企业在美 IPO

在中国，数字“8”是好运和兴旺的象征。2018 年对于在美国首次公开募股（Initial Public Offerings，IPO）的中国企业来说是兴旺的一年。约 33 家中国企业在纽约证券交易所和纳斯达克证券交易所 IPO，筹资 91.7 亿美元。2018 年中国企业在美 IPO 数量远超 2017 年的 17 起（筹资 38 亿美元），是自 2010 年 39 家企业上市以来最多的一年。2018 年的 IPO 几乎向科技企业一边倒，包括腾讯旗下的视频平台爱奇艺（网飞的中国竞争对手）和电动汽车制造商蔚来（被称为“中国的特斯拉”）。

鉴于 2018 年中美贸易摩擦不断，中国企业在美 IPO 如此活跃出乎意料。但是，对于许多中国科技企业来说，在美国进行 IPO 有着不可抗拒的理由。首先，2018 年对中国股市来说是糟糕的一年。上海证券交易所股票价格指数当年下跌 25%，是自 2008 年以来表现最差的一年，而香港特别行政区股票价格指数也下跌了约 14%。中美贸易摩擦以及中国经济增速放缓都带来了不利影响。

在此背景下，中国投资者对科技企业 IPO 的兴趣减弱，因为人们通常认为科技企业 IPO 的风险高于成熟企业。而在美国，投资于中国科技企业 IPO 的兴趣仍很浓厚，许多投资者考虑到中国的生活水平仍在继续提高，将这种投资视为参与中国国内巨大市场的一种方式和对长期强劲增长的预期，特别是在科技领域。美国也是更多大型机构投资者的所在地，其中一些机构投资者想要将一小部分资金投入高风险企业，以期获得巨大收益。简而言之，在美国，高风险科技企业 IPO 的资金供应量更大。

其次，美国的股票市场监管制度使企业创始人更容易在 IPO 后保留对企业的控制权。美国的证券交易所长期以来一直允许双重股权结构，其中创始人保持对 A 股的控制权，这使他们拥有超级投票权，同时还可以出售限制投票权或没有投票权的 B 股来筹集资金。此外，美国的证券交易所允许尚未产生收入的企业进行 IPO，例如处于研究阶段的生物技术企业，而中国的证券交易所不允许这么做。2018 年，考虑到美国的证券交易所享有的优势，香港也改变上市标准，允许双重股权结构并向尚未产生收入的生物技术企业敞开了大门。

2018 年，中国香港仍主导着中国 IPO 市场，共有 76 只新股上市，募集资金 310 亿美元，创历史新高。其中包括中国铁塔，它是一家国有企业，也是世界上最大的电信塔运营商。中国铁塔在中国拥有 190 万座站址和 280 万租户，并将铁塔出租给移动电话运营商。该公司在香港 IPO 筹集了 69 亿美元，成为 2018 年全球规模最大的上市公司。该公司将募集到的资金用于建造新铁塔并升级现有铁塔，以强化其在 5G 网络中发挥的作用。

资料来源："China Tower Raises ＄6.9 Billion in World's Largest IPO in Two Years," *Reuters*, August 1, 2018; N. Bullock, "Number of Chinese IPOs in US Hits Eight Year High," *Financial Times*, December 26, 2018; T. Poletti, "Chinese IPOs Raked in ＄9 Billion in U. S. Cash," *Market Watch*, December 31, 2018.

11.1 引言

在过去 30 多年里，各国资本市场已不再因资本流动的监管壁垒而相互割裂，资本市场日趋全球化。这给企业带来了明显的好处，但也带来了一些风险。开篇案例提及了其中的一些问题。如今，一个国家（如中国）的企业在另一个国家（如美国）出售股票来筹集资金的情况并不少见。如开篇案例所述，2018 年，有约 33 家中国企业在美国通过首次公开募股（IPO）筹集了 91.7 亿美元的资金。它们利用了美国对高风险中国科技企业 IPO 更强劲的需求，换句话说，美国的资金成本低于中国。此外，监管差异可以使某些市场更吸引筹资者。因此，允许建立双重股权结构和可变利益实体的纽约市场对需要筹集资金的高风险科技企业而言更有吸引力。

本章着眼于全球资本市场。首先将研究资本市场全球化带来的好处。随后将更详细地考察国际资本市场增长以及与这种增长相关的宏观经济风险。接下来将介绍全球资本市场的三个重要组成部分：欧洲货币市场、国际债券市场和国际股票市场。最后说明本章内容对国际商务实践的影响。

11.2　全球资本市场的好处

本节将围绕全球资本市场展开介绍，首先将讨论一般资本市场的功能，然后将考察国内资本市场的局限性，并讨论利用全球资本市场的好处。

11.2.1　一般资本市场的功能

资本市场让投资者和借款者聚到了一起（见图 11-1）。想要投资的群体包括拥有盈余现金的公司、个人和非银行金融机构（例如，养老基金、保险公司等）。想要借款的群体包括个人、公司和政府。在这两个群体之间是做市商。做市商是直接或间接连接投资者和借款者的金融服务公司，包括商业银行（例如，花旗银行、美国银行等）和投资银行（例如，高盛集团、摩根大通）。

图 11-1　一般资本市场的主要参与者

商业银行起着间接连接作用。它们从公司和个人那里获取现金存款，并支付一定利息作为回报，然后以更高的利息将钱借给借款者，并从利率差异（通常称为利差）中获利。投资银行起着直接连接作用。它们将投资者和借款者撮合在一起，并为此收取佣金。例如，高盛集团可能会为想要投资的群体充当股票经纪人。它的工作人员可能会提供最有吸引力的购买建议，并代表客户购买股票，从中收取服务费。

公司在资本市场筹资要么是股权融资，要么是债权融资。当公司向投资者出售股票时，就是股权融资。公司以股票换取的资金可用于购买厂房和设备、资助研发项目、支付工资等。股票持有者具有公司的分红权。最终，公司通过向股东支付股利来兑现分红（尽管许多快速成长的年轻公司直到公司成熟且增长放缓后才开始发放股利）。股利数额并非事先固定的，而是由管理层根据公司赚取的利润决定的。投资者购买股票既是为了股利，也是为了股票价格上涨带来的预期收益，理论上这种预期收益也反映了未来的股利。当一家公司预期未来将取得更高收益时，股票价格就会上涨，这就增加了其未来发放更多股利的可能性。

债权融资要求公司定期偿还预先确定的贷款金额（本金与规定利息的总和），而不考虑公司赚取了多少利润。管理层无权决定向投资者支付的数额。债权融资包括银行的现金贷款和向投资者出售公司债券筹集的资金。当投资者购买公司债券时，他购买的是在规定年限内（直至债券到期日）从公司获取规定的固定收入的权利。债权融资的期限从超长期（20 年）到超短期（包括仅一天就到期的贷款）不等。

11.2.2　全球资本市场的吸引力

全球资本市场能给借款者和投资者都带来好处。借款者受益于它增加了可供出借的资金供应，并降低了资金成本。投资者受益于它提供了更广泛的投资机会，从而能够在国际投资组合中分散风险。

借款者的角度：较低的资金成本

在纯粹的国内资本市场中，投资者仅限于本国居民，借款者能够借用的资金有限。换言之，市场流动性有限。而拥有更多投资者的全球资本市场为借款者提供了更多的资金供应。

在纯粹的国内资本市场中，流动性受限的最大缺点可能是，其资金成本往往高于全球市场。资金成本就是借款的价格，即借款者必须支付给投资者的收益。在债权融资中是利息，在股权融资中是股利和预期资本收益。在纯粹的国内资本市场中，投资者有限，这意味着借款者必须支付更多资金成本才能够说服投资者借钱给它们。在全球资本市场上，投资者群体更庞大，这意味着借款者可以支付更少的资金成本。

图 11－2 以德国电信（Deutsche Telekom）为例说明了这一观点。1996 年，德国电信同时在法兰克福、纽约和东京首次发售股票，筹集了超过 130 亿美元的资金。图 11－2 的纵轴是资金成本（借款的价格），横轴是在不同利率下的可借资金。德国电信的借款需求曲线是 *DD*。请注意，德国电信的资金需求随着资金成本而变化，资金成本越低，德国电信借款就越多。（资金和其他任何东西一样，价格越低，人们买的越多。）德国资本市场的资金供给曲线是 SS_G，全球资本市场的资金供给曲线则用 SS_I 表示。可以看出，德国电信可以在全球资本市场上以更便宜的价格借到更多资金。如图 11－2 所示，全球资本市场的资源更多，流动性更强，既降低了资金成本，又增加了德国电信可借入的资金。因此，对借款者而言，全球资本市场的优势在于它降低了资金成本。

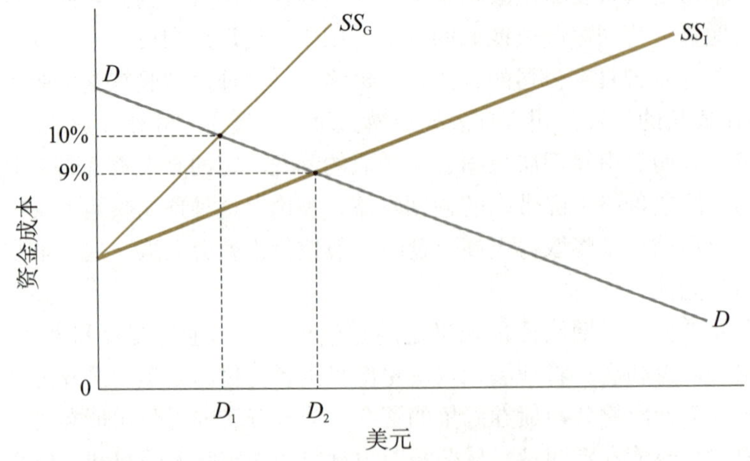

图 11－2　市场流动性和资金成本

流动性受限的问题不仅存在于国内资本市场较小的欠发达国家。近几十年来，即使是世界上最大经济体的超大型企业也在利用全球资本市场寻求更大的流动性和更低的资金成本。中国工商银行在全球资本市场时代进行了其中一次最大规模的发售。[1]

投资者的角度：投资组合分散化

相比于纯粹的国内资本市场，投资者利用全球资本市场能够获得更广泛的投资机会。最重要的是，投资者可以在国际上实现分散化的投资组合，从而将风险水平降低至纯粹国内资本市场无法达到的程度。我们将以持有股票的情况为例进行介绍，而持有债券的情况也是如此。

假设一位投资者购买了一家尚未生产新产品的生物技术企业的股票。股票价格非常不稳定，投资者根据有关该企业前景的信息，大量买卖股票，进行高风险投资。如果企业生产出了畅销产品，则投资者可能大赚一笔；如果企业未能推出适销对路的产品，则投资者可能血本无归。投资者可以通过购买其他企业的股票来防范与持有该股票相关的风险，尤其是那些与生物技术股票相关性较弱或负相关的股票。通过持有多种股票分散化的投资组合，当某些股票未能实现预期而造成损失时，其他股票超出预期能够带来收益并抵消损失。

随着投资者不断增加其投资组合中的股票数量，投资组合的风险就会降低。起初，风险降低很快。当逐渐接近市场的系统性风险时，降低的速度就变慢了。系统性风险（systematic risk）是指影响经济中所有企业的宏观经济力量（而不是针对个别企业的因素）所造成的股票投资组合价值变动。系统性风险是经济中不可分散的风险。布鲁诺·索尔尼克（Bruno Solnik）[2]的一项经典研究表明，完全分散化的美国投资组合，其风险仅为一般单只股票的 27%左右。

通过国际分散化的投资组合，投资者可以进一步降低风险，因为各国股市的价格变动并非完全相关。例如，有一项研究考察了三个股票市场指数之间的相关性。标准普尔 500 指数（S&P 500）代表了美国大企业的股票走势；摩根士丹利资本国际公司的欧澳远东指数（EAFE）代表了其他发达国家的股市走势；国际金融公司的全球新兴市场指数（IFC）代表了欠发达的新兴经济体的股市走势。1981—1994 年，S&P 500 与 EAFE 指数之间的相关性是 0.45，这意味着它们只有约 20%（0.45×0.45≈0.20）的时间向着同一方向变动。S&P 500 与 IFC 指数之间的相关性更低，只有 0.32，这意味着它们只有略多于 10%的时间朝着同一方向变动。[3]其他研究虽然只进行了不定期观察，但也已证实，不同国家的股票市场之间似乎只有中等程度的相关性。一项研究发现，在 1972—2000 年期间，美国、英国、德国和日本世界四大股票市场之间的平均成对相关性为 0.475，这意味着这些市场只有约 22%（0.475×0.472≈0.22 或共享方差为 22%）的时间协同运动。[4]

不同国家股市走势之间较低的相关性，反映了两个基本情况。首先，各国奉行不同的宏观经济政策，面对不同的经济状况，因此它们的股票市场会对不同的作用力作出反应，并可能朝着不同的方向运动。例如，1997 年，韩国、马来西亚、印度尼西亚和泰国等多个亚洲国家的股票市场因亚洲金融危机而下跌超过 50%，而与此同时，S&P 500

指数上涨超过 20%。其次，有些股票市场仍然因资本管制（即限制跨境资本流动）而在一定程度上彼此割裂（尽管如前所述，这类限制正在迅速减少）。最常见的限制包括限制外国投资者可以拥有的公司股票数量，以及限制本国居民在国外投资的能力。例如，外国投资者很难拥有韩国企业 30%以上的股权。跨境资本流动壁垒限制了资本为寻求风险调整后的最高回报率而在世界范围内自由流动的能力。因此，任何时候都有可能出现在某些市场上投入资金过多而在其他市场上投入资金过少的现象，导致不同股票市场之间的回报率出现差异。[5]这也意味着，如果投资者将投资组合分散化并在其中包括外国股票，则相比于只持有国内股票而言，风险水平会下降。

根据布鲁诺·索尔尼克的经典研究[6]，完全分散化的国际股票投资组合的风险仅为一般个股的 12%左右，而完全分散化的美国股票投资组合的风险是一般个股的 27%左右。索尔尼克发现，包含许多国家股票的完全分散化投资组合，相比于只包含美国股票的完全分散化投资组合，前者的风险比后者小一半。

越来越多的专业投资人士认为，全球经济一体化的发展和全球资本市场的兴起提高了不同股票市场之间的相关性，减少了国际分散化投资的好处。[7]有人认为，如果美国经济陷入衰退，美国股市迅速下跌，则其他市场也会受到相似影响。事实上，2008—2009 年，始于美国的金融危机席卷全球，似乎就发生了这种情况。索尔尼克的另一项研究表明，这种观点可能有一定道理，但这种整合速度并没有人们普遍认为的那样迅速。索尔尼克及同事研究了 1971—1998 年 15 个发达国家主要股票市场之间的相关性。他们发现，平均而言，每月股票市场回报率的相关性从 1971 年的 0.66 增加到 1998 年的 0.75，表明随着时间推移各国股票市场有一定程度的趋同，但回归结果并不显著，说明这种关系并不强，各国股票市场之间仍存在相当大的差异。[8]还有一项研究表明，即使在今天，将投资组合在所有可投资市场上均等分散化，大多数情况下可以把风险降至在单一市场投资的 35%（即风险降低了 65%）。[9]

这意味着国际投资组合分散化仍然可以降低风险。此外，发达市场和新兴市场股市走势之间的相关性似乎较低，而中国等发展中国家股市的崛起为国际投资者提供了更多的国际投资组合分散化选择。[10]

如果不是因为浮动汇率制度下的汇率波动较大，国际投资组合分散化降低风险的效果会更加显著。浮动汇率给投资外国资产带来了额外的风险因素。正如我们反复提及的，不利的汇率变动可能使原本有利可图的投资变得无利可图。汇率波动带来的不确定性可能会阻碍国际资本市场的快速增长。

11.2.3 全球资本市场的发展

根据国际清算银行（Bank for International Settlements，BIS）的数据，全球资本市场正在快速增长。目前，股票、债券和银行贷款的总额已超过 300 万亿美元，是世界经济规模的三倍多。[11]推动全球资本市场发展的因素似乎有两个：信息技术进步和政府放松管制。

信息技术进步

金融服务业是一种信息密集型产业。它利用了大量与市场、风险、汇率、利率、信用度等相关的信息，来决定在什么地方投资、向借款人收取多少费用、向存款人支付多少利息，以及一系列金融资产（包括公司债券、股票、政府证券和货币）的价值和风险。

由于信息密集性，自 20 世纪 70 年代以来，金融服务业因信息技术进步而出现了远超其他行业的巨大变革。国际通信技术的发展实现了地球上任意两点之间的即时通信。与此同时，数据处理能力的快速提升也使做市商能够接收和处理来自世界各地的大量信息。根据一项研究，由于信息技术的发展，1964—1990 年信息记录、传输和处理的实际成本下降了 95%。[12]随着 1990 年以来互联网的快速兴起和计算能力的大幅提升，信息的记录、传输和处理成本似乎出现了同等程度的下降，如今这些成本已经微不足道。

信息技术进步促成了一体化的国际资本市场。如今，金融服务公司无论从事股票、债券、外汇还是任何其他金融资产的交易，在技术上都可以全天 24 小时进行。由于通信和数据处理技术的进步，国际资本市场已“终日不眠”。旧金山在东京开市前一小时收盘，在此期间，新西兰的交易仍在进行。

信息技术进步促成的一体化也有负面影响。[13]发生在任何一个金融中心的冲击可以迅速蔓延至全球。例如，2008 年始于美国的金融危机就迅速波及了全球。然而，大多数市场参与者认为，一体化的全球资本市场利大于弊。此外，尽管一国金融市场的冲击会波及其他市场，但平均而言，各国股票市场走势之间的相关性仍然相对较低，这表明此类冲击可能在本国市场之外产生相对温和的长期影响。[14]

政府放松管制

在众多国家，金融服务业的监管历来是所有行业中最严格的。世界各国政府历来不允许其他国家的金融服务企业进入本国资本市场。在某些情况下，它们还会限制国内金融服务企业向海外扩张。在许多国家，法律也对国内金融服务业进行了细分。例如，直到 20 世纪 90 年代后期，美国仍禁止商业银行履行投资银行的职能，反之亦然。过去，许多国家都限制外国投资者持有本国企业的大量股权，还限制本国公民对外投资的金额。例如，20 世纪 70 年代，资本管制使英国投资者很难购买美国企业的股票和债券。

自 20 世纪 80 年代初以来，这些限制措施开始逐渐瓦解，这在一定程度上是对欧洲货币市场发展的回应，该市场从一开始就不受任一国家管制（本章后面将做解释）。这也是对金融服务企业所施加的压力作出的回应，这些企业长期以来一直希望在更为宽松的监管环境下运营。无论出于何种原因，一些主要国家放松管制无疑促进了全球资本市场发展。

20 世纪 70 年代末 80 年代初，伴随着一系列变化，美国开始允许外国银行进入美国资本市场，并允许本国银行扩展海外业务。1986 年 10 月，英国所谓的“金融大爆炸”消除了银行和股票经纪人之间的壁垒，并允许外国金融服务企业进入英国股票市场。日本也放宽了外国证券公司进入本国市场的限制，同时允许日本银行开展国际银行业务。法国 1987 年向外界及国内外银行开放了法国股票市场。在德国，根据互惠协议，外国银行可以对外国的欧元发行进行放贷和管理。[15]所有这些变化都使金融服务企业能够从主要从事国内业务的企业转变为在世界各地设有重要办事处的全球性企业——这正是发展全球资本市场的先决条件。正如第7章中提到的，1997年底，WTO促成了一项协议，取消了金融服务跨境贸易的许多限制，促使全球资本市场规模进一步扩大。

除了放松对金融服务业的管制，许多国家从20世纪70年代开始取消了资本管制，放宽了外国投资者在其国内投资的限制，也放宽了本国国民和企业对外投资的限制。到20世纪80年代，这一趋势从发达国家蔓延到新兴经济体，拉丁美洲、亚洲和东欧国家逐渐取消了数十年来对资本流动的限制。

直到2008年，这种放宽金融服务业监管和取消资本管制的趋势依然在延续。但是，2008—2009年的全球金融危机使许多人开始怀疑当前的管制是否过于宽松，并将注意力集中在金融服务业的某些领域（包括对冲基金）的新监管法规上，这些领域很大程度上处于现有监管范围之外。（**对冲基金**（hedge funds）是一种私人投资基金，运作原理是对它认为会升值的资产进行多头押注，并对它认为会贬值的资产进行空头押注。）尽管目前市场有所收缩，但从长远来看，考虑到资本全球化带来的好处，全球资本市场有望继续增长。虽然大多数评论家都认为资本全球化是一个积极的发展，但仍有一些人认为其存在严重的固有风险。

11.2.4 全球资本市场的风险

一些分析家担心，由于放松和减少对跨境资本流动的管控，各国更容易受到投机性资本流动的影响，这会对国民经济产生不稳定的影响。[16] 例如，哈佛大学经济学家马丁·费尔德斯坦（Martin Feldstein）认为，国际上的大多数资本流动都在追求短时收益，并随着情况变化迅速在国家间流入和流出。[17] 他将这种短期资本或“热钱”与长期资本跨境流动所使用的“耐心资本”区分开来。据费尔德斯坦说，耐心资本仍相对较少，主要是因为尽管资本可以在国际上自由流动，但其所有者和管理者更愿意将大部分资金留在国内。费尔德斯坦用统计数据支持了他的观点，数据表明，尽管每天都有大量资金在外汇市场上流动，但“当尘埃落定时，各国的大部分储蓄都留在了本国”。[18] 费尔德斯坦认为，缺少耐心资本是由于投资者对外国投资的信息相对匮乏。如果投资者能够更好地了解外国资产，全球资本市场就会更有效率地运作，并且更不易受到短期投机性资本流动的影响。费尔德斯坦称，墨西哥在20世纪90年代的经济问题就是过多热钱流入和流出该国且缺少耐心资本的后果。我们将在“国家聚焦”中对这一案例进行详细的考察。

国家聚焦　全球资本市场是否使墨西哥经济衰退

1994年初，在《北美自由贸易协定》通过后不久，国际社会普遍将墨西哥当作经济前景光明的发展中国家典范。自20世纪80年代后期以来，墨西哥政府采取了一系列切实有效的货币、预算、税收和贸易政策。按照过去的标准，该国的通货膨胀率很低，正处于稳定的经济增长期，出口蓬勃发展。这种强劲的增长吸引了来自外国投资者的资本流入。1991—1993年，外国投资者对墨西哥的投资超过750亿美元，超过其他任何发展中国家。

如果要说墨西哥的经济成绩单上还有不足，那就是该国不断增长的经常账户（贸易）赤字。墨西哥出口蓬勃发展，进口也是如此。1989—1990 年，墨西哥经常账户赤字相当于 GDP 的 3%左右，1991 年提高至 5%，而到 1994 年，占比甚至达到 6%。尽管这看起来很糟，却不会对可持续发展造成不利影响，也不会导致经济崩溃。几十年来，美国一直处于经常账户赤字中，但几乎没有什么不良影响。只要外国投资者将他们从该国贸易中赚取的资金重新投资于该国，经常账户赤字就不是问题。美国多年来都是这种情况，而 20 世纪 90 年代的墨西哥也面临这种情况。因此，福特等一些公司将其向墨西哥出口赚取的比索重新投资于墨西哥扩大产能，通过建造汽车工厂来满足墨西哥市场的未来需求，并从墨西哥出口产品到世界其他地方。

然而 20 世纪 90 年代初期，在墨西哥每年 250 亿美元的资本流入中，大部分都不是福特向墨西哥投入的那种长期耐心资本，而是马丁·费尔德斯坦所说的短期资本，如果墨西哥经济状况恶化，这些资本随时可能抽离。1994 年 2 月，美联储开始提高美国利率，导致美国债券价格迅速下跌。与此同时，日元对美元开始大幅升值。这些事件给许多短期资本的所有者造成了巨大损失，例如对冲基金管理者和银行等，它们押注的方向完全相反，因为它们一直认为美国利率会下降，债券价格会上涨，而美元对日元会升值。

面对巨额损失，投资者试图从高风险的处境中抽身，从而降低投资组合的风险。大约同一时间，墨西哥的情况急转直下。南部恰帕斯州的武装起义、总统选举中主要候选人遭到暗杀，以及通货膨胀率加速上升，都使人们认为墨西哥的投资风险比想象中更大，投资者开始将许多短期资本撤出该国。

随着短期资本流出，墨西哥政府意识到它已不能指望资本流入来弥补其经常账户赤字。政府曾以为流入的资本主要是长期的耐心资本，但实际上大部分都是短期资本。随着资本流出，墨西哥政府不得不动用更多外汇储备来维持墨西哥比索对美元的价值，当时墨西哥比索对美元的钉住汇率是 3.5 墨西哥比索=1 美元。货币投机者乘虚而入，开始卖空墨西哥比索并做空墨西哥政府。1994 年 12 月，墨西哥政府因资本流动而基本上被迫放弃了对墨西哥比索价值的支持，大势已去。在接下来一个月里，墨西哥比索对美元贬值了 40%，政府被迫推出经济紧缩计划，墨西哥经济繁荣的景象戛然而止。

马丁·费尔德斯坦认为，墨西哥经济之所以受到打击，并不是因为外汇市场上的货币投机行为，而是因为缺少长期的耐心资本。他表示，墨西哥至今仍然有着许多富有吸引力的长期投资机会，但是由于缺乏有关墨西哥长期投资机会的信息，1991—1993 年流入该国的大多是短期投机性资本，这些资本可能快速抽离。费尔德斯坦认为，如果外国投资者能够掌握更优质的投资信息，墨西哥应该能够利用流入的资本来弥补经常账户赤字，因为耐心资本会自然而然地流向墨西哥具有吸引力的投资机会。

资料来源：Martin Feldstein, "Global Capital Flows: Too Little, Not Too Much," *The Economist*, June 24, 1995, pp. 72 - 73; R. Dornbusch, "We Have Salinas to Thank for the Peso Debacle," *Business Week*, January 16, 1995, p. 20; P. Carroll and C. Torres, "Mexico Unveils Program of Harsh Fiscal Medicine," *The Wall Street Journal*, March 10, 1995, pp. A1, A6. See also Martin Feldstein and Charles Horioka, "Domestic Savings and International Capital Flows," *Economic Journal* 90 (1980), pp. 314 - 29.

缺乏有关外国投资质量的基本信息可能会促使全球资本市场出现投机性资本流动。由于缺乏有关投资质量的信息，投资者可能对外国的重大新闻过度反应，过快撤出资金。尽管信息技术取得了进步，但投资者仍难以获得与国内相同数量和质量的外国投资机会信息。不同国家采用的会计实务不同，进一步扩大了信息差异，人们难以直接比较跨境投资机会，除非你是经验丰富的投资者（详见第 18 章）。例如，德国过去采用的会计准则与美国不同，体现出的公司经营状况也大不相同。因此，1993 年德国公司戴姆勒-奔驰将其德国的财务账目转换为美国账目时（它必须这么做才能在纽约证券交易所上市）发现，虽然它按照德国的会计准则有 9 700 万美元的利润，但按照美国的会计准则损失了 5.48 亿美元。[19]在 21 世纪 00 年代，各国会计准则迅速协调，无疑提高了投资者获取的信息质量（详见第 19 章）。

鉴于信息数量和质量差异带来的问题，许多投资者尚未涉足跨境投资领域，而那些已经涉足的投资者很容易在有限（也可能不准确的）信息的基础上改变他们的决定。但是，如果全球资本市场继续发展，金融中介机构可能会提供更多有关外国投资机会的优质信息，使投资者在作出投资决策时更加深思熟虑，从而减少投机性资本流动的频率和规模。虽然亚洲金融危机使人们愈加担心在全球资本市场中横冲直撞的大量“热钱”，但 IMF 的研究表明，自 20 世纪 70 年代以来，全球资本市场的波动性并未增加。[20]

11.3　欧洲货币市场

欧洲货币（Eurocurrency）是指储蓄在其来源国以外的任何货币。欧洲美元是存放在美国境外的美元，约占所有欧洲货币的 2/3。其他重要的欧洲货币还包括欧洲日元、欧洲英镑和欧洲欧元。实际上，称为欧洲货币不是很恰当，因为世界上任何地方都可以创建欧洲货币，将“欧洲”作为前缀是为了反映该市场起源于欧洲。欧洲货币市场一直是国际企业重要且相对低成本的资金来源。

11.3.1　市场起源和发展

欧洲货币市场诞生于 20 世纪 50 年代中期，当时包括苏联在内的东欧国家的美元持有者不愿将其持有的美元存在美国[21]，它们将持有的美元大部分存放在欧洲，尤其是伦敦。而其他的美元存款来自西欧各国的中央银行以及向美国出口赚取美元的公司。这两个群体也将美元存入伦敦银行，而不是美国银行，以赚取更高的利息（随后将对此进行解释）。

1957 年，当时英国政府禁止英国银行出借英镑向非英国贸易提供资金（对英国银行而言，这是一项获利颇丰的业务），极大地推动了欧洲货币市场的发展。英国银行开始吸引美元存款并向从事国际贸易和投资的公司提供美元贷款，继续提供资金。由于这一历史原因，伦敦成为欧洲货币交易的主要中心。

20 世纪 60 年代，欧洲货币市场再一次得到发展，当时美国政府颁布了多项法规，阻止美国银行向非美国居民发放贷款。美国境外的潜在美元借款人发现越来越难从美国借到美元来为国际贸易提供资金，因此，他们转向了欧洲美元市场以获得所需的美元资金。

1973 年布雷顿森林体系崩溃后，美国政府改变了政策（见第 10 章），这一推动欧洲货币市场发展的重要因素也不复存在了。然而，另一个政治事件再次大力推动了该市场的发展，即 1973—1974 年和 1979—1980 年 OPEC 策划的石油价格上涨。随着油价上涨，阿拉伯国家积累了大量美元。它们不愿将钱存入美国银行或其欧洲分行，而是将美元存入了伦敦银行，进一步增加了欧洲美元的供应。

尽管各式各样的政治事件促成了欧洲货币市场的发展，但它们并不是全部的原因。该市场的发展是因为它有着真正的金融优势，最初是针对那些想要存入或借出美元的人，后来是针对那些想存入和借出其他货币的人。下面来看这些金融优势的来源。

11.3.2 欧洲货币市场的吸引力

欧洲货币市场对存款人和借款人都具有吸引力的主要原因是它缺乏政府监管。这使银行可以为欧洲货币存款提供比本国货币存款更高的利率，使得欧洲货币存款对于那些想要存入现金的人更具吸引力。缺乏监管还使银行可以对欧洲货币借款收取比本国货币借款更低的利率，使得欧洲货币贷款对于那些想要借钱的人也更具吸引力。换句话说，欧洲货币市场存贷款之间的利差小于国内市场存贷款之间的利差（见图 11－3）。为理解其原因，必须研究政府监管为何会提高国内银行业成本。

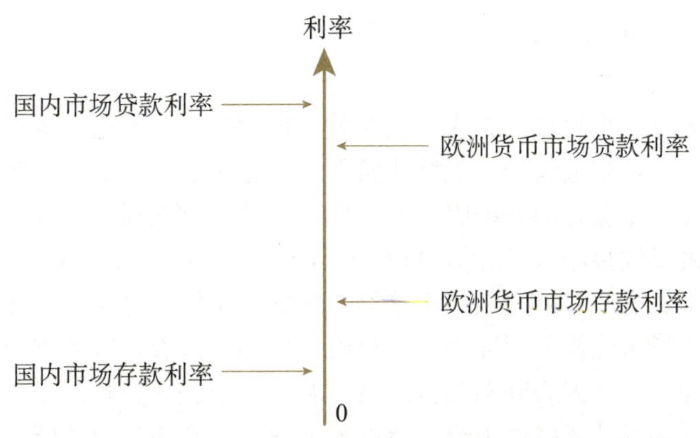

图 11－3 国内市场和欧洲货币市场的利差

所有工业化国家都对本币存款进行监管。此类监管措施可以确保有大量国内储户突然决定取款时，银行有足够的流动资金来满足需求。所有国家都设定了一定的存款准备金要求。例如，美国银行每接受一笔美元存款，就必须将该存款的一部分存入美国联邦储备银行的无息账户，作为其法定存款准备金。同样，英国银行每次接受英镑存款时，都必须将一定比例的存款存入英格兰银行。

然而，银行在外币交易方面获得了更多自由。例如，英国政府未对其境内的外币存款设置存款准备金要求。美国银行的伦敦分行也不受美国存款准备金规定的约束（前提是这些存款只能在美国境外用于支付)。这为欧洲货币存款带来了竞争优势。

例如，假设纽约的一家银行面临着10%的存款准备金要求。根据这一要求，银行如果收到100美元存款，最多可借出其中的90美元，剩下的10美元必须存入美国联邦储备银行的无息账户。假设该银行每100美元的年运营成本为1美元，并且它对贷款收取10%的利息，在不亏本的情况下，纽约银行可以向存款人提供的最高年利率为8%。因此，银行向这100美元存款的所有者支付8美元（0.08×100)，并从可借出的存款中赚取9美元（0.10×90)，正好能够支付其运营成本。

相比之下，欧洲货币存款可以提供更高的利率，并仍然足以支付其成本。欧洲货币存款没有存款准备金要求，可以借出全部100美元的存款。因此，它在10%的贷款利率下，可赚取10美元（0.10×100)。如果欧洲货币存款的运营成本与纽约银行相同（每100美元存款的运营成本为1美元)，那它就可以向存款人提供9%的利率，整整高出纽约银行一个百分点，并且仍能够覆盖成本。也就是说，它可以向存款人支付9美元（0.09×100)，从借款人那里收到10美元，并剩下1美元来支付运营成本。或者，欧洲货币的存款人可以得到8.5%的利率（仍高于纽约银行支付的利率)，借款人需支付9.5%的利率（仍低于纽约银行的利率)，也仍然能够支付其运营成本。因此，与纽约银行相比，欧洲货币在存款利率和贷款利率方面都具有竞争优势。

显然，对公司而言，利用欧洲货币市场有很大财务好处。它们可以获得更高的存款利率并支付更低的贷款利率。鉴于此，令我们疑惑的已经不是欧洲货币市场的迅速增长，而是它为什么没有以更快的速度增长。当存款人可以在欧洲货币市场获得更好的收益时，为什么还要持有本国货币存款呢？

11.3.3 欧洲货币市场的缺点

欧洲货币市场有两个缺点。首先，当存款人使用受监管的银行系统时，他们知道银行倒闭导致他们遭受存款损失的可能性非常低。监管制度确保了银行系统的流动性。而在欧洲货币市场等不受监管的系统中，银行倒闭致使存款人损失的可能性更大（尽管从绝对意义上来说可能性很小)。因此，较低的本国存款利率反映了一种防止银行倒闭造成损失的保障成本。有些存款人偏好于这类系统的安全性，并愿意为此付出代价。

其次，国际借贷可能使公司面临外汇风险。例如，假设一家美国公司利用欧洲货币市场借入欧洲英镑，可能因为欧洲英镑的贷款利率低于美元贷款。如果随后英镑对美元出现升值，就将增加其偿还欧洲英镑贷款的美元成本，即该公司的资金成本。虽然可以通过远期外汇市场来防范这种风险（正如第9章中讲到的)，但远期外汇市场并不能提供完美的保障。因此，许多公司仍以本国货币借入资金来规避外汇风险，即便欧洲货币市场能够提供更具吸引力的利率。

11.4 全球债券市场

过去40多年里，全球债券市场发展迅速。债券是许多公司重要的融资手段。最常见的债券是固定利率债券。购买固定利率债券的投资者可以收到一组固定的现金收益。在债务到期前的每一年，投资者都会收到一笔利息，然后在到期时收回债券面值。

国际债券有两种类型：外国债券和欧洲债券。**外国债券**（foreign bond）是在借款人所在国以外出售的债券，并以发行国的货币计价。因此，当陶氏化学（Dow Chemical）以日元发行债券并在日本出售时，它就是在发行外国债券。许多外国债券都有特殊名称，在美国出售的外国债券被称为扬基债券，在日本出售的外国债券是武士债券，而在英国出售的外国债券是猛犬债券。公司发行国际债券是因为它认为这样可以降低资金成本。例如在 20 世纪 90 年代末和 21 世纪初，许多公司都在日本发行武士债券，以利用日本极低的利率。2001 年初，10 年期日本政府债券的收益率为 1.24%，而相比之下，美国政府债券的收益率为 5%。在此背景下，公司发现它们在日本的举债成本远低于美国。

欧洲债券（Eurobond）通常由国际银团承销，并在债券计价货币国以外的地方发行。例如，德国公司可能发行以美元计价的货币，并由国际银团在美国境外出售。欧洲债券通常由跨国公司、大型国内公司、主权政府和国际机构发行，通常在多个国家的资本市场同时发售，但不在计价货币国的资本市场出售，也不向计价货币国的居民出售。过去，欧洲债券在国际债券发行量中占比最大，但外国债券的不断增长使其份额逐渐减少。

11.4.1 欧洲债券市场的吸引力

欧洲债券市场有三个特点使其比大多数国内债券市场更具吸引力，这三个特点分别是：

- 没有监管干预。
- 披露要求比大多数国内债券市场更宽松。
- 有利的税收政策。

监管干预

各国政府经常对在本国境内销售以本币计价的债券的国内外发行人施加管控。这些管控往往会提高债券的发行成本。但是，对于以外币计价并出售给外币持有者的证券，政府的监管通常没有那么严格。欧洲债券不属于任何一个国家的监管领域，因此，它们的发行成本通常更低。

披露要求

欧洲债券市场的披露要求往往没有各国政府对国内债券市场的要求严格。例如，一家企业如果想在美国发行以美元计价的债券，就必须首先遵守美国证券交易委员会的披露要求。企业必须披露与其活动、高级管理人员薪酬和其他报酬、高级管理人员股票交易等相关的详细信息。此外，发行债券的企业必须提交符合美国会计准则的财务账目。对于非美国企业而言，为符合美国会计准则而重新做账可能耗时很长且成本高昂。因此，许多企业发现发行欧洲债券（包括以美元计价的欧洲债券）比在美国境内发行以美元计价的债券更便宜。

有利的税收政策

1984 年之前，美国公司如果要发行欧洲债券，就必须为其向外国人支付的每笔利息预缴高达 30%的美国所得税。这使得外国人持有美国公司债券的积极性不高。当时许多国家都实施了类似的税收法规，限制了市场对欧洲债券的需求。美国法律于 1984 年进行了修订，免除了美国公司向外国持有人发行债券的任何预缴税款。结果，美国公司首次发现直接向外国人出售欧洲债券也是可行的。在美国法律免除该税项后，法国、德国和日本等其他国家政府同样放宽了税收政策，以避免资本外流。这最终使得那些想要利用税收优惠政策的投资者对欧洲债券的需求激增。

11.5 全球股票市场

过去，大量的监管障碍将各国股票市场彼此分隔。公司不仅很难将资金从一国取出并投资于其他地方，通常也无法在本国以外的股票市场上市，难以从外国投资者那里吸引大量股本。但在 20 世纪 80 年代和 90 年代，这些障碍迅速瓦解了。全球股票市场使公司能够从国际投资者手中吸收资金，在多个交易所上市，并在世界各地发行股票或债券来筹集资金。例如，1994 年德国最大的工业公司戴姆勒-奔驰在新加坡而非德国发行新股，筹集了约 3 亿美元。[22]1996 年，德国电信同时在法兰克福、伦敦、纽约和东京的证券交易所上市，筹集了约 133 亿美元。这些德国公司选择通过外国市场筹集资金，是因为它们认为国内资本市场太小，无法以合理的成本提供必要的资金。为降低资金成本，它们进入了庞大且高流动性的全球资本市场。这是股票市场愈加国际化的第一个原因。

许多中国公司一直通过发行外国股票来筹集股本。2010 年，有 39 家中国公司在纽约证券交易所发行股票，创造了新纪录。与仅在中国国内发行股票相比，它们能够以更低的成本获得更多的资本。[23]2014 年，中国互联网公司阿里巴巴进行了当时最大规模的 IPO，在纽约证券交易所筹集了 250 亿美元的股本。当然，在外国市场发行股票也有不利的一面，外国公司如果要在纽约、伦敦或其他主要外国市场发行股票，就必须遵守这些市场中普遍相当严格的财务报告要求。

虽然我们谈到了全球股票市场的增长，但与国际货币市场和国际债券市场不同，并没有严格意义上的国际股票市场。相反，许多国家都有自己国内的股票市场，供公司进行股票交易。在这些国内股票市场中，美国、英国、日本和中国香港的股票市场规模最大。尽管各个国内股票市场的主要投资者仍然是该国公民和在该国注册成立的公司，但这些市场都在朝着国际化的方向发展。投资者开始大量投资于外国股票市场，以分散其投资组合。在政府放松管制和信息技术进步的推动下，这种趋势似乎会持续下去。

日益国际化的股票投资趋势产生了一个有趣的现象，那就是公司所有权的国际化。

人们长期以来谈论美国公司、英国公司和日本公司等，主要是因为这些公司的大多数股东（所有者）来自公司所在国家。然而，这种情况正在发生改变。越来越多的美国公民开始购买在国外注册成立的公司的股票，而越来越多的外国人开始购买在美国注册成立的公司的股票。罗伯特·赖克将未来构想成“公司国籍即将变得无关紧要的时代”。[24]

股票市场愈加国际化的第二个原因是，在某一国拥有悠久历史的公司开始在其他国家的股票市场上市，以扩大其股份所有权。公司在某一外国市场上市往往是在该国市场发行股票筹集资金的前奏，其意图是利用外国市场的流动性来筹集可用于投资的资金并降低资金成本。（本章前面讨论了流动性和资金成本之间的关系。）公司在外国股票市场上市往往也有利于其未来收购外国公司。在外国股票市场上市的原因还包括：公司的股票和股票期权可以作为当地管理人员和员工的报酬、符合当地的控股需求，以及提高公司在当地员工、客户、供应商和银行家中的知名度。尽管发达国家的公司最先开始在外国上市，但越来越多的发展中国家公司发现它们的增长受到国内资本市场流动性不足的制约，也开始寻求到外国上市的机会。

11.6　外汇风险与资金成本

虽然企业可以在全球资本市场以低于国内资本市场的成本借入资金，但在浮动汇率制度下，外汇风险将使情况变得复杂。汇率的不利变动可能大大增加外币贷款的成本。1997—1998 年亚洲金融危机期间，许多亚洲企业就有此类遭遇。

假设一家韩国企业想要为一个投资项目借入 10 亿韩元，期限一年。企业可以以 10%的利率从一家韩国银行贷款，并在年底偿还本息共计 11 亿韩元。或者企业可以以 6%的利率从一家国际银行借入美元。按照 1 美元＝1 000 韩元的现行汇率，企业借入 100 万美元的总贷款成本是 106 万美元，即 10.6 亿韩元。通过借入美元的方式，企业可以减少 4%的资金成本，即 4 000 万韩元。然而，能够节约这么多成本的前提是，在贷款期限内美元对韩元汇率保持不变。假如在此期间韩元对美元大幅贬值，并在年底以 1 美元＝1 500 韩元收盘，企业仍需在年底向国际银行支付 106 万美元，但此时企业的成本为 15.9 亿韩元（106 万美元×1 500 韩元/美元）。由于韩元贬值，企业的贷款成本从 6%飙升至 59%，资金成本大幅上升。虽然这看起来是一个极端的案例，但在 1997 年亚洲金融危机最严重的时候，许多韩国企业就面临这种状况。它们被迫拖欠贷款，出现了技术性违约。

不可预测的汇率变动会给外币借贷注入风险，使最初看起来较低的成本最终变得非常高昂。借款人为对冲风险，可以订立远期外汇合约，在贷款到期时按照预先确定的汇率购入所需数量的借款币种（详见第 9 章）。虽然这增加了借款人的资金成本，但提供了额外保障，限制了此类交易涉及的风险。然而，许多亚洲借款人没有对他们以美元计价的短期债务进行套期保值，因此 1997 年当其本国货币对美元暴跌时，许多人只能眼睁睁看着资金成本极速飙升。

当企业从全球资本市场借入资金时，它必须衡量较低利率带来的好处与不利汇率变动导致实际资金成本增加的风险。尽管利用远期外汇市场可以降低短期借款的汇率风险，但并不能消除此类风险。最重要的是，远期外汇市场无法为长期借款提供足够的保障。

11.7 聚焦管理影响

11.7.1 全球资本市场的发展

本章讨论的内容对国际企业的影响十分明了，也十分重要。全球资本市场的发展为想要借款和想要投资的国际企业都创造了机会。在借款方面，企业利用全球资本市场通常可以以低于纯粹国内资本市场的成本借入资金。无论企业使用何种形式借款（股票、债券或现金贷款），这一结论都成立。全球资本市场中较低的资金成本反映了其较高的流动性和普遍缺乏政府监管。政府监管往往会提高大多数国家国内资本市场的资金成本。而全球资本市场是跨国存在的，不受任何政府监管。但不利的一面是，外币借款会产生相关的外汇风险。

在投资方面，全球资本市场的发展为企业、机构和个人提供了分散投资组合、降低风险的机会。投资者可以在不同国家持有分散化的股票和债券的投资组合，将总风险降至纯粹国内资本市场无法达到的低水平。但同样，外汇风险是其中一个复杂的因素。

小结

本章介绍了全球资本市场的作用和形式，并阐明了其对国际商务实践的影响。本章要点如下：

1. 资本市场的作用是将投资者和借款者聚在一起。

2. 相对于国内资本市场，全球资本市场可出借的资金更多，这使得借款者的资金成本更低。

3. 相对于国内资本市场，全球资本市场允许投资者在国际范围内将投资组合分散化，从而降低风险。

4. 近几十年来全球资本市场的发展可归因于信息技术进步、政府放松管制，以及放宽对跨境资本流动的监管。

5. 欧洲货币是储蓄在其来源国以外的任何货币。缺乏政府监管使欧洲货币市场对存款人和借款人都具有吸引力。由于缺乏监管，欧洲货币市场存贷款之间的利差小于国内市场存贷款利率之间的利差。这为提供欧洲货币业务的银行创造了竞争优势。

6. 全球债券市场分为两类：外国债券市场和欧洲债券市场。外国债券是在借款者所在国以外出售的债券，并以发行国的货币计价。欧洲债券的发行通常由国际银团承销，并在债券计价货币国以外的地方销售。欧洲债券在国际债券发行量中占比最大。

7. 由于没有监管干预、披露要求比大多数国内债券市场更宽松以及有利的税收政策，欧洲债券市场对公司来说很有吸引力。

8. 外国投资者开始投资于其他国家的股票市场，通过在各国之间分散持股来降低风险。

9. 许多公司如今都在其他国家的股票市场上市，主要是为其在该市场发行股票、筹集额外资金做准备。在外国交易所上市的原因还包括：方便未来进行股票交易；能够将公司股票和股票期权作为当地管理人员和员工的报酬；符合当地的控股需求；提高公司在当地员工、客户、供应商和银行家中的知名度。

10. 从全球资本市场贷款时，公司必须衡量较低利率带来的好处与不利汇率变动导致实际资金成本增加的风险。

11. 全球资本市场对国际企业的一大影响是，在全球资本市场上借款的资金成本往往低于国内资本市场。

12. 全球资本市场提供了更多机会，有利于投资于金融资产的企业和个人打造真正分散化的投资组合，从而降低风险。

思考与讨论题

1. 为什么近几十年来全球资本市场发展得如此迅速？你认为未来十年内，这种增长会持续下去吗？为什么？

2. 2008—2009 年，世界经济在全球金融危机后出现了紧缩。你认为资本市场全球化是否是造成此次危机的原因？如果是，未来可以采取什么措施来阻止金融危机蔓延至全球？

3. 一家位于挪威的企业发现，其增长受制于挪威资本市场有限的流动性。列出该企业在全球资本市场上筹集资金的可选方式。讨论每种方式的优劣，并给出建议。如果预计未来两年挪威克朗将在外汇市场上大幅贬值，这些建议是否会受到影响？

4. 开心公司（Happy Company）想要通过债务融资筹集 200 万美元。这些资金将用于公司运营，且公司将在一年内连本带利全额偿还。开心公司的财务总监正在考虑三个方案：

（1）从太平洋安全银行（Security Pacific Bank，美国）以 8%的利率借入美元。

（2）从米特兰银行（Midland Bank，英国）以 14%的利率借入英镑。

（3）从三和银行（Sanwa Bank，日本）以 5%的利率借入日元。

如果开心公司借入外币，它将不做套期保值，也就是说，它将简单地按照今天的即期汇率将外币换成美元，并在一年后以那时的即期汇率购买同一种外币。开心公司预计一年后英镑对美元贬值 5%，日元对美元升值 3%。开心公司应该选择哪个方案？

章末案例

沙特阿美

2015 年，沙特阿拉伯政府宣布了一项名为“2030 愿景”的计划，旨在摆脱对石油的依赖并实现经济多元化。沙特阿拉伯的经济现代化需要大量资金，这将使这个沙漠王国出现财政紧张。沙特阿拉伯严重依赖石油，87%的财政预算、42%的 GDP 和 90%的出口收入都来自石油。由于油价下跌和政府支出增加，沙特阿拉伯政府出现了巨额预算赤字。2016 年预算赤字达 900 亿美元，占 GDP 的 13%。因此，为了给“2030 愿景”筹集资金，政府决定出售沙特阿美（Saudi Aramco）的股份。这家国营石油企业对沙特阿拉伯的石油储备具有排他性的控制权。

沙特阿美是世界上最大的企业之一。沙特阿拉伯拥有全球约 16%的石油储备，包括地球上成本最低的一些石油储备。这使得沙特阿美的储量是最大的私营石油公司埃克森美孚的 10 倍。沙特阿拉伯政府估计沙特阿美的价值为 2 万亿美元。基于这一估值，沙特阿拉伯政府有意将沙特阿美 5%的股权出售给私人投资者，以筹集 1 000 亿美元的资金，从而支持其积极投资于非石油企业以实现“2030 愿景”。如果这一意图实现，沙特阿美将创造史上规模最大的 IPO。

募集 1 000 亿美元资金至少包括以下挑战：沙特证券交易所 Tadawul 的规模太小且流动性太差，无法为如此大规模的股票发行吸引资金。目前，整个沙特阿拉伯股市仅有 170 家上市公司，总市值约 3 500 亿美元。由于沙特阿拉伯当地没有足够的需求，通过 Tadawul 发售 5%的沙特阿美股份无法提升股票价格。而筹集 1 000 亿美元不能仅仅通过 Tadawul 发售沙特阿美股票，还应该在其他大型、高流动性的股票市场同时发售，如纽约、伦敦和新加坡的交易所。例如，市值超过 20 万亿美元的纽约证券交易所的股票发售能力就比 Tadawul 强得多。在多家交易所同时上市将使更广泛的投资群体参与此次 IPO，从而可能增加需求并推高价格，使沙特阿拉伯政府更有可能实现筹集 1 000 亿美元的目标。

如果沙特阿美在多个更大型的交易所上市（可能性很大），则它必须遵守这些市场中更严格的会计法规和报告要求。定期财务报告将增加沙特阿美的透明度，增加投资者对此次 IPO 的信心，从而增加需求并推高股票的市场价格。在多个交易所上市的另一个好处是，沙特阿美未来更容易在这些市场增发股票并发行债券。

IPO 最初计划于 2018 年进行。但潜在的外国投资者对沙特阿美石油储备的官方估计数字表示怀疑，造成 IPO 被推迟。为满足潜在投资者的要求，沙特阿拉伯委托一家位于达拉斯的知名咨询公司进行独立审计。审计结果于 2019 年初发布，证实了沙特阿拉伯控制着超过 2 600 亿桶的石油储量。

IPO 推迟的其他影响因素包括对 IPO 上市地点的持续争议。显然，并非所有沙特阿拉伯人都对沙特阿美在纽约或其他外国金融中心上市感到高兴。由于 IPO 日期仍未确定，沙特阿美决定于 2019 年第二季度发行债券。为了进军全球债务市场，沙特阿美将发布更多财务信息，让投资者更深入地了解其内部运作信息。

资料来源：J. Blas and W. Mahdi，“Saudi Arabia's Oil Wealth Is about to Get a Reality Check,” *Bloomberg*，February 23，2017；M. Farrell and N. Parasie，“Saudi Aramco IPO：The Biggest Fee Event in Wall Street History,” *The Wall Street Journal*，June 9，2016；J. Everington，“Saudi Aims to Double the Size of the Stock Market,” *The National*，April 5，2016；T. DiChristopher，“Saudi Arabia Plots New Path to Long Delayed Aramco IPO,” *CNBC*，January 10，2019.

案例讨论题

1. 为什么沙特阿拉伯政府希望沙特阿美进行 IPO？筹集的资金将不会投向沙特阿

美，这对投资者而言是否重要？

2. 沙特阿美是一家受到严格控制的国有企业，其企业信息历来保密。这对 IPO 有何影响？潜在投资者可能有什么顾虑？这些顾虑将如何影响沙特阿美的资金成本？沙特阿美需要采取什么行动来安抚投资者并打消这些顾虑？

3. 沙特阿美能否仅通过 Tadawul 证券交易所发售股票来筹集 1 000 亿美元？为什么要考虑其他证券交易所？如果它限制了股票的发售地点，可能带来哪些潜在影响？

4. 你对沙特阿美的 IPO 有什么建议？

注释

第 V 篇

国际企业的战略与组织

第12章

国际企业的战略

学习目标

阅读本章后，你将能够：

- 阐述全球化战略的概念。
- 认识企业如何通过全球扩张来赚取利润。
- 了解成本压力和当地响应压力如何影响战略选择。
- 认识并选择不同的全球化战略来参与全球市场的竞争。

开篇案例　共享经济的全球化战略

无论大、中、小型企业，还是新兴的创业型企业，都在制定“共享经济”战略，意图取代更传统的国际商业形式。以下是本案例涉及的一些创业型企业的成立时间点：爱彼迎（Airbnb）成立于2008年，优步（Uber）成立于2009年，途罗（Turo）成立于2010年，来福车（Lyft）成立于2012年，Lime和Bird都成立于2017年。这些企业都取得了令人瞩目的成功，许多人了解它们的故事并使用过它们的服务，无论是在斯德哥尔摩度假（爱彼迎与瑞典整个国家进行了合作），还是想叫一辆优步或来福车前往加拿大多伦多机场，或者使用Bird和Lime的滑板车方便地畅游法国巴黎的埃菲尔铁塔和附近的战神广场公园。当你在迪拜旅游时，你可以使用途罗的服务试驾一辆兰博基尼（虽然租车每天大概要花800美元，但肯定比买车便宜）。

我们将在第13章的开篇案例中介绍Bird和Lime，所以在这里我们将重点关注爱彼迎、优步、途罗和来福车。首先让我们了解一下共享经济，并感谢eBay这样的早期“点对点”企业所提供的服务。eBay成立于1995年（1991年互联网开始面向公众），它几乎可以让任何人立即成为零售商。而最近的共享企业，如优步、来福车、途罗和爱彼迎，则能够让个人在符合条件的时候提供临时出租车、租车以及精品酒店等服务。这让那些具有创业精神的人有机会进入全球市场，而无须付出启动成本，并让客户拥有更多的选择权和更大的决策权。几年前，谁能想象在迪拜租驾一辆兰博基尼——尽管租金不菲？这是共享经济的典型例子。共享经济的运作涉及风险、回报和信任的动态组合，而全球市场参与者都在迅速建立这类共享经济的基础设施。

如果能迅速建立共享经济的基础设施，并让其他传统行业和部门中的企业参与进来，就可以创造无尽的选择。让我们简要介绍一下爱彼迎、优步、途罗和来福车的演变（第13章的开篇案例中还将对Bird和Lime涉及的组织结构问题进行讨论），这有助于我们从不同角度看待和感受共享经济，并突出全球化战略问题。毕竟，本书作者在上大学时考虑的重点问题还只是：接受良好教育，打造交友网络和商务人脉，并进入大公司开始职业生涯。但如今，许多大学生（至少商学院的学生）还在学校时或毕业后不久就形成了能够推向市场的创新和创业构思。

爱彼迎由布莱恩·切斯基（Brian Chesky）、乔·吉比亚（Joe Gebbia）和内森·布莱卡斯亚克（Nathan Blecharczyk）于2008年创立，旨在颠覆酒店业并在全球范围内提供住宿选择和旅游体验。其最初的想法既简单又巧妙。昔日校友布莱恩·切斯基和乔·吉比亚负担不起旧金山复式公寓的高价租金，于是他们在客厅放了一张充气床垫，把起居空间变成了提供住宿加早餐的旅馆。2008年2月，切斯基的前室友内森·布莱卡斯亚克成为第三位联合创始人，三人很快将企业名称简化为“爱彼迎”（Airbnb）。如今，从印度尼西亚的竹屋酒店（Bamboo Eco Cottages）到意大利的芳香树屋（Aromatica Treehouse），爱彼迎无处不在。瑞典在2017年宣布整个国家都加入爱彼迎，其意义可想而知。瑞典为推行“自由漫步的权利”（allemansrätten）与爱彼迎合作，赋予了人们自由探索瑞典全国所有公共空间的权利。

优步由加勒特·坎普（Garrett Camp）和特拉维斯·卡兰尼克（Travis Kalanick）于2009年创立，最初名为“UberCab”。在一个新年前夜，坎普花了800美元租了一辆私家车来接朋友，这使他萌生了创建优步的想法。坎普真正想做的是，找到一种方法让普通客户以可接受的价格更容易叫到车。2011年企业名称简化为“Uber”，2012年推出了“优步优选轿车”（UberX），创业者可以使用自己的车辆为客户提供交通服务并成为优步大家庭的一员。从那时起，优步一直站在交通服务和技术的前沿，业务范围从自动驾驶汽车到拼车服务，甚至是直升机服务。优步的运营遍及六大洲数百个地点，即使是在尚未开展优步服务的地方，其品牌也家喻户晓。优步颠覆了出租车市场（部分得益于其巧妙的营销方式），如今它已在全球享有盛誉。

来福车始于2012年，由约翰·齐默（John Zimmer）和洛根·格林（Logan Green）创立，他们是通过脸书上共同的朋友认识的。齐默和格林都在考虑开展拼车服务。来福车最初的名字是“Zimride”，并专门针对大学校园里的学生群体这一潜在市场。在更名为“Lyft”后，它很快就成了优步在美国和加拿大最有力的竞争对手。与优步一样，来福车也是一家总部位于加利福尼亚州旧金山的交通运输公司，但主要在美国和加拿大开展业务（而优步的业务遍及除南美洲以外的所有大陆）。来福车开发了一款适用于智能手机的应用程序，并对其进行营销和运营。与优步一样，来福车的估值也高达数十亿美元，其中包括 2016 年通用汽车等公司的 5 亿美元注资。中国一直在积极发展自己的拼车服务，阿里巴巴和腾讯以及日本的软银资本也都投资了来福车。

途罗是一家“点对点”共享汽车公司，其前身为 RelayRides，由谢尔比·克拉克（Shelby Clark）于 2010 年在马萨诸塞州波士顿创立。他的灵感来自其他行业类似的线上市场，例如爱彼迎和 eBay。谢尔比·克拉克的汽车在一次从马萨诸塞州到加利福尼亚州穿越美国的旅行后报废了，就像爱彼迎、优步和来福车的创意诞生一样，他首先想到了汽车共享。（你可能已经猜到了，所有这些企业的创意都源于解决烦人的日常问题。）克拉克享受无车生活，但他觉得如果采用“民享、民治”的互助体验形式，共享汽车可以提供更好的服务。于是，他创立了途罗，与爱彼迎、优步、来福车和 Lime 一样，总部位于加利福尼亚州旧金山（Bird 的总部位于加利福尼亚州圣塔莫尼卡，距旧金山 6 小时车程）。显然，旧金山具有一些吸引力，使这些共享经济公司将总部设在这一标志性的、以技术为导向的大都市。迄今为止，途罗在国际市场上的发展相较于爱彼迎和优步更受限制，但它似乎与来福车处于同一全球化轨道上。

因此，无论是爱彼迎、优步、来福车、途罗，或者国际市场上的其他共享经济企业，要形成颠覆性的市场力量，就需要不断创新产品和服务。2007 年苹果进入手机市场时的现象，如今已普遍出现在各行各业中，创业型企业不断涌现，曾经主导市场的那些公司如今已不复存在或只能勉强维持。这叫作“颠覆”，其理念是增加客户价值、解决生活方式问题，并经常用点对点的互动方式提供创新型的解决方案。今天的全球化战略正是建立在“做来容易，不做很难”的思维方式之上，以不同寻常的方式解决客户十分重视的常见问题。

那么，在大学生涯里，你会提供什么解决方案来为世界作出贡献呢？

资料来源：Alison Millington, “Sweden Has Just Listed the Entire Country on Airbnb,” *Business Insider*, May 24, 2017; “Lyft-off or Crash-Land?” *The Economist*, March 3, 2019; “The Rise of the Sharing Economy,” *The Economist*, March 9, 2013; “50+ World Changing Peer-To-Peer Companies,” *Currency Fair*, March 26, 2014; Alyson Shontell and Shana Lebowitz, “Lyft’s Cofounders Met on Facebook and Lived on Opposite Coasts,” *Business Insider*, October 17, 2018.

12.1 引言

本书到目前为止，一直在关注跨国企业以及中小型企业参与全球市场竞争时所处的环境。[1]前 11 个“宏观”章节中包括了有关不同国家经济、文化制度差异、国际贸易和投资框架以及国际货币体系的内容。此外，我们还特别强调了与这些宏观主题相关的管理影响，在这些章节中都有单独的一节用于说明宏观主题对全球性的管理策略和行动有何意义。“管理聚焦”和“国家聚焦”也对管理方面的重点进行了补充，有助于读者掌握经营全球企业时所需的相关知识。

从本章开始，重点将从宏观环境转移到企业本身，尤其是管理人员可以采取何种行动帮助国际企业更有效地参与国际竞争。[2]从本章开始，本书将关注企业运营。本章探讨了企业如何扩大外国市场业务并增加收入（和利润）。

这就是国际企业的战略，其战略要考虑国际环境和企业绩效。重要的是，我们将区分收入和利润。一方面，即使是非营利性公司也需要足够的收入来抵消其成本，才能长期经营下去。另一方面，注重利润的企业通常都会着眼于赚取更多收入，通过销售产品在覆盖成本之余还能实现利润。在此背景下，我们将讨论企业在全球竞争中所采取的不同战略，思考这些战略的利弊，并详细阐述影响企业全球化战略选择的各种因素。本章的关键问题是价值创造、全球价值链（第 16 章将进行更深入的讨论）[3] 以及跨国企业实现卓越绩效的方式。[4]

在关于共享经济全球化战略的开篇案例中，价值创造是核心焦点。该案例没有像以往那样强调某家公司或某种情境，而是对多个共享经济公司进行了讨论。各种规模和背景的公司都开始制定共享经济战略，试图在一定程度上取代更传统的国际商业形式，或至少向客户提供额外的服务，这种例子不胜枚举。我们重点介绍了四家公司：爱彼迎、优步、来福车和途罗。

当然，传统公司仍然存在，如可口可乐、微软，并且它们当中有许多仍在不断发展壮大。我们也将在本章讨论这些公司，因为它们对许多客户而言仍很重要。

因此，除了开篇案例中讨论的共享经济全球化战略，作为补充，我们还将在有关红牛的章末案例中展示公司如何开发出独特、富有活力且适用于竞争环境的战略。正如我们将在案例中所讨论的，世界各地有许多人都认为红牛是本土产品。红牛在推广统一的品牌方面做得很好，几乎所有国家的客户都很快将其视为本土品牌，使其在全球范围内得到了认可。你知道红牛是一家奥地利-泰国公司吗？为了既实现本土化又树立全球形象，红牛通过自己的“红牛媒体之家”和各种社交媒体进行交流，并为全球各地不同的受众量身定制内容营销。因此，红牛也采用了一个相对特别的全球化战略，与开篇案例中提到的共享经济公司所展现的独特精神不同，但也是与传统实体公司不同的运营模式。

为了在全球化战略中将传统与创新相结合，本章的“管理聚焦”介绍了更多经过时间考验的全球化战略和传统公司，作为对本章开篇案例和章末案例的补充。百威英博拥有 200 多个品牌，各品牌在国际上分布极广。它是一家有着独特战略和严密组织的全球性公司。同样，走进全球任何一个地方的宜家，你都会立刻认出它，宜家奉行标准化的全球化战略。而联合利华略有不同，但与非传统公司相比仍相当传统。由于有着荷兰-英国背景，联合利华是一家双重上市公司，包括总部位于鹿特丹的荷兰公司（Unilever NV）和总部位于伦敦的英国公司（Unilever PLC），但是其作为单一企业运营，并拥有共同的董事会。

12.2 战略与企业

当我们谈到战略与企业时，我们所指的是企业最常见的组织活动的方式。这就意味着企业也可以被称为跨国企业、跨国公司、国际企业、国际组织、全球公司等。不过，有一种独特的企业类型——中小型企业，即小规模和中等规模企业。中小型企业是指员工人数少于 500 人（美国）或少于 250 人（欧洲）的企业。在本书中，我们在表示大型企业时有多种术语，但在谈及中小型企业时，我们将明确说明，因为它们有时会采用不同于大型企业的全球化战略。[5]然而重要的是，大多数商务教材都侧重于讨论大公司，而本书同样对中小型企业相关内容进行了深入讨论，这是本书的特点。

此外，在讨论跨国企业管理者所能采用的战略之前，我们需要回顾一下战略的一些基本原则。企业**战略**（strategy）可定义为管理者为实现企业目标而采取的行动。对大多数企业而言，首要目标是为其所有者和股东实现企业价值最大化（所有行为都受到重要限制，必须以合法、合乎伦理且对社会负责的方式进行，详见第 4 章）。为使企业价值最大化，管理者必须采用提高企业盈利能力和利润增长率的战略（见图 12-1）。**盈利能力**（profitability）可通过多种方式衡量，但为了保持一致性，我们将其定义为企业从投入的资本中获取的回报率（ROI），其计算方法是企业的净利润与投资总额的比值。[6]**利润增长率**（profit growth）用利润随时间增长的百分比来衡量。一般来说，较高的盈利能力和较高的利润增长率将增加企业价值，从而增加所有者和股东取得的回报。[7]

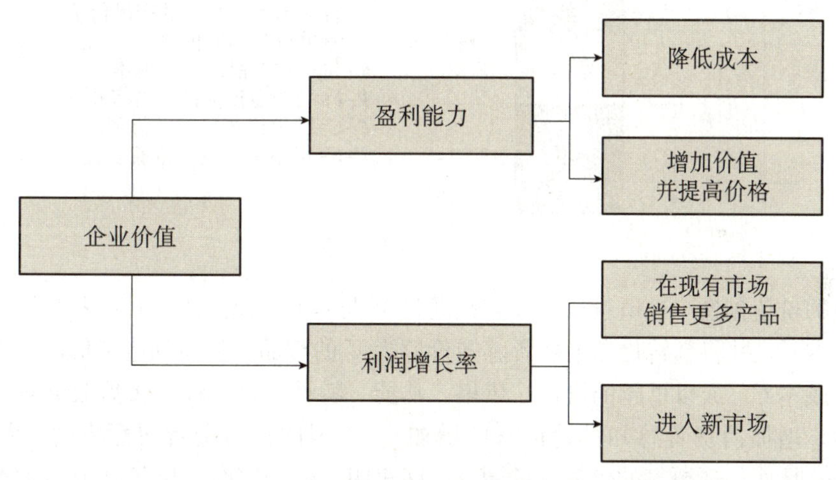

图 12-1　企业价值的决定因素

管理者可以使用降低成本或增加企业产品价值的战略来提高企业的盈利能力，这些战略可以帮助企业提高价格和维持现有客户群体。[8]管理者可以采用在现有市场上销售更多产品或进入新市场的战略来提高企业利润增长率。国际扩张的决策可以帮助管理者提高企业盈利能力和利润增长率。

12.2.1　价值创造

提高企业盈利能力的方法是创造更多价值。[9]企业创造的价值通常由产品成本和消费者感知的产品质量之间的差异衡量。一般来说，客户对企业产品的评价越高，企业可为其产品设定的价格就越高。但是，企业设定的商品或服务价格一般低于消费者对该商品或服务的评价。这是因为消费者获得了其中一部分价值，这种价值被经济学家称为消费者剩余。[10]消费者之所以能够这么做，是因为企业正在与其他企业就为该消费者提供业务而展开竞争，因此企业定价必须低于它作为垄断供应商时的价格。此外，市场细分程度通常有限，企业无法对每个消费者设定一个特定的价格来反映该消费者对产品价值的评价（经济学家将其称为保留价格）。出于这些原因，企业设定的价格往往略低于大多数消费者对产品的评价。

图 12－2 说明了这些价值的概念。普通消费者感知的产品价值是 V，在考虑竞争压力和市场细分能力后，企业可以向消费者收取的每单位产品的价格是 P，每单位产品的生产成本是 C（C 由所有相关成本构成，包括企业的资金成本）。企业每单位产品的销售利润（p）等于 $P-C$，而每单位产品的消费者剩余等于 $V-P$（消费者剩余的另一种思路是“物有所值”，消费者剩余越大，消费者就越感到物有所值）。只要 P 大于 C，企业就有利润，且 C 相对于 P 越小，企业的利润就越大。V 和 P 之间的差值取决于市场竞争的激烈程度，竞争压力越小，企业相对于 V 收取的价格 P 就越高。[11]一般来说，在其他条件相同的情况下，企业每单位产品的销售利润越高，其盈利能力就越强。

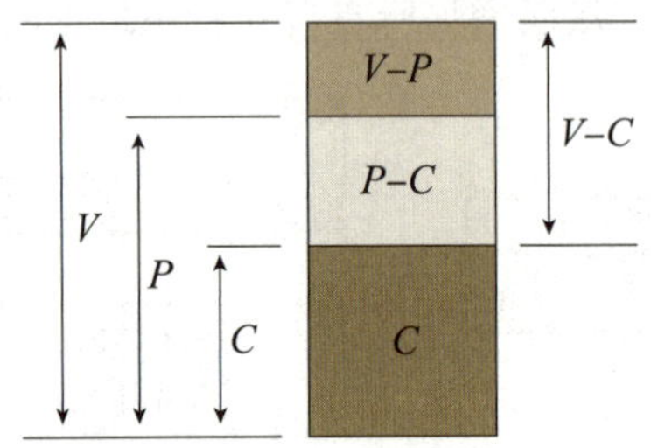

图 12－2 价值创造

企业的**价值创造**（value creation）是通过 V 与 C 的差值（$V-C$）来衡量的。企业投入了成本 C，并将其转化为消费者感知价值为 V 的产品，从而创造了价值。企业可以降低生产成本 C，或以卓越的设计、风格、功能、特性、可靠性、售后服务等增加产品的吸引力，增加消费者感知的价值（V 增加），并因此让消费者愿意支付更高的价格（P 增加），从而创造更多的价值（$V-C$）。这表明，当一家企业以较低成本为客户创造更多价值时，就会获得更高利润。我们将主要侧重于降低生产成本的战略称为低成本战略，并将主要侧重于增加产品吸引力的战略称为差异化战略。[12]

迈克尔·波特认为，低成本战略和差异化战略是在一个行业中创造价值并取得竞争优势的两个基本战略。[13]根据波特的说法，卓越的盈利能力属于那些能够创造卓越价值的企业，而创造卓越价值的方法是降低企业成本结构和以某种方式实现产品差异化，以便消费者感知到更多价值并愿意支付高价。相对于竞争对手而言，企业要实现卓越的价值创造，并不一定要拥有行业中最低的成本结构或创造出消费者眼中最有价值的产品，但产品价值（V）和生产成本（C）之间的差值应当大于其竞争对手。

12.2.2 战略定位

波特指出，企业应当明确其在价值创造（差异化）和低成本方面的战略重点并对内部运营进行配置以提供支持。[14]图 12-3 说明了他的观点。图 12-3 中的曲线就是经济学家所说的有效边界。有效边界显示了企业在增加产品价值（V）和降低成本（C）方面可以采用的所有不同战略定位，假设企业内部运营得到了有效配置，能够支持该战略定位（请注意图 12-3 中横轴的方向，沿横轴向右意味着成本降低）。由于收益递减，有效边界曲线是向外凸的。收益递减意味着当一家企业已经在其产品中投入大量价值时，再想增加少量价值需付出大量额外成本；当一家企业已经拥有低成本结构时，需要放弃大量价值才能进一步削减成本。

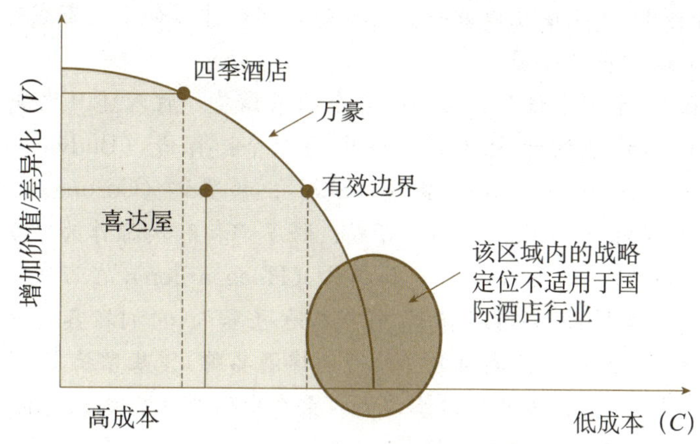

图 12-3　国际酒店行业的战略定位

图 12-3 用三家接待国际游客的全球知名酒店来做说明，它们是四季酒店（Four Seasons）、万豪（Marriott）和喜达屋（Starwood）（喜达屋酒店集团中的威斯汀和喜来登品牌于 2016 年被万豪收购）。四季酒店将自己定位为奢侈连锁酒店，强调产品价值，这也提高了其运营成本。万豪和喜达屋品牌酒店的定位更接近中端市场，它们都强调用足够的价值来吸引国际商务旅客，但不像四季酒店那样奢侈。在图 12-3 中，四季酒店和万豪位于有效边界上，表明它们的内部运营已根据战略进行了良好配置并有着较高的运作效率。喜达屋在有效边界以内，表明其运营效率不高，并且成本过高。这意味着喜达屋的利润率低于四季酒店和万豪，其管理者必须采取措施提高公司绩效。万豪于 2016 年收购了喜达屋旗下品牌，借助多酒店品牌实现全球化战略。

波特强调，对于管理层来说，决定公司在价值（V）和成本（C）方面的定位，进行相应的运营配置和有效的管理以确保公司在有效边界上运营非常重要。但是，并非有效边界上的所有定位都是可行的。例如，在国际酒店行业中，可能没有足够的需求来支持强调极低成本并获取产品提供的所有价值的连锁酒店定位（见图 12-3）。国际旅客相对富裕，并期望在离家远行时能够获得一定的舒适度（价值）。

基本战略奉行的核心原则是：盈利能力最大化。为此，企业必须做到以下三点：（1）在有效边界上选择一个可行的定位，这一选择有足够的需求提供支持；（2）提供内部运营条件以支持该定位，如生产、营销、物流、信息系统、人力资源等；（3）确保企业拥有正确的组织结构来执行这一战略。如果要获得竞争优势和卓越的盈利能力，企业的战略、运营和组织必须协调一致。**运营**（operations）是指企业所进行的不同的价值创造活动，我们接下来将对其进行介绍。“管理聚焦”阐述了百威英博是如何通过将战略重点放在盈利能力最大化上来实现在全球啤酒行业中的价值创造。

管理聚焦 百威英博的全球化战略与价值创造

热爱啤酒的人应该对百威英博（AB InBev）不陌生。百威英博起源于比利时鲁汶的 Den Hoorn 酒厂和美国密苏里州圣路易斯的 Anheuser & Co. 酒厂，前者的历史可追溯至 1366 年，后者自 1852 年成立以来一直秉持着开拓精神。如今，百威英博是全球领先的酿酒商和世界顶级消费品公司。

百威英博已在 25 个国家设厂，在 100 多个国家销售，收入 440 亿美元，拥有 15.5 万名员工，拥有最具价值的十大啤酒品牌中的七个：百威（Budweiser）、百威昕蓝（Bud Light）、时代（Stella Artois）、狮威（Skol）、科罗娜（Corona）、布哈马（Brahma）和莫德罗特色（Modelo Especial）。百威、科罗娜和时代都作为“全球品牌”进行营销，而贝克（Beck's）、乐飞（Leffe）和福佳（Hoegaarden）在百威英博的品牌组合中都被视为“国际品牌”。该公司还有 15 个“本地冠军”，它们在各自本土市场具有领导地位，如朱皮勒（Jupiler，比利时最受欢迎的啤酒品牌）、基尔梅斯（Quilmes，1890 年源于阿根廷的贮藏啤酒），以及哈尔滨啤酒（来自中国北方历史悠久的啤酒厂）。百威英博的产品组合共包含了 200 多个品牌。

百威英博是一家战略独特且组织严密的全球企业，拥有众多的品牌，且各品牌在国际上的分布极广。首席执行官薄睿拓（Carlos Brito）和董事长奥利维尔·古迪特（Olivier Goudet）表示，百威英博的雄心是在未来 100 年内成为一家伟大且持久的公司。其核心管理团队由首席执行官、九名执行董事和六名区域总裁组成。六位区域总裁分别负责以下销售区域：拉丁美洲南部、拉丁美洲北部、亚太地区、北美、墨西哥和欧洲。

利用这种管理结构，百威英博将有机增长和有选择的价值扩张型收购结合在一起，在重要的全球啤酒市场中建立了领先地位。公司专注于品牌战略，并将大部分资源投入最具长期增长潜力的品牌。在品牌投资的背后，还有严格的成本管理和效率提升作支撑。百威英博一直保持着行业领先的利润率和良好的现金流。2015 年，公司的三个全球品牌（百威、科罗娜和时代）增长了 12.6%，并在北美和拉丁美洲大部分地区取得了不菲的收益。

百威英博全球化战略的基础是“梦想-人才-文化”的理念，即尽管百威英博在世界各国都设有机构，具有不同的文化，但它始终作为一个整体运营，拥有共同梦想，用同一种核心企业文化将人们连接起来。其另外一个目的就是把合适的人在合适的时间安排在合适的地点。这种文化基础是所有权、非正式、坦率、透明和任人唯贤。

在战略上，百威英博的所有活动都受到十大原则的驱动。它的核心是打造一个共同的梦想，激励每一个员工都朝着把公司打造为世界上最好的啤酒公司这一方向努力，将员工团结在一起，让世界变得更美好。公司原则包括人才优势、团队质量、努力提高满意度、消费者至上、所有权、常识和简单化、成本管理、领导力、努力工作和责任感。

资料来源：D. Leonard，"Can Craft Beer Survive AB InBev?" *Bloomberg Business*，June 25，2015；V. Wong，"Why AB InBev and Big Brewers Are Betting on Hard Cider，" *Bloomberg Business*，May 13，2013；J. Colley，"The Big Beer Merger Won't Bring Down the Price of a Pint，" *Newsweek*，October 18，2015；C. Purdy，"There's a Less Obvious Reason Why AB InBev Is Buying Up Craft Breweries，" *Quartz*，December 23，2015；AB InBev Annual Report 2015，annualreport. ab-inbev. com.

12.2.3　企业作为价值链

企业运营可视为一系列不同的价值创造活动所组成的价值链[15]，包括生产、营销和销售、物流、研发、人力资源、信息系统以及企业基础建设等。我们可以将这些价值创造活动（即运营活动）分为主要活动和辅助活动（见图 12－4）。[16]如前所述，如果企业想要有效地实施战略，就必须将自己定位在图 12－3 所示的有效边界上，必须以符合其战略的方式有效地管理这些活动。

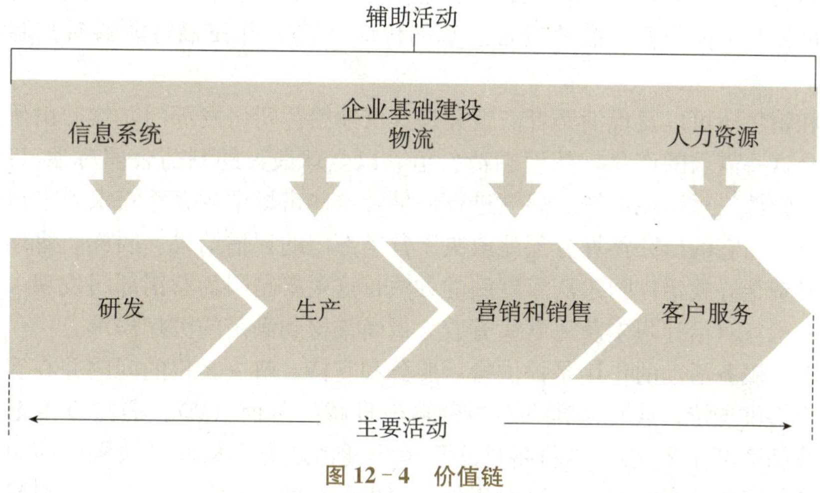

图 12－4　价值链

主要活动

主要活动涉及产品的设计、创造和交付，产品的营销，以及产品支持和售后服务。一般来说，正如图 12－4 所示，企业主要活动有四个：研发、生产、营销和销售，以及客户服务。

研发（研究与开发）涉及产品和生产流程的设计。虽然通常认为研发与制造业企业的实物产品和生产流程的设计有关，但许多服务企业也从事研发工作。例如，银行开发新的金融产品并将这些产品以新的方式交付给客户，以此参与银行间的竞争。网上银行和智能借记卡就是银行业产品开发的两个例子。早期银行业创新的例子还包括自动柜员机、信用卡和借记卡等。一方面研发以卓越的产品设计来增加产品功能，从而使产品对消费者更具吸引力（提高 V）。另一方面，研发可能使生产过程更高效，从而降低生产成本（降低 C）。无论哪种方式，研发都可以创造价值。

生产关乎商品或服务的创造。对实物产品而言，当我们谈论生产时，通常指的是制造。因此，我们可以谈论汽车生产。对银行业或医疗保健业等服务行业而言，生产通常发生于向客户交付服务时（例如，当银行向客户发放贷款时，就是在从事贷款的生产）。对于像沃尔玛这样的零售商而言，生产是指选择商品、备货以及在收银机上完成销售。对音乐电视网（MTV）而言，生产涉及内容创作、编排和发布，例如音乐视频和主题节目等。企业通过有效地开展生产活动来创造价值，从而降低成本（减少 C）和以此方式生产更高质量的产品（增加 V）。

企业的营销和销售活动可以通过多种方式创造价值。[17] 以品牌定位和广告的方式进行营销，可以增加消费者所感知的包含在企业产品中的价值（V）。如果这能够使消费者对企业产品形成良好的印象，就可以提高企业对产品的定价。例如，福特生产了一款高配版的征服者（Expedition）SUV，并将其命名为林肯领航员（Lincoln Navigator），售价比征服者高出 10 000 美元左右。领航员具有与征服者相同的车身、发动机、底盘和设计，但通过巧妙的广告和营销，并辅以一些小功能上的变化（例如，更多配件以及林肯风格的发动机格栅和铭牌），福特将领航员塑造成“豪华 SUV”。这种营销策略增加了领航员相对于征服者可被消费者感知的价值（V），并使福特能够对其制定更高的价格（P）。

营销和销售还可以发现消费者需求并将其反馈给公司研发部门，然后由研发部门设计出更符合这些需求的产品，从而创造价值。以全球最大的制药公司辉瑞（Pfizer）为例，它的营销部门对潜在市场的规模进行评估，这些市场中的医疗需求暂未得到满足并且尚待解决，而它的研究预算分配就取决于营销部门的评估结果。因此，辉瑞在研发中投入了大量资金寻找治疗阿尔茨海默病的方法，这主要是因为营销部门发现人口老龄化日趋严重的国家对治疗阿尔茨海默病有着大量尚未得到满足的医疗需求。

企业客户服务活动的作用是提供售后服务和支持，解决客户的问题并在客户购买产品后为客户提供支持，从而在客户心中营造出卓越的价值（V）。美国重型土方设备制造商卡特彼勒可以在 24 小时内将备件送至世界任何地方，从而最大限度缩短客户因卡特彼勒设备故障而停工的时间。这对于停工损失较大的行业而言，是一项极具价值的能力。这有助于提高客户对卡特彼勒产品所感知到的价值，并因此提高了卡特彼勒产品的价格。

辅助活动

企业价值链中的辅助活动可以为主要活动提供资源（见图 12－4）。在竞争优势方面，企业的辅助活动可能与主要活动同等重要（甚至更重要）。以信息系统为例，它是用于库存管理、销量跟踪、产品定价、产品销售、客户服务等的电子系统。信息系统与互联网通信功能相结合，可以改变企业管理其他价值创造活动的效率和效果。戴尔利用其信息系统取得了超越对手的竞争优势。当客户在企业网站上订购了戴尔产品时，该信息会立刻通过互联网传输给供应商，供应商会据此制订生产计划来生产和运送产品，以使产品在合适的时间到达装配厂。信息系统将戴尔工厂的库存保有时间缩短至两天以内，从而实现了成本的节约。

物流可以通过价值链控制实体物料从采购到生产再到分销的传输，由此实现效率提升，成本大幅减少（降低 C），从而创造更多价值。物流系统和信息系统的结合是许多企业节约成本的一个特别有效的方法。比如戴尔通过信息系统实时了解其全球物流网络中零部件的位置，它们何时到达装配厂，以及如何安排生产。

人力资源可以通过多种方式创造更多价值。它确保企业拥有合适的技能人员组合，能够有效地进行价值创造活动。人力资源还能确保员工得到足够的培训、激励和奖赏，以促使他们完成价值创造的任务。在跨国企业中，人力资源在提高企业竞争地位方面的一个作用是，利用其跨国影响力发现、招募和培养一个具有技能的管理团队（不分国籍），为高级管理职位培养后备人才。企业可以从世界任何地方找到最适合某个职位的员工。事实上，随着来自不同国家背景的管理人员担任高级领导职位，许多跨国企业的高级管理团队变得越来越多样化。

最后一个辅助活动是企业基础建设，即其他所有价值创造活动所处的环境。基础建设包括组织结构、控制体系和企业文化。由于高层管理人员在塑造企业基础建设时可以施加相当大的影响力，因此高层管理人员也应当被视为企业基础建设的一部分。通过强有力的领导，高层管理人员能够有意识地塑造企业基础建设，而企业将通过这些基础建设来开展所有的价值创造活动。

12.3　全球扩张、盈利能力与利润增长

全球扩张给企业带来了更多提高盈利能力和利润增长率的途径，而这些途径是纯粹的国内企业所不具有的。[18]企业开展国际业务，能够：

（1）在全球市场上销售产品（或服务），从而扩大其国内产品的潜在市场规模。

（2）将价值创造活动分散至全球范围内可以最高效开展该活动的地点，实现区位经济。

（3）以某个地理中心服务于扩张后的全球市场，并利用经验效应节约更多的成本。

（4）利用国际业务中开发出来的宝贵技能并将其转移至企业的其他实体中，以获得更高的投资回报。

企业利用这些战略提高盈利能力和利润增长率时，有时会受到不同国家政策制度的制约，不得不改变某些产品设计、营销策略、商务策略等，即不得不作出一些本土化的改变。随着世界变得越来越“平”且更加同质化，这些制约减少了，但离企业全球化的目标还很远。世界上各个国家的客户，大多在购买产品和服务时有着不同的需求、愿望、购买力和权利。在这种情况下，企业全球扩张既可能提升盈利能力，也可能增加成本，必须对此进行合理的权衡。

12.3.1　扩大市场

公司可以将国内开发的商品或服务在国际市场上销售，以提高增长率。几乎所有跨

国公司都是这样发家的。例如，宝洁的大部分畅销产品都是在美国开发的（比如帮宝适纸尿裤和象牙牌香皂），随后销往世界各地。同样，微软虽然在美国开发软件，但从公司起步时，它就一直致力于在国际市场上进行软件销售。大众（德国）和丰田（日本）等汽车公司也在国内开发产品，然后在国际市场上销售，以此推动公司发展。如果在公司进入的某个国家市场中，本土竞争对手缺乏可比产品（例如，在取得产品的难易程度、产品质量、产品价格等方面），那么这种战略的回报率可能较大。因此，丰田在进入北美大型车辆市场后，提供在质量、价格和可靠性方面都不同于当地竞争对手（福特和通用汽车）的产品，从而提高了利润。

全球扩张的许多跨国公司之所以能够取得成功，不仅取决于它们在国外销售的商品或服务，还取决于这些商品或服务背后的开发、生产和营销等核心竞争力。**核心竞争力**（core competence）指的是竞争对手难以匹敌或模仿的企业内部技能。[19]这些技能可能存在于企业的任何价值创造活动中——生产、营销、研发、人力资源、物流、综合管理等。这些技能通常也会体现在产品中，使竞争对手难以匹敌或模仿。核心竞争力是企业竞争优势的根基，它使企业能够降低价值创造的成本和创造出更多可被感知的价值，从而形成产品溢价（例如，许多人认为苹果对其 iPhone 产品采用了溢价策略）。

例如，丰田在汽车生产上具有核心竞争力。它能够以低于世界上其他公司的交付成本生产出高质量、设计精良的汽车。丰田之所以能够做到这一点，主要是因为企业在生产和物流方面具有核心竞争力。[20]同样，宜家的核心竞争力在于设计出时尚且价格合理的家具，并以低成本和扁平化包装的方式进行制造。麦当劳在管理快餐业务方面拥有核心竞争力（它如今仍是世界上快餐行业的领先企业之一）。宝洁在开发和营销品牌消费品方面具有核心竞争力（它是世界上最精于该业务的企业之一）。

从定义上讲，核心竞争力是企业竞争优势的来源。因此，丰田、宜家和宝洁等制造公司之所以能够成功实现全球扩张，不仅基于其销往外国市场的商品，还基于向外国市场转移的核心竞争力，而这正是本土竞争对手缺乏的可比能力。对于金融机构、连锁餐厅和酒店等服务领域内的公司而言，也是如此。扩大服务市场，通常意味着企业将商业模式复制到国外（尽管需要根据当地差异做一些改变）。例如，星巴克和赛百味等企业就使用了它们在国内开发的基本商业模式作为开展国际业务的模板，从而在美国本土市场以外迅速扩张。

12.3.2 区位经济

各国在经济、政治、法律和文化等方面存在差异，这些差异既可能提高也可能降低在一国经营的成本。国际贸易理论表明，由于要素成本差异，某些国家在某些产品的生产上具有比较优势。日本在汽车和消费电子产品的生产上表现出色；美国则在计算机软件、制药、生物技术产品和金融服务行业中领先。[21]对企业而言，想要在竞争激烈的全球市场中生存下去（这意味着存在贸易壁垒和运输成本），就应当把每一项价值创造活动都放在经济、政治、法律和文化条件（包括相对要素成本）都最有利的地点。

企业采取上述行动就能实现**区位经济**（location economy）。区位经济就是把价值创造活动放在开展该活动的世界最佳区位，无论它在世界哪个地方（允许存在运输成本和贸易壁垒）。[22]这可能产生两种效果：降低价值创造成本并帮助企业实现低成本定位；使企业将其产品与竞争对手的产品区分开来。如图 12－2 所示，它可以降低 C 或增加 V（通常支持更高的定价），这两种方式都可以提高企业的盈利能力。

为说明区位经济在国际企业中如何发挥作用，我们以眼镜制造和分销商 ClearVision 为例。该企业由弗雷德·费里德费尔德（Fred Friedfeld）于 1949 年创立，现向美国、欧洲、亚洲、北非、拉丁美洲和加勒比地区的客户在线销售。ClearVision 如今是一家跨国企业，在三大洲拥有生产设施，客户遍及全球。该企业在美国销售额不到 2 000 万美元时，就开始向跨国企业发展了。当时，美元十分强势，使得美国制造业成本相当高。低价进口商品在美国眼镜市场所占份额越来越大，ClearVision 意识到除非它也开始进口，否则无法生存下去。最初，该企业从独立的海外制造商处采购，但是企业对这些供应商的产品质量和交期不满意。随着 ClearVision 的进口量增大，企业发现保证质量和交期的最佳方式是在海外自建制造厂。因此，ClearVision 与一家中国合作伙伴一起在中国香港开设了一个制造工厂，ClearVision 是大股东。

选择中国香港这一区位受到多个因素的综合影响，包括低价劳动力（如今这一优势已不存在）、员工技能和香港当局给予的税收优惠。那时，企业的目标是通过在合适的地点安排价值创造活动来降低生产成本。然而，几年后香港工业化程度加深、劳动力短缺日益严重，当地的工资水平被推高，以至于它不再是一个低成本的区位。ClearVision 及其中国合作伙伴将部分制造业务转移到了中国另一个城市，以利用当地较低的工资水平。企业的目标仍是降低生产成本。该工厂制造的镜框零部件被运往香港工厂进行最终组装，然后销往全球市场。

与此同时，ClearVision 也在寻找机会投资于拥有时尚设计和高品质的外国知名眼镜企业。它的目标不是降低生产成本，而是推出一系列高质量的差异化设计师品牌眼镜。ClearVision 本身不具备这种设计能力，但它知道某些外国制造商拥有这种能力。因此，ClearVision 投资了日本、法国和意大利的一些工厂，并持有少数股权。这些工厂如今都在向 ClearVision 的高端眼镜 Status Eye 部门供应产品，该部门专门销售高价的设计师品牌眼镜。

为了应对来自外国竞争对手的威胁，ClearVision 采取了旨在降低成本结构（降低 C）的战略：将生产从高成本区位（美国）转移至低成本区位（中国）。然后，ClearVision 采取了旨在增加产品感知价值（增加 V）的战略，以便它收取溢价（P）。由于眼镜的溢价取决于卓越的设计，该战略需要对法国、意大利和日本以卓越设计著称的工厂进行投资。总而言之，ClearVision 的战略包括在价值创造时降低成本以及通过差异化增加产品感知价值。其总体目标是增加 ClearVision 的价值创造，从而提高企业的盈利能力。这些战略在一定程度上取得了成功，因此该企业提高了利润率和盈利能力，而这是它仅作为一家美国本土眼镜制造商所无法实现的。

创建全球网络

概括而言，ClearVision 例子的启示是，创建一个价值创造活动的**全球网络**（global

web），将价值链的不同环节分散至能够使感知价值最大化的地方或者使价值创造成本最小化的地方。[23]以联想笔记本电脑 ThinkPad 为例（联想是一家中国计算机公司，它于 2005 年收购了 IBM 的个人电脑业务）。[24]该产品由美国工程师设计，因为联想认为美国的基础设计能力是世界上最强的。作为一个具有代表性的例子，联想的机箱、键盘和硬盘驱动器都是泰国制造的，显示屏和内存是韩国制造的，内置无线网卡是马来西亚制造的，微处理器是美国制造的。

无论是哪种情况，从要素成本的角度来看，这些组件的制造地和来源地都是最佳区位。然后，这些组件被运往中国的组装工厂，产品在那里组装后将运往世界各地进行最终销售。联想在墨西哥组装 ThinkPad 是因为管理者分析得知，低成本劳动力能够使在那里的组装成本最小化，同时保持预期的质量。北美的营销和销售策略由联想在美国的员工制定，主要是因为管理者认为，相比于其他地方的人员，美国员工对当地市场更了解，他们更能够通过营销手段为产品增加更多价值。

从理论上讲，相比于在单一地点进行价值创造活动，企业如果将每项价值创造活动都分散到最佳区位以实现区位经济，那么就能取得竞争优势。与单一区位的竞争对手相比，企业能够更好地实现产品差异化（从而提高感知价值 V）并降低成本（C）。在竞争日益加剧的情况下，这一战略可能关乎企业生存。不过，如果各国提高贸易壁垒，就可能带来一些难题。在这种情况下，全球效率降低，贸易摩擦增加，区位经济的动态发展就会发生改变。

一些注意事项

首先是存在运输成本和贸易壁垒，情况更加复杂。由于拥有有利的要素禀赋，新西兰在汽车装配业务方面可能具有比较优势，但零部件运输成本较高可能成为其沉重的负担，使其无法在服务全球市场方面成为一个经济合理的区位选择。其次涉及选址时对政治和经济风险的评估。即使根据所有标准衡量，某国作为生产地点都非常具有吸引力，如果该国政府不稳定或奉行极权主义，则企业就不应当把生产基地设在该国。同样，即使其他因素看起来很有利，如果一国政府推行了不当的经济政策，就可能带来外汇风险，企业也不应在该区位进行生产。此外，我们已经提到，在考虑区位经济时还应当考虑全球效率的影响因素（即较高的贸易壁垒、母国公司的激励手段等）。如果存在这些情况，企业可能无法通过区位经济取得预期的效率。

12.3.3 经验效应

经验曲线（experience curve）体现了产品在整个生命周期内可观察到的生产成本的系统性降低。[25]多项研究表明，每当累计产出翻一番时，产品的生产成本就会出现一定程度下降。飞机产业率先观察到了这种关系。每当机身的累计产出翻一番时，单位成本通常下降至之前水平的 80%。[26]因此，第四架机身的生产成本是第二架机身的 80%，第八架机身的生产成本是第四架机身的 80%，第十六架机身的生产成本又是第八架机身的 80%，依此类推。图 12-5 说明了单位生产成本与累计产出之间的这种经验曲线关系（该关系适用于随时间推移的累计产出，而非针对任一时期（例如一年）内的产出）。可以从两方面对这一现象进行解释：学习效应和规模经济。

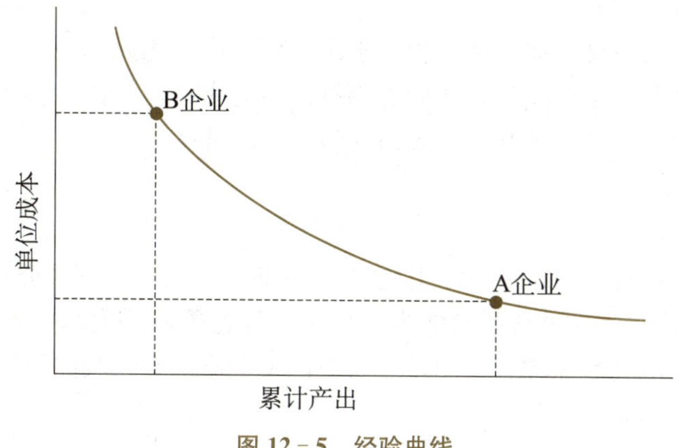

图 12－5　经验曲线

学习效应

学习效应（learning effect）是指边做边学带来的成本节约。[27]例如，劳动者反复执行一项任务（如组装机身），以学习如何最有效地执行该任务。在此过程中，劳动生产率随之提高。同样重要的是，在新生产设施中也是如此，管理层通常需要学习如何更有效地管理新设施。因此，随着劳动生产率和管理效率的提高，生产成本降低，进而提高企业的盈利能力。

当重复一项技术复杂的任务时，学习效应会更加明显，因为人们可以从任务中获得更多的经验。因此，相比于涉及 100 个简单步骤的工序，在涉及 1 000 个复杂步骤的组装流程中学习效应更加显著。然而，无论任务多么复杂，学习效应通常会在一段时间后消失。有人认为，学习效应的重要性只体现在新流程的启动阶段，在 2～3 年后就会消失。[28]在此之后，经验曲线出现下降则是由于规模经济。

规模经济

规模经济（economies of scale）是指通过大量生产来降低单位成本。首先，企业实现规模经济可以降低单位成本并提高盈利能力。[29]规模经济有多个来源，其中之一是将固定成本分摊至大量产品上。[30]固定成本是建立生产设施、开发新产品等所需的成本，数额可能十分巨大。例如，建设一条新的半导体芯片生产线的固定成本如今已超过 10 亿美元。开发新药并投向市场的成本约 8 亿美元，耗时约 12 年。[31]要收回如此高的固定成本，唯一方法可能是将该产品销往全世界，通过将固定成本分摊至更大批量的产品上来降低平均单位成本。累计销量增长得越快，固定成本分摊到大批量产品上的速度就越快，单位成本下降的速度也越快。

其次，企业如果要达到有效的生产规模，可能必须走向全球市场。例如，在汽车行业中，一个高效规模化生产的工厂每年产量约 20 万辆。汽车企业为了减少与车型转换相关的生产成本，通常每个工厂只生产单一车型。如果某款车型的国内需求量每年只有

10 万辆，企业就无法实现 20 万辆的产出，而单位成本也居高不下。但是，企业如果同时服务于国际市场，就可以将年产量提高至 20 万辆，从而获得更大的规模经济，降低单位成本并提高盈利能力。

最后，随着全球销量增加，企业相对于供应商的议价能力也会增强，企业能够在采购上实现规模经济，从而在议价时降低关键投入品的成本，并提高盈利能力。例如，沃尔玛一直利用巨大的销量压低其向供应商支付的商品价格。

战略意义

经验曲线的战略意义显而易见。沿经验曲线向下，企业将在创造价值时降低成本（降低图 12－2 中的 C）并提高盈利能力。相比于其竞争对手而言，沿经验曲线向下速度最快的企业将取得成本优势。在图 12－5 中，A 企业位于经验曲线更下方，因此相比于 B 企业具有更明显的成本优势。

企业若要利用经验节约成本，则在很大程度上依赖于工厂。这适用于大多数学习效应和规模经济。在规模经济中，企业将打造产能时形成的固定成本分摊至大量产出，达到有效的产出规模，并更充分地利用工厂。因此，要想尽可能加快沿经验曲线下移的速度，关键在于尽快提高单个工厂的产量。由于全球市场规模大于国内市场，从单一地点服务于全球市场的企业，相比于只服务于本土市场的企业或者从多个生产地点服务于全球市场的企业，更可能快速地增加累计产出。因此，从单一地点服务于全球市场有助于企业沿经验曲线下移，并建立低成本优势。此外，为快速地沿经验曲线下移，企业可能需要采取积极的定价和营销策略，以快速扩大需求。它还需要建立足够的产能来服务于全球市场。不仅如此，如果该单一地点是开展某项特定价值创造活动的最佳地点，则从单一地点服务于全球市场的成本优势将更加明显。

企业一旦建立了低成本优势，就对新的竞争对手造成了阻碍。具体而言，位于经验曲线下方的老牌企业（例如图 12－5 中的 A 企业）掌握了定价权，按照其设定的价格，它仍然具有利润，但位于曲线上方的新进入者却会遭受损失。英特尔是利用经验曲线的高手之一。建造最先进的微处理器生产设施面临极高的成本（目前约为 50 亿美元）。英特尔如果想从投资中赚钱，就必须追求经验效应，以有限数量的工厂服务于世界市场，从而最大限度地利用规模效应和学习效应来节约成本。

12.3.4　利用子公司技能

我们之前在讨论核心竞争力时，似乎形成了一种观点：有价值的技能首先在国内得到开发，然后转移至国外。但是，对更加成熟的跨国企业而言，如果已经在国外市场建立了子公司组成的网络，则外国子公司也可以开发出有价值的技能。[32]在跨国企业的全球运营网络中，只要人们有机会和动力去尝试新的经营方式，随处都可以创造出新的技能。技能的创造有助于降低生产成本、提高感知价值、支持更高的定价，并非只有企业的核心机构才能完成。

将子公司创造的技能在企业的全球网络中应用，可能会创造更多的价值。麦当劳的外国特许经营商经常能够带来宝贵的新创意。由于麦当劳在法国增长缓慢，当地特许经营商不仅开始尝试新的菜单，还改变了餐厅的布局和主题。没有了无处不在的金色拱门，也没有了实用性质的桌椅和这家快餐巨头具有特色的塑料制品。法国的许多麦当劳餐厅如今都装修有硬木地板、裸露的砖墙，甚至还有扶手椅。在法国 1 400 多家门店中，有一半升级到了美国人都认不出来的程度。当地特许经营商对菜单也做了更改，加入了一些顶级三明治，例如意式鸡肉薄饼面包，价格比普通汉堡包高出约 30%。至少在法国这种策略是有效的。在作出这些改变后，同店销售额的增长率从 1%上升到了 3.4%。麦当劳高管受此影响，正在考虑对同店销售额增长缓慢的其他市场（包括美国）也进行类似改革。[33]

对于跨国企业的管理者而言，这种现象带来了新的重要挑战。首先，他们必须谦虚地意识到，企业全球网络中的任何地点都有可能产生提升企业竞争力的宝贵技能，而不仅仅是在企业的核心机构中。其次，他们必须建立激励机制，鼓励当地员工开发新技能。这并不像听起来那么容易。创造新技能可能涉及一定程度的风险，而且并非所有新技能都能够增加价值。麦当劳外国子公司的新创意中也有许多失败的案例。跨国企业的管理者必须建立激励机制，鼓励员工承担必要的风险。如果员工成功了，公司必须提供奖励，但如果员工未能成功，不可以随意惩罚。再次，管理者必须设置一个流程，当子公司创造出有价值的新技能时，能够对其尽快识别并加以利用。最后，管理者也应当引导有价值的技能在企业内部转移。

12.3.5　盈利能力和利润增长率小结

我们已经知道在全球范围内扩张的企业如何提高其盈利能力和利润增长率。方法包括：进入当地竞争者缺乏类似能力的新市场；利用区位经济降低成本并增加产品价值；利用经验效应；在全球子公司组成的网络中转移有价值的技能等。应该指出的是，提高盈利能力的战略可能同时扩大企业业务，从而提高利润增长率。例如，企业同时实现了区位经济和经验效应，可能以更低的单位成本生产出更具价值的产品，从而提高盈利能力。而产品感知价值的提高也可以吸引更多客户，从而增加收入和利润。

相比于通过提高价格来反映更高的感知价值，企业管理人员可能会选择保持低价，以增加全球市场份额并实现更大的规模经济（换言之，他们可能选择让消费者更好地感觉到物有所值）。这种策略可以进一步提高企业的利润增长率，因为消费者会被高性价比所吸引。如果市场份额大幅增长带来了规模经济，则这种策略还能提高盈利能力。总之，管理者在制定有关定价的战略时，需要牢记盈利能力和利润增长率之间的复杂关系。

12.4　降低成本压力和当地响应压力

参与全球市场竞争的企业通常面临两种类型的竞争压力，即降低成本压力和当地响应压力（见图 12-6）。[34]这些压力会影响它们实现区位经济和经验效应的能力，也会影响它们在企业内部充分利用产品和转移技能的能力。这些竞争压力对企业提出了相互矛盾的要求。为应对降低成本压力，企业需要最小化其单位成本。但是，要应对当地响应压力，企业又需要在不同国家（也可能在一国的不同地区）提供不同的产品或制定不同的营销策略，以努力适应不同国家之间消费者需求和愿望、商业惯例、分销渠道、竞争条件和政府政策差异带来的多样化需求。由于国家之间和国家内部的差异可能涉及大量重复工作和产品标准不统一，因此可能增加生产、零部件和原材料方面的成本。

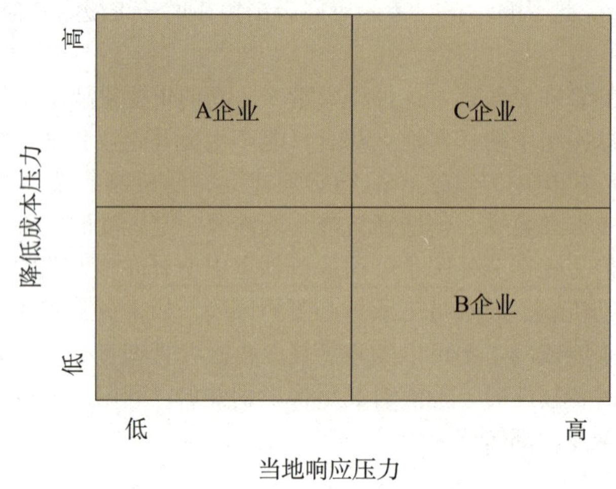

图 12-6　降低成本压力和当地应压力

一些企业（如图 12-6 中的 A 企业）可能面临着较高的降低成本压力和较低的当地响应压力，而一些企业（例如 B 企业）可能面临着较低的降低成本压力和较高的当地响应压力，还有一些企业处于 C 企业所在的位置，它们同时面临着巨大的降低成本压力和当地响应压力。由于作出当地响应通常会提高成本，处理这些相互冲突且矛盾的压力使企业面临艰巨的战略挑战。

12.4.1　降低成本压力

在竞争激烈的全球市场中，国际企业通常面临着降低成本压力。为应对这一压力，企业需要在价值创造中降低成本。例如，某一制造商可能会在世界上最有利的区位批量生产标准化产品，以实现规模经济、学习效应和区位经济。或者企业可能将某些职能外包给低成本的外国供应商，以降低成本。银行等服务企业可能会将一些后台功能（例如信息处理等）转移至工资较低的发展中国家，以应对降低成本压力。

对于生产大宗商品的行业，降低成本压力可能特别大。在这些行业中，非价格因素难以有效地实现差异化，而价格才是主要的竞争武器。对于人们有着普遍需求的产品，往往都是这种情况。当各国消费者对某些产品的品位和偏好相似甚至完全相同时，就出现了**普遍需求**（universal needs），例如，大宗化学品、石油、钢铁、糖类等传统产品；手持计算器、半导体芯片、个人电脑和液晶显示屏等工业品和消费产品。

如果某些行业的主要竞争对手位于低成本地区、产能持续过剩、消费者购买力强并且转换成本较低，那么这些行业的降低成本压力也会很大。近几十年来，世界贸易和投资环境日趋自由化，国际竞争更加激烈，普遍增加了降低成本压力。[35]请阅读“管理聚焦”中有关宜家全球化战略的例子，它介绍了降低成本压力对公司的重要性。

管理聚焦　宜家的全球化战略

世界上任何地方的宜家商店都特色鲜明。宜家奉行标准化的全球化战略。它的仓库式商店出售种类繁多、价格适中的家居用品、厨房用品、配件和食物。这些产品几乎都有着简洁而雅致的线条和实用的设计，一眼就能看出是宜家商品。宜家体现了瑞典传统（宜家于1943年成立，最初是一家邮购公司，于1958年在瑞典开设了第一家商店），宜家商店外部都使用蓝色和黄色的装饰，与瑞典国旗颜色一样。宜家年销售额超400亿美元，拥有超过15万名员工。有趣的是，宜家还占到了全球商用产品木材消耗量的1%左右。

宜家（IKEA）的名字来源于其创始人姓名（Ingvar Kamprad）以及他长大的农场（Elmtaryd）和家乡（Agunnaryd）的首字母。瑞典有20家宜家商店，少于德国（49家）、法国（32家）和意大利（21家）。西班牙也有20家宜家商店。宜家在全球46个国家共拥有351家商店，是世界上最大的家具零售商。可以说，家具市场是最不全球化的市场之一，相比于其他行业的产品，各国消费者对家具的品位、需求和偏好大相径庭。最大的宜家商店位于韩国光明市，面积约64万平方英尺。

宜家会将自己的商店布置成一个“迷宫”，顾客需要依次穿过所有区域才能到达结账区。商店通常采用单向布局，引导顾客逆时针沿着宜家所谓的“漫长的自然之路”前进。这种布局设计是为了鼓励顾客完整地参观。布局中也存在分界点和捷径，但不是那么容易发现。顾客如果在著名的宜家餐厅用餐后，就更难以很快离开那里了。（谁不爱瑞典肉丸呢?）

在结账区前有一个店内仓库，顾客可以在那里找到他们购买的商品。这些家具都采用扁平化包装，便于运输，并且需要顾客自行组装。这在很大程度上强调了性价比（客户为他们购买的优质家具支付合理的价格）。你会发现，宜家商店里有许多20多岁和30多岁的年轻顾客。宜家在全球范围内都针对相同的基本客户群体：年轻、积极、寻找有品位但价格便宜的“一次性”家具的人，这些家具在他们可承担的价格内质量优良。

在宜家销售的约12 000种产品，大部分来自分布在50多个国家的超过1 000家供应商组成的全球网络。宜家自身专注于产品设计，并与供应商密切合作以降低制造成本。开发新的产品线可能需要数年时间。宜家设计师开发出产品原型（例如，一张小沙发）后，将查看竞争对手的同类产品定价，然后与供应商合作，找出在不影响质量的前提下将价格降低40%的方法。宜家还生产约10%内部销售的产品，并利用从这些产品中获得的经验帮助供应商提高生产能力，从而降低整个供应链的成本。

你如果仔细观察，就会发现宜家在北美、欧洲和中国提供的商品存在细微差别。在北美提供的商品尺寸不同，反映出当地人喜欢更大的家具和厨具。这种根据当地品位和偏好进行调整的策略也是宜家从失败中获得的经验。20 世纪 80 年代末，宜家首次进入美国，它认为消费者会像在西欧一样蜂拥而至。起初，消费者确实如此，但他们实际购买很少，销量远低于预期。宜家发现对于美国消费者来说，欧式沙发不够大、衣柜的抽屉不够深、玻璃杯太小、厨具不适配美国家电。因此，宜家对产品进行了重新设计，以便更好地迎合美国人的偏好，之后销量迅速回升。

宜家在 21 世纪 00 年代进入中国时，也针对当地市场作出了一些调整。店面布局反映了许多中国人居住的公寓结构，并且因为许多中国公寓都有阳台，所以宜家中国商店还设计了阳台部分。由于中国的汽车人均保有量少于欧洲和北美，宜家还对其商店选址做了调整。在西方，宜家商店总是位于郊区，那里有很多停车位。但在中国，宜家商店大多位于公共交通站点附近，并且宜家还提供送货服务，以方便中国顾客将购买的商品带回家。

资料来源：Lindsey Rupp，"Ikea，Dollar General CEOs Lobby Republicans in Tax Showdown，" *Bloomberg Businessweek*，March 7，2017；D. L. Yohn，"How IKEA Designs Its Brand Success，" *Forbes*，June 10，2015；J. Kane，"The 21 Emotional Stages of Shopping at IKEA，From Optimism to Total Defeat，" *The Huffington Post*，May 6，2015；J. Leland，"How the Disposable Sofa Conquered America，" *The New York Times Magazine*，October 5，2005，p. 45；"The Secret of IKEA's Success，" *The Economist*，February 24，2011；B. Torekull，*Leading by Design：The IKEA Story*（New York：HarperCollins，1998）；P. M. Miller，"IKEA with Chinese Characteristics，" *Chinese Business Review*，July-August 2004，pp. 36－69.

12. 4. 2　当地响应压力

当地响应压力来自消费者品位和偏好、基础设施和惯例、分销渠道的差异以及东道国政府的要求。为应对当地响应压力，企业需要在不同国家推出不同产品并采用不同的营销策略，而这往往会提高企业的成本结构。

消费者品位和偏好的差异

由于根深蒂固的历史或文化原因，当不同国家的消费者品位和偏好存在显著差异时，就会造成巨大的当地响应压力。在这种情况下，跨国企业的产品和营销策略必须因地制宜，以迎合当地消费者的品位和偏好。这通常会在生产及营销的责任和职能方面给企业的海外子公司带来压力。

例如，汽车行业开始走向"世界汽车"的概念。通用汽车、福特和丰田等全球公司都希望能够在世界各地销售同款车型，并从集中生产地点统一供货。如果这一战略取得成功，汽车公司将从全球性的规模经济中取得巨大收益。但是，在无法更改的消费现实前，这种战略已多次搁浅。不同汽车市场的消费者有着不同的品位和偏好，需要不同类型的车辆。北美消费者对皮卡表现出了强劲需求，在北美南部和西部尤其如此，许多家庭将皮卡作为第二辆或第三辆车。但在欧洲国家，皮卡被视为纯粹的工具车，主要由企业而非个人购买。因此，企业必须调整产品组合和营销信息，才能满足北美和欧洲不同性质的车辆需求。

有些人认为，世界各地的消费者对当地定制化产品的需求都在下降。[36]这种观点指出，现代通信和运输技术为不同国家消费者品位和偏好趋同创造了条件。结果是许多标准化的消费品都有了巨大的全球市场。赛百味三明治、麦当劳汉堡包、可口可乐、盖璞服装、苹果 iPhone 和微软 Xbox 都在全球范围内被广泛接受，它们都作为标准化产品在全球销售，人们通常认为这能够证明全球市场的日益同质化。更明显的是，世界各地年轻消费者的需求和偏好都表现得越来越同质化。

然而，上述观点在许多消费品市场可能站不住脚。不同国家和文化之间的消费需求、愿望、品位和偏好仍然存在显著差异。国际企业的管理者仍然无法忽视这些差异，并且这种状况可能持续很长时间。对于年龄稍大一些的消费者（至少 40 岁）尤其如此。虽然世界各地年轻消费者的需求日趋同质化（例如，美国大学生与欧洲和亚洲大学生有着相似的需求和愿望），但更年长的消费者仍然对其国家特有的产品和服务有着显著需求。在营销上，更有意义的问题是：随着现在年轻消费者年纪增长，他们是否仍会在世界范围内保持同质化的需求和愿望，还是说他们会更倾向于各国特有的产品和服务？

基础设施和惯例的差异

各国在基础设施和惯例上的差异也会带来当地响应压力，企业需要相应地定制产品。为满足定制化需求，企业可能需要将生产和制造职能委托给外国子公司。例如，北美的消费电器普遍采用 110 伏特的电压，而大多数欧洲国家的标准电压是 240 伏特。因此，家用电器必须针对这种基础设施差异进行定制。此外，世界各地外接电源的插头和插座都不相同。据估计，195 个国家共有约 15 种不同类型的插头和插座（www.world-standards.eu）。

尽管各国在许多基础设施方面的差异由来已久，但也有一些是最近出现的。例如，在无线通信行业中，世界不同地区采取了不同的技术标准。欧洲普遍采用全球移动通信系统（Global System for Mobile Communications，GSM）技术标准，而美国和亚洲部分地区则更多采用 CDMA 技术标准。为 GSM 设计的设备无法在 CDMA 网络中工作，反之亦然。因此，苹果和三星等公司需要根据各国通行的技术标准来定制产品。如今越来越多的移动电话和基础设施可以彼此兼容（例如，GSM 四频手机），减轻了客户的顾虑。

分销渠道的差异

企业的营销策略可能还需要根据不同国家之间分销渠道的差异作出调整。企业可能需要将营销职能委托给各国子公司。例如，在制药行业中，英国和日本的分销渠道与美国截然不同。英国和日本的医生不接受美国式的高压销售团队。因此，制药公司不得不在英国和日本采用和美国不同的营销方法，即采用软销售而非硬销售。同样，在购买力平价基础上，波兰、巴西和俄罗斯的人均收入相近，但三个国家的分销渠道有着很大差异。巴西的超市占食品零售渠道的 36%，波兰占 18%，而俄罗斯仅占不到 1%。这些分销渠道差异要求公司调整分销和销售策略。我们将在讨论全球供应链时更多地介绍分销渠道。

东道国政府的要求

东道国政府在经济和政治上的要求也可能需要企业具有当地响应能力。例如，制药公司必须遵守当地临床试验、注册手续和定价限制的规定，才能使其药品的生产和销售符合当地要求。由于大多数国家政府及其下属机构管控着很大一部分医疗保健预算，因此它们有权要求企业拥有高水平的当地响应能力。

一般而言，经济上的保护主义、民族主义和国产化程度要求（要求产品中有一定比例是在当地制造的）带来的威胁，使国际企业倾向于在当地生产产品。以加拿大轨道车辆、飞机、快艇和雪地摩托车制造商庞巴迪（Bombardier）为例，庞巴迪在欧洲拥有 12 家轨道车辆工厂。该公司的批评者认为，制造设施重复带来的高成本导致庞巴迪的轨道车辆相比于其他业务生产线利润率更低。庞巴迪的管理者回应称，欧洲有关国产化程度的非正式要求使人们倾向于雇用当地工人，要在德国销售轨道车辆就必须在德国制造。而在比利时、奥地利和法国也是如此。为了解决在欧洲的成本问题，庞巴迪已将其工程和采购职能集中起来，但仍没有计划进行集中制造。[37]

区域化的兴起

过去，我们往往认为当地响应压力来源于各国在品位和偏好、基础设施和惯例等方面的差异。虽然这些差异仍然存在，但在两个以上国家组成的更广泛的区域内，品位和偏好、基础设施和惯例、分销渠道以及东道国政府的要求日益趋同。[38]这一趋势越来越明显。当存在共同的历史和文化，或者为建立贸易区而尝试在贸易政策、基础设施、法规等方面进行协调时，就会产生强烈的趋同压力。

区域化最明显的例子就是欧盟，特别是该贸易集团内的欧元区国家，制度化的力量推动其融合发展（详见第 8 章）。建立单一的欧盟市场——单一货币、共同的商业法规、标准化的基础设施等，必然会减少欧盟内部国家之间的差异，并建立一个区域化的市场，而不再只是多个国家市场。事实上，欧盟至少在经济层面表现出了一体化。

区域化的另一个例子是北美，其中包括美国、加拿大，以及墨西哥的某些产品市场。加拿大和美国有着相近的历史、语言和大部分文化，它们都是 NAFTA（以及 USMCA）成员国。墨西哥在许多方面和它们存在明显差异，但由于它靠近美国，在某些产品市场（例如汽车）上也可以视为这种相对同质化的区域市场的一部分。拉丁美洲也是如此，国家差异较小。而中东的大部分地区也是一样，强大的阿拉伯文化减少了国家差异。俄罗斯和一些前苏联国家，例如白俄罗斯和乌克兰，至少在某些产品市场上也可以被视为更大的区域市场的一部分。斯堪的纳维亚的五个国家（丹麦、芬兰、冰岛、挪威、瑞典）也是如此。

从区域的角度出发很重要，因为它可能表明，针对当地响应压力，企业从区域层面而不是国家层面作出适当的战略反应即可。例如，对于汽车制造商而言，相比于为欧洲或北美每个国家的市场生产不同的车型，为欧洲区域或北美区域打造针对性的车型更为合理。同样，相比于在每个国家销售不同的产品，在一个区域内提供标准化的产品更有利于实现较大的规模经济，从而降低成本。但与此同时，这种战略不应被过度解读。欧盟成员国之间仍然存在深刻的文化差异，这可能需要企业在一定程度上从国家层面作出调整。例如，由于这些国家差异，英国退出了欧盟。管理者必须根据企业所针对的产品市场，以及国家差异的性质和区域化趋势，判断在何种层面上作出适当调整。例如，对汽车产品有利的本土化调整可能不适用于包装食品。

12.5　选择战略

存在当地响应压力（由于消费者需求、愿望、品位和偏好等方面的差异而形成的压力）意味着企业可能无法从规模经济、学习效应和区位经济中获益。事实上，企业想要在单一的低成本区位生产全球性的标准化产品并将其销往世界各地以通过经验效应来降低成本，是不可能甚至不现实的。企业可能需要根据当地情况定制产品，而这会对降低成本战略的实施造成不利影响。

例如，汽车企业用了近半个世纪的时间发现，日本、美国和欧洲的消费者需要不同类型的汽车，它们需要针对区域市场定制产品。为此，通用汽车、日产、本田、福特和丰田等企业都推行了定制化战略，在每个重要区域建立自上而下的设计和生产设施，以便更好地满足当地需求。[39]尽管这种定制化战略带来了不少好处，但它也限制了企业实现显著的规模经济和区位经济的能力。

此外，存在当地响应压力也意味着企业可能无法将有关核心竞争力的技能和产品应用于其他地区。由于当地条件限制，企业往往需要为了销售额作出让步。根据成本收益分析和机会评估，如果想要增加销售额，企业可以权衡是应该采用标准化的产品，还是至少应该在一定程度上依据当地客户需求进行调整。麦当劳因其大量的标准化全球产品而闻名，但它也不得不根据各国口味和偏好的差异而适当作出产品（菜单）调整。正如本书中提及的多个例子，达美乐、赛百味以及麦当劳的其他竞争对手也在根据当地口味和偏好进行调整。

降低成本压力和当地响应压力在强度上的差异将如何影响企业的战略选择呢？在国际竞争中，企业通常会在四种主要战略中作出选择，即全球标准化战略、本土化战略、跨国战略和国际战略。[40]企业应根据降低成本压力和当地响应压力的强度来选择合适的战略。图 12－7 体现了每种战略在何种条件下最合适。

12.5.1　全球标准化战略

采用**全球标准化战略**（global standardization strategy）的企业，侧重于通过规模经济、学习效应和区位经济来降低成本、提高盈利能力和利润率，目标是在全球范围内推行低成本战略。企业的生产、营销、研发和供应链活动都集中于几个最有利的地点，以此落实全球标准化战略。采用这一战略的企业尽量不根据当地情况调整它们的产品和营销策略，因为定制化会缩小生产规模并重复相同的职能，通常会导致成本增加。它们更愿意在全球范围内销售标准化产品，以便从规模经济和学习效应中获取最大收益。它们

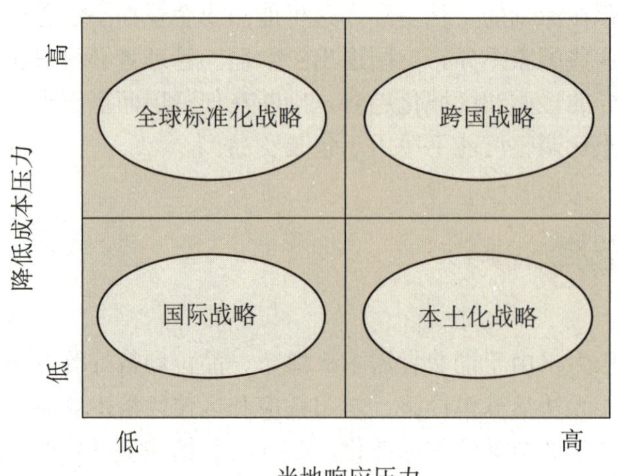

图 12-7 四种基本战略

往往还利用成本优势在世界市场上实行积极的定价策略。

当降低成本压力很高而当地响应压力很低时，最适合采用全球标准化战略。这种情况在对产品有着普遍需求的许多工业品行业中越来越普遍。例如，半导体行业有全球标准，给标准化的全球产品带来了巨大需求。英特尔和联合利华等公司有时候采用的就是全球标准化战略。但是，许多消费品市场并不总存在合适的条件，当地响应压力仍然很高，这种战略就是不合适的。如果想要在作出当地响应的同时专注于全球标准化战略，请阅读“管理聚焦”，它针对联合利华的荷兰-英国背景作了介绍。

管理聚焦　联合利华对其荷兰-英国背景的响应

联合利华是一家荷兰-英国公司，总部位于荷兰鹿特丹和英国伦敦。1930 年，荷兰人造黄油生产商 Margarine Unie 与英国肥皂制造商 Lever Brothers 合并，联合利华（Unilever）由此诞生。联合利华拥有 400 多个品牌，其核心产品由 14 个年销售额超过 10 亿欧元的品牌组成，它们是：凌仕（Axe/Lynx）、多芬（Dove）、奥妙（Omo）、Becel/Flora、和路雪（Heartbrand）、好乐门（Hellmann's）、家乐（Knorr）、立顿（Lipton）、力士（Lux）、梦龙（Magnum）、Rama、舒耐（Rexona）、夏士莲（Sunsilk）和 Surf。

联合利华拥有荷兰-英国背景，是一家双重上市公司，由总部位于鹿特丹的 Unilever NV 和总部位于伦敦的 Unilever PLC 组成。这家双重上市公司作为整体运营，拥有共同的董事会。但是 Unilever NV 和 Unilever PLC 的股东组成不同，并且股东不能将其在一家公司的股权换成另一家公司的股权。

Unilever NV（荷兰）和 Unilever PLC（英国）整合在一起就是联合利华集团（Unilever Group）。NV 和 PLC 母公司之间的多项协议规定了联合利华集团的组织和运营方式。这些协议以及它们各自的公司章程统称为《基本协议》（Foundation Agreement）。正是《基本协议》使联合利华能够在管理、运营、股东权利、宗旨和使命等方面实现统一。

联合利华还在《平衡协议》(Equalization Agreement) 中规定了 NV 和 PLC 股东的共同权利，目的是尽可能确保这两家公司的股东地位一致，将这两个组织的所有者视为持有单一公司的股份的股东。

《共同契约》(Deed of Mutual Covenants) 则促使联合利华能够实现统一经营。该契约是 NV 和 PLC 之间的一项协议，对联合利华集团内的资产分配作出了规定。《借款互保协议》(Agreement for Mutual Guarantees of Borrowing) 也有助于创建统一的运营平台，以便在管理、运营、股东权利、宗旨和使命方面实现统一。实际上，这项互保协议确保了联合利华在申请某些重大公共贷款时，可以利用 NV 和 PLC 的综合实力来尽量提升财务能力。

为了构建针对 400 多个品牌的运营和管理体系，联合利华组织内部分为四个主要部门：食品、饮品（饮料和冰激凌）、家庭护理以及个人护理。这些部门雇用了约 17 万名员工，年销售额在 550 亿欧元左右（约合 600 亿美元），并且有 57%的业务在新兴市场。每天全球约有 25 亿人使用联合利华的产品，这个数字十分惊人。

资料来源："About Unilever," March 22, 2017 (unilever. com/about/whowe-are/about-Unilever); "Unilever's Legal Structure and Foundation Agreements," March 22, 2017 (unilever. com/investor-relations/agm-andcorporate-governance/legal-structure-and-foundation-agreements); Port Sunlight, "Unilever: In Search of the Good Business," *The Economist*, August 9, 2014; Rob Davies, "Unilever Bids to Heal Shareholder Rift Amid 'Garage Sale' Warnings," *The Guardian*, March 19, 2017.

12.5.2　本土化战略

本土化战略 (localization strategy) 侧重于企业对商品和服务进行定制化，以迎合不同国家市场的品位和偏好，从而提高盈利能力。当各国在消费者品位和偏好方面存在显著差异且降低成本压力不大时，最适合采用本土化战略。企业根据当地需求定制产品，增加了产品在当地市场的价值。但它也有不利的一面，由于职能重复和生产规模缩减，定制产品限制了企业大规模地为全球消费市场生产标准化产品的能力，从而使其无法降低成本。但是，如果本土化定制产品的附加值能够提高定价，弥补较高的成本或者能够显著增加当地需求，使企业能够在一定程度上通过当地市场的规模经济来降低成本，那么企业就可以采用该战略。

与此同时，企业仍需要密切关注成本。采用本土化战略的企业仍然需要提高效率，并尽可能利用其全球影响力实现一定程度的规模经济。如前所述，许多汽车企业发现，它们必须根据当地市场的需求定制一部分产品，例如，为美国消费者生产大型皮卡，为欧洲和日本消费者生产小型节能汽车。但这些跨国企业可以通过在不同车型中使用通用的车辆平台和组件，并在位于最佳区位的工厂中规模化地高效生产，以从它们的全球销量中获得一定程度的规模经济。企业以这种方式设计产品就能够在实现产品本土化的同时，实现一定程度的规模经济、学习效应和区位经济。

12.5.3 跨国战略

当降低成本压力很高而当地响应压力较低时，使用全球标准化战略最为合理；在当地响应压力很高而降低成本压力适中或较低时，适合采用本土化战略。然而，如果企业同时面临很高的降低成本压力和当地响应压力，该怎么做呢？管理者如何平衡企业所承受的不同压力之间此消彼长、互不相容的情况呢？一些研究人员认为，企业在这种情况下应当采用跨国战略。

克里斯托弗·巴特利特（Christopher Bartlett）和苏曼德拉·戈沙尔（Sumantra Ghoshal）认为，在竞争极为激烈的情况下，企业为了生存必须竭尽全力应对降低成本压力和当地响应压力。企业必须努力实现区位经济和经验效应，在国际范围内发挥产品优势，在企业内部转移核心竞争力和技能，并且同时关注当地响应压力。[41]巴特利特和戈沙尔还指出，在现代跨国企业中，核心竞争力和技能不仅出现于母国国内，还可以在企业位于世界各地的任何分支机构中得到发展。因此，技能和产品的流动不是从母公司到外国子公司单向进行的，也可以从外国子公司流入母公司，或在外国子公司之间流动。换句话说，跨国企业必须注重利用辅助技能。

采用**跨国战略**（transnational strategy）的企业，实质上是在试图通过区位经济、规模经济和学习效应实现低成本的同时，根据不同地区市场的差异形成差异化产品，并且在企业全球运营网络中促进各个子公司之间的技能流动。尽管这在理论上听起来很有吸引力，但该战略给公司带来了相互矛盾的目标，并不容易实施。用差异化产品应对不同区域市场的当地需求会增加成本，这就与降低成本的目标背道而驰了。3M 和 ABB（世界上最大的工程集团之一）等企业曾经试图采用跨国战略，但未能成功。

大型跨国企业如今面临的最复杂的问题之一，就是如何以最好的方式来实施跨国战略。几乎没有企业能够完美地执行这一战略，但一些企业可以为我们提供一些正确的方向。卡特彼勒与日本的小松（Komatsu）等企业展开低成本竞争，不断寻求更显著的成本经济。但是，由于各国的施工方式和政府法规存在很大差异，卡特彼勒还必须对当地需求作出响应。因此，卡特彼勒同时面临着巨大的降低成本压力和当地响应压力。

为应对降低成本压力，卡特彼勒重新设计产品，使用更多相同的部件，并投资于一些位于有利区位的大型零部件制造厂，以满足全球需求并实现规模经济。与此同时，它还在全球每个主要市场中都设置了装配厂，以加强零部件的集中制造。在这些工厂中，卡特彼勒给产品增加了一些当地的特性，并根据当地需求定制产品。因此，卡特彼勒能够在享受全球制造带来的诸多好处的同时，通过各国市场间产品的差异化来应对当地响应压力。[42]卡特彼勒实现了人均产出翻倍，并在此过程中大幅降低了整体的成本。而小松和日立仍然执着于以日本为中心的全球化战略，它们逐渐失去了成本优势，并逐渐将市场份额让给了卡特彼勒。

想要改变企业战略并建立一个足以支持跨国战略的组织结构，是一项复杂且具有挑战性的任务。在实施跨国战略时，企业需要打造一个可行的组织结构和各种控制体系来进行战略管理，而这是十分困难的，所以有些人认为这一战略过于复杂。

12.5.4　国际战略

许多面临降低成本压力和当地响应压力的跨国企业都奉行**国际战略**（international strategy），首先在国内市场生产产品，然后在最低限度的本土化调整后将产品销往国外。这类企业大多都有一个显著的特点，即它们销售的产品旨在满足普遍需求，没有强大的竞争对手，因此与追求全球标准化战略的企业不同，它们不用面对降低成本压力。

施乐在发明了复印机并将其商业化后，就处于这一情况。复印机所依靠的技术受到强有力的专利保护，所以多年来施乐一直没有竞争对手，它拥有垄断地位。复印机满足了人们的普遍需求，在大多数发达国家受到高度重视。因此，施乐能够在全世界销售基本相同的产品，并为该产品制定相对较高的价格。由于施乐没有直接竞争对手，它无须面对降低成本压力。不过，这一情况已有所改变，如今施乐在国际市场上面临着激烈的竞争。

采用国际战略的企业在扩展海外市场时也遵循类似的发展模式。它们倾向于将产品研发等开发职能集中于国内，但是往往也在开展业务的各个主要国家或地区建立制造和营销职能。由此产生的职能重复会增加成本，但如果企业并未面临降低成本压力，就不是问题。企业可能会对产品和营销策略进行一些极为有限的本土化调整。在大多数采用国际战略的企业中，其总部都会对产品和营销策略保持相当严格的管控。

采用国际战略的还有宝洁和微软等企业。过去，宝洁在辛辛那提开发创新型的新产品，然后将其批发到各个当地市场销售。同样，微软的大量产品开发工作都是在企业位于华盛顿州雷德蒙德的总部完成的，尽管在一些市场进行了一些本土化调整，但仅限于制作微软程序的外语版本。

12.5.5　战略的演变

国际战略的最大弱点是，随着时间推移不可避免地会出现竞争对手，如果管理者没有采取积极措施降低企业的成本，企业很快就会被高效的全球竞争者“包抄”。这正是施乐的遭遇。佳能等日本企业最终绕过施乐的专利发明了自己的产品。它们在效率极高的制造厂生产自己的复印机，定价低于施乐的产品，迅速从施乐手中夺取了全球市场份额。归根结底，施乐销售额下降并不是因为出现了竞争对手（因为这是无论如何都会发生的），而是因为它未能在高效的全球竞争对手出现之前主动降低成本。这个案例表明，从长远来看，国际战略可能并不稳定。为了生存，企业需要在竞争对手出现前转向全球标准化战略或跨国战略（见图 12－8）。

本土化战略也是如此。本土化可能会给企业带来竞争优势，但如果同时存在强大的竞争对手，则企业也将不得不降低成本，唯一可行的做法是转向跨国战略。这就是宝洁一直在做的事情。因此，随着竞争加剧，国际战略和本土化战略的可行性通常会降低，管理者需要引导企业朝着全球标准化战略或跨国战略发展。

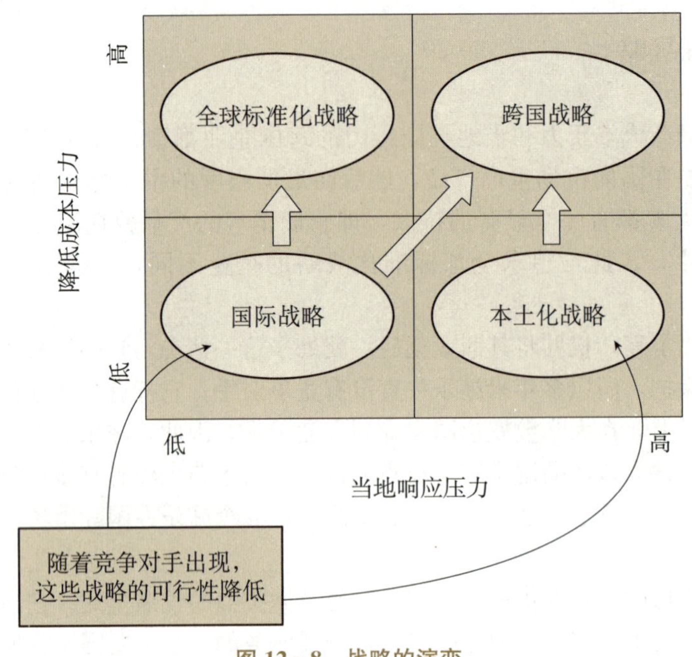

图 12－8　战略的演变

小结

本章介绍了基本的战略原则以及企业可以从全球扩张中获利的各种方式，还考察了企业在全球竞争中可以采用的战略。本章要点如下：

1. 战略可定义为管理者为实现企业目标而采取的行动。对大多数企业而言，首要目标是实现股东价值最大化。股东价值最大化要求企业专注于提高盈利能力和利润增长率。

2. 在当地竞争对手缺乏相关产品和竞争力的情况下，国际扩张可以使企业将具有核心竞争力的产品转移到这些地点，从而获得更大的回报。

3. 企业将其每项价值创造活动都放在要素条件最有利于开展该活动的地点，可能会从中获利。这一战略专注于实现区位经济。

4. 国际扩张可以快速积累标准化产品的销量，从而通过学习效应和规模经济帮助企业沿经验曲线向下移动。

5. 跨国企业可以识别其外国子公司创造的有价值的技能，并在其国际运营网络中利用这些技能，从而创造出附加价值。利用这些技能的过程是企业全球价值链的一部分。

6. 要确定企业的最佳战略，通常需要考虑降低成本压力和当地响应压力。

7. 采用国际战略的企业将其具有核心竞争力的产品转移到国外市场，同时只进行有限的本土化调整。

8. 采用本土化战略的企业会根据各国情况定制产品、营销策略和商务策略。

9. 采用全球标准化战略的企业专注于利用经验效应和区位经济降低成本。

10. 如今，许多行业的竞争极为激烈，企业必须采用跨国战略。跨国战略能同时降低成本、转移技能和产品，以及提高当地响应能力。要实施跨国战略可能并不容易。

思考与讨论题

1. 在一个运输成本为零、没有贸易壁垒且各国间要素条件差异显著的世界中，企业要想生存就必须进行国际扩张。请讨论这种说法。

2. 请在图 12-6 中标出以下企业的位置：宝洁、IBM、苹果、可口可乐、陶氏化学、英特尔和麦当劳，并作出解释。

3. 本土化战略适用于哪些行业？什么情况下最适合采用全球标准化战略？

4. 重新阅读“管理聚焦”专栏中的“百威英博、全球化战略与价值创造”，然后回答下列问题：

(1) 百威英博拥有 200 多个品牌，各品牌在国际上有着较高占有率。它是一家战略独特且组织严密的全球公司。它的品牌数量是否过多？为什么？

(2) 公司专注于品牌战略，大部分资源都投入那些最具有长期增长潜力的品牌。你认为这种做法有哪些优点和缺点？

(3) 在战略上，百威英博有十大原则。其核心是：打造一个共同的梦想，激励每一个员工都朝着把公司打造为世界上最好的啤酒公司这一方向努力，将员工团结在一起，让世界变得更美好。公司原则包括人才优势、团队质量、努力提高满意度、消费者至上、所有权、常识和简单化、成本管理、领导力、努力工作和责任感。大型跨国公司是否真的需要建立在强有力的原则上，还是需要更灵活的组织结构？

5. 你认为，在实施跨国战略时可能会遇到哪些组织结构方面的问题？

章末案例

红牛，国际战略领先者

红牛是在哪个国家创立的？无论在美国还是其他国家，许多人都认为红牛是他们自己国家的产品，因为红牛在品牌营销方面做得非常出色。红牛还在众多活动中强调了该品牌所代表的惊人能量、积极进取的态度和有趣的冒险精神，正如它的口号“红牛给你翅膀”所表达的意思。为支持国际战略，红牛在全球各地举办了多项极限运动赛事，包括在美国举办的红牛印第安纳波利斯大奖赛、在英国举办的红牛特技飞行赛、在约旦举办的红牛皂飞车大赛，还包括红牛世界悬崖跳水系列赛、红牛竞速飞行赛、红牛破冰赛，以及极限跳伞等令人惊叹的特技表演。但是，红牛品牌的全球化战略布局远不止于此。

现在回答开篇时的问题：红牛来自奥地利，但也可以说它是一家奥地利-泰国公司。1984 年，奥地利企业家迪特里希·马特希茨（Dietrich Mateschitz）和泰国商人许书标（Chaleo Yoovidhya）创立了红牛有限公司（Red Bull GmbH）。在为德国制造商 Blendax（后被宝洁收购）工作期间，马特希茨在泰国认识了天丝医药（TC Pharmaceutical）的所有者许书标。两人一拍即合，并在数年后创建了红牛。如今，红牛因其国际商务战略而被视为世界顶级公司之一，尤其是其国际营销策略（第17章国际营销与商业分析中还将介绍）。在全球范围内，红牛在所有能量饮料中所占的市场份额也是最高的，每年销量达60多亿罐（几乎全世界每人一罐）。

为什么叫"红牛"？这个名字实际上突显了其创始人的背景。在泰语中，daeng是红色的意思，而krating是东南亚的一种大型野牛，学名是"印度野牛"（gaur），俗称为公牛。Krating Daeng由许书标创立，马特希茨遇到许书标之后，他们共同创建了红牛，将其作为一种衍生产品，并更改了部分配方以迎合西方人的口味。红牛总是装在又高又细的银蓝色易拉罐中出售，而Krating Daeng则装在较短的金色易拉罐中出售。当红牛成为世界大部分地区最畅销的能量饮料时，Krating Daeng也在世界各地销售。红牛被视为一家奥地利公司，而Krating Daeng被视为一家泰国公司。

红牛的营销活动在许多方面都是其国际企业战略的主要驱动力。开篇列出的各种活动很好地体现了红牛的品牌，它已经成为并且仍然试图在战略上塑造及展示公司的活力，本质上是它的"品牌神话"最终使其成为一个传奇。红牛以其独特的方式真正地将产品推向大众市场。红牛不搞传统营销，其整体的国际企业战略在某种程度上都是非传统的。与大多数其他跨国公司相反，红牛以举办的赛事和支持的队伍推动了公司的国际企业战略（例如，莱比锡红牛足球俱乐部、萨尔茨堡红牛足球俱乐部、列弗灵足球俱乐部、巴西红牛足球俱乐部、纽约红牛足球俱乐部，以及一级方程式车队红牛车队和阿尔法托利车队）。

除了这些极限赛事和运动队伍之外，红牛的包装也是其全球吸引力和国际企业战略核心的重要组成部分。有人说，红牛似乎真的是一件符合全球经济理念的产品。它不是简单地装在罐子或瓶子里，它对更普遍的全球受众有着更广泛的吸引力。它的外观和内容既没有体现出美国或亚洲的特征，也没有体现出世界上其他任何地方的特征。由于缺乏明确的地理特征，全球消费者都感觉与红牛的连接十分紧密，并将其视为当地产品。此外，红牛在全球范围内使用统一的包装，有助于该品牌以协调一致的国际企业战略走向全球。

值得探究的是，红牛的国际企业战略专注于通用产品的理念、独特且突出的包装以及极限活动赞助，但很少关注公司自身的组织结构。而大多数其他跨国公司必须在战略和组织结构之间找到平衡，才能良好地实施国际战略。红牛一直在努力推动公司理念，这对其而言非常有效。红牛通过自己的"红牛媒体之家"传达清晰一致的信息，在社交媒体上播放鼓舞人心的视频，举办励志的活动，并针对不同受众量身定制营销内容。红牛还关注个人自由，重视消费者提供的内容，消费者可以将他们惊险刺激的生活方式分享给更多人。

资料来源：Hanna Fleishman, "13 Businesses with Brilliant Global Marketing Strategies," February 9, 2018; Alex Siminoff, "Red Bull Stomps All Over Global Marketing," *Art+Marketing*, April 28, 2017; Nitin Pangarkar and Mohit Agarwal, "The Wind Behind Red Bull's Wings," *Forbes*, June 24, 2013; Celine Cnossen, Yuan Li, Neha Sampath, Whitney Taylor-Maisano, and Viktor Tsonev, "What Gives Red Bull Wings: Creating a Successful Market-Oriented Organization," American Marketing Association, April 24, 2018; "Global Energy Drinks Market Opportunities 2018: Red Bull GmbH, Rockstar, Monster Energy, Amway Global," *Market Watch*, March 14, 2018.

案例讨论题

1. 作为一家奥地利-泰国公司，红牛在国际定位上做得非常出色，它在每个国家都被当作本地公司。当你知道红牛是一个深受泰国文化影响的奥地利品牌后，你更愿意还是更不愿意购买红牛呢？产品的原产地对消费者而言重要吗？

2. 在全球范围内，红牛在所有能量饮料中的市场份额最高，每年售出 60 多亿罐（几乎全世界每人一罐）。红牛罐装饮料的销量（基本上表现了其受欢迎程度）是否会在一定程度上引发你的购买欲望？

3. 红牛以独特的方式向大众市场销售产品。为支持国际企业战略，红牛举办了多项极限运动赛事。你是否有可能接触到这些极限运动赛事，或者你是否会关注这些赛事？有些营销人员认为，仅仅了解红牛的品牌神话和传奇就足以让人们购买红牛产品了。你同意这种说法吗？为什么？

注释

第13章

国际企业的组织

学习目标

阅读本章后，你将能够：

- 解释组织架构的含义。
- 描述国际企业可选的不同组织架构。
- 阐述组织架构如何与全球化战略相匹配以提高绩效。
- 讨论国际企业要如何改变组织架构以使之更加匹配全球化战略。

开篇案例　Bird、Lime和全球组织架构

Bird和Lime均成立于2017年，是服务于国际客户的卓越的共享经济公司。Bird在其网站上对公司（和行业）的理念作出了很好的解释："随着全球各地城市的不断发展，我们需要更灵活的出行方式。我们面临着前所未有的污染和交通拥堵。能够迅速起效的解决方案就是与城市合作，重新平衡现有的街道，并改善人们的出行方式，而不是增加更多的汽车，或者重新设计整个交通布局"*（www. bird. co/about）。

Lime也表示公司致力于现代智能出行："Lime建立在一个简单的理念之上，即所有社区都可以获得智能且经济划算的出行方式。通过共享滑板车、自行车和公共交通工具的合理分配，我们意图减少人们对私家车的依赖，为子孙后代留下一个更清洁、更健康的星球"**（www. li. me/about-us）。

特拉维斯·范德赞登（Travis VanderZanden）于2017年9月创立Bird。他曾经担任来福车和优步的高管，因此他的背景让他站在了共享经济的前沿和中心。Bird是一家无桩滑板车共享公司，总部位于加利福尼亚州圣莫尼卡。公司在北美、欧洲和亚洲的

100多个城市开展电动滑板车业务。开始运营后的第一年，公司就有了1 000万次左右的骑行记录。中国制造商纳恩博（Ninebot）和小米为Bird提供了大部分滑板车。Bird最初于2018年8月开始全球扩张，先是在法国和以色列，然后继续扩张至比利时和奥地利。如今它已经扩张至10多个国家。正如公司早期提出的理念，Bird致力于打造拥有更少交通拥堵、更清洁空气和更安全街道的充满活力的社区。公司正在积极与世界各地的城市和大学合作，提供新的交通方式选择，完善公共交通系统，并投资于造福所有人的安全基础设施。

Lime由孙维耀和鲍周佳于2017年1月创立，总部位于加利福尼亚州旧金山。公司名称实际为Neutron Holdings，Inc.，但在Lime品牌下开展业务，它的前身为Lime-Bike。作为一家交通租赁公司，Lime的核心服务包括全球多个城市的自行车、滑板车和汽车共享系统。这些系统提供无桩交通工具，用户可以通过移动应用程序找到并解锁这些交通工具。大学校园和世界各地的大城市都是Lime的主要目标市场。Lime成立仅几年就已在20多个国家开展业务，估值达24亿美元。迄今为止，投资者投入的运营资金达到了7.65亿美元。公司有着强大的后盾，进军国际市场的决心也毫不动摇。为了实现全球扩张，Lime聘请了它的第一位全球社区总监。该职位的职责是设计并开发世界一流的草根品牌塑造战略，Lime希望能够通过这一战略与全球各地的社区产生共鸣。

Bird和Lime都瞄准了一个独特的利基市场。使用车辆出行的场景中约有40%出行距离不到3英里。对于像Bird和Lime这样的公司，这是对交通市场的完美细分。80%的人认为他们的城市存在堵车和污染的问题，大约有70%的人希望有新的交通选择。虽然Bird和Lime因阻塞人行道和破坏校园及城市景观而受到一些市民和政府代表的抨击，但Bird和Lime的滑板车不仅减少了车辆使用，还降低了高密度地区的交通量。此外，与汽车相比，滑板车要小得多。一个传统的汽车停车位可以容纳10辆滑板车。总体而言，这些特点意味着与其他交通方式相比，滑板车有助于减少污染并改善空气质量。

Bird和Lime还创建了一种组织结构与社区合作共同提供服务。社区和其他各类组织可以为其成员申请获取服务。但目前为止，Bird和lime的服务仍然以类似于优步和来福车的方式开展。在其服务的社区中，仅有少量甚至没有任何监管。实际上，一些认为监管很有必要的社区正在采取措施。例如，洛杉矶滑板车泛滥，造成交通堵塞和其他滋扰。市政官员决定在市领导制定政策对这些服务进行管控之前，禁止这些公司继续扩张。他们通常采取的措施包括提高取得运营许可证的费用，以及设置城市周围运营的滑板车总数上限。因此，在向着社区-公司的组织合作方式演变的过程中，Bird和Lime走上了优步和来福车的模式。

在运营方面，Bird和Lime都采用了虚拟的组织结构，以确保滑板车的运营，从而使客户有需要时能够在人流量较大的地方很容易找到滑板车，并且能够保证滑板车符合所有现行的或仍在制定中的社区监管规定。例如，由于滑板车是电动的，夜间需由“Bird Charger”和“Lime Juicer”进行充电。这种虚拟的人际网络很重要，因为电动滑板车每天都要充电，所以Bird和Lime都利用了独立承包商（即普通人晚上把滑板车带回家充电，然后在第二天清晨之前将它们放回街上供公众使用）。

所以，无论是这些小玩意（滑板车），还是共享经济中使人们相互连接的技术（智能手机应用程序、GPS），或者是这些公司所依赖的独立承包商组成的网络，都将影响滑板车的未来发展。虽然 Bird 和 Lime 目前是国际市场的统治者，但 Spin、Goat 和 Skip 等美国公司，以及 Tier、Vol 和 Flash 等欧洲企业，甚至优步和来福车等，如今都涉足滑板车业务，并且可能会逐渐蚕食 Bird 和 Lime 的市场份额。

* About：Bird，www. bird. co/about.

** Our Mission：Lime，www. li. me/about.

资料来源：Eric Newcomer，"Lime and Bird Raise Millions，But at Far Lower Valuations Than Hoped，" Bloomberg *BusinessWeek*，January 17，2019；Ethan May，"Here's Everything You Need to Know About Bird and Lime Electric Scooters，" *IndyStar*，June 21，2018；Don Reisinger，"Why Bird and Lime Scooters Are Invading US Cities Everywhere，" *Tom's Guide*，August 13，2018；Megan Rose Dickey，"Electric Scooters Are Going Worldwide，" *Tech Crunch*，April 11，2019；Nate Lanxon，"Europe's Scooter Firms Said to Talk Mergers as Lime Expands，" *Bloomberg Business Week*，February 7，2019.

13.1 引言

通常在谈论公司如果要走向国际应该采取何种组织结构时，会想到百威英博、宜家和联合利华（第 12 章介绍）或者沃尔玛和宝洁等跨国公司（本章涉及）。本章的两个"管理聚焦"专栏也对这些公司以及其他较为传统的公司（陶氏和林肯电气）进行了讨论。

不过，涵盖较新的企业和组织形式也很有必要，正如第 12 章开篇案例中的爱彼迎、优步、来福车和途罗等共享经济公司。共享经济持续催生了许多点对点产品和服务或其他共享形式的公司。作为一种经济模式，共享经济对公司及其组织活动的方式有着重大影响。公司的组织结构必须更加灵活和开放（例如，采用开放访问的软件）。**共享经济**（sharing economy）最典型的特征在于我们通常将其视为通过在线平台（例如，智能手机应用程序）社区在供应商和客户之间实现产品和服务设施的取得、提供、分享的点对点活动的经济模型。

本章主要涉及国际企业在全球运营管理和指导中所采用的组织结构，这在百威英博、宜家、联合利华的战略案例以及沃尔玛、宝洁、陶氏和林肯电气的组织结构案例中有所体现。同样，正如对爱彼迎、优步、来福车和途罗以及 Bird 和 Lime 的介绍中所示，在某些情况下，企业现在的组织结构更加灵活、更具流动性、更虚拟。点对点的业务模式越来越受到大公司欢迎，它们在部分组织结构中采用了这种形式。

因此，在有关组织结构的章节中，我们将同时讨论两种组织架构：传统架构和共享经济架构。**组织架构**（organizational architecture）是企业组织的整体，包括正式的组织结构、控制体系和激励措施、流程、组织文化和人员等。本章的核心是讨论企业要实现卓越的盈利能力所需满足的三个条件。

第一，企业组织的整体架构中的不同要素必须在内部保持一致。例如，企业所采用的控制和激励体系必须与企业结构一致。比如一些企业为使其商业模式和组织架构发挥作用所采用的虚拟团队（例如，优步和来福车）。

第二，组织架构必须匹配或适用于企业战略，即战略和架构必须一致。[1]企业如果采用了全球标准化战略，却选择了错误的组织架构，则不太可能有效地执行该战略，并有可能导致企业绩效不佳。大公司（例如，微软和 IBM）往往面临着这种问题，这要求它们在战略转变上更加灵活和创新。

第三，企业不仅应当协调战略和架构，还要考虑在市场中普遍面对的竞争环境，即战略、架构和竞争环境必须保持一致。[2]例如，企业采用本土化战略并拥有与之相匹配的组织架构。但是，如果企业所处的竞争市场中降低成本压力很高而当地响应压力很低，则企业仍可能表现不佳，因为这种环境更适合采用全球标准化战略。

为了探讨沃尔玛和宝洁以及 Bird 和 Lime 案例所说明的问题，本章首先将讨论组织架构的概念及其适用范围。接下来将考察组织架构中的各个组成部分——结构、控制体系和激励措施、组织文化以及流程等，并阐述这些组成部分如何在内部保持一致（我们将在第 18 章讨论跨国企业人力资源时，考察架构中的“人员”部分）。在介绍了架构的各个组成部分后，本章将研究架构与战略及环境以何种方式匹配才能够实现卓越的绩效。本章最后讨论了组织结构的调整。企业需要每隔一段时间改变或调整其组织结构，使其适应新的战略和竞争状况（例如，优步和来福车进入了本来由 Bird 和 Lime 主导的滑板车市场）。

13.2　组织架构

如引言中所述，组织架构指的是企业组织的整体，包括正式的组织结构、控制体系和激励措施、组织文化、流程和人员等[3]，如图 13 - 1 所示。

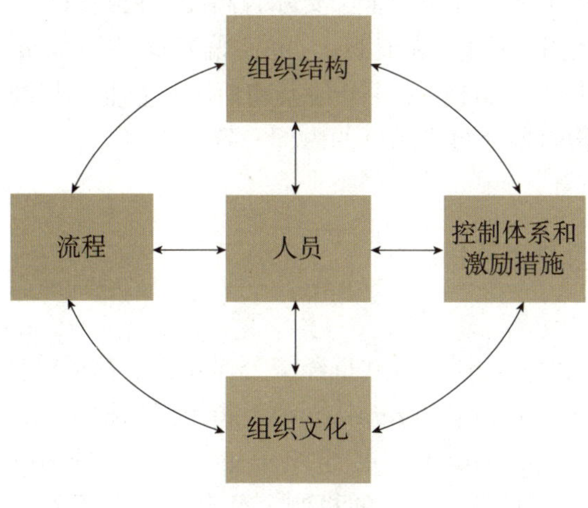

图 13 - 1　组织架构

组织结构（organizational structure）涉及三点：第一，将组织正式划分为子单元，例如产品部门、各国运营部门和职能部门（大多数组织结构都采用这种形式）等；第二，确定组织结构内的决策方式（例如，集中决策、正式决策、灵活决策、专门决策等）；第三，建立协调各子单元活动的综合机制，包括跨职能和跨区域团队。

控制体系（control system）是指用于衡量子单元绩效和子单元管理水平的指标。例如，联合利华向来根据盈利能力衡量在各国运营的子公司绩效。而 Lime 在衡量其独立承包商 Lime Juicer 的绩效时，则是根据每天清晨在特定地点取走、充电和重新投入使用的滑板车数量。

激励措施（incentive）是用来奖励适当管理行为的手段。激励措施与绩效指标密切相关。例如，对某国子公司管理者的激励很可能与该子公司的业绩挂钩。具体而言，只有子公司达到了绩效目标，管理者才能得到奖金。Lime Juicer 员工如果不能在早上 7 点前收回滑板车，则无法取得全额工资。

流程（process）是组织内作出决策和执行工作的方式。例如，制定战略的流程、决定企业资源分配方式的流程，或者评估管理者绩效和给出反馈的流程等。[4] 流程不同于组织内的决策机构，尽管两者都涉及决策。虽然 CEO 可能最终作出企业战略决策（即集中决策），但他在作出决策的过程中可能征求下级管理者的意见。

组织文化（organizational culture）是指组织员工之间共享的规范和价值体系。正如不同社会拥有不同文化一样（详见第 3 章），组织也是如此。组织可以被视为一群在一起执行集体任务的人所组成的社会。组织有自己独特的文化和亚文化模式。[5] 正如我们将要看到的，组织文化可以对企业绩效产生深远影响。

人员（people）不仅指组织的员工，还包括用于招聘、付酬、留住员工的策略，以及员工的技能、价值观和取向（我们将在第 18 章进行深入讨论）。

如图 13－1 箭头所示，组织架构的各个组成部分不是相互独立的，而是相互影响的。关于人员的策略就是一个显而易见的例子。组织可以主动雇用那些内在价值观与企业所强调的组织文化相一致的人员。因此，组织架构中的人员组成可用于强化组织的主文化。例如，联合利华历来偏好聘请善于交际且高度重视共识与合作的管理者，而这正是企业希望在自身文化中强调的价值观。[6] 宝洁偏好聘请当地员工，宝洁的产品销往 180 个国家和地区，其员工来自约 140 个国家和地区。企业如果要最大化盈利能力，就必须密切关注组织架构内各个组成部分的内部一致性。

13.3 组织结构

无论是对传统组织而言，还是对共享经济公司而言，都可以从三个维度来思考组织结构：（1）**纵向分化**（vertical differentiation），指组织结构中的决策责任所在；（2）**横向分化**（horizontal differentiation），指组织子单元的正式划分；（3）**整合机制**（integrating mechanism），即协调子单元的机制。整合机制对于点对点共享经济公司的有效运营尤为重要。

13.3.1　纵向分化

企业纵向分化决定了在其层级结构中的哪个位置进行集中决策。[7]生产和营销决策是由高层管理者进行集中决策，还是由低层管理者进行分散决策；研发决策权在谁手上；重要的战略和财务决策权是下放到运营部门，还是集中在最高管理层手中；等等。对于集权和分权，都有其支持者（某些情况下，还可采用一定程度的专业化管理，如共享经济中的新创业企业）。

支持集权的观点

支持集权有四个主要理由。第一，集权可以促进各业务部门之间的协调和整合。假设一家企业在中国有零部件制造工厂，在墨西哥有装配工厂。企业可能需要协调这两个工厂的活动，以确保产品顺利地完成从零部件生产到装配的流程。这可以通过企业总部集中化的生产调度来实现。第二，集权有助于确保决策与企业目标一致。当决策权下放给较低层级的管理者时，他们可能作出与高层管理者目标不一致的决策。对重要决策进行集权可以最大限度降低这种情况发生的可能性。第三，将权力和权限集中在一个人或一个管理团队手中，能够使最高层管理者在必要时实现重大的组织变革。第四，集权可以避免组织内各子单元在进行相似活动时产生重复。例如，许多国际企业将研发职能集中于 1～2 个地点，以确保研发工作不会重复。出于同样的原因，生产活动也可能集中于关键区位。

支持分权的观点

支持分权有五个主要理由。第一，集权可能使最高层管理者不堪重负，并导致决策失误、决策缓慢，且无法作出最佳决策。分权可以让高层管理者将更多的常规问题授权给较低层级的管理者进行决策，从而有更多时间专注于关键问题。第二，动机研究也支持分权。行为科学家长期以来一直认为，当人们有更大程度的自由，从而能够更好地掌控其工作时，他们愿意为工作付出更多。第三，分权提供了更大的灵活性，能够对市场竞争和环境变化作出更快的反应，因为在没有特殊情况时这些决策无须上级批准。第四，分权可以带来更好的决策。在分散的结构中，离客户或者产品和服务开发地较近的管理者通常比高层管理者更清楚应当作出哪些决策（尽管高层管理者更了解公司全局）。第五，分权可以加强控制。分权可用于在组织内建立相对自主独立的子单元。然后由子单元的管理者对子单元的绩效负责。子单元管理者所作的决策对子单元绩效的影响越大，当业绩不佳时他们的借口就越少，他们为了提高业绩可能投入更多的精力，从而为组织提供更大的价值。

国际企业的战略与集权

在集权和分权之间进行选择，并不是绝对的。[8]通常根据决策类型和企业战略，可以部分集权，部分分权。关于企业总体战略、主要财务支出、财务目标和法律问题的决策通常需要在企业总部由最高管理层作出。但是，与生产、营销、研发和人力资源管理相关的运营决策，则可以根据企业战略进行集权或分权管理。

以采用全球标准化战略的企业为例。[9]它们必须决定如何将各种价值创造活动分散于全球各地，以实现区位经济和经验效应。企业总部必须决定研发、生产、营销等部门的选址。此外，还必须对分散于全球各地的价值创造活动进行协调，以确保全球标准化战略的实施。所有这些都将为运营决策的集权带来压力。

相反，采用本土化战略的企业强调的是当地响应能力，这将为运营决策下放至各个子公司带来很大的压力。采用国际战略的企业也倾向于对其核心竞争力进行集中控制，但愿意将其他决策权下放至外国子公司。这类企业通常会对本国的研发进行集中控制，但由外国子公司作出运营决策。例如，微软就采用国际战略，它将产品开发活动集中在位于华盛顿州雷德蒙德的总部，而将营销活动分散至各个外国子公司。虽然产品是在国内开发的，但各个外国子公司的管理者有很大的自由度根据特定的环境制定产品营销策略。[10]

采用跨国战略的企业则面临更复杂的情况。为实现区位经济和经验效应，企业需要对其全球生产中心进行某种程度的集权。但是，对当地响应能力的需求又要求企业将许多运营决策（尤其是营销决策）下放给外国子公司。因此，在采用跨国战略的企业中，一些运营决策相对集中化，另一些则相对分散化。此外，采用跨国战略的企业的核心特征是子公司之间以及子公司与总部之间知识和技能的多向转移能够形成全球性的学习效应。全球性的学习效应所依据的理念是，跨国企业的子公司有很大的自由度来发展自己的知识和技能，然后利用这些知识和技能使组织的其他部分受益。如果要实现子公司这样的自由度，企业就需要在很大程度上采取分权的方式。出于这个原因，采用跨国战略需要较高程度的分权。[11]

13.3.2 横向分化

横向分化涉及企业如何划分子单元。[12]企业通常会根据职能、业务类型或地理区域作出决定。许多企业以一种划分方式为主导，也有一些企业采用更为复杂的方式，尤其是跨国企业，因为跨国企业必须协调不同产品（以实现区位经济和经验效应）和不同国家市场（以保持当地响应能力）之间对企业组织结构的不同要求。

国内企业的结构

大多数企业最初并没有正式的结构，仅由企业家一人或一个小团队进行经营。随着企业成长，管理需求也在增长，逐渐超出了企业家或小团队的处理能力范围。此时，组织就会按照企业价值创造活动划分出不同的职能部门。这些职能通常由最高管理层进行协调和控制（见图 13－2），这些职能结构中的决策通常采用集权方式。

如果企业涉足了多个不同的业务领域，产品十分多样化，则企业可能需要进一步的横向分化。例如，荷兰跨国企业飞利浦（Philips）最初是一家照明公司，但随着多元化发展，公司开始涉足消费电子产品（例如，视频设备和音频设备）、工业电子产品（集

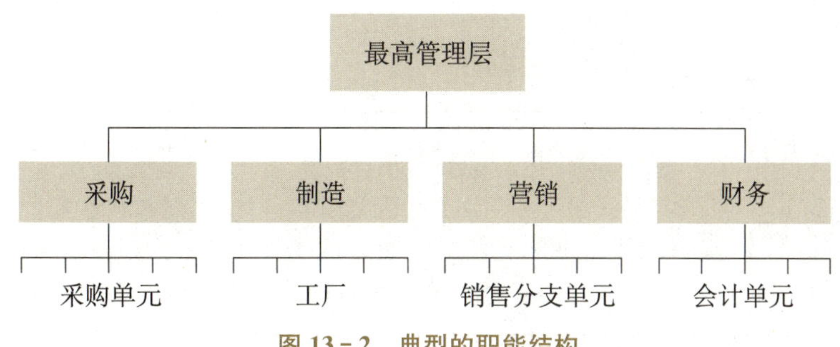

图 13-2　典型的职能结构

成电路和其他电子元件）以及医疗系统（核磁共振扫描仪和超声仪）等。在这种情况下，仅按职能进行企业结构划分可能不够灵活。在职能框架内对不同业务领域进行管理时，可能出现协调和控制上的问题。[13] 一方面，很难确定不同业务领域各自的盈利能力；另一方面，同时监管多个业务领域的价值创造活动，给生产或营销等单一职能部门带来了很大困难。

为解决协调和控制的问题，大多数企业在这一阶段转而采用产品部门结构（见图 13-3）。在产品部门结构中，各个部门负责不同的产品线（业务领域）。因此，飞利浦创建了照明、消费电子、工业电子和医疗系统等多个产品部门。每个产品部门都是在很大程度上自主且拥有多项职能的独立实体。运营决策通常被下放到产品部门，各产品部门对自己的绩效负责。总部负责企业的整体战略发展和不同部门之间的财务控制。

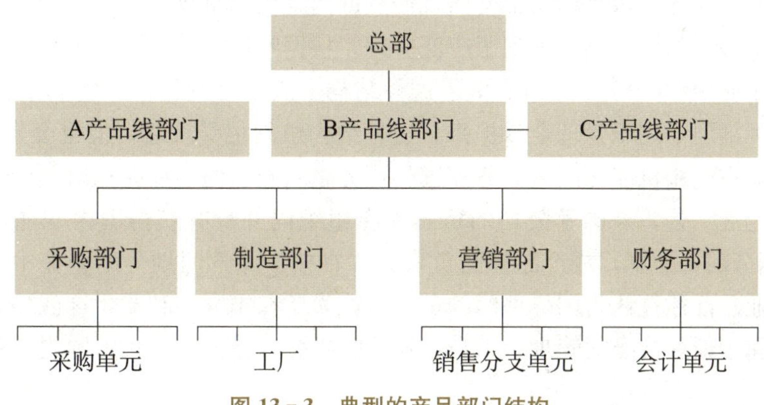

图 13-3　典型的产品部门结构

国际部门

企业最初向海外扩张时，通常将所有国际活动都划归一个部门管理，这个部门就是**国际部门**（international division）。无论是按职能划分组建的企业，还是按产品部门划分组建的企业，往往都是如此。不管企业的国内结构如何，其国际部门通常都是按区域组建的。图 13-4 展示了拥有国际部门且国内组织形式按产品部门划分的企业结构。

许多制造业企业将国内制造的产品出口至外国子公司进行销售，从而实现国际扩张。因此，在图 13-4 中，国家 1 和国家 2 销售的产品都包括 A、B 和 C 产品线部门制造的产品。但是随着时间推移，企业可能直接在各国制造产品，从而开始在不同国家建

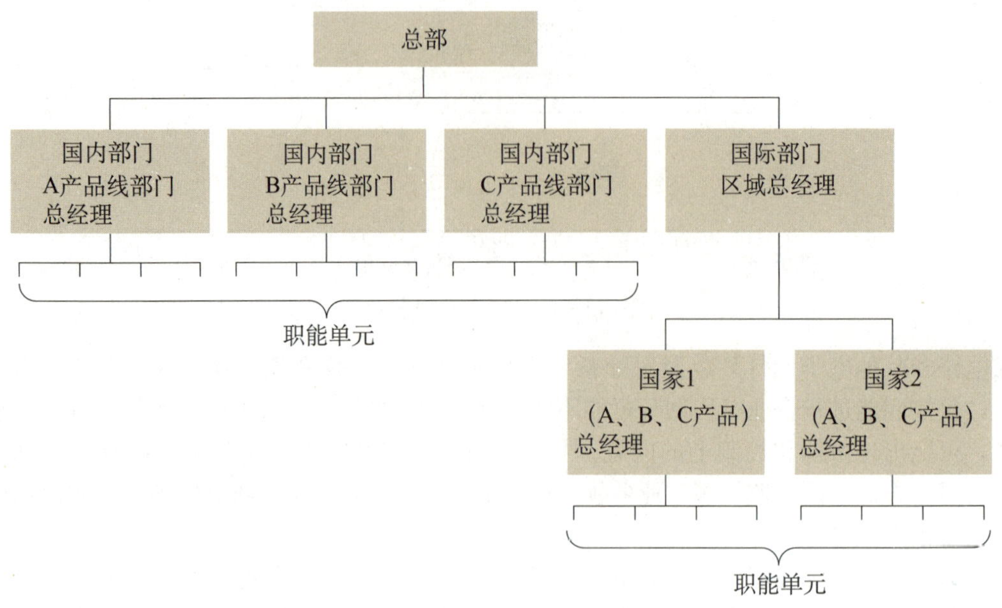

图 13－4　公司的国际部门结构

立生产设施。对于国内结构按职能划分的企业而言，这可能意味着企业在其开展业务的每个国家都会出现职能结构的重复。而对于按照产品部门划分的企业而言，这可能意味着企业在其开展业务的每个国家都会出现产品部门结构的重复。

这种设置国际部门的结构得到了广泛应用。根据哈佛大学的一项研究，在所有进行国际扩张的企业中，60%最初都采用了这种结构。沃尔玛就是很好的例子。它在 1993 年设立了国际部门，用于管理全球扩张。这种结构虽然很受欢迎，但也会带来问题。[14] 它所塑造的双重结构可能使国内业务和国外业务之间产生内在冲突和协调问题。这种结构带来的问题之一是，外国子公司的负责人在组织内并没有获得国内职能部门负责人（在按职能划分的企业中）或产品部门负责人（在按产品部门划分的企业中）所拥有的话语权。企业总部往往认为国际部门的负责人代表所在国家的利益，这就使得各国管理者在企业中属于低一层级的管理者，与企业国际扩张以及打造真正跨国组织的战略目标不一致。

另一个问题是国内业务和国外业务之间可能缺乏协调，这使得它们在结构层次的不同部位产生分离，阻碍了新产品在全球范围内进行推广、国内外核心竞争力的转移，以及全球性的生产活动在关键区位的整合，使企业难以实现区位经济和经验效应。

由于存在这些问题，许多企业在继续国际扩张时放弃了这种结构，采用接下来将讨论的几种全球范围的结构。最初的两种选择是全球产品部门结构（在国内依据产品部门划分的多元化企业通常采用这种结构），以及全球区域结构（基于职能划分国内结构的非多元化企业通常采用这种结构）。图 13－5 中的模型被称为国际组织结构阶段模型，说明了上述两种结构可选的发展路径，由约翰·斯托普福德（John Stopford）和路易斯·韦尔斯（Louis Wells）开发。[15]

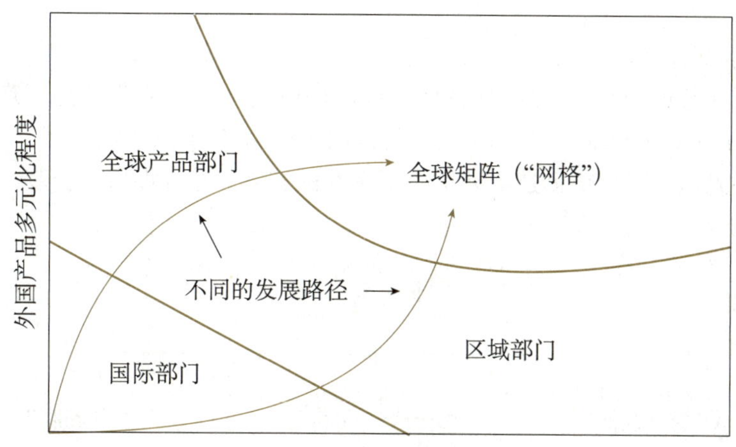

图 13－5　国际组织结构阶段模型

资料来源：M. J. Stopford and L. T. Wells，*Strategy and Structure of the Multinational Enterprise*（New York：Basic Books，1972）

全球区域结构

多元化程度不高且基于职能进行国内结构划分的企业通常偏好采用**全球区域结构**（worldwide area structure）（见图 13－6）。在这种结构下，企业将世界市场按照地理区域进行划分。一个区域可能是一个国家/地区（如果市场足够大）或一组国家/地区。每个区域往往是一个独立的、很大程度上自主的且具有自己价值创造活动（例如，生产、营销、研发、人力资源和财务职能等）的实体。这些活动的相关运营权和战略决策权通常下放到各个区域，而总部则保留了控制企业总体战略方向和财务的权力。

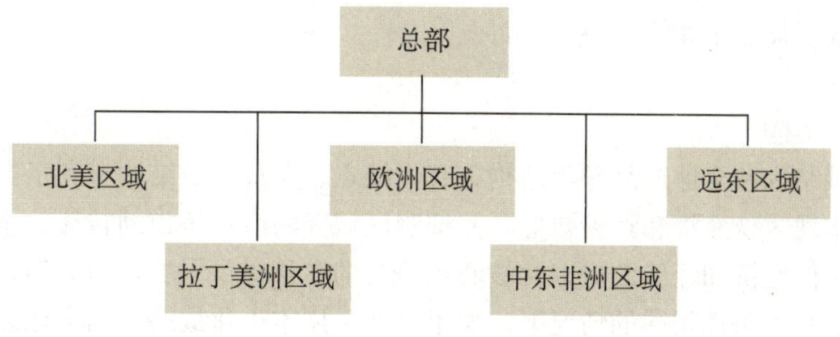

图 13－6　全球区域结构

这种结构有助于提高当地响应能力。因为各个区域都拥有决策权，可以根据本土情况对产品策略、营销策略和商务策略进行调整。然而，这种结构也有可能使组织分裂成多个高度自主的实体，导致核心竞争力和技能难以在区域之间转移，从而难以实现区位经济和经验效应。换言之，这种结构与本土化战略相匹配，但在全球标准化战略下可能难以带来收益。对于企业而言，如果当地响应能力不如降低成本或者转移核心竞争力以打造竞争优势重要，则采用这种结构可能产生严重问题。

全球产品部门结构

合理多元化且最初基于产品部门划分国内结构的企业往往会采用**全球产品部门结构**（worldwide product division structure）。与国内的产品部门结构相似，每个部门都是独立、基本自主且对自身价值创造活动负全部责任的实体。总部保留了控制企业整体战略发展和财务的权力（见图13-7）。

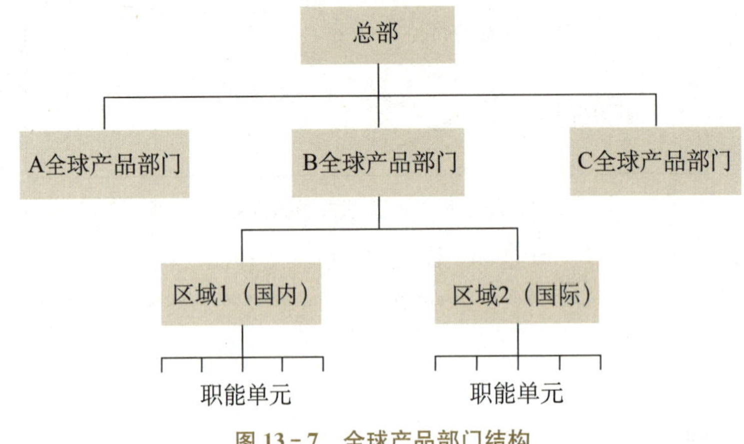

图13-7　全球产品部门结构

各个产品部门在全球范围内针对价值创造活动的协作机制是组织良好运行的基础。因此，全球产品部门结构旨在克服国际部门和全球区域结构中出现的协调问题。这种结构提供了一种可以强化价值创造活动在关键区位整合的组织环境，是实现区位经济和经验效应的必要条件。它还有助于同一部门在全球运营中转移核心竞争力，并在全球范围内同步推出新产品。该结构的主要问题在于它只能赋予区域或外国子单元管理者有限的话语权，因为这些管理者被视为产品部门管理者的下级。其结果可能是当地响应能力不足，导致绩效不佳，正如第12章所示。

全球矩阵结构

全球区域结构和全球产品部门结构各有优缺点。全球区域结构有利于当地响应，但会阻碍企业实现区位经济和经验效应，并抑制区域间核心竞争力的转移。全球产品部门结构为寻求区位经济和经验效应以及核心竞争力的转移提供了更好的框架，但缺乏当地响应能力。在其他条件相同的情况下，如果企业采用本土化战略，则全球区域结构更为合适；如果企业采用全球标准化战略或国际战略，则全球产品部门结构更为合适；然而，正如巴特利特（Bartlett）和戈沙尔（Ghoshal）所说，企业要想在某些行业中生存，就必须采用跨国战略。它们必须同时关注以下方面：区位经济、经验效应、当地响应能力，以及核心竞争力的内部转移。[16]

有些企业试图通过全球矩阵结构来应对跨国战略中相互冲突的需求。在经典的**全球矩阵结构**（global matrix structure）中，横向分化将沿着两个维度进行：产品部门和地理区域（见图13-8）。其理念是关于某一特定产品的运营决策应当由该产品部门和企业各区域子单元共同承担。因此，对于 A 产品部门生产的产品在区域 1 中采用的产品策略、营销策略和商务策略，应当由 A 产品部门和区域 1 的管理人员协调决定。一般认为，这种双重决策机制能够使企业同时实现不同的特定目标。在经典全球矩阵结构中，组织赋予了产品部门和地理区域子单元平等的地位，强化了双重责任的理念。因此，每个管理者都隶属于两个层级结构（部门层级结构和区域层级结构），并且有两个上级（部门上级和区域上级）。

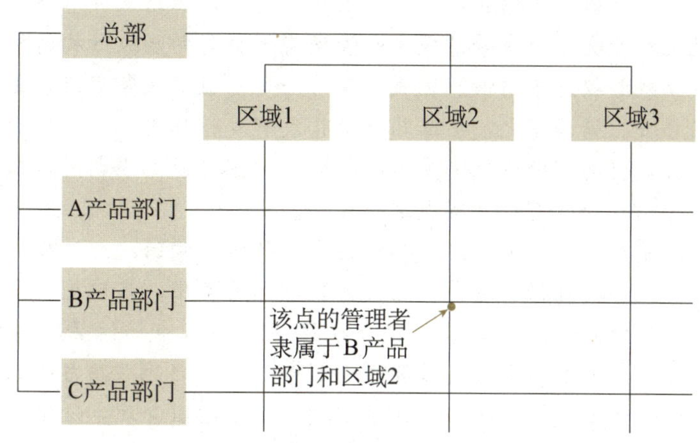

图 13-8　全球矩阵结构

ABB（Asea Brown Boveri）是一家在机器人以及电力和自动化技术领域开展业务的大型跨国公司，也是最先采用全球矩阵结构的公司之一。瑞典 Asea 与瑞士 Brown Boveri 合并创建了 ABB。该公司战略性地选择了全球矩阵结构，以利用协同效应成为一家真正的全球公司。全球矩阵结构的灵感来自 20 世纪 60 年代美国总统约翰·肯尼迪的太空计划。该计划构建了一个矩阵结构，以便在能量、创造力和决策方面实现协同效应。早期采用全球矩阵结构的企业还有陶氏（见"管理聚焦"）。ABB 为寻求最佳的组织架构，进行了多次重组。正如 ABB 发现的那样，以全球矩阵结构运营的公司，或许可以在公司层级中形成适当的结构和隶属关系，但能否在现实中取得成功则仍需依赖于人员能否在全球矩阵结构中充分运用知识和技能。

管理聚焦　陶氏——（失败的）早期全球矩阵结构使用者

在化工行业中，仅有少数几家公司成为全球主要参与者，包括陶氏、巴斯夫（BASF）、拜耳（Bayer）、杜邦（DuPont）、埃克森美孚（Exxonmobil）、台塑（Formosa）、三菱（Mitsubishi）和壳牌（Shell）。化工行业通常需要大量投资、知识和技能。与此同时，各国之间化学品自由流动的壁垒在几十年前就基本消失了。伴随着大宗化学品交易的出现，该行业公司之间展开了长期激烈的价格竞争。在这样的竞争环境中，成本最低的公司才能赢得竞争。陶氏化学公司（通常简称为陶氏）长期以来一直是成本领先者。

多年来，陶氏的管理者始终认为其成功可部分归功于矩阵结构。陶氏的矩阵结构中有三个相互作用的元素：职能（如研发、制造、营销等）、业务（如乙烯、塑料、制药等），以及地理区域（如西班牙、德国、巴西等）。管理者的职位名称包含所有这三个元素，例如西班牙塑料业务营销经理，而且大部分管理者需要向至少两个上级报告工作。西班牙塑料业务营销经理可能需要向全球塑料业务负责人和西班牙运营负责人报告工作。这一矩阵结构的目的是使陶氏既能够响应当地市场需求，又能够实现公司目标。因此，塑料业务部门可能负责最大限度降低陶氏全球塑料生产成本，而西班牙运营部门可能负责决定如何以最好的方式在西班牙市场销售塑料。

陶氏是首批引入全球矩阵结构的大型跨国公司之一，但结果并不令人满意，多个报告渠道导致了混乱和冲突。大量等待报告的管理者使公司的层级结构运转不灵。职能重叠导致了地盘争夺战和权责不清晰。区域管理者与负责监督业务部门的管理者在工厂类型和选址上存在分歧。简而言之，全球矩阵结构没有发挥作用。然而，陶氏并没有放弃矩阵结构，而是决定将其调整得更加灵活。陶氏希望尽可能充分利用员工自身的知识和技能，而全球矩阵结构恰恰有助于实现这一目标。

陶氏决定进军制药行业，也促成了其保留全球矩阵结构的决定。公司意识到，制药业务与大宗化学品业务存在很大差异。在大宗化学品业务中，实现生产上的规模经济可以带来巨大回报。这就要求公司在能够服务于区域或全球市场的关键区位建立大型工厂。但在制药行业中，药品监管和营销要求因国家而异，因此提高当地响应能力远比通过规模经济降低制造成本更为重要。陶氏意识到，如果按照管理主流化学品业务的优先事项来管理制药业务，就难以使制药业务取得发展。

因此，陶氏没有放弃全球矩阵结构，而是决定使其更加灵活，以便在单一的管理体系中更好地确定各类业务的优先事项。总部的一小部分高级管理者帮助确定了每种业务的优先事项。之后，矩阵三元素（职能、业务或地理区域）在决策中发挥重要影响。哪一元素起主导作用取决于决策的类型以及公司参与竞争的市场或区位。这种灵活性要求所有员工都了解矩阵其余部分的情况。虽然这看起来令人很困惑，但陶氏声称这一灵活的结构多年来一直运作良好，并在很大程度上提高了决策质量。

然而，陶氏最终还是将业务重点重新放在了化工行业，剥离了业绩不佳的制药业务。为了对公司战略作出相应的调整，陶氏决定放弃全球矩阵结构，转而采用基于全球业务部门的精简结构。作出结构转变的另一原因是，陶氏意识到在竞争激烈的全球环境中，全球矩阵结构过于复杂且管理成本过高，尤其考虑到公司重新将重点放在了大宗化学品上，而这类商品的竞争优势往往在于降低生产成本。正如陶氏 CEO 所说："我们曾经是一个矩阵结构的组织，依赖于团队合作，但没有人负责。当事情进展顺利时，我们不知道该奖励谁；当事情进展不顺时，我们不知道该批评谁。所以我们创建了全球业务部门结构，精简了管理层级。我和最低级别的员工之间过去有 11 个层级，现在只有 5 个层级。"* 简而言之，陶氏最终发现全球矩阵结构不适用于成本竞争非常激烈的行业，它不得不放弃全球矩阵结构以降低运营成本。

* Quotes by Jim Fitterling, CEO of Dow Chemical Company.

资料来源：Rebecca Cook, "Dow Chemical, DuPont Plan $130 Billion Merger," *Newsweek*, December 11, 2015; "Dow Draws Its Matrix Again, and Again, and Again," *The Economist*, August 5, 1989, pp. 55–56; "Dow Goes for Global Structure," *Chemical Marketing Reporter*, December 11, 1995, pp. 4–5; R. M. Hodgetts, "Dow Chemical CEO William Stavropoulos on Structure and Decision Making," *Academy of Management Executive*, November 1999, pp. 29–35.

全球矩阵结构在现实中往往不像理论预测的那样有效。在实践中，矩阵结构通常缺乏灵活性且官僚化。它可能需要召开一系列会议，却很难完成任何工作。让区域管理者和产品部门管理者一起形成决策可能会减慢决策速度，并产生组织僵化，无法对市场变化或创新作出快速响应。双重层级结构可能导致区域子单元和产品部门之间出现冲突和永久的权力斗争，使许多管理者左右为难。更糟糕的是，在这种结构中难以明确责任。由于所有的关键决策都是由区域子单元和产品部门商议决定的，一旦事情进展不顺利，一方就可能责怪另一方。全球矩阵结构中的一位管理者在一次产品发布失败后说："如果我们能够按照自己的方式做事，而不是不得已地去迎合产品部门，这就不可能发生。"（产品部门的一位管理者也表达了类似的观点。）这种相互指责的结果可能是推卸责任，加剧冲突，而总部将失去对组织的控制。（与矩阵结构相关的问题，可参见"管理聚焦"中有关陶氏的案例。）

鉴于存在这些问题，许多采用跨国战略的企业试图在企业知识网络以及共同文化和愿景的基础上建立更加灵活的矩阵结构，而不是这种僵化的层级安排。在这些企业中，非正式结构比正式结构发挥了更大作用。显然，如果组织结构中没有一定程度的灵活性，优步、来福车、Bird、Lime、途罗和爱彼迎等企业就不会有今天的成就。由独立承包商、点对点参与者和虚拟领导者组成的团队只有在灵活的矩阵结构中才能有效运作。下一节介绍非正式的整合机制时，将会继续对此进行讨论。

13.3.3　整合机制

上一小节介绍了企业如何划分不同的子单元。协调这些子单元的一种方法就是集权。但是如果协调任务很复杂，则集权可能并不是很有效。为协调各子单元的活动，高层管理者可能很快就不堪重负，尤其是当各子单元的规模庞大、类型繁多且分散于不同地理位置时。在这种情况下，企业往往会采用正式和非正式的整合机制来帮助企业实现协调一致。本小节将介绍国际企业可以使用的各种整合机制。首先，我们将探讨国际企业实现协调一致的必要性和可能遇到的障碍。

国际战略与协调

子单元之间进行相互协调的必要性因企业采用的全球化战略而异。[17]采用本土化战略的企业，其协调必要性最低；采用国际战略和全球标准化战略的企业，其协调必要性依次增高；而采用跨国战略的企业，其协调必要性最高。采用本土化战略的企业主要关注当地响应能力，这些企业很可能以全球区域结构运营，其中每个区域都有相当大的自主权和自己的一套价值创造职能。因为每个区域都相当于一个独立的实体，所以区域之间的协调必要性最小。

采用国际战略的企业更需要进行协调，因为它们试图通过国内外子单元之间核心竞争力和技能的转移来获利。协调可以对各子单元之间技能和产品的转移提供必要的支持。采用全球标准化战略的企业试图从区位经济和经验效应中获利，对它们而言，协调的必要性也很高。为实现区域经济和经验效应，企业需要将价值创造活动分散至全球各地。由此形成的全球活动网络必须通过协调才能确保投入品顺利流入价值链、在产品顺利流经价值链、产成品顺利流向世界各地的市场。

采用跨国战略的企业，协调必要性最高，因为这类企业同时追求区位经济、经验效应、当地响应能力以及核心竞争力和技能在企业所有子单元之间的多向转移（可称之为全球学习）。与全球标准化战略一样，企业需要通过协调来确保产品在全球价值链中的顺利流动。与国际战略一样，企业需要通过协调来确保核心竞争力向子单元转移。但是，要实现核心竞争力多向转移的跨国战略目标，就要求企业拥有比采用国际战略时更高的协调能力。此外，跨国战略要求外国子单元对企业分散于全球的价值创造活动（例如，生产、研发、营销等）进行协调，以确保任何产品和营销策略都根据当地情况作出充分调整。

协调的障碍

各子单元的管理者有不同的取向，部分归因于他们有不同的任务。例如，生产经理通常关心产能利用率、成本控制和质量控制等生产问题，而营销经理则关心定价、促销、分销和市场占有率等营销问题。这些差异会给管理者之间的沟通造成障碍。简单来说，这些管理者很少甚至不会“说同一种语言”。各个子单元之间还可能缺乏相互尊重（例如，营销经理“看不起”生产经理，反之亦然），这进一步阻碍了实现合作和协调所必需的沟通。

各子单元取向上的差异也来源于它们的目标不同。例如，跨国企业的全球产品部门可能致力于实现成本目标，这就要求它们在全球范围内生产标准化的产品，而该企业的外国子公司可能致力于增加当地市场份额，这就要求其提供非标准化的产品。这些不同的目标可能会引发冲突。

在任何企业中，这些协调的障碍都很常见，但是在拥有大量国内外子单元的跨国企业中尤为严重。子单元在取向上的差异，通常会因为跨国企业中时区、距离和管理者国籍等因素而被强化。

正式整合机制

子单元的正式整合机制根据复杂程度可以分为简单的直接联系、联络员角色、团队以及矩阵结构（见图 13－9）。一般而言，协调必要性越大，正式整合机制就越复杂。[18]

子单元管理者之间直接联系是最简单的整合机制。通过这种机制，各个子单元管理者只需在出现共同关注的问题时简单地联系对方即可。如果管理者有不同取向，并可能对协调造成阻碍，则直接联系可能并不能发挥效用。

联络员角色会稍微复杂一些。当子单元之间的接触增加时，在每个子单元中安排一人专门负责与其他子单元进行定期联络，有利于增进协调。通过联络员角色，相关人员可以建立长久的关系。这有助于减少前文讨论的协调障碍。

当协调必要性进一步增大时，企业往往需要采用临时或永久团队的形式来实现协调，这些团队由各子单元的人员组成。他们通常在产品的开发和引进方面进行协调，但当运营或战略方面需要两个或多个子单元合作时，他们也能够发挥作用。产品开发和引

图 13-9　正式整合机制

进团队通常由研发、生产和营销人员组成。由此产生的协调机制有助于根据消费者需求和合理的生产成本（为制造产品而进行产品设计）进行产品开发。

当协调必要性非常高时，企业可能会建立矩阵结构，该结构中的所有人员都发挥了整合作用。该结构旨在促进各子单元之间实现最大程度整合。跨国企业中最常见的矩阵是基于地理区域和全球产品部门的矩阵。矩阵结构有助于实现产品部门和区域子单元之间的高度整合，因此，从理论上讲，企业可以在密切关注当地响应能力的同时寻求区位经济和经验效应。

有些跨国企业的矩阵结构更为复杂。它们将企业结构按照地理区域、全球产品部门和职能部门划分，所有这些子单元都直接向总部报告。因此，在陶氏等公司于 20 世纪 90 年代中期放弃全球矩阵结构之前（参见“管理聚焦”），它们的每个管理者都隶属于三种层级结构。例如，西班牙塑料业务营销经理隶属于西班牙子公司，也隶属于塑料业务部门和营销职能部门。除了能够促进当地响应能力以及区位经济和经验效应，这类矩阵结构还可以促进组织内核心竞争力的转移。这是因为核心竞争力往往存在于研发、营销等职能部门之中。理论上，这种矩阵结构有助于将职能部门中存在的竞争优势从一个产品部门转移到另一个产品部门或从一个区域转移到另一个区域。

但是，如前所述，通过这类矩阵结构来解决跨国企业中的协调问题，可能很快就会陷入多方拉扯的泥淖中，从而在解决问题的同时产生更多的问题。矩阵结构往往有着官僚化、不够灵活的倾向，并且其带来的冲突可能多于期望中的合作。为使矩阵结构发挥作用，企业需要将其调整得更加灵活，并采用非正式的整合机制加以辅助。[19]在全球矩阵结构中，员工的知识和技能往往比结构化的报告制度更重要。当企业通过矩阵结构进行整合和协调时，应当保持根据员工的知识和技能作出决策的灵活性。

非正式整合机制：知识网络

为了减少和避免与正式整合机制相关的问题，尤其是矩阵结构带来的问题，有高度整合需求的企业一直在尝试使用非正式整合机制：由重视团队协作和跨单元合作的组织文化提供有支持作用的知识网络。[20]**知识网络**（knowledge network）是一种在组织内传输信息的网络，它不基于正式的组织结构，而是基于企业管理者之间或者分布式信息系统中的非正式联络。[21]这类网络的强大之处在于它可以作为跨国企业内知识流动的非官方渠道。[22]为创建知识网络，组织内位于不同地点的管理者彼此之间必须至少有间接联系。图 13－10 展示了一家跨国企业内七名管理者之间简单的网络关系。管理者 A、B 和 C 互相认识，管理者 D、E 和 F 也是如此。虽然管理者 B 不认识管理者 F，但他们通过共同认识的人（管理者 C 和 D）联系在了一起。因此，我们可以说管理者 A～F 都是该网络的一部分，而管理者 G 则不是。

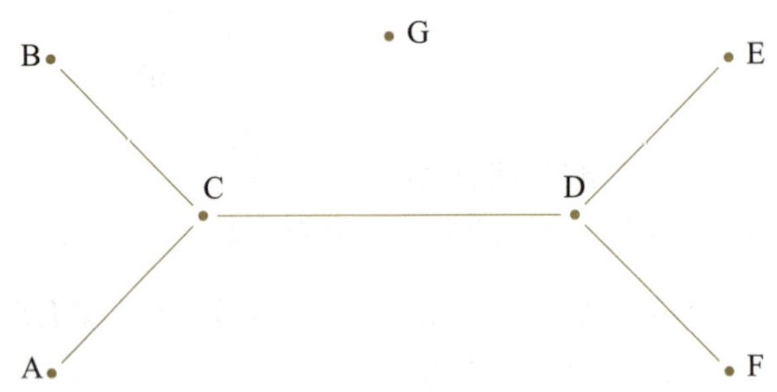

图 13－10　简单的知识网络

假设管理者 B 是西班牙营销经理，她需要知道某个技术问题的解决方案，以便更好地为重要的欧洲客户服务。管理者 F 是美国研发经理，他拥有管理者 B 所需的解决方案。管理者 B 将其问题告诉了包括管理者 C 在内的她的所有联系人，并询问他们是否知道谁能够提供解决方案。管理者 C 询问了管理者 D，管理者 D 又询问了管理者 F，然后管理者 F 将解决方案告诉了管理者 B。通过这种方式，该网络实现了非正式的协调，而并没有采用团队或矩阵结构等正式整合机制。

但是这种网络要想有效运作，必须包含尽可能多的管理者。例如，如果管理者 G 有和管理者 B 相似的问题，他却无法通过非正式整合机制找到解决方案，他可能不得不求助于正式整合机制。尽管支持者将知识网络视为把跨国公司联系在一起的“黏合剂”，但在全公司范围内建立知识网络十分困难，能够取得多大成功仍未可知。建立知识网络所采用的两种技术是：信息系统和管理培训计划。

企业正在使用分布式计算机系统和电信信息系统来为非正式的知识网络提供基础。[23]数据集成系统和基于网络的通信平台（如 Skype）使分散于全球各地的管理者更容易相互了解，找到可以帮助其解决特定问题的联系人，并在组织内推广和分享最佳实践。例如，沃尔玛使用其内部网络系统让位于不同国家的商店之间就商品销售策略进行交流。

企业还可以利用管理培训计划来建立非正式网络。包括定期让管理者在各个外国子单元之间轮换，以便他们建立自己的非正式网络。企业还可以通过高层管理教育计划将外国子单元的管理者聚集在一起，让他们相互熟悉。这种战略性的聚会可以每年举行一次或两年举行一次，效果良好。它使管理者相互结识，有助于激励公司团队，并在全公司范围内实现更好的业绩。

如果子单元管理者所追求的目标与公司目标不一致，则仅通过知识网络可能并不足以实现协调。[24]为使知识网络正常运作且让正式的矩阵结构发挥作用，管理者必须有一致的目标。为了解问题的本质，我们再次以管理者 B 和管理者 F 为例。如前所述，管理者 F 通过知识网络了解到管理者 B 的问题。但是要解决管理者 B 的问题需要管理者 F 投入大量时间，导致管理者 F 偏离其常规任务，在管理者 F 追求的子目标与管理者 B 不同时，他可能不愿意帮助管理者 B 解决问题。在这种情况下，管理者 F 就不会联系管理者 B，非正式整合机制将无法为管理者 B 提供问题的解决方案。

为克服这一缺陷，组织管理者必须遵循一套共同的文化规范和价值观，这些规范和价值观应当凌驾于不同子单元的取向之上。[25]换言之，企业必须有强大的组织文化，用于促进团队合作以及公司层面和不同子单元之间的合作。只有在这种情况下，管理者才愿意将其所属的子单元利益放于整个企业的利益之后。如果管理者 B 和管理者 F 都遵循相同的规范和价值观，并且这些组织规范和价值观能够以企业的整体利益而非各个子单元的利益为重，则管理者 F 就会愿意与管理者 B 合作来解决后者遇到的问题。

整合机制小结

本小节中有关整合机制的内容对于理解跨国企业的管理问题至关重要。跨国企业需要整合，尤其在采用全球标准化战略、国际战略或跨国战略时，但由于协调的障碍，这可能很难实现。企业过去一直试图通过正式整合机制来实现协调，但并不总能取得成效，因为正式整合机制往往过于官僚化，且不一定能解决因子单元取向不同而导致的问题，尤其是在复杂的矩阵结构中。但企业需要复杂的矩阵结构来同时实现区位经济、经验效应、当地响应能力以及组织内核心竞争力的多向转移。解决这一难题似乎需从两方面入手。首先，企业必须尝试建立一个非正式的知识网络，用以取代此前正式矩阵结构所承担的大部分工作。其次，企业必须建立共同的文化。不过，这两方面都并非易事。[26]

13.4　控制体系和激励措施

无论子单元是根据职能、产品部门还是地理区域进行划分的，企业高层领导和管理者的主要任务之一都是对各个子单元施加控制，以确保它们的行为与企业的总体战略和财务目标一致。企业可以通过各种控制体系和激励措施来实现这一目的。本节首先将介绍企业使用的各种类型的控制体系，然后将讨论激励措施，之后将考察如何根据跨国企业的战略对控制体系和激励措施进行调整。

13.4.1　控制体系的类型

跨国企业的控制体系有四种主要类型：个人控制、行政控制、产出控制和文化控制。许多企业在某种程度上使用了全部四种体系，但侧重点因企业战略而异。

个人控制

个人控制（personal control）是通过个人与下属和同事的联络所实现的控制。个人控制往往广泛应用于小企业中，它可以直接对下属的行为进行监督。它在跨国企业中也帮助构建了不同层级管理者之间的联系。CEO 可能会使用大量个人控制来影响其直属下属（如全球产品部门负责人或主要区域负责人）的行为。这些负责人进而也会利用个人控制来影响他们下属的行为，并以此形式把控制在整个组织中传递下去。2001 年退休的通用电气传奇 CEO 杰克·韦尔奇就会定期与通用电气的所有主要业务负责人（大多数是国际业务负责人）进行一对一会谈[27]，询问有关业务战略、结构和财务业绩的问题。在此过程中，他实质上就是对这些负责人施加了个人控制，并且也对他们采用的策略进行了控制。

行政控制

行政控制（bureaucratic control）是通过一系列规章制度来指导子单元的行动，从而实现控制。对跨国企业子单元实施行政控制的最重要的方式就是制定有关预算和资金支出的规定。预算本质上是一套分配企业财务资源的规则。子单位预算在一定程度上规定了子单元可以花费的金额。总部使用预算来影响子单元的行为。例如，研发预算通常规定了研发部门可以在产品研发上花费多少金额。研发经理知道，如果在某个项目上花费太多，在其他项目上就得减少支出，因此，他们会调整自己的行为以使开支保持在预算范围内。大多数预算是总部管理者与子单元管理者商议确定的。总部管理者可以通过操纵预算的方式来激励某些子单元增长并限制其他子单元增长。

有关资金支出的规定要求子单元在资金支出超过一定数额时必须得到总部管理层的批准。预算使总部能够控制子单元当年的支出金额，而资金支出规定使总部能够进一步控制资金的支出方式。总部可能会驳回与企业目标不一致的资金支出请求，并批准与企业目标一致的资金支出请求。

产出控制

产出控制（output control）涉及为子单元设定目标以实现盈利能力、生产率、增长率、市场份额和质量等相对客观的绩效指标。子单元管理者的绩效也将根据其完成目标的情况进行评估。[28]子单元管理者如果达成或超额完成目标，就将获得奖励。如果未能达成目标，高层管理者通常会进行干预以查明原因并采取适当的纠正措施。因此，要实现产出控制，就需要将实际绩效与目标进行比较，并有选择地干预和采取适当的纠正措施。子单元的目标取决于它们在企业中的角色。独立的产品部门或各国子公司通常都被赋予了盈利能力、销售增长和市场份额方面的目标，职能部门更有可能被赋予与特定活动相关的目标，研发部门将被赋予产品开发方面的目标，生产部门将被赋予生产率和质量方面的目标，营销部门将被赋予市场份额方面的目标，等等。

与预算一样，目标通常也是总部与子单元管理者商议确定的。总部通常试图制定有挑战性但切合实际的目标，这样可以迫使子单元管理者改善经营方式，却又不会因过大的压力而导致其运营失调（例如，短期利润最大化）。产出控制催生了一种被称为“例外管理”的体制，只要子单元达成了目标，总部就不会对其进行干涉。但如果子单元未能实现目标，总部管理者就很可能提出一些严厉的问题。如果得不到满意的答复，则总部很可能主动介入子单元，更换高层管理者并尝试提高效率。

文化控制

当员工认同企业的规范和价值观时，就产生了**文化控制**（cultural control）。当出现文化控制时，员工通常会控制自己的行为，从而减少了企业对员工进行直接监督的必要。在一个拥有强大文化的企业中，自我控制可以减少企业对其他控制体系的需求。我们稍后将讨论组织文化，这里先以麦当劳为例。麦当劳积极推广其组织规范和价值观，将加盟商和供应商均当作合作伙伴，并强调与它们之间的长期合作关系。这种合作关系不仅仅是一种公关活动，还得到了行动支持，包括在必要时提供资金和管理协助来帮助加盟商和供应商改善运营。因此，麦当劳的加盟商和供应商都融入了麦当劳的企业文化，成为麦当劳取得成功的重要助力。因此麦当劳在控制加盟商和供应商上只需花费较少的精力。

13.4.2　激励措施

激励是指对正确的员工行为进行奖励时所采用的手段。许多员工都会以年度奖金的形式获得奖励。激励措施通常与产出控制中使用的绩效指标密切相关。例如，在衡量全球产品部门等子单元绩效时可能会设定与盈利能力相关的目标。为了使员工努力工作超越这些目标，企业可能会采取正向激励措施，将超出目标的部分利润分享给员工。如果子单元设定的目标投资回报率是 15%，但实际投资回报率是 20%，那么超出 15%的这一部分利润就可能按一定比例以奖金形式分享给员工。

第 18 章讨论跨国企业人力资源战略时还会回到激励措施这一话题，这里先提出几个要点。首先，企业使用的激励措施类型通常会根据员工及其任务而有所不同。对在工厂车间工作的员工和对高级管理者的激励措施可能截然不同。企业使用的激励措施必须与员工正在进行的工作类型相匹配。工厂车间的员工可能被分为 20～30 人的团队，他们的奖金可能与团队是否达到或超过产出目标和产品质量目标相关。相比之下，工厂高级管理者的奖金可能取决于整个工厂的产出指标。基本原则是确保员工激励计划与其能够控制或影响的产出目标相挂钩。工厂车间的个别员工可能无法对整个工厂的绩效产生太大影响，但他们可以影响团队的绩效，因此其激励薪酬应当与这一层级的产出挂钩。

其次，跨国企业如果要成功执行战略，通常需要不同子单元的管理者之间实现重要合作。如前所述，一些跨国企业采用了全球矩阵结构，一国子公司可能对该国的营销和销售负责，而全球产品部门则可能对产品制造和开发负责。如果企业要取得成功，不同子单元的管理者需要密切配合。鼓励管理者彼此合作的一个方法是，将激励措施与组织更高层次的绩效相挂钩。因此，各国子公司的高级管理者和产品部门的高级管理者都将根据整个企业的盈利能力获得奖励。人们认为，要提高整个企业的盈利能力，就需要各国子公司和各产品部门的管理者在战略实施方面相互合作，而将激励措施与上一层级挂钩有助于促进这种合作。大多数企业都采用特定的激励方案，将一部分激励薪酬与管理者或员工所在的子单元的绩效相挂钩，而将另一部分激励薪酬与整个企业的绩效或者其他更高层级组织的绩效相挂钩，目的是鼓励员工提高其所在子单元的效率并在组织中与其他子单元合作。

再次，跨国企业内部使用的激励措施往往需要根据各国制度和文化的差异进行调整。在美国行之有效的激励措施可能在其他国家行不通，甚至可能是不被允许的。例如，弧焊设备制造领先者林肯电气（Lincoln Electric）在其美国工厂中采用了计件工资制的员工激励措施（在计件工资制下，员工根据其生产量来获取报酬）。虽然这种制度在美国非常有效，但林肯电气发现很难在其他国家引入这种制度。在德国等国家，计件工资制是非法的，还有一些国家的文化反对这种将绩效与个人努力密切关联的制度。

最后，管理者必须认识到，激励措施可能造成意想不到的后果。管理者需要仔细考虑特定激励措施究竟鼓励了哪些行为。例如，如果只根据产出数量奖励工厂员工，而没有关注产品质量，则员工可能生产尽可能多的低质量产品以增加奖金。

13.4.3 控制体系和激励措施

要理解国际企业的战略、控制体系和激励措施之间的关系，关键在于理解绩效模糊性的概念。

绩效模糊性

当子单元绩效不佳的原因不明确时，就出现了**绩效模糊性**（performance ambiguity）。[29] 当某个子单元的绩效部分取决于其他子单元的绩效时，即当组织内的子单元之间存在高度依赖性时，这种情况很常见。假设一家美国企业的法国子公司在其出售的产品上依赖于另一家意大利子公司。法国子公司未能实现销售目标，美国管理层要求其经理作出解释。法国子公司答复说他们从意大利子公司收到了劣质商品。美国管理层询问意大利经理问题所在时，他们答复说产品质量是业内最好的，但是法国子公司不懂怎么销售好产品。谁是对的？法国子公司还是意大利子公司？在没有更多信息的情况下，高层管理者无法判断。因为法国子公司销售的产品依赖于意大利子公司，所以前者可以为绩效不佳找到借口。美国管理层需要更多信息来确定原因，而收集这些信息费时费钱，并且会忽略其他需要关注的问题。换言之，绩效模糊性会增加控制的成本。

如果法国子公司的业务是独立的，它拥有自己的制造、营销和研发设施，则情况会发生怎样的变化？法国子公司无法因绩效不佳而简单地推卸责任，法国经理必须为子公司的业绩负责，不能将销售不佳归咎于意大利子公司。因此，绩效模糊性与组织中各子单元之间的依赖程度相关。

战略、依赖性和绩效模糊性

现在来看战略、依赖性和绩效模糊性之间的关系。在采用本土化战略的企业中，各个国家子公司的业务都是一个独立的实体，可以根据其各自表现进行评判，绩效模糊性很低。采用国际战略的企业依赖性相对较高，为实现核心竞争力和技能转移，需要进行整合，其海外业务成功与否部分取决于母国竞争优势的转移，因此可能存在绩效模糊性。

在采用全球标准化战略的企业中，情况更加复杂。企业为追求区位经济和经验效应，必须努力在全球范围内发展价值创造活动网络。企业中的许多活动都是相互依赖的。法国子公司的产品销售情况取决于其他国家运营部门的价值创造活动。因此，在采用全球标准化战略的企业中，依赖性和绩效模糊性都很高。

采用跨国战略的企业，绩效模糊性最高。采用跨国战略的企业遭遇的绩效模糊性问题与采用全球标准化战略的企业相同。此外，由于强调核心竞争力的多向转移，它们还遇到了与采用国际战略的企业相同的问题。采用跨国战略的企业内部的高度整合意味着高度联合决策，由此产生的相互依赖性为绩效不佳创造了大量借口。在采用跨国战略的企业中，经常出现相互指责的情况。

对控制体系和激励措施的影响

表 13－1 总结了上述观点以及各类控制体系可能带来的成本。控制体系的成本可以定义为最高管理层为监控和评估子单元绩效所必须花费的时间。绩效模糊性越高，花费的时间就越多。当绩效模糊性很低时，管理层可以利用产出控制和例外管理；但如果绩效模糊性很高，管理层就没这么轻松了。当某个子单元的绩效取决于组织内另一个子单元的绩效时，产出控制就无法明确地反映该子单元的效率。因此，管理层必须花时间解决绩效模糊性引发的问题，控制成本也会相应增加。

表 13－1　四种国际企业战略的依赖性、绩效模糊性和控制成本

战略	依赖性	绩效模糊性	控制成本
本土化战略	低	低	低
国际战略	中	中	中
全球标准化战略	高	高	高
跨国战略	很高	很高	很高

表 13－1 揭示了一个悖论。我们在第 12 章中看到，有些企业之所以采用跨国战略，就是因为相比于本土化战略、国际战略和全球标准化战略，跨国战略可以在国际扩张中提供更多的获利途径。但是由于高度依赖性，采用跨国战略的控制成本远高于其他战略。除非有某种方法可以降低控制成本，否则跨国战略带来的较多获利途径很可能会被更高的控制成本所抵消。对于采用全球标准化战略的企业而言，也存在程度较轻的类似问题。尽管采用全球标准化战略可以使企业充分享有区位经济和经验效应带来的成本降低的好处，但它们必须应对更高的绩效模糊性，而这会增加控制成本（相比于采用国际战略或本土化战略而言）。

在这种情况下，控制体系和激励措施能够发挥作用。当考察公司用于控制其子单元的体系时，我们发现无论采用何种战略，跨国企业都会使用产出控制和行政控制。但是，在采用全球标准化战略或跨国战略的企业中，产出控制的作用会因为较高的绩效模糊性而受到限制。因此，这些企业更加重视文化控制。文化控制鼓励管理者接纳组织规范和价值观，让互相依赖的子单元管理者更愿意寻找方法解决问题，减少相互指责，并因此降低控制成本。文化控制的发展可能是成功实施跨国战略和全球标准化战略的先决条件。[30]前述内容表明，如果激励措施以某种方式与较高的层级挂钩，则不同子单元之间就可以减少冲突并加强合作。当绩效模糊性导致企业难以判断子单元作为独立实体的绩效时，将高级管理者的激励薪酬与两个子单元的共同上级实体挂钩，可以减少由此产生的问题。

13.5 流程

流程是组织内作出决策和开展工作的方式，存在于组织的各个层级中。[31]流程包括制定战略的流程、分配资源的流程、评估新产品创意的流程、处理客户问题和投诉的流程、改进产品质量的流程、评估员工绩效的流程等。通常，企业的核心竞争力或有价值的技能都嵌入了流程。高效的流程可以降低价值创造活动的成本并为产品增加附加值。许多日本制造业企业在全球范围内取得成功可部分归因于其流程有助于提高产品质量和运营效率。例如，3M的竞争力可部分归因于公司内部广泛推广的一系列流程，如公司为改进质量而采用的六西格玛（Six Sigma）流程。

组织流程可以通过流程图来概括。流程图表明了工作过程中涉及的各个步骤和决策点。许多流程需要跨职能部门或跨产品部门进行，并且需要不同子单元的员工之间相互合作。例如，产品开发流程要求研发、制造和营销等部门的员工通力合作，确保新产品开发时能够充分考虑市场需求，并在设计时尽量降低制造成本。因为这些活动需要组织内不同部门的配合，所以如果要有效地执行各个流程，通常需要建立正式整合机制和跨部门合作的激励措施。

对流程性质的详细考量以及改进或再造流程的策略，超出了本书的范畴。但是，我们必须知道在流程管理方面有两个基本要点，特别是在国际商务背景下。[32]首先，跨国企业中的许多流程不仅跨越了组织边界，包含多个不同子单元，而且越过了国家边界。设计一款新产品可能需要美国加利福尼亚州的研发人员、中国的生产人员以及欧洲、美洲和亚洲的营销人员共同合作。如果能够将流程嵌入组织文化，就可以由组织文化来推进不同子单元和不同国家员工之间的合作。如果组织的激励措施明确对此类合作进行奖励，或者企业采用了正式或非正式整合机制来促进各个子单位之间的协调，则实现这一目标的可能性就会大大增加。

其次，跨国企业必须意识到，全球运营网络中的任何地方都可以开发出有价值的新流程，并由此带来竞争优势。[33]在母国以外运营的子公司可能根据当地市场情况开发出新流程，这些流程对跨国企业的其他部分很有价值。创建有价值的流程很重要，但如何利用这些流程同样重要。这就需要正式和非正式整合机制，例如知识网络。

13.6 组织文化

第3章介绍了国家文化的概念。文化也是包括组织在内的各种社会结构的组成部分。[34]因此，我们可以谈论组织文化和亚文化。无论是国家等宏观社会的文化还是国家内部的亚文化（大），抑或是组织或其子单元等微观社会的文化（小），文化的基本定义并没有改变。文化是人们共享的价值观和规范。价值观是某个群体对是非对错及是否可行的认知的抽象观念，规范是在特定情况下指导适当行为的社会规则和准则。

价值观和规范表现在组织的行为模式或风格上，新员工将自动受到激励，遵循其他同事的做法。组织文化一般是动态的，但它的变化往往相对缓慢。文化改变通常在做某件事或以某种方式行事的过程中发生。我们很少采用文化变革的方式催生出之前从来没有出现过的行为。重复的行为反而会使价值观和规范得到修正，从而强化新文化的形成（无论是在国家层面还是组织层面）。

13.6.1　创建和维持组织文化

组织文化有多个来源。首先，人们普遍认为创始人或重要领导者可以对组织文化产生深远影响，他们通常会将自己的价值观烙印在组织文化中。[35]创始人在组织文化中发挥强大影响力的一个著名例子是日本企业松下。松下幸之助近乎禅宗式的个人经营理念被融入了松下每位新员工都要学习的“七大精神”价值观。这些价值观是：产业报国、光明正大、团结一致、奋发向上、礼貌谦让、改革发展以及服务奉献。其他领导者也可以对组织文化产生深远影响。杰克·韦尔奇最初担任通用电气 CEO 时，因改变了通用电气的文化而广受赞誉。他主要强调了一套反主流文化的价值观，例如，冒险、创业精神、管理职责和无界行为。但对领导者而言，即便他再有魄力，比起在新企业中从无到有创建组织文化，想要改变既定的组织文化也要困难得多。文化空白可以用期望的价值观和规范进行填补，但既定文化和任何期望的改变都是在实施中逐渐推进的。

其次，在企业母国和拥有重要业务的国家中，更广泛的社会文化也将对组织文化产生重要影响。例如，在美国，个人主义塑造了广泛的竞争环境，每一个赢家都是在强大的社会压力下诞生的。许多美国企业想方设法激励员工，使他们将自己视为赢家。[36]美国企业的价值观通常反映了美国文化的价值观。同样，许多日本企业的合作价值观也反映了传统日本社会的价值观，即强调团队合作、互惠互利和和谐相处。[37]因此，国家文化确实可能对组织文化产生影响。对于经历了重大文化变革的国家（例如，许多东欧国家以及一些非洲和拉丁美洲国家），这种影响尤其棘手。

再次，企业历史会对组织文化造成影响，它会随着时间推移逐渐塑造组织的价值观。用历史学家的话说，组织文化是组织历经岁月的路径依赖产物。例如，飞利浦长期以来的经营文化都十分重视各国业务独立性。这种文化源于公司历史。第二次世界大战期间，荷兰被德军占领。由于公司总部位于被占领的区域，因此权力被默认下放到各国的运营公司，例如飞利浦在美国和英国的子公司。战争结束后，这些子公司继续以高度自主的方式运营。人们认为，正是这一历史塑造了公司的核心价值观。

随后，各种引领企业实现高绩效的决策逐渐制度化，成为企业价值观的一部分。20 世纪 20 年代，3M 主要是一家砂纸制造商。当时还是一名年轻的实验室助理的理查德·德鲁（Richard Drew）想出了一个自认为很棒的新产品——一条涂有胶水的纸，他将其称为“胶带”。德鲁认为该产品可以应用于汽车行业，在喷漆过程中遮盖车辆部件。他向公司总裁威廉·麦克奈特（William McKnight）提出了这个想法，但麦克奈特不为所动，还建议德鲁放弃这项研究。德鲁不仅没有放弃，还带着他开发的“胶带”得到了汽车行业潜在客户的认可。有了这些进展，他再次找到麦克奈特。麦克奈特转变了态度，并批准德鲁继续开发“胶带”，该业务后来成了3M的主要产品线之一，至今仍占据主导地位。[38]从那时起，麦克奈特强调给研究人员提供机会在3M自由探索并试验新产品的重要性，这很快就成了3M的核心价值观，并体现在公司著名的“15%规则”中，即研究人员可以将15%的工作时间用于研究自己的想法。如今，3M会给新员工讲述德鲁的故事，以说明其允许个人探索自己想法的价值观。公司还设有3M创新中心，以确保创新始终处于公司文化的前沿和中心。

多种机制共同维持着文化，包括组织招聘和晋升方式、奖励策略、社会化过程以及沟通策略。这些机制的目标是招募与公司价值观一致的员工。为进一步强化价值观，公司可以提拔那些行为与组织核心价值观相符的员工，也可将绩效评估流程与公司的价值观挂钩，以进一步强化文化规范。

社会化过程可以是正式的，例如让员工了解组织核心价值观的培训计划，也可以是非正式的，例如来自同事或老板的友好建议，或者隐含在同事和上级对待新员工的行为中。至于沟通策略，许多有着浓厚文化的公司非常重视在公司使命中构建关键价值观，将其传达给员工，并用这些价值观指导艰难的决策。故事和象征性的符号也经常用于强化重要的价值观（例如，3M德鲁的故事）。

13.6.2 组织文化和绩效

管理学学者经常谈论“强文化”。[39]在强文化中，几乎所有管理者都拥有一套相对一致的价值观和规范，这些价值观和规范对他们开展工作的方式有着明显影响。新员工会很快接受这些价值观，而不符合核心价值观的员工往往会离职。在强文化中，新任管理者如果违反了组织文化中的价值观和规范，很可能被上级甚至下属纠正。外部人士通常认为具有强文化的企业有着某种风格或做事方式。“管理聚焦”中介绍的林肯电气就是一个具有强文化的企业。

“强”不一定代表“好”。文化可以很强大但很糟糕。同样，强文化也并不一定能带来高绩效。一项研究发现，通用汽车过去拥有一种“强文化”，但正是这种强文化抑制了较低层级员工的主动性和承担风险的意愿，导致通用汽车运营不畅、绩效不佳。[40]此外，强文化可能在某段时间内是有益的，从而带来高绩效，但在其他时期可能并不合适。文化是否合适取决于其背景。多年前，当IBM绩效良好时，许多管理学者对其强文化大唱赞歌，其中包括IBM高度重视在共识基础上的决策流程。[41]这些学者认为，鉴于IBM通常对新技术投入大量资金，这样的决策流程是合适的。但是，在瞬息万变的计算机行业中，这种流程最终成了IBM发展过程中的软肋。在达成共识的基础上作出决策，流程缓慢，过度官僚化，并且尤其不利于企业承担风险。虽然早期这种文化起到了一定作用，但当IBM需要快速决策并承担进取风险才能够跟上竞争的节奏时，这种文化却造成了阻碍。

一项研究表明，长期高绩效的企业往往有着强大且适应性强的文化。在适应性强的文化中，大多数管理者非常关心和重视客户、股东和员工。他们还非常重视在企业中创造有益变革的人员和流程。[42]虽然这值得探究，但它确实在抽象层面减少了问题，毕竟，哪家公司会说它不关心客户、股东和员工呢？从不同的角度来说，企业文化必须与组织的其他架构、企业战略以及在竞争环境中为实现卓越绩效而提出的要求相匹配。所有这些元素都必须协调一致。

林肯电气是一个值得借鉴的例子（见“管理聚焦”）。林肯电气所处的行业竞争非常激烈，成本最小化是竞争优势的关键来源。林肯电气的文化和激励制度都鼓励员工努力实现更高的生产率，然后将其转化为低成本，这就是林肯电气成功的关键。林肯电气的例子还为国际企业揭示了另一个要点，即能够在企业母国带来高绩效的文化可能无法轻易强加于外国子公司。林肯电气的文化显然帮助企业在美国市场实现了卓越的绩效，但这种文化在形式上太有美国特色，难以在其他国家实施。林肯电气多个欧洲子公司管理者和员工发现这种文化与他们的价值观格格不入，从而不愿接受。结果是林肯电气发现它很难在外国市场复制它在美国取得的成功。在林肯电气收购了一些已有自身文化的企业后，这一问题变得更加复杂。因此，如果想要将母国总部文化应用于国外运营的子公司，林肯电气不得不处理两个问题：如何改变这些子公司的现有组织文化，以及如何引入一种在关键价值观上可能与其成员所持价值观完全不同的组织文化。这些问题并非林肯电气独有，许多国际企业也面临相同的问题。

林肯电气采取的解决方案是建立新的子公司，而不是收购并试图改造已有自己文化的企业。在新企业中建立一套价值观，要比改变既有的企业价值观容易得多。还有一种解决方案是投入大量时间和精力将企业的组织文化传播到海外分支机构中。这是林肯电气当年未尝试的。而其他企业或许可以将其作为国际化战略的重要组成部分。

管理聚焦　林肯电气与组织文化

林肯电气是全球领先的焊接产品、弧焊设备、焊接耗材、等离子和氧燃料切割设备以及机器人焊接系统制造商之一。林肯电气的成功建立在极高水平的员工生产率之上。该公司认为高生产率来源于其强大的组织文化和基于计件工资制的激励措施。林肯电气的组织文化可以追溯至詹姆斯·林肯（James Lincoln），他于 1907 年加入了他哥哥于几年前成立的公司。林肯非常注重个人能力，相信只要有正确的驱动，普通人也能有非凡的表现。他强调，林肯电气应该有一个任人唯贤的制度，员工将因其自身努力而得到奖赏。强烈的平等主义使林肯电气消除了员工和管理者之间的沟通障碍，实行了开放政策。他确保所有公司员工都能够得到平等的待遇。例如，所有人都在同一个食堂吃饭，没有为管理者预留停车位等。林肯还认为，生产率得到任何程度的提升都应当以降低价格的形式与消费者分享，以提高工资的形式与员工分享，并以增加股利的形式与股东分享。

从詹姆斯·林肯的信念中发展而来的组织文化，因公司的激励措施而得到了进一步强化。生产工人没有基本工资，而是根据生产的件数获得报酬。公司采用计件工资制，使按照正常节奏工作的工人能够赚到工厂所在地区制造工人的平均工资。工人对其产出质量负责，并且必须在计算件数之前修复质量检查员发现的任何缺陷。自1934年以来，生产工人根据绩效评级每半年获得一次奖金。这些评级是在客观标准（例如，工人的产出水平和质量）和主观标准（例如，工人对合作的态度及其可靠性）的基础上作出的。这些措施都旨在激励林肯电气的员工努力工作并进行创新，以提高生产率，因为这样他们才能拿到更高的工资。林肯电气员工的基本工资通常比该地区制造业平均工资高出50%以上，并且他们还可以额外获得奖金，在效益好的时候，他们的收入可能是基本工资的两倍。尽管付给员工的薪酬很高，但员工的生产率更高，所以林肯电气的成本始终低于其竞争对手。

这种组织文化和激励措施虽然因与美国的个人主义文化相容而取得了良好效果，但并不容易应用于公司的海外分支机构。早期，林肯电气积极向欧洲和拉丁美洲扩张，收购了多家当地的弧焊制造商。林肯电气保留了当地的管理者，相信他们比美国员工更了解当地情况。但是，当地管理者对林肯电气强大的组织文化知之甚少，无法或者不愿将这种文化应用于所在公司，而这些公司中已有长期存在的组织文化。在林肯电气要求当地管理者引入其激励措施后，他们频繁遇到法律和文化上的阻碍。

在许多国家，计件工资制被视为一种剥削性的薪酬制度，它迫使员工更努力工作。在林肯电气开展收购活动的德国，计件工资制是非法的。在巴西，一次性取得两年以上的奖金是一种合法权利。在许多其他国家，管理者和员工都反对计件工资制。林肯电气发现，许多欧洲员工将额外的休假看得比额外的收入更重要，并且不会像美国员工那样努力工作。许多被收购的公司成立了工会，而当地工会极力反对实行计件工资制。结果，林肯电气无法复制其在美国实现的员工高生产率，其向海外扩张的行为反而拉低了公司的整体业绩。

资料来源：Jill Jusko，"Lincoln Electric CEO：Meeting the Skills Gap Challenge，" *Industry Week*，October 9，2014；J. O'Connell，"Lincoln Electric：Venturing Abroad，" *Harvard Business School* Case No. 9-398-095，April 1998，www. lincolnelectric. com.

跨国企业的全球子公司网络是否需要共同的组织文化，可能因企业战略而异。共同的规范和价值观可以促进不同子单元之间的协调和合作。[43]强大的共同文化可能使目标一致，并减少因依赖性、绩效模糊性和不同子公司管理人员之间的冲突所引发的问题。如前所述，共同文化有助于知识网络等非正式整合机制更有效地运作。因此，跨国企业所追求的战略如果需要其分散于全球各地的子公司协调合作，则共同文化就可发挥较大的作用。这也表明，采用跨国战略的企业远比采用本土化战略的企业更需要共同文化，而采用全球标准化战略和国际战略的企业则介于这两个极端之间。

13.7 组合：战略与组织架构

第12章介绍了跨国企业可采用的四种基本战略：本土化战略、国际战略、全球标准化战略和跨国战略。到目前为止，本章研究了组织架构的多个不同方面，并讨论了这些方面与战略之间的相互关系。下面将它们组合起来讨论。

13.7.1　本土化战略

采用本土化战略的企业注重当地响应能力。表 13－2 表明，此类企业倾向于采用全球区域结构，并将运营决策权下放到职能独立的各国子公司中。各个子单元（区域子单元和各国子公司）之间的协调需求很低。这表明，采用本土化战略的企业不太需要正式或非正式整合机制来将不同国家的业务结合在一起。相互依赖性较低意味着这类企业中的绩效模糊性较低，控制成本也较低。因此，总部可以主要依靠产出控制和行政控制以及例外管理来管理国外分支机构。激励措施可以与各国子公司层面的绩效指标挂钩。由于几乎没有整合和协调的需要，因此对共同流程和组织文化的需求也很低。如果不是因为这些企业无法从区域经济和经验效应中获利，并且无法从核心竞争力的转移中获利，这种简单的组织架构将成为颇具吸引力的战略。

表 13－2　战略、组织结构和控制体系的组合

结构和控制	战略			
	本土化战略	国际战略	全球标准化战略	跨国战略
纵向分化	分权	核心竞争力；大部分集权，其余分权	部分集权	集权与分权相结合
横向分化	全球区域结构	全球产品部门结构	全球产品部门结构	全球矩阵结构
协调的需求	低	中	高	很高
整合机制	无	少	多	很多
绩效模糊性	低	中	高	很高
文化控制的需求	低	中	高	很高

13.7.2　国际战略

采用国际战略的企业总是试图将核心竞争力从母国转移至外国子公司，以创造价值。如果它们有多元化的业务（大多数都有），那么这些企业将以全球产品部门结构运作。总部通常对企业核心竞争力的来源保持集中控制，这些核心竞争力通常源于企业的研发和营销等职能。而企业内的其他运营决策则下放至各国子公司（在多元化企业中，这些子公司将向全球产品部门报告）。

这类企业对协调的需求适中，协调主要是为了满足其转移核心竞争力的需求。因此，这些企业尽管以某种整合机制运作，但并未得到广泛整合。相对较低水平的相互依赖性由此转化成了相对较低水平的绩效模糊性。这些企业通常采用产出控制和行政控制，其激励措施关注的是各国子公司层面的绩效指标。它们对于共同的组织文化和流程的需求较低。但有一个例外情况，当企业的核心技能或竞争力嵌入流程和文化时，企业就需要密切注意将这些流程和相关文化从企业总部转移至各国子公司。总的来说，虽然国际战略对组织结构的要求比本土化战略更复杂，但复杂程度并未明显增加。

13.7.3　全球标准化战略

采用全球标准化战略的企业侧重于实现区位经济和经验效应。它们如果是多元化企业（许多都是），那么将以全球产品部门结构运作。为了协调企业分散于全球各地的价值创造活动网络，总部通常对大多数运营决策保持最终控制权。一般来说，这些企业在管理上比采用本土化战略或国际战略的企业更集中。这些企业的整合需求高，反映出企业需要对分散于全球各地的价值活动进行协调。因此，这些企业倾向于使用一系列正式和非正式整合机制。由此产生的较高相互依赖性可能会导致严重的绩效模糊性。因此，除产出控制和行政控制外，采用全球标准化战略的企业往往还强调建立一种能够促进协调与合作的强大的组织文化。它们倾向于将激励措施与企业层面的绩效指标挂钩，从而大力鼓励不同运营部门的管理者相互合作，提高整个企业的绩效。总的来说，这类企业的组织结构比采用本土化战略或国际战略的企业更为复杂。

13.7.4　跨国战略

采用跨国战略的企业注重同时实现区位经济、经验效应、当地响应能力和全球学习（核心竞争力或技能的多向转移）。这些企业可能以全球矩阵结构运营，其中产品部门和区域子单元都有着重大影响。企业需要协调分散于全球各地的价值链并转移核心竞争力，这给运营决策（尤其是生产和研发）的集中管理带来了压力。同时，各国运营部门分散管理其他运营决策（尤其是营销）面临当地响应压力。因此，这些企业往往在对某些运营决策进行相对集中管理的同时，对其他运营决策进行相对分散管理。

采用跨国战略的企业对协调的需求很高。这反映在一系列正式和非正式整合机制之上，例如正式的全球矩阵结构和非正式的知识网络。这种子单元之间的高度依赖性意味着这类整合可能导致严重的绩效模糊性，从而增加控制成本。为减少这些成本，除产出控制和行政控制之外，采用跨国战略的企业还需要培养强大的文化并建立促进子单元之间相互合作的激励机制。

13.7.5　环境、战略、架构与绩效

表 13-2 蕴含着一个理念，即企业要想实现高绩效，必须使战略与架构之间相匹配。一家企业要想成功，必须满足两个条件。首先，企业战略必须与企业经营环境相一致。第 12 章中讨论了这个问题，并指出了全球标准化战略、国际战略、跨国战略、本土化战略在哪些行业中可能最可行。其次，企业的组织架构必须与战略相一致。

如果战略与环境不匹配，架构与战略不匹配，那么企业可能遇到绩效问题。因此，

为了实现高绩效，企业必须努力实现环境、战略和组织架构相互匹配。例如，由于历史原因，飞利浦直到最近仍然是一个典型的采用本土化战略的企业，运营决策权下放到基本自主的外国子公司。电子市场历来由于较高的贸易壁垒而相互分隔，因此应当采用与本土化战略一致的组织结构。但是，飞利浦所处行业正在因为贸易壁垒减少、技术变革以及低成本日本竞争对手的出现而发生革命性的巨变。

为了实现高绩效，飞利浦有必要采取全球标准化战略。该企业意识到了这一点并试图向此发展，但它几乎没有改变其组织架构。企业在名义上采用了基于全球产品部门和地理区域的全球矩阵结构，但实际上，仍由国家区域主导组织结构，产品部门只不过起到了一点咨询作用。结果，由于架构不符合其战略，直到 20 世纪 90 年代，飞利浦仍处于亏损状态。在经历了四年的痛苦变革和巨额亏损后，飞利浦才最终将全球矩阵结构中的权力稍微向产品部门倾斜。在 21 世纪 00 年代，飞利浦根据运营环境的需要重新调整了企业战略和架构，最终使其财务业绩得到了改善。[44]

13.8　组织变革

跨国企业必须周期性地改变架构，以适应所处竞争环境的变化和所采用战略的变化。为了实现盈利，飞利浦不得不改变其战略和架构，以符合电子行业竞争环境的需求，使企业从本土化战略转向全球标准化战略。虽然对组织变革的详细考量超出了本书范围，但仍有必要对组织惰性的来源以及组织变革中采用的战略和方法进行讨论。

13.8.1　组织惰性

要改变组织很难。大多数组织中都有很强大的惰性。这些惰性有多个来源，其中之一是组织内现有权力和影响力的分配情况。[45]根据在组织结构中的位置，各管理者享有的权力和影响力部分源于他们在组织层级中的职能。根据定义，组织中大多数实质性变化都需要改变结构，进而需要改变组织内的权力和影响力的分配。在组织变革中，权力和影响力此消彼长。例如，飞利浦决定提高其全球产品部门的作用和责任，并减少其外国子公司的作用和责任，以对抗组织惰性。这就意味着它增加了全球产品部门管理者的权力和影响力，而降低了外国子公司管理者的权力和影响力。不出所料，一些外国子公司管理者不愿看到并极力抵制这种变化，从而减缓了变革进程。可以预料，那些因变革而被削弱了权力和影响力的人可能对变革进行抵制，他们很可能声称这种变革没有意义。如果他们成功了，这就成了组织惰性的来源，可能减缓或阻止变革进程。

组织惰性的另一个来源是在规范和价值观中表现出的现有文化。价值观反映了一些根深蒂固的信念，很难改变。如果组织内正式和非正式的社会化机制长期以来一直强调一系列一致的价值观，并且这些价值观在招聘、晋升和激励制度中得到了强化，那么当组织突然宣布这些价值观不再适用并且需作出改变时，员工就会产生抵触情绪和不和谐的想法。例如，飞利浦历来非常重视各子公司的自主权。公司决定作出变革就意味着外国子公司原本享有的自主权将减少，这与公司既定的价值观背道而驰，因此变革受到了抵制。

组织惰性也可能源于高层管理者对商业模式的先入之见。当某种商业模式过去运作良好时，管理者可能很难接受其不再适用的事实。飞利浦过去一直授予外国子公司相当大的自主权，企业运作良好，当地管理者能够根据特定国家的现状来调整产品和商务策略。由于这种模式一直非常有效，许多管理者难以理解为何它不再适用了。因此，他们很难接受新的商业模式，并且仍采用他们过去的既有模式和做事方式。这种变革要求管理者放弃他们长期以来关于有效和无效的假设，而大多数人都无法做到。

制度上的限制也可能成为惰性的来源。国产化程度要求和裁员政策等国家法规可能使跨国企业难以改变其全球价值链。跨国企业可能希望把当地子公司手中的产品制造控制权转移至全球产品部门，并在少数几个选定的地点对产品制造进行整合。但是，如果国产化程度（见第 6 章）对本地生产提出了一定要求，并且有关裁员的法规使跨国企业难以关闭该国的设施或者关停成本很高，则跨国企业可能很难采用最有效的战略和架构。

13.8.2 实施组织变革

所有组织都存在惰性，但跨国企业的复杂性和全球分布情况可能使其更加难以改变自身战略和架构以适应组织现状。然而，许多行业的全球化趋势使跨国企业越来越需要进行组织变革。尽管一些国家由于民族主义而提高了跨境贸易与投资壁垒，但在许多行业中，随着壁垒减少，竞争环境的性质发生了变化。

即使存在壁垒，降低成本的压力也使跨国企业必须通过精简运营来实现区位经济和经验效应以及组织内核心竞争力和技能的转移，从而取得经济效益。当地响应能力仍是差异化的一个重要来源。为了在竞争环境中生存，跨国企业不仅必须改变战略，还必须改变架构以与不同的战略相匹配。成功的组织变革有如下几项基本原则：（1）通过休克疗法使组织解冻；（2）通过架构的积极变化将组织带入新状态；（3）在新的状态下重新冻结组织。

解冻组织

由于存在惰性，逐步改变往往就是没有改变。那些因变革而使权力受到威胁的人可以轻易地抵制渐进式的变革，这引出了变革的大爆炸理论。该理论认为有效的变革需要尽早采取大胆的行动“解冻”组织的既有文化并改变权力和影响力的分配。解冻组织的休克疗法包括关闭不赚钱的工厂或者宣布重大结构重组等。同样重要的是，我们必须认识到除非高层管理者下定决心开展变革，否则变革就不会发生。高层管理者必须清楚地阐明变革的必要性，以便员工了解为何要进行变革以及变革成功将带来哪些好处。高层管理者还要言出必行，并在必要时采取大胆的行动。如果员工看到高层管理者鼓吹变革的必要性，却从不以身作则或从不对组织作出实质性的改变，那么他们很快就会对变革失去信心、不知所措。

进入新状态

一旦组织解冻了，它就必须走向新的状态。这需要采取一系列行动：关停业务；重组结构；重新分配职责；改变控制、激励和奖励制度；重新设计流程；让那些可能阻碍变革的人离开。换言之，跨国企业需要对组织架构的形式进行重大改变，以使其符合新战略。要想成功作出改变，行动就必须足够快速。让员工参与变革是一种很好的方法，这可以让他们理解和接受变革的必要性，从而加快变革速度。例如，企业可以将设计运营流程的重大责任交给较低级别的员工完成。如果员工的建议得到采纳，他们就会看到努力的结果，并因此真正接受变革的观念。

重新冻结组织

重新冻结组织需要花费更长的时间，可能需要在建立新文化的同时废除旧文化。因此，重新冻结要求员工接纳新的做事方式。公司通常会使用管理培训计划来实现这一目标。在通用电气，长期担任 CEO 的杰克·韦尔奇对公司文化进行重大改革时，管理培训计划就被用作主动向组织成员传达新价值观的工具。然而，仅靠管理培训计划是不够的。招聘政策也需要作出改变以反映新的状态，重点是聘用人员的价值观应当与企业试图打造的新文化价值观一致。同样，控制体系和激励措施也必须与组织的新状态一致，否则变革永远不会发生。高层管理者必须认识到，文化变革需要很长时间。由于员工仍习惯于采用熟悉的做事方式，压力稍有缓和时，旧文化就会卷土重来。因此，高层管理者必须与员工保持长期持续的沟通，坚持不懈地追求变革。例如，杰克·韦尔奇在通用电气约 20 年的任期内有一个明显的特点，就是他从未停止推动变革议程，这是他在任期内始终贯彻的主题。他总是能想出新计划和举措，不断推动组织文化沿着理想的轨道发展。

小结

本章介绍了跨国企业可用来管理和指导其全球业务的组织架构。本章的中心主题是：不同的战略需要不同的架构；战略是通过架构来实现的。企业为取得成功，必须根据不同的战略匹配不同的架构。如果企业的架构不符合其战略要求，就有可能遇到绩效问题。架构中的不同组成部分也必须协调一致。本章要点如下：

1. 组织架构是指企业组织的整体，包括正式的组织结构、控制体系和激励措施、流程、组织文化和人员等。

2. 企业要实现卓越的盈利能力，需满足三个条件：企业组织的整体架构中的不同要素必须在内部保持一致、组织架构必须匹配或适用于企业战略，以及企业的战略和架构必须与企业所处的市场竞争环境相一致。

3. 组织结构有三个含义：将组织正式划分为子单元（横向分化）、确定组织结构内的决策方式（纵向分化），以及建立协调各子单元活动的综合机制。

4. 控制体系是用于衡量子单元绩效和子单元管理水平的指标。

5. 激励措施是对员工行为进行奖励的手段。许多员工以年度奖金的形式得到激励。激励措施通常与产出控制中的绩效指标密切相关。

6. 流程是指组织内作出决策和开展工作的方式。流程存在于组织内许多不同层级之中。企业的核心竞争力或有价值的技能通常都嵌入其流程。高效的流程有助于降低价值创造的成本并为产品增加附加值。

7. 组织文化是指员工之间共享的规范和价值观。规范和价值观表现为组织的行为模式或风格，新员工会在同事的影响下自觉遵循这些行为模式或风格。

8. 采用不同战略的企业必须采用不同的架构才能成功实施这些战略。采用本土化战略、全球标准化战略、国际战略和跨国战略的企业都必须采用与其战略相匹配的组织架构。

9. 尽管所有组织都存在惰性，但跨国企业的复杂性和全球分布情况可能使其难以改变自身战略和架构以适应组织现状。然而，许多行业的全球化趋势使跨国企业越来越需要进行组织变革。

思考与讨论题

1. “跨国企业的战略选择应当取决于实施该战略的收益（在价值创造方面）和成本（由实施战略所需的组织架构决定）的比较。在此基础上，一些企业应该选择本土化战略，一些企业应该选择全球标准化战略或国际战略，还有一些企业应该选择跨国战略。”这种说法正确吗？

2. 讨论这一说法：理解绩效模糊性的前因后果，是跨国企业组织设计的核心。

3. 描述追求跨国战略的企业为降低控制成本可以采用怎样的组织结构。

4. 如果在某行业中采用全球标准化战略最合适，则最适合该行业企业的组织架构是怎样的？

5. 如果一家企业正在从国际战略转变为跨国战略，那么企业在作出转变时可能面临的最大的挑战是什么？企业应该如何面对这些挑战？

6. 重新阅读有关陶氏的“管理聚焦”专栏，然后回答以下问题：

（1）陶氏为何在最初采用全球矩阵结构？这一结构存在什么问题？你认为这些问题是全球矩阵结构的典型问题吗？

（2）是什么促使陶氏和 ABB 等公司摆脱全球矩阵结构？鉴于陶氏的业务性质和所处的竞争环境，它现在的组织结构是否合理？

7. 重新阅读有关林肯电气的“管理聚焦”专栏，然后回答以下问题：

（1）林肯电气的组织文化在多大程度上与其战略保持一致？

（2）林肯电气是如何逐渐创造并培养其文化的？

（3）为什么林肯电气的文化和激励制度能在美国发挥作用？为什么在其他国家不行？

章末案例

沃尔玛国际

沃尔玛于 20 世纪 90 年代初期进行国际扩张时，成立了一个国际部门以监管其扩张过程。这个国际部门位于阿肯色州本顿维尔的公司总部。如今，该国际部门仍负责监管沃尔玛作为全球最大零售商的运营情况。沃尔玛已在 20 多个国家拥有 63 个品牌下的 11 695 家门店，总销售额超 5 000 亿美元。大约有 220 万名沃尔玛员工（“伙伴”）工作于这些国际岗位，每周为超过 1 亿名客户提供服务，其中有 40%的客户来自美国以外的地区。

在报告制度的结构上，国际部门分成了欧洲、亚洲和美洲三个大区，各大区 CEO 都向国际部门的 CEO 报告，国际部门 CEO 向沃尔玛 CEO 报告。最初，国际部门的高级管理者对不同国家的营销和运营策略实行严格的集中控制。原因很简单：沃尔玛的管理者希望国际商店能够复制在美国取得成功的商店营销和运营模式。他们认为，对营销和运营策略进行集中控制是确保这一目标实现的方法。

到 20 世纪 90 年代后期，随着国际部门的销售额接近 200 亿美元，沃尔玛的管理者发现这种集中管理的方法并不有效。各国管理者在改变策略和运营方式前必须得到在本顿维尔的上级同意，这可能会减慢决策速度。集中管理还使总部信息超载，并导致一些错误决策。沃尔玛发现，本顿维尔的管理者不一定能够对墨西哥的门店布局、阿根廷的销售策略或英国的薪酬政策作出最佳决策。企业很有必要进一步下放权力，以便根据当地条件调整商品销售和运营策略。

导致沃尔玛政策发生变化的关键事件是收购英国的阿斯达（ASDA）连锁超市。对阿斯达的收购为沃尔玛国际部门增加了价值 140 亿美元相当成熟并已经颇为成功的海外业务。公司意识到，由本顿维尔的管理者为阿斯达作出所有重要决策是不合适的。因此，在本顿维尔专门负责国际业务的员工人数减少了 50%。各国的领导层被赋予了更大的责任，尤其是在销售和运营领域。那时，沃尔玛正处于打破常规的临界点。公司代表说道："你无法从一个地方管理全世界。各个国家都必须参与业务的提升。"

尽管沃尔玛如今已将国际部门内的决策权分散至各地，但它仍在寻找管理全球采购的最佳方案。在理想的情况下，公司希望将采购决策集中在本顿维尔，这样它就可以利用其巨大的购买力压低供应商的价格。然而，这并不容易实现，因为沃尔玛商店中的产品组合必须根据当地市场现状进行调整。目前，采购权仍在各国和各地区手中。但是沃尔玛希望有一个更好、更有效的全球采购策略，这样它就可以基于其全球业务与主要供应商进行谈判，然后将新商品同时引入世界各地的商店。

随着商品销售和运营决策下放，国际部门越来越多地承担起新角色——找到最佳实践并在国家间进行转移。例如，该部门开发了一个知识管理系统，一国（比如阿根廷）的商店可以通过该系统快速将商品图片、销售数据以及营销和推广产品的主意传达给另一个国家（比如日本）的商店。

国际部门还开始在不同国家的门店之间调动人员，以促进这些最佳实践实现跨国流动。该部门不断尝试创新，并借鉴其在外国业务中使用的方法来提高沃尔玛的运营效率和有效性，从而使沃尔玛摆脱了以美国为中心的观念。沃尔玛国际业务总裁兼 CEO 朱迪斯·麦肯纳（Judith McKenna）与她的前任大卫·切斯莱特（David Cheesewright）一样强调了这一点，她指出国际业务是沃尔玛的增长引擎，公司如果要取得成功，就必须专注于好的业务以及对这些业务的良好管理。

资料来源：Abha Bhattaral, "Walmart Is Asking Employees to Deliver Packages on Their Way Home from Work," *The Washington Post*, June 1, 2017; M. Troy, "Wal-Mart Braces for International Growth with Personnel Moves," *DSN Retailing Today*, February 9, 2004, pp. 5 – 7; "Division Heads Let Numbers Do the Talking," *DSN Retailing Today*, June 21, 2004, pp. 26 – 28; "The Division That Defines the Future," *DSN Retailing Today*, June 2001, pp. 4 – 7.

案例讨论题

1. 作为世界上最大的公司之一，沃尔玛的国际业务相当有限，仅在20多个国家拥有业务。你认为沃尔玛可以做些什么使其在全球拥有更广阔的平台？

2. 沃尔玛在世界各地通过多个品牌运营（例如，英国的阿斯达）。许多公司越来越多地采用标准化的运营方式以及能对此提供支持的组织结构。沃尔玛能否采用更有效的国际战略？如果可以，公司应创建何种组织结构以便最好地服务于全球市场运营？

3. 沃尔玛门店首席运营官朱迪思·麦肯纳自2018年2月1日起被任命为公司国际部门的总裁兼CEO。这一职位被视为通往全球最大零售商最高职位的垫脚石，现任CEO董明伦（Doug McMillon）和他的前任麦道克都曾经管理过国际部门。如果国际业务对公司如此重要，那么沃尔玛可以做什么、应该做什么或必须做什么来利用其作为全球最大零售商的优势？

注释

第14章

进入发达市场和新兴市场

学习目标

阅读本章后，你将能够：

- 解释企业在决定海外扩张时必须作出的三个基本决策：进入哪些市场、何时进入以及以何种规模进入。
- 比较企业进入海外市场时采用的不同模式。
- 认识影响企业进入模式的因素。
- 了解并购和绿地投资作为进入国际市场战略的利弊。
- 衡量企业以加入战略联盟的方式走向国际的利弊。

开篇案例　大众、丰田、通用汽车在中国

在过去30年里，全球汽车制造商已经将中国作为新车销售必选的庞大新兴市场。自1990年以来，中国市场的汽车销量每年都在增长，直到2018年中国汽车销量下降了2.8%至2 808万辆（乘用车销量下降4.1%，而商用车销量增长5.1%）。在全球范围内，中国在汽车供应和需求方面都处于领先地位，它是最大的新车销售市场，也是最大的汽车制造市场。中国生产的汽车数量与在该市场的年购买量大致相等（中国2 808万辆的新车销量约占全球市场7 870万辆汽车销量的36%）。丰田、大众和通用汽车作为世界上最大的汽车制造商，一直将中国视为最大的国家市场。

20世纪70年代早期中国重返联合国后，丰田开始了技术转移，在中国发展汽车零部件产业，并积极对中国员工进行培训，以促进中国汽车产业的发展。自2000年起，丰田开始全面在华生产和销售。例如，丰田以合资方式成立了天津汽车夏利股份有限公

司，取得了中国的生产经营许可，并在中国成立了9家生产制造公司和4家分销商。2018年丰田在华销量为147万辆，同比增长8%。

大众于1978年按照中国政府的要求与国有合作伙伴成立合资企业进入中国市场。1982年，它与当时中国最大的汽车制造商上海拖拉机汽车工业公司签订了装配合同，这也是企业早期的一大里程碑。随后10年里，汽车行业持续快速发展，大众在华销量翻了10倍。但在中国加入世界贸易组织后，大众不得不积极与大幅扩大产能的日本和美国汽车制造商相抗衡，以捍卫其市场地位。尽管竞争日益激烈，但中国仍然成为大众品牌最大的单一市场，2018年大众在华销量为420万辆，以压倒性的优势成为中国最大的汽车销售商。重要的是，中国如今引领着汽车行业的未来趋势，大众承诺到2025年，除燃气汽车外，还将在中国交付40款本地生产的油电混合和纯电动汽车。

通用汽车在中国拥有11家合资企业、2家外商独资企业和超过58 000名员工。通用汽车及其合资企业在中国所有汽车制造商中提供了最广泛的车辆和品牌阵容。该公司产品分别以别克、凯迪拉克、雪佛兰、宝骏和五菱等品牌销售。但通用汽车并没有故步自封。2018年，通用汽车仅在中国就推出了20多款新车和改款车，以保持其在这一全球最大汽车市场的增长势头，并挖掘新能源汽车的新机遇。通用汽车中国公司总裁钱惠康表示："中国汽车市场已进入高质量发展的新时代，卓越的产品和服务将成为持续增长的关键。通用汽车将继续优化产品组合，以行业领先的技术和相关服务为后盾，并在电气化和自动驾驶领域探索更多的机会。"* 自2012年以来，中国一直是通用汽车最大的市场，2018年通用汽车及其合资企业在中国的销量超过364万辆。

* Matt Tsien，General Motors China，2019.

资料来源：Daniel Shane，"Toyota Is Growing in China as Its Global Rivals Stumble，" *CNN Business*，February 8，2019；"Carmakers Scramble to Prepare for a Chilly Future，" *The Economist*，January 19，2019；"VW Predicts Rising China Sales，Bucking a Shrinking Market，" *Bloomberg News*，January 7，2019；"Carmakers to Face More Pain as Sales in China Keep Sliding，" *Bloomberg News*，February 17，2019；"GM Set for a Record of Over 20 Launches in China in 2019，" GM Corporate Newsroom，January 17，2019.

14.1 引言

本章涉及三个密切相关的主题：(1) 企业决定进入哪些外国市场、何时进入和以何种规模进入；(2) 进入模式的选择；(3) 战略联盟的作用。任何打算进行海外扩张的企业都必须首先决定进入哪个或哪些外国市场以及进入的时机和规模。通常，中小型企业一次决定进入一个国际市场，而大公司会战略性地选择进入一个或多个市场。例如，大公司可能会决定一次性进入所有五个斯堪的纳维亚国家（丹麦、芬兰、冰岛、挪威和瑞典）或其中的几个，因为这些国家的客户需求和期望相似。而由于成本限制、供应链挑战和市场进入壁垒，大多数中小型企业（SME）不会如此扩张。

无论对大公司还是SME而言，选择进入哪些国际市场都应当取决于对长期增长和盈利潜力的评估。有些公司认为，根据长期增长和盈利潜力，它们需要进入中国、印度和其他人口众多的市场。但是，进入决策有更深层的意义，并且应该更多地从战略角度出发，关注长期增长和盈利潜力。国际市场中有约 77 亿人口，大中小型企业都能在许多国家发现机会，正确认识并在战略上适当地利用这些机会是企业的必备技能。

国际企业还需要解决的重要问题是以何种模式进入国外市场。为外国市场提供服务的模式有很多种，包括向东道国企业出口、许可或特许经营，与东道国企业一起建立合资企业，在东道国设立新的全资子公司以服务于该市场，以及收购东道国的既有企业以服务于该市场等。每一种选择都有利弊，而利弊的大小取决于物流成本、贸易壁垒、政治风险、经济风险、商业风险、成本和企业战略等多项因素。由于存在这些因素，不同情况下的最佳进入模式也不相同。因此，一些企业服务于特定市场时最适合采用出口模式，而另一些企业要通过新建全资子公司或收购既有企业才能更好地服务于同一市场。

本章的最后一个主题是战略联盟。国际商务涉及的**战略联盟**（strategic alliance）是指潜在或实际竞争对手之间订立合作协议。这一术语通常涵盖了实际或潜在竞争对手之间的各种协议，包括交叉持股、许可协议、正式合资企业和非正式合作关系等。企业参与战略联盟的动机多种多样，但往往都涉及市场准入，因此该主题与本章介绍的进入模式有所重叠。

开篇案例中的三家汽车制造商大众、丰田和通用汽车都在全球市场上战略性地使用了设立子公司、合资企业和战略联盟的组合。由于市场对外国公司的限制，这三家公司都不得不与当地合作伙伴建立合资企业。例如，丰田成立了合资企业天津汽车夏利股份有限公司，大众也与国有合作伙伴签订了合资协议，而通用汽车在中国有 11 家类似的合资企业。虽然受到一些限制，但这些企业进入中国市场的好处要大得多。毕竟，中国市场在全球 7 870 万辆的汽车销量中占到了 36%。

14.2　基本进入决策

企业想要向海外市场扩张就必须作出三个基本决策：进入哪些市场、何时进入这些市场，以及以何种规模进入。[1]

14.2.1　进入哪些外国市场?

全世界约 77 亿人口分布在众多国家和地区。但是，对于想要进行海外扩张的企业而言，并非所有市场都有相同的盈利潜力。[2]并非世界上所有人都可能成为现有或潜在客户，他们也不可能成为跨国企业销售的全部产品或服务的客户。因此，对企业而言，选择进入哪些市场必须基于对市场长期盈利潜力的评估（或者在较短的生命周期中存在大量机会）。

长期盈利潜力取决于许多因素，本书前面的章节中考察了其中的多个因素。第 2 章详细讨论了经济因素对外国市场潜在吸引力的影响。一国作为国际企业潜在市场的吸引力，取决于在该国开展业务的收益、成本与风险的权衡。在许多情况下，产品或服务是否适合某个市场，以及对该外国市场的准备情况，是企业决定是否进入该市场的两个关键先决因素。

第 2 章还指出，在一国开展业务的长期经济利益取决于市场规模（人口统计特征）、该市场消费者目前的财富（购买力），以及消费者未来可能的财富（取决于经济增长率）等因素。虽然以消费者数量衡量，有些市场非常庞大（中国、印度、美国、印度尼西亚、巴西、巴基斯坦和尼日利亚都有超过两亿人口），但企业还必须关注其生活水平和经济增长。印度如今虽然仍不富裕，但增长迅速，已成为具有吸引力的外商投资地。而印度尼西亚疲软的经济增长则意味着这一人口众多的国家对外来投资的吸引力要小得多。另外，虽然巴基斯坦经济在购买力平价方面排名世界第 25 位，但由于政治不稳定和各种风险，许多企业都不愿进入该市场。尼日利亚也面临着相同状况。

正如第 2 章所提到的，未来经济增长率很可能取决于自由市场体系和国家增长潜力（欠发达国家可能拥有更大的增长潜力）。此外，开展外国业务的成本和风险在经济发达、政治稳定的民主国家通常较低，而在欠发达的政治不稳定国家则较高。尽管如此，许多欧洲发达国家长期稳定的状况也意味着与风险较高的新兴国家相比，它们的增长潜力有限。因此企业在决定进入哪些外国市场时需要考虑一系列因素。

第 2 章的讨论表明，在其他条件相同的情况下，对收益、成本、风险进行权衡时，政治稳定、拥有自由市场体系、通货膨胀率较低或私营部门债务水平较低的发达国家和发展中国家往往最受企业青睐。而政治不稳定、市场自由度较低的发展中国家，或者存在投机性金融泡沫可能导致过度借贷的发展中国家，往往最不受青睐。同样，企业需要对欠发达国家的收入（或盈利）潜力进行仔细评估并制定全球发展战略。

国际企业可以在外国市场创造价值，这取决于其产品与市场的契合度以及本土竞争的性质。[3]相比于简单地提供本土竞争对手或其他外国进入者已在出售的同类产品，如果国际企业可以提供一种尚未在市场上推广但能够满足未决需求的产品，则其对消费者的价值可能大得多。更大的价值可以转化为更高的价格，更快实现销量上的突破。在考虑了这些因素后，企业可以按照吸引力和长期盈利潜力对各国市场进行排名，优先考虑进入排名靠前的市场。例如，英国大型杂货连锁店特易购就一直在积极扩张海外业务，它主要关注那些缺乏强大本土竞争对手的新兴市场（见“管理聚焦”）。

管理聚焦

特易购的国际增长策略

特易购（Tesco）由杰克·科恩（Jack Cohen）于 1919 年创立，是英国最大的跨国杂货和商品零售商，在当地市场占有 28%的份额。按收入计算，它是仅次于沃尔玛的世界第二大零售商。特易购的销售额超过 700 亿美元，雇用了超过 48 万名员工，并在 13 个国家经营着 6 553 家门店。

在英国本土市场（总部位于英格兰赫特福德郡的切斯特纳特），公司的优势来自其在营销、门店选址、物流和库存管理以及自有品牌产品销售方面的强大竞争力。到 20 世纪 90 年代初，这些竞争力使公司在英国市场占据了领先地位。特易购有强劲的自由现金流，高层管理者需要决定如何使用这些资金。海外扩张就是他们制定的战略之一。

管理者着眼于国际市场很快得出结论：能够提供最好机会的不是北美和西欧等已存在强大本土竞争对手的成熟市场，而是东欧和亚洲的新兴市场，那里几乎没有有竞争力的对手，但有着强劲的潜在增长趋势。特易购于 1995 年进入匈牙利，这是其首次涉足国际市场。当时它收购了拥有 43 家门店的国有杂货连锁企业 Global 51%的股份。到 2017 年，特易购已成为匈牙利市场的领导者，在已有 200 多家门店的基础上计划开设更多门店，销售额占到匈牙利整体经济的 1%。

在进入匈牙利一年后，特易购从 Stavia 手中收购了波兰的 31 家门店。1996 年，特易购从凯马特（Kmart）手中收购了位于捷克和斯洛伐克的 13 家门店。一年后，它又进入了爱尔兰。如今，特易购在波兰拥有 450 多家门店，在斯洛伐克有 120 多家门店，在爱尔兰有 100 多家门店。

特易购的亚洲扩张始于 1998 年进入泰国，当时它收购了拥有 13 家门店的食品零售商卜蜂莲花（Lotus）75%的股份。到 2017 年，特易购在泰国拥有 380 多家门店。1999 年，公司与三星合作开发连锁大卖场进入韩国，2002 年进入马来西亚，2003 年进入日本，2004 年进入中国。公司进入中国市场之前，花费三年时间对潜在合作伙伴进行了仔细研究和讨论。与许多其他西方公司一样，特易购被中国市场的庞大规模和快速增长所吸引。最终，特易购与乐购（Hymall）设立了 50∶50 的合资企业。乐购是一家由中国顶新国际集团控股的连锁大卖场。2014 年，特易购将其在中国的 131 家门店与国有企业华润创业的近 3 000 家门店合并，在中国设立了一家合资企业，特易购拥有该企业 20%的股份。

在采取了这些行动之后，特易购在英国以外的销售额达 210 亿美元左右（其在英国的年收入约 410 亿美元）。国际扩张帮助特易购成为全球杂货市场中仅次于沃尔玛的第二大公司（如果按利润计算，特易购还排在法国家乐福之后）。然而，特易购可能是三者中国际化最成功的，它所有的海外企业都在盈利。

在解释公司为何能取得成功时，特易购的管理者详细阐述了一些重要因素。首先，公司非常重视将其在零售上的核心竞争力转移至新企业中。与此同时，它并没有派遣大批外籍管理者来经营当地业务，而是更倾向于聘用当地管理者，并由一些来自英国的运营专家为他们提供支持。其次，特易购在亚洲的合作战略是一笔巨大财富。特易购与优秀的公司合作，这些公司对其所参与的市场有着深刻的了解，但缺乏特易购的财务实力和零售能力。因此，特易购及其合作伙伴都为合资企业带来了有益的资产，增加了取得成功的可能性。在合资企业成立后，特易购通常会增加其所持有的股份。例如，特易购拥有韩国大型连锁超市 Home-plus 100%的股份，但在合资企业刚成立时，特易购仅拥有 51%的股份。最后，公司专注于具有良好增长潜力但缺乏强大本土竞争对手的市场，这为特易购的扩张提供了成熟的土壤。

资料来源：Angela Monaghan, "Tesco Boss's Bonus Cut Despite First Sales Growth in Seven Years," *The Guardian*, May 12, 2017; P. N. Child, "Taking Tesco Global," *The McKenzie Quarterly* 3 (2002); H. Keers, "Global Tesco Sets Out Its Stall in China," *The Daily Telegraph*, July 15, 2004, p. 31; K. Burgess, "Tesco Spends Pounds £140m on Chinese Partnership," *Financial Times*, July 15, 2004, p. 22; J. McTaggart, "Industry Awaits Tesco Invasion," *Progressive Grocer*, March 1, 2006, pp. 8 – 10; Tesco's annual reports, archived at www.tesco.com; "Tesco Set to Push Ahead in the United States," *The Wall Street Journal*, October 6, 2010, p. 19.

14.2.2 进入时机

企业一旦确定了有吸引力的市场，就需要考虑**进入时机**（timing of entry）。当某一国际企业先于其他外国企业进入某个外国市场时，就被认为是先期进入；而如果它在其他国际企业已在该市场中站稳脚跟后才进入，就被认为是后期进入。通常与先期进入某市场相关的优势被称为**先发优势**（first-mover advantage）。[4]先发优势之一是通过建立强大的品牌和客户满意度来抢占先机并抓住需求。特易购正是凭此在发展中国家迅速扩张。第二个优势是能够在该国实现销量突破，领先于竞争对手沿经验曲线下移，使先进入者比后进入者更具有成本优势。这种成本优势可以使先进入者比后进入者定价更低，从而使后者无法在市场立足。第三个优势是先进入者能够将客户与自己的产品或服务联系起来，从而使客户产生转换成本。这类转换成本使后进入者难以取得业务上的突破。

在其他国际企业之前进入外国市场也可能存在不利因素，这些不利因素通常被称为**先发劣势**（first-mover disadvantage）。[5]这些劣势可能导致**开拓成本**（pioneering cost），即先进入者必须承担而后进入者可以避免的成本。当国外的商务体系与企业母国市场的商务体系不同时，企业就不得不投入大量精力、时间和费用来学习新的游戏规则，从而产生开拓成本。开拓成本包括企业因不了解外国环境而犯下重大错误所产生的失败成本，这是外国企业不得不面对的问题，而对于较早进入该国市场的外国企业而言，这一问题更为严重。[6]有研究证明，某国际企业如果在其他外国企业之后进入某国市场，则生存的概率就会增加。[7]后进入者可以观察先进入者所犯的错误，从中吸取教训并取得好处。

开拓成本还包括推广和打造产品的成本、培养客户的成本等。在当地消费者不熟悉企业正在推广的产品时，这就非常重要。相比之下，后进入者可以观察先进入者在市场上的运营情况，避免像先进入者那样犯下代价高昂的错误，利用先进入者培养的客户群体来开发市场潜力，在此基础上发挥自己的优势。例如，肯德基将美式快餐引入了中国，后进入者麦当劳则利用了已得到开发的中国市场。联邦快递（FedEx）在取得中国市场运营许可后，花了近10年的时间才让中国客户相信它的服务比当时中国客户使用的航运业务更有价值。

如果法规变化降低了先进入者的投资价值，则先进入者相对于后进入者可能处于严重劣势。这在许多发展中国家是很大的风险，因为这些国家商业运作的监管规则仍在不断发展。如果法规的后续变化使先进入者对该国最佳商业模式的设想变得无效，则先进入者也可能处于劣势。对率先进入某国市场的企业而言，还有一个潜在劣势是它需要让客户了解其产品，尤其是当这些产品在该市场上尚未出现过时（例如，在美国联合包裹运送服务公司（United Parcel Service，UPS）、敦豪航空货运公司（DHL）等企业进入中国市场之前，联邦快递在这一市场中没有竞争对手）。

14.2.3 进入规模和战略投入

国际企业在进入市场时需要考虑的另一个问题是进入规模。企业如果以较大规模进入某一市场，就需要大量的资源投入和快速进入策略。以荷兰保险公司荷兰国际集团（International Netherlands Groups，ING）进入美国保险市场为例。ING 不得不花费数十亿美元来收购美国业务。并非所有企业都具备大规模进入某一市场的必要资源，一些大企业更愿意小规模进入国外市场，在熟悉市场之后再慢慢扩大规模。

大规模进入（快速进入）能够取得何种成果与为此作出的战略投入价值相关。[8]战略投入具有长期影响并且难以逆转。决定大规模进入外国市场是一项重大的战略投入。战略投入（如迅速地大规模进入市场）可能对市场竞争性质产生重要影响。例如，通过大规模进入美国保险市场，ING 向市场表明了决心，这将带来一系列影响。从积极的方面来看，这将使 ING 更容易吸引客户和分销商（如保险代理人）。这种大规模进入使客户和分销商有理由相信 ING 将长期服务于该市场。此外，大规模进入也会使其他考虑进入美国市场的外国企业暂时望而却步，因为它们现在不仅要与美国本土企业竞争，还要与积极进取且成功的欧洲企业竞争。从消极的方面来看，将资源大量投入美国市场使 ING 可用于扩张其他目标市场（如日本）的资源减少，即对美国的投入限制了公司战略的灵活性。

ING 的例子表明，大量战略投入往往会改变市场竞争环境，并带来一系列变化，这些变化可能有利有弊。企业应当考虑大规模进入市场的影响并采取相应的行动，尤其需要关注实际和潜在竞争者可能对大规模进入市场作出何种反应。此外，大规模进入者相比于小规模进入者更有可能取得与抢占市场、规模经济和转换成本相关的先发优势。

快速大规模进入外国市场所要求的投入价值必须与由此产生的风险以及灵活性不足相平衡。但是战略缺乏灵活性也有一定价值。军事史上有一个著名的相关例子。当埃尔南·科尔特斯（Hernán Cortés）带领队伍在墨西哥登陆时，他命令手下烧毁船只只留下一艘。科尔特斯认为，没有了退路就别无选择，只能与阿兹特克人决一死战，最终他们做到了。[9]

大规模进入市场时需要平衡战略投入的价值和风险，在这方面，小规模进入具有优势。小规模进入可以使企业在有限参与外国市场的同时，逐渐了解该市场。在决定是否大规模进入和确定最好的进入模式之前，小规模进入可以帮助企业收集关于外国市场的信息。随着企业收集的信息增加，此后大规模进入该市场时的相关风险将会降低。但是，小规模进入缺乏相关投入，因此小规模进入者难以占领市场份额并建立先发优势。规避风险的企业如果采用小规模进入外国市场的方式，可能减少潜在损失，但也可能错失取得先发优势的机会。

14.2.4　市场进入决策小结

没有绝对正确的决策，只有与不同风险和回报水平相关的决策。企业先于所在行业中的大多数国际企业大规模进入某个发展中国家，将伴随很高的风险。在这种情况下，由于缺乏外国先进入者的经验，企业无法获得有用的指导，作为外来者的风险责任就会增加。但同时，与这种战略相关的潜在长期回报十分巨大。早期大规模进入主要发展中国家的企业可能会获得显著的先发优势，从而巩固其在该市场的长期有利地位。[10]相反，如果在其他国际企业之后进入某个发达国家，并且最初采用小规模进入以便更多地了解这些市场，则企业承担的相关风险将低得多，然而潜在长期回报也很可能低得多，因为企业基本上放弃了取得先发优势的机会，并且由于小规模进入缺乏投入，可能会限制企业未来的增长潜力。

本节主要立足于想要进入外国市场的发达国家企业视角。克里斯托弗·巴特利特（Christopher Bartlett）和苏曼德拉·戈沙尔（Sumantra Ghoshal）指出，发展中国家企业必须进入外国市场并参与全球竞争。[11]尽管这些企业往往是外国市场的后进入者，且它们的资源有限，但巴特利特和戈沙尔认为，这些后进入者如果采用了合适的战略，仍可能在与成熟的全球竞争对手交锋时取得成功。发展中国家的企业应该利用外国跨国企业进入其本国市场的机会，通过运营和绩效上的比较向这些竞争者学习。此外，他们还表示，这些企业或许能找到不同于外国跨国企业的方法，例如，专注于跨国企业忽视的或者由于全球产品标准化而无法提供有效服务的利基市场。通过学习和产品差异化来提高绩效，发展中国家的企业也许能找到适合自己的国际扩张战略。

14.3　进入模式

企业一旦决定进入外国市场，就会面对最佳进入模式的问题。企业可以使用六种不同模式进入外国市场：出口、交钥匙工程、许可、特许经营、与东道国企业建立合资企业，以及在东道国设立新的全资子公司。每种进入模式都各有利弊，管理者在作出决策时必须审慎考虑。[12]

14.3.1　出口

许多制造业企业都以出口商的身份开始全球扩张，后来再转向其他服务于外国市场的模式。我们将在第 15 章详细介绍出口的机制，这里我们重点讨论出口作为一种进入模式的利弊。

优点

出口（exporting）有两个明显的优点。首先，它避免了在东道国建立制造设施或更长期的业务，通常可以节省大量成本。出口基本上只要求企业在全球市场上进行较低程度的投入和参与。其次，出口可能有助于企业实现经验效应和区位经济（见第 12 章）。通过在集中区位制造产品并出口到其他市场，企业可以从其全球销量中实现相当大的规模经济。这就是许多中小型企业进军外国市场的原因。

缺点

出口有如下缺点。第一，如果存在产品制造成本更低的地点（即企业可以将生产转移到国外以实现区位经济），则从企业本地出口就不再合适。对于采用全球标准化战略或跨国战略的企业，从价值创造的角度来看，应当在要素组合最有利的地点制造产品并从该地点出口到世界其他地区。与其说这是反对出口，倒不如说是在反对从企业母国出口。由于可以利用低成本、高技能的劳动力，许多美国电子企业将部分制造业务转移到远东地区，然后从那里出口到世界其他地方，包括美国本土。

第二，高昂的供应链成本可能使出口无利可图，特别是对于散装产品而言。解决方法之一是，在销售散装产品的地点进行制造。这种策略使企业能够从大规模生产中获取一定的经济效益，同时限制了供应链成本。例如，许多跨国化学企业都在一定区域内制造产品，并通过一个工厂为多个国家提供服务。有人指出，世界应当被看成一组相互独立的区域，如果只关注全球化，成本仍然过高。

第三，关税壁垒也会使出口变得无利可图。东道国政府可能施加关税壁垒，从而给企业带来很大风险。当今世界，许多国家出于多种原因可能会提高贸易壁垒（如美国）或重新就伙伴关系进行协商（如英国）。由于民族主义和政治战略，我们很难确切知晓一些国家是否会施加国际贸易壁垒，而这也成了国家间出口的不利因素。

第四，企业将其在各国的营销、销售和服务等工作委托给另一家企业时也会存在风险。对于刚开始国际扩张的制造业企业而言，这是一种常见的做法。受委托的另一家企业可能是当地代理商，也可能是拥有广泛国际分销业务的跨国企业。当地代理商可能同时销售多家竞争企业的产品，因此缺乏忠诚度。在这种情况下，当地代理商可能无法像企业自身那样投入。当由另一家跨国企业进行分销时，也可能出现类似问题。解决这些问题的方法是在国外设立全资子公司来处理当地的营销、销售和服务工作。企业可以对此严格管控，同时取得在单一区位或少数区位制造产品的成本优势。

14.3.2　交钥匙工程

在某些行业中，专门从事交钥匙工厂设计、建造和启动的企业很常见。在**交钥匙工程**（turnkey project）中，承包商同意为外国客户处理工程的每个细节，包括操作人员的培训等。在承包的工程完成后，准备投入全面运行的工厂“钥匙”将被交到外国客户手中，因此就有了“交钥匙”这一称法，这是向其他国家出口工艺技术的一种方式。交钥匙工程在化工、制药、石油精炼和金属精炼等行业最为常见，而这些行业都需要使用复杂且昂贵的生产技术。

优点

如果要采用和运行某个在技术上十分复杂的工艺（例如，精炼石油或钢铁），专业知识是一项非常宝贵的资产。交钥匙工程就是从此类资产中赚取巨大经济回报的一种方式。该模式在 FDI 受到东道国政府法规限制时特别有用。例如，许多石油资源丰富的国家政府都有自己的炼油工业，因此限制 FDI 进入其炼油领域。但由于其中许多国家缺乏石油精炼技术，因此它们会与拥有该技术的外国企业签订交钥匙工程。这类交易通常对销售企业非常具有吸引力，因为这些企业正是通过此类交易利用宝贵的专业知识从该国获取回报。交钥匙工程的风险也低于传统的 FDI。在政治和经济环境不稳定的国家，长期投资可能给企业带来不可接受的政治和经济风险（例如，国有化风险或经济崩溃）。

缺点

交钥匙工程存在三个主要缺点。首先，承接交钥匙工程的企业在国外没有长期利益。如果该国随后成为该项工艺产出的主要出口市场，这一模式就可能产生不利条件。解决这一问题的方法之一就是在运营中取得少数股权。其次，企业与外国公司订立交钥匙工程协议，可能在无意中创造了一个竞争对手。例如，许多向沙特阿拉伯、科威特和其他海湾国家企业出售炼油技术的西方公司，如今都在全球石油市场上与这些企业展开了竞争。最后，如果企业的工艺技术是其竞争优势的来源，那么通过交钥匙工程出售这些技术其实也是在向潜在竞争对手出售竞争优势。

14.3.3 许可

许可协议（licensing agreement）是一种安排，许可人可以在一段时间内将无形财产的使用权利授予另一实体（被许可人），并从被许可人处收取使用费作为回报。[13] 无形财产包括专利、发明、配方、流程、设计、版权和商标等。例如，为了进军日本市场，复印机的发明者施乐与富士胶片（Fuji Film）合资成立了富士施乐（Fuji Xerox）。随后，施乐将静电复印技术授权给富士施乐。作为回报，富士施乐向施乐支付特许权使用费，该笔费用相当于富士施乐从施乐专利复印机的销售中所取得的净销售收入的5%。在富士施乐的案例中，最初的许可期限为 10 年，此后进行了多次重新协商和延期。但施乐和富士施乐的许可协议限制了富士施乐在亚太地区的直接销售（尽管施乐在北美销售的施乐品牌复印机是由富士施乐供货的）。[14]

优点

在典型的国际许可协议中，海外运营所需的大部分资金都由被许可人投入。因此，许可的主要优点在于企业不必承担与外国市场相关的开发成本和风险。对于缺乏资金开拓海外业务的企业来说，许可非常具有吸引力。此外，当企业不愿对不熟悉或政治不稳定的外国市场投入大量财务资源时，许可也可能非常具有吸引力。企业希望进入外国市场，但由于投资壁垒而不被允许时，也经常使用许可的方式。这也是建立富士施乐这一合资企业的最初原因之一。施乐想进入日本市场，但日本政府禁止其设立全资子公司，所以施乐与富士胶片成立了合资企业，然后将专有技术授权给合资企业。

企业拥有某种商务应用前景良好的无形资产但不想自己利用时，也经常使用许可的方式。例如，美国电话电报公司（AT&T）的贝尔实验室最初于 20 世纪 50 年代发明了晶体管电路，但美国电话电报公司决定不生产晶体管，因此它将这项技术授权给了其他公司，如得州仪器。同样，可口可乐将其著名的商标授权给了服装制造商，由服装制造商将其设计融入服装。哈雷戴维森将品牌许可给沃尔弗林集团（Wolverine World Wide），由后者生产富有自由精神的鞋类，而这种精神正是哈雷戴维森在其广告和产品定位中所强调的。

缺点

许可有三个严重的缺点。首先，它无法让企业对实现经验效应和区位经济所需的制造、营销和战略等职能进行严格控制。在许可中，每个被许可人通常都会建立自己的生产设施。这严重限制了企业通过集中生产产品来实现经验效应和区位经济的能力。当这些效应很重要时，使用许可进行海外扩张可能不是最好的方式。

其次，企业在参与全球市场竞争时，需要协调跨国战略行动，利用其在一国赚取的利润来支持在另一国的竞争。许可使企业难以实现这一目的，被许可人不太可能允许跨国企业使用其赚取的利润（特许权使用费之外的利润）来支持另一国的被许可人。

最后，许可会产生第 7 章介绍对外直接投资经济理论时所遇到的问题，涉及将专有技术授权外国企业的相关风险。专有技术构成了许多跨国企业的竞争优势。大多数企业希望能够保持对专有技术的控制权，但在将其授权给其他企业后，就面临失去专有技术控制权的风险。许多企业都栽过跟头，认为自己可以在许可协议中保留对专有技术的控制权。例如，RCA 公司曾将彩电技术授权给松下和索尼等日本企业。日本企业迅速吸收并改进了该技术，并利用它打入美国市场，从 RCA 手中抢走了大量市场份额，而 RCA 于 1986 年倒闭。

降低许可的风险的方法之一是与外国企业签订交叉许可协议。根据交叉许可协议，企业可以将一些宝贵的无形资产授权外国合作伙伴使用，但除特许权使用费之外，企业还要求外国合作伙伴把它的一些宝贵专有技术授权给自己。一般认为这种协议可以降低与专有技术许可相关的风险，因为被许可人知道一旦它违约（利用取得的专有知识与许可人展开直接竞争），许可人也可以这么做。交叉许可协议使企业相互制约，减少了它们利用对方专有技术投机取巧的可能性。[15]这种交叉许可协议在高科技行业中越来越普遍。

另一个降低许可相关风险的方法是遵循富士施乐的模式，将专有技术许可协议与组建合资企业结合起来，许可人和被许可人均持有合资企业的重要股份。因为双方都与合资企业的成功与否有利害关系，所以这种方法可以使许可人和被许可人的利益保持一致。因此，富士胶片盗用施乐专有技术并与施乐在全球复印机市场上展开直接竞争的风险就因施乐和富士胶片都持有合资企业的股份而降低。

14.3.4　特许经营

特许经营类似于许可，但经营期限往往比许可更长。**特许经营**（franchising）本质上是一种特殊的许可形式，特许人不仅向加盟商出售无形资产（通常是商标），还要求加盟商严格按照规定开展业务。特许人还经常帮助加盟商开展经营活动。与许可一样，特许人通常会收取特许权使用费，该费用相当于加盟商收入的一定比例。制造业企业主要采用许可方式，而服务业企业主要采用特许经营的方式。[16]麦当劳和赛百味是世界上最大的两个特许经营商，它们就是通过特许经营模式发展壮大的例子。麦当劳将有关加盟商如何经营餐厅的严格规定扩展到了对菜单、烹饪方法、人员配置以及设计和选址的控制。麦当劳还帮助其加盟商组建供应链，并提供管理培训和财务援助。[17]

优点

特许经营的优点与许可非常相似。它可以避免企业为打开外国市场而承担许多成本和风险。这些成本和风险通常由加盟商承担，从而激励加盟商尽快实现盈利。因此，使用特许经营模式，服务业企业可以像麦当劳那样以相对较低的成本和风险快速建立全球影响力。

缺点

特许经营的缺点不如许可那么明显。特许经营是服务业企业经常使用的模式，它们不用考虑协调生产以实现经验效应和区位经济。但是，特许经营可能会阻碍企业使用在一国获取的利润来支持在另一国的竞争。特许经营另一个更明显的缺点是缺乏质量控制。特许经营的基础是企业的品牌名称向消费者传达了企业产品质量的信息。因此，入住香港四季酒店的商务旅客可以合理预期她将在纽约四季酒店获得相同质量的房间、食物和服务。四季酒店的名称意味着对其一贯产品质量的保证。

然而，想要在全球范围内维持同一质量标准并非易事，外国加盟商可能并不那么关注质量。如果出现这种情况，某国加盟商糟糕的质量可能导致企业在该外国市场的销售额流失，从而导致企业的全球声誉受损，进而失去在其他国家的销售额。例如，如果商务旅客在香港四季酒店的体验不佳，他就可能不会再去其他的四季酒店，并影响同事的选择。但企业常因与其外国加盟商相隔较远而难以发现质量问题。此外，以麦当劳为例，数以万计的加盟商使质量控制变得极为困难。由于存在这些因素，质量问题可能持续存在。

克服上述缺点的方法之一是在企业扩张的每个国家都建立子公司。子公司可能由企业全资拥有或与外国公司合资设立，子公司承担在特定国家或地区建立特许经营业务的权利和义务。例如，麦当劳在许多国家都有主加盟商，主加盟商通常是麦当劳与当地企业的合资企业。距离缩近和数量减少会减小质量控制的难度。此外，企业由于至少掌握子公司（或主加盟商）的部分所有权，可以在子公司中安排自己的管理人员，以确保其对特许经营业务进行了良好的监督。事实证明，这种组织安排令麦当劳、赛百味、肯德基等企业非常满意。

14.3.5 合资企业

合资企业（joint venture）是由两家或多家相互独立的企业共同建立的。例如，富士施乐就是施乐和富士胶片共同设立的。长期以来，与当地企业一起建立合资企业是进入新市场的一种普遍模式。最典型的合资形式是 50∶50 合资，两方各持有 50%股权，并派出一组管理人员来分享运营控制权。直到 2001 年，富士施乐的合资情况仍是如此，但它如今是一个 25∶75 的合资企业，其中施乐持有 25%股权。中国的上汽通用在 2010 年之前也是 50∶50 合资，但此后变成了 51∶49 合资，其中上汽持有 51%股权。不过，有些企业从一开始就要求拥有多数股权，为的是加强控制。[18]

优点

合资企业有许多优势。首先，当地合作伙伴对东道国竞争环境、文化、语言、政治制度和商业实践的了解可以给企业带来好处。因此，对于许多美国企业而言，合资企业意味着由美国企业提供专有技术和产品，并由当地合作伙伴提供营销专长和参与该国市场竞争所需的其他知识。其次，当开拓外国市场的开发成本和风险很高时，企业可以与当地合作伙伴分担这些成本和风险。最后，出于政治考虑，在许多国家设立合资企业是唯一可行的进入模式。研究表明，与当地合作伙伴建立合资企业，可以使企业面临的国有化或其他形式的不利政府干预的风险降低。[19]因为持有部分股权的当地合作伙伴可能会对东道国政府政策有一定影响，它们为了从合资企业中获利可能会公开反对国有化或政府干预。而政府并不想损害当地企业，这就给合资企业中的外国合作伙伴带来了好处。

缺点

虽然有上述优点，但合资企业也存在重大缺点。首先，与许可一样，成立合资企业可能会让企业自身的专有技术控制权落入合作伙伴手中。因此，当波音和三菱重工打算合资建造新型宽体喷气式飞机时，人们担心波音可能会在不知不觉中将商用航空技术泄露给日本人。但是，合资协议可以将这种风险降至最低，一种选择是持有合资企业的多数股权，占主导地位的合作伙伴能够对其技术拥有更大的控制权。但难点是很难找到愿意接受少数股权的外国合作伙伴。另一种选择是在共享部分技术的同时，将对企业至关重要的核心竞争技术与合作伙伴“隔离”。

其次，合资企业不能使企业对其子公司进行严格控制，但想要实现经验效应和区位经济可能需要这种严格控制。它也无法让企业通过对外国子公司的严格控制来使全球范围内的竞争策略协调一致。以得州仪器进入日本半导体市场为例。德州仪器在日本建立半导体工厂有双重目的：控制日本厂商的市场份额；对日本厂商用于抢占得州仪器全球市场份额的现金流进行遏制。换句话说，得州仪器在进行全球战略协调。得州仪器在日本的子公司必须在竞争策略上遵从公司总部的指示，该策略要求日本子公司在必要时亏本经营。几乎没有任何潜在合作伙伴愿意接受这样的条件，因为这意味着可能出现负投资回报。事实上，许多合资企业拥有一定的自主权，这就使企业几乎不可能以此模式对战略决策进行直接控制。[20]因此，为实施企业战略，得州仪器在日本设立了一家全资子公司。

最后，如果投资双方的目标发生了变化或对战略持有不同的看法，那么共同所有权可能导致双方之间发生冲突及控制权争夺。合资企业富士施乐没有遇到这类问题。富士施乐前董事长小林阳太郎表示，主要原因是施乐和富士胶片都与富士施乐保持了一定距离，这让合资企业管理层有相当大的自由来决定自己的战略。[21]但是，许多研究表明，投资双方经常出现战略和目标上的利益冲突。当不同国家的企业共同成立合资企业时，冲突往往更大，并且通常以合资企业解散而告终。[22]这类冲突往往由合资企业内部相对议价能力的改变而引发。例如，当外国企业与当地企业组成合资企业时，随着外国合作伙伴对当地市场状况的了解逐渐增加，它对当地合作伙伴专业知识的依赖程度就降低了。这就提高了外国合作伙伴的议价能力，并最终导致双方对合资企业战略和目标的控制权产生冲突。[23]有些企业试图通过让一方拥有合资企业的控制权来减少此类问题。

14.3.6 全资子公司

企业拥有**全资子公司**（wholly owned subsidiary）100%的股权。在外国市场建立全资子公司有两种方式。企业可以在该国建立新业务，通常称为绿地投资，也可以并购东道国的既有企业，并利用该企业推广产品。[24]例如，ING 进入美国保险市场的策略是收购已有的美国企业，而不是从头开始建立新业务。

优点

全资子公司有如下明显的优点。首先，当企业在技术能力上拥有竞争优势时，全资子公司往往是首选的进入模式，因为它不易使企业失去自己的竞争能力（详见第 7 章）。许多高科技企业（例如，电子和制药行业的企业）在海外扩张时更偏好选择这种模式。其次，全资子公司可以使企业严格控制各国的业务，这对于全球战略协调很有必要（即利用在一国取得的利润来支持在另一国的竞争）。再次，企业如果试图实现区位经济和经验效应（正如采用全球标准化战略和跨国战略的企业试图做到的），很可能就需要使用全资子公司的模式。正如我们在第 10 章看到的，当降低成本压力很大时，企业在价值链配置上的优化调整可能给企业带来收益，因为它能够使每个阶段的附加值都最大化。因此，各国子公司可能只负责产品线的一部分或者最终产品的某些组成部分，然后将这些产品或部件与企业全球体系中的其他子公司进行交换。建立这种全球生产体系需要对每个分支机构都有高度控制。每个分支机构都必须随时接受总部有关生产方式、产品数量和转移价格的决策。由于被许可人或合资伙伴都不太可能接受这种具有从属性质的角色，因此企业有必要建立全资子公司。最后，建立全资子公司可以使企业将外国市场的利润全部收入囊中。

缺点

从资本投资的角度来看，建立全资子公司通常是进入外国市场成本最高的方法。企业选择这一模式，就必须承担建立海外业务的全部资金成本和风险。企业如果选择收购东道国既有企业，则无须在新文化中学习经营，风险就会减少。但是，并购会引发其他问题，包括不同企业文化之间的融合，这些问题可能会抵消并购既有业务带来的好处。选择绿地投资还是并购对企业而言非常重要，我们将在本章后面更详细地对此进行讨论。

14.4 选择进入模式

正如前文所讨论的，所有进入模式都各有利弊（如表 14－1 所示）。因此，企业在选择进入模式时必须要进行权衡。例如，如果想在一个历来歧视外资企业的陌生国家赢得政府合同，企业可能倾向于与当地合作伙伴设立合资企业。因为当地合作伙伴有助于企业在陌生环境中开展业务，并帮助企业赢得政府合同。然而，如果企业的核心竞争力在专有技术方面，那么建立合资企业就有可能让专有技术的控制权落入合资伙伴手中，在这种情况下，该模式就不再那么具有吸引力了。尽管需要根据情况进行权衡，但我们也可以对进入模式的最佳选择进行一般归纳。[25]

表 14-1　进入模式的利弊

进入模式	优点	缺点
出口	实现区位经济和经验效应的能力；提高进入目标市场的速度和灵活性	高运输成本；贸易壁垒；与当地营销代理商之间的问题
交钥匙工程	在 FDI 受限的国家从工艺技术中获得回报	创造出高效竞争者；缺乏长期的市场影响力
许可	开发成本和风险较低；适度的参与和投入	缺乏对技术的控制；无法实现区位经济和经验效应；无法实现全球战略协调
特许经营	开发成本和风险较低；可能规避进口壁垒；强大的销售潜力	缺乏对质量的控制；无法实现全球战略协调
合资企业	获取当地合作伙伴的知识；分担开发成本和风险；在政治上容易被接受；通常没有所有权限制	缺乏对技术的控制；无法实现全球战略协调；无法实现区位经济和经验效应
全资子公司	技术保护；实现全球战略协调的能力；实现区位经济和经验效应的能力	高成本、高风险；需要更多人力和非人力资源；与当地员工互动和融合的问题

14.4.1　核心竞争力与进入模式

正如我们在第 12 章看到的，企业进行国际扩张通常是为了从其核心竞争力中获得更大的回报，并将源自其核心竞争力的技术和产品转移到外国市场，而这些外国市场中的本土竞争对手往往缺乏这些技能。这些企业的最佳进入模式在一定程度上取决于其核心竞争力的性质。在专有技术上具有核心竞争力的企业与在管理技能上具有核心竞争力的企业有着显著区别。

专有技术

如第 7 章所述，如果企业的竞争优势（核心竞争力）基于对专有技术的控制，就应尽可能避免采用许可和合资企业的方式，以最大限度降低失去技术控制权的风险。因此，一家高科技企业如果在国外开展业务，并依靠专有技术方面的核心竞争力来盈利，那么它很可能采用全资子公司的模式。这条规则并非一成不变，一个例外是，使用许可或合资企业的形式可以降低被被许可人或合资伙伴盗用专有技术的风险。

另一个例外是，企业认为其技术优势只是暂时的，并预计竞争对手能很快模仿其核心技术。在这种情况下，企业可能希望尽快将技术授权给外国企业，以便在被模仿前使该技术获得全球认可。[26]这种策略的优点是，在将技术授权给竞争对手后，企业可能会延缓对手自行开发更先进的技术。此外，通过技术许可，企业可以确立该技术在行业设计中的主导地位，这就确保企业可以收取持续稳定的特许权使用费。但是，失去技术控制权的风险往往超过了许可的吸引力，如果存在这种风险，企业仍应当避免采用许可的模式。

管理技能

许多服务业企业的竞争优势基于管理技能（例如，肯德基、麦当劳、星巴克、赛百味等）。对于这类企业，管理技能落入加盟商或合资伙伴手中的风险并不大。这些企业的宝贵资产是它们的品牌，而品牌通常受到与商标有关的国际法律的良好保护。鉴于此，专有技术面临的许多问题在此并不受关注。因此，许多服务业企业倾向于将特许经营与在主要市场建立子公司相结合，以便在特定国家或地区控制特许经营权。子公司可以是全资子公司或合伙企业，但大多数服务业企业发现，采用与当地合作伙伴共同成立合资企业的模式可以最好地发挥主要子公司的作用。合资企业通常在政治上更容易得到接受，并可以使子公司对当地情况有一定了解。

14.4.2　降低成本压力与进入模式

降低成本压力越大，企业就越有可能将出口和全资子公司以某种方式结合起来。通过在要素条件最佳的区位制造产品，然后出口到世界其他地方，企业可能在很大程度上实现区位经济和经验效应。然后，企业可能将制成品出口到不同国家的营销子公司。这些子公司通常由企业全资拥有，并负责监督其所在国家的分销情况。设立全资营销子公司通常优于建立合资企业或使用外国营销代理，因为它能够使企业通过严格控制对分散于全球的价值链进行协调。它还使企业能够利用在一个市场产生的利润来提高其在另一个市场的竞争地位。换句话说，采用全球标准化战略或跨国战略的企业往往更愿意建立全资子公司。

14.5　绿地投资还是并购

企业想要在一国设立全资子公司，可以采用从头开始建设子公司的绿地投资，或并购目标市场企业。[27]在过去几十年里，跨境并购数量一直在高速增长，有 40%～80%的 FDI 都以并购的形式流入。[28]

14.5.1　并购的利弊

并购有三个主要好处。首先，执行迅速。通过并购既有企业，企业可以迅速在外国目标市场建立影响力。当德国汽车公司戴姆勒-奔驰决定扩大其在美国汽车市场的影响力时，它并没有建造新工厂来为美国客户提供服务，因为这一过程可能花费数年时间。相反，它并购了美国第三大汽车公司克莱斯勒，并将双方业务合并，成立了戴姆勒-克莱斯勒（戴姆勒随后又将克莱斯勒卖给了一家私募股权企业）。当西班牙电信服务提供商 Telefónica 想在拉丁美洲建立服务据点时，它通过一系列并购实现了这一目标，如并购巴西和阿根廷的多家电信公司。在这种情况下，企业进行并购是因为这是在目标市场建立影响力的最快方式。

其次，在许多情况下，企业进行并购是为了先于竞争对手抢占市场。在快速全球化的市场中（例如电信行业）尤其需要先发制人。随着各国放松管制并实现对外直接投资的监管自由化，企业更容易通过并购进入外国市场。企业为实现全球范围内的规模经济，争先恐后进入这类市场，带来一系列集中的并购浪潮。例如，在电信行业中，监管变化触发了吞并狂潮，各企业争相通过并购进入外国市场以建立全球影响力。其中包括英国沃达丰（Vodafone）以 560 亿美元并购美国 AirTouch Communications，这在当时是最大的一笔并购；德国电信以 130 亿美元并购英国 One 2 One；以及加拿大环球电讯（Teleglobe）以 64 亿美元并购美国 Excel Communications。[29]全球汽车行业也出现了跨国并购浪潮，戴姆勒并购克莱斯勒，福特并购沃尔沃（之后又把沃尔沃出售了），以及雷诺并购日产。

最后，管理者可能会认为并购的风险小于绿地投资。当企业进行并购时，它购买的一系列资产可以产生确定的收入和利润流。相比之下，绿地投资的收入和利润流并不确定，因为还未开始经营。当企业在外国市场进行并购时，它不仅取得了一系列有形资产，如工厂、物流系统和客户服务系统等，还取得了宝贵的无形资产，包括当地品牌的知名度和管理人员对当地商务环境的了解。这类信息可以减少企业因不了解当地文化而犯错的风险。

尽管存在许多支持并购的观点，但并购也会产生令人失望的结果。[30]例如，美世咨询公司（Mercer Management Consulting）在一项研究中调查了 150 起单笔价值在 5 亿美元以上的并购。[31]该研究表明，这些并购中有 50%侵蚀了股东价值，而另外 33%只是创造了边际收益，只有 17%被认为是成功的。同样，会计和管理咨询公司毕马威（KPMG）的一项研究考察了 700 起大型并购。该研究发现，虽然其中约有 30%的并购实际上为并购方创造了价值，但有 31%破坏了并购方的价值，而其余并购则影响甚微。[32]麦肯锡咨询公司（McKinsey & Company）在一项类似研究中估计，约 70%的并购未能带来预期收入。[33]大卫・雷温斯克雷夫（David Ravenscraft）和麦克・谢里（Mike Scherer）对并购后被并购方的绩效进行了研究。他们指出，平均而言，被并购方的利润和市场份额在并购后出现了下降。[34]他们还指出，这些公司中有一小部分（但其数量足以引起重视）遭受了重创，并最终导致并购方再次将其出售。雷温斯克雷夫和谢里的研究表明，许多并购会破坏价值，而不是创造价值。虽然大多数研究都着眼于国内并购，但研究结果可能也适用于跨境并购。[35]

并购为什么会失败?

并购失败有多个原因。首先，并购方通常会为被并购方的资产支付过高的价格。如果不止一家企业对被并购方（即目标企业）感兴趣（通常如此），目标企业的价格就可能被抬高。此外，并购方的管理层往往对并购所能创造的价值过于乐观，因此愿意在目标企业的市值之上支付大量溢价。这种并购失败的原因被称为“自负假说”。自负假说认为，高层管理者通常过分高估了通过并购创造价值的能力，这主要是因为身居高位使他们对自己的能力有一种夸大的认识。[36]

例如，戴姆勒-奔驰在1998年以400亿美元的价格并购了克莱斯勒，这一价格比并购前克莱斯勒的市值高出了40%。戴姆勒-奔驰之所以愿意支付这么高的价格，是因为它认为并购克莱斯勒有助于它扩大美国市场份额。当时，戴姆勒-奔驰的管理层就两家公司业务合并可能产生的“协同增效作用”发表了大胆的声明。但是，在并购一年后，戴姆勒-奔驰的德国管理人员不得不面对克莱斯勒带来的危机，因为克莱斯勒因美国销售疲软而突然出现亏损。事后回想，戴姆勒-奔驰的管理层对美国汽车市场未来的需求潜力以及协同增效作用可能创造的价值过于乐观。戴姆勒-奔驰并购克莱斯勒时，美国汽车市场在经历了多年的繁荣发展后正在衰落，而在戴姆勒-奔驰支付了高于克莱斯勒市值的大量溢价后，美国汽车市场需求立刻下滑（2007年戴姆勒-奔驰承认并购失败，并将克莱斯勒出售给了一家私募股权企业）。[37]

其次，许多并购失败是因为并购方和被并购方之间存在文化冲突。在并购发生后，多数被并购方的管理层都出现了很高的流动率，原因可能是其管理人员不喜欢并购方的行事方式。[38]戴姆勒-克莱斯勒就出现了这种情况，许多高级管理人员在并购发生后一年内离开了克莱斯勒。显然，克莱斯勒的高管们不喜欢戴姆勒-奔驰的德国管理人员在决策中占主导地位，而德国人则因克莱斯勒美国管理者的薪酬是德国同行的2～3倍感到不满。这些文化冲突造成了双方之间的紧张关系，最终表现在了克莱斯勒高管的流动率上。[39]管理层出现人才和专业技能的流失可能会严重损害被并购方的绩效。[40]这个问题在国际企业中尤为突出，因为被并购方的管理层可能对当地情况有深入了解，而这是难以替代的。

再次，许多并购失败的原因是，并购方在对并购方和被并购方业务进行整合以实现收益时，往往会遇到障碍，并且花费的时间比预期要长得多。管理理念和公司文化差异会减缓业务整合速度，国家文化差异可能会加剧这些问题，管理人员之间的官僚作风可能会使这一过程更加复杂。据报道，戴姆勒-克莱斯勒就发生了这种情况。两家公司业务整合的宏伟计划因无休止的委员会会议和简单的后勤问题（例如底特律和德国之间有6个小时时差）而陷入困境。当最终敲定整合计划时，克莱斯勒已经开始亏损，戴姆勒-奔驰的德国管理者不得不面对突如其来的危机。

最后，许多并购失败的原因是并购前所做的调查不充分。[41]许多企业在决定并购其他企业时，并没有对潜在收益和成本进行仔细分析。它们常常在并购时操之过急，这也许是因为它们担心其他竞争对手会抢占先机。但是，许多并购方在并购之后发现它们并购的不是经营良好的企业，而是陷入困境的企业。这在跨境并购中更为明显，因为并购方可能无法完全了解目标企业的国家文化和商业体系。

减少失败的风险

如果企业有谨慎的并购策略，那这些都不是问题。[42]对拟并购的外国企业进行筛选，包括对运营、财务状况和管理文化进行详细的审核，有助于确保企业：(1) 不会为被并购方支付过高的价格；(2) 在并购后不会出现不愉快的意外；(3) 不会并购一家组织文化与并购方对立的企业。对并购方而言，有必要解决被并购方管理层的顾虑，以减少并购后管理人员的流失。最后，管理者必须在并购后迅速采取行动，制定并执行整合计划。并购方和被并购方中都会有一些人试图减缓或阻止整合计划，特别是涉及雇佣或管理权力的流失时，管理者应该在这些障碍出现前作出应对。

14.5.2　绿地投资的利弊

在国外进行绿地投资的一大优点是，它更有助于企业打造自己想要的子公司类型。例如，从头开始建立组织文化比改变被并购方的已有文化要容易得多。同样，在新的子公司中建立一套操作规程，比改变被并购方原有的操作规程要容易得多。对许多国际企业而言，这是一个非常重要的优势。在这些企业中，将产品、能力、技术和专业知识从企业的现有机构转移到新的子公司是创造价值的主要方式。例如，美国弧焊设备制造商林肯电气最初涉足海外时采用了并购的方式，它并购了欧洲的弧焊设备公司，但是，林肯电气在美国的竞争优势主要基于其强大的组织文化和独特的激励措施可以让员工尽一切可能提高生产率。林肯电气发现，几乎没有可能将其组织文化和激励措施转移给被并购企业，因为被并购企业有自己特有的组织文化和激励措施。因此，林肯电气改变了进入模式，开始在国外进行绿地投资，从头打造自己的业务。虽然绿地投资需要花费更多时间，但林肯电气发现它能够带来比并购高得多的长期回报。

绿地投资的缺点也很明显。绿地投资的建设速度较慢，并且有很大风险。与任何新企业一样，绿地投资的未来收入和利润都是不确定的。但是，企业如果已经在其他外国市场取得了成功，并且了解在其他国家开展业务需要做何准备，则这些风险可能会减小。例如，麦当劳和赛百味已经对国际运营有丰富经验，则它们进入其他国家的风险可能会减小。绿地投资与并购相比出现不愉快的意外的可能性会降低。此外，更为积极的全球竞争者可能率先通过并购来抢占市场先机，占据大量市场份额，从而限制绿地投资的市场潜力。

14.5.3　如何选择

在并购和绿地投资之间作出选择并不容易，两种模式各有利弊。总的来说，企业应根据自身情况进行选择。如果企业试图进入的市场中已经存在占据大量市场份额的成熟企业，并且全球竞争对手都对该市场表现出了浓厚兴趣，在这种情况下，想要通过绿地投资形成一定规模的影响力可能太过缓慢，那么企业通过并购进入该市场可能更有利。但是，如果企业打算进行并购，其管理层应该认识到前面讨论的与并购相关的风险，并在决定并购之前审慎考虑。以绿地投资缓慢进入市场，可能比并购失败要好。

如果企业打算进入的市场中暂无可被收购的竞争对手，那么绿地投资可能是唯一可选的模式。即使存在现有竞争者，如果企业的竞争优势在于组织中内嵌的能力、技能、规程和文化的转移，则通过绿地投资进入外国市场仍可能更有利。技能和组织文化等重要优势更容易嵌入新企业，而难以嵌入被并购企业，因为被并购企业可能已经有既定的规程和文化。因此，正如前面的例子所表明的，麦当劳和林肯电气都更倾向于通过绿地投资进入外国市场。

14.6 战略联盟

战略联盟是指潜在或实际竞争者之间达成合作协议。在本节中，我们将特别关注不同国家企业之间的战略联盟。战略联盟涵盖从两个以上企业均持有股权的正式合资企业（例如，富士施乐）到两家企业在特定任务上展开合作的短期合同（例如，开发新产品）。竞争对手之间的合作很普遍，且近几十年来战略联盟的数量激增。

14.6.1 战略联盟的优点

企业会为了达成各种战略目的与实际或潜在竞争对手结盟。[43] 首先，战略联盟有助于企业进入国外市场。例如，许多企业认为如果它们要成功进入外国市场，就需要一个了解当地商业情况并有良好关系网络的当地合作伙伴。因此，华纳与两家中国合作伙伴成立了合资企业，在中国制作和发行电影。作为一家外资电影企业，华纳发现如果想要自行为中国市场制作电影，则每一部电影都需要经过复杂的审批程序，而且必须将发行外包给当地企业。但有了中国企业参与，审批程序将得到简化，发行其制作的电影也更容易。合资企业还可以为中国的电视台制作影片，而这是外国企业做不到的。[44]

其次，战略联盟还使企业可以分担其开发新产品或流程的固定成本及相关风险。波音与多家日本公司结成联盟，共同建造波音商用客机 787，波音希望将开发该客机所需的约 80 亿美元投资成本分担出去。“管理聚焦”重点介绍了俄罗斯天然气工业股份公司如何以多种方式利用战略联盟。

管理聚焦　俄罗斯天然气工业股份公司与全球战略联盟

俄罗斯天然气工业股份公司（Gazprom，简称“俄气”）是一家总部位于莫斯科的俄罗斯公司。它成立于 1989 年，专注于石油、天然气和其他石化产品的开采、生产和销售业务。俄气拥有超 40 万名员工，年销售额为 5.59 万亿卢布（约合 1 100 亿美元），归俄罗斯政府所有。俄气还拥有 55 家 100%控股的子公司、32 家 50%控股的合资企业，以及 21 家持股低于 50%的战略联盟。

与俄气结成战略联盟的企业包括壳牌——一家总部位于荷兰海牙但在英国注册成立的价值约 2 350 亿美元的公司。从俄气的角度来看，与壳牌的战略联盟使其得以打入新市场。此外，俄气-壳牌协议使得两家公司能够在库页岛东部联合投资 200 亿美元扩建液化天然气厂。

另一个与俄气结盟的是陶氏——总部位于美国密歇根州米德兰的价值 600 亿美元的美国跨国化学公司。俄气与陶氏的联盟旨在扩大碳排放权的交易，缓和气候变化。俄气同意为陶氏提供机会以便于陶氏技术在降低碳排放量方面发挥作用。结果是，陶氏可以使用部分碳排放权来抵消工业活动碳排放，而俄气在英国的贸易部门可以将余下的碳排放权拿来交易。

俄气还与另一家俄罗斯公司卢克石油公司（Lukoil）建立了战略联盟以开发北极油气项目。卢克石油是俄罗斯最大的石油公司之一，年销售额约为 1 500 亿美元。该联盟的定义更狭义，因为两家公司仅打算在海上项目的竞标中相互支持，合作对抗俄罗斯石油公司（Rosneft）。（俄罗斯石油公司是一家价值 920 亿美元的石油公司，其多数股权也由俄罗斯政府持有。）这项合作的重点将放在巴伦支海。

俄气还与中国等其他国家的企业结成了战略联盟。俄气与中国石油就“西伯利亚力量”天然气管道的跨境部分签署了一项协议，该协议包括横跨黑龙江的地下管道以及“东部”天然气管线。

资料来源：“Gazprom and Shell Committed to Broader Cooperation in LNG Sector,” June 16, 2016, gazprom.com/press/news/2016/june/article276698; Andrew E. Kramer, “Gazprom and Dow Chemical Expand Emissions Alliance,” *The New York Times*, June 18, 2009; Atle Staalesen, “Gazprom, Lukoil in Arctic Alliance,” *Barents Observer*, May 20, 2015; Sergei Blagov, “Russia Seeks to Strengthen Energy Alliance with China,” *Asia Times*, December 18, 2015.

再次，战略联盟可以将两家企业均无法单独轻易开发的技能和资产以互补的方式汇集在一起。[45]例如，微软和东芝建立了一个战略联盟，旨在开发嵌入式微处理器，这些微处理器可以在车辆上执行各种娱乐功能（例如，运行后座的 DVD 播放器或无线互联网连接等），这些微处理器使用微软 Windows 操作系统。微软为该战略联盟提供了软件工程技术，而东芝提供了微处理器的开发技术。[46]思科和富士通之间的战略联盟也是为了共享专有技术而成立的。

最后，结成战略联盟有助于企业为行业建立有利于自身的技术标准。例如，2011 年领先的智能手机制造商之一诺基亚与微软结成战略联盟，诺基亚同意在诺基亚手机中安装微软的 Windows Mobile 操作系统。建立战略联盟的部分动机是帮助 Windows Mobile 建立在智能手机行业中的行业标准地位，以抗衡苹果和谷歌等竞争对手的操作系统。但是诺基亚的 Windows 手机未能获得足够的市场份额。2013 年，微软决定收购并接手诺基亚手机业务，以确保其能够继续进军智能手机硬件市场。然而，诺基亚和微软的交易最终导致微软蒙受了巨大损失，由于收购诺基亚失败，微软在 2015 年（结盟后短短四年内）损失了 76 亿美元并裁员 7 800 人。[47]

14.6.2　战略联盟的缺点

有些专业人士对战略联盟持批评态度，认为它为竞争对手提供了获得新技术和打开新市场的低成本途径。[48]例如，有人认为美国企业和日本企业之间建立的许多战略联盟都在一定程度上帮助日本企业在战略上获得了高薪、高附加值的工作岗位，并使它们获得了与项目工程和生产流程相关的技能，而这些技能是美国企业重要的竞争优势。[49]他们认为，日本在机器和半导体行业上的成功是基于它们通过战略联盟获取的美国技术，美国管理人员在结成战略联盟后一直在帮助日本企业，他们将新发明输送到日本，并为最终产品提供了美国的销售和分销网络。虽然这类交易可能会产生短期利润，但从长远来看，结果是"掏空"美国企业，使它们在全球市场上失去竞争优势。

这些批评有一定道理，结盟确实有风险。除非企业特别谨慎，否则它付出的可能比得到的更多。但企业间成功结盟的案例也有很多，包括美国和日本企业之间的战略联盟，所以这些批评似乎过于极端。微软-东芝联盟、波音-三菱的 787 联盟以及富士胶片-施乐联盟，都与这些批评不符。在这些案例中，合作双方都从战略联盟中获得了利益。为什么有的战略联盟对双方均有利，而另一些战略联盟对其中一家企业有利却对另一家企业不利呢？我们将在后文回答这一问题。

14.6.3 发挥战略联盟的作用

国际战略联盟的失败率较高。一项对 49 个国际战略联盟的研究发现，2/3 的战略联盟在成立两年内遇到了严重的管理问题和财务问题，尽管其中许多问题都得到了解决，仍有 33％的战略联盟最终被各参与方视为是失败的。[50]战略联盟的成功取决于三个主要因素：合作伙伴的选择、战略联盟的构建，以及战略联盟的管理。

合作伙伴的选择

发挥战略联盟作用的关键之一是选择合适的盟友。好的盟友或合作伙伴有三个特征。首先，好的合作伙伴有助于企业实现战略目标，无论是市场准入、分担产品开发的成本和风险，还是获得关键的核心竞争力。合作伙伴必须具有企业缺乏但又很看重的能力。其次，好的合作伙伴与企业拥有一致的愿景。如果两家企业结盟的步调截然不同，则很可能出现不和谐的关系，使联盟难以发展，最终可能分道扬镳。最后，好的合作伙伴不太可能为了自己的利益而利用联盟投机，即利用对方的专有技术却给予很少的回报。在这方面，有着"公平竞争"口碑的企业可能是最好的盟友。例如，通用电气等公司加入了许多公平竞争战略联盟，在这些联盟中，损害联盟伙伴不会给公司带来任何好处[51]，反而会损害公司作为良好盟友的声誉，使其之后更难吸引盟友。

要考虑上述三个特征，企业需要对潜在候选盟友进行全面研究。为了尽量选出一个好盟友，企业应当：

- 尽可能多地收集有关潜在盟友的公开信息。如今的社交媒体世界有助于企业收集数据并对潜在合作伙伴有更好的了解。
- 从知情的第三方收集数据。第三方包括已经与潜在盟友结盟的企业、与其打过交道的投资银行家以及前雇员等。
- 在结盟之前尽可能多地了解潜在盟友。这包括与高级管理人员（也许还有中层管理人员）面对面的会谈，以确保双方能够建立良好的合作关系。

战略联盟的构建

选定合作伙伴后，企业在构建战略联盟时应当确保对合作伙伴的付出在可接受范围内。首先，战略联盟的构建可以使参与方不愿意转移的技术难以或不可能被转移。战略联盟的构建可以将产品的设计、开发、制造和服务与敏感技术隔离，避免其落入其他参与方手中。例如，在通用电气与斯奈克玛（Snecma）为打造单通道商用喷气式飞机引擎而形成的长期战略联盟中，通用电气就采用了隔离某些生产流程的做法来降低技术过度转移的风险。模块化使通用电气有效切断了其关键竞争技术的转移，同时允许斯奈克玛进行最终组装。[52]

其次，战略联盟协议可以提供合约上的保障，防范合作伙伴的投机风险（投机行为包括盗用技术和市场资源等）。例如，天合汽车（TRW Automotive）与日本大型汽车零部件供应商之间建立了三个战略联盟，目的是生产安全带、发动机气门和转向器并销售给在美国的日资汽车装配厂。天合汽车在每份战略联盟合同中都规定禁止日本企业向美资汽车公司供应零部件，防止日本企业成为天合汽车的竞争对手。这样做杜绝了日本企业加入战略联盟仅是为了进入美国市场并与天合汽车在其本土市场展开竞争的可能性，从而保护天合汽车。

再次，战略联盟双方可以事先就交换对方渴望获取的技能和技术进行约定，确保互惠互利。交叉许可协议是实现这一目标的一种方式。最后，如果企业事先从其合作伙伴处获得了大量可靠的投入，则战略联盟的投机风险就会大幅下降。施乐和富士胶片为亚洲市场制造复印机而结成的长期战略联盟或许最能说明这一点。双方没有订立非正式协议或许可协议（这是富士胶片最初想要的），相反，施乐坚持要求富士胶片投资一家 50∶50 的合资企业以服务东亚市场。这一合资企业在人员、设备和设施上都需要重大投入，使得富士胶片从一开始就致力于让该战略联盟发挥作用，以赚取投资回报。通过合资形式，富士胶片实质上对战略联盟作出了可靠的承诺。鉴于此，施乐放心地将其复印机技术转让给了富士胶片。[53]

战略联盟的管理

选定了合作伙伴并构建了适当的战略联盟后，企业的任务就是从战略联盟中获得最大化的利益。与所有国际商务交易一样，企业对文化差异的敏感性十分重要（见第 3 章）。管理风格上的许多差异都来源于文化差异，而管理者在与合作伙伴打交道时需要考虑这些差异。除此之外，从战略联盟中获取最大化的利益还涉及在合作伙伴之间建立信任以及向合作伙伴学习。[54]

成功管理一个战略联盟需要在企业管理者之间建立人际关系网，有时我们将其称为关系资本（relational capital）。[55]这是福特和马自达（Mazda）成功的战略联盟所带来的启示。福特和马自达建立了一个会议框架，双方管理人员不仅讨论与战略联盟相关的问题，还更好地了解彼此。他们相信，由此产生的友谊有助于两家企业之间建立信任并促成和谐关系。个人关系也可以促进企业之间非正式管理网络的形成，从而有助于解决在更正式环境中出现的问题（例如，两家企业人员共同组成的联合委员会）。

学术界认为，企业从战略联盟中获得多少利益主要取决于其向合作伙伴学习的能力。[56]例如，加里·哈默尔、伊夫·多兹（Yves Doz）和普拉哈拉德针对主要跨国企业之间的 15 个战略联盟进行了为期五年的研究，他们重点关注日本企业与欧洲或美国合作伙伴之间的多个联盟。[57]每当日本企业在联盟中发展得比其西方合作伙伴更成功时，都可以发现日本企业付出了很多努力进行学习。在该研究中，似乎很少有西方企业考虑向日本合作伙伴学习，它们倾向于将战略联盟纯粹视为分担成本和风险的手段，而不是了解潜在竞争对手经营方式的机会。

为了最大化战略联盟带来的学习效益，企业必须尝试向其合作伙伴学习，然后将学到的知识应用于自己的组织。有人建议，所有运营员工都应充分了解合作伙伴的优势和劣势，并知道如何获取特定技能来强化企业的竞争地位。哈默尔及其同事指出，这已经成为日本企业的标准做法。他们观察到：

> 一位日本开发工程师陪同我们参观了合作伙伴的工厂。这位工程师尽职尽责地记录了工厂布局、生产步骤、生产线的运行速度以及员工人数等。尽管这并不属于他在企业中的职责，而且该战略联盟也不包括联合制造职能，但他还是详细记录了这一切。这种敬业精神极大促进了学习能力的提升。[58]

为使这些学习有价值，就必须将学到的知识在组织中传播。所以，参与战略联盟管理的人员应当在组织内传授合作伙伴的技能。

小结

本章要点如下：

1. 海外扩张的三个基本决策包括确定进入哪些市场、何时进入，以及以何种规模进入。

2. 政治稳定、拥有自由市场体系、通货膨胀率较低和私营部门债务水平较低的发达国家和发展中国家往往是最具有吸引力的外国市场。

3. 在其他国际企业站稳脚跟之前尽早进入某国市场可以带来多项优势。必须将这些优势与先进入者通常必须承担的开拓成本（包括较大的经营失败风险）进行权衡。

4. 大规模进入某国市场是一种重大战略投入，可能会改变该市场的竞争性质，并限制进入者未来战略的灵活性。尽管作出重大战略投入可以带来很多好处，但也存在风险。

5. 进入外国市场有六种进入模式：出口、交钥匙工程、许可、特许经营、建立合资企业，以及设立全资子公司。

6. 出口的优点在于有助于实现经验效应并避免在外国建立制造设施的成本。缺点则包括运输成本高、贸易壁垒以及当地营销代理等问题。

7. 交钥匙工程允许企业将其专有工艺技术出口到可能禁止 FDI 的国家，从而使企业能够利用该资产赚取更大的回报。缺点是企业可能无意间创造了高效的全球竞争对手。

8. 许可的主要优点是由被许可人来承担开拓外国市场的成本和风险。缺点包括被许可人盗用专有技术的风险以及对被许可人缺乏严格控制的风险。

9. 特许经营的主要优点是由加盟商来承担开拓外国市场的成本和风险。缺点则集中在对远距离加盟商的质量控制问题上。

10. 建立合资企业的优点在于可分担开拓外国市场的成本和风险以及可了解当地市场并获得政治影响力。缺点包括失去技术控制权的风险和缺乏严格控制的风险。

11. 设立全资子公司的优点包括可以对专有技术进行严格控制。主要缺点是企业必须承担开拓外国市场的所有成本和风险。

12. 企业战略决定了最佳进入模式。当企业以专有技术为核心竞争力时，设立全资子公司是首选，因为这种模式能够对技术施加最好的控制。当管理技能构成企业的核心竞争力时，建立合资企业控制外国特许经营的模式可能是最佳选择。当企业采用全球标准化战略或跨国战略时，就需要严格控制运营以实现区位经济和经验效应，这就意味着设立全资子公司将是最佳进入模式。

13. 企业在一国建立全资子公司时，必须决定是采用绿地投资还是在目标市场上并购既有企业。

14. 并购进展很迅速，能够使企业先于全球竞争对手抢占市场，并且可以了解被并购方的收入和利润。当并购方为目标支付了过高的价格、并购方和被并购方之间存在文化冲突、并购后管理人员严重流失，或者并购方和被并购方之间的业务无法整合时，并购就可能出现失败。

15. 在国外进行绿地投资的优点在于，企业更能够按照自己的意愿打造子公司。例如，从头开始建立组织文化比改变被并购方的文化容易得多。

16. 战略联盟是指实际或潜在竞争对手之间达成合作协议。战略联盟的优点在于它有助于企业进入外国市场、合作伙伴能够分担与新产品和流程相关的固定成本及风险、促进企业之间互补技能的转移，并帮助企业建立行业技术标准。

17. 战略联盟的缺点在于企业有可能将其专有技术或市场准入拱手让给战略联盟伙伴。

18. 企业如果谨慎选择合作伙伴、密切关注企业声誉和战略联盟的构建，以避免在无意间转移专有技术，则可以减少战略联盟带来的不利因素。

19. 发挥战略联盟作用的两个关键点是在合作伙伴之间建立信任和非正式的沟通网络，以及采取积极措施向合作伙伴学习。

思考与讨论题

1. 回顾有关特易购的“管理聚焦”专栏，然后回答以下问题：

(1) 为什么特易购最初将国际扩张战略的重点放在了发展中国家？

(2) 特易购如何在国际业务中创造价值？

(3) 在亚洲市场，特易购历来选择与当地合作伙伴签订合资协议。这样做对特易购有什么好处？有什么风险？如何减小风险？

（4）特易购进入美国市场意味着它偏离了过去专注于发展中国家市场的战略。你认为特易购为何作出这一决定？美国市场与特易购进入的其他市场有何不同？

2. 将专有技术许可给外国竞争对手就是在放弃企业的竞争优势。请讨论这一说法。

3. 请讨论企业对海外业务的控制需求如何随着企业的战略和核心竞争力而变化。这对进入模式的选择有何影响？

4. 一家小型加拿大企业利用其生物技术上的专有知识开发出了有价值的新医疗产品，如今企业正在考虑进入欧洲市场的最佳模式。该企业对制造设施的投资是主要成本，但并未超出承受范围。你认为以下选择哪个最优？为什么？

（1）在国内制造产品，由国外销售代理商负责营销。

（2）在国内制造产品，在欧洲建立全资子公司负责营销。

（3）与大型欧洲制药企业结成战略联盟。产品将由 50∶50 的合资企业在欧洲制造，并由欧洲企业营销。

章末案例

宜家终于进入印度

瑞典家居巨头宜家经过五年多的筹备（最后两年用于建设门店），终于在 2018 年进入印度。宜家能否适应印度顾客的审美需求？宜家能否促使印度顾客购买需要自己动手组装的家具（这是宜家品牌的特点）？毕竟世界各地的许多顾客都认为，宜家的成功主要建立在其“L 型”金属工具之上。拆开包装后，几乎所有宜家家具都要用这一工具进行组装。没有人知道这个工具的具体名称，但是宜家为智能手机设计的官方键盘表情符号中就有它，在 iOS 和安卓手机的宜家表情符号应用程序中也有它。（顶部插着瑞典国旗的一盘肉丸，看起来很有趣！）但是这种风格、表情符号和生活方式在印度行得通吗？宜家在印度的运营情况如何？

宜家是全球最大的家具公司，也是全球各行业企业的标杆。扁平化包装、高性价比（即物超所值）和全球供应链使宜家的商业模式十分高效。自英格瓦·坎普拉德创立宜家以来，这种商业模式就一直存在，如今只进行了极小的变动就可以更大规模地发挥作用，并且宜家几乎每年都在快速增长。

就像在其他国家一样，宜家把商业模式和产品种类带到了印度。宜家于 1998 年进入中国还算顺利，目前在上海、北京、成都、天津、广州、深圳、南京、大连和沈阳等城市设有门店。宜家最初计划在印度开设 25 家门店，为此，公司对印度的城市进行了考察。开设 25 家门店的计划需要公司在未来 15～20 年内投资约 20 亿美元。正如案例开篇提到的，宜家从 2013 年就开始规划印度市场，并于 2016 年开工建设。首个门店建于海得拉巴，占地约 40 万平方英尺，耗资 1.1 亿美元。

为了在 2018 年开店前让印度顾客做好心理准备，宜家在海得拉巴 IT 中心附近开设了第一个体验中心——IKEA Hej Home，让海得拉巴顾客熟悉宜家的模式。IKEA Hej Home 小型商店可以让人们对宜家产品和解决方案有一些深入了解，并在海得拉巴门店开业前向印度顾客提供一些可购买的商品。这也利于宜家进入印度，并有助于宜家管理人员在宜家大型商场实际开业前处理一些明显的问题。IKEA Hej Home 经过了 6 个月的设计和建造，凸显了宜家的理念和期望。它体现了宜家对印度家居生活的理解，为印度家庭提供了独特的家居解决方案。宜家基于对海得拉巴家庭家居生活的了解，呈现了他们的食品和房间布局。

为呈现宜家 IKEA Hej Home 的概念，并最终在海得拉巴开设第一个大规模门店，需要长期的研究工作。众所周知，宜家几乎在任何方面都非常瑞典化，它将其顶级设计主管之一玛丽·伦德斯特伦（Marie Lundström）派往印度，以了解印度人的思维方式和审美。宜家决定通过研究印度家庭、建筑和布景来尽可能了解印度顾客。宜家于 1998 年进入中国时很顺利，但那时尚未进入全球社交媒体时代。宜家品牌承受不起在印度市场犯错的代价。

玛丽·伦德斯特伦几乎走遍了印度的大街小巷，她拜访了几百个印度家庭，并花费大量时间与印度家庭成员互动。宜家还对大量差异化的潜在印度顾客做了典型的客户调查。总而言之，在伦德斯特伦的领导下，宜家发现了印度顾客的一些重要特征，公司可以有效利用这些特征来确保其在 2018 年成功进入印度市场。例如，一些调查结果表明印度人喜欢鲜艳的颜色；印度人的家庭生活以沙发为中心；印度人边吃饭边看电视，类似于美国和其他国家的生活方式。这些发现都有助于了解印度及印度顾客。不过，印度顾客并不太喜欢宜家“自己动手”的理念。

考虑所有这些因素后，宜家可以作出相应的计划。印度是世界上最大的经济体之一和拥有最多潜在客户的国家之一，宜家为其精心安排了大型商场的设计和产品的选择。从某些方面来说，宜家从最初提出进入印度市场的构想到海得拉巴的第一家门店开业仅用了五年时间，这是很了不起的。对于一家在流程、产品名称以及餐厅供应的食物方面全部瑞典化并以此为傲的公司来说，它在印度的做法有很大不同。迄今为止，宜家在印度已有约 400 名员工，并计划到 2025 年增加到 15 000 名，其中一半将是女性。

资料来源：Rathna Bhushan，“Ikea Betting on New Markets；Will Open Stores in India Next Year，” *The Economic Times*，April 27，2017；Ashish Gupta，“Is India Ready for IKEA?” *Fortune India*，March 24，2017；Natasha Lomas，“IKEA Does Emoji，” *Tech Crunch*，February 11，2015；V. Rishi Kumar，“IKEA Opens First Hej Home in India At Hyderabad，” *Business Line*，November 22，2017. Saurabh Singh，“IKEA's India Plan：To Hire 15 000 Co-Workers with Equal Representation from Women，” *EnTrackr*，December 7，2017.

案例讨论题

1. 宜家进入印度是否过晚？公司成立于 1943 年，业务遍及约 50 个国家。它是否应该更早开展印度业务？如果你有决策权，你希望宜家进入哪些其他国家市场，为什么？

2. 在 2018 年宜家第一家印度门店开业前，为了让印度顾客做好心理准备，公司在海得拉巴 IT 中心附近开设了第一个体验中心 IKEA Hej Home，以此引导海得拉巴顾客接受宜家模式。这种体验模式如何应用于其他国家？

3. 对宜家来说，进入印度市场偏离了其以往的瑞典化商业惯例。宜家在进入新的国际市场时，是否应该像在印度一样减少瑞典化，还是应该尽可能保持瑞典化模式？

注释

第 VI 篇

国际企业的职能

第15章

出口、进口和对等贸易

学习目标

阅读本章后，你将能够：

- 阐述与出口相关的好处和风险。
- 知道管理者可采取哪些措施来提高企业的出口业绩。
- 知道出口融资的基本步骤。
- 知道可为出口商提供帮助的信息来源和政府项目。
- 描述如何使用对等贸易来促进出口。

开篇案例　高等教育出口与国际竞争力*

近几十年来，美国的高等教育一直世界领先。在美国接受高等教育的外国留学生比在其他任何国家都多。即使考虑到出国学习的成本，外国留学生仍然能够在美国获得比本国更有价值的教育。

对美国公民来说，美国的教育体系培养了在竞争力、创业精神和创新能力方面处于领先地位的劳动力队伍。

输出高等教育并培养美国劳动力使其具有国际竞争力，这两方面对美国都很重要。因此，不同于许多其他国家，美国教育部专门设置了国际和外语教育（International and Foreign Language Education，IFLE）办公室，IFLE 关注的是美国的国际竞争力。

但是，美国的高等教育出口到底有多重要呢？答案是约 110 万名外国留学生为美国高校贡献了 420 亿美元的收入（例如，学费、杂费、食宿费等）。外国留学生在美国所有接受高等教育的学生中占到 5.2%。约有 33 万名学生来自中国，17 万名学生来自印度，这些年来，几乎所有国家和地区都有学生来到美国学习。而其他国家总共接待了 350 万名外国留学生，其中英国（506 000 人）、中国（489 000 人）、澳大利亚（372 000 人）和加拿大（370 000 人）位居前列。

对美国来说，因为去海外学习的美国学生较少，美国教育贸易顺差为 342 亿美元。这对美国的影响是巨大的，外国留学生帮助美国维持了 455 000 个工作岗位。

实际上还有更令人惊讶的数字。仅教育出口（420 亿美元）就几乎是美国最大农产品大豆出口收入（216 亿美元）的 2 倍。如果将其他外国留学生支出也考虑在内，如在食品、汽车、服饰和非必需品上花费了约 100 亿美元，则教育出口总额可与美国制药行业（510 亿美元）和汽车行业（536 亿美元，汽车行业如果包括供应商和零部件，则贡献了 1 590 亿美元的贸易额）相媲美。

但是，美国许多政策制定者对教育出口知之甚少或兴趣不大。有人指出，教育帮助美国提高了国际竞争力。但许多政客仍在奉行民族主义做法，而这可能导致美国的外国留学生大幅减少。

高等教育出口与使美国劳动力更具国际竞争力之间产生了协同作用。美国许多大学校园里有来自 100 多个国家的学生。这种全球校园结构带来了教育出口收入，并创造了一个充满活力的全球教育环境。

如果美国校园里没有外国留学生，美国将无法使其劳动力具有国际竞争力。随着外国留学生数量减少，美国的贸易平衡状况也会变得更糟。

然而，民族主义倾向、贸易壁垒和政治不确定性似乎成为新常态（英国脱欧也使英国面临着相似的教育不确定性）。这使得意图参与教育出口的人望而却步。每年约有 110 万名学生来到美国，但只有 33.2 万名美国人出国留学。虽然美国的外国留学生人数一直在高峰徘徊，但自 2016 年以来新生入学人数已有所下降。

这种趋势对美国高等教育以及与教育相关的贸易平衡不利。那么，现有外国留学生几年后毕业时会是什么状况呢？美国及其政治领导人是否已经开始就此进行战略性规划？还是将这些麻烦留给大学管理者？

要阻止外国留学生人数下降的趋势并不容易。原因包括美国高等教育成本上升，但更重要的是学生签证延误和被拒绝，以及政治环境不稳定，这些使得外国留学生的生活更加困难、风险更大。因为前文提到的协同作用，外国留学生减少也可能导致美国国际竞争力的下降。

* Tomas Hult, "Foreign Students Boost Our Economy in Myriad Ways," Capitol Hill Publishing Corp, April 19, 2019, https://thehill.com/opinion/finance/439715-foreign-students-boost-our-economy-inmyriad-ways.

资料来源：Brook Larmer, "One of America's Most Vital Exports, Education, Never Goes Abroad, but It Still Faces Threats," *The New York Times*, January 3, 2019; "Number of International Students in the United States Reaches New High of 1.09 Million," Institute of International Education, November 13, 2018; Jie Zong and Jeanne Batalova, "International Students in the United States," Migration Policy Institute, May 9, 2018.

15.1 引言

第 14 章从战略的角度介绍了出口，它是企业进入外国市场的一种模式。我们认为，企业想要从国际扩张中获利，出口只是其中的一种战略选择。本章更关注出口的具体细节，以及与进口和对等贸易相关的问题。在某种程度上，我们可以说进口就是反向出口，因为进口国及其企业也从其他国家的出口企业购买产品。然而，进出口的规则和管制并非总是相同的，即使在同一个国家，也常常存在差异。

出口是进入外国市场的一种极为重要的模式，在参与全球市场的所有企业中，有90%以上都偏好这种模式。全球市场中之所以有如此多的企业都偏好出口，是因为大多数中小型企业在将其产品或服务推向全球时，都倾向于选择出口这种投入相对较低的模式。而几乎在每个国家，中小型企业都占到其国际企业的 80%以上。

随着许多国家的出口变得更容易，世界经济中的出口活动也有所增加。国家甚至开始“出口自己”，例如法国及其享有殊荣的“呼叫法国”号码。在世界贸易组织以及欧盟和 NAFTA 等区域经济协定的作用下，国际贸易出现了积极趋势，贸易壁垒逐渐减少，出口机会大大增加。据推测，《美国-墨西哥-加拿大协定》(USMCA) 在全面实施时，也将继续增加该地区的出口机会。

与此同时，现代通信和运输技术缓解了与出口相关的物流问题。在过去 20 多年里，企业越来越多地使用电子商务和国际航空服务来降低与出口相关的成本、距离和周期。当然，仍有超过 90%的产品和零部件通过大型船舶运往世界各地。因此，在小企业中也出现了不少迅速发展的出口商。事实上，在从事国际贸易的美国企业中，约有 85%是中小型企业，而它们通常都是以出口的方式参与国际贸易。然而，对许多企业来说，出口仍然具有挑战性。以美国为例，在所有美国企业中，只有不到 1%与其他国家之间存在跨境贸易，而这些从事跨境贸易的企业通常只与一个国家开展贸易（约有 60%的美国企业只与一个国家开展出口贸易）。这意味着在出口贸易中，企业通常缺乏相应的知识、数据和经验，小企业尤其可能因此放弃出口。

想要从事出口贸易的企业必须了解国外市场机会，避免在国外市场遇到与经营相关的一系列问题，熟悉进出口融资机制，知道如何取得融资和出口信用保险，并了解如何应对外汇风险。企业如果使用了不可兑换的货币，这一过程将变得更加困难。向货币疲软的国家支付货款可能产生问题。为了解决这类潜在问题，对等贸易应运而生，这也是我们将对等贸易作为本章重点的原因。对等贸易允许使用商品和服务而不是金钱来支付货款。第 9 章已介绍过外汇风险，本章将对上述其他内容进行讨论。

在第 14 章中，我们讨论了企业国际化过程中的市场进入规模和战略投入。过去我们将重点放在企业进入国际市场时的参与度和投入上。我们发现参与度和投入的第一个国际层面就是出口（出境国际活动）和进口（入境国际活动）。其余层面虽然在某些领域的参与度和投入上有所重叠，但仍存在些许不同（第 14 章讨论了交钥匙工程、许可、特许经营、合资企业和全资子公司，全资子公司也是第 14 章中与生产设施有关的重点）。这就使得进出口作为运营模式对许多企业都很重要，我们认为应当对其进行更多介绍。因此，本章将深入介绍进出口业务以及特殊情况下的对等贸易。毕竟，向外国市场销售（出口）或采购（进口）业务所需的原材料、零部件或产成品，是企业国际化时参与度和投入最低的选择。

重要的是，对许多公司而言，全球市场不再触不可及，公司必须抓住机遇，战略性地参与出口（见第 14 章），并在全球运营中寻找机会。这可能意味着企业要利用来自发展中国家的供应商、从新市场进口产品，或将产品出口到新市场。过去一直在国内或区域贸易集团内经营的公司可能觉得自己缺乏扩大市场的能力，但它们可能仅仅是不知道如何选择和管理外国供应商，或者不知道如何在新的国家市场销售产品。有数据表明，本地需要的产品和服务中有 90%不是本地生产的，而是从其他地方运来的。因此，全球各地都存在市场机会，而进出口填补了这些空白。[1]

下一节将介绍出口的前景和困难。进出口的逻辑非常相似。如图 15－1 所示，进口和出口的准备情况将是我们介绍的重点。[2]

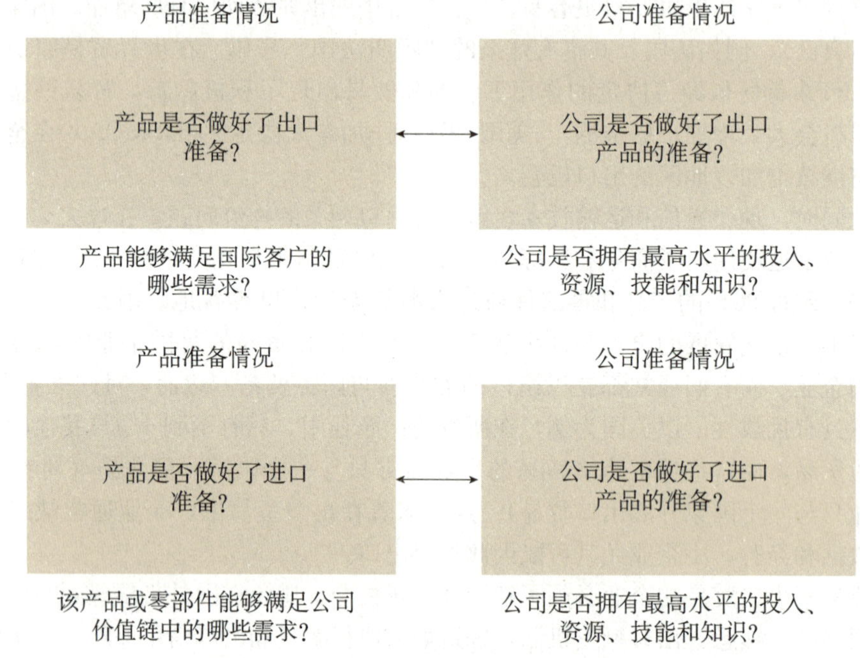

图 15－1　进出口产品准备情况和公司准备情况

资料来源：Adapted from David Closs，David Frayer，and G. Tomas M. Hult，*Global Supply Chain Management*：*Leveraging Processes*，*Measurements*，*and Tools for Strategic Corporate Advantage*（New York：McGraw-Hill，2014）.

15.2　出口的前景和困难

对于大多数行业的大多数企业而言，出口的最大前景在于外国市场存在大量提高收入和利润的机会。开篇案例中谈到的美国大学以及章末案例将介绍的 Spotify 和 SoundCloud 都是如此。国际市场通常比国内市场大得多，所以出口几乎总是能够扩大公司的收入和利润来源。就美国高等教育体系而言，对就读于公立大学的大学生来说，州内学费通常便宜得多，而州外学生或外国留学生支付的学费则可以大大增加这些大学的收入。

例如，密歇根州立大学对本州居民收取两学期 14 522 美元的学杂费，而外来学生为 41 328 美元（本科教育），相差 26 806 美元。为在案例说明中简化计算，我们假设所有学生都是本科生。由于密歇根州立大学招收了 6 243 名外来学生（根据密歇根州立大学的官方数据，占招收学生总数的 12.4%），该大学额外赚取了 1.675 亿美元。如果它只招收相同数量的密歇根州本州学生，情况就不是这样了。由于本科生和研究生的费用以及奖学金和助学金的扣减数额存在差异，因此实际数字将略有不同。但是，无论怎么计算，教育出口都有着非常强大的力量。重要的是，通过扩大市场规模，出口可以使企业实现规模经济，从而降低单位成本。对美国高等教育而言，教师和学生组成的班级规模可能略有扩大，这不会影响成本，却能带来可观的收入增加。

不从事出口的企业，通常会错失重要的增长机会和提高每单位售出产品成本效率的机会。[3]以马林钢丝产品公司（Marlin Steel Wire Products，简称“马林”）为例。该公司是一家位于巴尔的摩的铁丝篮和其他金属制品制造商，收入约 800 万美元。其产品包括专门用于放置飞机发动机部件和汽车部件的篮子。该公司的工程师一直在为波音和丰田等公司的装配线定制铁丝篮。它为这些利基市场生产高质量的产品，并享有很高的声誉。与许多小企业一样，马林过去不曾从事出口业务。然而，马林决定涉足全球出口市场，将一小部分产品销往墨西哥和加拿大。

马林总裁兼 CEO 德鲁·格林布拉特（Drew Greenblatt）很快意识到，出口销售是企业增长的关键。2008 年全球金融危机袭来，美国经济陷入严重衰退，马林仅有 5%的订单出口到了外国市场。格林布拉特为应对美国需求疲软，采用积极扩大国际销售的策略。自 2008 年作出这一关键决策以来，马林一直在从事出口业务，产品销往 20 多个国家。该公司的 45 名员工中有 1/3 得到直接雇用都是因其成功的出口业务。该公司出口占销售额的 40%左右，而其目标是使出口达到产出的一半。

尽管有马林这样的小企业出口的例子，然而研究表明，当许多大企业积极主动地寻找有利可图的出口机会，系统性地察看国外市场以发现能够利用其技术、产品和营销技能开拓外国市场的机会时，许多中小型企业往往非常被动[4]，通常在其国内市场饱和且国内产能过剩迫使它们寻求外国市场的增长机会之前，它们不会考虑出口。

许多中小型企业倾向于等待世界市场向它们敞开大门，而不是走出去寻找机会。即使机会就摆在它们面前，它们也不一定作出回应。其中一个例子是 MMO 音乐集团（MMO Music Group，简称 MMO），它是卡拉 OK 伴唱带制造商。在 MMO 800 万美元的收入中，约有 15%来自海外销售，但该企业 CEO 承认，如果他能够更重视国际销售，这一数字可能会高得多。当他大力投入于蓬勃发展的国内业务时，来自亚洲和欧洲的未回复邮件和电话留言经常堆积如山。当 MMO 开始将目光转向外国市场时，竞争对手已经捷足先登，而 MMO 发现它很难提高出口量。[5]

MMO 的经历很普遍，这表明企业需要更加积极主动地寻找出口机会。许多企业不主动的一个原因是它们不熟悉外国市场，根本不知道机会有多大，也不知道机会在哪里。随意地忽视潜在机遇是出口的最大障碍。[6]此外，考虑到外国市场在商业惯例、语言、文化、法律制度和货币上与本土市场有着巨大差异，许多潜在出口商，尤其是小企业在面对可能存在的复杂机制时就望而却步了。[7]这种不熟悉和担忧结合在一起，解释了为什么根据美国小企业管理局（Small Business Administration，SBA）的数据，在员工人数少于 500 人的企业中，从事出口业务的仅仅不到 5%。[8]

许多新手出口商在第一次尝试海外经营时遇到了重大困难，这使他们对出口业务的未来心灰意冷。常见的困难包括市场分析不力、对外国市场竞争情况了解不足、未能根据外国客户的需求定制产品、缺乏有效的分销计划、促销活动执行不力，以及融资困难等。[9]新手出口商往往低估了开展外国业务所需的时间和专业能力[10]，没有意识到需要在出口中投入大量的管理资源。许多外国客户需要出口商去当地面对面谈判，出口商可能需要花费多个月的时间来了解一个国家的贸易法规、商业惯例，才能完成交易。“管理聚焦”介绍了巴西航空工业公司的经验，表明文化障碍有时也会阻碍进出口业务。

管理聚焦　巴西航空工业公司和巴西的进口

巴西航空工业公司（Embraer）是一家生产商用、军用、公务和农用飞机并提供航空服务的巴西公司，总部位于巴西圣保罗州的圣若泽杜斯坎普斯。巴西航空工业公司是世界第四大飞机制造商，它进口各种原材料和零部件以制造飞机，这在巴西与其他国家的贸易额中占比超过 1%。对于单个进口商来说，它在巴西经济中占据了相当大的份额。

自 1969 年成立以来，巴西航空工业公司一直是巴西最大的进口商之一。该公司拥有来自 20 个国家的约 20 000 名员工，收入超 200 亿巴西雷亚尔，相当于约 60 亿美元，且净收入超过 3 亿美元。公司由三个主要部门组成：国防与安全、商用航空以及公务飞机，这些部门的产出都相当不错。巴西航空工业公司已为 60 多个国家的 90 多家航空公司提供服务，并向这些客户交付了 5 000 多架飞机。

为了能够实现飞机产量并在行业中占据前四的位置，巴西航空工业公司必须进口大量原材料和零部件，以便将位于圣若泽杜斯坎普斯的总部及其在巴西博图卡图、Eugênio de Melo 和 Gavião Peixoto 的工厂作为飞机制造的主要地点。其中一些零部件实际上已经是成品，只需将其装入飞机的某个位置即可，如普拉特·惠特尼集团公司（Pratt & Whitney）为其 E-喷气飞机系列提供的“清洁动力”齿轮传动式涡扇发动机。巴西航空工业公司还与波音等一些业内竞争对手合作，以将其 KC－390 运输机延伸至民用领域。

巴西航空工业公司与霍尼韦尔（Honeywell）、萨博（SAAB）、联合技术公司（UTC）、SNC、飞安国际（Flight Safety International）、古德里奇（Goodrich）、伊顿（Eaton）、泰雷兹（Thales）、塞拉（Sierra）和法国航空公司（Air France）都建立了合作伙伴关系，这些仅是该公司的部分顶级供应商。巴西航空工业公司的供应商非常多，甚至比大多数汽车制造商的供应商还要多，而这些汽车制造商以拥有众多供应商而闻名（例如，通用汽车有大约 50 000 家供应商）。尽管巴西航空工业公司或其他飞机制造商的供应商数量都存在变化，但可以肯定它们使用了超过 30 万个零部件。如果要实现高效的全球供应链体系，更重要的是要使巴西进口结构良好，公司必须面对极大的压力。

有人说，对大多数公司而言，将产品进口到巴西是一项艰巨的任务。在消费品层面，1990 年之前几乎不可能在巴西找到任何进口产品。巴西政府曾采用多项保护主义措施和高关税来抑制产品进口。向那些可以在进口流程上提供方便的官员行贿在当时是一种普遍行为。除了进口困难外，世界银行认为巴西是最难开展业务的国家之一。巴西的税收制度被普华永道的分析师评为全球最复杂的税收制度之一。

资料来源：Jon Ostrower, "You Wait Ages for a New Airplane and Then Two Come Along," *CNN Money*, March 7, 2017; Dimitra DeFotis, "Embraer Flies Higher on Earnings," Barron's, March 9, 2017; Asif Suria, "Embraer: An Impressive Brazilian Jet Producer," *Seeking Alpha*, August 8, 2007; and Russ Mitchell, "The Little Aircraft Company That Could," *Fortune*, November 14, 2005.

出口商还经常面对大量文书工作、复杂的手续以及许多潜在的延期和错误。向巴西出口需要注意很多特别的事项，企业不仅仅需要遵循该国的规章制度。根据联合国有关贸易和发展的报告，典型的国际贸易可能涉及 30 个当事方、60 份原始文件和 360 份文件副本——所有这些都必须经过查验、传输、重新录入、处理和归档等。根据联合国的计算，准备文件所花费的时间以及文书工作中常见错误所造成的成本，通常占最终出口商品价值的 10%。[11]

15.3 提高出口业绩

缺乏经验的出口商可以通过多种方式获取有关国外市场机会的信息，并避免一些常常让新手出口商感到气馁和挫败的困难。[12]本节将着眼于能够增加出口商了解外国市场机会的信息来源，介绍一些服务提供商，考察各种能够提高成功率的出口策略。首先将介绍各国是如何帮助本国企业出口的。

15.3.1 国际比较

出口的一大障碍是缺乏对机会的了解。企业产品通常可以有多个市场，但由于外国与企业母国存在文化、语言、距离和时间上的分隔，企业难以了解其他市场。文化各异的国家组成了一个充满潜在机遇的世界，却使企业更难识别出口机会。面对这种复杂性和多样性，企业有时会犹豫是否要利用出口机会。

收集信息是一种解决方式。德国作为世界上最成功的出口国之一，其贸易协会、政府机构和商业银行都在收集信息，帮助小企业发现出口机会。日本经济产业省（Ministry of International Trade and Industry, MITI）也发挥类似功能，一直在搜寻出口机会。许多日本企业都以不同方式隶属于日本的大型贸易机构——**综合商社**（sogo shosha）。综合商社在世界各地设有办事处，积极主动地为其大大小小的下属公司寻找出口机会。[13]

德国和日本企业可以利用本国出口导向机构的大量经验、技能、信息和其他资源。与德国和日本的竞争对手不同，许多美国企业在寻求出口机会时相对比较盲目，它们处于信息劣势，这在一定程度上反映了历史差异。德国和日本长期以来一直是以贸易为生的国家，而美国仍是一个相对独立的大陆经济体，国际贸易在其中只发挥了次要作用。不过，这正在发生改变，与20多年前相比，进出口如今在美国经济中发挥了更大作用。然而，美国尚未建立起类似于德国或日本的促进出口的制度结构。

15.3.2 信息来源

虽然存在制度上的劣势，但美国企业仍有渠道强化对出口机会的识别。美国商务部及其遍布全国的美国出口扶助中心（U. S. Export Assistance Center，USEAC）提供了最全面的信息来源。该部门有两个组织专门为企业提供情报，并协助企业进军外国市场，分别是：美国对外商业服务局（U. S. and Foreign Commercial Service）和国际贸易管理局（International Trade Administration，ITA）。ITA定期发布《国家出口战略》。这些是面向寻求出口机会的中小型企业的官方政府资源。

美国对外商业服务局和国际贸易管理局作为政府机构，为潜在出口商提供了“最佳前景”列表，其中列出了外国市场上潜在分销商的名称和地址，以及它们从事的业务、涉及的产品和联系人等。此外，美国商务部还为美国出口商提供了针对主要国家市场的“购物比较服务”。只需支付少量费用，企业就可以收到针对其所选产品的定制市场调查。该调查提供了适销性、竞争情况、比较价格、分销渠道和潜在销售代表名称等信息，每项调查均由美国商务部官员实地展开。

美国商务部还会组织贸易活动，帮助潜在出口商建立对外联系，并发掘出口机会。商务部组织出口商参加定期在全球主要城市举行的国际贸易展会。商务部还有一个配对计划，由商务部代表陪同美国海外商务团体与符合条件的代理商、分销商和客户会面。地区出口委员会（District Export Council，DEC）隶属于美国商务部及其USEA C办事处。DEC由美国商务部部长任命的约1 500名志愿者组成，旨在帮助美国企业提高国际竞争力。

政府机构小企业管理局（SBA）也可以为潜在出口商提供帮助（有关SBA工作的示例，请参阅“管理聚焦”）。SBA在美国各地雇用了76名地区国际贸易官员和10名区域国际贸易官员，并在华盛顿特区雇用了10名国际贸易人员。SBA借助小企业发展中心（Small Business Development Center，SBDC）、退休高管服务团（Service Corps of Retired Executives，SCORE）和出口法律援助网络（Export Legal Assistance Network，ELAN）提供免费服务。全国各地的SBDC为企业（尤其是刚涉足出口业务的小企业）提供全方位的出口援助。SBA通过SCORE对大约11 500名有着国际贸易经验的志愿者进行管理，由他们向活跃的新手出口商提供一对一的咨询服务。SBA还对ELAN进行协调，这是一个全国性的国际贸易律师团，可以就出口相关事项向小企业提供免费的初步咨询。

管理聚焦　拉丁裔企业家的甜点出口业务

璐璐食品公司（Lulu's Foods Inc.）用基本原料创造了许多口味的甜点，从而在全球范围内取得了出口业务上的成功。公司 1982 年创始于加利福尼亚州托伦斯的一个 700 平方英尺（1 平方英尺=0.092 903 平方米）的店面，它是一家布丁生产企业，核心客户和目标市场位于美国和墨西哥，1992 年将产品出口到墨西哥，如今产品出口至全球多个国家。璐璐（Lulu）是创始人玛丽亚·德·卢尔德·索布里诺（Maria de Lourdes Sobrino）的昵称。

璐璐在当地商店寻找流行甜点时，萌发了即食风味布丁的创意。她来自墨西哥，当时住在美国。即食风味布丁是她家乡墨西哥的一种食物，当她将这一概念介绍给美国杂货商时，这种甜点还很新奇。但如今，璐璐食品公司已遍布各大知名商场（例如，艾伯森（Albertsons）、西夫韦（Safeway）和沃尔玛等）。

早在 20 世纪 80 年代初期，璐璐就发现了布丁产品的需求，如今她将其加入 45 种不同大小和口味的即食产品中，并主要基于其母亲的食谱创造出了改变食品行业的首个即食布丁类别。自成立以来，公司的经营理念已成为“勺子上的艺术”，口号是“用勺子体验更多乐趣”(More fun for your spoon)。

初期业务规模很小，产品只有璐璐按照她妈妈的布丁配方做的甜点，每天生产 300 杯布丁。随着客户越来越多，璐璐已经无法独自处理这项业务，不得不向现有市场和批发分销商寻求帮助。璐璐希望周围每个人都能体会到她对美食的热情。在国际化进程中，璐璐花费了约 10 年时间试图在国际上销售，但总是遇到各种各样的问题。经过多年的反复试验，她得到了美国进出口银行（Export-Import Bank of the United States）的帮助，如今她对于向全球出口产品更有信心了。

多年来，璐璐不断制作越来越多种类的布丁甜点。色彩缤纷的三层布丁、水果冻糕和有着明艳新色彩和新风味的节日餐盒已成为企业标志。这种出口创新使得《今日美国》(*USA Today*）的比尔·霍普金斯（Bill Hopkins）将玛丽亚·德·卢尔德·索布里诺称为“即食布丁女王，在数量激增的拉丁裔企业家中展现了强大力量”。《华尔街日报》(*The Wall Street Journal*）的哈尔·兰卡斯特（Hal Lancaster）也认为她是一位创新者，并在“走出去向客户推销梦想”方面是一名非常成功的企业家。

如今，璐璐食品公司的销售遍及美国，已经出口产品到世界各地尤其是墨西哥，以即食风味布丁为主要产品，口味包括水果幻想曲、香橙诱惑、奶油香草肉桂以及无糖轻食等。

资料来源：D. Barry, “Maria de Lourdes Sobrino, Founder, LuLu's Dessert,” Exporters: *The Wit and Wisdom of Small Businesspeople Who Sell Globally* (Washington, DC: U. S. Commerce Department, 2013); J. Hopkins, “Bad Times Spawn Great Start-Ups,” USA Today, December 18, 2001; and Lulu's Foods Inc., www. lulus-foods. com.

美国还建立了 15 个国际商务教育和研究中心（Center for International Business Education and Research，CIBER）以满足出口需求。CIBER 由美国国会根据《1988 年综合贸易与竞争力法案》创建，旨在促进美国对国际商务的了解以增强竞争力。CIBER 由美国教育部管理，它将美国商界的人力资源和技术需求与美国大学的国际教育、语言培训和研究能力联系起来。15 个 CIBER 为商人、学生和教师提供了区域和国家资源。

世界其他国家和地区也在试图复制美国 CIBER 的做法（例如，欧盟）。

此外，美国绝大多数地方都设有活跃的贸易委员会，其目的是促进出口。这些贸易委员会大部分都提供商务咨询、信息收集、技术指导和融资服务。但其中许多机构已成为缩减预算以及其他出口机构争夺政治和财政支持的牺牲品。

一些私人组织也开始为潜在出口商提供更多帮助。与 10 多年前相比，商业银行和大型会计师事务所如今也更加愿意帮助小企业开展出口业务。此外，已经在全球舞台上取得成功的大型跨国企业通常也愿意与小企业所有者或管理者探讨海外投资机会。[14]

15.3.3 服务提供商

大多数从事国际贸易的公司都会寻求进出口服务提供商的帮助，但有很多不同的选择：货运代理公司、出口管理公司、出口贸易公司、出口包装公司、报关行、保兑行、出口代理商、背驮式营销商，以及出口加工区。

货运代理公司主要为涉及国际航运的公司安排运输。其主要任务是将小批量运输的货物组合成单次大批量运输的货物，以最大限度降低运输成本。货运代理公司还为出口企业提供其他服务，例如文件准备、付款和承运人的选择等。

出口管理公司（export management company，EMC）主要向那些过去不曾从事产品出口业务的公司提供服务。EMC 提供全方位的服务来处理各种出口问题，类似于在企业内部设置了一个出口部门。例如，EMC 将准备出口文件，并以企业代理商和分销商的形式运作，这可能包括直接出售产品或者通过销售部门来处理销售订单。

出口贸易公司为与其订立合约的公司出口产品。它们寻找想要在外国市场营销和销售产品的公司并与其合作。它们提供全面的出口服务，包括出口文件准备、物流和运输等。

出口包装公司（或出口包装商）为不熟悉出口业务的公司提供服务。例如，一些国家要求产品包装符合特定的规格，出口包装商了解这些要求，而这些要求对新出口商来说尤其重要。出口包装商还可以就合适的产品包装设计和材料向公司提供建议，帮助公司最大限度地减少包装，从而使待运产品的数量最大化。

报关行可以帮助公司避开海关法规中的各种麻烦。许多国家的海关法规对于新出口商或不常从事出口业务的公司而言可能很难理解，而报关行则拥有这方面的知识和经验。例如，出口商不熟知许多国家对进口产品的法律和文件要求，报关行可以为企业提供一整套服务，这在企业向许多国家出口时是必不可少的。

保兑行有时称为采购代理商，代表了想要购买产品的外国公司。通常，它们试图以最低价获得想要的产品，并从外国客户处收取佣金。公司可以通过政府的大使馆找到这些潜在的出口联络人。

出口代理商、经销商和转销商直接从制造商处购买产品，并根据自己的意愿和所需的规格对产品进行包装和标签。然后，它们通过自己名下的联系人在国际上销售产品并承担所有相关风险。在此情况下，企业将产品推向国际市场所需付出的努力极小，但也失去了对产品定位、营销和推广的控制权。

背驮式营销商是一家企业为另一家企业分销产品的一种安排。例如，一家企业根据合同约定需向海外客户提供各种产品，但它并没有所有所需产品。在此情况下，另一家企业就可将其产品搭载上去，来满足合同要求。实现成功的搭载通常需要企业具有互补的产品和相同的目标市场。

如今，全世界有 600 多个出口加工区（export processing zone，EPZ），分布在 100 多个国家。EPZ 包括对外贸易区（foreign trade zone，FTZ）、经济特区、保税仓库、自由港和关税区等。许多公司利用 EPZ 来接收产品，然后将这些产品分批次转运给周边地区的客户。1978 年由联合国创立的世界经济加工区协会（World Economic Processing Zones Association，WEPZA）是一个致力于提高所有 EPZ 效率的非营利组织。

15.3.4 出口战略

除了利用出口服务提供商外，企业谨慎选择出口战略也可以降低与出口相关的风险。[15]有一些指南可以帮助企业提高成功率。3M 是世界上最成功的出口企业之一，它在出口上取得的成功建立在三个主要原则上：小规模进入以降低风险；出口业务取得一定成功后开始增加额外的产品线；雇用当地人来推广企业产品。另一家公司——两人一车（Two Men and a Truck），通过特许经营的方式在全球取得了成功（参见“管理聚焦”）。

管理聚焦 **两人一车**

有数据表明，搬家在个人经历的压力事件中排名第三，仅次于亲人去世和离婚。两人一车（Two Men and a Truck）最初是密歇根州兰辛两个高中男生为了课余赚钱而想到的点子。这家专注于本地搬家服务的公司成立于 1985 年，初始资本 350 美元，从手绘图标和在当地社区报纸上做小广告起步。

1989 年，创始人玛丽·艾伦·希茨（Mary Ellen Sheets）的女儿梅兰妮·贝杰龙（Melanie Bergeron）在家乡佐治亚州亚特兰大开设了第一家两人一车特许经营办事处。如今，贝杰龙担任董事会主席，布里格·索伯（Brig Sorber）担任首席执行官，乔恩·索伯（Jon Sorber）担任执行副总裁。兰迪·沙卡（Randy Shacka）于 2001 年加入公司实习，并于 2012 年晋升为总裁。这是该公司第一位非家族出身的总裁。

两人一车如今已不再是“两个人和一辆卡车”了。该公司在国内和国际上都取得了长足的发展，业务遍及美国大部分地区和全球约 380 个地区。两人一车是美国发展最快的特许经营搬家公司（连续 100 多个月增长），销售额超 3 亿美元，拥有 2 800 辆搬家卡车和约 6 000 名员工。公司从特许经营取得的平均年收入约 150 万美元。贝杰龙说道：“我们从未想过从事搬家业务——直到我妈妈和我兄弟凑钱买了辆卡车来筹钱上大学。”

两人一车在世界各地（例如，加拿大、爱尔兰和英国等）开展特许经营业务时仍然保留了“两人一车”的品牌。公司决定保留其美国核心品牌的名称，因为正如贝杰龙所说：“这是主加盟商及其投资者想要的。而客户对它是否是美国品牌不感兴趣……这种吸引力是相反的……当我需要时只会找本地（特许经营）公司……而他们却想要美国品牌的影响力和神秘感。”*

在走向国际新市场的过程中，两人一车主要考虑的因素是一国中产阶层的规模和人口流动性。他们使用软件工具来确定社区的收入水平，并确定市场主要是基于单户还是多户住宅。两人一车的理想市场是将两种情况结合起来。此外，贝杰龙表示，在确定经营地点时，还需获取准确的市场调查信息以及确定潜在的主加盟商。

在两人一车走向国际的过程中，行业本身也带来了挑战。全球各地有许多搬家公司，为什么要加盟两人一车呢？公司对这一市场差异化问题的回答是，其特别关注客户服务，并建立了成熟的网络跟踪系统。质量控制、劳动力成本和搬家耗时是该系统的核心业绩指标。事实上，该公司因能够通过更快更好的分析来开展业务而成为行业内的佼佼者。它安装了一个私有云系统以提高业务运营效率，并使用商业分析的方式在全球范围内寻找并发现增长机会。

* Doug Barry, ed., *Exporters! The Wit and Wisdom of Small Business Owners Who Sell Globally* (Washington: U. S. Commerce Department, 2013).

资料来源：D. Barry, "Melanie Bergeron, Chair of the Board of Two Men and a Truck," *Exporters: The Wit and Wisdom of Small Businesspeople Who Sell Globally* (Washington, DC: U. S. Commerce Department, 2013); C. Boulton, "Moving Company Gets a Lift from Faster Analytics," *The Wall Street Journal*, *August* 20, 2013; and A. Wittrock, "Two Men and a Truck Wins State Grant, Plans $4 Million Expansion of Lansing-Area Headquarters," *MLive.com*, February 27, 2013.

采取一些简单的战略措施，可以大大提高出口成功率。第一，尤其是对新出口商而言，聘请 EMC 或至少请一位有经验的出口顾问，有助于发现机会并得到出口中经常涉及的文书工作和法规方面的指导。第二，企业最初应当专注于一个市场或少数市场。在转移到其他市场之前，了解在这些市场取得成功所需的条件。企业如果一次进入多个市场，则可能会过度分散管理资源。这种广撒网的策略可能使企业最终无法在任何一个市场站稳脚跟。第三，与“两人一车”一样，小规模进入外国市场通常可以降低后续遭遇失败的成本。最重要的是，小规模进入能够让企业在向市场作出重大资本投入之前，有时间和机会了解外国市场。第四，出口商需要意识到打造出口销售业务所涉及的时间和管理投入，并应该聘请额外的人员来监督该活动。第五，在许多国家，与当地分销商和客户建立坚固且持久的关系非常重要。第六，正如 3M 的做法，雇用当地人有助于企业在外国市场站稳脚跟。与从未涉足一国业务的出口企业管理者相比，当地人可能更了解如何在该地开展业务。第七，多项研究表明，企业需要积极主动地寻求出口机会。[16] 被动出口是行不通的，世界通常不会主动敞开大门。第八，出口商应当保留在当地生产的选择权。当出口量达到足以在当地生产中实现成本效益时，出口企业应考虑在外国市场建立生产设施。这种本土化举措有助于其培养与外国市场的良好关系，并能提高市场接

受度。出口本身往往不是目的，而是为了实现国外生产的一小步（3M 也是这种理念的践行者）。

15.3.5　globalEDGE™出口工具

globalEDGE™网站（globaledge. msu. edu）是密歇根州立大学布罗德商学院国际商务中心的产品。自 2004 年以来，globalEDGE™一直是谷歌上全球排名第一的“国际商务资源”网站。约有 1 000 万人使用 globalEDGE™，其中约有 200 万活跃用户。该站点是免费的。在站点的“诊断工具”中，公司出口准备情况（Company Readiness to Export，CORE）工具已成为不同规模的企业经常使用的项目，企业可用它来评估公司的出口准备情况以及产品出口准备情况。

CORE 可以帮助企业评估自身的出口能力，评估企业及其产品走向国际的准备情况，并系统化地认识企业在出口方面的优势和劣势（见图 15－2）。CORE 工具还可以用作出口教程，美国商务部、美国地区出口委员会和其他出口促进机构使用它来帮助公司成功出口。

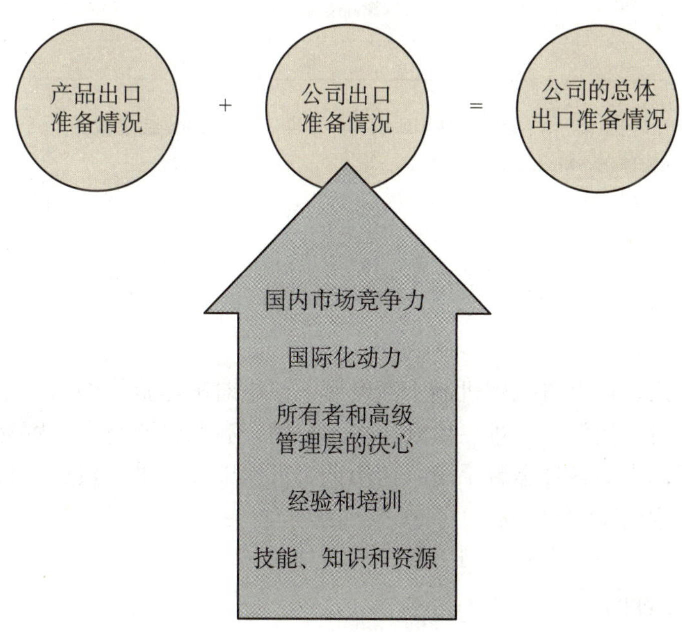

图 15－2　公司出口准备情况

资料来源：Charles W. L. Hill and G. Tomas M. Hult，*International Business*：*Competing in the Global Marketplace*（New York：McGraw-Hill，2019）.

图 15－3 显示了 CORE 结果报告的在线界面。总体来说，报告中包含了调查对象认为公司在出口准备方面已经完成了哪些工作，以及 CORE 诊断工具基于 70 个问题对公司和产品实际准备情况作出的评估。用户还会收到所有问题的得分以及有关其出口能力的优势和劣势总结。

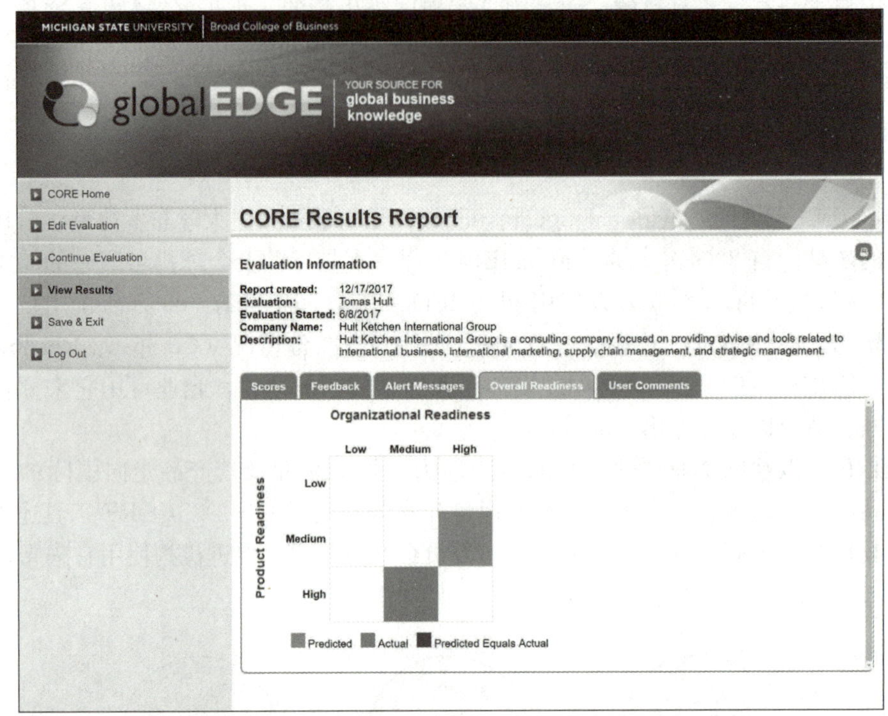

图 15-3　globalEDGE CORE 诊断工具的部分结果截图

资料来源：globalEDGE，Michigan State University.

15.4　进出口融资

几个世纪以来，进出口融资机制不断发展，以应对国际贸易中的一个重要问题：人们必须对陌生人投以信任，却难以做到。在本节中，我们将研究国际贸易背景下为解决这一问题而发展起来的各种金融手段：信用证、汇票以及提单。然后，我们将介绍典型的国际贸易交易中的 14 个步骤。[17]

15.4.1　缺乏信任

从事国际贸易的企业可能必须信任其从未见过、生活在不同国家、说着不同语言、遵循不同法律制度并难以在违约后追责的人。一家向法国进口商出口产品的美国出口商可能担心，如果它在法国进口商付款前就将产品运往法国，法国进口商可能拿了货不付钱。相反，法国进口商可能担心，如果它在发货之前付款，美国出口商可能拿了钱不发货或者交付的产品有缺陷。双方都无法完全信任对方，而双方在空间、语言和文化上的距离，以及在不完善的国际法律体系下履行合同义务所产生的问题，加剧了这种缺乏信任的状况。

由于双方之间缺乏信任（其原因相当合理），各方对于交易方式都有自己的偏好。为确保取得货款，美国出口商希望法国进口商在发货前支付货款（见图 15-4）。而为确保收到产品，法国进口商希望在收货后支付货款（见图 15-5）。除非存在某种方式能够在双方之间建立信任，否则交易永远不会发生。

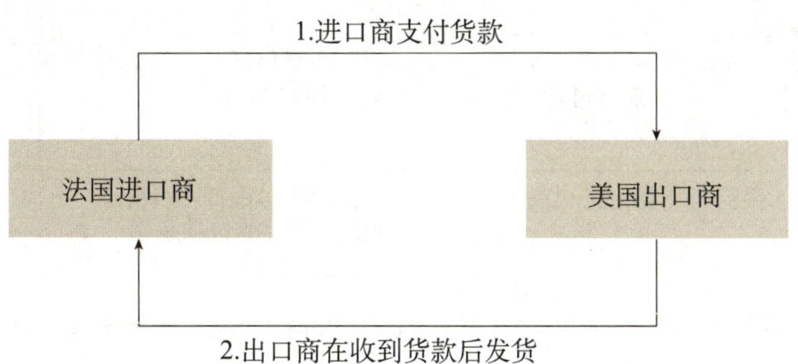

图 15-4　美国出口商的偏好

资料来源：Charles W. L. Hill and G. Tomas M. Hult，*International Business*：*Competing in the Global Marketplace*（New York：McGraw-Hill，2019）.

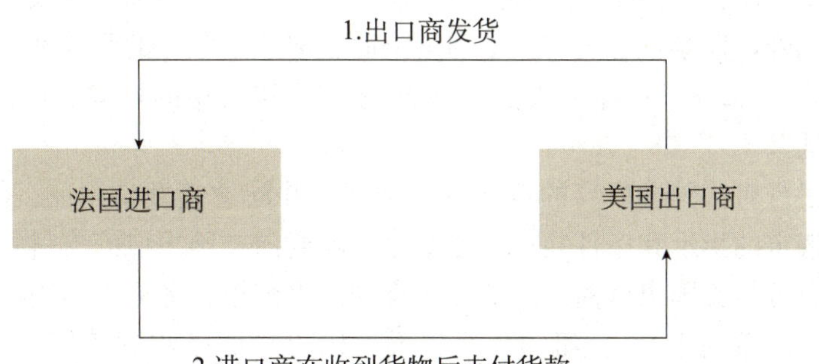

图 15-5　法国进口商的偏好

资料来源：Charles W. L. Hill and G. Tomas M. Hult，*Global Business Today*（New York：McGraw-Hill，2020）.

这个问题可通过双方都信任的第三方——通常是信誉良好的银行作为中介来解决。这一过程可见图 15-6。首先，法国进口商取得银行代其付款的承诺，因为它知道美国出口商会信任银行，这种承诺被称为信用证。看到信用证后，美国出口商就会将产品运往法国。产品的所有权以一种被称为提单的文件形式提供给银行。同时，美国出口商通知银行可以支付货款了，银行照做。这种要求付款的文件被称为汇票。银行在支付货款后，会把所有权移交给其信任的法国进口商。法国进口商将根据协议向银行偿付这笔货款。本节将更加详细地考察这一机制的运作方式。

15.4.2　信用证

信用证是国际商业交易的核心。银行应进口商的要求签发**信用证**（letter of credit，L/C），信用证中载明银行在收到特定单据后将向受益人（通常是出口商）支付特定金

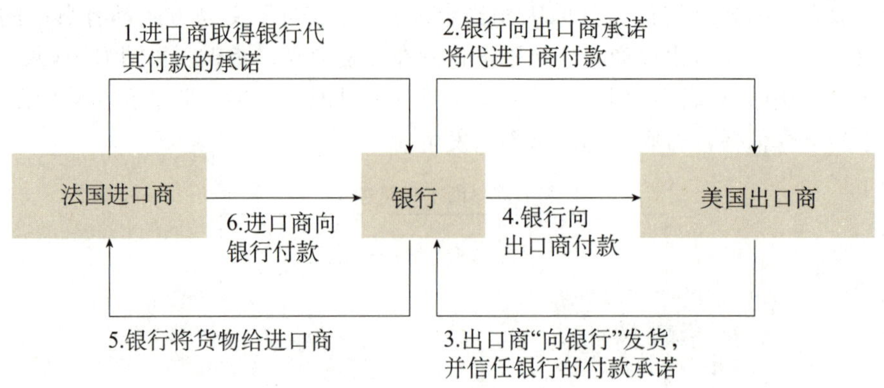

图 15－6　利用第三方

资料来源：Charles W. L. Hill and G. Tomas M. Hult, *Global Business Today* (New York: McGraw-Hill, 2018).

额的款项。

再次以美国出口商和法国进口商为例。法国进口商向当地银行（假设是巴黎银行）申请签发信用证。巴黎银行随后对进口商的信用进行审查。如果巴黎银行对其信誉感到满意，就会签发信用证。但是，巴黎银行可能会要求它先以现金存款或其他抵押物的形式提供担保。此外，巴黎银行还将向法国进口商收取该项服务的手续费，通常相当于信用证价值的 0.5%～2%，具体取决于进口商的信誉和交易的规模。（通常交易规模越大，手续费越低。）

假设巴黎银行对法国进口商的信誉感到满意，并同意签发信用证。信用证中载明，只要商品按照特定的指示和条件装运，巴黎银行就会向美国出口商支付货款。至此，信用证成为巴黎银行与美国出口商之间的金融合同。巴黎银行随后将信用证发给美国出口商的银行（假设是纽约银行）。纽约银行告诉美国出口商已收到信用证，可以发货了。美国出口商发货后，根据信用证条款向巴黎银行开出汇票，附上所需单据，并将汇票交给纽约银行，要求付款。纽约银行随后会将信用证和相关文件转发给巴黎银行。如果符合信用证中包含的所有条款和条件，则巴黎银行将承兑该汇票并向纽约银行付款。纽约银行收到款项时，就会支付给美国出口商。

巴黎银行在将款项转给纽约银行后，就会向法国进口商收取货款。或者巴黎银行也可能给法国进口商一些时间转售商品，而后再支付货款。这并不罕见，因为这对进口商的现金流有利，特别是当进口商是分销商而非商品的最终消费者时。巴黎银行将延长付款期限的行为视为是对法国进口商的贷款，并对此收取适当的利息。

这一机制的巨大优势在于，法国进口商和美国出口商在彼此无法互相信任的情况下，都可以相信信誉良好的银行。一旦美国出口商收到信用证，它就知道自己得到了付款保证，并开始发货。此外，出口商还可能发现，信用证有助于其在出口前获得融资。例如，在看到信用证后，纽约银行可能愿意向美国出口商提供资金来加工和准备这些即将运往法国的商品。美国出口商在收到货款之前，可能无须偿还这笔贷款。法国进口商在收到单据并且满足信用证中的所有条款之前无须支付货款。这一机制的缺点是，法国进口商必须向巴黎银行支付信用证手续费。此外，由于信用证是它的金融负债，可能会降低它为其他目的借入资金的能力。

15.4.3 汇票

汇票（draft/bill of exchange）是国际商务中通常用于付款的票据。汇票只是出口商指示进口商或进口商的代理人在指定时间内支付指定金额的指令。在美国出口商和法国进口商的例子中，美国出口商填写了一份汇票，指示法国进口商的代理人巴黎银行为运往法国的商品支付货款。签发汇票的个人或企业被称为出票人（在本例中为美国出口商）。接收汇票的一方被称为受票人（在本例中为巴黎银行）。

使用汇票来进行贸易结算已成为国际惯例。这与国内做法不同，在国内交易中，卖方通常以赊销方式发出商品，并附上载明应付金额和付款条件的商业发票；买方通常可以在不签署正式付款文件的情况下获得商品的所有权。相比之下，由于国际贸易中缺乏信任，买方在取得商品之前，需要支付货款或者作出正式的付款承诺。

汇票有两种类型：即期汇票和远期汇票。**即期汇票**（sight draft）在受票人接收汇票时就应当付款。**远期汇票**（time draft）允许延期付款，付款期限通常为 30 天、60 天、90 天或 120 天。受票人收到汇票时，会在票面上书写或盖章以示承兑汇票。远期汇票一旦得到承兑，就成了受票人的付款承诺。当银行作为受票人承兑远期汇票时，该汇票就称为银行承兑汇票（banker's acceptance）。当企业作为受票人进行承兑时，该汇票就称为商业承兑汇票（trade acceptance）。

远期汇票是可转让票据，也就是说，一旦汇票被盖章承兑，出票人就可以将其以低于面值的价格卖给投资者。假设美国出口商和法国进口商之间约定，美国出口商需要通过纽约银行向巴黎银行开出一份付款期限为 120 天、金额为 10 万美元的远期汇票。巴黎银行在远期汇票上盖章承兑。

美国出口商可以持有该已承兑的远期汇票，并在 120 天后收到 10 万美元，或者将其以低于面值的价格出售给投资者，例如纽约银行。如果现行贴现率为 7%，则美国出口商立刻出售该汇票可以获得 97 700 美元（100 000 美元按照每年 7%的贴现率计算，120 天的贴现额为 2 300 美元，故 100 000−2 300＝97 700 美元）。而纽约银行将在 120 天后从巴黎银行处收取全额 10 万美元。如果美国出口商为了商品周转或弥补现金流短缺而需要融资，则它可能会立即出售这份已承兑的远期汇票。

15.4.4 提单

提单是国际贸易融资的关键文件。**提单**（bill of lading）是由运输商品的公共承运人签发给出口商的单据。它有三个主要用途：收据、合同以及所有权凭证。作为收据，提单表明承运人已收到单据正面描述的商品。作为合同，它规定了承运人有义务提供运输服务并收取一定的费用。作为所有权凭证，它可用于在商品交付给进口商之前取得货款或书面的付款承诺。提单还可以用作抵押物，出口商的当地银行可以在运输货物之前、运输过程中以及进口商最终付款之前，为出口商垫付货款。

15.4.5 典型的国际贸易交易

我们已经介绍了国际贸易的要素，现在看看一笔典型的国际贸易交易是如何进行的，仍以美国出口商和法国进口商为例。典型的交易涉及 14 个步骤（见图 15－7）。

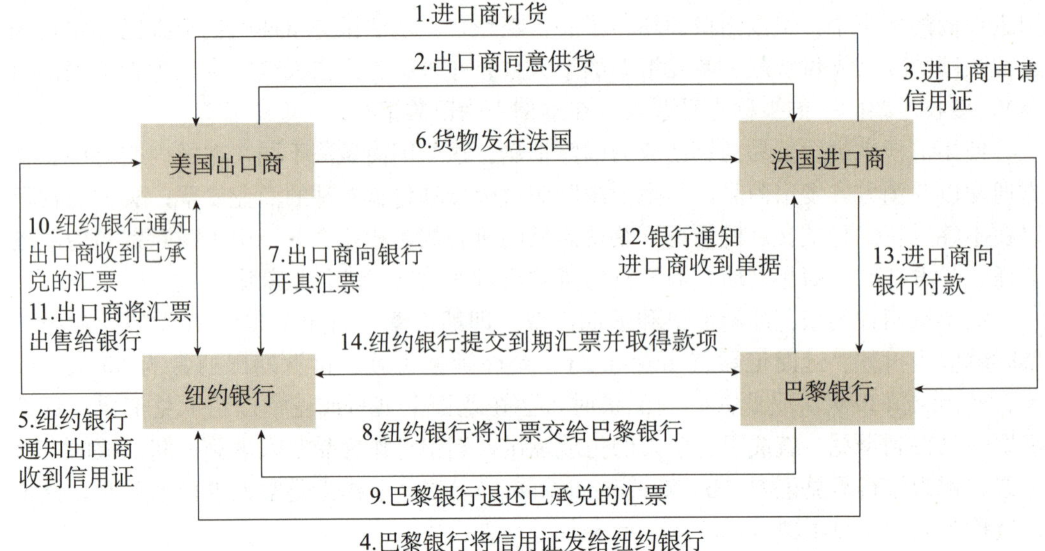

图 15－7　一笔典型的国际贸易交易

资料来源：Charles W. L. Hill and G. Tomas M. Hult, *Global Business Today* (New York: McGraw-Hill, 2018).

1. 法国进口商向美国出口商下订单，并询问美国出口商是否愿意根据信用证发货。

2. 美国出口商同意根据信用证发货，并注明价格和交期等相关信息。

3. 法国进口商向巴黎银行申请开具以美国出口商为受益人的信用证，用来购买其想要的货物。

4. 巴黎银行以法国进口商的名义开具信用证，并将其发给美国出口商的银行——纽约银行。

5. 纽约银行通知美国出口商已经收到了以其为受益人的信用证。

6. 美国出口商通过公共承运人将货物发给法国进口商。承运人将提单交给美国出口商。

7. 美国出口商根据信用证和提单通过纽约银行向巴黎银行开具 90 天远期汇票。美国出口商背书提单，以此将货物所有权转移给纽约银行。

8. 纽约银行将汇票和提单发给巴黎银行。巴黎银行承兑汇票，取得单据所有权并承诺在 90 天内支付已承兑的汇票。

9. 巴黎银行将已承兑的汇票退回纽约银行。

10. 纽约银行通知美国出口商收到已承兑的 90 天内付款的银行汇票。

11. 美国出口商将汇票以低于面值的价格折价出售给纽约银行，并获得汇票折价后的现金价值。

12. 巴黎银行在收到单据时通知法国进口商。法国进口商同意在 90 天内向巴黎银行付款。巴黎银行将单据交给法国进口商，法国进口商从而可以接收货物。

13. 90 天后，巴黎银行收到法国进口商的付款，因此有资金支付到期汇票。

14. 90 天后，到期承兑汇票的持有人纽约银行将汇票提交给巴黎银行以获取款项。巴黎银行支付该笔款项。

15.5　出口支持

美国的潜在出口商可以利用两种形式的政府支持来为其出口项目筹集资金，即进出口银行的融资援助和外国信用保险协会的出口信用保险（大多数国家都有类似的项目）。

15.5.1　进出口银行

进出口银行（Export-Import Bank，EXIM Bank）是一家成立于 1934 年由美国政府全资所有的公司。其使命是为美国商品和服务出口提供资金援助，以支持美国就业和提高市场竞争力。根据其章程和美国国会的授权，进出口银行提供的融资必须有合理的还款保证，并且应当作为私人资金借贷的补充形式，而非与之相竞争。进出口银行还需遵循 OECD 有关政府支持出口信贷活动的国际规则。

进出口银行报告称，2018 年其通过全面运营，共为 3 746 笔金融和保险交易授权约 205 亿美元，为美国出口提供了 275 亿美元的支持，并为美国提供了 164 000 个就业岗位。进出口银行的总体风险敞口为 1 120 亿美元，低于该财年 1 400 亿美元的法定上限。即使运营规模较小，进出口银行对美国商品和服务出口提供的融资服务仍然支持了大量工作岗位。例如，当作者修订本书时，进出口银行仍有近 400 亿美元的待处理交易，估计可以为近 24 万个美国就业岗位提供支持。

总的来说，进出口银行通过各种贷款和贷款担保项目来履行使命。该机构为美国商业银行向外国借款人发放中长期贷款以购买美国出口商品提供还款保证。进出口银行的担保使商业银行更愿意向外国企业提供现金贷款，促进了美国企业的跨境交易。大约 85％的银行交易都是为员工人数少于 500 人的企业提供支持。

进出口银行也有直接贷款业务，它可以向外国借款人出借美元用于购买美国出口产品。在某些商业银行不愿发放贷款的情况下，进出口银行如果认为这样做对美国有潜在好处，也会发放贷款。外国借款人用贷款向美国供应商付款，并连本带息偿还给进出口银行。许多国家效仿美国进出口银行的结构，也拥有自己的进出口银行，用以促进跨境贸易。

15.5.2　出口信用保险

由于前述原因，出口商更愿意从进口商那里获得信用证。然而，出口商有时坚持要求信用证，可能会输给其他不需要信用证的出口商。因此，当进口商处于有利的议价地位并能够选择供应商时，出口商可能不得不放弃要求信用证。[18]而没有信用证会使出口商面临外国进口商拖欠货款的风险。这时，出口商可以通过购买出口信用保险的方式来防范这种风险。如果客户违约，保险公司将承担大部分损失。

在美国，出口信用保险由外国信用保险协会（Foreign Credit Insurance Association，FCIA）提供。该协会是在进出口银行指导下运作的私营商业协会。FCIA 提供针对商业风险和政治风险的保险。由于买方无力偿债或拖欠付款而导致的损失是商业风险，而源于买方或卖方控制范围之外的政府行为所导致的损失是政治风险。前面讨论过的巴尔的摩小型铁丝篮制造商马林认为，出口信用保险让公司更有信心扩大出口销售。在支付大约销售价格一半的保费后，马林就可以确保在外国买家不付款的情况下也不会遭受损失。[19]

15.6 对等贸易

当传统付款方式很困难、成本过高或根本不可行时，为进行国际销售，也可以采用对等贸易的方式。第 9 章关于货币可兑换性的讨论中首次涉及对等贸易。政府可能会限制货币兑换以保护外汇储备，用来偿还国际债务并购买重要的进口商品。[20]这对于出口商来说是个难题。货币不可兑换意味着出口商可能无法收到以本国货币计价的货款，并且几乎没有出口商愿意接受以不能兑换的货币支付的货款。这时，对等贸易就是一种常见的解决方案。[21]**对等贸易**（countertrade）是指一系列类似于易货贸易的协议，原则是在无法使用货币交易时，用商品和服务换取其他商品和服务。对等贸易的例子有：

- 一家生产发电设备的意大利公司 ABB SAE Sadelmi SpA 与泰国国家电力局（Electricity Generating Authority of Thailand）订立了一份 7.2 亿泰铢（1 770 万美元）的合同。合同规定，公司必须接受 2.18 亿泰铢（540 万美元）的泰国农产品作为一部分货款。
- 沙特阿拉伯同意从波音购买 10 架 747 喷气式飞机，并以原油付款，原油价格比已公布的世界油价低 10%。
- 通用电气在罗马尼亚赢得了一份价值 1.5 亿美元的发电机项目合同，并同意在罗马尼亚无法进入的市场中销售价值 1.5 亿美元的罗马尼亚产品。
- 委内瑞拉政府与卡特彼勒谈判达成一份合同，委内瑞拉将用 35 万吨铁矿石换取卡特彼勒的土方设备。
- 阿尔巴尼亚用泉水、番茄汁和铬矿等产品换取了价值 6 000 万美元的肥料和甲醇络合物。
- 菲利普·莫里斯公司向俄罗斯运送香烟，换取可用于制造肥料的化学品。菲利普·莫里斯公司将化学品运往中国，而中国将玻璃器皿运往北美，由菲利普·莫里斯公司进行零售。[22]

15.6.1　对等贸易的普遍性

对等贸易出现于 20 世纪 60 年代，是当时苏联和东欧国家购买进口商品的一种方式，这些国家的货币通常不可兑换。这种方式在缺乏外汇储备用以购买必要进口商品的发展中国家很普遍。此外，由于自身缺乏外汇储备，一些苏联和东欧国家仍定期采用对等贸易来购买进口商品。据估计，涉及对等贸易的协议占世界贸易的比例从大约 10 年前的 2%～10%增长到今天的 20%～25%。[23]确切数字不得而知，但鉴于国际金融市场流动性增加和货币可兑换范围增大，这一估计可能较为保守。不过，在周期性金融危机之后，对等贸易量可能会出现短期飙升。例如，在 1997 年亚洲金融危机之后，对等贸易活动显著增加。危机使许多亚洲国家几乎没有硬通货来为国际贸易提供资金。1997 年之后，在紧缩的货币制度下，许多亚洲企业难以通过出口信贷获取国际贸易所需的资金。因此，它们转向了唯一的选择——对等贸易。

对等贸易是国际贸易融资的一种次要手段，但潜在出口商有时可能不得不采用这种方式来获得进入某些国际市场的机会。发展中国家政府有时会坚持一定数量的对等贸易。[24]

15.6.2　对等贸易的类型

以简单的商品和服务交易为基础，对等贸易已经发展成为一系列多样化的活动，可分为五种不同的交易类型：易货贸易、互购贸易、抵消贸易、转手贸易，以及补偿贸易或回购。[25]许多对等贸易涉及多个交易类型。

易货贸易

易货贸易（barter）是双方在没有现金交易的情况下直接交换商品或服务。易货贸易虽然是最简单的类型，但并不常见。它存在两个问题。首先，如果商品无法同时交换，就相当于一方为另一方提供了一段时间的融资。其次，采用易货贸易的企业存在一种风险，即不得不接受其不想要、不能使用或难以以合理价格转售的商品。由于这些原因，易货贸易是限制性最大的对等贸易。它主要用于与信用不佳或不值得信赖的贸易伙伴进行的一次性交易中。

互购贸易

互购贸易（counterpurchase）是一种互购协议。当企业同意在其出售商品的国家购买一定数量的物料时，就发生了回购贸易。假设一家美国企业向中国出售商品，中国向美国企业支付美元，但作为交换，美国企业同意用部分销售收入购买中国企业生产的纺织品。因此，尽管中国必须动用外汇储备来支付美国企业，但在互购协议下它将会收回部分美元。罗尔斯·罗伊斯向芬兰出售飞机部件时就使用了互购协议。作为交易的一部分，罗尔斯·罗伊斯同意用部分销售收入购买芬兰制造的电视机，然后在英国出售。

抵消贸易

抵消贸易（offset）类似于互购贸易，都是一方同意将最初销售收入的一部分用来购买商品和服务。不同之处在于，采用抵消贸易的企业可以向销售对象国的任何企业履行该义务。从出口商的角度来看，这比直接的互购协议更有吸引力，因为出口商可以更灵活地选择其希望购买的商品。

转手贸易

转手贸易（switch trading）是指在对等贸易中使用专门的第三方贸易商。当企业与一国签订互购或抵消协议时，通常会采用互购信用从该国购买商品。当第三方贸易商购买企业的互购信用并将其出售给可以更好地使用这些信用的企业时，就发生了转手贸易。例如，一家美国企业与波兰签订了一份互购协议，并为此获得了一定数量的互购信用，可用于采购波兰商品。但是，这家美国企业不想要任何波兰商品，因此它以折扣价格将互购信用出售给第三方贸易商。第三方贸易商将互购信用出售给可以使用这些额度的企业以赚取利润。

例如，波兰和希腊签订了一份互购协议。该协议要求波兰从希腊购买与其出售给希腊的相同美元价值的商品。然而，波兰找不到同等价值它所需要的希腊商品，因此它在希腊还剩余一些它不愿使用的以美元计价的互购信用。一个第三方贸易商以 225 000 美元的价格从波兰手中购买了 250 000 美元的互购信用，并以 235 000 美元的价格卖给了欧洲苏丹娜葡萄商人，后者用这些信用购买了希腊的苏丹娜葡萄。

补偿贸易或回购

当一家企业在一国建厂或者向该国提供技术、设备、培训或其他服务，并同意将该工厂一定比例的产出用来冲抵部分合同价款时，就发生了**回购**（buyback）。例如，西方石油（Occidental Petroleum）与俄罗斯谈判达成了一项协议。根据该协议，西方石油将在俄罗斯建造几家合成氨工厂，并在此后 20 年内以获取合成氨的形式冲抵部分应收款。

15.6.3 对等贸易的利弊

对等贸易的主要吸引力在于，它可以在其他方式均不可行的情况下为企业的出口贸易提供一种融资方式。由于许多发展中国家在筹集外汇购买进口商品方面存在问题，对等贸易可能是在这些国家开展业务的唯一方式。即使对等贸易并非开展出口贸易的唯一方式，许多国家也更愿意采用对等贸易，而不是现金交易。因此，企业如果不愿签订对等贸易协议，则可能将出口机会拱手让给愿意签订对等贸易协议的竞争对手。

此外，一国政府也可能要求向该国出口商品或服务的企业签订对等贸易协议。波音经常不得不接受互购协议，以获取商用飞机订单。如，为了获得印度航空公司（Air India）的订单，波音可能需要从印度公司购买某些零部件，如飞机舱门。更进一步说，在与全球竞争对手空中客车的激烈竞争中，波音将签订互购协议作为其赢得订单的一种方式。因此，对等贸易可以作为一种战略营销武器。

但是，对等贸易也有很明显的缺点。在其他条件相同的情况下，企业通常更愿意以硬通货付款。对等贸易合同可能使企业换取一些无用或劣质的商品，无法从中盈利。例如，几年前一家美国企业就受到了欺骗，在与匈牙利签订对等贸易协议后，其换回的电视机中有 50%存在缺陷而无法销售。此外，即使换回的商品质量上乘，企业仍然要以盈利的方式对其进行处置。为此，对等贸易要求企业在内部设立一个贸易部门，专门负责安排和管理对等贸易。而这可能花费不菲且耗时长久。

由于存在这些缺点，对等贸易对大型多元化跨国企业最具吸引力，因为这些企业可以利用其全球关系网络来处置其从对等贸易中获得的商品。日本大型贸易机构综合商社是对等贸易的行家，它利用其庞大的下属公司网络来处理从对等贸易中获得的商品并从中获利。例如，三井财团有大约 120 家下属公司，几乎涵盖了制造业和服务业的所有领域。如果三井财团的一家下属公司在对等贸易中收到了其无法消费的商品，三井财团通常都能找到另一家可以利用这些商品盈利的下属公司。在倾向于使用对等贸易的国家，日本综合商社的下属公司通常具有竞争优势。

大型多元化且具有全球影响力的西方企业（例如，通用电气、菲利普·莫里斯公司和 3M）也从对等贸易中取得了类似的利润优势。事实上，3M 成立了自己的贸易公司——3M 国际贸易公司（3M Global Trading Inc.），以便开发和管理公司的国际对等贸易项目。除非别无选择，否则中小型出口商应当尽量避免对等贸易，因为它们缺乏全球运营网络来以盈利的方式利用或处置它们取得的商品。[26]

小结

本章研究了企业成为出口商必须采用的措施。本章要点如下：

1. 企业出口的一大障碍是不了解外国市场机会。

2. 新出口商经常在出口过程中感到气馁或挫败，因为它们遇到了许多问题、延误和困难。

3. 收集信息是克服缺乏对机会的了解的方法。在美国，有许多机构（最重要的是美国商务部）可以帮助企业在寻找机会过程中收集信息。出口管理公司也可以帮助企业发现出口机会。

4. 如果公司聘请了经验丰富的出口服务提供商（例如，出口管理公司）并采用了适当的出口策略，则可以避免许多与出口相关的困难。

5. 从事国际贸易的企业必须与其无法信任、违约后难以追责的人一起做生意。由于缺乏信任，国际交易中各方对交易要求都有着不同偏好。

6. 因出口商和进口商之间缺乏信任而引发的问题可以通过引入双方都信任的第三方机构来解决，该第三方机构通常是信誉良好的银行。

7. 信用证是银行应进口商的要求签发的。它表明银行承诺在收到信用证规定的单据后向受益人（通常是出口商）付款。

8. 汇票是国际贸易中常用于付款的票据。它是出口商指示进口商或进口商的代理人在指定时间内支付指定金额的指令。

9. 汇票分为即期汇票或远期汇票。远期汇票是可转让票据。

10. 提单由运输货物的公共承运人签发给出口商。它可以用作收据、合同和所有权凭证。

11. 美国出口商可以利用两种政府支持方式来为其出口业务融资：进出口银行的融资援助和外国信用保险协会的出口信用保险。

12. 对等贸易包括一系列类似于易货贸易的协议。企业主要利用对等贸易向货币无法自由兑换且可能缺乏外汇储备以购买进口商品的国家进行出口。

13. 对等贸易的主要吸引力在于，它为企业提供了一种在其他方式不可用时的出口融资方式。一家坚持使用硬通货付款的企业与另一家愿意进行对等贸易的企业相比可能处于竞争劣势。

14. 对等贸易的主要缺点是，企业可能收到其无法使用或质量低劣的商品，而企业无法通过处置这些商品获利。

思考与讨论题

1. 美国加利福尼亚州的一家企业想要将一船的成品木材出口到菲律宾。潜在进口商无法从国内取得足够的信用贷款用以支付货款，但坚持认为这些成品木材可以迅速在菲律宾转售并获利。为实现对菲律宾的出口，概述出口商可以采取哪些措施。

2. 你是一家小型科技企业的CEO助理，该企业生产优质、高价、时尚的服装。CEO决定了解出口机会，并就企业应采取哪些措施向你征求意见。你会给CEO哪些建议？

3. 信用证的替代方式之一是出口信用保险。相比于信用证，使用出口信用保险从加利福尼亚州向加拿大出口一艘豪华游艇，以及从纽约向乌克兰出口一套机床，有哪些优点和缺点？

4. 为什么会出现对等贸易？在什么情况下，对等贸易量可能会进一步增加？在什么情况下对等贸易量会下降？

5. 公司如何战略性地利用对等贸易作为营销武器来增加出口收入？实施这种战略有哪些风险？

章末案例

Spotify和SoundCloud

如今有许多在线音乐平台，Apple Music、Google Play Music、Pandora、Spotify、SoundCloud和YouTube可能是世界各地人们在线听音乐最常用的方式。当然，流行可能意味着瞬息万变。不断有新的音乐平台登场（例如，8tracks、AccuRadio、Dash Radio、Deezer、Grooveshark、iHeartRadio、Incus Tunes、Jango、last. fm、Mixloud、MusixHub、MySpace、RDIO、Slacker Radio、TuneIn Radio、The Sixty One、Xbox

Music），其中一些将超越当今的顶级平台，一些将很快消失，还有一些只剩下少量用户。在这一竞争激烈的技术环境中，瑞典企业家在音乐产业中异军突起。

这一切都因为瑞典诞生了许多初创企业，这里重点介绍 Spotify 和 SoundCloud。但是，为了更好地了解这些公司和品牌的创立背景，我们有必要考察像瑞典这样拥有 1 000 万人口和高政府支出的小国为何如此具有创新和创业精神。由于国家不大，瑞典公司大部分销售额都依赖于出口。初创企业已经成为瑞典的一种文化现象，从几十年前开始就帮助其经济实现了快速发展。

在瑞典首都斯德哥尔摩，人均拥有 10 亿美元规模的科技公司的数量位居全球第二，仅次于硅谷。这一变化发生于 20 世纪 90 年代，当时瑞典需要提振经济。该国过去一直受到严格管制，公共垄断企业主导着市场，但自那时起，管制有所放松。瑞典在放松管制后，垄断企业更难占据市场主导地位，但美国的监管格局发生的变化却对大公司和老牌企业更有利。尽管全球都在大力扶持初创企业，但如今美国的所有企业中只有 8%符合这一定义，与几十年前相比明显下降。

在瑞典出现了相反趋势。创办新企业的节奏不断加快。巴西、印度、罗马尼亚、德国和新加坡近年来也出现了初创企业增加的趋势。这些初创企业对一国经济至关重要。它们创造就业机会、刺激创新、培养企业家精神，并最终推动经济增长。例如，在美国，中小型企业占该国出口企业的 98%，而初创企业就属于中小型企业范畴（通常被称为“天生的全球企业”，即从创立之初就开始进行国际销售的公司）。Spotify 和 SoundCloud 就完全符合初创企业的定义，它们最初规模很小，很早就走向国际，带动了出口增长。

Spotify 是一家瑞典娱乐公司，由丹尼尔 · 艾克（Daniel Ek）和马丁 · 罗伦森（Martin Lorentzon）于 2008 年创立。它专注于音乐、播客和视频流。Spotify 总部位于斯德哥尔摩，在纽约证券交易所上市，股票代码为 SPOT。公司拥有 3 000 多名员工，2 亿用户，收入约 50 亿美元。欧洲、美洲、大洋洲大部分地区和亚洲部分地区都可以使用 Spotify。Spotify 为用户提供了超 3 000 万首歌曲，每月活跃用户约 1.4 亿，付费用户超过 7 000 万。

SoundCloud 由亚历山大 · 鲁格（Alexander Ljung）和埃里克 · 瓦尔弗斯（Eric Wahlforss）于 2007 年在瑞典斯德哥尔摩创立，他们马上在德国柏林设立了公司总部。实际上，亚历山大 · 鲁格和埃里克 · 瓦尔弗斯利用瑞典和德国为初创企业提供的强大基础设施，推出了 SoundCloud，并将其打造成现在拥有 300 名员工、4 000 万注册用户和每月 1.75 亿听众的公司。与 Spotify 不同的是，SoundCloud 将自己定位成在线音频发布平台，允许用户上传、录制、推广和分享他们原创的作品。

Spotify 和 SoundCloud 都是以客户认为有价值的音乐平台形式进入全球市场的服务企业。服务业出口在全球贸易中十分重要且不断增长。大部分发达经济体（约 75%）都是以服务业为基础。如果像瑞典和德国这类经济体没有服务业出口的机会，则它们可能会在贸易平衡（进口与出口的比较）中处于劣势。美国的服务贸易顺差相对较大，但在制成品方面的贸易逆差是巨大的。如果美国能够减少产品逆差，实现进出口平衡，则该国的服务经济将自动形成贸易顺差——这是美国近 50 年来未曾出现过的情况。鉴于服务业出口实际上就是一国居民向另一国的个人或组织提供服务，许多国家都可以做到，至少有机会出口更多的服务内容，就如 Spotify 和 SoundCloud 在瑞典和德国所做的。

资料来源：Stacy Fisher，"The Top 14 Places to Listen to Free Music Online," *The Balance Every Day*，April 3，2018；Namrata Ahuja，"Spotify vs. Soundcloud：What Is the Best Platform for Music Lovers?" *Odyssey*，June 1，2016；Alana Semuels，"Why Does Sweden Have So Many Start-Ups?" *The Atlantic*，September 28，2018；"Spotify Makes Its Stock Market Debut," *The Economist*，April 4，2018；"Having Rescued Recorded Music，Spotify May Upend the Industry Again," *The Economist*，January 11，2018；and "SoundCloud Streaming Hones In On Creator Uploaded Content：CEO," *BusinessWeek*，April 23，2018.

案例讨论题

1. 如今有许多在线音乐平台，Apple Music、Google Play Music、Pandora、Spotify、SoundCloud 和 YouTube 可能是世界各地人们在线听音乐最常用的方式。你使用了哪个平台？为什么？你认为哪个（哪些）平台将在未来 10 年内停止运营？为什么？

2. 根据你在这个案例中了解的信息以及你从关于瑞典的研究中收集的资料，你认为为什么在瑞典首都斯德哥尔摩，人均拥有 10 亿美元规模的科技公司的数量位居全球第二，仅次于硅谷？

3. Spotify 和 SoundCloud 各有什么优缺点？你认为它们的商业模式能够持续下去吗？会出现其他初创企业在国际市场上取代 Spotify 和 SoundCloud 吗？

注释

第16章

全球生产与供应链管理

学习目标

阅读本章后，你将能够：

- 阐述为何全球生产与供应链管理决策对许多跨国企业至关重要。
- 阐述国家因素、技术因素和生产因素如何影响生产活动地点的选择。
- 了解外国子公司在生产中的作用如何随着知识的积累而增强。
- 识别影响企业决定从公司内部还是从国外供应商处进行采购的因素。
- 了解全球供应链中物流和采购的职能。
- 描述有效管理全球供应链需要什么。

开篇案例　区块链技术与全球供应链

全球生产与供应链管理在设计上是复杂的，在地理上是不连贯的，尤其是在跨国企业的全球供应链网络中，每条供应链都涉及多家企业，链条中有多个环节，在这些实体和环节之间存在大量的资源连接。由于动态和多样的环境，全球化中的贸易壁垒、各国政策差异、各种文化和环境问题以及来自企业和非企业职能部门的人员，使得企业难以很好地处理全球供应链中的信息流动。同时，对供应链的风险、安全和增值等方面的管理也很困难。每个企业都希望能够获得及时的信息，但并非全球供应链中的所有组织都愿意或能够轻易提供相应信息。

与此同时，许多供应链管理者和企业战略家提出了一个强有力的观点，即全球供应链中的信息流动可能比产品、零部件和原材料的流动更为重要。生产时点依赖于信息流动。可追溯性已经在许多供应链（例如，农业食品部门、医药产品、高价值商品的供应链）中成为紧迫要求和根本差异因素。供应链中缺乏信息透明度会使组织及客户无法验证和确认产品、零部件以及原材料的真实价值。对供应链媒介、可靠性和绩效的管理成本则进一步增加了可追溯性的复杂程度。事实上，许多战略和运营问题都来源于缺乏透明度以及与此相关的风险。

为解决供应链问题，几乎所有世界领先的公司都使用了复杂的企业资源计划（enterprise resource planning，ERP）和供应链软件。其中一些系统还包括连接有数字发货通知和 RFID 扫描功能的制造设备。如果需要，大多数跨国公司都可以追溯货物的最初来源，通常直至回收站。然而，即使有追溯能力，大多数大型公司在对数字基础设施进行了大量投资之后，仍然只能通过有限的信息来了解某一时刻其货物在全球供应链中的位置。信息有限的一个关键原因是，即使供应链更加有效，企业通常也没有可用来管理供应链的最新技术基础设施。况且，即使拥有这些基础设施，也并非全球供应链中的每个组织都愿意或能够轻易提供相关信息。

区块链技术对解决供应链问题能够有所帮助。区块链技术使供应链合作伙伴（或任何业务合作伙伴）能够实现生态系统共享并在关键信息上达成一致。重要的是，合作伙伴可以同步商定信息，而不必在移交真正关键的业务信息之前才展开一系列复杂的谈判和为制定规则而进行权力游戏。区块链可以同步全球网络中的所有数据和交易，供应链中的每个合作伙伴都可以对其他组织的工作和计算进行验证。这种重复和交叉检查使比特币和区块链技术这样的金融解决方案安全可靠，它们每周都需在数千个网络节点之间对数百万笔交易进行同步（区块链是比特币的基础技术）。

在供应链中，区块链的核心逻辑是任何一件库存（例如，原材料、在产品、零部件、产成品）都无法两次存在于同一个地方。产品完成后进入转运途中，每个地方的每个人都将在几分钟内得到更新的交易状态，并可以追溯其原产地。由于多个原因，这种可追溯性很重要。例如，如果一家公司想根据该公司及其子公司和合作伙伴的采购总量来商议一笔交易，基于区块链的解决方案就有助于其根据采购总量计算出确切的数量折扣。并且，由于这是一种可信任且透明的方式，涉及该交易的公司可依靠区块链技术证明该计算是正确的。此外，在完成计算的同时，还能够保护每个公司的单独采购量不被泄露。

通过区块链，公司可以获得供应链网络中所有参与者的所有交易和供应链变化的动态实时数字分类账。虽然区块链作为一个概念看起来很简单，但考虑透明度、信任度、能力和意愿等问题后，如果没有区块链，就难以了解公司供应链网络中的实时信息。借助区块链技术，公司可以根据其采购总量协商采购折扣，这里的采购总量包括公司代他人进行的采购、业务合作伙伴进行的采购，以及供应链网络中其他人进行的采购。这一不断更新的数字分类账包含了所有相关合作伙伴的数据，无论此次采购活动由谁主导，在每个用户都不必与他人共享运营数据的情况下，公司就可以看到采购总量。这种效率也是实时的。如果没有区块链的"分布式账本技术"，公司可能需要很多人对订单进行审核，尽可能从采购总量中受益，但几乎无法成功考虑到供应链网络的各个方面。

区块链技术有许多积极方面，但它也存在一些问题。尤其在全球范围内，其投资、基础设施和实施方式都是人们关注的问题。《华尔街日报》报道，德勤的调查表明，大多数组织认为使用区块链技术势在必行，但只有 1/3 已经开始实施这项技术。其中一个问题是，大公司存在当前技术的遗留问题。将区块链技术融入全球现有体系非常困难，而且无法高效取得区块链技术给公司带来的短期直接优势。此外，并非全球所有公司都有投资区块链的机会（考虑到成本、软件兼容性、基础设施等因素），这意味着任何供应链网络中都将有公司无法通过实施区块链技术获得预期的所有优势。

资料来源："The Meaning of the Blockchain," *The Economist*, January 8, 2019; Paul Brody, "How Blockchain Revolutionizes Supply ChainManagement," *Digitalist Magazine*, August 23, 2017; "The Promise of the Blockchain Technology," *The Economist*, August 30, 2018; Olga Kharif and Matthew Leising, "Bitcoin and Blockchain," *Bloomberg Business Week*, November 2, 2018; Olga Kharif, "Blockchain, Once Seenas a Corporate Cure-All, Suffers Slowdown," *Bloomberg BusinessWeek*, July 31, 2018; Christopher Mims, "Why Blockchain Will Survive, Even IfBitcoin Doesn't," *The Wall Street Journal*, March 11, 2018.

16.1 引言

随着贸易壁垒减少和全球市场发展，许多企业越来越多地面临一系列相互关联的问题。第一，生产活动应该位于哪里？应该集中在单个国家还是应该分散在全球各地，将活动类型与各国在要素成本、关税壁垒、政治风险等方面的差异相匹配，以最小化成本和最大化附加值？集中在单个国家在运营上可能是有效的，但在战略上通常无效。例如，如果公司将生产全部放在一个国家，当该国在政治和经济上变得不稳定时该怎么办？在全球生产和供应链管理实践中，一定程度的冗余通常是最佳方法，而这种冗余往往需要公司将其生产和供应链分布于多个国家。第二，外国生产基地有什么长期战略作用？如果要素成本发生变化，企业是否应该放弃某个外国生产基地，将生产转移到更有利的地点，或者即使基本经济条件发生改变，维持原运营方式仍然能够创造价值。成本效益低也可能带来价值。仅出于成本考虑将工厂从一个国家搬到另一个国家，通常不是战略举措。成功的公司通常在考虑成本的同时，还对质量、灵活性和时间问题进行评估。不过，成本是最重要的考量因素之一，也是从一个生产基地向另一更具优势的生产基地进行战略转移时的出发点。第三，企业应该在国外生产，还是将这些活动外包给独立供应商更好？外包意味着更少的控制，但可能更具有成本效益。第四，应该如何管理分散于全球的供应链？信息技术在全球物流、采购（外包）和运营管理中有什么作用？第五，与生产问题类似，企业应该自己管理全球供应链，还是应该将管理外包给专门从事该活动的企业？大量的第三方可提供供应链管理。并且很少有公司愿意自行管理从原材料到将产品交付最终客户的整个供应链。但问题是，应该将供应链的哪一部分交给第三方管理，哪一部分由公司自己管理。

此外，一般而言，管理供应链尤其是全球范围内的供应链，在实现运营效率方面起着关键作用：全球供应链将全球生产与全球客户联系起来。正如在开篇案例中指出的，全球生产和供应链管理在设计上是复杂的，在地理上并不连贯，尤其对于跨国公司的全球供应链网络。区块链技术对此能够有所帮助。区块链使供应链合作伙伴（或任何业务合作伙伴）能够实现生态系统共享并在关键信息上达成一致。战略上的供应链合作伙伴也可以同步商定信息，而不必在移交真正关键的业务信息之前才展开一系列复杂的谈判和为制定规则而进行权力游戏。通过区块链，公司可以获得其供应链网络中所有参与者的所有交易和供应链变化的动态实时数字分类账，消除了此前在信息分享中存在的透明度、信任度、能力和意愿方面的问题。

本章还包括对一些世界上运作最佳的全球供应链网络的介绍，从中可以发现它们之间的异同，以及它们如何从供应链中取得效益（例如，章末案例中的宝洁，"管理聚焦"专栏中的宜家和亚马逊）。这些公司在运营其全球供应链时都强调了一个重要方面，即始终考虑供应链总成本。注重全球供应链总成本确保企业无须将目标设定成在供应链的每个阶段（供应链中的每个节点）争取尽可能低的成本，而是争取在产品供应链末端为客户争取最低成本，进而为客户争取最大价值。这意味着，除全球范围内的原材料、零部件和组装成本之外，所有方面的成本都囊括在内，包括供应链中公司的整合和协调。而这些与全球物流和全球采购（两者都被认为是公司供应链的职能）相关的成本问题，在战略和战术上都得到了解决。

16.2 战略、生产与供应链管理

第 12 章介绍了价值链的概念，并讨论了一些价值创造活动，包括生产、营销、物流、研发、人力资源和信息系统等。本章将重点关注两种价值创造活动——**生产**（production，有时也被称为制造或运营）和**供应链管理**（supply chain management），并试图阐明在国际范围内如何开展这些活动以降低价值创造成本，以及如何更好地满足客户需求来增加价值。我们还将讨论信息技术对这些活动的贡献，这在全球一体化中尤其重要。本书后续章节将着眼于国际背景下的价值创造活动（营销、研发和人力资源管理）。

第 12 章指出，生产与商品或服务的创造有关。因为无论是服务还是实物商品都可以被生产出来，所以我们使用"生产"这一术语来同时表示服务和制造活动。尽管本章将更多地关注实物商品的生产，但不应忘记该术语也适用于服务。近年来，美国企业不断将一些服务活动的"生产"外包给劳动力成本较低的发展中国家（例如，许多美国企业将客户服务外包给印度等国家，这些国家广泛使用英语且劳动力成本低得多）。供应链管理是从原材料到最终客户的物流、采购、运营和市场渠道活动的整合和协调。生产和供应链管理紧密相关，因为企业要想有效地进行生产活动，就需要及时取得高质量的物料和信息，**采购**（purchasing）和**物流**（logistics）是实现这一目的的关键职能。采购是供应链的一部分，涉及在全球范围内购买可用于制造业企业产品和服务的原材料、零部件和产品。物流也是供应链的一部分，它的功能是在制造过程中对原材料、零部件和产品的有效流动和库存进行规划、实施和控制。

国际企业的生产和供应链管理职能（采购、物流）有许多重要的战略目标。[1]其中之一是针对提供给最终客户的价值，确保从原材料到产成品的总成本尽可能低。将生产活动分散到全球各地并最有效地开展各项活动，可以降低总成本。企业还可以通过有效管理全球供应链来更好地匹配供给和需求，从而削减成本。这涉及国际企业内部的各种供应链职能（例如，采购、物流、生产和运营管理）以及供应链中各个独立组织（例如，供应商）的协调和整合。例如，高效物流减少了系统中的库存量，提高了库存周转率，并促使企业采用合适的运输方式。最大限度提高采购运营能力有利于履行订单和交付货物、制定合理的外包策略并选择合适的供应商。高效运营确保在合适的地点生产，强调生产的优先级别，并有助于实现供应链的高质量产出。

生产和供应链管理的一个共同战略目标是，通过建立基于流程的质量标准，并在生产过程和供应链中消除有缺陷的原材料、零部件和产品来提高产品（或服务）质量。[2] 在此背景下，质量就意味着可靠性，表明最终的产成品没有缺陷且性能良好。这些质量保证应当同时嵌入全球供应链的**上游**（upstream）和**下游**（downstream）。上游供应链包括从原材料到生产设施这部分供应链（有时也称为进货供应链）的所有组织（例如，供应商）和资源。下游供应链包括从生产设施到最终客户这部分供应链（有时也称为出货供应链）的所有组织（例如，批发商、零售商）和资源。在上游和下游供应链中，降低成本和提高质量的目标并非相互独立的。如图 16-1 所示，企业改善质量控制，也会降低价值创造的成本。

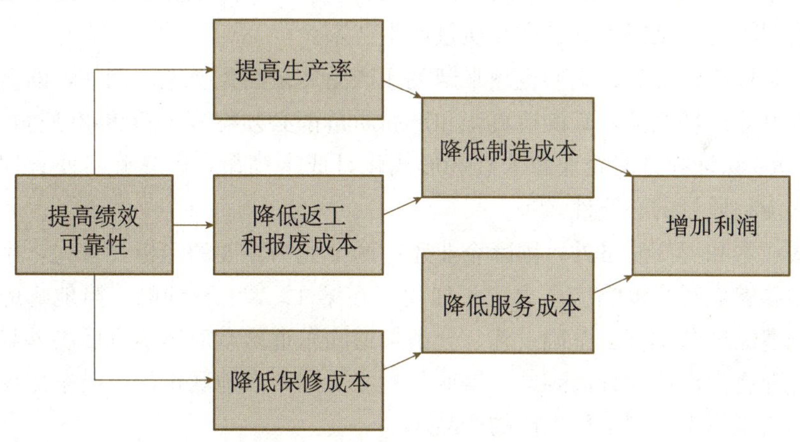

图 16-1　质量与成本的关系

资料来源：A. David Garvin，"What Does 'Product Quality' Really Mean?" *MIT Sloan Management Review*, Fall 1984，http://sloanreview.mit.edu/article/what-does-product-quality-really-mean/.

质量控制改善后能够通过以下方式降低成本：

- 不再浪费时间生产无法销售的劣质产品，从而提高生产率并直接降低单位成本。
- 降低与缺陷产品相关的返工和报废成本。
- 减少与修复缺陷产品相关的保修成本和时间。

上述方式通过降低生产和售后服务的成本来降低价值创造的总成本，从而提高全球生产和供应链管理的整体可靠性。

如今，大多数管理者用于提高产品可靠性的主要工具是六西格玛质量改进法。六西格玛是由**全面质量管理**（total quality management，TQM）理念直接发展而来，后者在 20 世纪 80 年代和 90 年代初相继被日本公司和美国公司广泛采用。[3] TQM 理念是由威廉·爱德华兹·戴明（William Edwards Deming）、约瑟夫·朱兰（Joseph Juran）和菲根堡姆（A. V. Feigenbaum）等美国咨询顾问开发的。[4]戴明确定了 TQM 项目的多个必要步骤。他认为管理者应该接受一种理念，即任何错误、缺陷和劣质材料都是不可接受的，应该被消除。戴明建议管理者花费更多时间与员工一起工作并向他们提供岗位所需的工具，以提高监督质量。戴明还建议管理者营造一种环境，让员工敢于报告问题或提出改进意见。他认为，工作标准不应该仅是数字或配额，还应该包括一些质量概念，以利于实现无缺陷的产出；管理者有责任培训员工掌握新技能，以适应工作环境的变化；要实现更好的质量，需要公司每个人的努力。

六西格玛（Six Sigma）是 TQM 现代发展的产物，是一种基于统计学的理念，旨在减少缺陷、提高生产率、消除浪费并降低整个公司的成本。多家大公司实施了六西格玛项目，例如摩托罗拉、通用电气和霍尼韦尔等。西格玛是希腊字母，统计学家用它来表示均值的标准差，西格玛越大，误差越小。在六西格玛中，生产流程的准确率达 99.999 66%，每百万单位仅有 3.4 个缺陷产品。几乎没有公司能达到这种完美的状态，六西格玛质量仍然是一个努力的目标。六西格玛项目在构建全球流程时能起到很大作用，并能够促使跨国公司采取一系列提高质量和生产率的措施。因此，越来越多的公司实施六西格玛项目，试图提高其产品质量和生产率。[5]

随着国际标准的发展，人们也越来越关注产品质量的重要性。例如，欧盟要求企业在获准进入欧盟市场之前，其制造流程和产品质量都必须得到 **ISO 9000** 质量标准认证。尽管 ISO 9000 认证在许多企业看来有些形式化且成本高昂，但它确实使管理者认识到提高产品和流程质量的必要性。[6]

除降低成本和提高质量外，国际企业还有两个尤为重要的目标。首先，生产和供应链职能必须能够应对当地响应压力。正如我们在第 12 章中看到的，当地响应压力来自各国在消费者品位和偏好、基础设施、分销渠道和东道国政府需求方面的差异。当地响应压力使企业将生产活动分散到其开展业务的主要国家或地区市场，或采用灵活的制造流程根据销售市场来定制工厂生产的产品。

其次，生产和供应链管理必须能够快速响应客户需求的变化。近年来，在时间上展开竞争越来越重要。[7]当消费者需求可能发生重大且不可预测的变化时，能够最快响应这些变化的企业将获得优势。[8]正如我们将看到的，生产和供应链管理在其中发挥了关键作用。

16.3 在何处生产

国际企业面临的重要决策之一是将生产活动放在何处能够最大限度降低成本并提高产品质量。对于想要进行国际化生产的企业而言，必须考虑许多因素。这些因素可分为三大类：国家因素、技术因素和生产因素。[9]

16.3.1　国家因素

本书前面部分详细介绍了国家特殊因素。政治和经济制度、文化以及相关要素成本因国家而异。在第 5 章中讲到，由于要素成本的差异，一些国家在生产特定产品时具有比较优势。第 2、3 章涉及经济制度以及国家文化的差异如何影响企业在一国经营的收益、成本和风险。在其他条件相同的情况下，企业应当将其各种制造活动放在经济、政治和文化条件（包括相对要素成本）都有利于开展该活动的地方（参见“管理聚焦”）。第 12 章将这种战略带来的好处称为区位经济，该战略有助于构建全球价值创造活动网络。

管理聚焦

宜家在华生产

1943 年，17 岁的英格瓦·坎普拉德在瑞典创立了宜家，如今宜家已是世界上最大的家具零售商之一。我们在第 12 章的开篇案例中介绍了宜家的一些全球化战略。

除了诞生于瑞典和总部位于荷兰代尔夫特外，宜家还具有令人惊叹的全球供应链和生产组织。宜家是一家跨国公司，其大部分经营活动、位于 46 个国家的 350 多家商店的管理以及家具设计和制造均由英格卡集团（INGKA Group）运作，它是一家总部位于荷兰代尔夫特的信托公司。宜家大部分家具产品的设计仍在瑞典进行，但家具的制造（实际上就是顾客购买并组装的家具部件）已外包给中国和其他亚洲国家。

考虑到宜家生产了大约 12 000 种家居和相关产品，产能对于宜家维持市场领导地位而言非常重要。宜家对其设计和生产的产品有着清晰的定位。公司的理念是以全世界尽可能多的人都可接受的价格提供设计精良、功能齐全的家具用品。重要的是，为实现这一目标，宜家的全球供应链和全球库存管理等关键职能应当发挥作用，为其独特的价值理念提供支持。

这家瑞典家具巨头于 2013 年 8 月 28 日在中国开设了一家全资制造工厂。该工厂（位于江苏省南通市）为宜家在亚洲，特别是中国的快速扩张提供了支持。作为宜家最大的外包国，中国占宜家全球采购量的 20%以上，约有 300 家中国本土供应商。该工厂距离宜家在上海的两个最大的仓库也不远。

资料来源：Lindsey Rupp，“Ikea，Dollar General CEOs Lobby Republicans inTax Showdown，” *Bloomberg Businessweek*，March 7，2017；D. L. Yohn，“How IKEA Designs Its Brand Success，” *Forbes*，June 10，2015；J. Kane，“The 21 Emotional Stages of Shopping at IKEA，From Optimism to Total Defeat，” *The Huffington Post*，May 6，2015；J. Leland，“How the Disposable Sofa Conquered America，” *The New York Times Magazine*，October 5，2005，p. 45；“The Secret ofIKEA's Success，” *The Economist*，February 24，2011；B. Torekull，*Leading byDesign：The IKEA Story*（NewYork：HarperCollins，1998）；and P. M. Miller，“IKEA with Chinese Characteristics，” *Chinese Business Review*，July-August 2004，pp. 36 - 69.

在某些行业中，将全球活动集中于某些地点也很重要。区位外部性会影响对外直接投资决策。外部性包括拥有一定数量具有技能的劳动力资源和配套产业[10]，可以决定区位在生产活动中的重要作用。例如，由于中国台湾有半导体制造工厂集群，因此发展出了一大批具有半导体业务经验的劳动力资源。这些工厂还吸引了一些配套产业在中国台湾设厂，例如半导体设备和硅的制造商，以便更靠近其客户。这意味着与其他不具有这些外部性的区位相比，选择中国台湾确有好处。在其他条件相同的情况下，外部性使中国台湾对半导体制造设施更具吸引力。同样的情况也发生在印度的两个城市——海得拉巴和班加罗尔。西方和印度的信息技术公司都在这两个城市设立了办事机构。例如，当地人将海得拉巴的某片区域称为“赛博拉巴”（Cyberabad），微软、IBM、印孚瑟斯和高通等公司都在那里设有主要办事机构。

相对要素成本、政治和经济制度、文化和区位外部性的差异很重要，但其他因素也有广泛影响。正式和非正式的贸易壁垒会影响区位选择（见第 6 章），运输成本和有关对外直接投资的监管规定也会产生影响（见第 7 章）。例如，虽然相对要素成本可能使一国看起来很适合开展制造活动，但禁止对外直接投资的法规可能使企业不得不将其排除在外。同样，如果仅考虑相关要素成本，企业应该将某些零部件生产外包给某一特定国家，但贸易壁垒可能会使这种做法变得不经济。

还有一个重要的国家因素是一国汇率的预期未来走势（见第 9 章和第 10 章）。汇率的不利变动会迅速改变一国作为制造基地的吸引力。货币升值可能将低成本区位变成高成本区位。许多日本公司在 20 世纪 90 年代和 21 世纪初就因这类问题陷入困境。1950—1980 年，日元在外汇市场上相对较低的价值强化了日本作为低成本制造国的地位。然而之后日元对美元稳步升值，增加了日本出口产品的美元成本，这使日本的区位吸引力下降。因此，许多日本企业将其制造业务转移到了东亚成本较低的其他地区。

16.3.2 技术因素

企业为开展特定制造活动所使用的技术类型，也可能决定其区位选择。例如，由于技术限制，在某些情况下某些制造活动只能在一个地点开展，并从该地点为世界市场服务。而在其他情况下，某些制造活动可以通过使用技术在多个地点开展。需要考虑技术因素的三个特征：固定成本、最小有效规模，以及柔性制造与大规模定制。

固定成本

正如第 12 章所述，在有些情况下，建造生产设施的固定成本极高，导致企业必须从一个地点或很少的几个地点服务于世界市场。例如，如今建造一个最先进的半导体芯片制造厂的成本高达 50 亿美元。鉴于此，在其他条件相同的情况下，企业就会倾向于从单一（最佳）区位的单一工厂服务于世界市场。

相反，在固定成本相对较低的情况下，同时在多个区位开展特定活动也可以取得利润。这就使企业能够更好地满足当地响应的需求。在多个区位开展制造业务也能防止企业过度依赖单一地点。在浮动汇率制度下，过于依赖单一地点往往存在很大风险。许多企业将制造工厂分散于不同区位，其实就是对汇率潜在不利变动的“真正对冲”。

最小有效规模

规模经济的概念表明，随着工厂产量增加，单位成本降低，这归功于资本设备更高的利用率以及厂内员工专业化程度提高带来的生产率提高。[11]但是，超过一定的产出水平后，几乎不再能够产生额外的规模经济。因此，在达到一定产出水平后，单位成本曲线几乎不再随着产量增加而下降。在充分利用工厂层面规模经济情况下的产出水平被称为产出的**最小有效规模**（minimum efficient scale）。这是工厂为实现规模经济而必须通过运营达到的产出规模（见图 16－2）。

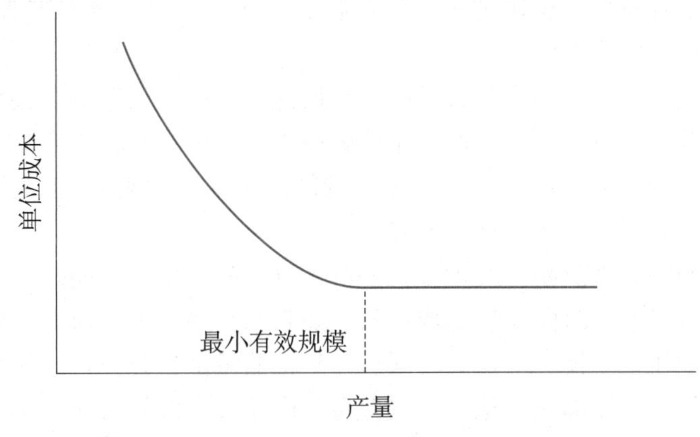

图 16－2　单位成本曲线

资料来源：Charles W. L. Hill and G. Tomas M. Hult，*Global Business Today*（New York：McGraw-Hill，2020）.

这一概念的含义如下：工厂的最小有效规模相对于全球总需求量的比值越大，则将生产集中在单个区位或有限数量的区位就越合理。反过来，当生产的最小有效规模相对于全球总需求量的比值越小，则在多个地点制造产品可能更经济。例如，工厂制造个人电脑的最小有效规模是每年 25 万台，而全球总需求超过每年 3 500 万台。最小有效规模与全球总需求量的比值处于较低水平，这就使得戴尔和联想等公司更倾向于在多个地点开展个人电脑组装业务。

与低固定成本的情况一样，最小有效规模较低的优势包括企业可以更好地满足当地响应能力的需求，或者可以通过在多个地点制造相同产品来对冲货币风险。

柔性制造与大规模定制

规模经济概念的核心是通过大规模生产标准化产品来实现高效率和低单位成本，隐含意义是在单位成本和产品多样化之间进行权衡。工厂生产的产品种类越多，生产运行周期就越短，越难实现规模经济。也就是说，产品多样化使企业难以提高生产效率，从而无法降低单位成本。根据这一逻辑，提高效率和降低单位成本的方法就是限制产品种类，并大量生产标准化产品。

这种有关生产效率的观点随着柔性制造技术的兴起而受到了挑战。**柔性制造技术**（flexible manufacturing technology），通常也称为**精益生产**（lean production），涵盖了一系列基于以下目的的制造技术：减少复杂设备的准备时间；通过更好的调度来提高单台机器的利用率；改进制造流程中所有阶段的质量控制。[12]柔性制造技术使公司能够生产出更多种类的最终产品，并实现过去只能通过大规模标准化生产才能达到的单位成本。研究表明，与大规模标准化生产相比，采用柔性制造技术可以在提高效率和降低单位成本的同时，使公司在过去无法想象的程度上更进一步定制产品。**大规模定制**（mass customization）随之兴起，用以描述公司使用柔性制造技术来协调两个一度被认为不相容的目标：低成本和产品定制。[13]柔性制造技术存在不同的精密度和复杂性。

柔性制造技术最著名的一个例子就是丰田的生产体系，它使丰田成为世界上最高效的汽车公司。丰田的柔性制造体系是由该公司的工程师大野耐一开发的。他在丰田工作了五年，在参观了福特位于美国的工厂后，确信大规模生产在汽车制造领域存在缺陷。他发现了大规模生产的许多问题。

首先，长期流水线生产会产生大量库存，而这些库存必须存放在大型仓库中。因为存在仓储成本以及库存占用了非生产性用途的资本，这项花费相当高昂。其次，如果初始机器设置错误，长期流水线生产会产出大量缺陷产品（即废品）。最后，大规模生产体系无法适应消费者对产品多样性的偏好。

为解决这些问题，大野耐一开始寻找经济实惠地缩短生产周期的方法。他开发了多项旨在减少生产设备准备时间（固定成本的主要来源）的技术。通过杠杆和滑轮组成的系统，他将更换冲压设备模具所需的时间从一整天缩短至三分钟，这使得小批量生产变得经济可行，也使丰田能够更好地满足消费者对产品多样性的需求。小批量生产也使企业不必持有大量库存，从而降低了仓储成本。此外，小批量产品和库存减少也意味着生产出来的缺陷零部件数量很少并且会立即进入装配流程。这降低了废品率，并有助于追溯缺陷产生的原因以解决问题。总之，这些创新使丰田能够实现比传统大规模生产更低的单位成本，并生产出更多样化的产品系列。[14]

柔性机器单元（flexible machine cell）是另一种常见的柔性制造技术。柔性机器单元由不同类型的机械、共同的物料处理器和中央单元控制器组成。每个单元通常包含 4～6 台能够执行各种操作的机器，一般专门用于生产一系列的零部件或产品。机器由电脑控制，每个单元可以在不同零部件或产品的生产中迅速切换。

提高产能利用率并减少在产品（即半成品的库存）和废品数量是柔性机器单元在效率上的主要优势。提高产能利用率的原因在于准备时间减少，以及机器之间的生产流程由计算机控制协调，消除了生产瓶颈。机器之间的紧密协调也减少了在产品的库存。废品减少则是因为计算机控制机器使得投入转化为产出的过程中实现了无用废料的最小化。各独立机器的使用率为 50%，而当这些相同的机器组合成单元时，其使用率达到了 90%，并且生产相同的最终产品只产生原来一半的废品。这就提高了效率并降低了成本。

在公司成本结构中引入柔性制造技术将带来巨大的影响。福特一直在将柔性制造技术引入其世界各地的汽车工厂中。这些新技术使福特能够在同一条生产线上生产多款车型，并能够比过去更快地从一款车型切换至另一款车型，使福特能够在其成本结构中节省 20 亿美元。[15]

除了提高效率和降低成本，柔性制造技术还能使公司满足小规模消费群体定制产品的需求——其成本一度只能通过大规模生产标准化产品才能实现。因此，这些技术有助于公司实现大规模定制，从而提高客户响应能力。对国际企业而言最重要的是，柔性制造技术可以帮助企业为不同国家市场定制产品。在使用柔性制造技术时，企业可以在最佳区位的单一工厂中针对不同国家市场定制产品，而无须承担过多的额外成本。因此，企业不再需要在每个主要国家市场都建立制造设施以提供满足特定消费群体品位和偏好的产品，这也成了本土化战略的一部分（第 12 章）。

16.3.3　生产因素

一些生产因素非常有助于解释企业为何会将生产设施以特定方式分散于全球范围内并加以使用。这些生产因素包括：产品特性、生产设施的选址、生产设施的战略角色。

产品特性

两个产品特性会影响区位选择。一个是产品的价值重量比，它会影响运输成本。许多电子元件和药品具有很高的价值重量比，它们很昂贵并且重量很小。因此，即使它们的运输距离跨越半个地球，运输成本在其总成本中所占的比例也很小。鉴于此，在其他条件相同的情况下，企业倾向于在最佳地点生产这些产品并从那里服务于世界市场。价值重量比较低的产品则相反。精制糖、某些大宗化学品、油漆和石油产品的价值重量比都很低，它们的价格相对便宜，但重量很大。因此，在长途运输时它们的运输成本占总成本的比例很大。在其他条件相同的情况下，企业倾向于在靠近主要市场的多个地点生产这些产品，以降低运输成本。

另一个影响区位选择的产品特性是产品是否满足普遍需求，即全世界都对其有同样的需求，这包括许多工业品（例如，工业电子产品、钢铁、大宗化学品）和现代消费产品（例如，苹果的 iPhone 或 iPad、亚马逊的 Kindle、联想的 ThinkPad、索尼的 Cyber-shot 相机、微软的 Xbox）。由于消费者对此类产品的品位和偏好几乎没有国家差异，因此降低了当地响应压力，这就使得在最佳地点集中生产这类产品变得更具有吸引力。

生产设施的选址

生产设施的选址有两个基本策略：将其集中在一个区位，并从那里服务于世界市场；将其分散于靠近主要市场的不同区域或国家。企业应当根据本节的讨论和表 16-1 中归纳的不同国家因素、技术因素和产品因素等，选择合适的策略。

表 16-1　区位战略与生产

	集中化生产有利	分散化生产有利
国家因素		
政治经济差异	很大	很小
文化差异	很大	很小
要素成本差异	很大	很小
贸易壁垒	低	高

续表

	集中化生产有利	分散化生产有利
区位外部性	在行业中很重要	在行业中不重要
汇率	稳定	波动
技术因素		
固定成本	高	低
最小有效规模	大	小
柔性制造技术	有	无
产品因素		
价值重量比	高	低
满足普遍需求	是	否

可以看出，当存在以下情况时，选择集中化生产更合适：

- 各国在要素成本、政治经济和文化方面的差异对制造成本具有很大影响。
- 贸易壁垒较低。
- 同类企业聚集所产生的外部性使某些区位具有明显优势。
- 预计重要汇率将保持相对稳定。
- 相对于全球需求而言，生产技术带来的固定成本较高且最小有效规模较大，或者存在柔性制造技术。
- 产品的价值重量比较高。
- 产品满足普遍需求。

当存在以下情况时，采用分散化生产更合适：

- 各国在要素成本、政治经济和文化方面的差异对制造成本没有实质性影响。
- 贸易壁垒较高。
- 区位外部性不重要。
- 预计重要汇率将出现波动。
- 生产技术带来的固定成本较低且最小有效规模较小，不具有柔性制造技术。
- 产品的价值重量比较低。
- 产品不能满足普遍需求（即不同国家的消费群体品位和偏好存在显著差异）。

实际上，企业很少能明确作出选址决策。经常出现的情况是，要素成本差异、技术因素和产品因素都指向集中化生产，但贸易壁垒和汇率波动指向分散化生产。汽车工业似乎就面临这种情况。虽然柔性制造技术和较高的价值重量比使企业倾向于集中化制造，但正式和非正式的贸易壁垒以及当前浮动汇率制度带来的不确定性（见第 9 章）使企业无法采用这一策略。出于这些原因，一些汽车公司在三个主要区域市场（亚洲、北美和西欧）都开展了“自上而下”的制造业务。

生产设施的战略角色

在过去 20 多年里，跨国企业的全球生产出现了高速增长，是母国生产增速的 10 倍以上。[16] 自 20 世纪 90 年代初以来，跨国企业每在母国设立一个生产设施，就意味着在母国以外的地方设立 10 个生产设施。这样做有明确的战略依据，跨国企业试图从分散化的全球生产体系中取得相关收益，这种趋势预计将继续下去。因此，管理人员对于在母国之外的地方建设新生产设施应做好准备，并作出选址决策。

在作出这些决策时，管理人员需要考虑外国工厂的战略作用。这里主要考虑的是**全球学习**（global learning）的重要性，有价值的知识不仅仅存在于企业的国内机构中，也可能出现在其外国子公司中。随着外国工厂能力逐渐提升，其很可能创造出能使整个企业受益的宝贵知识。外国工厂的战略角色或战略意义包括境外型工厂、源工厂、服务型工厂、贡献型工厂、前线型工厂以及领导型工厂。[17]

开发和设立**境外型工厂**（offshore factory）主要是为了以比国内或其他任何市场更低的成本生产零部件或产成品。在境外型工厂中，对技术和管理资源的投资最好保持在最低限度，以实现更高的成本效益。大体上，最好的境外型工厂在任何方面都应有所涉猎——从工程到开发，再到与供应商接洽、价格谈判，以及工厂所作出的任何形式的战略决策。事实上，企业至少应该在作出某些战略决策时听取境外型工厂员工的意见。

源工厂（source factory）的主要目的也是降低全球供应链的成本。源工厂与境外型工厂的主要区别在于前者比后者有着更重要的战略作用。源工厂的管理者在某些决策上更有发言权，例如，对源工厂生产中使用的原材料和零部件进行采购。他们还在战略上对生产计划、流程变化、物流问题、产品定制以及是否采用新设计等决策有更高的参与度。总的来说，源工厂在全球供应链中有着最高标准，这些工厂与全球企业在母国的工厂享有同等待遇。这也意味着源工厂应设在生产成本较低、基础设施发达以及相对容易找到高素质且富有技能的劳动力的地方。

服务型工厂（server factory）与全球企业的全球供应链相连，为特定国家或区域市场提供产品。服务型工厂在全球企业的体系中通常有着与顶级工厂相同的标准，其设立目的是克服全球市场中有形和无形的壁垒。例如，服务型工厂可能试图克服关税壁垒、降低税费并使用该地区赚取的资金进行再投资。设立服务型工厂的另一个目的是，它可以减少或消除由于工厂距最终客户过远而产生的高昂的全球供应链运营成本。服务型工厂的管理者通常拥有更多职权，可以对产品进行小范围调整以满足客户，但相对于同一全球企业的母国工厂而言，其权力并不比境外型工厂的管理者更大。

贡献型工厂（contributor factory）还对特定国家或区域提供服务。贡献型工厂和服务型工厂之间的主要区别在于，贡献型工厂还负责产品和流程的设计及开发，其在原材料和零部件供应商的选择上也有更多权力。事实上，贡献型工厂经常在新创意和新产品的测试上与全球企业的母国工厂展开竞争。在开发、工程和生产方面，贡献型工厂拥有自己的基础设施，这意味着贡献型工厂在自身的工作上以及在对全球企业供应链所作的贡献上都非常独立。

前线型工厂（outpost factory）可以视为一个情报收集单位。这意味着前线型工厂通常靠近竞争对手的总部或主要业务所在地、最苛刻的客户或独特且至关重要的关键零部件供应商。前线型工厂也有生产职能，它通常也作为服务型工厂或境外型工厂运营。与前线型工厂相关的考虑是，选择开展业务的国家时，主要基于国家的战略重要性，而不是基于区位的生产职能。其考虑的一个现实因素是，全球企业要在有战略意义的国家保持甚至强化其地位。例如，诺基亚总部位于芬兰这一事实可能会导致另一家手机制造商将部分业务设在芬兰，即使该国市场相当小（约550万人）。

领导型工厂（lead factory）旨在创造新的流程、产品和技术，供全球企业在世界各地使用。它是企业生产的前沿基地，或者至少是企业生产网络的先行试点。由于领导型工厂为全球企业向消费者提供产品的方式设定了很高的标准，其选址往往在容易招聘到高技能员工的地方（或高技能员工愿意去的地方）。在领导型工厂的情形下，管理人员和员工在选择哪些供应商、采用哪些设计以及对全球企业核心竞争力至关重要的其他问题上都有着直接联系和发言权。

16.3.4 国外设施的隐性成本

将生产基地设在国外可能会产生一些隐性成本。许多案例表明，员工流动率高、做工粗劣、产品质量差和生产率低是一些外包地点存在的重要问题。[18]

例如，微软在印度海得拉巴建立一个大型机构出于四个主要原因：(1) 印度软件程序员的工资是美国的1/3；(2) 印度拥有优秀的高等教育体系，每年都有大量计算机科学专业的毕业生；(3) 海得拉巴已经出现信息技术公司和工人的高度集中；(4) 微软的许多高技能印度员工在美国工作多年后想回到母国，微软将位于海得拉巴的设施视为留住这些宝贵的人力资本的一种方式。

但是微软发现，印度员工的离职率高于美国员工。印度对软件程序员的需求很高，许多员工倾向于通过更换工作获得更高的薪水。尽管微软试图用良好的福利和长期激励薪酬来降低离职率，例如向留在公司的高绩效员工提供股票奖励等，但接受聘用的当地印度人显然不太重视长期激励，他们更愿意公司提高当前工资。员工的高离职率会对生产率产生负面影响。微软在印度的一位管理者指出，在过去12个月里，其核心团队成员有40%都已离职，这使得开发项目很难按计划进行。[19]

微软并不是唯一遇到此问题的公司。一家将无线耳机制造外包给外国的电子公司管理者指出，在经历了因延迟交货和质量低劣而倍感失望的四年后，公司决定将生产迁回美国。用他的话说："从表面上看，外国的劳动力成本似乎要低得多，因此我们很容易作出决定将生产转移到那里。回想起来，我希望我们当初能更深入地关注生产率和工艺。我们实际上因为这一决定失去了不少市场份额。"[20] 我们将在"管理聚焦"中介绍亚马逊及其世界领先的全球供应链，并对效率和有效性的问题进行讨论。

管理聚焦　**亚马逊的全球供应链**

亚马逊（Amazon）多年来一直在高德纳咨询公司（Gartner）"年度全球供应链25强"榜单中名列前茅。其他经常上榜的最佳全球供应链公司包括联合利华、麦当劳和英特尔等。亚马逊通过其全球供应链和合作伙伴关系网络，每年可实现约2 000亿美元的销售额。鉴于该公司很少在真正意义上拥有其通过不同公司向客户提供的产品，这一销售额令人惊叹。

亚马逊总部位于美国华盛顿州西雅图市。如今，它已成为美国最大的在线零售商，并超过沃尔玛成为市值最高的零售商（但沃尔玛每年仍有约 5 000 亿美元的巨额收入）。亚马逊于 1994 年作为一家网络书店创立，如今已实现产品多元化，包括音乐下载、家具、食品和几乎所有消费电子产品。客户几乎可以在亚马逊平台上买到他们所需的任何东西。仅在美国，每月就有约 1.5 亿客户访问亚马逊网站。但大批量的产品供应也给亚马逊的全球供应链带来了压力。

客户希望亚马逊能够在最短时间内交付其购买的任何商品，通常不超过两天，尤其是在其注册了亚马逊 Prime 会员的情况下。亚马逊 Prime 会员服务包括两日免费送货（许多产品都有这项服务）、视频流、音乐、照片和按年收费的 Kindle 图书馆（每年 99 美元或每月 12.99 美元）。所有这些服务都非常受客户欢迎，但两日免费送货才是真正推动亚马逊 Prime 会员服务的动力。

两日免费送货（以及许多其他收费送货方式）要求亚马逊充分发挥其库存管理能力，利用全球供应链和技术，以经济高效的方式吸引客户。交付速度和效率要求亚马逊在全球范围内拥有多个战略性履约中心，供亚马逊平台上的供应商选择和使用，为此亚马逊对包装、标签和装运有严格要求。亚马逊将这些供应商的产品批量储存或者储存在单独的可提货地点。

到目前为止，除美国之外，亚马逊还拥有澳大利亚、巴西、加拿大、中国、法国、德国、印度、意大利、日本、墨西哥、荷兰、西班牙、英国和爱尔兰的零售网站。亚马逊 Prime 会员服务给亚马逊的供应链带来了巨大压力，因为这一服务在全球各地都可使用（例如，加拿大、法国、德国、意大利、日本和英国）。

此外，亚马逊的客户服务中心分布在全球约 15 个国家。公司还经营着其他国际品牌的零售网站，例如西尔斯加拿大（Sears Canada）、碧碧商店（Bebe Stores）、玛莎百货（Marks & Spencer）、好妈妈（Mothercare）和鳄鱼（Lacoste）等。这意味着亚马逊既能够从交付供应商产品的全球供应链中获益，也能够从其为企业提供的技术供应链中获益。

人们猜测亚马逊正在考虑推出一项全球运送和物流业务，意图与 UPS 以及联邦快递展开竞争。首席财务官布莱恩·奥尔萨夫斯基（Brian Olsavsky）称亚马逊只是想在假期等繁忙的高峰期为其快递合作伙伴提供帮助，而并非取代它们。

资料来源：Todd Bishop, "Amazon Sales Rises 22% to $43.7B, Profit Beats Expectations But Stock Slips on Revenue Miss," *GeekWire*, February 2, 2017; Spencer Soper, "Amazon Building Global Delivery Business to Take On Alibaba," *Bloomberg Technology*, February 9, 2016; V. Walt, "How Jeff Bezos Aims to Conquer the Next Trilliondollar Market," *Fortune*, January 1, 2016; B. Stone, "The Secrets of Bezos: How Amazon Became the Everything Store," *Bloomberg Business*, October 10, 2013; and A. Cuthbertson, "Amazon Buries Zombie Apocalypse Clause in Terms of Service," *Newsweek*, February 11, 2016.

16.4 自制或外购决策

全球企业的**自制或外购决策**（make-or-buy decision）是关于其选择内部生产（“自

制”）还是从外部供应商处采购（“外购”）的战略决策。自制或外购决策同时存在于战略层面和运营层面，战略层面侧重于长期发展，而运营层面侧重于短期利益。在某些方面，自制或外购决策也决定了各运营机构对全球供应链的影响。也就是说，在企业内，供应链中的某个人必须带头决定该全球企业应该在内部生产产品，还是从外部供应商处购买产品。如果决定在内部生产产品，就肯定会对企业的全球供应链产生一定影响（例如，在哪里购买原材料和零部件）。如果决定从外部购进产品，该决定也会有一定影响（例如，质量控制和竞争优先级管理）。

特定的全球企业在特定情况下需要考虑多个因素作出正确决策。从广义上讲，产品的成功与否、专业知识和战略契合度等问题可能会使企业作出自制（生产）决策。例如，如果某个物品或部件对产品的成功至关重要，在考虑主要利益相关者的看法后，企业倾向于作出自制的决策。另一个作出自制决策的原因是，该物品或部件需要专业的设计或生产技能和设备，而可靠的替代品极为稀缺。战略契合度也很重要，如果该物品或部件在战略上与企业当前或计划中的核心竞争力相契合，则全球企业应该作出自制的决策。

然而，这些都是一般层面的战略决策。实际上，自制或外购决策通常在很大程度上基于两个关键因素：成本和生产能力。成本问题包括采购原材料、零部件和流程中的任何投入品，以及在完成产品过程中所花费的成本等。生产能力实际上表现为机会成本，即企业生产产品的成本能否低于其从外部供应商处购买的成本；如果在内部制造产品，会产生哪些机会成本（例如，由于生产能力受限，哪些产品或物品是企业无法生产的）。大多数全球企业认为仅有成本和生产能力是影响自制或外购决策的因素，这是不正确的。

成本和生产能力只是全球企业在参与全球供应链时为作出自制或外购决策而考虑的两个关键驱动因素。而针对某一产品作出自制或外购决策，远比全球企业预期的更加复杂，而且需要进行大量研究。例如，我们经常听到一种说法，“让我们把生产转移到某国吧，因为我们能以极低的成本获得同样的质量，这将释放我们的生产能力，使我们可以专注于其他产品”。当然，极低的成本并不是唯一相关的因素，企业还必须考虑制定必要的质量控制措施所花费的成本、从远离母国的地方采购原材料所花费的成本、外国市场准入要求、多方合同、外包生产的管理责任等。最终，企业会发现不太可能实现极低的成本。但是，企业究竟该怎样做以实现目标呢？换句话说，当企业想要作出正确的自制或外购决策时，应该对哪些核心因素进行评估？

为便于理解自制或外购决策，我们将用图 16 - 3 和图 16 - 4 对这一选择进行动态说明，这两个图分别表示自制在运营中更有利以及外购在运营中更有利。如图所示，这两种情况下的核心因素都是成本和生产能力。但是，不同决策所涉及的其他因素不同，并且这些因素对决策的影响也不同。这意味着企业需要分别对不同决策进行评估，而不能合在一起评估。事实上，在这一过程中，我们最终可能发现，无论是自制还是外购决策对企业而言都是可接受并有战略意义的。这仅仅意味着我们可以作出选择。如果两种选择对企业而言都是可取的，应选择更好的一种，即有更高的战略契合度且机会成本更低。

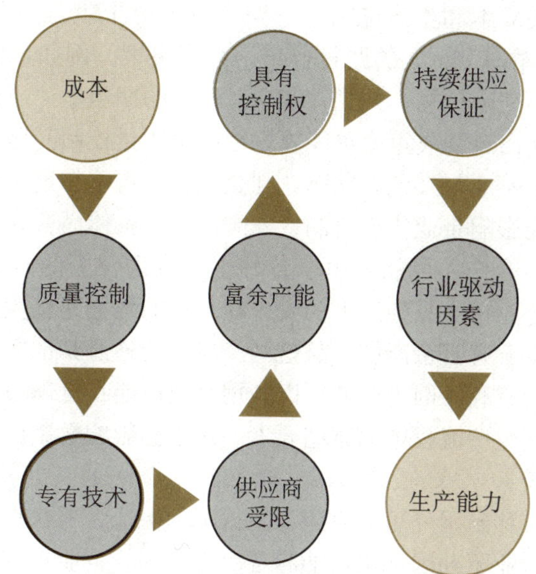

图 16－3　自制在运营中更有利

资料来源：Charles W. L. Hill and G. Tomas M. Hult，*Global Business Today*（New York：McGraw-Hill，2020）.

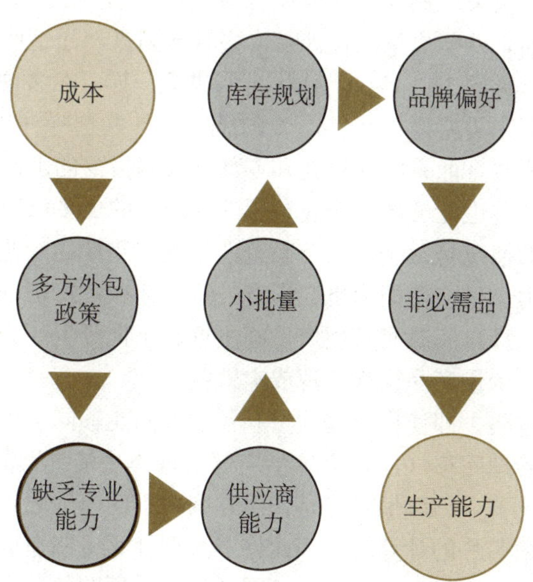

图 16－4　外购在运营中更有利

资料来源：Charles W. L. Hill and G. Tomas M. Hult，*Global Business Today*（New York：McGraw-Hill，2020）.

除成本和生产能力这两个核心因素以外，对自制决策有利的因素包括质量控制、专有技术、具有控制权、富余产能、供应商受限、持续供应保证以及行业驱动因素（见图 16－3）。因此，这一决策的出发点是，企业预计自制成本会比将生产外包给其他国家（或任何外部企业）更低（至少不会更高）。其限制是企业必须拥有富余的生产能力或企业拥有内部制造产品的最佳能力。

在考察并作出有关成本和生产能力的决策后（实际上就是克服了成本和生产障碍后），接下来就应该遵循图 16－3 的路径作出一系列决策。例如，如果质量控制对全球企业很重要，外包并不完全可靠，并且在客户对企业的期望中，质量控制也处于战略核心的位置，那么企业作出自制决策就可能更好地解决质量控制问题。如果在制造产品时涉及的专有技术无法或不应与外包方共享，则企业也不得不作出自制决策。

供应商受限也可能影响企业作出自制或外购决策。具体而言，有些供应商可能不愿与世界某些地区的公司合作，可能是由于各种生产或区位上的限制，或者由于国际壁垒，供应商无法按照企业在产品生产上的安排在合适的地方建立生产线。

可想而知，如果企业有富余产能，且这些产能不能通过其他方式得到有效利用，则作出自制决策可能更为有利，因为企业可以利用富余产能在全球市场上获益。另外，还有些企业只是想控制其生产流程中的某些要素。这也会影响自制或外购决策，并且更有利于企业作出自制决策。

如果企业将生产转移到国外后，供应可能得不到保证，那么作出自制决策也更为有利。最后，全球化的行业驱动因素也可能起着决定作用。企业想在其参与的行业和市场中取得成功，就需要给予各种信任和投入，此时作出自制决策将更有利。

一些有利于自制决策的因素可能也会影响外购决策。如果在影响选择自制的因素中有任何一项不利于自制决策（例如，如果没有富余产能），就意味着全球企业可以进一步考虑外购决策。然而，外购决策同样涉及许多其他因素，而这些因素不一定是作出自制决策时需要考虑的（见图 16－4）。与作出自制决策一样，在考虑并作出有关成本和生产能力的决定后，接下来需要遵循图 16－4 的路径对外购选择作出一系列决策。例如，全球企业如果对于从哪些企业采购原材料和零部件仅有极少的限制，则更有可能作出外购决策，因为将生产外包也能够增加企业利用这些地区的更多供应商的可能性。

另一个选择外购的情况是，企业缺乏制造产品或零部件的专业能力，而供应商或外包方具有这种专业能力。供应商能力也会影响外购的选择，特别是当企业所需要的这些能力在选择外购时比选择自制时离其生产设施更近。小批量生产也是有利于外购决策的一个原因，因为只生产少量产品很难实现成本效益。

库存规划也至关重要。即使企业在质量和预期方面能够同样出色地生产产品，但仅为了在战略上更好地管理库存（这是全球供应链的成本中心），就有可能使外购成为更好的选择。在某些情况下，品牌偏好也是作出外购决策的原因之一。例如，许多计算机用户偏好装有英特尔微芯片的计算机，因此许多大型计算机制造商都选择从英特尔购买芯片，而不是内部制造。当然，如果企业所需的物品是所谓的非必需品，且这些物品对企业的核心竞争力以及客户对其特性方面的期望影响不大，那么企业也可能作出外购决策。

16.5 全球供应链职能

本章至此已经着重介绍了全球生产，它是供应链运营管理的一个组成部分。在何处生产、国外生产设施的战略角色，以及自制或外购决策等问题是全球生产的核心。除全球生产外，供应链还有三个与其相配合的职能，分别是物流、采购（外包）和公司的分销策略（即营销渠道）。分销策略将在第 17 章对营销和研发的介绍中进行讨论。在这里，我们将着重考察物流和采购。从本章的前面部分可知，生产和供应链管理是紧密相关的，因为企业进行生产活动的能力取决于信息投入和优质物料（用于制造新产品的原材料、零部件，甚至产成品）的及时供应。物流和采购是确保物料订购和交付以及适当库存管理水平的关键职能。

16.5.1　全球物流

从本章前面的介绍可知，物流是供应链的一部分，它负责对制造过程中原材料、零部件和产品的有效流动和库存进行规划、实施和控制。物流的核心活动是全球配送中心管理、全球库存管理、包装、运输，以及逆向物流。下面对每一项物流核心活动进行介绍。

全球配送中心（global distribution center）或称仓库，是一种可以存放或定制产品并向世界各地批发商、零售商或者直接向消费者交付产品的设施。制造商、进口商、出口商、批发商、零售商、运输公司和海关机构都可以使用配送中心来存储产品并利用该地点进行产品定制。当仓储功能从产品的被动存储转变为战略性的分类和处理时，“配送中心”的功能就扩展至在战略上以动态方式获取入库或暂存产品的增值，而不再仅限于存储。配送中心是全球供应链的中心，具体而言，是订单履行过程中的订单处理环节。配送中心是全球供应网络的基础，因为它可以在单一区位或周围的多个仓库中存储大量各种类别的产品，并可以对这些产品进行增值定制。配送中心应位于全球市场中有战略意义的地方，并将产品从工厂或供应商处经由配送中心送到客户手中的总劳动力成本和运输成本考虑在内。

全球库存管理（global inventory management）可以看作是跨国公司对原材料、半成品（零部件）和产成品库存的决策过程。这些决策包括持有多少库存、以何种形式持有，以及将其放置在供应链中何处。通过对总部位于 105 个国家的 20 910 家规模最大的全球公司进行调查，我们发现从所有行业的平均情况来看，这些公司的总资产中约有 14.41%是以某种形式持有的存货。[21]在这些公司的存货中，原材料占 32%，在产品占 18%，产成品占 50%。[22]在公司层面，日本丰田是世界上最大的汽车企业之一，其存货占总资产的 8.71%，其中原材料、在产品和产成品分别占 26%、14%和 60%。另一个例子是中国石化，它是一家石油企业也是中国最大的企业。中国石化的存货占总资产的 21%，其中原材料与零部件、在产品以及产成品分别占 37%、43%和 20%。请注意，中国石化与丰田相比，在产品的库存高得多，而产成品的库存低得多，这表明石油企业在对产成品进行规划时更具灵活性。在制定公司的全球库存管理战略时，必须考虑大量制造产品并存放于靠近客户的位置所能带来的服务和经济上的利益，以及库存过多或错误存放物品可能产生的风险，并对此进行权衡。

包装（packaging）有各种形状、大小、形式和用途，可以分为三种不同类型：内包装、中层包装和运输包装。内包装（primary packaging）承托产品本身，它是最终消费者将产品从商店（通常是零售店）带回家时的包装。中层包装（secondary packaging）有时被称为装箱包装，意在放置多个内包装产品。批量购买商品或仓储式商场的客户可能会直接将中层包装带回家（例如，山姆会员店），但这不是零售商常用的形式。零售商在商店货架上存放货物时也可以采用中层包装作为辅助手段。当大量内包装和中层包装一起放置于运货板上或组成单元货载时，就需要使用运输包装（transit packaging）进行运输。通过码垛、收缩包装或集装箱化形成的单元货载包装是一种外包装方式，这种包装可以在国际供应商、制造商、配送中心、零售商以及全球供应链中的任何中介机构之间更为轻松地处理或转移产品。

无论产品处于全球供应链的哪个位置，包装都有助于企业实现运行、保护、告知多重功能。[23]运行（perform）是指将包装内的产品在全球供应链各节点间进行运输的能力；对于特定产品类别，将产品存储一定时间的能力；以及以供应链合作伙伴和最终客户都期望的方式提供产品的便利包装。保护（protect）是指其包装能够适当地容纳产品；存放产品以保持其新鲜度或崭新性；以及提供必要的安全保障以确保产品到达最终目的地时不变形。告知（inform）是指其包装中包含了有关产品使用方式的合理且充分的说明，包括当地法规的具体规定；有力的产品保证；以及有关产品服务的信息。

运输（transportation）是指原材料与零部件、在产品和产成品在全球供应链中的流动。由于距离因素，运输成本通常在物流预算中占据最大的比例，而在全球企业中，这一比例甚至更大。全球供应链直接或间接负责将原材料从供应商处运送到生产设施，在工厂和配送中心之间运送在产品和产成品的存货，并将产成品从配送中心送至客户手中。运输成本主要取决于距离、运输方式（海运、空运或陆运）、货载规模、货载特性和油价等。可想而知，距离越长，需要的燃料越多，运输人员花费的时间也更多，因此运输成本将随着距离增加而增加。运输模式之所以会影响运输成本是因为涉及不同技术。海运是最便宜的方式，因为船只较大而水的阻力较小。陆运是第二便宜的，而且铁路运输比公路运输更便宜。空运是最昂贵的，为了对抗重力耗费巨大。运输成本在很大程度上也受到规模经济的影响，货运量越大，运输成本通常也越低。货物的特性，如产品密度、价值、易腐烂性、易损性以及其他因素，也会影响运输成本。最后，油价对运输成本有着重大影响，因为根据不同的运输模式，大多数承运人在燃料上需花费10%～40%的成本。

逆向物流（reverse logistic）是对原材料、在产品、产成品库存以及相关信息从消费地到原产地的流动进行规划、实施和控制，以确保过程高效且具有成本效益，目的是重置价值或进行妥善处置。其最终目标是优化售后活动或提高效率，从而节省资金和环境资源。逆向物流在全球供应链中至关重要。例如，在美国，产品退货每年给制造商和零售商造成的损失超过1 000亿美元，平均损失利润的3.8%。[24]总体而言，制造商将其销售收入的9%～14%都用在了处理退货上。更令人震惊的是，美国消费者每年的退货金额超过了世界上2/3国家的GDP。仅这些数字就能表明逆向物流是全球供应链中极为重要的一部分。

16.5.2　全球采购

正如本章前面所说，采购是供应链的一部分，它涉及在全球范围内购买公司提供商品和服务所需的原材料、零部件和产成品。采购的核心活动包括制定适当的全球采购战略和选择最适合企业的采购战略类型。

从国内到国际再到全球，全球企业有五个采购战略层级。[25]第一层级是仅从事国内采购。企业通常会在其本土市场大本营附近采购原材料、零部件和其他运营所需物品（例如，一家密歇根企业会从另一家密歇根企业处采购樱桃等原材料）。第二层级和第三层级都被视为国际采购，但在程度和形式上有所不同。位于第二层级的企业仅在需要时才从事国际采购活动，这意味着它们的国际采购方式是被动的，并且在企业的不同采购地点或企业的不同部门（例如战略业务部门和职能部门）之间没有进行协调。而位于第三层级的企业已将国际采购活动作为其整体供应链管理战略的一部分。在第三层级中，企业开始意识到精心制定并得到良好执行的国际采购战略可以非常有效地提升企业在市场上的竞争优势。第四层级和第五层级都涉及不同程度的全球采购。第四层级是在全球范围内对全球采购活动进行整合，涉及企业对不同采购地点进行整合和协调。全球采购在形式上从第四层级开始变得复杂。第五层级涉及在全球采购活动上对全球各区域及各职能部门进行整合。从广义上讲，这意味着企业在全球的公共物品采购、采购流程、供应商选择等方面都实现整合和协调。

除了从第一层级到第五层级的国内、国际和全球采购战略之外，采购还包括企业决定如何参与市场时所作出的一些基本选择。[26]其出发点是对内部采购还是外部采购的选择，即“如何采购”。我们发现，全球企业中约有 35%的采购是内部采购（即采购自公司内部），另外 65%被归于外部采购（即采购自公司外部）。内部和外部采购接下来都需要作出“从何处采购”（国内采购或全球采购）的决策。最后，企业还将对“采购类型”（地点和方式）作出决策，在四种采购策略中进行选择：国内内部采购、全球内部采购、国内外部采购和全球外部采购。

上述讨论的采购活动和策略类型适用于国际背景下的一般选择。但如今采购领域出现了外包和离岸，以及它们的副产品和其他选择。在本书的这个阶段，读者应该了解与外包相关的术语以及企业拥有的选择，特别是这些术语容易发生混淆：外包、内包、离岸、离岸外包、近岸外包和协力式外包（见表 16－2）。

表 16－2　外包术语

术语	含义
外包	跨国公司从某个供应商处购买产品或服务，而该供应商在别处进行生产（国内或国外）。从这个角度来说，外包也指采购策略中的外部采购。
内包	跨国公司决定停止外包产品或服务，转而开始在内部生产。内包与外包相反，因此，它也指采购策略中的内部采购。
离岸	跨国公司从某个供应商处购买产品或服务，而该供应商在跨国公司母国以外的地方进行生产。因此，就采购策略而言，离岸是全球外部采购的一种形式。

续表

术语	含义
离岸外包	跨国公司从产品制造国或服务开发国以外的供应商处购买产品或服务。这在采购策略上也是全球外部采购的一种形式。
近岸外包	跨国公司将业务或信息技术流程转移给附近国家的供应商，该国通常与跨国公司母国接壤。虽然近岸外包本身不是采购活动，但它有助于全球外部采购。
协力式外包	跨国公司既使用企业内部员工，也使用外部供应商来执行某些任务，并且它们彼此协作。它适用于所有四种形式的采购策略，意味着企业与其供应商（通常是特定产品或部件的顶级供应商）具有战略关系。

16.6　管理全球供应链

通过更有效的供应链管理来降低成本具有巨大潜能。对于不同行业的制造业企业而言，物料成本占收入的 50%～70%。即使只能小幅降低这些成本，也可能对盈利能力产生重大影响。据估计，对于收入为 100 万美元、投资回报率为 5%且物料成本占销售收入 50%的企业而言，要增加 15 000 美元的总利润，需要增加 30%的销售收入，或降低 3%的物料成本。[27]在饱和市场中，将物料成本降低 3%比将销售收入增加 30%要容易得多。因此，管理全球供应链是全球企业最重要的战略领域之一。管理全球供应链需要关注四个主要领域：准时制生产方式的作用、信息技术的作用、全球供应链的协调，以及组织间关系。

16.6.1　准时制生产方式的作用

日本企业在 20 世纪 60 年代和 70 年代国家经济转型期间率先采用的准时制库存系统，如今在大多数制造业企业中发挥了重要作用。**准时制生产方式**（just-in-time，JIT）系统背后的基本理念是，通过使物料准时到达制造工厂并进入生产流程（而不是提前到达）来节省企业持有库存的成本。成本节约主要来自库存周转速度加快，因为这降低了持有库存的成本，例如仓储成本等。这也意味着企业可以减少库存融资所需的营运资金，并将资金用于其他方面或降低企业的总资金需求。在其他条件相同的情况下，以投资回报率进行衡量，企业的盈利能力将有所提高。同时，这也意味着企业不太可能持有多余的未售出库存，也不用在考虑收益时将这些库存核销或以低价出售。

除成本效益外，准时制系统还可以帮助企业提高产品质量。在准时制系统下，零部件能够立刻进入制造流程，而不用进入仓库。这使得企业能够立刻发现缺陷，然后根据问题追溯至供应源，并在更多缺陷零部件被生产出来之前解决问题。在传统的系统中，零部件在使用前通常在仓库中存放了数周，这使企业在发现问题时已经生产出更多缺陷零部件。

准时制系统的缺点是企业没有缓冲库存。缓冲库存虽然存储成本很高，但有助于企业在需求增长时作出快速响应，并帮助企业应对因供应中断而导致的产品短缺。2001 年 9 月 11 日世界贸易中心和五角大楼遭到袭击后，国际航运停摆，出现了供应中断，当时许多企业因为依赖于分布在全球各地的供应商并对准时制供应链进行严格管理，而陷入了没有缓冲库存的困境。2004 年底，美国创纪录的进口量导致西海岸多个主要航运港口被过多来自亚洲的船只堵塞，无法快速卸货，波及美国多家大企业精心管控的供应链。[28]

在运营中使用准时制系统的企业，也可以采用多种方法降低与全球供应链相关的风险。为了降低对某个重要投入品供应商的依赖程度，企业可以从不同国家的多个供应商处采购。虽然一旦出现影响全球的事件（例如，美国的“9·11”事件，或者 2011 年 3 月 11 日日本东北部的地震和海啸），这种方法可能无济于事，但在特定国家出现供应中断的情况时（这更常见），却能起到作用。从战略上讲，所有全球企业都需要有备选的多个供应商并保证供应链中存在一定程度的冗余。

16.6.2　信息技术的作用

基于网络和云的信息系统在现代全球供应链中发挥着至关重要的作用。例如，在零部件跨越全球送往装配厂的过程中，企业可以利用信息系统对其进行追踪，从而根据零部件预计到达的时间来优化生产计划。优秀的信息系统可以在供应链中对零部件进行精确定位，使企业能够在需要时从常规供应链中找到该关键部件并空运至制造工厂，加速生产。

如今，企业通常会使用供应链信息系统来协调物料进入制造流程并经过制造加工最终流向客户的过程。电子数据交换（electronic data interchange，EDI）系统是指两家或多家公司之间对数据进行电子交换。企业资源计划（enterprise resource planning，ERP）系统是一个大范围业务规划和控制系统，它包括与供应链相关的子系统（例如，物料需求计划（materials requirements planning，MRP））。协同式供应链库存管理（collaborative planning，forecasting，and replenishment，CPFR）系统的开发则是为了填补 ERP 无法实现的跨组织关系。供应商管理库存（vendor management of inventory，VMI）系统可以通过对所有库存管理的单点控制来全面了解供应链。仓库管理系统（warehouse management system，WMS）通常与 ERP 系统协同运行，例如，用 ERP 系统定义物料需求，然后将这些需求传输到 WMS 配送中心。

在互联网作为主要通信媒介出现前，企业及其供应商通常不得不购买昂贵的专有软件解决方案以运行 EDI 系统。在互联网得到普及并出现基于网络和云的应用程序后，这些专有解决方案大多都已过时。如今主导全球供应链管理软件的是一些更易安装和管理并且更便宜的系统。这些系统改变了对分散于全球各地的供应链的管理，即使是小企业也能在供需之间找到平衡，从而减少系统中的库存，并取得经济利益。重要的是，如今大多数企业都在使用这些系统，那些不使用这些系统的企业会发现自己处于竞争劣势。这会对缺乏资源来运行复杂的供应链信息系统的中小型企业造成一定影响。

在当今全球供应链网络中，拥有某种形式的供应链信息系统来协调物料进入制造流程并经过制造加工最终流向客户的过程至关重要。区块链技术可以使这些系统更上一层楼。正如我们在开篇案例中看到的，区块链技术使供应链合作伙伴（或任何业务合作伙伴）可以在其生态系统中对关键信息进行分享并达成一致。各个合作伙伴在移交真正关键的业务信息之前，无须为制定规则而进行复杂的谈判或权力游戏就可以商定相关信息。区块链技术可以在全球网络中同步所有的数据和交易。企业可以通过区块链技术获取其供应链网络中所有参与者的所有交易和供应链活动的实时数字分类账。但是，企业在通过区块链技术取得额外的协同价值时，仍面临一些短期问题。例如，将区块链技术融入现有的全球系统中很困难、花费高昂，且无法为使用区块链技术的企业带来高效的短期直接优势。这也说明，要在全球供应链网络中拥有一个运作良好的系统，协调功能至关重要。

16.6.3 全球供应链的协调

从协调和受力点的角度思考飞机是如何转弯的。过去，飞机的转向系统通常整合了机翼上的副翼与尾部的方向舵。与飞机相比，副翼和方向舵显得很小。但杠杆作用使得副翼和方向舵能够通过协同作用使飞机转弯。换句话说，在正确位置利用杠杆作用协同发力，就会产生难以置信的操纵飞机的能力。全球供应链也是一样，整合和协调对其至关重要。**全球供应链的协调**（global supply chain coordination）是指在关键的全球供应链活动上实现共同决策和运营协作。

共同决策，包括共同考虑补货、库存持有成本、协作计划、不同流程的成本、下单频率、批量大小和产品开发等，可以创建一个更加一体化、连贯、高效的全球供应链。这其中包括了组织内（例如，物流、采购、运营和营销渠道的员工）和跨组织（例如，原材料生产商、运输公司、制造商、批发商、零售商）的供应链成员所作出的共同决策。共同（shared）决策并不是联合（joint）决策。联合决策涉及合作商议。共同决策则有助于解决全球供应链成员之间的潜在冲突，并培养一种协调和整合的文化。在大多数供应链中，某些关键成员的影响力更大，而共同决策至少应当包含关键的供应链成员。

要在全球供应链中实现运营整合和协作，就应当重视六个运营目标：响应能力、减少差异、减少库存、装运整合、质量，以及全生命周期支持。[29]响应能力（responsiveness）是指全球企业在全球供应链各职能中满足客户需求的能力。减少差异（variance reduction）是指在全球供应链各职能中对控制系统进行整合，以消除全球供应链发生中断的可能性。减少库存（inventory reduction）是指在全球供应链各职能中对库存系统、资产投入的控制和周转速度进行整合。装运整合（shipment consolidation）是指用各种计划将小批货物合并在一起，并提供及时、整合的运输。这其中包括在全球供应链各职能中实现多部门协调。质量（quality）是指对系统进行整合，从而在全球供应链中实现零缺陷。最后，全生命周期支持（life-cycle support）是指对全球供应链各职能中的逆向物流、回收、售后服务、产品召回和产品处置等活动进行整合。

16.6.4　组织间关系

近几十年来，人们对组织间关系进行了多番研究和讨论，其中的两个关键词是信任和承诺。如果我们始终对组织间的关系保持 100%的信任并作出 100%的承诺，那么大多数全球供应链都将实现高效运作，但这难以实现。在对全球供应链的组成部分进行考察后，我们也会发现，并非所有关系都具有同等价值且应该得到同等待遇。围绕上游/进货和下游/出货供应链活动的两个例子可以很好地说明这一点。图 16－5 关注的是上游/进货供应链关系，而图 16－6 关注的是下游/出货供应链关系。

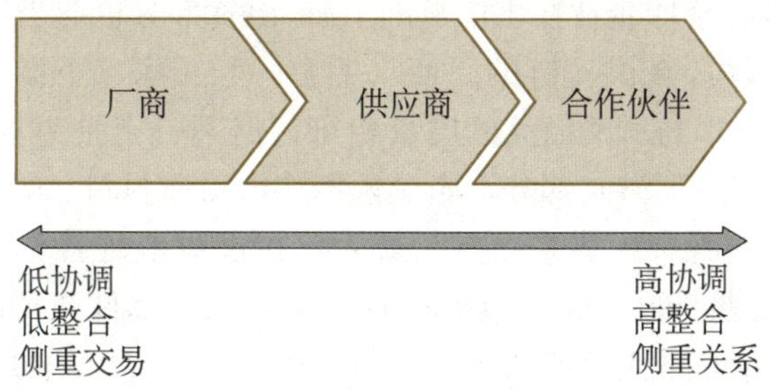

图 16－5　上游/进货关系

资料来源：Charles W. L. Hill and G. Tomas M. Hult, *Global Business Today* (New York: McGraw-Hill, 2020).

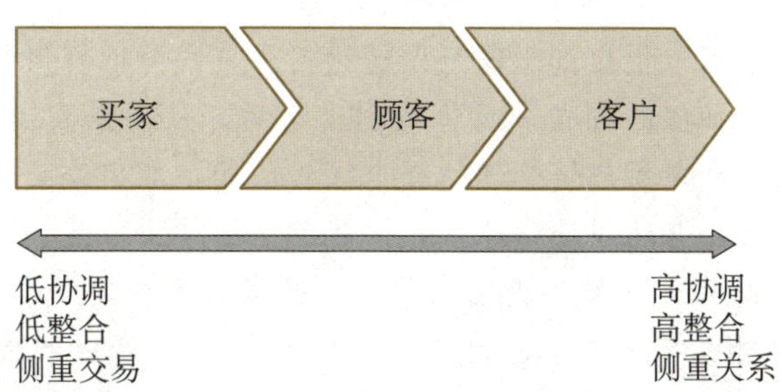

图 16－6　下游/出货关系

资料来源：Charles W. L. Hill and G. Tomas M. Hult, *Global Business Today* (New York: McGraw-Hill, 2020).

在全球供应链的上游/进货部分，组织间的互动关系在逻辑上被分为三种情况：企业与厂商、企业与供应商和企业与合作伙伴。每种情况都取决于企业与全球供应链中的其他实体合作时会在多大程度上与其进行协调、整合，以及对交易与关系的侧重。例如，从厂商处获取原材料和零部件的企业可以轻易改变这种交易关系。从供应商处获取原材料和零部件的企业会在经验和绩效的基础上与供应商保持关系。而企业还可能从合作伙伴处获取原材料和零部件，信任和承诺就成了维持这种关系的基础。

在全球供应链的下游/出货部分，组织间的互动关系在逻辑上也被分为三种情况：企业与买家、企业与顾客和企业与客户。与上游/进货相同，下游/出货的每种情况也都取决于企业与全球供应链中的其他实体合作时会在多大程度上与其进行协调、整合，以及对交易与关系的侧重。企业向买家出售产品和零部件时，这种交易关系很容易改变。

向顾客出售产品和零部件的企业则可以在经验和绩效的基础上维持这种关系。而当企业向客户销售产品和零部件时，信任和承诺就成了维持这种关系的基础。

在了解了全球供应链的上游/进货和下游/出货部分的三种情况后，来看全球企业在与各实体的关系中应重视的方面：预期收益、优势差异点和关系中的共鸣。[30]首先需要了解一些价值的基础知识。全球供应链中各节点和参与者之间的价值取决于为获得质量（产品、服务、信息、信任和承诺）而放弃的成本（货币和非货币资源）。在质量提高而成本保持不变或降低时，或者成本降低而质量保持不变时，基本上就可以实现更大的价值。

全球企业应该在全球供应链的上游/进货部分给予厂商 20%、供应商 30%、合作伙伴 50%的关注。同样，全球企业在供应链的下游/出货部分也应当给予买家 20%、顾客 30%、客户 50%的关注。在供应链的厂商（上游）和买家（下游）部分，预期收益包括典型的交易所得（成本与所购商品的质量相符，但不一定是市场上最好的商品）。在供应商（上游）和顾客（下游）部分，企业预期将取得原材料、零部件或产品相对于全球市场上次优备选品的所有优势差异点。最后，在供应链的合作伙伴（上游）和客户（下游）部分，企业预期获得的收益包括在对原材料、零部件或产品进行改进后，将在可预见的未来为客户带来最大价值的一个或两个优势差异点（质量大于成本）。

小结

本章介绍了全球生产与供应链管理可以通过何种方式降低价值创造的总成本并以强化客户服务和最大化附加值的方式进行价值创造活动，从而提高国际企业的竞争地位。我们深入研究了全球生产与供应链管理的五个核心问题：在何处生产、生产设施的战略角色、自制或外购决策、全球供应链职能，以及管理全球供应链。本章要点如下：

1. 选择最佳生产地点时必须考虑国家因素、技术因素和生产因素。

2. 国家因素包括相关要素成本、政治经济和文化对生产成本的影响，以及是否存在区位外部性。

3. 技术因素包括建造生产设施的固定成本、最小有效规模，以及是否存在可进行大规模定制的柔性制造技术。

4. 生产因素包括产品特性、生产设施的选址和生产设施的战略角色。

5. 选址策略分为集中化生产和分散化生产。企业应根据国家因素、技术因素和生产因素作出选择。所有选址决策都涉及不同因素的权衡。

6. 外国工厂可逐渐提高自身能力，并为企业带来巨大的战略利益。管理人员需要将外国工厂视为能够带来潜在优势的中心，鼓励及培养当地管理人员提升工厂生产能力。

7. 许多国际企业都面临一个基本问题，即哪些零部件应该在内部制造，哪些应该外包给独立供应商。自制和外购零部件主要都基于成本的考虑和生产能力的限制，但自制或外购决策还受到多个不同因素的影响。

8. 全球供应链的核心职能是物流、采购（外包）、生产（和运营管理）以及分销策略（营销渠道）。

9. 物流是供应链的一部分，它对制造过程中原材料、零部件和产品的有效流动和库存进行规划、实施和控制。物流的核心活动是管理全球配送中心、全球库存管理、包装、运输以及逆向物流。

10. 采购是供应链的一部分，它涉及在全球范围内购买用于公司提供商品和服务所需的原材料、零部件和产品。采购的核心活动包括制定适当的全球采购战略和选择最适合公司的采购战略类型。

11. 管理供应链涉及建立有效的准时生产制系统、使用信息技术、在供应链职能和实体之间进行协调，以及发展组织间关系。

12. 准时制系统能通过减少仓储和存货的持有成本以及减少多余存货的核销需求来节省大量成本。此外，准时制系统还能帮助企业发现有缺陷的零部件并将其迅速从制造流程中移除，从而提高产品质量。

13. 信息技术，特别是基于互联网的电子数据交换（EDI）系统，在物料管理中发挥着重要作用。EDI 有助于对投入品进行跟踪，使企业能够优化生产计划，实现企业与供应商之间的实时通信，并减少企业与供应商之间的文书流程。

14. 全球供应链协调是指在全球供应链的关键活动中共享决策和运营协作。

15. 在全球供应链中，组织间关系的深度和参与度取决于企业与全球供应链中的其他实体合作时会在多大程度上与其进行协调、整合，以及对交易与关系的侧重。

思考与讨论题

1. 一家电子企业正在考虑如何以最好的方式向全球市场供应用于消费和工业电子产品的微处理器。建设一家制造工厂的成本约 5 亿美元，且需要高技能的劳动力。未来 10 年，该产品的全球市场总价值估计在 100 亿～150 亿美元之间。该行业的现行关税很低。企业应该如何为其工厂选址？

2. 一家化学企业正在考虑如何以最好的方式向全球市场供应硫酸。建设一家制造工厂的成本约 2 000 万美元，且需要中等技能的劳动力。未来 10 年，该产品的全球市场总价值估计在 200 亿～300 亿美元之间。该行业的现行关税适中。企业应该如何为其工厂选址？

3. 企业必须决定是在内部制造零部件还是将其外包给独立供应商。制造零部件需要对专用资产进行不可收回的投资。许多外汇分析师预计，最高效供应商所在国的货币在未来 10 年内可能出现大幅升值。在内部制造零部件以及将制造外包给独立供应商各有什么优缺点？你会推荐哪个选择？为什么？

4. 重新阅读“管理聚焦”专栏中的“宜家在华生产”，然后回答以下问题：

(1) 将如此多的全球生产转移至中国对宜家有何好处？

(2) 将大量制造资产集中在一个国家有何风险？

(3) 为实现大量产品的转移，宜家会采取什么策略来最大化收益并降低相关风险？

5. 阐述一家生产手机的制造公司如何利用全球供应链的物流和采购职能来发挥全

球供应链的战略作用。

6. 如果全球企业要为自己生产的产品购买一些零部件，则它应该在其供应链的进货部分采用什么类型的组织间关系？如果全球企业要与最终客户建立强有力的合作伙伴关系，则它应该在其供应链的出货部分采用什么类型的组织间关系？

章末案例

宝洁重塑其全球供应链

宝洁是世界领先的消费品制造商。宝洁于 1837 年由英裔美国人威廉·普罗克特（William Procter）和爱尔兰裔美国人詹姆斯·甘布尔（James Gamble）创立，总部位于美国辛辛那提。公司现已发展成为一家市值 670 亿美元的大型企业集团。在其产品组合中，宝洁拥有多个价值超 210 亿美元的品牌（例如，帮庭（Bounty）、佳洁士（Crest）、汰渍（Tide）），经营 130 家工厂，员工人数达 95 000 人，在全球拥有约 70 000 家供应商，产品销往 180 多个国家/地区。众所周知，宝洁一个多世纪以来一直是一家大型跨国公司，未来仍将继续在消费品市场发挥巨大影响力。

与此同时，很少有行业的竞争激烈程度比得上包装消费品行业。试想一下，与五年前相比你现在拥有的选择。在大多数情况下，客户在每个包装消费品类别中都有比过去更多的选择。全球市场加剧了竞争。越来越多的公司在消费品行业中采用了分散化和专业化战略，从而出现了越来越多的产品，也有了越来越多的购买地点。用于开发产品、进入市场和维护客户关系的基础设施比以往更加健全，使得中小企业也有与宝洁这样的大公司一较高下的能力（几年前它们还无法与之竞争）。

这样的市场竞争机制促使宝洁等公司不断评估其生产、运营和全球供应链的有效性和效率。对于像宝洁这样历史悠久的行业巨头而言，在竞争日益激烈的全球环境中存在一种新的紧迫感，其必须更加靠近客户和供应商，以有竞争力的价格销售产品，并最大限度削减利润。这并不是一件容易的事，因为包装消费品市场的利润已经非常有限了。因此，宝洁最终不得不对其全球供应链进行重新评估和改造。

宝洁的目标是在不到一天的时间里能够为公司收到的至少 80%的零售订单完成补货。为了做到这一点，宝洁重新设计了它的分销网络。公司提高了整个端到端供应链的透明度，与供应商建立了更牢固的合作伙伴关系，并专注于在全生产周期中最大限度地发挥协同作用。鉴于这种对协同效应和供应商合作伙伴关系的重视，宝洁如今能够与其核心供应商共同制订全球战略供应链计划。这并不是说与宝洁合作的全部 70 000 家供应商都参与其中，但宝洁与其“战略供应商”确实形成了更加深入的合作关系。

宝洁的 70 000 家供应商包括为清洁用品供应原材料的化学公司（例如，陶氏、杜邦）；为公司产品供应包装材料的公司（例如，Diamond Packaging、Van Genechten Packaging）；以及提供仓库维护和清洁等间接服务的供应商（例如，仲量联行（Jones Lang LaSalle））。由于有如此大量的各类供应商，宝洁一直非常重视与供应商之间保持良好关系。宝洁的供应商关系遵循一系列核心原则：最佳总价，诚实、道德和公平交易，外部关联供应解决方案，竞争与协作，以及供应商责任。

宝洁不断评估并在需要时重塑其全球供应链，这种做法似乎起到了带头作用，并使其维持着包装消费品行业巨头的地位。虽然到目前为止，宝洁在重塑自身方面取得了成功，但人们仍不禁怀疑宝洁是否会在与阿里巴巴或亚马逊这类公司展开竞争时遇到困难。换种说法，阿里巴巴和亚马逊是否会继续销售宝洁的产品（而不是开始营销自己的产品）。再者，宝洁能否利用其成熟的全球供应链向新领域扩张，就像阿里巴巴和亚马逊所做的？

资料来源："Technology Has Upended the World's Advertising Giants," *The Economist*, March 28, 2018; Demitrios Kalogeropoulo, "Will 2018 Be Procter & Gamble's Best Year Yet?" *The Motley Fool*, November 12, 2017; and Matt Gunn, "How Supply Chain Transformation Saved P&G $1.2 Billion," *GT Nexus Commerce Network*, April 29, 2015.

案例讨论题

1. 宝洁是世界领先的消费品制造商，但大多数顾客并不真正了解宝洁品牌。这是否有影响？宝洁是否应该将更多产品放在宝洁品牌下（而不是帮庭、佳洁士、汰渍等品牌下）？

2. 考虑到宝洁庞大的产品组合和公司庞大的规模，你认为与同等规模和经营范围的其他公司相比，宝洁独有哪些全球供应链效率？

3. 鉴于宝洁对协同效应和供应商合作伙伴关系的重视，你认为宝洁的供应商中有多少应被标记为战略供应商，有多少应被视为交易关系，为什么？

注释

第17章

全球营销与商业分析

学习目标

阅读本章后，你将能够：

- 了解商业分析和国际市场研究的重要性。
- 阐述为何需要在不同国家改变产品属性。
- 阐述企业的分销策略为何因国家而异以及有何差异。
- 阐述广告和营销策略为何因国家而异以及有何差异。
- 阐述企业定价策略为何因国家而异以及有何差异。
- 了解如何在全球范围内配置营销组合。
- 描述全球化如何影响产品开发。

开篇案例　运动鞋营销

2019年4月1日，ESPN网站的一篇文章标题为“锡安·威廉姆森即将拿到报酬”。2018—2019赛季，锡安·威廉姆森（Zion Williamson）作为美国大学篮球队的一员，在为杜克大学教练迈克·沙舍夫斯基（Mike Krzyzewski）效力的一年里，平均每场得到22.6分，抢下8.9个篮板，发起2.1次助攻，投篮命中率达68%。威廉姆森身高2.01米、体重129千克，拥有至少近十年来大学篮球队中最高的球员效率值（Player Efficiency Rating，PER）（42.55），并且成为2019年NBA选秀状元。众所周知，在入选美国职业篮球联赛之前，威廉姆森已经收到多份价值1亿美元的邀约，阿迪达斯、安踏、新百伦、耐克、彪马和安德玛都希望与他签订运动鞋代言合同。

1992年沙奎尔·奥尼尔（Shaquille O'Neal）从路易斯安那州立大学入选奥兰多魔

术队，1996年科比·布莱恩特（Kobe Bryant）从劳尔梅里恩高中一跃进入洛杉矶湖人队，不难理解这些公司为何会追逐一位可能成为NBA最佳球员的人。威廉姆森有望迎来他自己的NBA时代。因为他18岁进入NBA（他的赛季从2019年10月开始）并且可能打比赛到30多岁，NBA和运动鞋公司的高管们都看好其能带来的销售前景。与此同时，迈克尔·乔丹（Michael Jordan）——堪称有史以来最好的篮球运动员，于2003年从NBA退役，但仍帮助耐克实现了每年约30亿美元的运动鞋销售额。乔丹品牌自1984年起就是耐克的财产（乔丹离开北卡罗来纳大学并在NBA打了三个赛季的比赛后），并从1997年起成为耐克的子公司。

由此可见，国际市场上运动鞋的竞争非常激烈。锡安·威廉姆森和迈克尔·乔丹的故事只是全球背景下运动员推动销售的许多案例之一。在网球领域，罗杰·费德勒（Roger Federer）、塞雷娜·威廉姆斯（Serena Williams）以及诺瓦克·德约科维奇（Novak Djokovic）等多名球员的代言费都达到了数百万美元。另外，足球运动员克里斯蒂亚诺·罗纳尔多（Cristiano Ronaldo）、莱昂内尔·梅西（Lionel Messi）和内马尔（Neymar），高尔夫球运动员泰格·伍兹（Tiger Woods）和菲尔·米克尔森（Phil Michelson），以及其他许多运动员也是如此。这种例子不胜枚举，还包括田径领域的尤塞恩·博尔特（Usain Bolt），甚至板球运动员马亨德拉·辛格·多尼（Mahendra Singh Dhoni）——尽管板球在美国不像NBA篮球那样有广泛的球迷基础，但它仍然是一项国际运动，而马亨德拉·辛格·多尼是这项运动中收入最高的击球手和社交媒体红人，他一直担任百事等公司的品牌大使。

国际市场上体育明星云集，但阿迪达斯、安踏、新百伦、耐克、彪马和安德玛等公司仍会竞相争夺一个球员担任代言人，尤其是在运动鞋行业。显然，竞争背后的意义远不仅是锡安·威廉姆森、迈克尔·乔丹以及NBA本身。由于世界各地有各种各样的体育运动，所使用的运动鞋也是千差万别，并且这些鞋子的类别取决于参与或关注的运动项目，因此，这些公司每年都会针对它们在全球范围内涉及的运动作出战略决策，例如，请哪些超级巨星代言、请几位代言人以及如何代言等。

马亨德拉·辛格·多尼的名字和形象在美国鞋类市场的销售影响力可能一般，但在板球运动界显然非常受欢迎。至于迈克尔·乔丹，他在任何领域都能帮助运动鞋大卖，而这就是人们看好锡安·威廉姆森的原因。足球（在美国被称为“英式足球”）是世界上影响力最大的运动，拥有40亿球迷。但像克里斯蒂亚诺·罗纳尔多这样的足球巨星能否像迈克尔·乔丹那样成功地承载一个品牌？塞雷娜·威廉姆斯显然能帮助企业在美国销售体育用品，但诺瓦克·德约科维奇呢？罗杰·费德勒可能是近来最为人熟知的网球运动员，并且极具商业价值，但在销售影响力方面，卡罗琳·沃兹尼亚奇（Caroline Wozniacki）（丹麦）和玛丽亚·莎拉波娃（Maria Sharapoua）（俄罗斯）这样的国际网球明星能否与他相提并论呢？她们可能没有他那么耀眼的明星光芒，但她们也赢得了大满贯赛事。

跨国公司将市场研究和商业分析结合起来，用以评估像锡安·威廉姆森这样的球员所具有的潜在影响力。研究表明，与体育明星签订代言公司产品的协议，可以带来积极的回报。相对于产品竞争对手而言，合适的代言人能够增加产品的整体销量。如果运动员随后继续取得成功，那么除了增加他们的名气外，品牌也会得到直接利益。但是，如果运动员成功的次数越来越少，那么回报也会随之减少。只有极少数运动员的影响力能够超过他们在运动中取得的成绩。显然，迈克尔·乔丹是这样的篮球运动员，沙奎尔·奥尼尔也是，但影响力稍小。其他退役的运动员，如杰克·尼克劳斯（Jack Nicklaus）（高尔夫）、大卫·贝克汉姆（David Beckham）（足球）和韦恩·格雷茨基（Wayne Gretzky）（冰球）也有这样的品牌效应。锡安·威廉姆森能否在其运动生涯中跟上他们的脚步？一旦他退役了情况又会如何？

资料来源：John Gotty，"Where Does Jordan Brand Go in 2019?" *Complex*，January 10，2019；Megan Armstrong，"Michael Jordan，LeBron James and 10 of the Biggest Sports Endorsement Deals，" *MSN Sports*，February 15，2017；"The Highest-Paid Retired Athletes，" *Forbes*，April 15，2019；Joe Boozzell，"Is Zion Williamson Having the Best Individual College Basketball Season of the last 20 Years?" *NCAA*，January 21，2019.

17.1 引言

第 16 章考察了国际企业全球生产与供应链管理的作用。本章将通过对全球营销、商业分析和研发作用的考察，继续介绍国际企业特定的商务职能。具体而言，本章将关注如何进行营销、商业分析和研发，以降低价值创造的成本，并通过在全球市场中更好地满足客户需求，为公司和客户创造附加价值。这其中包括分销策略（有时称为营销渠道或营销通路），它也是第 16 章讨论的全球供应链的一部分。

第 12 章谈到大多数国际企业在降低成本的同时需要对当地情况作出响应，通常会增加成本。降低成本和满足当地响应需求之间的紧张关系仍然是本章的主题。总的来说，世界在一些方面变得越来越全球化，但在其他方面仍然保持着差异。如果将全世界的消费者都视为拥有相似的品位和偏好，那么这种全球营销策略就与标准化产出的大规模生产是一致的。通过大规模生产标准化产品，无论是肥皂、半导体芯片，还是高端服装，企业都可以从经验效应和规模经济中实现单位成本的大幅降低。

但同时，忽视各国消费者在品位和偏好上的差异，可能会导致失败。有些行业比其他行业更适合全球化。从战略上讲，企业的全球营销职能需要确定何时采用产品标准化战略是合适的、应采用何种程度的标准化，以及过度标准化的产品何时不再符合企业的最佳利益。而且，即使产品标准化战略是合适的，企业也需要确定产品在市场中的定位，以及销售该产品时采用的促销活动和宣传语是否需要定制以便与当地消费者产生共鸣。

我们现在正处于客户需求同质化的时代，尤其是发达国家和新兴国家的年轻人更趋于同质化，这有助于营销人员在全球范围内销售产品。在某种程度上，产品和服务需求的全球化与年龄相关。年轻人希望全球范围内有更多相似的产品，他们希望在任何地方都能立即购买任何产品。全球化也与行业相关，有些行业（例如，电子产品行业）比其他行业（例如，家具行业）更可能实现产品和价值观的标准化，至少客户的期望程度有所不同。因为全球化增加了营销压力，进而需要通过有效的分销策略、适当的传播策略和有竞争力的定价策略，在全球范围内以一种普遍的方式实现产品质量、客户满意度和供货能力方面的目标。

我们将营销、商业分析和研发放在同一章中，是因为它们之间有着密切的关系。开篇案例也说明了在应对多样化的运动装备和运动鞋市场时，营销、商业分析和研发之间的紧密联系。营销职能的一个关键作用是发现市场空缺，以便企业可以开发新产品来填补。开发新产品需要进行研发和分析，从而在营销、商业分析和研发之间形成了联系。企业应该根据市场需求开发新产品，而营销是为研发人员确定市场需求的最好方式，因为它通过一线客户服务人员与市场紧密连接。此外，无论是生产全球标准化产品还是当地定制产品，都需要营销人员与研发人员进行沟通。不仅如此，营销人员与研发人员也需要在以下方面进行沟通：客户需求和愿望；产品标准化或定制化的程度。其原因在于，全球企业需要通过营销职能开展国际营销研究，而商业分析有利于国际营销研究，并能使企业更好地理解数据以及潜在客户的需求和愿望。[1]

本章首先回顾有关市场全球化的争论，然后讨论市场细分的问题。接下来考察构成企业营销组合的四个要素：产品属性、分销策略、传播策略和定价策略（许多基础营销教材将其称为 4P，即产品（product）、渠道（place）、促销（promotion）和价格（price））。**营销组合**（marketing mix）是企业为其目标市场提供的一系列选择。许多企业根据国家文化、经济发展、产品标准、分销渠道等方面的差异，在不同国家采用不同的营销组合。理解营销组合的最佳方式是，将其视为全球企业基于国际营销策略开展的活动和实施的行为，目的是向某一国家或地区的特定目标市场提供产品属性、分销策略、传播策略和定价策略的最佳组合。

由于营销组合和拥有正确的产品非常重要，在详细讨论营销组合要素后，我们将就这些主题进行介绍。首先介绍如何为每个独特的国际细分市场配置适当的营销组合。这其中包括针对每个营销组合要素（产品、分销、传播和定价）的示例，以确定在特定的国际细分市场中应采用的标准化或定制化程度。接下来讨论商业分析和国际市场研究，以更好地了解如何在国际细分市场中配置营销组合。最后关注产品研发问题，尤其强调新产品研发。这部分将研发、营销、生产问题以及跨职能团队等管理问题进行了整合。

17.2　市场和品牌全球化

1983 年，在一篇刊登于《哈佛商业评论》的文章中，西奥多·莱维特（Theodore Levitt）描写了世界市场全球化。如今，人们不停地围绕莱维特的观点展开有关全球化程度的争论。莱维特说道：

> 有一股强大的力量驱使世界走向趋同，这股力量就是技术。它使通信、运输和旅行变得越来越普及。其结果是商业呈现出新面貌——标准化的消费品以过去无法想象的巨大规模出现在全球市场中。
>
> 国家和地区的偏好差异已经不复存在，市场全球化时代即将到来。至此，跨国商业帝国已经走向尾声，跨国公司也是如此。跨国公司在多个国家开展业务，并以

相对较高的成本针对各国调整其产品和做法。而全球公司以相对较低的成本用绝对一致的方式运作，就好像整个世界是一个单一的实体，它在任何地方都以同样的方式销售同样的东西。

在商业上，从香榭丽舍大道到银座，麦当劳都取得了成功，同样取得成功的还有巴林的可口可乐、莫斯科的百事可乐，以及随处可见的摇滚音乐、希腊沙拉、好莱坞电影、露华浓化妆品、索尼电视和李维斯牛仔裤，没有什么比这些成功更能证实全球化的到来。

在国家品位或经营方式上，古老的差异消失了。共同的偏好不可避免地导致产品、制造以及贸易和商业机构趋于标准化。[2]

这段文字极具说服力，但莱维特是正确的吗？1983 年他是否正确，如今又是否正确？社交媒体的兴起以及其塑造全球文化的能力似乎支持了莱维特的观点。如果莱维特是正确的，那么莱维特的观点对于国际企业所采用的营销策略就具有重要意义。但是，许多学者认为莱维特的描述有所夸大。[3]尽管这对于钢铁、大宗化学品和半导体等基本工业产品可能有道理，但在许多消费品市场和工业市场中，莱维特所谓的全球化仍然只是少许例外，而不是普遍现象。虽然莱维特将像麦当劳这样的企业视为在全球范围内销售标准化消费品的典型例子，但它仍会在不同国家根据当地消费者的喜好来修改菜单。例如，在部分阿拉伯国家和巴基斯坦，麦当劳会销售 McArabia，一种阿拉伯式面包夹鸡肉的三明治，而在法国，麦当劳会销售一种火腿奶酪三明治 Croque McDo。[4]

莱维特也可能是正确的，技术确实促使较发达国家的消费者在某些品位和偏好上趋于一致，而且这种情况变得更加普遍。技术和其他驱动力正在引领我们越来越接近全球消费文化。但是，各国之间仍持续存在着独特的文化和经济差异，这对消费者品位和偏好的标准化趋势形成了阻碍。虽然我们明显发现，年轻人（通常是 40 岁以下）的需求和愿望已经越来越同质化和标准化，但老年人之间的品位仍存在很大差异。值得探究的是，当这些年轻人变老时，这种日趋同质化的现象是否仍会继续存在。有迹象表明，当人们变老时，需求和愿望的标准化趋势不会发生改变。不过，至少在假设里，人们随着年龄增长越来越多地拥有一些具有文化特色的需求。

因此，全球化可能不会在所有国家和地区全面普及（有关各国信息和数据的比较，请参阅 globaledge. msu. edu）。有些学者认为，全球文化的兴起并不意味着消费者拥有相同的品位和偏好[5]，而是意味着不同国家的消费者虽然往往持有不同观点，但越来越多地参与共同的“全球”对话，并开始采用包括耐克、多芬、可口可乐、索尼以及丰田和大众等在内的全球品牌作为共同的符号。[6]但这些品牌的认知、推广和使用方式仍因国家而异，并依赖于当地品位和偏好的差异。

全球化的另一个现象是，有些产品随处可见，但这并不意味着消费者对其喜爱程度超过本土替代产品。更好的技术、生产流程和创新可能在将来带来更好的本土替代产品，并与全球产品展开竞争。如今，全球产品在许多当地市场取得的成功可以归功于成本效益和有效的供应链，而并不一定是因为客户偏好。如果是这样，对全球企业和当地公司而言，国际营销的作用甚至比目前还要重要。[7]此外，贸易壁垒以及产品和技术标准的差异也限制了企业使用标准化营销策略来向全球市场出售标准化产品。

17.3　市场细分

市场细分（market segmentation）是指识别那些在需求、欲望和购买行为等重要方面互不相同的消费者群体。市场可以通过多种方式进行细分：地理、人口统计特征（例如，性别、年龄、收入、教育水平）、社会文化因素（例如，社会阶层、价值观、宗教、生活方式），以及心理因素（例如，个性）。由于不同细分市场表现出了不同的需求、欲望和购买行为模式，企业通常需要根据细分市场来调整营销组合。因此，在不同的细分市场中，具体的产品设计、定价策略、分销渠道以及传播策略等可能都有所不同。其目标是优化特定细分市场中消费者购买行为与营销组合之间的契合度，从而最大限度提高该细分市场的销售额。例如，汽车公司面向不同社会群体时采用了不同的营销组合。丰田在利用其雷克萨斯部门向高收入消费者销售高价豪华车的同时，也向较低收入消费者销售丰田卡罗拉等入门级车型。同样，计算机制造商也会通过不同的计算机型号来体现产品属性和定价之间的不同组合，以吸引不同细分市场的消费者（例如，商业用户和家庭用户）。

国际企业的管理者考虑对外国市场进行细分时，需要认识到两个主要问题：不同国家在市场细分结构上的差异，以及存在超越国界的细分市场。例如，一些公司针对一国内多个独特的细分市场提供多种不同产品选择，一些公司则瞄准一国内某个独特的细分市场，而该细分市场在其他国家也有平行市场。跨越多个国家、超越国界进行市场细分通常称为**市场间细分**（intermarket segment）。从战略上讲，营销管理人员在决定营销组合时有两种选择：以一个国家及其多个潜在细分市场为目标，采用多种营销组合，使公司能够专注于一国的文化特征（或易管理的多国特征）；以许多国家为目标，根据各国基本相同的特征进行市场间细分，使公司能够专注于在各国具有普遍性的特定消费群体文化特征。

这些选择很重要，因为在不同国家或者同一国家内，许多潜在细分市场的结构可能存在巨大差异。事实上，外国的某个重要细分市场可能在企业母国没有平行市场，反之亦然。在这种情况下，我们不能将重点放在市场间细分上，至少在涉及母国市场时不能。企业可能不得不开发一种独特的营销组合，以迎合特定国家细分市场的需求、愿望和购买行为。“管理聚焦”就提供了一个细分市场的例子，漫威影业为特定观众制作了各种各样的超级英雄电影，其中《黑豹》所针对的观众群体最为多样化。

管理聚焦　漫威影业和华特迪士尼公司的全球品牌创建

漫威影业（Marvel Studios）隶属于华特迪士尼公司（Walt Disney Company）旗下的全资子公司漫威娱乐（Marvel Entertainment），是一家美国电视和电影工作室。作为华特迪士尼帝国的一部分，漫威影业与华特迪士尼工作室（Walt Disney Studios）在漫威电影的发行和营销上展开了合作，如大获成功的《钢铁侠》和《复仇者联盟》系列。漫威影业其他备受瞩目的影片还有《X战警》、《蜘蛛侠》和《美国队长》系列。正如人们预料的那样，任何事物只要嵌入了华特迪士尼公司的全球品牌，就具有巨大潜力、影响力和持久性。

华特·埃利亚斯·迪士尼（Walter Elias Disney，1901—1966）是一位美国商业大亨，同时也是动画师、漫画家、导演、慈善家、制片人、编剧和配音演员。作为一个国际偶像，他于1923年与他的兄弟罗伊·迪士尼（Roy O. Disney）一起创立了迪士尼兄弟工作室（Disney Brothers Studio），自1986年以来，开始使用华特迪士尼公司的名称，并沿用至今。华特迪士尼公司拥有世界上最大、最著名的工作室之一。它还有许多相关业务，例如ABC广播电视网络、有线电视网络（例如，迪士尼频道、ES-PN）、出版、商品销售、剧院部门、主题公园（例如，迪士尼世界、迪士尼乐园）等。米老鼠是华特迪士尼的重要标志，也是有史以来在全球范围内最受认可的品牌之一。

华特迪士尼公司很擅长全球品牌推广，而这种品牌推广能力很好地转移到了漫威影业。在全球品牌推广行动中，原版《钢铁侠》电影的片尾彩蛋中神盾局局长尼克·弗瑞（Nick Fury）来到了托尼·斯塔克（Tony Stark）家。在这一场景中，弗瑞告诉斯塔克，钢铁侠并不是“世界上唯一的超级英雄”，并表示他想讨论一下“复仇者行动”。从2008年开始，已经由此衍生出20多部复仇者联盟电影，其中2019年的《复仇者联盟4：终局之战》堪称漫威电影世界中史诗般的大结局。

《复仇者联盟》和《钢铁侠》系列影片为漫威影业赚了数十亿美元。《钢铁侠》于2008年4月30日在国际市场首映，几天后在美国首映。令人惊讶的是，这部电影自1990年以来就先后由环球影片公司（Universal Pictures）、二十世纪福克斯电影公司（20th Century Fox）和新线电影公司（New Line Cinema）进行开发。漫威影业于2006年取得了这部电影的版权。影片中，花花公子、慈善家、天才托尼·斯塔克是一个“超级英雄”。钢铁侠是斯坦·李（Stan Lee）创造的一个虚构人物，于1963年首次出现在漫威漫画《悬疑故事》（*Tales of Suspense*）中。《钢铁侠2》于2010年上映，《钢铁侠3》于2013年上映，在其他《复仇者联盟》电影上映后还推出了更多续集。《复仇者联盟》于2012年4月11日首映。该影片自2005年开始开发，取材于漫威漫画中的同名超级英雄团队，由乔斯·韦登（Joss Whedon）编剧和导演。复仇者联盟是一个超级英雄团队，包括钢铁侠、美国队长、绿巨人、雷神、黑寡妇、鹰眼等耳熟能详的英雄。《复仇者联盟》系列的第二部电影《复仇者联盟2：奥创纪元》于2015年上映，第三部《复仇者联盟3：无限战争》于2018年上映，第四部《复仇者联盟4：终局之战》于2019年上映。

自1963年以来，漫威漫画为复仇者联盟的超级英雄们创造了100多个角色，但钢铁侠是其最初的英雄之一（还有蚁人、黄蜂女、雷神和绿巨人）。托尼·斯塔克在两个品牌的全球推广上都取得了成功，也使漫威影业的全球品牌推广具有极大优势。但随着黑豹、黑寡妇、奇异博士、永恒族等角色得到新的关注，漫威影业又开启了一系列成功的征程，人们对华特迪士尼公司的期望也不会有所减少。

资料来源：Megan Peters, "The MCU Will Be Very Different After Avengers 4," Comic Book, April 23, 2017; K. Buchanan and J. Wolk, "How Vulture Ranked Its 2013 Most Valuable Stars List," www. vulture. com, October 22, 2013; T. Culpan, "HTC Said to Hire Robert Downey Jr. for $12 Million Ad Campaign," *Bloomberg Businessweek*, June 20, 2013; C. Isidore, "Avengers Set to Rescue Disney and Hollywood," *CNNMoney*, May 7, 2012; "Iron Man 3: Clank Clank Bang Bang," The Wall Street Journal, May 2, 2013; Bryan Alexander, "One for the Ages: First 'Avengers: Endgame' Social Media Reactions Hail Marvel Epic," *USA Today*, April 23, 2019.

相比之下，超越国界的细分市场显然使国际企业更容易将全球市场视为一个单一实体并采用全球标准化战略——在全球范围内销售标准化产品并使用相同的基本营销组合来帮助企业在各国市场上进行产品定位和销售。在超越国界的细分市场中，消费者在一些重要的维度上具有高度相似性，例如，年龄、价值观、生活方式等，并且这些相似性能够转化为相似的需求、愿望和购买行为。在这种情况下，企业就可以采用市场间细分来瞄准客户的需求、愿望和购买行为，从而实现营销组合的全球化。这类细分市场明显存在于某些工业市场中，但在消费市场历来十分罕见。

根据预测，随着发达国家和新兴国家市场年轻消费者（40 岁以下）全球化程度的提高，这种市场间细分将变得越来越普遍。例如，一个兴起的全球细分市场引起了消费品国际营销人员的注意，那就是全球青少年市场。全球媒体为全球青少年市场铺平了道路。对 26 个国家 6 500 名青少年的文化态度和购买行为的研究证实了这一全球细分市场的存在。[8]研究结果表明，世界各地有越来越多的年轻人分享许多共同的价值观。因此，他们很可能出于相同的原因购买同类消费品。

17.4　商业分析

当公司将全球市场作为当前或潜在的目标客户市场时，**商业分析**（business analytics）就是可以对公司的国际商务战略和活动进行探索及深入调查的知识、技能和技术，它能帮助公司获得更深刻的理解并推动未来战略的制定和实施。对此定义进行扩展，在公司想要理解数据并以此开发和维护特定的客户时，商业分析也是其首选。

从广义上讲，商业分析流程始于为解决特定国际商务问题而收集的数据集。商业分析师从以往的经验和教育中所获得的知识和技能可以对收集的数据类型提供指导。在数据收集或整理完毕后，可以利用云电脑、数据仓库或传统办公电脑等存储数据。如果数据库中包含较小的数据集（例如，几百个案例和几十个变量），则几乎可以在任何技术设备（例如，安全的办公电脑）上进行存储。如果数据较大——**“大数据”**（big data），其中包括大量的结构化和非结构化数据，这些数据大到难以使用传统数据库和软件技术处理，那么通常会使用大规模服务器（例如，云电脑、数据仓库）来存储数据。

商业分析可以专注于三个核心应用：描述性分析、预测性分析和规范性分析。描述性分析是指使用相对简单的统计技术来描述数据集中包含的内容。例如，描述性统计数据可以是年龄条形图，用来描述瑞典乌普萨拉（瑞典中部的一个中等规模的大学城）的星巴克顾客。这可以使星巴克特许经营商对其开发的客户有基本了解，也许还能更好地了解店内提供的烘焙食品类型。描述性分析的目的是在最一般的意义上大致了解数据的含义。

预测性分析可定义为使用高级统计技术和软件来识别并构建预测模型，该模型有助于识别在描述性分析中不易观察到的趋势和关系。通常，我们认为纵向数据更有助于显示因果关系（例如，瑞典乌普萨拉的星巴克在社交媒体上的曝光率增加，导致乌普萨拉当地的咖啡销量增加，两周内瑞典各家星巴克的社交媒体报道量也随之出现增加）。

规范性分析可定义为使用管理科学的方法（即应用数学技巧）来指导公司以最好的方式利用可分配资源。例如，瑞典乌普萨拉的星巴克的广告预算有限（这种情况对于特定商店的特许经营商而言比较常见）。在此情况下，可利用管理科学工具（例如，线性规划）优化广告支出的分配（例如，在当地星巴克的带动下进行社交媒体互动，在当地报纸或广播电台做广告，或者在Snapchat、Instagram等平台上发布消息）。其目的是优化分配星巴克的有限资源，并寻求最佳趋势或未来机会。

无论我们谈论的是“小数据”还是“大数据”，商业分析都有助于了解全球市场上公司的当前产品和服务状况以及未来的商业机会。为了有效配置营销组合（我们将在本章后面讨论）并回答表17-1中的问题，全球企业需要使用商业分析提供的工具包，并进行国际市场研究。

表17-1　配置营销组合时要解决的问题

营销元素	要解决的问题示例
产品策略	
产品核心	不同国际细分市场中的客户是否有类似的产品需求？
产品采用	该产品如何瞄准国际细分市场中的客户？
产品管理	如何为国际细分市场中的客户管理既有产品和新产品？
产品品牌	国际细分市场中的客户对产品品牌有什么看法？
分销策略	
分销渠道	国际细分市场中的客户通常在哪里购买该产品？
批发分销	批发商在目标国际细分市场中的作用是什么？
零售分销	针对目标客户群，国际市场上有哪些不同类型的零售店？
传播策略	
广告	如何针对目标国际细分市场中的客户为产品打造知名度？
宣传	在目标国际细分市场中，宣传（例如，公共关系）在吸引客户上发挥了什么作用？
大众传媒	在目标国际细分市场中，各种媒体（例如，电视、广播、报纸、杂志、广告牌）为增强客户影响力发挥了什么作用？
社交媒体	在目标国际细分市场中，主要关注用户生成内容的各种社交媒体（例如，脸书、推特、博客、虚拟社区）在向客户传播信息上发挥了什么作用？

续表

营销元素	要解决的问题示例
促销	在目标国际细分市场中，回扣、优惠券和其他销售活动是否广泛激发客户购买公司产品？
定价策略	
价值	产品的价格对于国际细分市场中的客户理解（感知）产品价值是否重要？
需求	目标国际细分市场中的客户对产品的需求是否与国内需求相似？
成本	在面向国际细分市场的客户时，产品的固定成本和变动成本是否保持不变（例如，在走向国际市场时是否存在显著变化的变动成本）？
零售价格	是否存在会影响确定国际细分市场客户零售价格定价的贸易关税、非关税壁垒或其他价格管制？

17.4.1　国际市场研究

为了对全球市场进行有效细分，公司需要进行国际市场研究。**国际市场研究**（international market research）是系统地收集、记录、分析和解释数据，以提供对全球公司决策有用的知识。相比于仅对国内市场进行研究，国际市场研究涉及更多问题，例如，将调查问卷和报告翻译成外语，以及在数据收集中考虑文化和环境差异。本小节将重点介绍一些比较著名的国际市场研究公司，然后对国际市场研究的基本步骤和问题进行讨论。

国际市场研究是了解全球市场最重要的途径之一。鉴于其重要性，全球企业通常拥有内部市场研究部门，以便于持续评估客户需求、愿望和购买行为。[9]此外，全球企业通常还会进行持续的数据收集，以评估客户对产品和服务的满意度。[10]君迪（J. D. Power）和美国顾客满意度指数（American Customer Satisfaction Index，ACSI）是衡量全球各行业客户满意度最著名的两家公司。不仅如此，为了更好地了解新的国家市场等一些大型项目，全球企业通常会与外部市场研究公司合作以获得相关信息。其中著名的国际市场研究公司包括尼尔森（Nielsen）、凯度（Kantar）、益普索（Ipsos）和NPD 集团等。

- 尼尔森（https://www.nielsen.com）是一家国际市场研究公司，成立于 1923 年，在 100 多个国家和地区开展业务，拥有约 40 000 名员工，年收入 60 亿美元左右。[11]尼尔森在其网站上表示："无论你关注邻近城镇的市场，还是另一个大陆的市场，我们都理解了解消费者的愿望和需求是多么重要。"[12]

- 凯度（https://www.kantar.com）是一家位于伦敦的国际市场研究公司。该公司成立于 1993 年，是 WPP 集团（一家广告和公关企业）的市场研究、洞察和咨询部门。它在 100 多个国家和地区开展业务，拥有约 28 000 名员工，年收入在 40 亿美元左右。凯度与世界 500 强企业中的一半以上具有合作关系。

● 益普索（www. ipsos. com）是一家位于法国巴黎的国际市场研究公司。该公司成立于 1975 年，在约 90 个国家和地区设有办事处，员工约 15 000 人，年收入 20 亿美元左右。益普索是如今唯一一家由市场研究人员控制和运营的大型国际市场研究公司，它奉行“更好、更快、更便宜”（better，quicker，cheaper，BQC）的准则，并以此作为在全球市场上获得竞争力的方式。

● NPD 集团（www. npd. com）是一家位于纽约州华盛顿港的国际市场研究公司。[13]该公司成立于 1967 年，在全球拥有 25 个办事处，员工约 5 000 人，是一家私营公司，年收入约 5 亿美元。NPD 集团以其零售跟踪服务以及市场规模和趋势分析而闻名。如今，它跟踪的企业在全球范围内的销售额超过 1 万亿美元。

尼尔森、凯度、益普索、NPD 集团以及许多其他市场研究公司在进行国际市场研究时都遵循类似的流程。公司在国际市场研究中希望收集的基础数据包括：（1）国家和潜在细分市场的数据（地理、人口统计特征、社会文化因素、心理因素）；（2）预测特定国家或地区内客户需求的数据（社会、经济、消费者和行业趋势）；（3）用于确定营销组合（产品、分销、传播和定价）的数据。为收集这三个领域的数据，公司就必须在时间、成本和数据收集技术方面进行取舍。不过，无论在国内还是国际环境中研究流程都基本相同，包括：（1）定义研究目标；（2）确定数据来源；（3）评估研究的成本和收益；（4）收集数据；（5）对数据进行分析和解释；（6）报告研究结果。[14]下面将对每个步骤进行更详细的讨论（见图 17－1）。

图 17－1　国际市场研究步骤

资料来源：Charles W. L. Hill and G. Tomas M. Hult，*Global Business Today*（New York：McGraw-Hill，2020）.

定义研究目标包括：定义研究的问题；为国际市场研究设定目标。在任何国际市场研究项目开始前，需要解决的问题之一是，对国家市场或目标细分市场的基线有足够的了解，以便安排研究工作并顺利完成研究。研究通常始于对问题及目标相对模糊的认识，随后在对国家市场和潜在客户群体有更深入的了解并收集更多数据的过程中进行完善。[15]国际市场研究早期阶段最关键的是，在整个过程中对研究的问题和目标进行完善，如果不这样做，则可能得到无用的结论。例如，由于不了解研究的问题及目标范围（即儿童对电子设备和电子游戏的需求增加），全球销售额最大的玩具制造商美泰公司（Mattel Inc.）的假期销量惨淡。尽管 NPD 集团报告说其美国玩具销售额仅下降了 1%，但美泰公司的 CEO 布莱恩·斯托克顿（Bryan G. Stockton）认为：“我们的产品创新和营销计划还不够强大。”[16]

确定数据来源为的是解决特定的研究问题并最终实现目标，这通常不是一件容易的事，尤其当国际市场研究跨越多个国家市场时。在市场研究中，可以使用的数据有两种形式：一手数据和二手数据。[17]一手数据是指由全球企业或其聘请的国际市场研究公司为解决企业确定的研究问题和目标所收集的数据。考虑到收集国际数据的成本，大部分公司都尽量避免重复收集过去已有的类似数据。二手数据是指组织、个人或机构以前收集的数据，它并不是专门为了解决手头的研究问题和目标而收集的。但是，对于世界上超过一半的国家，想要收集其可用的二手数据并不容易，而且这些数据通常不可靠，往往无法满足全球企业更好地了解目标客户需求、愿望和购买行为的要求。总体而言，在国际市场研究中，应该对数据的以下几方面进行评估：可得性；在各国和各潜在细分市场之间的可比性；可靠性（研究结果是否一致）；有效性（研究能否实现既定的测评目标）。在众多数据类别中，想要获取有关国家和行业的二手数据，globalEDGE. msu. edu 是一个很好的来源，而前面提到的尼尔森、凯度、益普索和 NPD 集团等研究公司也是许多全球企业为了在全球范围内收集一手数据所依赖的优秀组织。

评估研究的成本和收益通常涉及为了直接解决研究问题和目标而收集一手数据（而不是使用二手数据）所产生的成本。相对于收集一手数据而言，取得二手数据通常可作为一种成本较低的替代方法。设计调查问题和抽样框架所需的开支推高了一手数据的收集成本。调查问题设计必须能够清晰地传达有关产品或客户问题的态度、属性或特征，从而使受访者认识到其价值。这也意味着必须克服语言、答案选项以及文化价值观和信仰方面的任何障碍或差异。例如，将调查问题转换为另一种语言的最常见方法是将问题翻译成外语，例如一个人把英语翻译成西班牙语，另一个人再将其回译成英语，然后将两个英文版本进行比较，以确保反向翻译版本的准确度。抽样框架在国际上的核心问题之一是确保在开展国际市场研究的国家能够成功抽取可比较的样本。这包括确定将接受调查的可靠名单或潜在人群，以及培养可接受调查的潜在人群。[18]

收集数据是指通过一手或二手方法收集数据，以解决全球企业设定的研究问题和目标。收集数据有定量和定性两种方法。定量方法包括实验、临床试验、观察和记录事件，以及使用封闭式问题的问卷调查。定量方法的目标是通过数值型数据和计算技术系统地了解客户的需求、愿望和购买行为。如今，收集定量数据的一种流行方式是在线调查和消费者邮寄调查。大多数大型国际市场研究公司都拥有针对企业客户和最终客户的全球客户邮寄调查及潜在抽样框架。定性方法包括深度访谈、观察法和文件审查。其重点是一系列基础广泛的问题，旨在深入了解客户的需求、愿望和购买行为。

对数据进行分析和解释开始于收集数据之后。假设调查是可靠和有效的，无论是一手数据还是二手数据，对数据进行分析和解释都是国际市场研究过程中的一个重要步骤。对国际市场研究进行分析和解释需要相当高的统计知识和文化知识水平。首先，在统计上的目标应该是采用某种技巧以最好的方式解决研究主题——通常以研究的问题或假设（研究变量之间的特定关系）的形式表述。数据分析的定量和定性方法有很多，在世界各地复杂的市场研究项目中[19]，SAS、SPSS、LISREL 和 Smart-PLS[20] 等软件用于定量分析方法，ATLAS. ti 和 MAXQDA 用于定性分析方法。其次，对结果进行解释时，研究人员必须在文化上与受访者所在地区、国家或亚文化中的价值观、信仰、规范和人文保持一致。如果可能的话，最好在研究中纳入至少一名被研究国家的当地人，以加深对研究结果、社会习俗、语义、态度和商业惯例的理解。例如，有些国家（例如，日本）倾向于不对问题作出极端的回答（例如，强烈同意或强烈不同意），而是作出中等程度的选择，而其他国家（例如，美国）则会更多地作出极端的回答。

报告研究结果是传达国际市场研究项目整体结果的一种方式。此类报告通常包括有关客户、竞争对手、国家、行业以及环境的信息，这些信息会影响全球企业为目标国际细分市场开发适当的营销组合。最终，其重点将放在如何以一种比现有竞争对手和潜在的市场新进入者更有竞争力的方式，满足客户的需求、愿望和购买行为，更好地吸引客户。在理想的情况下，接收报告的高层管理人员应该在国际市场研究过程早期就参与研究问题和研究目标的制定，最好还能参与一些实地工作，收集数据，以更好地倾听客户的声音。如果全球企业的关键员工（从一线服务人员到市场研究人员再到高级管理人员）了解目标客户所处的文化，那么许多曲解和错误的市场研究是可以避免的。最糟糕的情况是客户误解了问题，管理者曲解了答案。其中一个例子就是丰田汽车油门踏板失灵。丰田汽车存在油门踏板可能卡住的问题，这会造成车辆速度失控。[21]由于丰田在认识问题（即不知道油门踏板为何卡住）、分析损失并向高级管理人员报告以进行整改方面存在脱节，它在解决油门踏板的问题上进展缓慢。在文化上，日本以优质产品为荣，这意味着在日本企业内部披露质量问题、承担责任、与高级管理层沟通并纠正问题非常困难。

17.5 产品属性

产品可视为一系列属性的集合。[22]例如，汽车的属性包括动力、设计、质量、性能、油耗和舒适度；汉堡包的属性包括味道、口感和大小；酒店的属性包括氛围、质量、舒适度和服务。当产品属性与消费者需求相符并且价格合适时，产品就有了销路。宝马汽车之所以畅销，是因为宝马将人们对奢华、品质和性能的高度需求融入了汽车的属性。如果全世界消费者的需求都一样，企业就可以在全球范围内仅销售相同的产品。然而，消费者的需求取决于文化和经济发展水平，因国家而异。而各国不同的产品标准也进一步限制了企业在全球范围内销售相同产品。本节将讨论这些因素如何影响产品属性。

17.5.1 文化差异

第 3 章讨论了各国文化差异。各国在社会结构、语言、宗教和教育等各个维度都存在差异。[23]这些差异对营销策略有着重要影响。[24]文化差异中最重要的可能是传统的影响。传统在食品和饮料行业中尤为重要。例如，因为传统饮食习惯的差异，Findus 冷冻食品公司在英国销售鱼饼和鱼条，在法国销售勃艮第炖牛肉和红酒烩鸡，在意大利销售小牛肉配蘑菇和烤牛肉卷。可口可乐除了常规产品外，还在日本市场销售 Georgia 罐装冰咖啡和 Aquarius 运动饮料，这两种产品都迎合了日本传统口味。

由于历史和特殊原因，各国之间还存在一系列其他文化差异。例如，各国对气味的偏好不同。庄臣公司（SC Johnson）是一家蜡和抛光剂制造商，它的柠檬香味碧丽珠

(Pledge) 家具抛光剂受到了日本老年消费者的抵触。经过审慎的市场研究，公司发现这种抛光剂闻起来像日本广泛使用的厕所消毒剂。在对香味进行调整后，其销量大增。[25]

莱维特所说品位和偏好变得越来越国际化的趋势也有据可循。在日本和英国，咖啡正在逐渐取代茶饮，而美式冷冻餐食在欧洲也越来越流行（根据当地口味进行了一些微调）。在这些趋势的作用下，雀巢能够以基本相同的方式在北美和西欧销售速溶咖啡、意大利肉酱面和“瘦身特餐”(Lean Cuisine) 冷冻餐食。但是在世界其他大部分地区，“瘦身特餐”几乎没有市场，并且可能在几年或几十年内不会变化。尽管已经出现一些文化融合，尤其是在北美和西欧的先进工业国家之间，但莱维特所说的具有标准化品位和偏好的全球文化仍很遥远。

17.5.2　经济发展

与文化差异同样重要的是经济发展水平的差异。第 2 章讨论了各国在经济发展上的差异。消费者行为会受到一国经济发展水平的影响。美国等高度发达国家的企业往往会在其产品中加入许多额外的性能属性。而欠发达国家的消费者通常并不需要这些额外的属性，他们偏好更基本的产品。因此，在欠发达国家销售的汽车通常比在发达国家销售的汽车少许多功能，例如空调、动力转向、电动车窗、收音机和 CD 播放器。对于欠发达国家的消费者而言，可靠性可能是大多数耐用消费品更重要的属性，与发达国家相比，此类产品的购买支出可能占到了消费者收入的很大一部分。

与莱维特的观点相反，越是发达国家的消费者通常越不愿意为了较低的价格而牺牲自己偏好的属性。最发达国家的消费者通常不会选择全球标准化的产品，因为这些产品在开发时只考虑了最基础的共同特性。他们愿意为了根据他们的品位和偏好定制的具有附加功能和属性的产品支付更高价钱。例如，对顶级四驱 SUV 的需求主要局限于美国（例如，克莱斯勒的吉普、福特的探险者和丰田的兰德酷路泽）。这是多种因素共同作用的结果，包括美国消费者较高的收入水平、该国广阔的国土面积、相对较低的汽油成本，以及美国生活中以户外为主题的文化底蕴。

17.5.3　产品和技术标准

即使存在某些驱动力使得发达工业国家的消费者出现品位和偏好趋同的情况，但由于各国在产品和技术标准方面的差异，莱维特的全球市场愿景仍很遥远。[26]然而，越来越多的区域贸易协定的制定和实施（通常都考虑了同一技术标准的设定），可能会影响某些区域市场，使其更加全球化。

目前，各地政府在规定中形成的产品标准差异通常会导致公司无法实现大规模生产，也无法销售完全全球化和标准化的产品。技术标准的差异也制约着市场全球化。其中一些差异源于很久以前作出的特殊决定，而不是政府行为，但是其长期影响仍然十分深远。例如，在美国销售的 DVD 设备不能播放在英国、德国和法国销售的设备上刻录的DVD（反之亦然）。不过，现在大多数歌曲和电影都是流式传输的，因此几乎在世界任何地方都可以兼容播放。[27]

17.6 分销策略

企业营销组合的一个关键要素是分销策略，即企业选择使用何种方式将产品交付给消费者。[28]产品的交付方式取决于第12章中讨论的企业进入模式。本节将考察典型的分销系统，讨论其结构如何因国家而异，并研究如何根据不同国家制定适当的分销策略。

图17-2展示了一个典型的分销系统，该系统中包括由批发商和零售商组成的渠道。如果企业在某个特定国家制造产品，它可以将产品直接销售给最终消费者，也可以销售给零售商或批发商。在国外生产的企业也有相同的选择。此外，企业还可以将产品出售给进口代理商，然后由代理商与批发商、零售商或最终消费者进行交易。本章后面还将讨论企业分销渠道选择的决定因素。

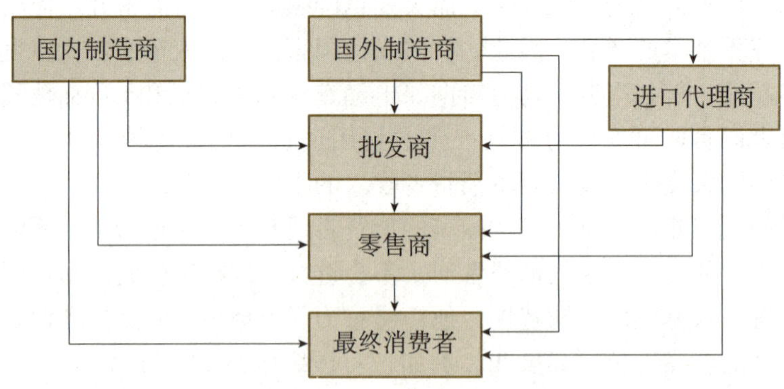

图17-2 典型的分销系统

资料来源：Charles W. L. Hill and G. Tomas M. Hult, *Global Business Today* (New York: McGraw-Hill, 2020).

17.6.1 国家差异

在全球范围内，分销系统的主要差异体现在四个方面：零售集中度、渠道长度、渠道排他性和渠道质量。

零售集中度

一些国家的零售系统非常集中，另一些国家的却很分散。在**集中零售系统**（concentrated retail system）中，少数零售商服务于大部分市场。而在**分散零售系统**（fragmented retail system）中，有许多零售商，但没有一家零售商在市场上占据主要份额。零售集中度的差异源于历史和传统。在美国，由于汽车的重要性和许多城区相对年轻化，所以零售系统大多集中于人们可以开车到达的大型商店或购物中心，这提高了零售集中度。而日本的人口密度高得多，并且在汽车出现之前就形成了大量城市中心，所以其零售系统更为分散，有许多小商店服务于当地社区，人们通常步行前往。此外，日本的法律体系保护小型零售商，它们可以向当地政府请愿，阻止大型零售商的设立。

发达国家往往有更高的零售集中度，原因有三点：汽车保有量增加、拥有冰箱和冰柜的家庭数量增加，以及双薪家庭数量增加。这些原因改变了人们的购物习惯，并促进了远离传统购物区的大型零售机构的发展。过去十多年里，全球零售业出现了整合，沃尔玛和家乐福等公司试图以收购不同国家零售商的方式成为全球零售商，这也提高了零售集中度。

相比之下，许多发展中国家的零售系统则非常分散，这可能在分销上带来挑战。在印度，联合利华必须将产品销往分布在 60 万个村庄中的零售商，很多村庄没有通公路，这意味着产品只能通过牛车、自行车或手推车送达目的地。其邻国尼泊尔地形崎岖不平，连自行车和手推车都无法使用，只能靠牦牛拉车或人力背负把产品送到数千个小零售商手中。

渠道长度

渠道长度（channel length）是指生产者（或制造商）和消费者之间的中间环节数量。如果生产者直接把产品卖给消费者，渠道就很短。如果生产者通过进口代理商、批发商和零售商出售产品，渠道就比较长。选择短渠道还是长渠道在一定程度上是生产企业的战略决策。但是，一些国家的分销渠道比其他国家更长。渠道长度最重要的决定因素是零售集中度。分散零售系统往往会促进批发商的发展，由批发商向零售商提供产品，从而拉长了渠道。

零售系统越分散，企业与所有零售商联系的成本就越高。试想在一个拥有 100 万个小零售商的国家（例如，印度），一家销售牙膏的企业如果要直接向零售商出售产品，就需要打造一个庞大的销售团队。其成本非常高昂，尤其是在每个销售电话能转化的订单量非常小的情况下。但假设该国有数百家批发商，它们向零售商不仅供应牙膏，还供应其他个人护理和家居产品。由于这些批发商提供的产品种类繁多，每个销售电话都能获得更大的订单，这使它愿意直接与零售商打交道。因此，企业应该向批发商销售产品，然后让批发商与零售商打交道。

由于这些因素，零售系统分散的国家往往有很长的分销渠道，有时甚至存在多个层次。日本就是一个典型的例子，在企业和零售商之间通常有 2～3 层批发商。在英国、德国和美国等零售系统更加集中的国家，分销渠道就要短得多。当零售商非常集中时，企业倾向于直接与零售商打交道，省去批发商，且只需要相对较少的销售人员，每个销售电话带来的订单量可能很大。这种情况在美国比较普遍，大型食品公司可以直接销往超市，而不用通过批发商。

家乐福、沃尔玛和特易购等大型折扣超市进入市场，也会使某些国家的分销渠道长度缩短。这些零售商的商业模式部分基于一种降低价格的理念，它们不需要批发商，而是直接与制造商打交道。因此，沃尔玛在进入墨西哥时，采用了直接与制造商交易的策略，而不是从批发商处购买商品，这有助于其缩短在该国的分销渠道。日本过去一直有着较长的分销渠道，但随着大型零售商的兴起（包括沃尔玛等一些外资企业，以及一些模仿美国模式的本土企业），如今这些分销渠道也在缩短。所有这些都在逐渐减少企业对批发商的依赖，使其开始直接与制造商打交道。

渠道排他性

独家分销渠道（exclusive distribution channel）是一种难以从外部进入的渠道。例如，新企业的产品通常很难在超市上架，这是因为零售商倾向于销售在该国具有一定声誉的老牌食品制造商的产品，而不会冒险购买不知名企业的产品。分销系统的排他性因国家而异。日本分销系统的排他性很强。在日本，制造商、批发商和零售商之间的关系通常可以追溯至几十年前。这些关系很多都建立在知道分销商不会销售竞争对手的产品的基础之上。作为回报，制造商保证分销商能够获得具有吸引力的加价。许多美国和欧洲制造商发现，这种关系可能使它们难以进入日本市场。但是，它们仍然可以借助一种新的消费品打入日本市场。宝洁就利用其洗悦（Joy）品牌洗洁精做到了这一点。宝洁之所以能够克服渠道排他性有两个原因。首先，在经历了 20 年低迷的经济表现后，日本市场正在改变。为了追求利润，零售商比以往任何时候都更愿意违反排他性的旧规范。其次，宝洁在日本市场的时间已经足够长，并且拥有足够广泛的消费产品组合，它能够在分销商中发挥相当大的影响力，从而能够通过分销渠道推出新产品。

渠道质量

渠道质量（channel quality）是指一国现有零售商的专业知识、能力和技能，以及它们为国际企业提供销路和支持的能力。虽然大多数发达国家的零售商都有不错的质量，但在新兴市场和欠发达国家中，分销渠道质量参差不齐。缺乏高质量的分销渠道可能会阻碍企业进入市场，特别是在企业需要大量销售网点协助和相关售后服务支持的情况下。当渠道质量较差时，国际企业可能不得不投入大量精力来升级渠道，例如，为现有零售商提供广泛的培训和支持，在极端情况下还可能需要建立自己的渠道。因此，苹果率先在美国推出苹果零售店概念，之后在多个国家（包括英国、法国、德国、日本和中国）都开设了零售店，从而可以为其广受欢迎的 iPhone、iPad 和 MacBook 产品提供销售网点培训、服务和支持。苹果认为这将有助于其在这些国家获得市场份额。

17.6.2 选择分销策略

分销策略的选择决定了企业将采用哪一渠道向潜在消费者销售产品。企业应该尝试直接向消费者销售产品吗？还是应该通过零售商、批发商、进口代理商销售产品？或者投资建立自己的渠道？最优策略取决于每种选择的相对成本和收益，这在各国都不相同，并且取决于上述讨论的四个因素：零售集中度、渠道长度、渠道排他性和渠道质量。

由于渠道中的每个中间环节都会对产品加价，因此渠道长度、最终售价和企业利润率之间通常有至关重要的联系。渠道越长，总的加价幅度就越大，消费者为最终产品支付的价格就越高。为确保价格不会因多个中间商加价而变得过高，企业可能被迫降低利润率运营。因此，如果价格是一个重要的竞争武器，并且企业不希望其利润率被压缩，那么在其他条件相同的情况下，企业会选择较短的分销渠道。

但是，使用较长分销渠道的好处也可能超过这些缺点。较长分销渠道的好处之一是在零售业非常分散的情况下可以降低销售成本。因此，国际企业会在零售业分散的国家使用较长的渠道，而在零售业集中的国家使用较短的渠道。使用较长渠道的另一个好处是获得市场准入——进入独家渠道的能力。进口代理商可能与批发商、零售商或重要的消费者有长期关系，因此能够更好地获得订单并进入分销系统。同样，批发商可能与零售商有着长期关系，并且更能说服它们销售企业的产品。

进口代理商并不限于独立的贸易公司，任何在当地有一定影响力的企业都可以担任这一角色。例如，为了打破渠道排他性并获得更多进入日本市场的机会，苹果在最初进入日本时，与五家大型日本企业签订了分销协议，它们是商用设备巨头兄弟工业（Brother Industries）、文具领导者国誉（Kokugo）、三菱、夏普和美能达（Minolta）。这些企业利用自己与消费者、零售商和批发商的长期分销关系，将苹果电脑通过日本的分销系统推向了市场。如今，苹果在日本开设了自己的商店，对这一策略作出了补充。

如果上述方法不可行，那么企业可以考虑不太传统的替代方案以获得市场准入。日本的渠道排他性让许多国外消费品制造商受挫，它们一直尝试用直邮和产品目录等方式直接向日本消费者销售产品。如果渠道质量不佳，企业应该考虑采用哪些措施来提升渠道质量，包括建立自己的分销渠道。

17.7　传播策略

营销组合中的另一个关键要素是将产品属性传达给潜在客户。企业可以使用一系列传播渠道，包括**社交媒体**（social media）（一种促进信息共享并建立虚拟全球网络和社区的技术）、直销、促销和各种形式的广告。企业的传播策略部分取决于其选择的分销渠道。不过，如今分销渠道太多也导致企业更难以控制有关其产品和服务的信息传播。

传统上，一些企业依赖于直销，一些企业依赖于销售网点的促销活动，还有一些企业依赖于大众广告，也有企业同时使用多个渠道向潜在客户传达信息。在社交媒体出现之前，企业能够对其在全球市场上提供的产品或服务类型进行“示意”。如今，这一信息传播过程是由客户和公司共同完成的。因此，跨国公司需要有活跃、互动的社交平台，以配合它们所使用的更传统的直销、促销和各种形式的广告等传播渠道。

在本节中，我们将首先着眼于各种国际传播营销障碍。与客户沟通的方式（例如，社交媒体、直销、促销和各种形式的广告）也是全球企业传播策略的一部分。其次我们要介绍的是潜在传播障碍以及可采用的广告形式。“管理聚焦”很好地说明了像博柏利这样的老品牌如何在这些限制和机遇下利用社交媒体营销来激活并重塑其知名奢侈品牌的地位。

管理聚焦　博柏利的社交媒体营销

博柏利是极具标志性的英国奢侈品服装零售商，由托马斯·博柏利（Thomas Burberry）于1856年创立，以其风衣和格子图案配饰而闻名，近年来一直引领着潮流。20世纪90年代后期，曾经有评论家将博柏利描述为“一家时尚度几乎为零的过时企业”。但到2019年，博柏利已经成为公认的世界顶级奢侈品品牌之一，具有强大的影响力，它拥有约500家零售门店，约10 800名员工，以及超过36亿美元的收入。成功的原因是博柏利利用社交媒体成为数字营销达人和顶级社交媒体品牌之一。

两位美国CEO先后推动了博柏利在数字市场革命之前就开始转型。第一位CEO是罗丝·玛丽·布拉沃（Rose Marie Bravo），她于1997年从萨克斯第五大道精品百货店（Saks Fifth Avenue）跳槽到博柏利。布拉沃看到了博柏利品牌巨大的隐藏价值。她的第一个举措是聘请世界一流的设计师为品牌重新注入活力。公司将定位转向了更年轻、更时髦的人群，最好的例子可能是公司邀请超级名模凯特·莫斯（Kate Moss）做广告对品牌进行了重定位。布拉沃2006年退休时，已经将博柏利转变成评论员口中极度时髦的高端时尚品牌，其雨衣、外套、手提包和其他配饰成为全世界年轻、富有、时尚的消费者的必备单品。

布拉沃的继任者安吉拉·阿伦茨（Angela Ahrendts）来自印第安纳州的一个小镇，在鲍尔州立大学获得了学位，曾任职于沃纳科（Warnaco）和丽诗加邦（Liz Claiborne），并在46岁时成了博柏利的CEO。阿伦茨意识到，尽管博柏利在布拉沃的领导下取得了一些成功，但其仍然面临着很大的问题。公司长期以来一直采取许可战略，允许其他国家的合作伙伴在博柏利的品牌下设计和销售自己的产品。这种对产品缺乏控制的战略在损害公司品牌。例如，西班牙合作伙伴销售的休闲服饰与公司在伦敦设计的服饰毫无关联。只要仍存在这种情况，博柏利就很难建立一个统一的全球品牌。

阿伦茨的解决方案是收购合作伙伴或回购许可权，以重新获得对品牌的控制权。与此同时，她推动了公司零售门店积极扩张的策略。在阿伦茨的领导下，年轻、富有、时尚的群体仍是公司的核心目标客户。为在这一群体中扩大影响力，博柏利将重点放在世界上较富裕的25个城市，主要市场包括纽约、伦敦和北京。博柏利称，这些市场占到全球时尚奢侈品交易的一半以上。采用这一策略之后，博柏利零售店的数量从2007年的211家增加到556家。

在博柏利的策略中，一个重点是利用数字营销工具来接触精通技术的客户群体。事实上，很少有奢侈品品牌公司像博柏利那样积极利用数字技术。博柏利在纽约、洛杉矶、迪拜、巴黎和东京以3D形式同步直播其时装秀。观众在家就可以通过互联网以流媒体形式观看时装秀并发表实时评论。在“点击购买”技术的加持下，消费者可以在门店上架前几个月就收到该品牌的外套和包袋。截至2018年，博柏利在脸书上拥有超过

1 700 万粉丝。在公司运营的社交媒体网站“风衣艺术”（The Art of the Trench）上，消费者可以上传自己身穿公司标志性雨衣的照片。

博柏利的全球营销策略似乎有效。博柏利的收入从约 13 亿美元增加到了 36 亿美元。2014 年 4 月，克里斯托弗·贝利（Christopher Bailey）取代安吉拉·阿伦茨担任 CEO（阿伦茨在苹果担任零售和在线业务高级副总裁一职）。贝利来自英国哈利法克斯，于 2001 年 5 月加入博柏利担任创意总监。他在担任创意总监期间，作出的品牌决策之一是从大部分博柏利产品中移除其品牌标志性的格子图案，只保留 10%产品中的格子图案。他还主导设计了博柏利位于英国伦敦摄政街 121 号的最大的商店，并将其作为品牌网站的实体化身。

资料来源：S. Davis, “Burberry's Blurred Lines: The Integrated Customer Experience,” *Forbes*, March 27, 2014; A. Ahrendts, “Burberry's CEO on Turning an Aging British Icon into a Global Luxury Brand,” *Harvard Business Review*, January-February 2013; Nancy Hass, “Earning Her Stripes,” *The Wall Street Journal*, September 9, 2010; “Burberry Shines as Aquascutum Fades,” *The Wall Street Journal*, April 17, 2010; Peter Evans, “Burberry Sales Ease from Blistering Pace,” *The Wall Street Journal*, April 17, 2010; and “Burberry Case Study,” Market Line, http://marketline.com.

17.7.1　国际传播障碍

当企业使用营销信息在其他国家销售产品时，就发生了国际传播。三个潜在的关键因素可能损害企业国际传播的有效性：文化障碍、源头效应和原产国效应以及噪声水平。

文化障碍

文化障碍会使跨文化信息交流变得困难。第 3 章和本章上一节中讨论了国家文化差异的来源和后果。由于文化差异，在一国表达某种意思的信息在另一国可能表达完全不同的意思。意大利服装制造商和零售商贝纳通（Benetton）的广告就遇到了文化差异问题。公司以“贝纳通的统一色彩”为主题发起了全球广告活动，并在法国获奖。其中一则广告描绘了一名黑人妇女正在给一名白人婴儿哺乳，另一则广告展示了一名黑人男子和一名白人男子被铐在一起。结果美国民权组织抨击这些广告涉及种族问题，贝纳通撤掉了这些广告，并解雇了法国的 Eldorado 广告公司。

企业克服文化障碍的最好方式就是建立跨文化素养（见第 3 章）。此外，在进行营销时，企业应利用当地资源，如当地广告公司等。企业如果使用直销而不是广告方式来传播信息，则应尽可能培养当地的销售团队。文化差异限制了企业在全球范围内使用相同的营销信息和营销方法。在一国行之有效的方法可能在另一国适得其反。

源头效应和原产国效应

当信息接收者（潜在消费者）根据发送者的状态和形象对信息进行评估时，就发生了**源头效应**（source effect）。当目标国家的潜在消费者对外国企业有偏见时，源头效应可能会对国际企业造成损害。例如，20 世纪 90 年代初“排日风潮”席卷美国，由于担心美国消费者可能对其产品持负面看法，本田在广告中强调了其汽车的美国制造程度，以展示其产品已“美国化”。

许多国际企业试图通过淡化其外国“血统”来抵消负面的源头效应影响。当法国反全球化抗议者何塞·博韦因拆除部分麦当劳而被一些法国人视为英雄时，麦当劳的法国特许经营商以一则广告作出了回应。这一前卫的广告奏效了，如今法国麦当劳是麦当劳全球网络中最强劲的业务之一。[29]

源头效应的一个子集是**原产国效应**（country of origin effects），它进一步指出了制造地点对产品评估的影响。研究表明，消费者在评估产品时可能会受产品原产国的影响，尤其当其缺乏对产品更详细的了解时。例如，一项研究表明，日本消费者往往在多个方面认为日本产品优于美国产品，即使事实并不一定如此。[30]国际企业可能不得不努力消除原产国效应的负面影响，如在促销时强调产品的性能。

源头效应和原产国效应并不总是负面的。法国葡萄酒、意大利服装和德国豪华汽车都受益于几乎得到普遍认可的积极源头效应。在这种情况下，企业可以通过强调其外国血统而获利。

噪声水平

噪声往往会降低信息有效传播的概率。**噪声**（noise）是指试图吸引潜在消费者注意力的其他信息数量，它也因国家而异。在美国等高度发达国家，噪声非常大。争夺发展中国家潜在消费者注意力的企业较少，因此那里的噪声水平更低。

17.7.2 推拉策略

传播策略的主要决策是在推式策略和拉式策略之间进行选择。**推式策略**（push strategy）在营销组合中强调个人销售而不是大众媒体广告。虽然人员销售是一种有效的营销方式，但需要大量的销售人员且成本相对较高。**拉式策略**（pull strategy）更多地依赖大众媒体广告将营销信息传递给潜在消费者。

一些企业只采用拉式策略，另一些企业只采用推式策略，还有一些企业将直销与大众媒体广告相结合，最大限度地提高传播效率。决定推拉策略相对吸引力的因素包括产品类型与消费者成熟度、渠道长度和媒体可得性。

产品类型与消费者成熟度

试图服务于大部分市场的消费品行业企业通常倾向于采用拉式策略。大众传播对这些企业而言具有成本优势，因此，它们很少使用直销方式。在识字率较低的贫困国家则存在例外，在那里直销可能是接触消费者的唯一途径。销售工业产品或其他复杂产品的企业则青睐推式策略。直销使企业能够就产品的特性对潜在消费者进行教育。这在发达国家可能没有必要，因为复杂产品已经在那里被使用了一段时间，消费者了解产品属性，并且存在高质量的渠道可提供销售网点服务。然而，当消费者成熟度较低时，消费者教育可能很重要，这种情况可能出现在发展中国家，也可能出现在向发达国家推出新的复杂产品时，或者出现在缺乏高质量渠道时。

渠道长度

分销渠道越长，就需要说服越多的中间商将产品送到消费者手中。这会导致渠道惰性，使企业进入市场变得困难。使用直销方式将产品推向多层分销渠道可能花费颇高。在这种情况下，企业可能会试图利用大众广告来创造消费者需求，以此拉动产品；一旦创造了需求，中间商就有了分销产品的意愿。

在日本，产品到达最终零售店之前通常要经过 2～4 个批发商，这可能使外国企业难以打入日本市场。外国企业不仅必须说服日本零售商销售其产品，还可能需要说服供应链中的每一个中间商分销其产品。在这种情况下，大众广告可能是克服渠道惰性的一种方式。然而，在印度这样的国家，需要很长的分销渠道来服务其广大农村人口，由于农村人口文化水平不高，大众广告可能行不通，企业可能需要回到直销策略或依赖于分销商的声誉。

媒体可得性

拉式策略依赖于人们可以接触广告媒体。世界各国，特别是相对发达的国家，都有大量可供使用的媒体，包括印刷媒体（报纸和杂志）、广播媒体（电视和广播）以及各种形式的社交媒体。这些媒体方便了企业针对特定群体做广告（例如，针对青少年和年轻人的音乐电视网（MTV）、针对女性的 Lifetime、针对体育爱好者的娱乐与体育电视网 ESPN，以及谷歌的针对性广告）。但是，在一些发展中国家，由于大众媒体通常更有限，拉式策略受到了更多限制。因此，企业使用拉式策略还受到媒体可得性的限制，在这种情况下，推式策略更具吸引力。例如，联合利华使用推式策略在几乎没有大众媒体的印度农村销售消费品。

在一些情况下，媒体可得性还受到法律限制。很少有国家允许电视和广播中播放烟酒产品的广告，但通常允许这些产品在印刷媒体上做广告。日本领先的威士忌酒厂三得利进入美国市场时，不得不在无法使用电视这一首选媒体的情况下开展业务。该企业每年在日本电视广告上花费大约 5 000 万美元。虽然美国允许企业直接向消费者做广告宣传药品，但许多其他发达国家禁止这样做。在这种情况下，制药企业必须明确针对医生来开展大量广告和直销活动，以使医生将其产品纳入处方中。

推拉组合

推式策略和拉式策略的最佳组合取决于产品类型与消费者成熟度、渠道长度以及媒体成熟度。以下情况更适用推式策略：

- 工业产品或复杂的新产品。
- 当分销渠道较短时。
- 当只有很少印刷媒体或社交媒体时。

以下情况更适用拉式策略：

- 消费品。
- 当分销渠道较长时。
- 当有足够的印刷媒体和社交媒体来传播营销信息时。

17.7.3 全球广告

近年来，很大程度上受到西奥多·莱维特等愿景家的启发，人们对全球广告标准化的利弊进行了大量讨论。[31]历史上最成功的标准化广告之一是菲利普·莫里斯公司对万宝路香烟的推广。其对品牌重新定位是为了向消费者保证万宝路香烟能够保持其一贯的风味。“光临风韵之境——万宝路世界”（Come to where the flavor is: Come to Marlboro country）的广告主题曾经风靡全球。万宝路在此基础上推出了“万宝路男士”的广告概念，一个粗犷的牛仔一边在广阔的户外骑马，一边吸着万宝路香烟。这则广告几乎在全球所有主要市场都取得了成功，并助力万宝路成为世界市场顶级品牌。如今，全世界都开始引入电子烟，传统香烟的受欢迎程度有所降低。

支持标准化广告

有三个理由支持全球标准化广告。首先，它具有显著的经济优势。标准化广告能够将开发广告的固定成本分摊至许多国家来降低价值创造成本。例如，麦肯光明广告公司（McCann Erickson）声称可口可乐公司近 20 年来在全球使用某些相同的广告元素，节省了超过 1 亿美元。其次，创意人才具有稀缺性，因此一次大规模的广告活动会比四五十次较小规模的活动产生更好的效果。最后，许多品牌名称是全球性的。随着如今国际旅行量大幅增长以及跨国媒体覆盖的范围大量重叠，许多国际企业希望营造单一的品牌形象，避免在当地广告中出现混淆。这在西欧等地区尤为重要，因为在这些地区，跨境旅行就如同在美国跨州旅行一样普遍。

反对标准化广告

反对全球标准化广告的理由主要有两点。首先，正如本章和第 3 章中反复提到的，国家之间的文化差异很大，在一国有效的信息在另一国可能使企业惨遭失败。文化多样性使得开发一个在全球范围内都行之有效的单一广告主题极其困难。针对特定国家文化的信息可能比全球信息更有效。

其次，广告法规可能会阻碍标准化广告的实施。例如，家乐氏（Kellogg）不能将其在英国制作的电视广告用来在其他欧洲国家推广玉米片。荷兰不允许提及玉米片中铁和维生素的含量，任何涉及健康和医疗益处的声明都是非法的。在法国，广告中穿着家乐氏 T 恤的儿童必须被剪辑掉，因为法国法律禁止在产品代言中使用儿童。由于竞争性声明在德国是被禁止的，“家乐氏，有史以来最好的玉米片”这句关键广告语无法在德国使用。[32]

应对国家差异

一些企业虽然认识到了国家文化和法律环境的差异，但仍然试图从全球标准化中获取好处。企业可能会选择在其所有广告活动中包含某一特征，然后对其他特征进行本土化。这样可以节省一些成本并建立国际品牌知名度，同时还可根据不同文化定制广告。

诺基亚就曾试图这样做。诺基亚以前在不同市场使用不同的广告。然而，2004 年诺基亚还是一家芬兰公司时（诺基亚于 2013 年被微软收购，但因现实原因，微软又于 2016 年解散了诺基亚部门），发起了一场全球广告活动，其口号是“1 001 个拥有诺基亚手机的理由”。诺基亚这样做是为了降低广告成本，获得规模经济，并建立一致的全球品牌形象。与此同时，诺基亚针对不同文化调整了广告。虽然有着相同的广告语，但广告都由投放地的演员出演，以便与当地群众产生共鸣。诺基亚的策略本应该更具文化敏感性，因为它后来被微软收购又解散，之后被苹果 iPhone 和三星 Galaxy 等产品取代。诺基亚在展示手机时还对当地场景作出调整，例如，在意大利的广告中使用当地市场，而在中东的广告中使用集市。[33]

17.8　定价策略

国际定价策略是国际营销组合的重要组成部分。[34]本节将着眼于国际定价策略的三个方面。首先考察价格歧视的情况，即在不同国家对同一产品收取不同价格。其次介绍战略定价。最后研究监管因素，如政府的价格调控规定和反倾销法规，这些限制了企业在一国设定其期望的价格。

17.8.1　价格歧视

只要企业就同一产品或略有调整的产品向不同国家的消费者收取不同价格，就称为价格歧视。[35]价格歧视包括企业制定市场能承受的最高价格，企业在竞争市场中制定的价格可能低于垄断市场。价格歧视可以帮助公司实现利润最大化。在不同国家制定不同价格可以带来经济利益。

要使价格歧视有利可图，必须具备两个条件。第一个条件是，企业必须能够保持其各国市场互相独立，否则，其他个人或企业就可以通过套利使企业难以实现价格歧视。当个人或企业在价格较低的国家购买产品并在价格较高的国家转售，利用两国之间企业产品的价格差异时，就发生了套利。例如，许多汽车企业在欧洲长期实行价格歧视。福特福睿斯在德国的售价曾比在比利时的售价高出 2 000 美元。当汽车经销商在比利时购买福睿斯并将其运往德国以略低于福特的售价销售时，价格歧视就失效了。为保护其德国汽车经销商的市场份额，福特不得不将德国售价调整至与比利时一致。福特无法保持这些市场相互独立，而英国右驾汽车的需求使其与欧洲其他市场相独立。

第二个条件是，不同国家有不同的需求价格弹性。**需求价格弹性**（price elasticity of demand）是衡量产品需求随价格变化程度的指标。当价格略微变化导致需求大幅变化时，就认为需求**有弹性**（elastic）；当价格大幅变化只能导致需求略微变化时，就认为需求**缺乏弹性**（inelastic）。图 17 - 3 展示了弹性和非弹性需求曲线。一般来说，企业可以在需求缺乏弹性的国家制定更高的价格。

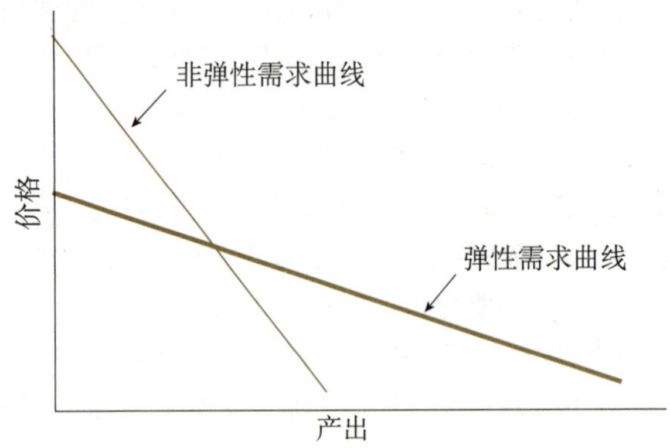

图 17-3 弹性和非弹性需求曲线

资料来源：Charles W. L. Hill and G. Tomas M. Hult，*Global Business Today*（New York：McGraw-Hill，2020）.

特定国家的产品需求价格弹性取决于许多因素，收入水平和竞争条件是其中最重要的两个因素。低收入国家的价格弹性往往更大。收入较低的消费者对价格往往非常敏感，他们没有那么多钱可支配，所以会更加在意价格。因此，与已经将计算机视为必需品的美国人相比，印度等国家中的大部分人仍将计算机视为奢侈品，他们对这类产品的价格弹性更大。安装在这些计算机上的软件也是如此。因此，为了在印度销售更多的软件，微软不得不将其低价版的产品（例如，Windows 入门版）引入该市场。

一般来说，竞争者越多，消费者的议价能力就越强，就越有可能从价格最低的企业处购买商品。因此，竞争者数量多也将导致高需求弹性。在这种情况下，如果企业将价格提高并且超过其竞争对手的价格，消费者就会转向其竞争对手的产品。当企业几乎没有竞争者时，情况恰恰相反。当竞争者有限时，消费者的议价能力就越弱，价格作为竞争武器的重要性降低。因此，与竞争激烈的国家相比，企业在竞争受限的国家可以对产品制定更高的价格。

17.8.2 战略定价

战略定价（strategic pricing）可分为掠夺性定价、多点定价和经验曲线定价。掠夺性定价和经验曲线定价都有可能违反反倾销规定。在介绍完掠夺性定价和经验曲线定价后，我们将研究反倾销规定以及其他监管政策。

掠夺性定价

掠夺性定价（predatory pricing）是利用价格作为竞争武器，将较弱的竞争对手驱逐出一国市场的做法。一旦竞争对手离开市场，企业就可以提高价格并享受高额利润。为使这种定价策略发挥作用，企业通常必须在另一国市场上盈利，并利用这些利润为其试图垄断的市场提供补贴，以实现激进定价。过去，许多日本企业都被指责采用了这种策略。因为日本市场有较高的非正式贸易壁垒防止本国企业受到外国竞争影响，所以日本企业可以在母国市场制定高价并赚取高额利润。然后，它们使用这些利润补贴其在外国市场的激进定价，目的是把竞争对手驱逐出去。该观点的支持者称，一旦实现了目的，日本企业就会提高价格。松下被指责使用这种策略进入美国电视机市场。作为日本主要的电视机生产商之一，松下在国内赚取了高额利润，然后利用这些利润来弥补其早年在美国的亏损，当时它以较低的定价渗透进当地市场。最终，松下成了世界上最大的电视机制造商。[36]

多点定价

当两家或多家国际企业在两个或多个国家市场相互竞争时，就会发生多点定价。**多点定价**（multipoint pricing）是指企业在某一市场的定价策略可能会影响其竞争对手在另一市场的定价策略。在某一市场上采用激进定价可能会使竞争对手在另一市场上作出竞争性反应。例如，富士胶片曾经在柯达的美国本土市场上采用激进的竞争策略发动攻击，某些产品价格降幅高达 50%。[37]降价导致富士胶片产品的出货量增加了 28%，而柯达的出货量下降了 11%。富士胶片的进攻给柯达带来了难题：柯达不想在其最大、利润最丰厚的市场展开价格战。因此，柯达的回击是在富士胶片最大的日本市场大幅降价。这种策略回应意味着柯达和富士胶片之间有相互依存的关系，它们在许多不同国家都展开了竞争。在柯达的反击下，富士胶片最终撤回了其在美国激进的竞争策略。

柯达的案例说明了多点定价的一个重要特点：在某一市场上采用激进定价可能会使竞争对手在另一市场上作出回应。企业在执行定价策略前，应当考虑其全球竞争对手会对其定价策略的变化作出何种反应。多点定价的第二个特点出现在两家或多家全球企业专注于特定国家市场并在该市场上发动激烈的价格战以试图取得市场支配地位时。两家美国公司金佰利（Kimberly-Clark）和宝洁为了争夺巴西一次性纸尿裤市场的主导地位陷入了价格战。[38]其结果是，三年内一次性纸尿裤的价格从每片 1 美元降至每片 33 美分，而包括巴西本土企业在内的多个其他竞争对手被赶出了市场。金佰利和宝洁在全球市场为了市场份额和主导地位展开了激烈竞争，巴西是其中一个战场。两家公司都负担得起这种行为，因为它们在世界其他市场都有盈利的业务，可以弥补它们在巴西的利润损失。

企业应该集中管理其在世界各地的定价策略。将定价决策权全部下放至各国子公司的管理者，并以此取得分散化管理的好处。但由于企业在世界任何一个地方的定价策略都可能使另一个地方出现竞争反应，总部管理层至少需要对特定国家市场的定价策略进行监督和审核，而地方管理者需要认识到其行为可能对其他地方的竞争环境造成影响。

经验曲线定价

随着企业逐渐积累生产量，单位成本会因经验效应而下降。学习效应和规模经济是经验曲线的基础。价格之所以重要，是因为积极的定价（连同积极的促销和广告）可以迅速积累销量，从而使生产沿着经验曲线下移。经验曲线下方的企业比上方的企业更具有成本优势。

许多在国际范围内采用**经验曲线定价**（experience curve pricing）的企业都会利用

低价来尽快扩大全球销量，即使这意味着最初可能蒙受巨大损失。这些企业认为，在几年内它们就可以沿经验曲线下移，从而获得可观的利润，并且相较于没有那么积极的竞争对手，它们可以取得成本优势。

17.8.3 监管对价格的影响

价格歧视或战略定价都有可能因国家或国际法规而受到限制。最重要的是，企业自行设定价格的自由将受到反倾销法规和竞争政策的限制。

反倾销法规

掠夺性定价和经验曲线定价都可能违反反倾销法规。只要企业以低于生产成本的价格出售产品，就构成倾销。然而，大多数法规对倾销的定义更为模糊。例如，只要符合以下两个标准，一国就可以根据《关税与贸易总协定》第六条对进口商提起反倾销诉讼：售价低于公允价值且会对国内产业造成实质损害。这一条款的问题在于它并没有说明什么是公允价值，导致有些人认为国外售价只要低于原产国的售价而不是低于成本，就可视为倾销。

反倾销规定为出口价格设定了底线，并限制了企业采用战略定价。大多数反倾销行动中都使用了相当模糊的定义，这表明在反倾销法规下，企业采用价格歧视策略也会受到限制。

竞争政策

大多数发达国家都制定了促进竞争并限制垄断行为的法规。这些法规可限制企业在特定国家制定的价格。例如，瑞士制药商罗氏公司（Hoffmann-La Roche）曾经是地西泮和利眠宁镇静剂的垄断供应商。该公司受到了英国垄断与兼并委员会（Monopolies and Mergers Commission）的调查，该委员会的职责是促进英国的公平竞争。它发现罗氏公司对镇静剂的定价过高，要求公司将价格降低 50%～60%，并退还 3 000 万美元的超额利润。罗氏公司坚持认为它只是利用了价格歧视，但这一理由未被采纳。德国联邦卡特尔局（Cartel Office）以及荷兰和丹麦政府随后也对罗氏公司提起了类似的诉讼。[39]

17.9 配置营销组合

企业可能根据各地在文化、经济条件、竞争条件、产品和技术标准、分销系统、政府法规等方面的差异，在不同国家对其营销组合的不同方面进行调整。这些差异可能需要企业在其产品属性、分销策略、传播策略和定价策略上作出变化。

这些因素的共同作用使企业多年以前就难以在世界范围内采用相同的营销组合，并且如今仍然如此。但是我们也看到，世界范围内出现了新一代的年轻客户，他们日常生活中想要的、需要的和使用的物品都越来越全球化。

电影业和金融服务业通常被认为是营销组合全球标准化的行业。美国运通（American Express）等金融服务公司在全球范围内提供相同的借记卡基础服务，收取相同的基础费用，并采用相同的全球广告基础信息（“没有它，别离家”）。据说，美国运通也会因为国家法规方面的差异而不得不改变其传播策略。

同样，虽然麦当劳通常被认为是在全球销售基本标准化产品的典型代表，但实际上，它营销组合中的一个重要方面——菜单就因国家而异。麦当劳还使用了不同的分销策略。在加拿大和美国，大多数麦当劳门店都位于驾车可方便到达的地方，但在人口稠密且对汽车依赖程度较低的其他社会，例如日本和英国，门店选址则取决于可途径餐厅的行人流量。由于各国通常在上述讨论的一个或多个维度上存在差异，企业在一定程度上定制营销组合是合理的。

总体上看，仍有很大机会对营销组合的一个或多个元素进行标准化。[40]企业对其全球广告信息或核心产品属性进行标准化以实现显著的成本效益，是可能的也是可行的。企业可能有必要定制分销策略和定价策略，以利用当地差异。实际上，“定制与标准化”并非一个全有或全无的问题，企业通常可以根据各国市场情况对营销组合中的某些方面进行标准化，而对其他方面进行定制。

表 17－1 阐述了配置营销组合时要解决的问题，以确定在不同的国际细分市场中如何对营销组合进行标准化或定制。请记住，真正的全球化产品——在全球市场 100%标准化的产品，通常只是一种幻想，但企业可以利用营销组合中的某些属性进行标准化并对其他属性进行定制，从而接近 100%标准化。

17.10　产品研发

本章到目前为止讨论了市场和品牌全球化、商业分析、国际市场研究、营销组合特征（产品属性、分销策略、传播策略和定价策略），以及配置营销组合等多个相关问题。这些问题是本章对国际营销和研发进行讨论所围绕的核心。企业成功开发并营销新产品可以带来巨大回报，本章的最后一节讨论了研发、营销和生产之间的相互作用。

一些企业掌握了研发、营销和生产之间的相互作用，并因此取得成功，例如杜邦（它不断成功开发创新产品，例如赛璐玢、尼龙、氟利昂和特氟龙）、索尼（其成功产品包括 PlayStation 和蓝光光碟）、辉瑞（研发了伟哥）、3M（将其在胶带和黏合剂方面的核心竞争力应用于广泛的新产品开发）、英特尔（在开发用于个人电脑的创新型微处理器方面一直处于领先地位），以及苹果（推出了 iPod、iPhone 和 iPad 等一系列热门产品）。这些成功案例都值得特别关注。我们借助本章的内容，并结合第 16 章中有关全球生产的内容，说明研发、营销和生产之间的相互作用。

当今世界，竞争依赖于技术创新。自 18 世纪工业革命以来，技术变革的步伐加快了，并且一直延续至今，导致产品生命周期大大缩短。技术创新既具有创造性，又具有破坏性。[41]创新可以使现有产品在一夜之间过时，但也使大量新产品成为可能。我们目睹了电子行业的变革。在 20 世纪 50 年代初之前的 40 年里，真空管一直是收音机的主要部件，此后也是电唱机和早期计算机的主要部件。晶体管的出现取代了真空管市场，但同时也创造了与晶体管相关的新机会。晶体管占用的空间远小于真空管，从而形成了一种延续至今的小型化趋势。晶体管作为电子行业主要元件的地位仅维持了 10 年左右。20 世纪 70 年代，人们开发出了微处理器，晶体管市场迅速衰退。微处理器促使一系列新产品应运而生：手持计算器（取代了计算尺的市场）、光盘播放器（取代了唱片机的市场）、个人电脑（取代了打字机的市场），以及智能手机（使固定电话和一些电脑设备过时）。

这种由技术变革引发的“创造性破坏”使企业必须保持技术领先，以免在竞争对手的创新下一败涂地。正如后面将提到的，技术创新不仅为企业创造了研发需求，也要求企业能够在专业技能集中的地方开展研发活动。正如我们将看到的，仅靠尖端技术并不足以保证企业的生存。企业还必须将技术应用于能够满足消费者需求的产品开发，并且必须在设计产品时就考虑到如何以具有成本效益的方式生产产品。为此，企业需要在研发、营销和生产之间建立紧密的联系。国内企业应对这些已经很不容易了，而国际企业还需要在各国消费者品位和偏好都存在差异的行业中展开竞争，更是困难重重。[42]在此前提下，我们将继续考察研发活动选址以及如何构建研发、营销和生产之间的联系。

17.10.1 研发选址

科学研究、需求状况和竞争条件的相互作用能够激发新产品的创意。在其他条件相同的情况下，新产品研发速度在满足以下条件的国家中更快：

- 将更多资金用于基础研发和应用研发。
- 潜在需求强劲。
- 消费者很富裕。
- 竞争很激烈。[43]

基础研发和应用研发能够发现新技术，然后将其商业化。强劲的需求和富裕的消费者为新产品创造了潜在市场。因为企业试图打败竞争对手，并从成功的创新中获得潜在的巨大先发优势，所以企业之间激烈的竞争能够刺激创新。

在第二次世界大战后的大部分时间里，根据这些标准排名最靠前的是美国。与其他国家相比，美国将更大比例的 GDP 用于研发，其拥有世界上最大且最活跃的科研机构。美国消费者最富裕，市场很大，美国企业之间的竞争很激烈。鉴于此，大多数新产品都是在美国市场研发和引进的。

在过去的 20 多年里，世界一直在快速变化。美国在新产品研发方面的垄断地位已被大大削弱。尽管美国企业在许多新技术方面仍处于领先地位，但亚洲和欧洲企业也成了强大的参与者。索尼、夏普、三星、爱立信、诺基亚和飞利浦等公司常常在各自行业中推动产品创新。此外，日本、欧盟、中国以及其他发展中国家和地区都成了庞大且富裕的市场，它们与美国之间的差距正在缩小。

因此，很多时候将美国视为领先市场已不再那么合适。例如，在电子游戏领域，日本通常是领先市场，索尼和任天堂等公司率先在日本推出最新的电子游戏机，大约六个月之后才将其引入美国。然而，人们对于是否可以将任何发达国家都视为领先市场一直存有争议。企业如今想要在高科技行业取得成功，通常需要在所有主要工业化市场同时推出新产品。例如，英特尔不会先在美国推出一种新的微处理器，然后于一年后引入欧洲。它会在世界范围内同时推出该新产品。微软推出新版 Windows 操作系统或三星推出新款智能手机时也是如此。

由于当今世界上许多地方都开展了前沿研究，支持将研发活动集中于美国的理由也不再那么充分。（人们过去认为，集中研发可以消除重复工作。）如今，许多前沿研究正在亚洲和欧洲进行。将研发活动分散到这些地点可以使企业靠近前沿活动中心，便于收集科学和竞争信息，并利用当地的科学资源。[44]这可能导致研发活动出现一些重复，但分散带来的优势超过了重复工作造成的劣势。

例如，为了了解日本正在进行的研究和新产品开发工作，许多美国企业在日本设立了附属研发中心。在日本建立研发机构的美国企业包括康宁（Corning）、IBM、宝洁、辉瑞、杜邦、孟山都和微软等。[45]根据美国国家科学基金会（National Science Foundation，NSF）的记录，美国企业的海外研发支出在总研发支出中的占比急剧增加。[46]例如，百时美施贵宝（Bristol-Myers Squibb）在五个国家拥有 12 家机构。与此同时，NSF 称，为使自己的研究国际化并获得美国人才，许多欧洲和亚洲企业也正在美国投资建设研究设施。

17.10.2 研发、营销和生产的整合

尽管成功研发新产品的企业可能会获得丰厚的回报，但新产品研发的失败率很高。一项针对化学、制药、石油和电子行业 16 家公司产品研发的研究表明，只有大约 20%的研发项目能够带来商业上成功的产品或工艺。[47]另一项针对 1 家化工公司和 2 家制药公司产品研发的案例研究报告称，约 60%的研发项目最终完成，30%实现商业化，只有 12%的经济利润能够超过公司的资金成本。[48]另一项研究也表明，只有约 11%的主要研发项目能够带来商业上的成功产品。[49]总之，现有证据表明，只有 10%～20%的主要研发项目能够最终上升为商业上的成功产品。

新产品研发失败率如此高的原因是多方面的，包括所研发的技术只有有限的需求、未能将具有前景的技术充分商业化，以及无法以经济高效的方式生产新产品。企业可以在研发新产品时对其中涉及的三个核心职能（研发、营销和生产）进行跨职能的紧密协调和整合，以降低失败的可能性。[50]在研发、营销和生产之间形成跨职能的紧密整合，可以帮助企业确保：

（1）产品研发项目是由客户需求驱动的。

（2）设计出的新产品易于生产。

（3）研发成本得到控制。

(4) 最大限度缩短产品投入市场的时间。

如果要确保产品研发项目由客户需求驱动，就需要实现研发和营销之间的紧密整合。公司客户可能是新产品创意的主要来源。发现客户需求，尤其是未得到满足的需求，可以为成功的产品创新奠定基础。通过与客户之间的联系，营销职能可以为公司提供客户需求方面的有价值信息。如果新产品要进行适当的商业化，则研发和营销的整合至关重要。如果不对研发和营销进行整合，公司就面临着研发的产品没有需求或只有很少需求的风险。

研发和生产之间的整合可以帮助公司在设计产品时考虑到生产要求。为生产而设计产品，可以降低成本并提高产品质量。对研发和生产进行整合还有助于降低研发成本并加快产品投入市场的速度。如果新产品在设计时没有考虑生产能力，则可能在生产时遇到很大的困难，不得不对产品重新进行设计，这可能显著增加总体研发成本以及产品投入市场所需的时间。在产品规划期间对设计进行更改，可能使总体研发成本增加 50%，并使产品投入市场所需的时间增加 25%。[51] 许多颠覆性的产品创新需要新工艺来生产，这使得研发和生产之间的紧密整合变得更加重要。如果想要最大限度缩短投入市场的时间和研发成本，可能需要同时研发新产品和新工艺。[52]

17.10.3 跨职能团队

实现跨职能整合的一种方法是建立一支由研发、营销和生产代表组成的跨职能团队。[53] 由于这些职能可能位于不同国家，团队中可能会有跨国成员。团队的目标应该是实现产品从最初的概念开发到推向市场。跨职能团队的以下特质有助于其有效运作并实现所有的阶段性开发成果。[54]

第一，团队应该由“重量级”的项目经理领导。团队领导者在组织中应具有较高的地位，并且拥有获取团队成功所需财务资源和人力资源的权力和权限。领导者应该将主要精力投入该项目，对项目有信心，善于从不同职能的角度进行整合，并促使不同职能和不同国家的员工为了共同目标通力合作。该领导者还应该能够在高层管理者面前维护团队的利益。

第二，团队中应包含每个关键职能的至少一名成员。团队成员应具有多种特质，包括提供与职能相关的专业知识、在所属职能中拥有较高的话语权、愿意对团队取得的成果分担责任，以及暂时淡化所属职能和国家的角色。团队成员在项目持续期间投入 100%的精力，可以确保他们更好地专注于项目，而不是继续他们在各自职能部门的工作。

第三，如果可能的话，团队成员应该在同一地点办公，以建立关系并促进沟通。如果团队成员位于不同国家的机构，就可能出现问题。一种解决方案是在项目进行期间，将关键成员聚集到同一地点。

第四，团队应该有清晰的计划和明确的目标，特别是对于关键的阶段性研发成果和研发预算。团队应该有实现目标的激励措施，例如，在获得主要的阶段性研发成果时可以获得奖金。

第五，每个团队都需要制定自己的沟通和冲突解决流程。例如，加利福尼亚州个人电脑硬盘制造商昆腾（Quantum Corporation）的一个产品开发团队制定了一项规则：所有重大决策和冲突解决方案都将在每周一的例会上作出。这一简单的规则帮助团队实现了研发目标。在这种情况下，团队成员经常从产品制造地日本飞往美国研发中心参加例会。[55]

17.10.4 打造全球研发能力

整合研发和营销以使新技术充分商业化，给国际企业带来了一些特殊问题，因为商业化可能需要在不同国家生产新产品的不同版本。[56]为此，企业必须在研发中心和各国业务之间建立紧密的联系。在对研发和生产进行整合时，也会出现类似问题，特别是当国际企业考虑相对要素成本等因素将生产活动分散于全球不同地方时。

在国际企业中，对研发、营销和生产进行整合，可能需要北美、亚洲和欧洲的研发中心通过正式和非正式整合机制与所在地区的营销业务以及各类制造设施联系起来。此外，国际企业还可能不得不组建一个成员分散于全球各地的跨职能团队。要完成这类复杂的任务，企业需要利用正式和非正式整合机制将其分布极广的业务整合在一起，以便及时有效地生产新产品。

虽然没有一种最佳模型可以将产品研发责任分配到各个中心，但许多国际企业采用的解决方案是建立一个全球研发中心网络。在这个模型中，基础研究将在全球各地的基础研究中心进行。基础研究中心所在地通常都能创造有价值的科学知识，并拥有大量高技能水平的研究人才（例如，美国的硅谷、英国的剑桥、日本的神户、新加坡）。基础研究中心是企业的创新引擎，其任务是研发可以转化为新产品的基础技术。

隶属于全球产品部门的研发机构将利用这些技术生产新产品以服务于全球市场。在此层面上，还需强调技术商业化和为生产而设计。如果需要进一步定制产品以迎合个别市场消费者的品位和偏好，则应当由该国子公司或区域中心的研发团队来完成重新设计的工作，为该国或该区域内的多个国家定制产品。

惠普在美国加利福尼亚州帕洛阿托、英国布里斯托尔、以色列海法、中国北京、新加坡、印度班加罗尔和俄罗斯圣彼得堡设有七个基础研究中心。[57]这些研究中心是技术的温床，这些技术最终将转化为新产品和新业务，它们是公司的创新引擎。例如，帕洛阿托研究中心首创了惠普的热喷墨技术。新产品由惠普全球产品部门联合的研发中心开发。因此，总部位于加利福尼亚州圣迭戈的惠普消费品集团（Consumer Products Group）使用惠普首创的热喷墨技术设计、开发和生产了一系列成像产品。此后，各子公司可能会对产品进行调整，以更好地满足重要国家市场的需求。例如，惠普在新加坡的子公司负责为日本和其他亚洲市场设计和生产热喷墨打印机。该子公司采用了最初在圣迭戈研发的产品，并针对亚洲市场进行了重新设计。此外，新加坡子公司在某些便携式热喷墨打印机的设计和研发方面已领先于圣迭戈总部。惠普将这项责任委托给新加坡子公司，是因为它在热喷墨产品的设计和生产方面拥有强大的竞争力，并凭此成为全球范围内开展此项活动的最佳地点。

小结

本章讨论了国际企业的营销、商业分析和研发职能。贯穿本章的一个主题是，在降低成本压力和当地响应压力之间存在紧张关系。本章要点如下：

1. 西奥多·莱维特认为，由于现代通信和运输技术的出现，消费者品位和偏好正在变得全球化，这为标准化的消费品创造了全球市场。然而，许多专家认为这一观点过于极端，不同国家和文化的消费者之间仍然存在显著差异。

2. 市场细分是指划分不同消费者群体的过程，这些消费者的需求、愿望和购买行为在重要方面存在差异。国际企业管理者需要意识到两个与市场细分相关的问题：不同国家在细分市场结构上的差异，以及存在超越国界的细分市场（即市场间细分）。

3. 对于将全球市场作为当前或潜在目标客户市场的公司而言，商业分析是公司对国际商务战略和活动进行探索及深入调查所需的知识、技能和技术，它能使公司获得洞察力，并推动未来战略的制定和实施。

4. 产品可以看作是一组属性。产品属性通常需要随国家作出改变，以满足不同消费者的品位和偏好。

5. 不同文化和经济发展水平会导致消费者品位和偏好的国家差异。此外，产品和技术标准的差异也可能要求企业根据国家来定制产品属性。

6. 分销策略应考虑将产品交付给消费者的最佳渠道。在全球供应链中，营销渠道是供应链下游（也称为出货供应链）的组成部分（参见第 16 章）。

7. 分销系统存在显著的国家差异。一些国家拥有集中零售系统，一些国家拥有分散零售系统。一些国家的分销渠道很短，而另一些国家的分销渠道很长。企业在一些国家，特别是在一些欠发达国家，很难进入分销渠道，且当地渠道质量可能较差。

8. 营销组合中的一个关键要素是传播策略，它定义了企业将其产品属性传达给潜在客户的过程。

9. 国际传播的障碍包括文化差异、源头效应和噪声水平。

10. 传播策略包括推式策略和拉式策略。推式策略强调人员推销，而拉式策略强调大众媒体广告。选择推式策略还是拉式策略取决于产品类型与消费者成熟度、渠道长度和媒体可得性。

11. 在全世界使用相同营销信息的全球标准化广告活动具有经济优势，但无法解决文化和国家法规的差异问题。

12. 就同样的产品对不同国家的消费者制定不同价格，就发生了价格歧视。价格歧视有助于企业实现利润最大化。要使价格歧视有效，国家市场必须是独立的，且需求价格弹性必须不同。

13. 掠夺性定价是利用在某一市场赚取的利润来支持在另一市场的激进定价，以将竞争对手驱逐出去。

14. 多点定价是指企业在某一市场的定价策略可能会影响竞争对手在另一个市场的

定价策略。在某一市场上激进的定价可能引发竞争对手在另一个对企业很重要的市场上作出竞争反应。

15. 经验曲线定价是使用积极的定价来尽可能快速积累产量，从而使企业迅速沿经验曲线下移。

16. 国际市场研究涉及定义研究目标、确定数据来源、评估研究的成本和收益、收集数据、对数据进行分析和解释，以及报告研究结果。

17. 新产品研发是一项高风险且具有潜在高回报的活动。要打造新产品研发能力，国际企业必须做两件事：将研发活动分散至新产品研发的前沿国家，以及将研发、营销和生产进行整合。

18. 要实现研发、营销和生产之间的紧密整合，就需要建立跨职能团队。

思考与讨论题

1. 假设你是一家美国一次性纸尿裤制造商的营销经理。企业正在考虑进入巴西市场。CEO 认为，在美国行之有效的广告信息在巴西也能奏效。请列举一些反例。CEO 还认为可以将巴西的定价决策权下放给当地管理者，这有什么问题？

2. 20 年内，标准化消费品的巨大全球市场就会出现。你是否同意这种说法？请说明你的理由。

3. 你是一家食品公司的营销经理，公司正在考虑进入印度市场。印度的零售系统往往非常分散。此外，零售商和批发商往往与印度食品公司有着长期关系，使公司进入分销渠道十分困难。你会建议公司采用什么分销策略？为什么？

4. 价格歧视与倾销没有区别。请讨论这种说法是否准确。

5. 假设有一家设计和制造个人电脑的公司。公司的研发中心在美国密歇根州。个人电脑的制造工作外包给了泰国。营销策略被委托给三个区域集团的负责人：北美集团（总部设在芝加哥）、欧洲集团（总部设在巴黎）和亚洲集团（总部设在新加坡）。每个区域集团都制定了其区域内的营销方式。按照重要性排序，公司产品最大的市场是北美、德国、英国、中国和澳大利亚。公司在产品研发和商业化过程中遇到了问题。产品投入市场的时间晚，制造质量差，成本高于预期，且新产品的市场接受度低于期望值。这些问题的根源可能是什么？如何纠正这些问题？

章末案例

虚假新闻和另类事实

广告是营销的重要组成部分，但如今它在世界各地的重要作用逐渐被削弱，正在沦为一种古老的经营方式。今天，有了大数据、商业分析和更复杂的国际市场研究，根据公司的营销组合定制广告已成为大多数跨国公司的必然选择。这并不是说你不会再接到不感兴趣的定制营销电话，也不意味着黄金时段电视节目中的广告能够针对你想要的产品。大众营销在某种程度上不会消失，它将作为一种在市场上传播信息和引起注意的形式，吸引那些尚未被确定为公司主要目标市场的人群，或者只是尝试用古老的“广告带动销售”的方法卖出更多产品。

但是，消费者总是期望更多：公司至少可以了解消费者的愿望和需求，并适当地投放广告。在此情况下，这些不是真正的广告，而是一种信息传递形式，告知消费者一些尚未得到考虑的机会。这就是脸书的战略要素之一。如今，每月有超过20亿人使用脸书。世界各地的公司可以根据现有或潜在用户的重要或相似兴趣和特征（例如，人口统计特征、兴趣和行为），在脸书的新闻推送中投放广告，从而瞄准这些用户中正确的细分市场。这是有针对性的全球信息传递，促使用户采取行动的可能性要比传统广告大得多。

虽然有针对性的定制广告可能比那些时常让人感到厌烦的大众广告更受欢迎，但占据了大量篇幅的脸书和谷歌定制广告也可能惹恼用户。马克·扎克伯格（Mark Zuckerberg）聘用的脸书前民意调查专家塔维斯·麦金（Tavis McGinn）根据一项调查结果得出结论，脸书对全球社会造成了不好的影响。实际上，用户希望公司在向他们推销时能够知道他们是谁以及他们可能想要或需要什么，但他们不希望公司过多干涉他们的个人生活。这个巨大的挑战使脸书处于不利地位。脸书创始人扎克伯格显然已经开始在与人们进行某种互动的过程中收集个人的大数据，这其中甚至包括非用户的信息。

令人惊讶的是，在2016年美国总统大选和2018年中期选举中，脸书尽管有先进的技术和用户跟踪措施，仍然无法阻止虚假新闻和另类事实泛滥。各类组织，尤其是政治行动组织，一直利用脸书发布有关政治竞争对手（例如，唐纳德·特朗普与希拉里·克林顿）和政治公投（例如，英国脱欧）的虚假新闻。脸书的解决方案是由第三方核查员对事实进行核查，以减少虚假新闻的曝光率，而不是将它们从脸书的新闻推送中删除。显然，编辑或删除新闻将成为一种审查形式，但如果信息是不准确的，脸书是否有义务将这类帖子标记为虚假新闻或彻底删除它们呢？

当人们或各类组织不喜欢或不认同基于真实数据和信息的真实新闻时，往往会使用另类事实，这就会带来问题。另类事实的支持者认为，这是提供额外事实和信息的一种方式，而反对者则认为另类事实只是谎言和不准确的信息。大多数人会认为信息和数据应该以准确、可信和正确的方式呈现，并且不存在模棱两可的状态。但这并不是争论的重点。重点是对数据和信息的真实性进行解读——关键词是“解读”。显然，一切都可以得到解读。如果某项数据或信息有极小的可能性是不可信且不准确的，那么一部分不喜欢它的人就会将其解读为不准确的数据或信息（世界上97%的气候科学家认为全球变暖是真实的，但仍有人不认同）。

无论你持何观点，虚假新闻和另类事实盛行都将给全球营销人员和公司带来难题。目前，新闻是否真实取决于人们的主观感受。在充斥着“不可信”信息的环境中，对某个消费者具有促销作用的可信信息，在另一个消费者眼中可能会被认为是有误导倾向的彻头彻尾的虚假陈述。显然，虚假新闻已不再是新鲜事物，也不是从2016年才出现的（尽管当时这个词很流行）。公司如今可以通过对社会有益且对消费者有用的成熟方式来利用大数据、商业分析和国际市场研究。但制造虚假新闻的诱惑在技术的加持下仍将不断带来麻烦，只要有人相信这些新闻，这种趋势就不会停止。

资料来源：Rani Molla and Kurt Wagner，"Many Believe Facebook Is Having a Negative Impact on Society around the World，" *Recode*，April 12，2018；Thuy Ong，"Facebook Is Shrinking Fake News Posts in the News Feed，" *The Verge*，April 30，2018；"Scientists Agree：Global Warming is Happening and Humans Are the Primary Cause，" Union of Concerned Scientists，January 9，2018；"Demand for Lies and Misinformation Encourages Media Organizations to Provide Them，" *The Economist*，April 5，2018；and "Fake News：You Ain't Seen Nothing Yet，" *The Economist*，July 1，2017.

案例讨论题

1. 新闻媒体和社交媒体组织（例如，脸书、推特、Instagram 和领英）应该负责监控虚假新闻吗？还是应该由消费者自行解读？

2. 大多数人会认为信息和数据应该以准确、可信和正确的方式呈现。而其重点是对数据和信息的真实性进行解读。我们能否相信人们能够正确解读社交媒体和一般媒体上传播的信息？为什么？

3. 如果我们不相信人们能够正确解读社交媒体上的信息，那么应该由谁对这些信息及其真实性进行监控呢？我们可以开发一个系统来监控虚假新闻或另类事实吗？如果世界上 97%的气候科学家认为全球变暖是真实的，那么这个比例是否足以说明全球变暖是事实？

注释

第18章

全球人力资源管理

学习目标

阅读本章后，你将能够：

- 总结人力资源管理在国际商务中的战略作用。
- 理解国际商务中不同人员配置政策的优缺点。
- 阐述管理者可能无法在派驻国外的过程中成长的原因。
- 认识管理人员培养和培训计划如何提高国际商务企业的人力资本价值。
- 阐述绩效评估体系为何因国家而异以及有何差异。
- 了解薪酬制度为何因国家而异以及有何差异。
- 了解劳工组织如何影响国际商务企业的战略选择。

开篇案例　卡夫亨氏公司的演变

卡夫亨氏公司（Kraft Heinz Company）是一家食品公司，由卡夫食品公司（Kraft Foods）和亨氏公司（H. J. Heinz）合并而成，总部位于美国伊利诺伊州芝加哥和宾夕法尼亚州匹兹堡。卡夫亨氏是北美第三大、全球第五大食品和饮料公司，年销售额约为260亿美元。该公司拥有200多个品牌，产品销往约200个国家和地区。其产品组合中包括8个在零售和餐饮服务行业年收入超10亿美元的品牌，如亨氏、卡夫、方便午餐盒（Lunchables）、麦斯威尔（Maxwell House）、奥斯卡梅耶（Oscar Mayer）、菲力(Philadelphia)、维维塔（Velveeta）。此外，还有5个品牌的销售额在5亿～10亿美元，25个品牌的销售额在1亿～5亿美元。

这就是目前的情况。如果想要追溯卡夫亨氏150年的历史，则困难得多，因为这里面涉及了许多并购和人力资源问题。但是，卡夫亨氏公司根深蒂固的两个核心事例可以很好地说明品牌和全球人力资源管理的复杂性。我们将首先关注亨氏公司并追溯其历史。然后我们再将目光转向卡夫食品公司并追溯其历史。尽管分分合合（例如，卡夫食品并入亿滋国际），但这两个品牌最终都成了卡夫亨氏的一部分。2015 年 3 月 25 日，两家公司的董事会同意合并，并获得了公司股东和监管机构的批准。

亨氏公司最初由德裔美国企业家亨利·亨氏（Henry J. Heinz）和克莱伦斯·诺布尔（L. Clarence Noble）于 1869 年创立。亨氏出生于美国，他的父母——来自卡尔施塔特的约翰·亨利·亨氏（John Henry Heinz）和来自克鲁施皮斯的安娜·玛格丽莎·施密特（Anna Margaretha Schmidt）是德国移民。亨利·亨氏是弗雷德里克·特朗普（Frederick Trump）的远方表亲，后者于 1885 年移民美国，他是美国第 45 任总统唐纳德·特朗普的祖父。1991 年，时任共和党参议员约翰·亨氏（John Heinz）的配偶特丽莎·亨氏（Tereza Heinz）成为亨氏公司的所有者，但随后在 2013 年沃伦·巴菲特（Warren Buffett）的伯克希尔·哈撒韦公司（Berkshire Hathaway）和巴西的 3G 资本（3G Capital）对亨氏进行收购时，她出售了自己的控股股份。特丽莎·亨氏如今是 2004 年民主党美国总统候选人约翰·克里（John Kerry）的配偶。

亨氏公司在最初的 30 年里发生了很大变化，如早期的几个合作伙伴被收购、于 1875 年破产，以及在 1888 年以亨氏公司的名义东山再起并于 1905 年注册成立。2015 年，当两家公司合并成为卡夫亨氏公司时，亨氏公司的股东获得了 51%的股权，而卡夫食品公司的股东获得了 49%的股权（卡夫食品公司股东还获得了总计 100 亿美元的现金股利，即每股 16.5 美元）。这是食品行业有史以来最大规模的并购。公司于 1876 年开发了著名的亨氏番茄酱（至今仍占据美国市场约 50%的份额），收购了多家公司和品牌，并将来自约 40 个国家的员工整合到其组织当中。

再来看卡夫食品公司，它的前身是占士·卡夫（James L. Kraft）于 1903 年在芝加哥设立的一家批发奶酪的配送企业。它的经历有所不同，但也十分复杂，其中有许多人力资源问题和组织整合问题。此后不久，占士的三个兄弟也加入了企业，并于 1909 年注册成立了卡夫兄弟公司（J. L. Kraft Bros. & Company）。卡夫兄弟为一种不易变质的加工奶酪申请了专利，这种奶酪在第一次世界大战期间被美国军队大量购买。

然后，涉及卡夫的一系列快速并购开始了。1930 年，卡夫兄弟公司被国家乳制品公司（National Dairy Products Corporation，成立于 1923 年）收购，并于 1969 年更名为 Kraftco Corporation，1976 年更名为 Kraft，Inc.。1980 年，Kraft，Inc. 与多元化的达特工业公司（Dart Industries，Inc.）合并，又于 1986 年拆分。1988 年，Kraft，Inc. 被烟草巨头菲利普·莫里斯公司（Philip Morris Companies）收购，后者已于 1985 年收购了通用食品公司（General Foods），后于 2000 年收购了纳贝斯克（Nabisco Holdings）。出于多种原因，菲利普·莫里斯公司于 2003 年更名为奥驰亚（Altria）（但其投资组合中仍有多家菲利普·莫里斯的公司）。

通用食品公司和纳贝斯克的业务、人力资源和核心竞争力都被整合进了卡夫通用食品公司（Kraft General Foods，Inc.）。2001 年，通过发行部分股票，菲利普·莫里斯开始出售其在卡夫食品公司的股份。2007 年，卡夫食品公司（Kraft Foods Inc.）成为一家独立的上市公司。获得独立后，卡夫食品公司在2007年以70亿美元的价格收购了法国达能集团（Groupe Danone）的饼干部门，并在2010年经过漫长的谈判，以超过190亿美元的价格收购了英国糖果公司吉百利（Cadbury）。大约两年后，即2012年，公司进行重组，拆分成了两家独立的公司，一家是面向北美销售杂货产品的卡夫，另一家是面向全球销售零食产品的亿滋国际（Mondelēz International）。因此，当2015年卡夫的母公司与亨氏公司合并时，一切似乎又回到了原点。卡夫食品成了新成立的企业集团中的一个品牌和一个部门。

当然，2015年并不是卡夫亨氏并购活动的终点。2017年，该公司试图完成对联合利华的并购，许多人认为这种并购充满敌意。联合利华是一家成立于1929年、年收入620亿美元的英荷跨国消费品公司。联合利华当时拥有169 000名员工，业务遍及全球190个国家和地区。卡夫亨氏意图以1 430亿美元现金和股票进行并购。但最终，卡夫亨氏撤回了并购要约，并将其在某种程度上不得不撤回要约归咎于过早泄露了交易。卡夫亨氏表示，这阻碍了双方在友好的基础上进行并购谈判。无论如何，从逻辑上说，这笔交易太大，不太可能发生。

如何在一笔1 430亿美元的交易中以无缝、协同的方式将一家年收入约260亿美元的公司（卡夫亨氏）和一家价值620亿美元的公司（联合利华）的人力资源融合在一起，以实现对两家公司优秀人力资源的充分利用？事实证明，卡夫食品公司和亨氏公司也未能真正实现人力资源融合和协同。卡夫亨氏的大部分管理团队都来自3G资本，而不是食品行业的资深人士，他们管理如此庞大的食品集团的能力也没有给华尔街留下深刻印象。令人担忧的是，卡夫亨氏过于注重削减成本，而不是打造自己的品牌。品牌资产能够与人力资源开发相辅相成，但在大多数公司里，削减成本对两者都有负面影响。卡夫亨氏似乎就面临这种情况。

资料来源：Lauren Hirsch，"Kraft Heinz Backer 3G Capital Faces Reality：Brutal Cost-Cutting Isn't Enough，" *CNBC*，February 22，2019；Paul R. La Monica，"What Went Wrong at Kraft Heinz，" *CNN Business*，February 22，2019；"3G Capital Discovers the Limits of Cost-Cutting and Debt，" *The Economist*，March 2，2019；Antoine Gara，"Kraft Heinz Withdraws Its $143 Billion Bid For Unilever，" *Forbes*，February 19，2017；Dana Cimilluca，Dana Mattioli，and Chelsey Dulaney，"Kraft，Heinz to Merge，Forming Food Giant，" *The Wall Street Journal*，March 25，2015.

18.1 引言

本章通过对全球人力资源管理的考察，继续关注参与全球市场的企业的商务职能。**人力资源管理**（human resource management，HRM）是指企业为有效利用人力资源而开展的活动。[1]这些活动包括确定企业的人力资源战略、人员配置、绩效评估、管理开发、薪酬和劳动关系。综合而言，这些活动决定了国际企业如何在全球市场上组建和管理员工，包括本地、区域、全球和外派的人力资源。

这些全球人力资源管理活动都不是凭空发生的，所有这些活动都与企业的全球战略有关。正如本章将讲到的，人力资源管理有着重要的战略作用。[2]通过影响企业人力资源的特性、发展、质量和生产率等方面，人力资源管理职能可以帮助企业实现其主要战略目标，即通过更好地服务客户来降低价值创造成本并增加价值。

本章开篇案例介绍了卡夫亨氏的演变，这是一个关于人力资源整合的有趣例子。卡夫食品公司和亨氏公司的双重性（曾经是相互独立的公司）是经过多次并购才形成的，我们很难从整体上追溯其演变过程。但是，每次发生并购，人力资源都将经历削减、整合或重新分配职位的过程。

章末案例提供了另一个关于人力资源问题的例子，它考察了壳牌如何在全球范围内利用人力资源。约有 7%的壳牌员工在其母国以外的地方工作，其中许多人都是长期在国外工作。这样做的好处包括可以将宝贵的管理和技术技能转移到当地业务中，培养一些了解各国经营方式的领导者（这是壳牌这类跨国企业的主要问题，壳牌在约 70 个国家和地区拥有业务），并确保管理层能够对当地业务进行监督。

不管跨国企业（例如，卡夫亨氏和壳牌）的管理者是否想要建立一个拥有全球员工队伍的真正的全球企业，人力资源管理措施通常必须根据各国情况进行调整。人力资源管理的战略作用在纯粹的国内企业中已经足够复杂了，在国际企业中则更为复杂，因为各国在劳动力市场、文化、法律制度、经济制度等方面的巨大差异会使人员配置、管理人员培养、绩效评估和薪酬制度复杂化。不同国家可能在以下方面存在差异：

- 支付报酬的方式可能因国家习俗而异。
- 工会等组织可能在一国劳动法中被禁止，在另一国却强制要求。
- 某些国家可能会为平等就业制定法律，而其他国家则不会。
- 民族和文化情况可能要求公司对其政策进行一些修改。

如果要建立一支能够管理跨国企业的管理队伍，人力资源管理部门必须处理一系列问题。它必须决定如何安排公司的关键管理职位，如何培养管理人员以使他们熟悉在不同国家开展业务的细微差别，如何为不同国家的员工制定薪酬，以及如何评估不同国家管理人员的绩效。人力资源管理还必须处理与外派管理者相关的一系列问题（**外派管理者**（expatriate manager）是在企业的海外子公司工作的一国公民）。人力资源管理必须决定何时使用外派人员，确保他们回国时能做好工作交接并对他们重新定位。

本章深入考察了人力资源管理在国际企业中的作用。首先简要讨论了全球人力资源管理的战略作用。然后将注意力转向了人力资源管理部门的四个主要任务：人员配置政策、培训与管理开发、绩效评估和薪酬制度，并指出了每项任务的战略意义。之后研究企业应如何打造多样化的全球员工队伍，以及它为何能使企业受益并提高财务效益。本章最后介绍了国际劳动关系，以及企业劳动关系管理与企业总体战略之间的关系。

18.2　全球人力资源管理的战略作用：管理全球员工

越来越多的学术研究表明，要获得高盈利能力，人力资源实践与企业战略必须高度契合。[3] 如第 12 章提到的，企业要实现卓越的绩效，不仅需要正确的战略，而且该战略还应有合适的组织架构支持。第 13 章中讨论了如何通过组织架构来实施战略。如图 18－1 所示，员工是企业组织架构的关键。企业要想在全球市场上超越其竞争对手，就必须在合适的职位上配备合适的员工。这些员工必须得到适当的培训，从而具备有效开展工作所需的技能，并能够遵循企业文化开展工作。薪酬方案必须能够激励员工作出与企业战略一致的行为，而企业的绩效评估系统也必须能够对企业期望的行为进行衡量，以鼓励员工达成卓越的绩效。

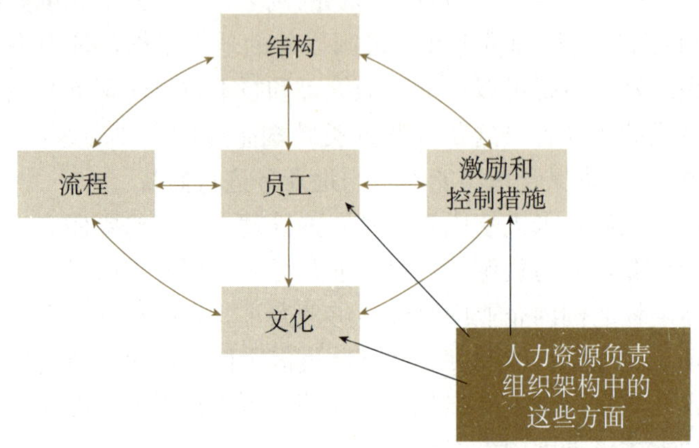

图 18－1　人力资源在塑造组织架构中的作用

如图 18－1 所示，人力资源管理职能通过人员配置、培训、薪酬和绩效评估政策，对企业组织架构中的员工、文化、激励和控制措施等要素都有着重要影响（绩效评估系统是企业控制系统的一部分）。因此，从事人力资源管理的专业人员有着至关重要的战略作用。他们有责任以符合企业战略的方式塑造企业组织架构中的以上要素，以使企业有效地实施其战略。

简而言之，卓越的人力资源管理可以持续为全球经济提供高生产率和竞争优势。与此同时，研究表明，许多国际企业在提高人力资源管理职能的有效性方面仍存在进步空间。一项对 326 家大型跨国企业竞争力的研究发现，人力资源管理能力是大多数企业最薄弱的能力之一，这表明提高国际人力资源管理实践的有效性可以带来巨大的效益。[4]

在第 12 章中，我们研究了国际企业奉行的四种战略：本土化战略、全球标准化战略、跨国战略和国际战略。在本章中我们将看到，企业要想取得成功，还必须确保其人力资源管理政策与企业战略保持一致。例如，跨国战略在人员配置、管理开发和薪酬制度上的要求与本土化战略不同。采用跨国战略的企业需要建立强大的企业文化和非正式的管理网络，以便在组织内传递信息和知识。人力资源管理部门可以通过员工选拔、管理开发、绩效评估和薪酬政策来帮助企业实现这些目标。因此，正如之前提到的，人力资源管理在战略实施方面发挥着关键作用。接下来，本章将详细介绍人力资源管理的战略作用。

18.3　人员配置政策

人员配置政策（staffing policy）涉及为特定工作岗位选拔员工。一方面，这涉及选拔的人员应具有完成特定工作所需的技能。另一方面，人员配置政策可以成为发展和推广企业文化的工具。[5]**企业文化**（corporate culture）是指组织的规范和价值观。强大的企业文化有助于企业实施其战略。例如，通用电气在雇用员工时，不仅希望他们具有执行特定工作所需的技能，还希望他们的行为风格、信念和价值观与企业一致。无论员工是美国人、英国人、德国人还是瑞典人，无论他们是在美国工作还是在外国工作，这一期望都不会变。人们认为，如果员工的个性与组织规范和价值观更合拍，企业就能获得更高的绩效。

18.3.1　人员配置政策的类型

研究发现，国际企业中有三种人员配置政策：民族中心法、多中心法以及全球中心法。[6]我们将介绍每项政策并将其与企业所采用的战略联系起来。最具吸引力的人员配置政策可能是全球中心法，但要采用这种政策存在多个障碍。

民族中心法

民族中心法人员配置政策（ethnocentric staffing policy）是指所有关键的管理职位都由母国国民担任。这种做法曾风靡一时。宝洁、飞利浦和松下等企业最初都采用这种做法。例如，飞利浦作为一家荷兰企业，其大多数外国子公司的所有重要职位都由荷兰国民担任，非荷兰籍的员工将这些荷兰管理者称为“荷兰党”。过去，丰田、松下和三星等许多日本和韩国企业也将其国际业务中的关键职位交给了母国国民。例如，根据日本海外企业协会（Japanese Overseas Enterprise Association）的数据，日本公司的外国子公司中只有 29%的总裁不是日本人。相比之下，外国公司的日本子公司中有 66%的总裁是日本人。[7]如今，有证据表明，仍有许多其他国家的企业在国际扩张时，也在其海外业务中采用民族中心法。[8]

企业奉行民族中心法人员配置政策主要出于三个原因。第一，企业可能认为东道国缺乏合适的人才来担任高级管理职位。当企业在欠发达国家开展业务时，就经常遇到这种情况。

第二，企业可能将民族中心法视为维持统一的企业文化的最佳方式。例如，许多日本企业历来倾向于使用外派的日本管理者来负责其海外业务，因为这些管理者在日本工作期间已经融入了企业的文化。[9]宝洁仍然倾向于让美国员工担任其外国子公司的重要管理职位，这些美国人都在宝洁的美国企业中工作多年，已经融入了宝洁的企业文化。当企业高度重视其企业文化时，这一理由就十分充分。

第三，如果企业试图将核心竞争力转移至海外机构以创造价值，就如采用国际战略的企业所做的，则它可能认为最好的方法就是将了解企业核心竞争力的母国国民派遣到海外机构。如果企业试图将营销方面的核心竞争力转移至外国子公司，但是没有相应地转移母国营销人员，那么这种转移可能无法产生预期的收益，因为核心竞争力蕴含的知识难以被表述或记录下来，在很大程度上只可意会，不可言传，并且是通过积累经验取得的。就像优秀的网球运动员无法通过撰写一本手册来指导他人如何成为优秀的网球运动员一样，在营销或其他任何方面拥有核心竞争力的企业也无法仅仅通过编写一本手册来指导外国子公司如何在国外建立企业的核心竞争力。因此，企业必须将其管理人员派往海外机构，以便向外国管理者示范如何成为优秀的营销人员。之所以需要将管理者派往海外，是因为企业核心竞争力蕴含的知识实际存在于本国管理人员的头脑中，是他们通过多年经验获得的，而不是通过阅读手册获得的。因此，企业要想将核心竞争力转移至外国子公司，就必须转移相应的管理人员。

尽管国际企业有理由采用民族中心法，但有两个原因使该政策在大多数国际企业中越来越不受欢迎。首先，民族中心法人员配置政策限制了东道国员工的晋升机会，这可能会使他们不满，导致生产率下降和人员流动增加。如果外派管理者的薪酬水平远高于当地员工（通常都是这种情况），则这种不满可能会加剧。

其次，民族中心法可能导致文化短视，企业无法理解东道国的文化差异，而这种差异要求企业采取不同的营销和管理方法。外派管理者适应当地环境可能需要很长时间，在此期间他们可能会犯下重大错误。例如，外派管理者可能无法理解如何使产品策略、分销策略、传播策略和定价策略适应东道国的情况，结果可能是犯下一系列代价高昂的错误。他们还可能仅仅因为不了解当地文化，而作出在伦理上存在争议的决策。[10] 在美国有一个广为人知的案例，美国联邦平等就业机会委员会起诉三菱汽车在其伊利诺伊州的工厂内放任性骚扰行为。该工厂的高层管理人员全部是日本外派员工，他们否认了这些指控。日本管理者可能没有意识到在日本被视为可接受的行为，在美国是不可接受的。[11]

多中心法

多中心法人员配置政策（polycentric staffing policy）要求企业聘用东道国国民来管理子公司，而母国国民则在企业总部担任关键职位。在许多方面，多中心法都是为了解决民族中心法的缺点而诞生的。采用多中心法的一个优点是，企业不太可能患上文化短视症。东道国的管理者不太可能因文化上的误解而像外派管理者那样犯错。另一个优点是，多中心法的实施成本较低，可以降低价值创造的成本。而企业为了支付外派管理者的高额薪酬，可能花费高昂。

多中心法也有缺点。东道国国民在本国以外的地方取得经验的机会有限，因此无法在子公司的高级职位上更进一步。这可能与民族中心法一样引起不满。然而，多中心法的主要缺点可能是东道国管理者和母国管理者之间存在隔阂。语言障碍、国家忠诚度和一系列文化差异可能使公司总部员工孤立于各个外国子公司。如果缺乏从母国到东道国或者从东道国到母国的管理人员转移，则会加剧这种孤立，并导致公司总部与外国子公司之间无法实现良好的整合。结果是各国子公司形成一个相对独立的“联盟”，与公司总部只有名义上的联系。在这样的联盟中，要实现核心竞争力转移所需的协调一致或经验效应和区位经济都十分困难。因此，虽然多中心法可能对采用本土化战略的企业有效，但它不适用于采用其他战略的企业。

多中心法形成的“联盟”也可能造成企业内部的惰性。在采用多中心法人员配置政策数十年后，联合利华发现，要从本土化战略转变为跨国战略非常困难。联合利华的海外子公司基本上自主经营，每家子公司都有强烈的民族认同感。这些“小王国”强烈反对公司总部试图限制其自主权并实现制造全球化的企图。[12]

全球中心法

全球中心法人员配置政策（geocentric staffing policy）将在整个组织内寻找关键岗位的最佳人选，而不考虑国籍。这个政策有很多优点。首先，企业能够充分利用其人力资源。其次，更重要的是，全球中心法能够使企业培养一支国际化的高管队伍，让管理者熟悉在多种文化环境中工作。打造国际化的队伍可能是企业向强大统一的企业文化和非正式的管理网络迈出的关键的第一步，而这两项在全球标准化战略和跨国战略中都是不可或缺的。[13]奉行全球中心法人员配置政策的企业，相比于奉行其他人员配置政策的企业，可能从经验效应和区域经济以及核心竞争力的多向转移中创造更多的价值。此外，全球中心法能使管理团队由多国员工组成，这往往会减少文化短视并增强当地响应能力。

总之，在其他条件相同的情况下，全球中心法似乎最具吸引力。事实上，近年来许多跨国企业都迅速转向了全球中心法。例如，印度的塔塔集团是一家市值超过 1 000 亿美元的全球企业集团，它旗下的多家公司都由美国和英国高管经营。2005 年，日本索尼公司打破了 60 年来的传统，任命了第一位非日本籍的董事长兼 CEO 霍华德·斯金格（Howard Stringer），他曾担任哥伦比亚广播公司（Columbia Broadcasting System，CBS）总裁，是在威尔士出生和长大的美国公民。美国公司也越来越多地从海外获取管理人才。2014 年，微软任命印度人萨提亚·纳德拉（Satya Nadella）为 CEO。一项研究发现，在 21 世纪 00 年代中期，美国公司排名前 100～250 的管理者中有 24%来自美国以外地区。对欧洲公司而言，这一比例平均达 40%。[14]

然而，许多问题限制了企业采用全球中心法。许多国家希望外国子公司雇用其本国国民。为实现这一目标，一些国家在本国有足够的具备必要技能的人员的情况下，利用移民法规，要求在当地开展业务的企业雇用该国国民。如果企业想雇用外国国民而不是当地国民，包括美国在内的大多数国家都会要求企业提供大量文件资料。准备这些文件既耗时又昂贵，有时还是徒劳。实施全球中心法也可能花费不菲。将管理人员从一国转移至另一国，培训和安置成本将会增加。企业可能还需要基于标准化的国际薪酬水平制定薪酬结构，这会使企业支付的薪酬高于大多数国家的国内水平。此外，在国家间流动的管理人员如果享有更高的薪酬，也可能引起企业内部的不满。

人员配置政策类型总结

表 18－1 总结了三种人员配置政策的优缺点。宽泛地说，民族中心法可与国际战略

兼容，多中心法可与本土化战略兼容，而全球中心法可与全球标准化战略和跨国战略兼容（有关各战略的详细介绍，请参阅第 12 章）。

表 18-1 人员配置政策的优缺点

人员配置政策	相应的战略	优点	缺点
民族中心法	国际战略	克服东道国缺乏合格管理者的困难； 统一文化； 有助于核心竞争力的转移	引起东道国员工的不满； 可能导致文化短视
多中心法	本土化战略	减轻文化短视； 实施成本较低	限制职业流动性； 使总部孤立于外国子公司
全球中心法	全球标准化战略和跨国战略	高效利用人力资源； 有助于打造强大的文化和非正式的管理网络	国家移民政策可能限制其实施； 花费不菲

虽然这里描述的人员配置政策已经得到国际商务从业者和学者的广泛采纳和使用，但仍有一些批评者认为，这种分类方法过于简单，它掩盖了国际企业内部管理实践的差异。批评者称，在一些国际企业中，人员配置政策因不同国家的子公司而存在很大差异，有些国家的子公司采用了民族中心法进行管理，有些却采用了多中心法或全球中心法。[15]另有一些批评者指出，企业采用何种人员配置政策主要受其地域范围，而不是其战略方向的影响。地域范围越广泛的企业越有可能采用全球中心法。[16]

18.3.2 外派管理者

上述三种人员配置政策中有两种（民族中心法和全球中心法）都依赖于大量使用外派管理者。如前所述，外派人员是在另一国工作的某国公民。有时，“内遣人员”（inpatriate）一词也用来描述一部分外派人员，他们是外国公民，但在跨国企业的母国工作。[17]因此，在美国微软工作的日本公民属于内遣人员（微软有大量内遣人员在美国西雅图附近的主要办公地点工作）。在民族中心法下，外派人员都是被派往国外的母国国民。在全球中心法下，外派人员不一定是母国国民，企业不会根据国籍来作出调动决定。在对国际人员配置进行研究时，**外派失败**（expatriate failure）是一个突出的问题，外派管理者过早返回其母国。[18]我们将在这里简要介绍外派失败的迹象，然后对能够将失败率降至最低的多种方法进行讨论。

外派失败率

外派失败表明企业的选拔政策未能选出可以在派驻国外的过程中成长的人。[19]其后果包括外派人员过早从外国岗位返回以及较高的离职率（外派人员离职率大约是国内人员的 2 倍）。[20]外派失败的成本很高。据估计，母公司每次外派失败的平均成本可能高达外派人员国内年薪加上安置成本（受货币汇率和派遣地点的影响）的 3 倍。每次外派失败的成本估计在 40 000 美元和 100 万美元之间。[21]此外，30%～50%的美国外派人员会继续留在他们的国际岗位中，但他们的工作被认为是无效或没有边际效用的，而他们的平均年薪高达 25 万美元。[22]在一项开创性研究中，罗莎莉·佟（Rosalie Tung）调查了多家美国、欧洲和日本的跨国企业。[23]表 18-2 对她的结论进行了总结，外派失败率超过 10%的美国跨国企业占比达 76%，外派失败率超过 20%的美国跨国企业占比达 7%。佟的研究也表明，美国跨国企业的外派失败率远高于欧洲或日本的跨国企业。但是，近期研究结果与以上被广泛引用的结论有所矛盾。例如，最近一项针对 4 个国家的 136 家大型跨国企业的研究发现，外派管理者过早回国的企业占比已降至 6.3%，而不同国家的跨国企业之间几乎没有差异。该研究认为，在佟的研究之后，跨国企业已经在选拔和培训外派人员方面有很大改进。[24]

表 18-2　外派失败率

召回百分比	公司百分比
美国跨国企业	
20%～40%	7%
10%～20%	69%
<10%	24%
欧洲跨国企业	
11%～15%	3%
6%～10%	38%
<5%	59%
日本跨国企业	
11%～19%	14%
6%～10%	10%
<5%	76%

资料来源：R. L. Tung, "Selection and Training Procedures of U. S. , European, and Japanese Multinationals," *California Management Review* 25, no. 1 (1982): 51-71.

佟在调查中让跨国企业外派管理者指出外派失败的原因。对于美国跨国企业而言，这些原因按重要性排序如下：

（1）外派人员的配偶无法适应。

（2）外派人员无法适应。

（3）外派人员的其他家庭问题。

（4）外派人员个人或情绪问题。

（5）外派人员无法承担较大的海外责任。

欧洲企业外派管理者只给出了一个一致的理由来解释外派失败：外派管理者的配偶无法适应新环境。而对于日本企业来说，失败的原因如下：

（1）外派人员无法承担较大的海外责任。

（2）外派人员无法适应。

（3）外派人员个人或情绪问题。

（4）外派人员缺乏技术能力。

（5）外派人员的配偶无法适应。

对比不同国家外派失败的原因，“外派人员的配偶无法适应”是美国和欧洲跨国企业外派失败的首要原因，但在日本跨国企业中仅排在第 5 位。佟评论说，鉴于日本社会中妻子的角色和地位相对较低，而且研究中大多数日本外派管理者都是男性，出现这种差异并不令人惊讶。

在佟的研究之后，其他多项研究也证实了“外派人员的配偶无法适应”、“外派人员无法适应”或“外派人员的其他家庭问题”仍然是外派失败率居高不下的主要原因。[25] 人力资源管理咨询企业 International Orientation Resources 的一项研究发现，60%的外派失败都是这三个原因造成的。[26] 另一项研究发现，外派失败最常见的原因是外派人员的伴侣（配偶）不满意，占比达 27%。[27] 外派管理者适应不了外国职位似乎是因为缺乏文化技能。一家人力资源管理咨询企业表示，外派失败是因为许多企业的外派人员选拔流程存在根本性缺陷：“外派任务很少因为外派人员无法适应工作岗位的技术要求而失败。外派人员通常是由部门经理根据技术能力选拔出来的。外派失败是因为外派人员的家庭和个人问题，以及缺乏文化技能，而这些都尚未被纳入选拔流程。”[28]

外派人员的配偶无法适应外派环境似乎与多个因素有关。通常，配偶身处异国他乡，没有熟悉的家人和朋友。语言差异使他们难以结交新朋友。这些对外派管理者来说可能不是问题，因为他们可以在工作中交朋友，但是对于他们的配偶来说十分困难，他们会感觉被困在了家中。如果当地移民法规禁止配偶就业，则问题往往还会加剧。随着许多发达国家双薪家庭增多，这个问题也越来越重要。一项调查发现，69%的外派人员已婚，配偶陪伴他们的时间占 77%。在这些配偶中，有 50%在跟随外派前有自己的工作，而他们中只有 12%在跟随外派期间受到雇用。[29] 研究表明，如今管理者拒绝外派的主要原因是担心这会影响其配偶的工作。[30] 关于企业可采用何种类型的人员配置政策，请参阅“管理聚焦”，它介绍了阿斯利康的国际派遣和遣返。

管理聚焦　阿斯利康和全球人员配置政策

阿斯利康（AstraZeneca）是世界上最大的制药公司之一，总部位于英国伦敦，在全球拥有 61 000 名员工，其中约 22%在美国，33%在欧洲（包括总部员工），18%在中国，其余 27%分布在全球各地。阿斯利康在 100 多个国家和地区开展业务，销售额超过 220 亿美元，利润约 20 亿美元。这家跨国企业的战略要务之一是建立一个全球人才队伍。这个队伍的管理者需要具有全球视野，乐于在世界各地流动、与来自其他文化的人互动，并在不同国家开展业务。

为有助于公司建立国际后备力量，管理人员通常会被派往另一国家工作三年。这样的外派对于公司而言成本不低，对于员工和他们的家人来说也很不容易。阿斯利康估计，员工在国外履职时的花费可能是其薪酬的 2～4 倍（以抵消生活成本的差异）。这些费用包括孩子的学费、均衡税、文化培训和住房补贴。由于存在这些费用，阿斯利康只会将最有前途的高潜力员工派遣至海外，即那些在战略上符合公司晋升要求且计划进入领导职位的员工。

在每次外派时，阿斯利康的人力资源部门都会根据员工在公司的潜力来评估其是否值得公司投资。要想获得晋升，仅有海外工作经历是不够的，员工还必须学会在国际团队中工作并学会跨国管理。如果一个员工被判定缺乏这种能力或没有这么做的意愿，则其将不会被派往国外。如果一个员工在其外派过程中失败，则其晋升机会也会减少。

为帮助外派人员在新国家完成过渡，阿斯利康会为员工及其配偶提供搬家服务、为他们的孩子寻找学校、帮助他们学习语言并理解文化差异。当长期外派的员工回国时，公司还为其提供遣返培训。阿斯利康之所以这样做，是因为经验表明，许多外派人员及其家人在异国他乡长期生活后，很难重新适应外派以前的生活。

阿斯利康在人力资源方面还面临一个问题，即如何在其近年来大举投资的新兴市场提升储备人才能力。例如，某新兴国家的专业管理教育方式还比较少（如今正在迅速改变）。2003 年，公司在该国的员工人数略多于 1 000 人，到 2020 年，该国员工人数已超过 10 000 人。阿斯利康一直试图尽快提升该国关键员工的技能水平。

对于关键的管理人才，公司将他们派往国外接触其他文化，并使他们适应阿斯利康的经营方式。公司希望这些员工了解成为全球企业的一部分是什么感觉。公司会给每个外派人员安排一个东道国的部门经理，以及一个监督外派人员发展的母国部门经理。一段时间后，大部分员工将回国，其中最成功的人将在未来担任该国子公司的领导职务，甚至可能会超越这一职务，并最终进入集团层面的高级管理职位。

阿斯利康也一直在努力增加其全球员工队伍的多样性。公司认为，多样性能够推动创新，并且强调团队需要那些拥有不同想法、以不同方式应对挑战的人。女性员工在公司的全球员工队伍中占到了一半，在董事会成员中占到了 30%，并且在公司所有高级职位中占到了 43%。多年来，公司一直在实施“欧洲女性领导者”（European Women as Leaders）计划，以支持高潜力的女性加速发展。阿斯利康还试图确保来自快速增长的新兴市场的员工能够晋升至领导职位。在向高级领导团队报告的管理者中，约有 15%来自新兴市场国家或日本。

资料来源：John Lauerman, “AstraZeneca Departures Continue as Medical Chief Bohen Exits,” *Bloomberg BusinessWeek*, January 14, 2019; “AstraZeneca Says China Drug Plan Opens Up Room for New Medicine,” *Bloomberg Law*, March 13, 2019; “AstraZeneca Announces Organizational Changes,” *AstraZeneca.com*, January 7, 2019; “AstraZeneca Global Policy,” *AstraZeneca.com*, April 15, 2019.

外派人员选拔

降低外派失败率的一种方法是改进选拔程序，以排除不合适的人选。在对相关研究进行评议时，门登霍尔（Mendenhall）和奥德欧（Oddou）指出，许多企业的一个主要问题是人力资源管理者往往会将国内绩效等同于海外绩效潜力。[31] 国内绩效和海外绩效潜力不是一回事。在国内环境中表现出色的高管可能无法适应不同的文化环境。门登霍尔和奥德欧指出了四个可以预测外派成功与否的维度：自我导向、他人导向、感知能力和文化难度。

1. 自我导向。该维度强调外派人员的自尊、自信和心理健康。具有高度自尊、自信且心理健康的外派人员更有可能在国外任职过程中取得成功。门登霍尔和奥德欧认为，具有上述特征的人能够调整他们对食物、运动和音乐的兴趣，在工作之外有别的兴趣爱好，并且在技术上能够胜任。

2. 他人导向。该维度强调外派人员与东道国国民进行有效互动的能力。外派人员与东道国国民之间的有效互动越多，就越有可能取得成功。这里有两个重要因素：关系的发展和交流的意愿。关系的发展是指与东道国国民建立长期友谊的能力，交流的意愿是指外派人员使用东道国语言的意愿。尽管流利的语言能够带来帮助，但外派人员不一定要用流利的语言才能表达出交流的意愿，更为重要的是为使用这门语言愿意花费精力。这种态度往往会得到东道国国民更好的合作。

3. 感知能力。该维度指理解其他国家人员的行为方式的能力，即同理心。这个维度在管理东道国员工时至关重要。缺乏感知能力的外派管理者往往会将东道国员工当作母国国民对待，从而可能会遇到严重的管理问题，并产生相当大的挫败感。门登霍尔和奥德欧的研究中报告了一位惠普外派管理者观察到的现象："我花了六个月的时间才接受这样一个事实，我的员工开会要迟到 30 分钟，而且除了我，没有人为此感到困扰。"* 根据门登霍尔和奥德欧的观点，适应性良好的外派人员在理解东道国国民的行为时往往不带偏见，也不进行评判，愿意保持灵活的管理风格，并根据文化状况进行调整。

4. 文化难度。这一维度指的是被派往的国家与外派人员对特定外派职位的适应性之间的关系。在有些国家任职要比在其他国家难得多，因为它们的文化更令人感到陌生和不适。例如，许多美国人认为被派往英国任职相对容易，因为两种文化之间有许多共同点。但许多美国人发现在印度、东南亚和中东等非西方文化中任职要困难得多。[32] 原因有很多，包括较低的医疗保健和住房标准、恶劣的气候、匮乏的娱乐活动以及语言障碍等。此外，许多文化有极强的男性主导倾向，对西方女性管理者来说，在这类文化下履职可能特别困难。

18.3.3 全球思维

一些研究人员认为，全球思维是全球管理者必不可少的属性，它以认知的复杂性和国际化的视野为特征。具有全球思维的管理者可以处理具有高度复杂性和模糊性的问题，并对世界市场持开放态度。在一项针对 615 名美国人的研究（为本书所做的研究）中，研究人员对测试组现在的全球思维，以及每个人希望或预计自己在未来 20 年内的全球思维（误差范围＝3.89％）进行了评估。图 18－2 展示了研究结果，测试组在不到 50％的情况下会运用全球思维，但预计自己的全球思维将会在未来 20 年内得到显著提升。

鉴于人们预计自己将变得更具全球思维，要如何才能强化这些属性（处理高度复杂性、模糊性的问题和对世界的开放性）？这些属性通常都能够从早期生活中取得，如在

---

* Mendenhall, Mark E., and Gary Oddou. "The Dimensions of Expatriate Acculturation: A Review." *The Academy of Management Review* 10, no. 1 (January 1985): 39－47. DOI: 10.2307/258210.

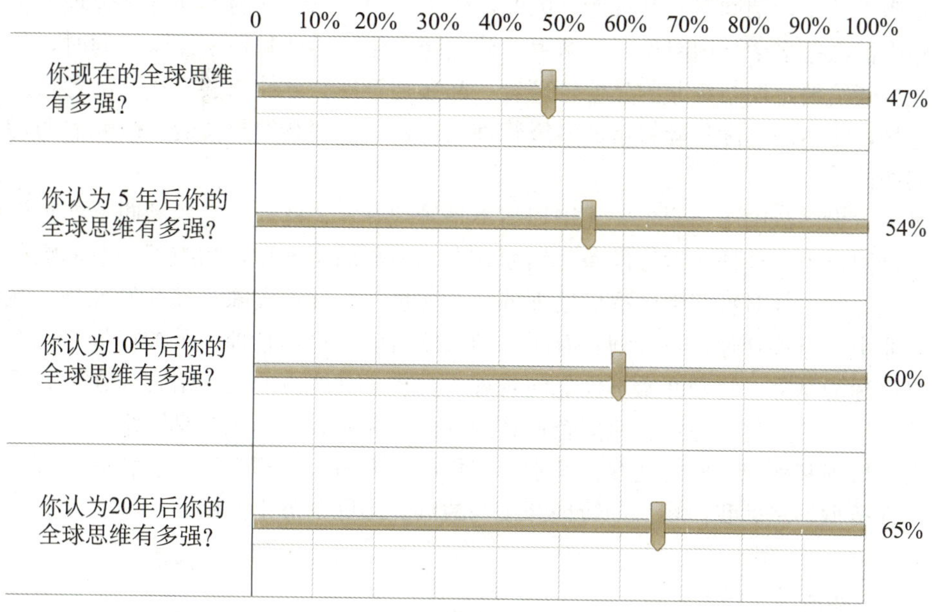

图 18-2　美国人的全球思维

一个双文化家庭成长、生活在国外，或者将学习外语作为家庭生活的一部分。门登霍尔和奥德欧指出，标准的心理测试可用于评估前三个维度，而文化比较可以让管理者对第四个维度有所了解。

门登霍尔和奥德欧建议，除了国内绩效，在选拔外派管理者时还应考虑上述四个维度。但是实践往往与建议不相符。例如，佟的研究表明，只有 5%的样本企业会使用正式的程序和心理测试来评估潜在外派人员的人格特质和人际关系能力。[33] International Orientation Resources 的研究表明，在选拔外派人员时，接受调查的 50 家《财富》500 强企业中只有 10%的企业对文化敏感性、人际交往能力、适应性和灵活性等重要的心理特征进行了测试。其余情况下，员工选拔都是基于技术专长，而不是跨文化交流的顺利程度。[34]

门登霍尔和奥德欧没有解决因外派人员的配偶无法适应而造成外派失败的问题。根据一些其他研究的观点，对家庭情况进行审查应当包含在外派人员选拔流程中（参见章末案例）。[35] 国际人力资源管理咨询企业 Windam International 的一项调查发现，在 21%的情况下，企业会在海外职位的预选面试中纳入配偶的考察，并且只有一半的人接受了跨文化培训。双薪家庭的兴起给这一长期问题又增加了一个额外困难的维度。[36] 越来越多的配偶不明白为什么他们必须牺牲自己的事业来成全其伴侣的事业。[37]

18.4　培训与管理开发

选拔只是将管理人员与工作岗位进行匹配的第一步。下一步是对管理者进行培训，使其能够完成特定工作。例如，为使外派管理人员成功地在国外履职，企业可以就其所需的技能为其提供强化培训计划。然而，管理开发是一个更广泛的概念，它意图在管理人员就职于该企业期间培养其技能。因此，作为管理开发计划的一部分，管理人员可能在数年内被派往多个外国岗位，以帮助其建立跨文化敏感性和积累经验。同时，该管理人员还可能需要定期与企业的其他管理者一起参加管理教育计划。工作调动背后所蕴含的理念是，丰富的国际经验将帮助高级管理人员提升管理和领导技能。研究表明情况可能确实如此。[38]

过去，大多数国际企业更关注培训而不是管理开发。此外，它们倾向于将培训重点放在为母国员工在外任职做好准备。然而，愈加激烈的全球竞争和跨国企业的崛起改变了这一点。除了针对特定岗位提供培训外，企业也开始普遍实施管理开发计划。在许多国际企业中，这些管理开发计划具有明确的战略目的。培养管理人员被视为帮助企业实现战略目标的举措，管理开发不仅能向管理人员提供其所需的技能组合，还可以帮助企业强化其理想的文化，并促进跨国企业在内部创建非正式的知识共享网络。

由于培训和管理开发之间存在区别，我们将首先考察管理人员为胜任外国岗位而接受的培训类型，然后我们将讨论管理开发与战略在国际商务中的联系。

18.4.1 外派人员的培训

本章前文提及，外派失败最常见的两个原因是外派人员的配偶无法适应，以及外派人员无法适应。培训可以帮助外派人员及其配偶应对这两个问题。文化培训、语言培训和实践培训都可以降低外派失败率，我们将逐一讨论每一种培训。[39]培训是有用的，但有证据表明，许多管理者在被派往国外任职之前没有接受任何培训。一项研究发现，只有大约 30%的管理者在执行期限为 1～5 年的外派任务之前接受过培训。[40]

文化培训

文化培训旨在使管理者理解东道国的文化。一般认为，理解东道国的文化将有助于管理者与该文化产生共鸣，从而提高其与东道国国民交往的效率。通常建议在东道国的文化、历史、政治、经济、宗教，以及社会和商业实践等方面对外派人员进行培训。[41]如果可能的话，还建议在正式调动前为外派人员安排一次熟悉东道国之旅，这样可以缓解文化冲突。由于外派人员配偶的适应能力也是一个相关问题，企业还必须将其配偶甚至整个家庭都纳入文化培训计划。

语言培训

英语是世界商务语言，只使用英语在世界各地开展业务也是有可能的。尽管英语是通用语言，但完全依赖英语会削弱外派管理者与东道国国民的互动能力。如前所述，即使外派人员对东道国语言的掌握远没达到流利的程度，用当地语言进行交流的意愿也可以帮助其与当地员工建立融洽的关系，并提高管理效率。尽管如此，一项针对 74 名美国跨国企业管理者的研究发现，只有 23 人认为外语技能是在国外开展业务所必需的。[42]那些为外派人员提供外语培训的企业则认为，外语培训可以提高员工效率，使他们更容易融入东道国文化，从而在东道国树立更好的企业形象。

实践培训

实践培训旨在帮助外派人员及其家人轻松融入东道国的日常生活。越早建立起符合当地的习惯，外派人员及其家人就能越好地适应当地环境。一个关键需求是帮助外派人员建立交际圈。在外派群体中，企业通常要花费一些精力确保新来的外派家庭能够迅速融入其中。外派群体可以提供有益的支持和信息，并在帮助外派家庭适应当地文化方面发挥巨大作用。

18.4.2　外派人员遣返

在外派人员的培训和培养中，有一个易被忽略但至关重要的问题，就是帮助他们为返回母国做好准备。[43]从外派管理者的择优选拔和跨文化培训，到他们结束国外任职并重新融入自己国家的组织，在这个过程中，遣返应被视为最后一个环节。然而，外派人员往往没能回国分享自己的知识并鼓励其他高绩效的管理者选择同样的国际外派生涯，而是面临着不同的情况。[44]

当他们在国外工作一段时间回国后（在国外他们通常有着自主权、报酬丰厚且被认为是屈才了），母国组织通常不知道他们过去几年做了什么，不知道如何运用他们的新知识，并且也没有给予足够重视。在最糟的情况下，重新融入国内组织的员工不得不费力寻找适合自己的工作岗位，或者企业会创造一些用不到外派人员技能的后备岗位，无法充分利用企业对个人所做的商业投资。

研究表明了这个问题的严重程度。一项针对遣返员工的研究指出，60%～70%的员工不知道他们回国后将担任什么职位。此外，60%的人表示，母国组织对他们的遣返、回国岗位安排以及未来职业发展没有明确表态，77%的受访者在母国组织中的级别低于其外派岗位。[45]因此，15%的外派人员在回国后一年内离职，40%的外派人员在三年内离职。[46]

解决这个问题的关键是做好人力资源规划。正如人力资源管理部门需要为外派人员制订良好的选拔和培训计划一样，它也需要为外派人员回国制订良好的计划，帮助其重新融入母国的工作和生活，为所处地点和职业环境的变化做好准备，并使他们在国外获得的知识充分发挥效用。

18.4.3　管理开发与战略

管理开发计划旨在通过持续的管理教育和在企业内的一些工作岗位上设置轮岗来为管理人员提供各种各样的经验，从而实现管理人员技能水平的整体提高。这些计划的目的是提高企业管理资源的整体生产率和质量。

国际企业越来越多地将管理开发作为一种战略工具，在采用跨国战略的企业中尤其如此。这些企业需要强大统一的企业文化和非正式的管理网络来帮助其实现协调和控制。此外，跨国企业管理者需要能够察觉当地响应压力，这需要他们了解东道国的文化。

管理开发计划可以使新管理者融入企业的规范和价值观，有助于建立统一的企业文化。公司内部培训计划和异地培训过程中的密切互动可以培养团队精神——通过共同的经历、非正式的网络，以及公司特有的语言和行话，并提高员工的技术能力。这些培训活动通常包括唱歌、野餐，以及促进团结的体育赛事。团队整合过程中还可能包括“入会仪式”等打破隔阂的仪式性活动，穿上公司制服（例如，带有公司徽标的 T 恤），以及放下包袱。所有这些活动旨在加强管理者对公司的认同感。[47]

让管理者长期在一个地方工作，并让他们在多个国家的不同岗位中轮值，有助于企业建立非正式的管理网络。而后这种网络可成为组织内交换知识的渠道，以提高绩效。[48]以瑞典电信公司爱立信（Ericsson）为例。组织间的合作在爱立信极为重要，尤其是在母公司向外国子公司、外国子公司向母公司或者外国子公司之间转移专有技术和核心竞争力时。为了促进合作，爱立信在母公司和子公司之间来回调动大量人员。爱立信每次会派遣一个由 50～100 名工程师和管理人员组成的团队，到另一个单位工作 1～2 年。通过这种方式，爱立信建立起了一个人际交往网络。该政策对于巩固公司的共同文化和协调分散于全球的业务都是有效的。[49]

18.5 绩效评估

企业将根据其认为对战略实施和获得全球竞争优势很重要的一些标准，通过绩效评估系统对管理者的绩效进行评估。企业的绩效评估系统是其控制系统的重要组成部分，而控制系统是组织架构的核心组成部分。许多国际企业都会遇到一个特别棘手的问题，即如何以最好的方式对外派人员的绩效进行评估。[50]在本节中，我们将考察绩效评估，并对外派人员的绩效评估提供指导。

18.5.1 绩效评估问题

无意识的偏见使人们很难客观评估外派管理者的绩效。在许多情况下，有两个群体会对外派管理者的绩效进行评估——东道国管理者和母国总部管理者，而这两个群体都存在偏见。东道国管理者可能会因为源于自己文化框架的意见和期望而产生偏见。例如，奥德欧和门登霍尔报告了一位美国管理者将参与式决策引入印度子公司的案例。[51]这位管理者此后不断收到东道国管理者的负面评价，因为在印度有强烈的社会阶层意识，管理者作为专家不应该试图听取下属的意见。当地员工显然将参与式管理视为管理者无能且不了解自己工作的表现。

母国总部管理者作出的评估则可能因为距离远和缺乏国外工作经验而产生偏见。母国总部管理者通常不了解外国业务，因此，他们往往依赖“硬数据”来对外派人员的绩效进行评估，例如，子公司的生产率、盈利能力或市场份额等。此类标准可能受外派管理者控制之外的因素（例如，汇率的不利变化、经济衰退）影响。此外，硬数据没有考虑到许多同样重要但不直接表现出来的“软变量”。例如，外派人员的跨文化意识，以及与当地管理者高效合作的能力等。由于存在偏见，许多外派人员认为母国总部管理者对他们的绩效评估不公平，没有充分认识到他们所具备的技能和经验的价值。这可能是许多外派人员认为外派不能给他们的职业生涯带来好处的原因之一。在一项针对美国跨国企业人事经理的研究中，56%的受访者表示，外派工作对员工的职业生涯有害或无关紧要。[52]

18.5.2　绩效评估指南

以下情况可以减少绩效评估过程中的偏见。[53]首先，大多数外派人员认为，与非现场管理者给出的绩效评估相比，现场管理者的绩效评估应该更受重视。由于距离近，现场管理者更可能对外派人员工作中重要的软变量进行评估。其次，当现场管理者与外派人员的国籍相同时，评估可能特别有效，因为这会减少文化上的偏见。在实践中，母国总部管理者通常都在收到现场管理者的意见后才撰写绩效评估报告。在这种情况下，大多数专家都建议过去曾在同一地点任职的外派人员应当参与评估，以减少偏见。最后，当政策要求海外的现场管理者撰写绩效评估报告时，现场管理者在完成正式的最终评估之前，应当听取母国总部管理者的意见。这使母国总部管理者有机会对文化误解造成的极为不利的评估进行调整。

18.6　薪酬制度

国际商务中的薪酬制度会涉及两个问题。一个问题是如何调整薪酬以反映各国在经济环境和薪酬制度上的差异（参见章末案例）。另一个问题是应该如何向外派人员支付薪酬。战略重点是，无论采用何种薪酬制度，都应该在外派人员采取与企业战略一致的行动时为其提供奖励。

18.6.1　薪酬方面的国家差异

同级高管的薪酬存在国家差异。例如，韬睿惠悦（Towers Watson）的一项调查表明，美国 CEO 的平均收入大约是非美国 CEO 的两倍。[54]

薪酬方面的国家差异给国际企业带来了一个难题：企业应该根据各国的现行标准向高管支付不同的薪酬，还是应该在全球范围内实现薪酬平等？在采用民族中心法或多中心法人员配置政策的企业中，不存在这个问题。在采用民族中心法的企业中，问题可以简化为：应该向母国外派人员支付多少薪酬（我们稍后会讨论这个问题）。而在采用多中心法的企业中，管理人员在各国业务之间缺乏流动性，这意味着可以并且应该根据特定国家的情况来确定其薪酬。如果英国高管从未与美国高管并肩协作，那么为他们支付相同的薪酬似乎也没有意义。

但是，这个问题在采用全球中心法的企业中非常重要。全球中心法与跨国战略是一致的。该人员配置政策的一个特点是，需要打造一个包括许多不同国籍管理人员的国际团队。该团队中的所有成员都应该得到相同的薪酬吗？对于一家美国企业而言，这意味着它需要将外国员工的薪酬提高至美国水平，而这可能带来高昂的成本。如果企业不对薪酬进行平衡，则在该国际团队中的外国员工与美国员工共事的情况下，可能引发前者的强烈不满。如果企业想要打造好这个国际团队，可能就必须向其国际高管支付相同的基本薪酬，无论他们来自哪国或在哪国任职。然而，目前这种做法并不普遍。

在过去十几年里，许多企业都转向了基于全球标准的薪酬结构，通过相同的评分系统对员工进行评估，并且无论他们在哪里工作，奖金和福利结构都是相同的。在美世咨询公司的一项调查中，约85%的企业表示它们制定了全球薪酬战略。[55]“管理聚焦”中介绍的麦当劳就是这样的企业。另一项调查发现，2/3的跨国企业已经对不同国家的福利计划采取了集中控制。[56]但是，除了相对少量的国际流动的高管团队之外，大多数企业的基本薪酬都是根据当地市场条件设定的。

管理聚焦　麦当劳的全球薪酬计划

到21世纪00年代初，麦当劳在全球118个国家和地区已拥有超过40万名管理人员和高级员工。麦当劳意识到它必须制定相应的全球薪酬和绩效评估战略。正如许多国际扩张的公司一样，麦当劳的薪酬计划分散且不一致。建立新的全球人力资源薪酬战略的原因有很多。其中最重要的是麦当劳全球人力资源主管瑞奇·弗洛尔施（Rich Floersch）所指出的，麦当劳需要建立一致的人力资源战略来吸引和留住更好的人才。与全球管理者协商数月并确保任何新制度都将在协作的方式下建立后，麦当劳开始推行其全新的全球薪酬计划。

该计划的一个重要内容是要求公司总部向各地管理者提供下一年要重点关注的经营原则。这些原则涵盖客户服务、市场营销和餐厅形象重定位等领域。每个国家的管理者都会专注于其中3～5个领域，以期在当地市场取得成功。例如，如果法国麦当劳要推出一个新产品，它就可以围绕这一产品制定年度业务目标。人力资源管理者随后会将其业务情况和目标提交给总部的高级管理人员批准。年底时，该地区麦当劳年度奖金数额将根据该地区实现目标的情况以及业务部门的营业收入而定，员工的一部分年终奖也基于此。

员工年终奖的另一部分则基于个人绩效。麦当劳一直有一个绩效评级系统，但麦当劳在其新的人力资源管理战略中还引入了全球指导方针其中20%的员工可获得最高评级，70%的员工可获得中等评级，10%的员工获得最低评级。通过这些指导方针而不是强制排名，麦当劳希望在区分绩效的同时允许各地有一定的灵活性。此外，通过提供原则和指导，各国管理者也可以制订自己的薪酬计划，以符合当地市场需求。另外，麦当劳还表示其员工离职率有所降低。公司内部调查表明，有更多的员工认为他们的薪酬是公平的，并且反映了当地的市场状况。总体而言，“麦当劳的福利和薪酬计划旨在吸引、留住和聘用那些能够提供出色绩效并帮助麦当劳实现业务目标的人才”。*

* “McDonald's Corporate Careers,” http://careers.mcdonalds.com/corporate/ benefits.jsp, accessed May 9, 2018.

资料来源：J. Marquez, “McDonald's Rewards Program Leaves Room for Some Local Flavor,” *Workforce Management*, April 10, 2006, 26; C. Zillman, “McDonald's Loses Big on Labor Ruling,” *Forbes*, July 29, 2014; “McDonald's Corporate Careers,” http://careers.mcdonalds.com/corporate/benefits.jsp, accessed May 9, 2018; and V. Black, “How I Got Here: Rich Floersch of McDonald's,” *Bloomberg Business*, August 14, 2012.

18.6.2　外派人员薪酬

外派人员薪酬制度最常采用的是资产负债表法。根据 Organizational Resources Counselors 的数据，在接受调查的 781 家公司中，约有 80%使用了资产负债表法。[57]资产负债表法平衡了各国的购买力，因此员工在国外工作时可以享受与国内相同的生活水平。此外，资产负债表法还有财务激励作用，可以抵消因工作地点不同而产生的天然差异。[58]图 18-3 展示了典型的资产负债表法。员工的母国开支指的是所得税、住房支出、商品和服务支出（食品、服饰、娱乐等）和储备金（储蓄、养老金缴款等）。资产负债表法试图为外派人员在东道国提供与母国相同的生活水平，以及让其接受海外派遣的经济动力（如津贴和奖金）。

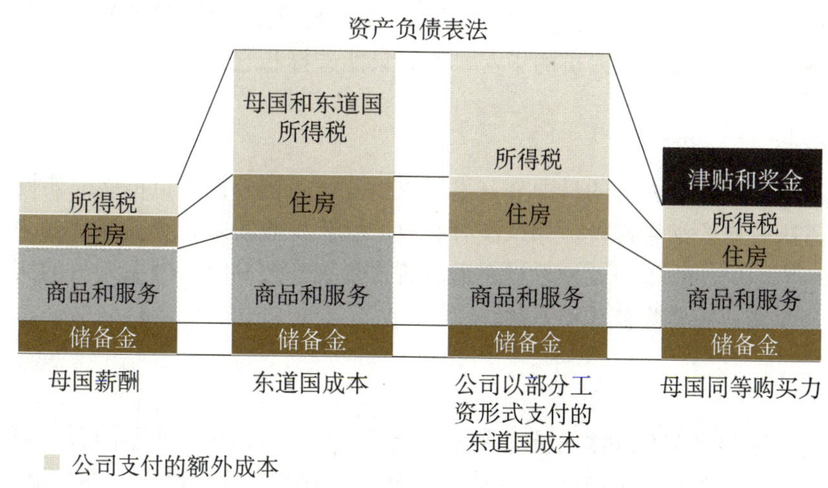

图 18-3　外派人员薪酬制度的资产负债表法

外派人员薪酬通常由基本工资、海外服务津贴、补贴、税收差额以及福利构成。我们将简要介绍这些组成部分。[59]企业为外派人员支付的总体薪酬可能是其在母国任职时的三倍。由于外派成本高昂，许多企业已减少使用外派方式。但是，企业减少外派人员也受到许多限制，特别当企业推行民族中心法或全球中心法人员配置政策时。

基本工资

外派人员的基本工资通常应与母国类似职位的基本工资设定在同一范围内。虽然外派人员的基本工资可能与其在母国的工资相同，但外派地点的外国员工工资却不一定要处于同一水平。通常，企业在发达国家（如德国、美国）提供的基本工资高于企业在其他发展中国家或欠发达国家提供的基本工资。基本工资通常以母国货币或当地货币支付。

海外服务津贴

海外服务津贴是外派人员因在其母国以外的地方工作而获得的额外报酬。它的目的是鼓励员工接受海外职位。它是因外派人员不得不生活在远离家人和朋友的异国他乡，不得不应对新的文化和语言，以及不得不适应新的工作要求，而作出的补偿。许多企业按照基本工资的百分比支付海外服务津贴，其税后比率为 10%～30%，平均为 16%。[60]

补贴

外派人员薪酬中通常包含四种类型的补贴：艰苦条件补贴、住房补贴、生活补贴和教育补贴。当外派人员被派往艰苦地区时，企业通常会支付艰苦条件补贴。艰苦地区通常是指按照外派人员的母国标准，医疗保健、学校和零售店等基础设施严重缺乏的地区。住房补贴通常是为了确保外派人员在国外能够负担得起与国内相同水平的住房。在房租较高的地方（如伦敦、东京），这项补贴可能相当可观——高达外派人员总薪酬的 10%～30%。生活补贴是为了确保外派人员在国外工作时能享受与国内相同的生活水平。教育补贴是为了确保外派人员的子女能够按照母国标准接受足够的教育。有时，东道国的公立学校不招收外派人员的子女，他们只能选择私立学校。

税收差额

除非东道国与外派人员的母国有互惠税收协定，否则外派人员可能需要同时向母国政府和东道国政府缴纳所得税。如果没有有效的互惠税收协定，企业通常要为外派人员支付其在东道国的所得税。此外，当东道国所得税税率较高时，外派人员的实得工资就会降低，企业通常还要弥补这项差额。

福利

许多企业还会确保其外派人员在东道国能够取得与母国相同水平的医疗福利和养老金福利。这对于企业来说可能代价高昂，因为在母国可以减免税款的许多福利（例如，医疗福利和养老金福利）无法在东道国享受。

18.7 打造多样化的全球员工队伍

多样化的全球员工队伍可以成为竞争优势的来源。这个队伍满足性别、文化、民族的多样化。员工队伍多样化可以带来出色的财务绩效。麦肯锡咨询公司的一项研究发现，性别和民族多样化水平排在前 1/4 的公司，其财务回报率高于国内同行业中位数的可能性增加了 35%。另一项研究也表明，在提拔女性担任高管方面拥有最佳纪录的公司，其业绩均优于行业标准，资产回报率比平均水平高出 18%。[61]

多样化的员工队伍能够提高绩效有很多原因。[62]第一，多样化的人才可以洞悉不同客户群体的需求，而完全由白人男性组成的同质化团队则无法做到这一点。不同的视角和生活经历使得不同群体的关注点和理解力有所差异。不同生活方式和不同背景的人的思维相互碰撞，并因此产生创造性的见解，从而实现问题的改进、更好的产品设计和交付、更有效的营销，以及更有利的促销活动。

第二，只拥有同质化员工的企业无法充分利用不同群体的优势，企业的人力资本能力将被削弱，绩效也将受到影响。

第三，当客户群体多样化时（许多全球企业往往面临这种情况），客户可能希望与其互动的企业员工能和他们有更多的相似点，从而可以更好地了解他们的需求、品位和偏好。

第四，多样化的员工队伍可以提升企业的品牌形象，建立良性循环，更好地吸引客户，并更能够吸引不同群体中的顶尖人才。

第五，有证据表明，只要员工队伍足够多样化，就可以提高员工满意度，从而提高生产率。[63]对少数族裔而言，当其在员工队伍中的占比超过 15%时，其满意度就开始升高。相比之下，当录用多样化人才只有象征性意义时，员工的满意度就比较低。

现有证据表明，许多公司在促进员工多样化方面还有很长的路要走。例如，美世咨询公司研究了 28 个国家的 164 家公司中的性别多样化。[64]结果发现，女性在全球所有层级的劳动力中占比仍然偏低。很少有女性参与全球员工队伍，并且女性在大多数组织的高级管理职位中所占比例也很小。该研究发现，北美只有 24%的高级管理人员是女性，欧洲为 18%，拉丁美洲只有 12%。组织中管理团队的层级越高，男女比例失衡就越严重。美世咨询公司发现，就全球组织中的平均水平而言，虽然有 36%的低层级管理者是女性，但只有 26%的高层级管理者和 19%的公司高管是女性。

打造多样化的员工队伍并非易事，尤其是对国际企业而言，因为不同国家的文化和民族构成不同，职场对女性的接受度也可能不同。从上面的数据中我们可以看出，拉丁美洲对女性担任高级管理者的接受度低于北美，这可能是出于文化原因。相对于北美而言，在较为传统的日本或中东，不太可能有很多女性担任高级管理职位。

话虽如此，国际企业仍可以采取一些措施来促进员工队伍多样化。[65]重要的是，企业必须理解多样化的努力也是一种组织变革。与所有变革一样，它必须从高层推进，包含组织的所有层级。高层管理者必须制定明确的价值主张，认识建立多样化和具有包容性的文化的好处。他们还必须为其想要达成的目的设定清晰的目标（而不是指标），认识当前情况与理想状况之间的差距，并对一段时间内绩效改进的情况进行衡量。同样重要的是，企业必须明确管理者实现全球多样化目标的责任，并为达成或超越目标的管理者提供奖励。高层管理者还必须以身作则，雇用和提拔来自不同背景的员工。

企业还可以采用多样化研讨会的形式来教育各级员工，让他们了解打造更具包容性和多样化的员工队伍有何价值。其关键任务是克服多数群体潜意识里的偏见和刻板印象，防止他们歧视少数群体员工。有以下几种方法：(1) 角色扮演，让多数群体亲自体验偏见；（2）在关键时刻提醒人们不要带有偏见，如在绩效评估前；（3）帮助人们重视差异，以减少人们的刻板印象。在一项实验中，法国学生对来自阿拉伯国家的潜在雇员存在歧视，但当他们被要求描述照片之间的差异时，他们就不再产生歧视了，这是因为在说出差异的过程中，学生们意识到了自己潜意识中的偏见。

主动帮助女性和少数族裔也有助于增加对这部分人群的录用。调整工作政策有助于培养更多样化的员工队伍（例如，在工作场所设置儿童看护设施可以使公司对女性更具吸引力）。有的公司还发现，创建员工互助小组，使少数族裔能够彼此建立联系、提供建议并互相支持，也带来了很大帮助。

18.8 国际劳动关系

国际企业的人力资源管理部门通常还负责国际劳动关系。从战略角度来看，国际劳动关系的关键在于劳工组织在多大程度上限制了国际企业的选择。企业为实现经验曲线和区位经济而对全球业务进行整合和统一，可能会受到劳工组织的限制，从而难以奉行跨国战略或全球标准化战略。普拉哈拉德和多兹以通用汽车为例加以说明，该公司同意不会采用最高效的方式对各国业务进行整合和统一，才与德国工会达成和解。[66]通用汽车还应德国金属工业工会的要求，按照其在奥地利和西班牙的投资标准，在德国进行了大量投资。

人力资源管理的一项任务是形成和谐的劳动关系，尽量减少企业与劳工组织之间的冲突。基于此，本节将分成三个部分。首先，介绍劳工组织对跨国企业的担忧。其次，学习劳工组织会如何缓解这些担忧。最后，研究国际企业应如何管理劳动关系以尽量避免劳动纠纷。

18.8.1 劳工组织的担忧

劳工组织通常试图通过与管理层的集体谈判，为成员争取更高的工资、更好的工作保障和工作条件。劳工组织的谈判能力主要来自其通过罢工或其他形式的工作异议（例如，拒绝加班）来威胁扰乱生产。只要管理层别无选择，必须雇用劳工组织成员，这种威胁就有效。

母国劳工组织对跨国企业的一个主要担忧是，企业可以将生产转移到另一个国家来削弱其谈判能力。例如，福特明确威胁英国工会，它计划将制造业转移到欧洲大陆，除非英国员工放弃限制生产率的工作制度、限制要求加薪的谈判，并减少罢工和其他扰乱生产的行为。[67]

劳工组织的另一个担忧是，国际企业会把高技能工作留在劳工组织国，而只将低技能工作外包给外国工厂。这样，国际企业在经济条件允许的情况下更容易将生产从一个地点转移到另一个地点，使劳工组织的谈判能力再次降低。

劳工组织还担忧，国际企业可能试图将母国的雇佣方式和合约条款用于东道国。如果东道国不接受这些做法，劳工组织的影响力和权力可能会被削弱。这种担忧并不是空穴来风，日本跨国企业一直试图将其处理劳动关系的方式用于其他国家。例如，令全美汽车工人联合会（United Auto Workers）担忧的是，许多在美国的日本汽车工厂都未加入该联合会，使该联合会对汽车行业的影响力下降。

18.8.2　劳工组织的策略

劳工组织采取了三项行动，以应对跨国企业日益增强的谈判能力：（1）试图建立国际劳工组织；（2）游说国家立法，以限制跨国企业；（3）试图通过联合国等组织对跨国企业进行国际监管。但这些努力收效甚微。

20 世纪 60 年代，劳工组织开始建立国际贸易秘书处（International Trade Secretariat，ITS），为特定行业的工会提供全球联络方式，其长期目标是能够与跨国企业进行跨国谈判。劳工组织认为，通过 ITS 协调各国工会的行动，它可以以威胁扰乱国际范围内的生产活动来制约跨国企业。例如，福特威胁要将生产从英国转移到欧洲其他地方，如果欧洲各国的工会联合起来反对，这种威胁就不会发挥作用。

然而，ITS 几乎没有取得过真正的成功。尽管各国工会希望合作，但它们之间为了吸引国际企业投资并为其成员提供更多就业机会，也存在竞争关系。例如，为了给成员争取新的就业机会，各国汽车行业的工会经常向那些为新工厂选址的汽车企业抛出橄榄枝。日产选择在英国而不是在西班牙建造欧洲生产设施的原因之一是，英国工会同意比西班牙工会作出更大让步。各国工会之间由于存在这种竞争，很难建立合作。

各国工会合作的另一个障碍是工会结构存在广泛差异，各国工会都是独立发展的，工会结构和意识形态往往也因国家而异，集体谈判的性质也不尽相同。例如，在英国、法国和意大利，许多工会以“阶层冲突”的视角来看待集体谈判。相比之下，德国、荷兰、斯堪的纳维亚和瑞士的大多数工会领导人在政治上要温和得多。不同国家工会领导人之间的意识形态差异导致合作非常困难。意识形态差异也反映出各国工会对跨国企业的不同立场。

劳工组织试图让各国和国际组织对跨国企业进行监管的努力很有限。国际劳工组织和 OECD 等国际组织制定了跨国企业在劳动关系方面应遵循的行为准则。然而，这些准则并不像许多工会期望的那样影响深远，这些国际组织也没有提供任何强制执行的机制。许多研究报告指出，这些努力的效果很有限。[68]

18.8.3　处理劳动关系的方法

国际企业在处理国际劳动关系上存在明显差异。主要差异在于劳动关系活动的集中或分散程度。大多数国际企业历来将国际劳动关系管理下放至外国子公司，因为各国在劳动法、工会权力和集体谈判性质上存在很大差异。将劳动关系职能下放给当地管理者是一种合理的做法，因为中央管理层不可能同时处理多个不同环境下的劳动关系管理问题。

尽管将劳动关系管理分散下放的做法仍然可行，但如今总体趋势朝着更加集中的方向发展。这反映了国际企业试图使全球业务更有效率。各行业的竞争压力普遍上升，使企业更加重视控制成本。由于劳动力成本在总成本中占比相当大，一些企业在与工会的谈判中一直威胁要将生产转移至外国，以试图改变工作制度并限制工资增长（就像福特试图将生产转移至欧洲其他国家）。由于涉及重大新投资和关闭工厂等事宜，这种谈判需要总部管理层的参与。因此，劳动关系管理的集中程度正在提高。

此外，人们逐渐意识到，工厂内的工作方式可以成为竞争优势的主要来源。例如，日本汽车制造商的大部分竞争优势都可归因于其在日本工厂中使用了团队自我管理、工作轮换、交叉培训等制度。[69]为了在外国工厂中获得国内同等绩效，日本企业试图在外国照搬国内的工作方式。但各国的传统工作方式往往差异很大，照搬国内做法易被当地工会制裁，因此日本企业的对外投资决策往往取决于当地工会是否接受对其工作方式进行根本改变。为实现这一目标，许多日本企业总部会直接与当地工会谈判，以便在作出投资决策前让工会同意改变工作制度。例如，日产在决定投资于英格兰北部时，得到了英国工会同意改变传统工作方式的承诺。就其本质而言，采用这种策略需要实现对劳动关系管理的集中控制。

小结

本章重点介绍了国际企业中的人力资源管理。人力资源管理活动包括人力资源战略、人员配置政策、培训与管理开发、绩效评估、薪酬制度和国际劳动关系等。这些活动都不能脱离实际，它们必须与企业战略相匹配。本章要点如下：

1. 企业要想取得成功，其人力资源管理政策应与其战略、正式和非正式的结构和控制体系保持一致。

2. 人员配置政策涉及为特定工作岗位选拔具备所需技能的员工。人员配置政策可以成为制定和推动企业文化的工具。

3. 民族中心法人员配置政策意味着国际企业的所有关键管理职位都由母国国民担任。该政策与国际战略一致。它的一个缺点是会导致文化短视。

4. 多中心法人员配置政策用东道国国民来管理外国子公司，并由母国国民担任公司总部的关键职位。这种方法可以最大限度减少文化短视的风险，但它可能在母国和东道国的业务之间造成隔阂。该政策最适合本土化战略。

5. 全球中心法人员配置政策将在整个组织内寻找最适合关键工作职位的人员，无论他们的国籍如何。这种方法与建立强大统一的文化和非正式的管理网络相一致，非常适合全球标准化战略和跨国战略。各国政府的移民政策可能会对企业执行该政策造成限制。

6. 对国际人员配置的研究发现，外派失败问题很突出，即外派管理者过早返回母国。外派失败的代价可能很大。

7. 通过选拔流程筛除不适合的人选，可以降低外派失败率。最成功的外派人员拥有高度自尊和自信、能与他人相处融洽、愿意尝试用外语交流，并能与其他文化产生共鸣。

8. 培训可以降低外派失败的概率。培训应该包括文化培训、语言培训和实践培训，并且应该让外派人员及其配偶都参加培训。

9. 管理开发计划旨在通过持续的管理教育和在企业内的一些工作岗位上实行轮岗来为管理人员提供各种各样的经验，从而实现管理人员技能水平的整体提高。管理开发往往可用作建立强大统一的文化和非正式管理网络的战略工具，而这两项都可对跨国战略和全球标准化战略提供支持。

10. 由于存在无意识的偏见，很难对外派人员的绩效进行客观评估。企业可以采取多种措施来减少偏见。

11. 薪酬方面的国家差异给国际企业带来了一个难题：企业应该根据各国标准向不同国家高管支付不同薪酬，还是在全球范围内实现薪酬平等？

12. 外派人员薪酬制度中最常采用的是资产负债表法。这种方法旨在平衡购买力，使员工在国外工作时可以享受与国内相同的生活水平。

13. 多样化的全球员工队伍可以成为竞争优势的来源。员工队伍的多样化体现在性别、文化、民族的多样化上。员工队伍多样化可以带来出色的财务绩效。

14. 国际劳动关系中的一个关键问题是，劳工组织可以在多大程度上限制国际企业的选择。采用跨国战略或全球标准化战略的企业会在行动上明显受到工会的限制。

15. 劳工组织的一个主要担忧是，跨国企业可以威胁将生产转移到其他国家，以对抗工会的谈判。劳工组织试图通过组建国际劳工组织来制约跨国企业。总的来说，这些努力收效甚微。

思考与讨论题

1. 民族中心法、多中心法和全球中心法人员配置政策的优缺点是什么？各自的适用情况是什么？

2. 研究表明，许多外派人员遇到的问题既限制了他们在国外任职的效率，也限制了他们回国后对公司的贡献。这些问题的主要原因和后果分别是什么？企业应如何减少此类问题发生？

3. 国际企业的战略与其人力资源管理政策之间有什么联系，特别是在外派人员及其薪酬方面？

4. 劳工组织会以何种方式限制国际企业的战略选择？国际企业应如何应对？

5. 重新阅读“管理聚焦”专栏中的“麦当劳的全球薪酬计划”。麦当劳如何在评估不同国家管理者的绩效和发放奖金时考虑各地差异？

6. 为什么多样化对国际企业有利？企业可以采取哪些行动来增加多样化？

章末案例

壳牌的全球人员流动

荷兰皇家壳牌集团（Royal Dutch Shell，简称“壳牌”）是一家英荷跨国石油和天然气公司，成立于1907年，总部位于荷兰，在英国注册成立。该公司是世界上最大的石油生产商之一，收入约3 880亿美元（利润为240亿美元），业务遍及70多个国家。该公司拥有约82 000名员工，约有7 000人被外派至其母国以外的地方履职。壳牌的一项关键任务是管理大量的外派人员，并在不同国家的机构之间转移宝贵的技术和管理知识，以实现其商业目标。这并不是一件容易的事。

壳牌的长期目标是尽可能培养当地人才，从而利用当地员工的关系、市场知识和语言技能，同时最大限度降低成本。然而，在许多情况下，由外国员工负责当地的管理工作反而更符合商业逻辑。首先，有些地方缺乏具备所需技能的员工。壳牌发现这在中东和北非是一个严重的问题，壳牌在那通常与当地合资伙伴或第三方合作。壳牌公司战略中的一个关键策略是将其他国家的员工调至这些地区，与当地员工合作并转移专业知识。其次，壳牌认识到与海外市场的大量接触可以提高员工和高层管理者的技能。换言之，在壳牌这样的跨国企业中，高潜力的员工需要了解在其他国家生活和工作的感受，即实地了解当地情况。最后，在许多情况下，壳牌高级员工需要在当地子公司的管理委员会中任职，以便对子公司进行有效监督和控制，并让总部了解其发展状况。

然而，壳牌发现，从其他国家调动员工会带来许多重大挑战。想要招募愿意被派往海外的技术人员并不总是那么容易。一项针对壳牌外派人员的调查表明，有五个问题对于员工是否愿意接受外派的影响最大。按重要性排序，分别是：(1) 在子女升学期间与他们分离；(2) 对配偶的职业和就业不利；(3) 外派决定中未考虑配偶的情况；(4) 未能提供与外派地点相关的信息和帮助；(5) 健康问题。以上问题表明，家庭是外派的基本单位，而不是个人，壳牌需要做更多的工作来认识这一点。

壳牌实施了一些旨在解决其中部分问题的计划。为了帮助外派人员子女接受教育，壳牌在外派人员集中的地方建立了小学。至于中学教育，壳牌与当地学校合作（例如，经常提供助学金），以帮助它们提升教育水平。壳牌还提供教育补助，使外派人员能够将其子女送往东道国的私立学校。

外派人员配偶的职业发展是一个更棘手的问题。调查数据显示，壳牌外派人员的随行配偶中有一半在调动之前有工作。在外派期间，只有12%的人能够找到工作，而另有33%的人希望就业。壳牌成立了一个配偶就业中心来解决这个问题。该中心将在国际派遣期间和外派结束之后向配偶提供职业咨询和帮助，使他们获得就业机会。壳牌还同意报销高达80%的职业培训、继续教育或资格再认证费用。

壳牌建立了一个名为“外派”(The Outpost) 的全球信息和咨询网络，为那些在全球人员流动中面临挑战的家庭提供支持。“外派”的总部位于海牙，并在全球设有约50个办事处。这些办事处可为外派家庭推荐学校和医疗设施，并提供住房建议和有关就业、学习、个体经营和志愿者工作的最新信息。

在外派人员的薪酬制度上也存在一些重要问题。外派人员的基本工资和收入与他们在母国的收入水平挂钩。被派往物价更高的地区的人员可以获得额外薪酬，以使其维持在母国的生活水平。壳牌还认识到，员工通常需要额外的经济激励措施，才愿意离开家人和朋友；还需要艰苦条件补贴，才愿意前往不太受欢迎的外派目的地，例如科威特和伊拉克。壳牌还将税收平衡作为其外派人员薪酬制度的一部分。具体而言，母国的税款将从外派人员的工资中扣除，而东道国税款则由公司缴纳。当然，所有这些附加因素使外派成本十分高昂，外派人员的成本可能是当地员工的三倍。

资料来源：Aysha Binbraik，"International Mobility at Shell，" *Mercer Management Consulting*，2016；J. DeGraff，"Single System Expatriate Compensation，" *Cornell HR Review*，April 7，2010；J. Barbian，"Return to Sender，" *Training*，January 2002，40 - 43；and J. Mainwaring，"Shell Schools：Supporting Expat Families，" *Rigzone*，June 21，2012.

案例讨论题

1. 壳牌多年来一直是世界上最大的公司之一。公司销售额近 4 000 亿美元，在全球拥有约 82 000 名员工，其中包括约 7 000 名外派人员。它是一家庞大、复杂且实力雄厚的公司。与零售或消费品公司相比，壳牌的经营范围更窄，且工作更多以技术为导向。你认为较窄的经营范围和以技术为导向的工作将如何影响壳牌的全球人力资源管理？

2. 壳牌的长期目标是尽可能培养当地人才，利用当地员工的关系、市场知识和语言技能，同时最大限度降低成本。公司战略中的一个关键是将其他国家的壳牌员工调动至缺乏具备所需员工的地区，与当地员工合作并转移专业知识。在许多当地员工没有教育背景的情况下，是否有可能在全球所有地区（例如，中东和北非）都实现这一目标？如果你是壳牌最高管理层的领导者，你将如何解决不同地区员工在教育、技能和知识方面的差距？

3. 从案例中可知，长期接受外派任务（例如，三年）会对外派人员的家庭和职业产生重大影响。如果你接到了一个外派任务，你会做何考虑？假设你现在是 25 岁、35 岁、50 岁，你分别会有什么想法？

注释

第19章

国际企业的会计和财务

学习目标

阅读本章后，你将能够:

- 讨论各国会计准则的差异。
- 阐述国际会计准则的出现带来了什么影响。
- 阐述会计制度如何影响跨国企业的内部控制体系。
- 讨论在不同国家经营如何影响跨国企业内的投资决策。
- 讨论跨国企业的外国子公司可选择的不同融资方案。
- 了解如何在国际商务中利用资金管理来最大限度减少现金余额、交易成本和应纳税额。
- 了解全球资金管理的基本技巧。

开篇案例　辉瑞、诺华、拜耳和葛兰素史克

美国辉瑞（Pfizer)、瑞士诺华（Novartis)、德国拜耳（Bayer）和英国葛兰素史克(GlaxoSmithKline）是世界上最大的四家制药公司。从严格意义上说，在制药领域，美国强生和瑞士罗氏（Roche）的规模更大，但它们的业务更多元化，而这些业务共同构成了它们的总收入（例如，强生有医疗设备部门和包装消费品部门；罗氏专注于诊断业务)。美国默克（Merck & Co.)、法国赛诺菲（Sanofi)、美国艾伯维（Abbvie）和美国雅培（Abbot Laboratories）也是制药公司，其收入均超过 300 亿美元。

很少有其他行业（例如，汽车、石油和天然气、电子等行业）可以在财务收入上与制药行业相提并论，这从该行业收入排名前十的公司（如辉瑞、诺华、拜耳和葛兰素史

克）的数据上可以见得。这些公司规模庞大、历史悠久、财力雄厚。辉瑞成立于1849年，年收入540亿美元，资产1 590亿美元。诺华的历史可以追溯到1859年，年收入530亿美元，资产1 460亿美元。拜耳成立于1863年，年收入450亿美元，资产1 420亿美元。葛兰素史克的历史可追溯至18世纪，年收入390亿美元，资产770亿美元。这些公司还雇用了大量员工（每家公司都有92 000～125 000名员工）为全球客户提供服务（客户至少来自155个国家和地区）。

这些公司是不是规模太大了、权力太大了、赚得太多了？长期以来，从政治和财务角度来看，世界范围内一直都有关于医疗保健和处方药性质的争论。医疗保健是应由税收支付的公共产品，还是应由个人支付的选择性服务？大多数国家的情况都介于两个极端之间。不过，这一问题对个人和国家的财务状况都很重要。尤其是美国的处方药支出正在增加，并且预计增速将超过医疗保健部门（以及整体经济）的其他支出。人们的收入水平能否跟上这些增长步伐，国家能否在医疗成本增加的情况下保持国际竞争力？

美国2020年零售处方药的基本支出为4 040亿美元，预计至少到2025年之前每年将增长6.3%，2025年处方药支出占GDP的比例将从2%增加到2.5%左右（5 480亿美元）。处方药价格增长速度也超过了GDP的增长速度（预计在2.5%左右）。相比之下，处方药支出只占医疗保健总支出的10%，这也意味着预计到2025年医疗保健支出将占美国GDP的1/4。而其他OECD工业化国家2020年医疗保健支出占GDP的比例平均为9.5%，预计每年增长2.5%。目前，美国医疗保健支出占GDP的比重最高，为20%，其次是瑞士（13%）和法国（12%）。

还有一种方式可以说明医疗保健领域的财务状况。瑞士公司制造的产品在成本的基础上收取13%的医疗保健费用。而美国公司承担的这一费用占成本的比重为20%，意味着美国公司从一开始就必须在其他方面赢过瑞士公司7个百分点，产品才能具有同等竞争力。但是，由于其他各种因素的影响，问题并没有这么简单。美国的商业环境通常更加有利，但是为什么美国的医疗保健费用如此之高？无论如何，上述美国与瑞士之间20%与13%的明显差距说明了美国公司国际竞争力受到影响的窘境（我们也可以将其与墨西哥和土耳其等OECD国家进行比较，它们的医疗保健支出仅占GDP的4.2%和5.4%）。

至少在全球范围内与成本相关的因素已经变得更加标准化。国际会计准则理事会（International Accounting Standards Board，IASB）已成为标准化的主要支持者，尽管是否遵守标准仍是自愿的。显然，我们无法通过会计准则对全球的医疗保健和处方药成本进行标准化。那么，美国应如何有效应对不断上涨的医疗保健成本，并且以相同的水平和质量向患者提供医疗服务呢？从宏观层面来说，将医疗保健变成由税收支付的公共产品（即全民医疗保健），每年可为国家节省约6 000亿美元。从微观层面来说，私有化的、以保险为基础的、个人支付医疗体系将带来更优的质量、更多的服务选择和更及时的医疗保健。

任何极端情况（全民医疗保健与完全私有化医疗保健）都不太可能是最佳解决方案，但这既是一个政治问题，也是一个财务（个人）和经济（国家）问题。本案例是为了配合本章及国际商务中的会计和财务主题而编写的。因此，本案例中与成本相关的问题都契合公司国际竞争力和战略规划的背景。从政治角度看问题，是有意义的、动态的且重要的，并且政治因素确实会影响成本，但公司通常只能处理其所在国家（例如，美国与瑞士）以及所在行业中（例如，制药行业）的宏观问题。所以，让我们抛开政治，在会计层面上以及财务层面上讨论全球范围内处方药和医疗保健成本可能带来什么影响。

资料来源："Health Expenditure," OECD, April 17, 2019; "Universal Health Care Would Save Americans $600 Billion a Year," *Sanigest Internacional*, April 17, 2019; Robert Pear, "Drug Makers Try to Justify Prescription Prices to Senators at Hearing," *The New York Times*, February 26, 2019; Ben Hirschler, "How the U. S. Pays 3 Times More for Drugs," *Scientific American*, April 17, 2019.

19.1 引言

本章涉及两个相关主题：国际会计和国际财务。我们将分别关注跨国公司或中小型企业在国际商务中的会计和财务职能。本章的目的是针对跨国公司或其他国际企业管理人员面临的国际会计和国际财务方面的主要问题，提供一些非技术性概述。因此，与其他有关国际商务各种职能的章节相同（第 15 章的出口、进口和对等贸易，第 16 章的全球生产与供应链管理，第 17 章的全球营销与商业分析，第 18 章的全球人力资源管理），本章也将国际商务中的会计和财务的核心内容整合到了国际商务课程中。

本章与有关全球贸易和投资环境的内容（第 5 章的国际贸易理论、第 6 章的政府政策与国际贸易、第 7 章的对外直接投资、第 8 章的区域经济一体化）以及有关全球货币体系的内容（第 9 章的外汇市场、第 10 章的国际货币体系、第 11 章的全球资本市场）有着独特联系。上述内容为许多跨国公司在国际财务战略和策略方面应如何行事以及它们如何进行国际会计核算奠定了基础。因此，回顾这些内容有助于本章有关公司会计和财务职能的学习。

会计通常被称为"商业语言"[1]，以损益表、资产负债表、预算、投资分析和税务分析的形式表达。会计信息是企业将其财务状况传达给投资人的方式，使他们能够评估自己的投资价值，并对未来资源分配作出决策。会计信息也是企业向政府报告收入的方式，政府从而可以评估企业的应缴税款。它还是企业评估自身绩效、控制内部支出以及规划未来收支的手段。因此，良好的会计职能对企业和国家金融体系平稳运行至关重要。在这方面，国际企业会面临一些国内企业不会遇到的会计问题，值得注意的是，全球 200 多个国家和地区的会计准则不一致。

国际企业中的财务管理包括三组相关的决策：（1）投资决策，即为哪些活动提供资金支持；（2）融资决策，即如何为这些活动提供资金；（3）资金管理决策，即如何最有效地管理企业的财务资源。在国际企业中，投资、融资和资金管理决策都因各国不同的货币、税收制度、跨境资本流动法规、商业活动融资规范、经济和政治风险等而变得更加复杂。财务管理人员在决定对哪些活动提供资金，如何以最好的方式为这些活动融资，管理企业财务资源，以及保护企业免受政治和经济风险（包括外汇风险）影响时，必须考虑所有这些因素。

正如我们将看到的，国际企业的财务管理人员一直努力追求的资金管理目标之一就是尽量使全球纳税义务最小化。章末案例介绍了 Shoprite 及其通过产品组合来防止经济衰退造成损失，以及其如何将回头客生意作为公司重要的财务战略。能够做到这些，很大程度上是因为它一直是大多数市场中价格最低的零售商。这些简单的策略使 Shoprite 在许多被其他公司认为购买力薄弱的市场中取得了巨大的财务成就，同时还帮助当地社区实现了社会发展。开篇案例表明，与医疗保健和处方药相关的成本因素正在成为公司（和国家）财务的重要组成部分，这为国际企业中有关会计和财务的讨论提供了独特的条件。

为了全面概述本章内容，本章首先考察各国在会计准则方面的差异以及为协调各国会计准则所做的努力，接下来讨论当跨国企业或国际中小型企业使用各种会计制度控制外国子公司时可能出现的问题，然后研究国际企业的投资决策。本章还将讨论政治和经济风险等因素如何使投资决策复杂化，并研究国际企业融资决策。最后考察国际企业的资金管理决策，包括旨在最小化纳税义务的决策。

19.2　会计准则的国家差异

会计制度是由其所处环境决定的。正如不同国家有着不同政治制度、经济制度和文化一样，不同国家历来也有着不同的会计制度。[2]许多因素造成了这些差异。例如，在资本市场较发达的国家，例如美国和英国，企业通常通过向投资者发行股票或债券来筹集资金。这些国家的投资者要求详细的会计信息披露，以便他们能够更好地评估投资风险和潜在回报。会计制度正是为适应这些要求而发展起来的。

相比之下，在德国和瑞士，银行是企业的主要资金提供者。银行高管经常担任企业董事会的成员，并了解企业运营和财务状况的详细信息。因此，这些国家对信息披露的要求较少，而政府账目所能体现的信息通常也较少。国家之间的政治或经济关系也会对会计制度有重要影响。菲律宾曾经是美国的保护国，因此菲律宾采用了美式会计制度。类似地，绝大多数前英国殖民地都采用了英国的会计制度，而许多前法国殖民地则采用了法国的会计制度。

各国会计和审计准则对会计实务进行了多样化的规定。**会计准则**（accounting standards）是编制财务报表的规则，它明确了哪些是有用的会计信息。**审计准则**（auditing standards）规定了执行审计的规则——独立人员（审计师）收集证据以确定财务账目是否符合会计准则的要求以及是否可靠的技术过程。

各国会计和审计准则差异造成的一个后果是，各国财务报表之间普遍缺乏可比性（这种情况现在正在发生变化）。例如，荷兰会计准则往往使用重置资产的现值，而日本通常禁止重新估价并规定了历史成本；英国要求对融资租赁进行资本化，而法国没有；研发成本在美国必须在发生当年进行冲销，但在西班牙可以作为资产递延并且只要未来收益可对其进行覆盖就不需要进行摊销；德国将折旧视为负债，而英国则会将其从资产中扣除。

如果不是企业总部设在某国却需要向另一国公民报告财务业绩，则这些差异无关紧要。然而过去 20 多年里，全球资本市场的发展十分显著，跨国融资和跨国投资都出现了增长。当总部设在某国的企业进入另一国资本市场，以出售股票或债券的方式筹集资金时，就发生了跨国融资。当某国投资者进入另一国资本市场，以购买另一国企业的股票或债券的方式进行投资时，就发生了跨国投资。

伴随着跨国融资和投资的快速增长，跨国企业财务报告出现了相应的发展。然而，不同国家在会计准则上缺乏可比性，可能会带来一些困惑。例如，德国企业如果发布两套财务报告，一套根据德国会计准则编制，另一套根据美国会计准则编制，则两套报告中的财务状况很可能看起来明显不同，投资者可能难以判断企业的真实价值。

举例说明会计准则不同造成的困惑。英国航空公司（British Airways）根据英国会计准则报告亏损 2 100 万英镑，但在美国会计准则下，其亏损金额为 4.12 亿英镑。大部分差异可能是由于一些相对较小的项目的调整，例如折旧和摊销、养老金以及递延税款等。最大的差异是由于美国账目中报告的收入减少了 1.36 亿英镑，这与飞行常客里程有关，在美国会计准则下，飞行常客里程必须推迟到里程被兑换时才可确认收入，但英国会计准则没有此要求。

缺乏可比性除了给投资者带来困惑外，还会让企业非常头疼。企业必须向投资者解释为什么其财务状况在两份会计报告中有如此大的差异。此外，国际企业可能难以对重要的外国客户、供应商和竞争对手的财务状况进行评估。

19.3 国际会计准则

人们为了统一各国会计准则作出了巨大努力。[3]在过去 30 多年里，全球资本市场兴起使会计准则的统一变得更加紧迫。如今，许多公司都从境外投资者那里筹集资金。这些投资者要求财务状况的报告方式保持一致，以便他们可以作出更明智的投资决策。此外，人们还意识到，采用共同的会计准则将促进全球资本市场的发展，因为将有更多投资者愿意进行跨境投资，最终将会降低资金成本并刺激经济增长。越来越多的人认为，实现跨境会计准则标准化将符合所有世界经济参与者的最佳利益。

国际会计准则理事会（International Accounting Standards Board，IASB）已成为标准化的主要支持者。IASB 成立于 2001 年 3 月，取代了 1973 年成立的国际会计准则委员会（International Accounting Standards Committee，IASC）。IASB 负责制定国际财务报告准则（International Financial Reporting Standards，IFRS）。此前，IASC 发布过国际会计准则（International Accounting Standards，IAS）。IASB 还在全球范围内对这些准则的应用进行推广。

IASB 有 16 名理事，负责制定新的国际财务报告准则。如果要发布新准则，必须得到 16 名理事中的 3/4 同意，但这可能很困难，尤其是理事来自不同的文化和法律体系。为解决这个问题，大多数 IASB 的声明会提供两个可接受的备选方案。正如此前 IASB

主席亚瑟·怀亚特（Arthur Wyatt）说的："如果你有两个备选方案，就不算是一个严格意义上的准则，但总好过六个方案。如果你能就两个备选方案达成一致，你就能获得所需的 11 张选票，并取消一些较少使用的做法。"[4]

国际会计准则发展中的一个障碍是，遵循该准则是自愿的，IASB 无权强制推行该准则。尽管如此，IASB 仍得到了越来越多的支持，其准则也越来越被认可。IASB 逐渐在制定可接受的全球会计准则方面成了最有力的倡导者。例如，在 IASB 发布了有关合并财务报表的初步准则后，日本开始要求企业在此基础上编制合并财务报表。日本还选择强制推行 IFRS。俄罗斯和中国也表示有意采用新的国际准则。迄今为止，已有 100 多个国家采用 IASB 准则或允许使用该准则报告财务业绩，其中包括二十国集团中 3/4 的国家。

现在看来，IASB 准则对美国的影响可能最不明显，因为 IASB 发布的大多数准则与美国财务会计准则委员会（Financial Accounting Standards Board，FASB）已阐明的意见基本一致。FASB 制定了美国企业编制财务报表时必须遵守的一般公认会计原则（generally accepted accounting principles，GAAP）。尽管 IASB 和 FASB 有相似的目标，但 IASB 和 FASB 准则之间也存在差异。美国证券交易委员会一直在考虑是否允许美国上市公司使用 IASB 准则而不是 GAAP 来报告业绩，有些人认为这将意味着 GAAP 的终结。[5]

欧盟对会计准则的统一也具有重大影响。根据其建立更紧密的经济和政治联盟的计划，欧盟已发布法令要求其成员国采用统一的会计准则。其成员国均有义务将这些法令纳入自己的法律。由于欧盟的法令具有法律效力，因此欧盟比 IASB 更有可能实现会计准则的统一。欧盟要求自 2005 年 1 月 1 日起，约 7 000 家上市公司发布的财务报告必须符合 IASB 准则。欧洲人希望这一要求能使其更容易比较来自不同欧盟成员国的公司的财务状况，从而促进泛欧资本市场的发展，降低欧盟公司的资金成本。

考虑到欧盟的一致性，以及包括日本、中国和俄罗斯在内的国家紧随其后，能够主导全球会计准则的主要机构可能变为两个：在美国是 FASB，在其他地方是 IASB。根据一项协议，这两个机构正在努力调整它们的准则，这表明各国会计准则的差异最终可能消失。

IASB 已经开始为那些想要在全球市场上市的企业制定会计准则，这一举措表明接受国际会计准则的趋势正在加速。此外，FASB 也与加拿大、墨西哥和智利的会计准则制定者联手探索它们可以在哪些领域实现会计准则的统一。美国证券交易委员会也放弃了对国际准则的许多反对意见，这可能会使美国加速采用国际准则。

19.4 控制体系的会计层面

在复杂的大型跨国企业中，总部的职能之一是控制子公司，以确保其实现最佳绩效。通常在企业中，这种控制流程每年进行一次，涉及三个主要步骤：（1）总部和子公司管理层共同确定子公司下一年的目标；（2）总部全年都对子公司完成既定目标的情况进行监督；(3) 如果子公司未能实现目标，总部将介入以了解缺口发生的原因，并在适当的时候采取纠正措施。

会计职能在此流程中发挥着关键作用。子公司的大部分目标都以财务术语表示，并体现在子公司下一年的预算中。预算是财务控制的主要工具，通常由子公司编制，但必须得到总部管理层的批准。在审批过程中，总部和子公司的管理者将对应纳入预算的目标进行讨论。总部管理层的一项职能是确保子公司的预算包含了具有挑战性且切合实际的绩效目标。一旦他们就预算达成一致，会计信息系统将对全年的数据进行收集，以便根据预算中包含的目标评估子公司的绩效。

大多数国际企业有许多外国子公司。因此，下一年的绩效目标是由总部管理层与外国子公司管理者协商确定的。根据一项对跨国企业内部控制体系的调查，在对子公司绩效进行评估时，最重要的标准是子公司实际利润与预算利润的比较。[6]其次是子公司实际销售额与预算销售额和投资回报的比较。同样的标准也可用于评估子公司管理者的绩效，本节稍后将对此进行讨论。不过，我们将首先研究两个可能使国际企业控制流程复杂化的因素：汇率变化和转移定价。

19.4.1 汇率变化与控制体系

大多数国际企业都要求企业内的所有预算和绩效数据以“公司货币”（通常是母国货币）表示。因此，一家美国跨国企业的马来西亚子公司可能会提交以美元而不是马来西亚林吉特编制的财务预算报告，并且全年的绩效数据也将以美元表示向总部报告。这有助于在不同国家子公司之间进行比较，便于总部管理层的工作。但是，一年内的汇率变化可能使数据严重失真。例如，马来西亚子公司未能实现利润目标的原因可能不是任何业绩问题，而仅仅是林吉特对美元出现贬值。相反货币升值也可能使外国子公司的绩效看起来比实际情况好。

莱萨德-洛朗热模型

根据唐纳德·莱萨德（Donald Lessard）和皮特·洛朗热（Peter Lorange）的研究，国际企业可以采用多种方法来应对汇率变化。[7]莱萨德和洛朗热指出，在制定预算及跟踪绩效时，可以使用三种汇率将外币换算成公司货币：

- 初始汇率，采用制定预算时的即期汇率。
- 预计汇率，预算期末的即期汇率（如远期汇率）。
- 期末汇率，预算与绩效比较时的即期汇率。

这三种汇率意味着九种可能的组合（见图 19－1)。莱萨德和洛朗热排除了其中的四种，认为它们不合逻辑且不合理，即图 19－1 中四个浅色的格子。例如，使用期末汇率来转换预算和使用初始汇率来转换实际绩效数据是没有意义的。其余五种组合中，任何一种都可用于在制定预算和评估绩效时统一货币单位。

这五种组合中的三种——II、PP 和 EE，是使用相同的汇率将预算数据和绩效数据转换为公司货币。这三种组合的优点是，年内汇率变化不会使控制流程失真。但对于另

为了与预算比较，用来转换实际绩效的汇率

用来转换预算的汇率	初始（I）	预计（P）	期末（E）
初始（I）	(II) 预算用初始汇率， 实际绩效用初始汇率	预算用初始汇率， 实际绩效用预计汇率	(IE) 预算用初始汇率， 实际绩效用期末汇率
预计（P）	预算用预计汇率， 实际绩效用初始汇率	(PP) 预算用预计汇率， 实际绩效用预计汇率	(PE) 预算用预计汇率， 实际绩效用期末汇率
期末（E）	预算用期末汇率， 实际绩效用初始汇率	预算用期末汇率， 实际绩效用预计汇率	(EE) 预算用期末汇率， 实际绩效用期末汇率

图 19 - 1　控制流程中可能使用的汇率组合

外两个组合 IE 和 PE，情况并非如此。在这两种情况下，汇率变化会造成失真。IE 失真的可能性更大，因为用于评估绩效并与预算进行比较的期末即期汇率可能与用于换算预算的初始即期汇率有很大变化。在 PE 的情况下，失真不太严重，因为预计汇率考虑了未来汇率变动。

在这五种组合中，莱萨德和洛朗热建议企业采用 PP 组合，即使用预计汇率将预算和绩效数据转换为公司货币。在此情况下，预计汇率通常就是外汇市场确定的远期汇率（见第 9 章）或一些企业对未来即期汇率的预测，莱萨德和洛朗热将后者称为**内部远期汇率**（internal forward rate）。如果企业希望其业务偏向或避免特定的外币，则内部远期汇率可能与外汇市场报价的远期汇率不同。

19.4.2　转移定价与控制体系

第 12 章介绍了国际企业奉行的多种战略。其中，全球标准化战略和跨国战略都会产生一个分散于全球各地的生产活动网络。采用这两种战略的企业会将每项价值创造活动都安排在世界上的最佳区位。因此，一种产品可能在一国设计，在第二个国家制造某些零部件，在第三个国家制造其余的零部件，在第四个国家组装，然后销往全球。

这些企业的内部交易量非常大。它们需要不断地在不同国家子公司之间运送零部件和产成品。这就带来了一个非常重要的问题：跨国企业子公司之间的商品和服务转移应该如何定价？这一价格被称为转移价格（transfer price）。

转移定价可能会严重影响对商品或服务进行交易的两家子公司的绩效。试想，一家美国跨国企业的法国制造子公司从巴西子公司进口了一个主要部件。法国子公司将该部件应用于其销售的产品中，该产品在法国的售价相当于 230 美元/件。该产品的制造成本为 200 美元/件，其中 100 美元用于支付巴西子公司提供的部件，另外 100 美元用于支付法国子公司制造时发生的费用。因此，法国子公司从每件产品中赚取了 30 美元利润。

如果公司总部决定将转移价格提高 20%（20 美元/件），会发生什么？这家法国子公司的利润将下降 2/3，每件获利从 30 美元降至 10 美元，如下表所示。因此，法国子公司的绩效取决于其从巴西子公司进口部件的转移价格，而该价格由公司总部控制。在制定预算和审查子公司绩效时，公司总部必须时刻牢记转移价格可能使财务状况失真。

	转移价格变动前（美元）	转移价格提高 20%后（美元）
每件产品的收入	230	230
每件产品的部件成本	100	100
每件产品的其他成本	100	100
每件产品的利润	30	10

应如何确定转移价格？本章稍后部分将详细讨论这个问题。国际企业经常操纵转移价格，以尽可能最小化其全球纳税义务，减少进口关税，并避免政府对资本流动的限制。现在只需知道在制定预算和评估子公司绩效时必须考虑转移价格。

19.4.3 子公司和管理者的绩效分离

许多国际企业会使用相同的量化标准来评估外国子公司及其管理者的绩效。然而，许多会计师认为，尽管根据投资回报率（return on investment，ROI）或其他盈利指标对子公司进行比较是合理的，但使用这些指标来比较和评估不同子公司的管理者可能不太合适。各个外国子公司在不同的环境下经营，面临截然不同的经济、政治和社会条件，这些都会影响子公司在一国的经营成本，从而影响子公司的盈利能力。因此，在不利条件下实现 5%投资回报率的子公司管理者可能比在有利环境中实现 20%投资回报率的子公司管理者做得更好。虽然企业可能会考虑撤出投资回报率只有 5%的国家，但它也应该认可该管理者的成就。

因此有人建议，应将子公司与其管理者分开评估。[8]对管理者的评估还应考虑国家环境对其开展业务的有利或不利程度。此外，还应考虑其无法控制的因素（例如，利率、税率、通货膨胀率、转移价格、汇率），以当地货币对管理者的绩效进行评估。

19.5 财务管理：投资决策

财务管理人员在国际企业中的职责之一是尝试对特定地点的投资可能产生的各种收益、成本和风险进行量化。作出对特定国家的投资决策时必须考虑许多经济、政治、文化和战略变量。本书的大部分篇幅都在讨论这个问题。第 2、3 章讨论了一国的经济、法律和文化环境将如何影响在那里开展业务的收益、成本和风险，从而影响其作为投资地点的吸引力。第 7 章对对外直接投资的经济理论进行讨论时又回到了这一问题，我们认识了一些可决定外国投资机会在经济上的吸引力的因素。第 6 章研究了对外直接投资的政治经济问题，并考虑了政府干预在外来投资中的作用。第 12 章讨论了企业如何通过投资于其他国家的生产活动来降低价值创造成本和增加附加值。第 14 章考虑进入外国市场的各种模式时又再次回到了这个问题。

19.5.1　资金预算

资金预算是财务管理者尝试量化投资收益、成本和风险时使用的方法。它可以让高层管理者以合理客观的方式对国家内部和国家之间的不同投资选择进行比较，以便他们能够就企业应该将有限的财务资源投资于何处作出明智的选择。国外项目的资金预算所使用的理论框架与国内项目相同，即企业必须首先估计与项目相关的现金流。在大多数情况下，最初的现金流是负数，因为企业需要对生产设施进行大量投资。但是，在初始阶段过后，随着投资成本下降和收入增长，现金流将变为正值。一旦对现金流作出了估计，就必须使用适当的贴现率对其进行贴现以确定净现值。最常用的贴现率是企业的资金成本率或要求的回报率。如果贴现后现金流的净现值大于零，企业就应该继续这个项目。[9]

虽然这听起来很简单，但资金预算实际上是一个非常复杂和不完善的流程。对国际企业而言，使该流程复杂化的问题包括：

（1）必须区分流向项目的现金流和流向母公司的现金流。

（2）包括外汇风险在内的政治和经济风险会显著改变外国投资的价值。

（3）必须明确流向母公司的现金流与融资渠道之间的联系。

我们将在本节对前两个问题进行考察。第三个问题将在下一节介绍融资渠道时进行讨论。

19.5.2　项目现金流与母公司现金流

理论上，有必要从母公司的角度对国外项目进行分析，因为流向项目的现金流与流向母公司的现金流不一定相等。出于多种原因，项目可能无法将其所有现金都汇向母公司。例如，东道国政府可能会阻止现金汇回母国，如施加高税率，或者东道国政府可能要求该项目产生的现金流按一定比例在东道国境内进行再投资。虽然这些限制不会影响项目本身的净现值，但会影响项目带给母公司的净现值，因为它们限制了可汇向母公司的现金。

在评估外国投资机会时，母公司应该重点关注自己可收取的现金流，而不是项目产生的现金流，因为实际收取的现金流是母公司向股东分红、在世界其他地方投资、偿还全球公司债务的基础。股东不会将被冻结的收益计入公司的价值，债权人在计算母公司偿债能力时也不会将其考虑在内。有关黑海石油天然气公司的“管理聚焦”阐述了与项目相关的风险。

管理聚焦 黑海石油天然气公司

加拿大卡尔加里的黑海石油天然气公司（Black Sea Oil and Gas Ltd.）与俄罗斯第六大综合石油公司秋明石油公司（Tyumen Oil Company）共同成立了一个50∶50的合资企业——图拉石油公司（Tura Petroleum Company）。该合资企业的目标是对西西伯利亚的图拉油田进行勘探。秋明石油公司90%的股份归俄罗斯政府所有，因此，黑海石油天然气公司在建立合资企业时直接与俄罗斯政府代表进行了谈判。该协议要求双方各出资不少于4 000万美元用于组建合资企业，黑海石油天然气公司以现金、技术和专业知识的形式出资，秋明石油公司以基础设施和持有的该地区石油勘探及生产许可证出资。

从运营角度来看，该合资企业是成功的。在黑海石油天然气公司注入资金和技术后，图拉油田的产量从每天4 000桶增加至近12 000桶。但是，黑海石油天然气公司并没有从这项投资中获得多少经济利润。总部位于莫斯科的阿尔法集团（Alfa Group）是俄罗斯最大的私营公司之一，它从俄罗斯政府手中购买了秋明石油公司的控股权。这位秋明石油公司的新东家很快得出结论，图拉石油公司的合资对它不公平，它希望取消合资。它认为，秋明石油公司投入合资企业的资产价值远超4 000万美元，而黑海石油天然气公司的技术和专业知识的价值远低于4 000万美元。这位新东家还作出了一些相互矛盾的法律解读，认为图拉石油公司持有的许可证归秋明石油公司所有，因此黑海石油天然气公司无权参与生产。

尽管最初的交易是与俄罗斯政府谈判达成的，但秋明石油公司将此问题提交俄罗斯法院并赢得了诉讼。黑海石油天然气公司别无选择，只能放弃这笔交易。黑海石油天然气公司称，秋明石油公司通过法律手段没收了黑海石油天然气公司在图拉石油公司中的投资。而秋明石油公司的管理层称其行为完全合法。

资料来源：S. Block, "Integrating Traditional Capital Budgeting Concepts into an International Decision-Making Environment," *The Engineering Economist* 45 (2000), pp. 309 - 25; J. C. Backer and L. J. Beardsley, "Multinational Companies' Use of Risk Evaluation and Profit Measurement for Capital Budgeting Decisions," *Journal of Business Finance*, Spring 1973, pp. 34 - 43.

但是冻结收益的问题已有所缓解。世界范围内越来越多的国家接受了市场经济，国家政府禁止子公司将现金汇回母公司的可能性在减小。此外，如本章后面提到的，企业有多种规避东道国政府试图阻止关联公司资金自由流动的措施。

19.5.3 根据政治和经济风险进行调整

在分析外国投资机会时，公司必须考虑一国的政治和经济风险。[10]我们将先对一国的政治和经济风险进行讨论，然后再研究如何根据风险来调整资金预算方法。

政治风险

我们将政治风险定义为政治力量导致一国商业环境发生剧烈变化，从而损害企业利润和实现其他目标的可能性。在社会动荡或混乱的国家，以及在社会基本性质极易引发社会动荡的国家，政治风险往往更高。当政治风险很高时，一国的政治环境很可能发生变化，从而危及那里的外国企业。

在极端情况下，政治变革可能导致外国企业的资产被没收。最近几十年，外国企业资产被完全没收的风险极小。但是，缺乏一致的立法和真正的执法，以及政府不愿履行合同并保护私有财产权，也可能导致跨国企业的资产实际上被没收。

政治和社会动荡也可能导致经济崩溃，从而使公司资产变得一文不值。在一般情况下，政治动荡可能会导致税率上升，跨国企业可能面临被限制或禁止向母公司汇出收益的外汇管制、价格管制，以及当地政府干预现有合同的情况。这些都会削弱一国对外国投资的吸引力。

许多企业相当重视政治风险分析，并对政治风险进行量化。然而，几乎所有对政治风险的预测在许多情况下都是不准确的。几乎没人能预见苏联解体、世界贸易中心遭到恐怖袭击、英国脱欧、唐纳德·特朗普当选美国总统。未预料到的事件对许多国家的商业环境产生了深远影响，但这并不意味着政治风险分析没有价值。

经济风险

第 2 章提到了经济风险，即因经济管理不善导致一国商业环境发生剧烈变化，从而损害企业利润和阻碍企业实现其他目标的可能性。实际上，经济管理不善造成的最大问题就是通货膨胀。从历史上看，许多国家政府在刺激经济时采取了错误的措施，如扩大国内货币供应，其结果往往是钱多物少，导致价格上涨。正如第 9 章中提到的，物价上涨会造成一国货币在外汇市场上贬值。对于在该国拥有资产的企业来说，这是一个严重的问题，因为随着该国货币在外汇市场上贬值，它从这些资产中获得的现金流价值将会下降。这种风险降低了该国对外国投资的吸引力。

人们曾多次尝试量化国家经济风险和预测汇率的长期变动。例如，《欧洲货币》(*Euromoney*) 的年度国家风险评级在计算每个国家的总体风险水平时纳入了经济风险评估。正如第 10 章中提到的，许多实证研究表明，一国的相对通货膨胀率与其货币汇率变化之间存在长期关系。然而，这种关系并不像理论所预测的那样密切，预测结果从短期和长期来看都不准确。因此，与政治风险一样，对任何经济风险的量化都应持合理的怀疑态度。

19.5.4　风险与资金预算

在对外国投资机会进行分析时，至少可以通过两种方法来处理与区位相关的额外风险。第一种方法是在政治和经济风险都很高的国家，将所有风险视为一个单一问题，提高对外国项目投资的贴现率。例如，企业可能对在英国、美国和德国的潜在投资采用6%的贴现率，以反映这些国家经济和政治稳定，而对在俄罗斯的潜在投资使用12%的贴现率，以反映该国政治和经济风险较大。贴现率越高，投资预计产生的现金流就必须越大，才能使投资净现值为正数。

调整贴现率来反映一国的政治和经济风险已是相当普遍的做法。例如，针对美国大型跨国企业的多项研究发现，许多企业通常会在评估潜在外国投资项目时，在贴现率中涵盖风险溢价。[11]然而，批评者认为这种方法会对早期现金流的产生造成过于沉重的负担，而对远期现金流的压力又不够。[12]他们指出，如果预计在不远的将来会发生政治和经济风险，那么企业无论如何都不应进行投资。所以对任何投资决策而言，政治和经济风险评估都不是针对近期，而是针对较远的未来。因此，可以认为，与使用较高贴现率来反映高风险的项目并对早期现金流造成过重的压力相比，第二种方法，即下调项目的未来现金流以反映将来某个时候出现政治和经济风险的可能性的方法更好。在对跨国企业实际做法进行调查时发现，下调未来现金流的做法几乎与使用较高贴现率的做法一样普遍。[13]

19.6 财务管理：融资决策

在作出融资决策时，国际企业必须考虑外国投资的融资方式。如果需要外部融资，则企业必须决定是从全球资本市场还是从东道国获取资金。如果企业要为一个项目寻求外部融资，它肯定希望从资金成本最低的来源借入资金。正如第 11 章中提到的，越来越多的企业转向全球资本市场筹集资金。由于全球资本市场规模大和流动性强，其资金成本通常低于国内资本市场，尤其是那些规模较小且流动性相对较差的国内资本市场。因此，如果一家美国企业在丹麦投资，那么它可能通过欧洲债券市场而不是丹麦资本市场融资。

尽管对金融服务的管制在逐步放松，但在某些情况下，东道国政府仍可能对企业的融资决策施加限制。一些国家的政府要求（或至少倾向于）外国跨国企业在当地进行债务融资或股权出售来为项目融资。在流动性较差的国家，这会增加企业项目融资的资金成本。因此，在进行资金预算决策时必须上调贴现率对此加以反映。但是，在另一些情况下，如第 7 章中提到的，有些政府向外国企业提供低息贷款以降低资金成本，从而吸引外国投资。因此，企业在进行资金预算决策时应该下调贴现率。

除了东道国政策影响融资决策外，如果东道国货币预计在外汇市场上贬值，企业也许可以考虑在投资中利用当地债务融资。当一国货币贬值时，支付利息和偿还该国债务本金所需的该国货币数量不受影响。但是，如果需要偿还外国债务，则随着该国货币贬值，偿债所需的该国货币数量将会增加，这实际上提高了资金成本。因此，尽管在东道国借款的初始资金成本可能更高，但如果预期东道国货币会在外汇市场上发生贬值，那么在东道国借款可能成本更低。

19.7 财务管理：全球资金管理

资金管理（money management）的目的是最有效地管理企业的全球现金资源——营运资本。它包括最大限度减少现金余额、降低交易成本、管理税负。

19.7.1 最大限度减少现金余额

任何企业都需要持有一定现金余额，用于支付各类费用以及应对预计现金流出现的未预测到的不利变化。国际企业面临的关键问题是，每个外国子公司都应自己持有现金余额还是应该对现金余额进行集中存管。一般而言，企业出于三个原因更愿意将现金余额集中存管。

第一，通过集中存管现金余额，企业可以存入更多资金。现金余额通常存放在流动性账户中，例如货币市场隔夜账户。由于此类存款的利率通常随着存款规模的增加而上升，企业集中存管现金余额可以获得比各个子公司自行管理现金余额时更高的利率。

第二，如果集中存管处位于主要金融中心（例如，伦敦、纽约或东京），企业就可以获得有关短期投资机会的信息，而这些信息是一般外国子公司所缺乏的。此外，集中存管处的财务专业人员一般也具备外国子公司管理者通常欠缺的投资技能和专业知识。因此，企业将现金余额集中存管，有利于其更好地作出投资决策。

第三，通过集中存管现金余额，企业可以减小高流动性账户中必须保有的现金池总规模，从而能够将更多的现金储备用于长期投资和流动性较低的金融工具，以获取更高的利率。例如，一家美国企业有三家外国子公司，分别位于韩国、中国、日本。每个子公司都持有一定的现金余额，用于满足日常需求以及作为处理意外现金需求的预防性余额。该美国企业的政策是，所需的总现金余额应等于预期日常需求与三倍标准差之和。三倍标准差的要求表示，公司估计在实践中子公司有 99.87%的可能性有足够的现金余额来处理日常和意外的现金需求。假定每个子公司的现金需求都呈正态分布且相互独立（例如，日本子公司的现金需求不会影响中国子公司的现金需求）。

各子公司日常现金需求及应持有的总现金余额如下表所示：

单位：百万美元

	日常现金需求（A）	一个标准差（B）	总现金余额（$A+3\times B$）
韩国	10	1	13
中国	6	2	12
日本	12	3	21
总计	28	6	46

因此，韩国子公司预计需持有 1 000 万美元的现金余额才能满足其日常需求。其标准差是 100 万美元，所以要额外持有 300 万美元作为预防性余额。故其所需的总现金余

额就是 1 300 万美元。所有三个子公司所需的总现金余额为 4 600 万美元。

现在考虑如下情况，如果企业决定将三笔现金余额都存放在东京的一个集中存管处，会发生什么？因为在概率分布相互独立时，方差具有可加性，所以这些预防性余额的合计标准差为：

$$
\begin{aligned}
\text{标准差} &= \sqrt{1\ 000\ 000^2 + 2\ 000\ 000^2 + 3\ 000\ 000^2} \\
&= \sqrt{14\ 000\ 000} \\
&= 3\ 741\ 657\ (\text{美元})
\end{aligned}
$$

因此，如果企业采用对现金余额集中存管的方式，则需要持有 2 800 万美元以满足日常需求，外加 3×3 741 657 美元作为预防性余额，即总现金余额为 39 224 971 美元。换句话说，企业所需的总现金余额从 4 600 万美元减少到了 39 224 971 美元，节省了 6 775 029 美元。而省下来的现金可以投资于流动性较低、利息较高的账户或有形资产。之所以能节省这些钱，仅仅是由于对三个独立的正态分布求和所产生的统计效应。

但是，企业为了满足短期现金需求而对现金余额进行集中存管的能力可能会受制于政府对跨境资本流动施加的限制（例如，为保护国家外汇储备而实施的管控）。此外，将现金在不同货币间转换的交易成本也会削弱集中存管的优势。尽管如此，许多企业至少会集中存管其子公司所需的预防性余额，而让子公司持有其日常需要的现金余额。世界资本市场全球化以及现金跨境自由流动障碍基本消除（尤其是在发达工业化国家之间），也许能够增加集中存管的可行性。

19.7.2 降低交易成本

交易成本（transaction cost）是货币兑换时产生的成本。企业每次将一种货币兑换成另一种货币时，都必须承担交易成本——为实现交易而向外汇交易商支付的佣金。大多数银行还对异地现金转账收取**转账费**（transfer fee），这也是一种交易成本。企业内部交易产生的佣金和转账费可能相当高。据联合国统计，40%的国际贸易涉及跨国企业不同国家子公司之间的交易。当一家企业在世界各地拥有相互依赖的价值创造活动网络时，内部交易量可能特别高。多边净额结算可使跨国企业通过减少交易数量来降低子公司之间的交易成本。

多边净额结算是**双边净额结算**（bilateral netting）的延伸。在双边净额结算的情况下，如果法国子公司欠墨西哥子公司 600 万美元，而墨西哥子公司同时欠法国子公司 400 万美元，则法国子公司可以一次性向墨西哥子公司支付 200 万美元进行双边结算，剩余金额就在债务中抵销了。

在**多边净额结算**（multilateral netting）的情况下，净额结算可扩展至国际企业多个国家子公司之间的交易。假设一家企业想要在韩国、中国、日本和泰国的四家子公司之间建立多边净额结算，这些子公司之间都存在贸易往来，所以在每个月末都要进行大量现金交易结算。图 19 - 2 展示了某个月末的付款安排。图 19 - 3 以支付矩阵归纳了子公司之间的支付义务。请注意，有 4 300 万美元在子公司之间流动。如果交易成本（外汇佣金加上转账费）为待转账资金总额的 1%，母公司就需花费 43 万美元。然而，多边净额结算可以减少交易成本。根据支付矩阵，企业可以决定子公司之间需要如何付款以结清债务，结果如图 19－4 所示。通过多边净额结算，图 19－2 中描绘的交易减少到了 3 个，即韩国子公司向泰国子公司支付 300 万美元，中国子公司向日本子公司支付 100 万美元并向泰国子公司支付 100 万美元。通过多边净额结算，子公司之间的资金流动总额从 4 300 万美元减少到仅 500 万美元，交易成本从 43 万美元减少到 5 万美元，节省了 38 万美元。

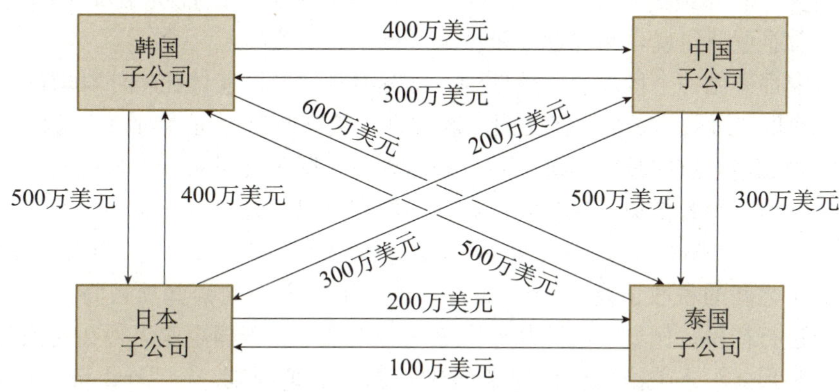

图 19－2　多边净额结算前的资金流动

收款子公司	付款子公司					
	韩国	中国	日本	泰国	总收款	净收款（付款）
韩国	—	3	4	5	12	(3)
中国	4	—	2	3	9	(2)
日本	5	3	—	1	9	1
泰国	6	5	2	—	13	4
总付款	15	5	11	9	43	5

图 19－3　净收款计算（百万美元）

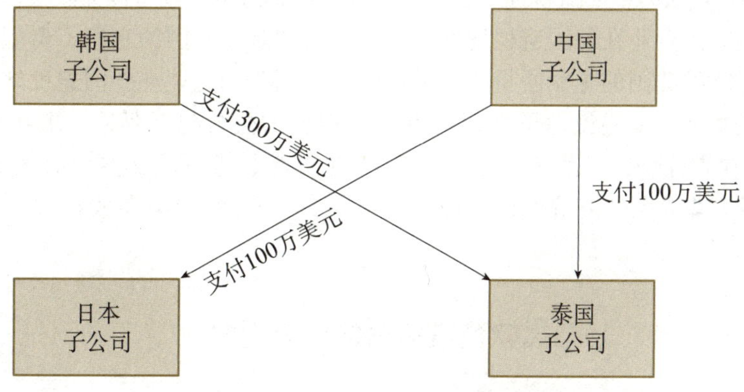

图 19－4　多边净额结算后的资金流动

19.7.3 管理税负

不同国家有不同的税收制度。例如，在发达国家，企业所得税从多个国家的最高35%到爱尔兰的最低 12.5%不等。在德国和日本，作为股利分配给股东的收入的税率较低，分别为 36%和 35%；而在法国，分配给股东的利润税率较高，为 42%。在美国，税率因州而异，联邦最高税率为 21%（2018 年开始生效，之前的最高税率为 35%），但各州也征收企业所得税，州和地方税率从 0 到 12%不等。

许多国家都遵循一个世界通用的原则，即其有权对本国实体在境外赚取的收入征收所得税。[14]因此，如果一家企业在美国注册成立，美国政府就可以对该企业的德国子公司的收入征税。当东道国政府和母国政府都需要对外国子公司的收入征税时，就发生了双重征税。然而，税收抵免、税收协定和递延原则可以减轻双重征税。

税收抵免（tax credit）允许实体在向母国政府支付税款时减去其已向外国政府支付的税款。两国之间的**税收协定**（tax treaty）规定了收入中的哪些项目将由收入来源国的有关部门进行征税。例如，美国和德国之间可以规定，美国企业无须在德国为其德国子公司以股利形式汇入美国的任何收益缴纳税款。**递延原则**（deferral principle）规定了母公司在实际收到股利之前不对外国来源的收入缴纳税款。

如果国际企业在许多国家开展活动，则各种税收制度和税收协定对于企业应如何构建其外国子公司和母公司之间的内部支付系统具有重要影响。下一节将会讲到，企业可以使用转移价格和掩护贷款来尽量减轻全球纳税义务。此外，也可以对外国子公司汇向母公司的收入（例如，特许权使用费与股利支付等）进行结构化，以最小化企业的全球纳税义务。

一些公司利用巴哈马群岛和百慕大群岛等**避税地**（tax haven）来尽量减轻纳税义务。避税地是指所得税税率极低甚至不征收所得税的国家和地区。国际企业会通过在避税地建立全资非经营性子公司来避免或延迟缴纳所得税。避税地子公司持有经营中的外国子公司的普通股，这使得外国经营性子公司转向母公司的所有资金都可以经由避税地子公司。企业的母国政府对外国收入征收的税款通常需要在外国子公司宣布派息时缴纳，但根据递延原则，可以推迟到避税地子公司向母公司支付该股利时进行。如果企业的海外业务继续增长并需要避税地子公司提供新的内部融资，则可以无限推迟支付股利。

许多美国跨国企业在外国避税地保留了大量税款余额，因为它们不希望在将这些收入汇回美国时缴纳美国的企业所得税。据估计，美国跨国企业在外国避税地累计海外收入超过 2 万亿美元。由避税地子公司持有大量现金的公司包括苹果、思科系统（Cisco System）、微软和谷歌。仅苹果一家，其资产负债表上的短期证券就有大约 70%在海外。正如“管理聚焦”中将介绍的，微软将其大约 90%的现金存放在位于避税地或其他海外地点的子公司中。[15]

管理聚焦　**微软及其持有的海外现金**

微软宣布将以 85 亿美元收购互联网通信公司 Skype，当时 Skype 成立不到十年，这立刻引起了科技行业的注意。在微软宣布该交易将全部以现金结算时，美国股东和纳税人也开始疑惑：微软为什么要用全额现金收购 Skype，微软规模如此庞大的现金储备从何而来？

Skype 于 2003 年由两位斯堪的纳维亚人创立，他们是来自丹麦的贾纳斯・弗里斯（Janus Friis）和来自瑞典的尼克拉斯・森斯特罗姆（Niklas Zennström）。Skype 即时通信软件由爱沙尼亚人阿赫蒂・海因拉（Ahti Heinla）、普里特・卡瑟沙鲁（Priit Kasesalu）和贾恩・塔林（Jaan Tallinn）合作开发。当时，Skype 应用程序可以同时管理文字消息和视频聊天服务。用户可以发送文字和视频消息，可以通过智能手机电脑等设备上的 Skype 软件交换图片、文字和视频等数字文档。Skype 还允许用户召开视频电话会议。

2005 年，eBay 以 31 亿美元的价格收购了 Skype，但此次收购未能实现预期的协同效应，eBay 在 2007 年承担了 14 亿美元的会计费用。2009 年，eBay 将 Skype 70%的股份卖给了以美国私募股权企业银湖资本（Silver Lake Partners）为首的投资者。那时 Skype 的估值为 27.5 亿美元。令许多观察家感到惊讶的是，仅仅 18 个月后，微软就准备以 85 亿美元收购 Skype 了。此次收购在 2011 年是微软历史上最大的一笔收购。交易完成后，Skype 成了微软的一个部门。微软的既定目标是将 Skype 的语音和视频通信产品集成到微软的产品套件中，以促进这些产品的销售，并使微软更加契合数字设备、移动通信和云计算时代。

在微软收购 Skype 时，最令人意想不到的也许是，微软会动用其外国子公司在海外持有的现金。这些子公司位于企业所得税非常低的国家和地区，例如爱尔兰、新加坡和百慕大。微软在年度报告中表示，它在美国境外的"永久性再投资收益"超过 300 亿美元。为作表率，微软在提交给美国参议院的一份报告中解释说，其 85%的研发工作都在美国进行。事实上，微软 94 000 名员工中有 36 000 人从事产品研发。微软报告的收入为 232 亿美元，但其仅缴纳了 31.1 亿美元的联邦税（税率为 13.4%），远低于税率为 21%的企业所得税（在 2018 年企业所得税税率降至 21%之前，美国长期以来都实行 35%的税率）。

如今，微软仍然持有外国现金和货币工具。据估计，美国公司将超过 2 万亿美元的未征税利润"藏"在了国外。尽管美国有许多政治派别，但它们似乎都逐渐形成了一个政治共识，那就是应该改变税收政策，以鼓励跨国公司将其在国外持有的大量收益汇回国内。然而，公司、纳税人和投资者往往存在利益冲突，因此美国未来的经济环境如何仍有待观察。在过去的半个世纪里，美国企业所得税税率从最低 15%到最高 50%不等（美国企业所得税实际上始于 1909 年），即使如今降到 21%也相对较高。

众多美国跨国公司在海外各个子公司中总共持有的 2 万亿美元未征税利润，可以让它们像微软收购 Skype 那样大手笔。对于微软来说，海外持有的现金代表海外销售额的累计净收益。根据美国法律，微软在将这些收益汇回美国之前，无须为这些收益纳税。至少在理论上，微软可以在海外无限期持有这些收益。微软表示，使用海外现金收购 Skype 可以帮助其节税。

微软并不是唯一一家在收购中取得税收优惠的公司。Skype 在企业所得税税率仅为

0.4%的卢森堡注册成立。在收购Skype时，银湖资本拥有Skype 39%的股份，而银湖资本持有Skype股份的三家实体中有两家位于避税地开曼群岛乔治敦，这意味着银湖资本不需要为其投资Skype所得的利润缴纳高昂的美国资本利得税。此外，Skype还有30%股份归eBay所有。尽管eBay是一家美国公司，但持有Skype股份的是位于瑞士的eBay国际（eBay International AG），而瑞士的企业所得税税率在13%～25%。

尽管为收购Skype支付了85亿美元，微软的海外现金储备仍在增加。微软外国子公司持有超过1 000亿美元的现金，占公司全部现金持有量的90%以上。微软在其监管报告中指出，如果将这些现金汇回美国，其会受到显著的遣返税收影响。

资料来源：Jeff Sommer，"A Stranded ＄2 Trillion Overseas Stash Gets Closer to Coming Home，" *The New York Times*，November 4，2016；David Kocieniewski，"Why Microsoft，with ＄100 Billion，Wants a Loan for LinkedIn，" *Bloomberg Technology*，June 13，2016；S. Murray-Morris，"Apple and Microsoft Have Bigger Cash Holdings Than UK，" *The Telegraph*，April 11，2014；R. Jilani，"Microsoft Structured Acquisition of Skype to A-void US Taxes，" *Think Progress*，May 13，2011；N. Wingfield，"Microsoft Dials Up Change，" *The Wall Street Journal*，May 11，2011.

有些人指出，为了避税而在海外持有现金余额会适得其反，如果将现金汇回美国并缴纳税款，将剩余资金以分红和股票回购的形式返还给股东，将对股东更有利。例如，由于税收抵免，微软如果决定将海外资金汇回美国，可能需要支付最高接近21%的美国企业所得税。但是在缴纳税款后，还会余下大量应分配给股东的现金。

19.7.4 跨境转移资金

为了最有效地利用现金资源和最小化全球纳税义务，企业需要能够在全球范围内将资金从一个地点转移到另一个地点。国际企业在跨境转移流动资金方面可以使用多种技巧，如股利支付、特许权使用费和服务费、转移价格以及掩护贷款。一些企业使用不止一种技巧来跨境转移资金，这种做法被称为"分拆"。分拆使用多种技巧将流动资金从外国子公司转移至母公司，使国际企业可以从其外国子公司中收回资金，而不会因大量"股利流失"而惹恼东道国。

当外国子公司由当地合资伙伴或当地股东拥有部分股权时，企业对特定政策的选择权将大大受限。为满足外国子公司的当地合伙人的合法要求，企业可能无法实施对母公司最有益的股利政策、特许权使用费付款安排或转移定价政策。

股利支付

股利支付是企业最常用的将资金从外国子公司转移至母公司的方法。股利政策通常因不同子公司而异，具体取决于税收法规、外汇风险、子公司设立年限以及当地股权参与度等。例如，东道国政府对股利征收的税率越高，那么相对于转移流动资金的其他选择而言，股利支付就越缺乏吸引力。在外汇风险方面，企业有时候会要求位于高风险国家的外国子公司加快向母公司支付股利的资金转移速度，以便在货币预期发生大幅贬值之前将公司资金转移出该国。子公司设立的年限也会影响股利政策，因为设立时间较长的子公司往往会把较高比例的利润作为股利汇给母公司，这大概是因为随着子公司的成熟，其所需的资本投资逐渐减少。当地股权参与度也是一个影响因素，因为企业必须考虑当地合伙人对股利政策的要求。

特许权使用费和服务费

特许权使用费是指为了使用技术或者获得在专利或商标下制造和销售产品的权利而向技术、专利或商标所有者支付的报酬。母公司就其转让给外国子公司的技术、专利或商标收取特许权使用费是很常见的。母公司可以就子公司销售的单位产品收取固定金额的特许权使用费，也可以按子公司总收入的百分比收取。

服务费是母公司或其他子公司向外国子公司提供专业服务或专业知识所获取的报酬。服务费有时分为提供常规专业知识和建议的“管理费”，以及提供技术问题指导的“技术支持费”。服务费通常按照所提供的特定服务收取固定金额。

与股利支付相比，特许权使用费和服务费具有一定的税收优势，特别是当东道国的企业所得税税率高于母国时。特许权使用费和服务费通常在当地可以免税（因为它们被视为费用），因此，支付特许权使用费和服务费将减轻外国子公司的纳税义务。如果外国子公司向母公司支付股利，则其必须在分配股利前缴纳当地所得税，并按照分配的股利缴纳预扣税。虽然母公司通常可以因在东道国已支付预扣税和所得税得到税收抵免，但如果子公司面临的综合税率高于母公司，还是会损失部分收益。

转移价格

一般情况下，任何国际企业都涉及母公司与外国子公司之间以及不同外国子公司之间的大量商品和服务转移。在采用全球标准化战略和跨国战略的企业中尤其如此，因为这些企业更有可能将其价值创造活动分散到世界各地的最佳地点（见第 12 章）。如前所述，企业内部实体之间转移商品和服务的价格被称为转移价格。[16]

转移价格可用于在国际企业内部处置资金。例如，要想将资金从某个特定国家转移，就可以为提供给该国子公司的商品和服务设定较高的转移价格，并为来自该国子公司的商品和服务设定较低的转移价格。通过相反的政策，也可以将资金留在某个国家，即为提供给该国子公司的商品和服务设定较低的转移价格，并为来自该国子公司的商品和服务设定较高的转移价格。这种资金流动可以在子公司之间或者母公司与子公司之间进行。

调整转移价格至少可以带来四个好处：

（1）企业可以利用转移价格将收益从高税负国家转移至低税负国家，以减轻其纳税义务。

（2）企业可以利用转移价格将资金转移出预计货币将出现大幅贬值的国家，从而减少其面临的外汇风险。

（3）当东道国政府政策限制或阻止以股利支付形式进行的财务转移时，企业可以利用转移价格将资金从子公司转移到母公司（或避税地）。

（4）在采用从价关税（关税按价值的百分比征收）的国家，企业可以利用转移价格减少其应缴纳的进口关税。在此情况下，应该对进口到该国的商品和服务设定较低的转移价格，通过降低商品或服务的价值，从而降低关税。

但是，采用转移价格策略也会带来严重的问题。[17]大多数政府不喜欢这一政策。[18]当使用转移价格减少企业纳税义务或进口关税时，这些政府感觉自己的合法收入被“骗走了”。同样，当操纵转移价格规避政府对资本流动的限制（例如，股利支付）时，政府会认为这违反了法律精神甚至是法律规定。如今，许多政府限制国际企业操纵转移价格。美国对转移价格有严格的法规。根据《美国国内收入法典》（Internal Revenue Code）第 482 条，美国联邦税务局（Internal Revenue Service，IRS）可以在相关企业之间重新分配总收入、扣减额、抵免额和免税额，以防止逃税或更明确地反映适当的收入分配。根据 IRS 的指导方针和随后的司法解释，纳税人对 IRS 随意或不合理重新分配收入负有举证责任。根据 IRS 的指导方针，正确的转移价格是公平价格——市场环境中不相关的企业之间普遍采用的价格。这种对正确的转移价格的严格解释，在理论上限制了企业操纵转移价格来获利。其他国家纷纷效仿美国，强调转移价格应设定在公平的基础上。

转移价格可能带来的另一个问题与管理激励和绩效评估有关。[19]转移价格不符合企业将每个子公司均视为利润中心的政策。当企业操纵转移价格并使其明显偏离公平价格时，子公司的绩效可能不仅取决于管理工作等相关因素，也取决于转移价格。如果要求某家子公司对供应给另一家子公司的商品收取较高的转移价格，则对供应商品的子公司而言，其绩效将比实际情况更好，而对于购买商品的子公司而言，其绩效将比实际情况更差。除非在绩效评估时能够考虑这一点，否则管理激励体系就可能发生严重扭曲。例如，销售子公司的管理者可能用较高的转移价格来掩盖效率低下问题，而采购子公司的管理者可能因高转移价格对子公司盈利能力的不利影响而灰心丧气。

尽管存在这些问题，研究表明并非所有国际企业都使用公平定价，一些企业使用基于成本的系统在子公司之间进行转移定价（通常是成本加上一些常规加价）。研究人员在一项针对 164 家美国跨国企业的调查中发现，有 35%的企业使用市场价格，15%的企业使用协商价格，65%的企业使用基于成本的定价方法。（这些数字相加超过 100%，是因为一些公司使用了不止一种方法。）[20]只有市场价格和协商价格可以合理地解释为公平价格。如果使用了基于成本的转移价格，操纵价格的机会就大得多。在其他更复杂的研究中，也有间接证据表明许多公司操纵转移价格以减轻全球纳税义务。[21]

尽管企业能够操纵转移价格以减轻纳税义务或规避政府对跨境资本流动的管制，但这并不意味着企业应该这么做。在许多国家，这种行为至少违反了法律精神，企业采用转移价格很可能会在伦理上受到质疑。此外，有证据表明，许多国家的税务机关正在加强对这种做法的审查，以杜绝滥用转移价格。安永会计师事务所的一项针对约 600 家跨国企业的调查发现，75%的企业认为它们将在未来两年内成为税务机关就转移定价进行审查的对象。[22]调查中约 61%的跨国企业表示，转移定价是它们面临的首要税务问题。

掩护贷款

掩护贷款是母公司通过金融中介机构（通常是大型国际银行）为其子公司提供的贷

款。在企业内部的直接贷款中，母公司会直接将现金借给外国子公司，然后由子公司偿还。在掩护贷款中，母公司会将资金存入一家国际银行，然后由该银行将等额资金贷给外国子公司。因此，一家美国企业可能在伦敦银行存入 10 万美元，伦敦银行再将这 10 万美元借给该企业的印度子公司。从银行的角度来看，掩护贷款是无风险的，因为母公司的存款为其提供了 100%的担保。而银行则为母公司提供了“掩护”，该贷款因此而得名。银行向母公司提供的存款利率略低于向外国子公司收取的贷款利率，进而从中获利。

企业采用掩护贷款的原因有二。首先，掩护贷款可以规避东道国对外国子公司向母公司汇款的限制。东道国政府可能会限制外国子公司向其母公司偿还贷款，以保护该国的外汇储备，但不太可能限制外国子公司向大型国际银行偿还贷款。停止向国际银行还款会损害东道国的信誉，而停止向母公司还款对其信誉的影响微乎其微。因此，如果国际企业的子公司位于发生政治动荡可能性较高的国家，并有可能因政治动荡导致资本流动受限（即政治风险较高），国际企业想要贷款给该子公司时，可能就会使用掩护贷款。

其次，掩护贷款还可以带来税收优惠。例如，一家由母公司全资拥有的避税地（百慕大）子公司将 100 万美元存入一家位于伦敦的国际银行，利率为 8%。该银行以 9%的利率将 100 万美元贷款给了一家外国经营性子公司。该外国经营性子公司所在国按 50%的税率征收企业所得税，如图 19－5 所示。

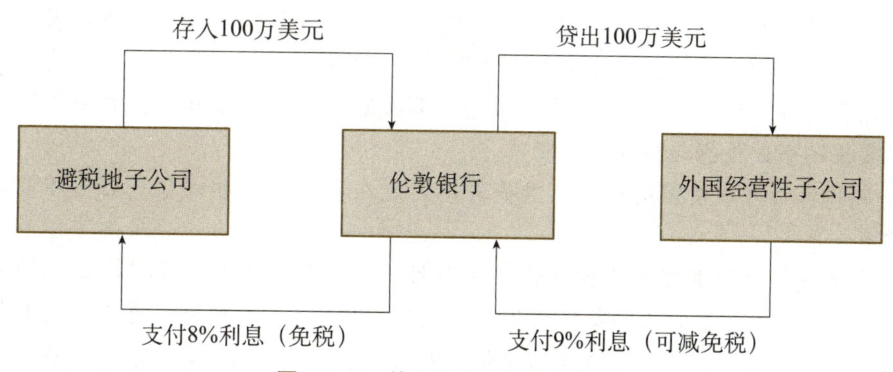

图 19－5　从税收角度看掩护贷款

在此安排下，扣除所得税后的利息支付情况如下：

（1）外国经营性子公司向伦敦银行支付 90 000 美元的利息。从其应税收入中扣除这些利息后，该外国经营性子公司的税后贷款成本为 45 000 美元。

（2）伦敦银行收到 90 000 美元。它收取 10 000 美元作为服务费，并向避税地子公司支付 80 000 美元的存款利息。

（3）避税地子公司收到 80 000 美元的免税存款利息。

最终结果是 80 000 美元现金从外国经营性子公司转移到了避税地子公司。由于外国经营性子公司的税后贷款成本仅为 45 000 美元，因此母公司通过这种安排将额外的 35 000 美元转移到了国外。如果避税地子公司直接向外国经营性子公司提供贷款，则东道国政府可能会将它认定为伪装成利息的股利，从而不允许用该笔利息抵扣税款。

小结

本章重点介绍了国际企业的会计和财务管理，阐述了为何会计实务和准则因国家而异，并考察了为协调各国会计实务所做的努力。本章介绍了国际企业内部与会计控制体系相关的多个问题，还讨论了投资决策、融资决策和资金管理决策如何因不同国家的不同货币、不同税收制度、不同政治和经济风险等因素而变得更加复杂。本章要点如下：

1. 各国会计制度都是根据当地对会计信息的需求而发展起来的。各国在会计和审计准则上的差异导致各国财务报告普遍缺乏可比性。

2. 近几十年来，资本市场全球化使跨国融资和跨国投资迅速增长，各国财务报告缺乏可比性已成为一个问题。由于缺乏可比性，企业可能不得不向投资者解释为何其财务状况在根据不同会计实务编制的财务报表中看起来如此不同。

3. 国际会计准则理事会（IASB）对各国会计准则的统一起到了很大的推动作用。

4. 在大多数国际企业中，年度预算是总部用来控制外国子公司的主要手段。总部会将子公司的全年绩效与纳入其预算中的财务目标进行比较，并在出现缺口时有选择地干预其运营。

5. 大多数国际企业要求企业内部的所有预算和绩效数据都以公司货币表示，这增强了可比性，但如果从外国子公司制定预算到绩效评估期间相关汇率发生了变化，则会使控制流程失真。根据莱萨德-洛朗热模型，解决这一问题的最佳方法是使用预计汇率将预算数据和绩效数据转换为公司货币。

6. 转移价格可能使控制流程严重失真，因此在制定预算和评估子公司绩效时务必加以考虑。

7. 在使用资金预算方法评估潜在外国项目时，企业需要认识到其在国外面临的具体风险。这些风险包括政治和经济风险（涵盖外汇风险）。如果企业要将政治和经济风险纳入资金预算流程，可以使用较高的贴现率来评估高风险项目，或者下调该项目的预期现金流。

8. 全球资本市场的资金成本低于国内市场。因此，在其他条件相同的情况下，企业更愿意从全球资本市场为其投资融资。

9. 从全球资本市场借款可能会受到东道国政府法规或需求的限制。为此，企业必须上调资金预算中使用的贴现率以反映该情况。

10. 在货币预期发生贬值的国家，企业可以考虑采用当地债务融资的方式来为其投资提供资金。

11. 全球资金管理的主要目标是以最有效的方式利用企业的现金资源，并最小化企业的全球纳税义务。

12. 企业对现金进行集中存管，可以更有效地使用现金储备进行投资。集中存管可以减少高流动性账户中必须保有的现金池总规模，从而释放现金以投资于高息储蓄账户（较低流动性）或有形资产。

13. 企业可以使用多种技巧来跨境转移资金，包括股利支付、特许权使用费和服务费、转移价格以及掩护贷款。股利支付是跨境转移资金时最常用的方法，但相对于股利支付而言，特许权使用费和服务费具有一定的税收优势。

14. 企业可以通过操纵转移价格的方式将资金转移出一个国家，以最小化纳税义务、对冲外汇风险、规避政府对资本流动的限制，并减少关税支付。但是，操纵转移价格的方式不符合许多国家的政府法规，可能扭曲企业内部的激励体系，并在伦理上受到严重质疑。

15. 掩护贷款涉及通过第三方（通常是大型国际银行）将资金从母公司转移至外国子公司。掩护贷款可以规避东道国政府对汇回资金的限制，并带来一定的税收优惠。

思考与讨论题

1. 为什么不同国家的会计制度不同？为什么这些差异很重要？

2. 为什么会计控制体系可能会就外国子公司的绩效向总部管理者提供有偏见的信息？如何以最佳方式纠正这些偏见？

3. 假设你是一家美国企业的首席财务官。该企业在墨西哥拥有一个全资子公司，为其美国组装业务制造零部件。该子公司的资金来自美国银行的贷款。分析师告诉你，预计明年外汇市场上墨西哥比索对美元的汇率将贬值 30%。你会怎么做？

4. 假设你是一家加拿大企业的首席财务官，该企业考虑在俄罗斯投资 1 000 万美元建造一座工厂来生产牛奶。该投资预计将在未来 10 年内每年产生 300 万美元的净现金流，此后由于技术被淘汰，该投资项目将不得不终结，废弃价值为 0。如果通过欧洲债券市场融资，资金成本率将为 6%。但是，你可以选择以 12%的利率从俄罗斯银行借入资金来为项目融资。分析师告诉你，由于俄罗斯通货膨胀率很高，预计俄罗斯卢布对加元将出现贬值。分析师还认为，未来 10 年内俄罗斯出现政治风险的可能性很高。你将如何在评估投资机会时纳入这些因素？你会建议企业怎么做？

章末案例

Shoprite：非洲食品零售商的财务成功

Shoprite 是非洲最大的食品零售商，在非洲和印度洋群岛的 15 个国家经营着 2 300 多家门店。公司创建于 1979 年，拥有超过 15 万名员工，收入约为 110 亿美元，总部位于南非西开普省。自成立以来，Shoprite 通过一系列收购迅速扩张，其收购经历包括 1991 年收购 Checkers、1995 年收购 Sentra、1997 年收购 OK Bazaars、2002 年收购 Madagascar、2005 年收购 Foodworld 和 2005 年收购 Computicket。

这样的扩张促使德勤在其全球零售力量报告中将 Shoprite 列为全球第 94 大零售商和非洲最大的零售商。南非大约有 76%的成年人在 Shoprite 旗下的超市中购物。

Shoprite 将一系列组合措施视为取得财务成功的秘诀，其中包括控制自有供应链、投资于员工的技能、投资于基础设施，以及整合增值服务以提升购物体验。公司用大量财务和非财务的统计数据来衡量其财务成功。一些非传统的统计数据包括：一年内为10亿客户提供服务，捐赠价值1.09亿南非兰特（约合900万美元）的食品，以及由移动厨房提供450万份免费面包和汤。

以传统的统计数据衡量，其新开了108家门店，创造了4 833个新工作岗位，销售额增长了14.4%，利润增长了15.0%，股权回报率增长了19.2%。不仅如此，Shoprite还将投资于员工的180万小时培训视为具有长期财务影响的积极绩效指标。

在这些财务和非财务指标的基础上，Shoprite的主营业务是食品零售，但该公司的财务成功也取决于其所提供的范围广泛的产品和服务，如家用产品、家具、药品和金融服务。Shoprite在其所有业务中都始终致力于为所有收入水平的客户提供最低的价格。

Shoprite的财务成功离不开回头客，也离不开公司在每件事情上都追求效率的做法。Shoprite先进的配送中心和高端的供应链基础设施使其能够更好地控制运营，也使其在不影响质量的情况下能够应对经济上的挑战。通过为长期成功创造的条件，Shoprite可以向所有社区提供他们买得起的食物，投资于社会活动以帮助其业务所在的社区，并为非洲经济作出贡献，同时为所有利益相关者创造价值。Shoprite在被许多其他公司视为购买力薄弱的市场中取得了巨大的财务成功，同时帮助当地非洲社区实现了社会发展。

资料来源：Shoprite Holdings Ltd., March 27, 2017, shopriteholdings.co.za; "Global Powers of Retailing 2017," March 27, 2017, deloitte.com/za/en/pages/consumer-industrial-products/articles/global-powers-of-retailing-2017.html; "Supermarkets in Africa: The Grocers Great Trek," *The Economist*, September 21, 2013; "Is It Worth It?" *The Economist*, April 14, 2016; LiezelHill, "Shoprite Jumps Most Since 1997 as African Sales Growth Rises," *Bloomberg Businessweek*, July 20, 2016; Memory Mataranyika, "Shoprite Expands into West Africa as Urbanization Gathers Pace," FIN 24, November 25, 2016; Janice Kew, "Christo Wiese Says He'll Learn from Failed Merger Talks," FIN 24, February 21, 2017.

案例讨论题

1. 南非大约有76%的成年人在Shoprite旗下的超市中购物，并且Shoprite集团是全球第94大零售商和非洲最大的零售商。但是，Shoprite只在非洲和印度洋群岛开展业务。该公司是否应该扩大其全球足迹？如果在全球范围内采用与在非洲相同的商业运营模式，它能否取得更大的财务成功？

2. Shoprite用大量财务和非财务的统计数据来衡量其财务成功。如果你为Shoprite工作，你对于根据非传统财务统计数据进行评估有什么想法？

3. Shoprite始终致力于为所有收入水平的客户提供最低的价格。通常，低成本公司会在未来的某个时候被另一家可以提供更低成本的公司所取代。Shoprite如何能够通过低成本战略确保公司的长期生存？

4. Shoprite的财务成功离不开回头客，也离不开公司在每件事情上都追求效率的做法。Shoprite先进的配送中心和高端的供应链基础设施使其能够更好地控制运营。公司应该如何利用供应链基础设施来提高财务绩效？

注释

Charles W. L. Hill
International Business：Competing in the Global Marketplace，13e
9781260262582

北京市版权局著作权合同登记号：01－2021－1469

图书在版编目（CIP）数据

国际商务：第 13 版 /（美）查尔斯·希尔著；杜颖译. --北京：中国人民大学出版社，2024.3
（国际商务经典译丛）
ISBN 978-7-300-32272-8

Ⅰ.①国… Ⅱ.①查… ②杜… Ⅲ.①国际商务—高等学校—教材 Ⅳ.①F740

中国国家版本馆 CIP 数据核字（2023）第 210760 号

国际商务经典译丛
国际商务（第 13 版）
［美］查尔斯·希尔 著
杜 颖 译
Guoji Shangwu

出版发行	中国人民大学出版社		
社　　址	北京中关村大街 31 号	**邮政编码**	100080
电　　话	010－62511242（总编室）		010－62511770（质管部）
	010－82501766（邮购部）		010－62514148（门市部）
	010－62515195（发行公司）		010－62515275（盗版举报）
网　　址	http://www.crup.com.cn		
经　　销	新华书店		
印　　刷	天津鑫丰华印务有限公司		
开　　本	787 mm×1092 mm　1/16	**版　　次**	2024 年 3 月第 1 版
印　　张	35 插页 1	**印　　次**	2024 年 6 月第 2 次印刷
字　　数	794 000	**定　　价**	99.00 元

教师反馈表

麦格劳-希尔教育集团（McGraw-Hill Education）是全球领先的教育资源与数字化解决方案提供商。为了更好地提供教学服务，提升教学质量，麦格劳-希尔教师服务中心于2003年在京成立。在您确认将本书作为指定教材后，请填好以下表格并经系主任签字盖章后返回我们（或联系我们索要电子版），我们将免费向您提供相应的教学辅助资源。如果您需要订购或参阅本书的英文原版，我们也将竭诚为您服务。

★ 基本信息					
姓		名		性别	
学校		院系			
职称		职务			
办公电话		家庭电话			
手机		电子邮箱			
通信地址及邮编					

★ 课程信息					
主讲课程一1		课程性质		学生年级	
学生人数		授课语言		学时数	
开课日期		学期数		教材决策者	
教材名称、作者、出版社					

★ 教师需求及建议			
提供配套教学课件（请注明作者/书名/版次）			
推荐教材（请注明感兴趣领域或相关信息）			
其他需求			
意见和建议（图书和服务）			
是否需要最新图书信息	是、否	系主任签字/盖章	
是否有翻译意愿	是、否		

教师服务热线：800-810-1936
教师服务信箱：instructorchina@mheducation.com
网址：www.mheducation.com

麦格劳-希尔教育教师服务中心
地址：北京市东城区北三环东路36号环球贸易中心A座702室教师服务中心 100013
电话：010-57997618/57997600
传真：010 59575582

中国人民大学出版社　管理分社

教师教学服务说明

中国人民大学出版社管理分社以出版工商管理和公共管理类精品图书为宗旨。为更好地服务一线教师，我们着力建设了一批数字化、立体化的网络教学资源。教师可以通过以下方式获得免费下载教学资源的权限：

★ 在中国人民大学出版社网站 www.crup.com.cn 进行注册，注册后进入“会员中心”，在左侧点击“我的教师认证”，填写相关信息，提交后等待审核。我们将在一个工作日内为您开通相关资源的下载权限。

★ 如您急需教学资源或需要其他帮助，请加入教师 QQ 群或在工作时间与我们联络。

中国人民大学出版社　管理分社

教师 QQ 群：648333426（工商管理）　114970332（财会）　648117133（公共管理）
教师群仅限教师加入，入群请备注（学校＋姓名）

联系电话：010-62515735，62515987，62515782，82501048，62514760

电子邮箱：glcbfs@crup.com.cn

通讯地址：北京市海淀区中关村大街甲 59 号文化大厦 1501 室（100872）

管理书社

人大社财会

公共管理与政治学悦读坊